Alexander Breusch

Customer-Equity-Management in einem dynamischen Wettbewerbsumfeld

GABLER EDITION WISSENSCHAFT
Innovatives Markenmanagement

Herausgegeben von
Professor Dr. Christoph Burmann,
Universität Bremen,
Lehrstuhl für innovatives Markenmanagement (LiM®)

Professor Dr. Manfred Kirchgeorg,
HHL – Leipzig Graduate School of Management,
Lehrstuhl für Marketingmanagement

Marken sind in vielen Unternehmen mittlerweile zu wichtigen Vermögenswerten geworden, die zukünftig immer häufiger auch in der Bilanz erfasst werden können. Insbesondere in reiferen Märkten ist die Marke heute oft das einzig nachhaltige Differenzierungsmerkmal im Wettbewerb. Vor diesem Hintergrund kommt der professionellen Führung von Marken eine sehr hohe Bedeutung für den Unternehmenserfolg zu. Dabei müssen zukünftig innovative Wege beschritten werden. Die Schriftenreihe will durch die Veröffentlichung neuester Forschungserkenntnisse Anstöße für eine solche Neuausrichtung der Markenführung liefern.

Alexander Breusch

Customer-Equity-Management in einem dynamischen Wettbewerbsumfeld

Konzeption und Anwendung eines
Customer-Equity-Wettbewerbsmodells

Mit einem Geleitwort von Prof. Dr. Christoph Burmann

GABLER EDITION WISSENSCHAFT

Bibliografische Information der Deutschen Nationalbibliothek
Die Deutsche Nationalbibliothek verzeichnet diese Publikation in der
Deutschen Nationalbibliografie; detaillierte bibliografische Daten sind im Internet über
<http://dnb.d-nb.de> abrufbar.

Dissertation Universität Bremen, 2008

1. Auflage 2008

Alle Rechte vorbehalten
© Gabler | GWV Fachverlage GmbH, Wiesbaden 2008

Lektorat: Frauke Schindler / Stefanie Loyal

Gabler ist Teil der Fachverlagsgruppe Springer Science+Business Media.
www.gabler.de

Das Werk einschließlich aller seiner Teile ist urheberrechtlich geschützt. Jede Verwertung außerhalb der engen Grenzen des Urheberrechtsgesetzes ist ohne Zustimmung des Verlags unzulässig und strafbar. Das gilt insbesondere für Vervielfältigungen, Übersetzungen, Mikroverfilmungen und die Einspeicherung und Verarbeitung in elektronischen Systemen.

Die Wiedergabe von Gebrauchsnamen, Handelsnamen, Warenbezeichnungen usw. in diesem Werk berechtigt auch ohne besondere Kennzeichnung nicht zu der Annahme, dass solche Namen im Sinne der Warenzeichen- und Markenschutz-Gesetzgebung als frei zu betrachten wären und daher von jedermann benutzt werden dürften.

Umschlaggestaltung: Regine Zimmer, Dipl.-Designerin, Frankfurt/Main
Gedruckt auf säurefreiem und chlorfrei gebleichtem Papier
Printed in Germany

ISBN 978-3-8349-1295-4

Geleitwort

Das Customer-Equity-Management hat sich in den letzten Jahren zu einem viel beachteten neuen Forschungszweig in der Betriebswirtschaftslehre entwickelt. Gegenstand des Customer-Equity-Managements ist die nachhaltig wertorientierte Gestaltung aller aktuellen (und teilweise auch der potenziellen) Kundenbeziehungen einer Marke. Als Bezugsobjekt können Unternehmensmarken ebenso verwendet werden, wie Geschäftsbereichs- oder Produktmarken. Angesichts des hohen und wachsenden ökonomischen Erfolgsdrucks auf das Marketing und das Markenmanagement stößt das Customer-Equity-Management auch in der Praxis mittlerweile auf ein großes Interesse.

Alle in der Wissenschaft bislang entwickelten Modelle zur Erfassung des Customer Equity und dessen gezielter Gestaltung leiden an einem wichtigen Defizit: Sie vernachlässigen jegliche Wettbewerbsreaktionen. Dieses schwerwiegende Manko greift Alexander Breusch in seiner Dissertation auf. Auf der Basis einer fundierten theoretischen Analyse entwickelt er mit großem Geschick die in der Forschung bereits vorliegenden Modelle weiter und integriert dabei verschiedene Verhaltensweisen und Strategien von Wettbewerbern. Er belässt es jedoch nicht nur bei einer konzeptionellen Modellentwicklung, sondern wendet sein Modell in der Praxis an. Er profitiert dabei von der freundlichen Zusammenarbeit mit einem Geschäftsbereich eines großen deutschen Technologiekonzerns. Dabei kommt er zu bemerkenswerten Erkenntnissen. Damit ist diese Dissertation eines der wenigen Promotionsvorhaben, die in Theorie und Praxis zu einem signifikanten Fortschritt führen.

Die vorliegende Dissertation ist der **sechzehnte Band der Buchreihe zum „innovativen Markenmanagement"** des Gabler-Verlags (Deutscher Universitäts-Verlags). Diese Reihe dokumentiert die Forschungsarbeiten am deutschlandweit ersten und einzigen Lehrstuhl für innovatives Markenmanagement (LiM®) an der Universität Bremen und des Lehrstuhls für Marketingmanagement an der privaten Handelshochschule Leipzig (HHL). Gleichzeitig sollen weitere Forschungsbemühungen zum innovativen Markenmanagement motiviert und ein reger Erfahrungsaustausch angestoßen werden. Als Herausgeber freuen wir uns über jede Art von Feedback zu dieser Buchreihe und dem hier vorliegenden sechzehnten Band (burmann@uni-bremen.de oder mkirchgeorg@t-online.de). Es ist geplant, mindestens drei Dissertationen pro Jahr in dieser Reihe zu veröffentlichen, um in kurzen Abständen immer wieder mit neuen Ideen das wachsende Interesse am Thema „innovatives Markenmanagement" zu beleben.

Abschließend wünsche ich der Arbeit von Herrn Dr. Breusch aufgrund ihrer sehr hohen konzeptionellen und außergewöhnlichen empirischen Qualität eine sehr weite Verbreitung in Wissenschaft und Praxis.

Univ.-Prof. Dr. Christoph Burmann

Vorwort

Das Customer-Equity-Management hat sich in den letzten Jahren als zentraler Bestandteil einer kundenorientierten Unternehmensführung in der Praxis etabliert. Es zielt als wertorientiertes Managementkonzept auf die Identifikation und optimale Steuerung profitabler Kundenbeziehungen ab. Das Customer Equity, d. h., der aggregierte Wert aller Kundenbeziehungen aus der Unternehmensperspektive, ist als maßgeblicher Werttreiber für die Steigerung des Unternehmenswerts die zentrale Zielgröße für die Planung und Steuerung optimaler Marktbearbeitungsstrategien. In bestehenden Customer-Equity-Ansätzen werden jedoch Entscheidungen von Wettbewerbern bei der Ermittlung optimaler Marktbearbeitungsstrategien einer Unternehmung nicht berücksichtigt. Das Entscheidungsproblem bisheriger Customer-Equity-Modelle erscheint verkürzt, da es implizit von einem konstanten Wettbewerbsumfeld, d. h. passiven Strategien aller Wettbewerber bei der Ermittlung des Wertpotenzials von Strategiealternativen ausgeht. Insbesondere in wettbewerbsintensiven Märkten erweist sich die fehlende Berücksichtigung möglicher Wettbewerbsreaktionen als nicht realistisch, so dass existierende Customer-Equity-Modelle als entscheidungsorientierte Managementansätze bei der Empfehlung optimaler Marktbearbeitungsstrategien Fehlentscheidungen nach sich ziehen können.

Die vorliegende Arbeit beschreibt die formal-analytische Entwicklung und empirische Anwendung eines erweiterten Customer-Equity-Modellansatzes. Das sogenannte hybride Customer-Equity-Wettbewerbsmodell stellt methodisch betrachtet eine Synthese aktueller Customer-Equity-Ansätze dar und berücksichtigt darüber hinaus ein dynamisches Wettbewerbsumfeld, in dem konkurrierende Unternehmen sequenziell auf Marktbearbeitungsstrategien der Wettbewerber mit Gegenstrategien reagieren. Das Customer Equity wird dabei als Entscheidungsgröße der Unternehmensführung für die Festlegung optimaler Marktbearbeitungsstrategien verwendet. Das optimale Wettbewerbsverhalten wird im entwickelten Modell auf der Basis spieltheoretischer Überlegungen anhand eines empirisch ermittelten teilspielperfekten Nash-Gleichgewichts abgeleitet.

Empirischer Untersuchungsgegenstand der Arbeit ist der Produktmarkt schnurloser Festnetztelefone für Privatkunden in Deutschland. Aufgrund seiner signifikanten Anbieteroligopolstruktur, des schwachen Marktwachstums und des damit verbundenen intensiven Verdrängungswettbewerbs ist er besonders gut für die vorliegende Untersuchung geeignet. Die Grundlage der empirischen Untersuchung bildet eine großzahlige Konsumentenbefragung von mehr als 1.200 privaten Nachfragern. Anhand der empirischen Ergebnisse werden Handlungsempfehlungen für ein erfolgreiches Customer-Equity-Management in wettbewerbsintensiven Märkten sowie Implikationen für den weiteren Forschungsbedarf in der wettbewerbsorientierten Customer-Equity-Forschung abgeleitet.

An dieser Stelle möchte ich einigen Personen meinen herzlichen Dank aussprechen, ohne deren maßgebliche Unterstützung diese Arbeit nicht möglich gewesen wäre. Zunächst danke ich meinem akademischen Lehrer, Herrn Univ.-Prof. Dr. Christoph Burmann, für seine intensive und stets konstruktive Betreuung meiner Arbeit. Seine umfangreiche Unterstützung insbesondere im Rahmen der empirischen Analyse trug entscheidend zum erfolgreichen Abschluss der Dissertation bei. Für die Übernahme des Koreferats danke ich Herrn Prof. Dr. Jochen Zimmermann.

Mein besonderer Dank gilt den Mitarbeitern des Lehrstuhls für innovatives Markenmanagement der Universität Bremen. Sie trugen maßgeblich dazu bei, dass ich mich während meiner gesamten Promotionszeit nie als „externer" Doktorand fühlte. Ein ganz besonderes Dankeschön möchte ich dabei Heidi Schröder aussprechen, die mich während meiner gesamten Dissertationszeit mit ihrer offenen und fürsorglichen Art in vollem Maße unterstützte. Herrn Dipl.-Math. Werner Wosniok vom Institut für Statistik der Universität Bremen danke ich für seinen wertvollen Rat bei analytischen Fragen jeglicher Art.

Bei meinen Freunden Dr. Steffen Ciupke, Dr. Hanno Deyle, Thorsten Weiler und Dr. Christian Wernz möchte ich mich ganz herzlich für die kritische und zugleich konstruktive Korrekturarbeit am Manuskript bedanken.

Meinen Eltern Eva und Friedrich sowie meinem Bruder René gebührt jedoch mein größter Dank. Sie stehen mir in allen Phasen meines Lebens voller Rückhalt und Förderung zur Seite. Schließlich möchte ich mich bei meiner Verlobten Carolina Vera Gonzales für ihr großes Verständnis und ihre unaufhörliche Unterstützung bedanken. Ihnen widme ich voller Wertschätzung, Liebe und Dankbarkeit diese Arbeit.

Alexander Breusch

Inhaltsverzeichnis

Abbildungsverzeichnis XIX

Tabellenverzeichnis XXI

Abkürzungsverzeichnis XXV

Symbolverzeichnis XXVII

1 Wettbewerbsbetrachtung als Voraussetzung eines erfolgreichen Customer-Equity-Managements 1

    1.1   Ausgangssituation und Problemstellung 1

    1.2   Customer-Equity-Management als zentrales Steuerungskonzept des Beziehungsmarketings 7

    1.3   Zielsetzung und Aufbau der Untersuchung 11

TEIL I: FORSCHUNGSBEDARF UND MODELLKONZEPT 17

2 Systematisierung und Bewertung von CE-Modellen 19

    2.1   Bewertungskriterien 19

    2.2   Finanzwirtschaftliche Black-Box-CE-Modelle 23

    2.3   Verhaltenstheoretische CE-Modelle 26

    2.4   Hybride CE-Modelle 28

        2.4.1   Modell von RUST et al. (2004b) 31

        2.4.2   Modell von HUNDACKER (2005) 33

        2.4.3   Vergleichende Bewertung der beiden hybriden CE-Modelle 35

    2.5   Zusammenfassung des Forschungsbedarfs 37

3 Analyse des Wettbewerbsverhaltens im Marketing 39

    3.1   Relevanz ausgewählter volkswirtschaftlicher Wettbewerbstheorien für das Marketing 39

        3.1.1   Bewertungskriterien 39

        3.1.2   Klassische Wettbewerbstheorie 41

        3.1.3   Neoklassische Wettbewerbstheorie 42

        3.1.4   Chicago-Schule 43

        3.1.5   Harvard-Schule 45

3.1.6 Industrieökonomik 47

3.1.7 Neue Institutionenökonomik 49

3.1.8 Neue Industrieökonomik 50

3.1.9 Zusammenfassung der Bewertungsergebnisse 52

3.2 Übersicht relevanter spieltheoretischer Konzepte des hybriden CE-Wettbewerbsmodells 55

   3.2.1 Beschreibung eines Spiels 57

      3.2.1.1 Strategische Form 57

      3.2.1.2 Extensive Form 60

   3.2.2 Nash-Gleichgewicht 61

      3.2.2.1 Grundlegende Begriffe 61

      3.2.2.2 Nash-Gleichgewicht für reine und gemischte Strategien 63

   3.2.3 Dynamische Spiele mit vollständiger Information 67

      3.2.3.1 Informationslage der Spieler 67

      3.2.3.2 Dynamische Spiele mit vollkommener Information 69

      3.2.3.3 Dynamische Spiele mit unvollkommener Information 71

      3.2.3.4 Teilspielperfektes Nash-Gleichgewicht 72

      3.2.3.5 Strategien in dynamischen Spielen 74

   3.2.4 Kritische Würdigung der Spieltheorie 75

3.3 Einordnung relevanter Wettbewerbsmodelle im Marketing 78

   3.3.1 Modellklassifikation 78

   3.3.2 Preiswettbewerb 82

      3.3.2.1 Etablierter Preiswettbewerb 83

      3.3.2.2 Preiswettbewerb bei Markteintritt 84

      3.3.2.3 Preispromotion-Wettbewerb 84

      3.3.2.4 Verhaltensanalysen im Preiswettbewerb 85

      3.3.2.5 Preiswettbewerb mit Wechselkosten 87

      3.3.2.6 Preiswettbewerb in differenzierten Märkten 88

	3.3.2.7	Preiswettbewerb in Distributionskanälen 89
3.3.3		Kommunikationswettbewerb 90
3.3.4		Preis- und Kommunikationswettbewerb 91
	3.3.4.1	Etablierter Preis- und Kommunikationswettbewerb 91
	3.3.4.2	Preis- und Kommunikationswettbewerb bei Markteintritt 92
	3.3.4.3	Verhaltensanalysen im Preis- und Kommunikationswettbewerb 93
3.3.5		Preis- und Produktpositionierungswettbewerb 94
	3.3.5.1	Etablierter Preis- und Produktpositionierungswettbewerb 94
	3.3.5.2	Preis- und Produktpositionierungswettbewerb bei Markteintritt 96
	3.3.5.3	Preis- und Produktpositionierungswettbewerb von Produktlinien 97
3.4		Implikationen für das hybride CE-Wettbewerbsmodell 97
	3.4.1	Modellgrundannahmen 100
	3.4.2	Analysemodus 102
	3.4.3	Beispielhafte Darstellung eines dynamischen spieltheoretischen CE-Wettbewerbsmodells 103

TEIL II: MODELLENTWICKLUNG 107

4 Entwicklung und formal-analytische Darstellung des hybriden CE-Wettbewerbsmodells 109

4.1 Zugrundeliegendes Entscheidungsproblem aus Markenführungssicht 109

4.2 Identitätsbasierter Markenführungsansatz 112

4.3 Marktnachfrage 115

    4.3.1 Beschreibung der Nettonutzenfunktion der Nachfrager 115

    4.3.2 Konzeptionelle Ausgestaltung des Nettonutzenmodells 118

        4.3.2.1 Markenimage als externes Marktwirkungskonzept 118

        4.3.2.2 Stärke der Marke-Kunde-Beziehung zur Beschreibung nichtmonetärer Wechselkosten 122

        4.3.2.3 Detaillierung des Nettonutzenmodells 124

    4.3.3 Verfahren zur Nettonutzenmessung 125

4.3.4 Präferenz und Markenwahlverhalten 127

4.3.5 Möglichkeiten zur Aggregation der Marktnachfrage 132

4.3.6 Segmentierung der Marktnachfrage 133

4.3.7 Bestimmung der markenspezifischen Absatzmenge 138

4.3.8 Bestimmung der Kaufhäufigkeit der Nachfrager 139

4.4 Marktangebot 141

4.4.1 Marktbearbeitungsstrategien der Marktanbieter 141

4.4.2 Wirkung der Marktbearbeitungsstrategien auf das
Markenwahlverhalten der Nachfrager 143

4.4.3 Produktdeckungsbeitrag der Marktanbieter 146

    4.4.3.1 Preis 147

    4.4.3.2 Marketingfremde variable Stückkosten 147

    4.4.3.3 Lebenszykluskosten 149

4.4.4 Investitionen 150

4.5 Customer Equity als Steuerungsgröße der Unternehmensführung 151

4.5.1 Nachfragerindividuelle Kundenlebenszeitwerte 151

4.5.2 Aggregiertes Customer Equity 153

4.5.3 Customer-Equity-basierte Steuerungsgrößen der
Unternehmensführung 153

4.6 Wettbewerbsverhalten der Marktanbieter 155

4.6.1 Normstrategien im hybriden CE-Wettbewerbsmodell 155

4.6.2 Markentypologien im hybriden CE-Wettbewerbsmodell 159

4.6.3 Normstrategien und ihre Implikationen für die Markentypologien 162

    4.6.3.1 Strategieformulierungsprozess 162

    4.6.3.2 Mehrdimensionales Positionierungsmodell 164

    4.6.3.3 Interpretation der Normstrategien anhand der
    Markentypologien 165

4.7 Spieltheoretische Beschreibung 167

4.7.1 Darstellung in extensiver Form 167

4.7.1.1	Anzahl der Wettbewerbermarken	167
4.7.1.2	Entscheidungsabfolge der Marktbearbeitungsstrategien	168
4.7.1.3	Zielfunktion und Formulierung der Optimierungsbedingungen	172

4.7.2 Bestimmung eines teilspielperfekten Nash-Gleichgewichts durch dynamische Optimierung ... 174

4.8 Einordnung der ermittelten CE-Kenngröße in die aktuelle CE-Forschung .. 177

TEIL III: EMPIRISCHE ANWENDUNG UND UNTERSUCHUNGSERGEBNISSE ... 179

5 Empirische Anwendung und Parametrisierung des hybriden CE-Wettbewerbsmodells ... 181

5.1 Übersicht bisheriger empirischer Untersuchungen in der CE-Forschung ... 181

- 5.1.1 Direktvertrieb ... 185
- 5.1.2 Finanzdienstleistungen ... 188
- 5.1.3 Internetdienstleistungen/Online-Handel ... 188
- 5.1.4 IT-Produkte und -Dienstleistungen ... 189
- 5.1.5 Automobilherstellung ... 190
- 5.1.6 Linienflugverkehr ... 191
- 5.1.7 Telekommunikation ... 192
- 5.1.8 Zwischenfazit ... 193

5.2 Einordnung des Produktmarkts für schnurlose Festnetztelefone in Deutschland ... 194

- 5.2.1 Abgrenzung und Charakterisierung des betrachteten Markts ... 194
- 5.2.2 Wettbewerbsorientierte Bewertung des betrachteten Markts ... 197
  - 5.2.2.1 Marktstruktur des deutschen Produktmarkts für schnurlose Festnetztelefone ... 200
  - 5.2.2.2 Aktuelle Marktentwicklung im deutschen Produktmarkt für schnurlose Festnetztelefone ... 201
- 5.2.3 Zusammenfassung ... 203

5.3 Untersuchungshypothesen ... 203

- 5.3.1 Optimale Marktbearbeitungsstrategien der Markentypologien ... 204

5.3.2 Optimale Marktbearbeitungsstrategien in den
Nachfragersegmenten 207

5.3.3 Vorteilhaftigkeit einer segmentspezifischen Marktbearbeitung 210

5.3.4 Vorteilhaftigkeit einer Wettbewerbsantizipation 211

5.3.5 Zusammenfassung der Untersuchungshypothesen 212

5.4 Design der empirischen Analyse 213

    5.4.1 Primärmarktstudie 213

        5.4.1.1 Aufbau und Struktur des Fragebogens 213

        5.4.1.2 Zusammensetzung und Repräsentativität der Stichprobe 215

    5.4.2 Experteninterviews 215

    5.4.3 Sekundärmarktstudien 217

    5.4.4 Datenanalyse 217

5.5 Parametrisierung des hybriden CE-Wettbewerbsmodells 218

    5.5.1 Segmentierung der Marktnachfrage 218

        5.5.1.1 Elemente der nutzenorientierten Segmentierung 218

        5.5.1.2 Ergebnisse der Faktorenanalyse 222

        5.5.1.3 Untersuchung und Bewertung verschiedener
Segmentierungsansätze 223

        5.5.1.4 Ergebnisse der Marktsegmentierung 226

        5.5.1.5 Zugänglichkeitsprüfung der Segmente 228

    5.5.2 Nettonutzen- und Präferenzmessung 232

        5.5.2.1 Nettonutzenmodell 232

        5.5.2.2 Ergebnisse der Faktorenanalyse 234

        5.5.2.3 Multinomiale logistische Regression 235

        5.5.2.4 Konsistenzprüfung zwischen Nettonutzen und Kaufpräferenz ... 239

    5.5.3 Markentypologien 243

        5.5.3.1 Wettbewerbsvorteil der Marken 243

        5.5.3.2 Markengröße 246

5.5.3.3	Qualitätsklassen der betrachteten Marken	247
5.5.3.4	Segmentanteile der betrachteten Marken	248
5.5.4	Anbieterprofitabilität und -kostenstruktur	250
5.5.5	Markenspezifische Kapitalkosten	252
5.5.6	Wirkungsweise der Marktbearbeitungsstrategien	253
5.5.6.1	Produktdeckungsbeitrag	253
5.5.6.2	Investitionen	254
5.5.6.3	Nettonutzen und Präferenz	256
5.5.6.4	Kaufhäufigkeit der Nachfrager	262
5.5.7	Bestimmung optimaler Marktbearbeitungsstrategien durch dynamische Optimierung	263

6 Untersuchungsergebnisse und Handlungsempfehlungen 266

6.1 Konsistenzprüfung zwischen Nettonutzen und Kaufpräferenz 266

    6.1.1 Nettonutzendifferenzen zwischen gekauften und nichtgekauften Marken 266

    6.1.2 Statistische Signifikanz der Nettonutzendifferenzen 269

    6.1.3 Untersuchung moderierender Variablen 271

    6.1.4 Zusammenfassung der Konsistenzprüfung 274

6.2 Status quo – keine Wettbewerbsentscheidungen 275

    6.2.1 Einflussgrößen des Kundenlebenszeitwerts der Marken 275

    6.2.2 Nachfragerindividuelle Kundenlebenszeitwerte 277

    6.2.3 Aggregierte Markenwechselmatrizen der Nachfrager 279

    6.2.4 Durchschnittliche Kundenlebenszeitwerte und Kundenstammwerte der Marken 281

6.3 Untersuchte Entscheidungsabfolgen der Wettbewerbermarken 282

6.4 Optimale Marktbearbeitungsstrategien der Markentypologien 284

    6.4.1 Optimale Gesamtmarktbearbeitung der Marken 284

    6.4.2 Einordnung und Interpretation der optimalen Strategien 287

6.5 Optimale Marktbearbeitungsstrategien in den Nachfragersegmenten 293

6.5.1 Segment der qualitätsbewussten Nachfrager 294

6.5.2 Segment der hochinvolvierten Nachfrager 297

6.5.3 Segment der preisbewussten Nachfrager 300

6.5.4 Segment der nichtinvolvierten Nachfrager 303

6.6 Vorteilhaftigkeit einer segmentspezifischen Marktbearbeitung 306

6.7 Vorteilhaftigkeit einer Wettbewerbsantizipation 310

    6.7.1 Undifferenzierte Gesamtmarktbearbeitung 311

    6.7.2 Differenzierte Segmentbearbeitung 312

        6.7.2.1 Segment der qualitätsbewussten Nachfrager 312

        6.7.2.2 Segment der hochinvolvierten Nachfrager 313

        6.7.2.3 Segment der preisbewussten Nachfrager 314

        6.7.2.4 Segment der nichtinvolvierten Nachfrager 315

6.8 Vorteilhaftigkeit des Marktführers 315

6.9 Untersuchung der optimalen Strategien in Sensitivitätsanalysen 317

    6.9.1 Sensitivitätsanalyse hinsichtlich Preisänderungen 319

    6.9.2 Sensitivitätsanalyse hinsichtlich Kostenänderungen 320

    6.9.3 Sensitivitätsanalyse hinsichtlich Investitionen 322

    6.9.4 Sensitivitätsanalyse hinsichtlich Nettonutzeneffekten 324

6.10 Zusammenfassung der Untersuchungsergebnisse 325

7 Schlussbetrachtung und Ausblick 331

7.1 Kritische Würdigung der Untersuchungsergebnisse 331

7.2 Implikationen für das Customer-Equity-Management in der Praxis 337

    7.2.1 Handlungsempfehlungen für die moderne Markenführung 337

    7.2.2 Implementierungsgesichtspunkte 344

7.3 Implikationen für die weitere Forschung 347

    7.3.1 Marktnachfrage 348

        7.3.1.1 Nettonutzenmodell 348

7.3.1.2 Nachfragerverhalten 349

7.3.1.3 Empirische Erhebungstechniken 350

7.3.1.4 Marktsegmentierung 351

7.3.2 Marktangebot 352

7.3.2.1 Marktbearbeitungsstrategien 352

7.3.2.2 Anbieterstruktur 354

7.3.2.3 Marktstruktur 355

7.3.3 Spieltheoretische Modellverfahren 356

7.3.3.1 Marktgleichgewicht 356

7.3.3.2 Informationslage der Spieler 357

Anhang A: Fragebogen der Primärmarktstudie 359

Anhang B: Fragebogen der Experteninterviews 363

Anhang C: Segmentierung der Marktnachfrage 368

Anhang D: Nettonutzen- und Präferenzmessung 370

Anhang E: Markentypologien 374

Anhang F: Konsistenzprüfung Nettonutzen vs. Kaufpräferenz 375

Anhang G: Status quo – keine Wettbewerbsentscheidungen 378

Anhang H: Vorteilhaftigkeit einer segmentspezifischen Marktbearbeitung 380

Anhang I: Vorteilhaftigkeit einer Wettbewerbsantizipation 381

Anhang J: Ergebnisse Sensitivitätsanalysen 383

Literaturverzeichnis 389

Abbildungsverzeichnis

Abbildung 1:	Marktwachstum ausgewählter Wirtschaftszweige in Deutschland	4
Abbildung 2:	Übersicht Bewertungskriterien von CE-Modellen	20
Abbildung 3:	Hybrides CE-Modell von RUST et al. (2004b)	32
Abbildung 4:	Duales hybrides CE-Modell von HUNDACKER (2005)	34
Abbildung 5:	Structure-Conduct-Performance-Paradigma	47
Abbildung 6:	Ausgewählte volkswirtschaftliche Wettbewerbstheorien im Überblick	52
Abbildung 7:	Beschreibung und Darstellung eines Spiels	59
Abbildung 8:	Entscheidungsproblem und Struktur des hybriden CE-Wettbewerbsmodells	110
Abbildung 9:	Grundkonzept der identitätsbasierten Markenführung	113
Abbildung 10:	Konzeptionalisierung des Nettonutzenmodells	119
Abbildung 11:	Exemplarische Nachfragersegmente einer zweidimensionalen Preis-Qualitäts-Segmentierung	136
Abbildung 12:	Produktdeckungsbeitrag im hybriden CE-Wettbewerbsmodell	146
Abbildung 13:	Normstrategien im hybriden CE-Wettbewerbsmodell	156
Abbildung 14:	Markentypologien im hybriden CE-Wettbewerbsmodell	161
Abbildung 15:	Normstrategien und ihre Implikationen für Markentypologien	166
Abbildung 16:	Spielbaum des hybriden CE-Wettbewerbsmodells	170
Abbildung 17:	Marktlebenszyklusphasen und deren Implikationen auf die Wettbewerbsintensität	199
Abbildung 18:	Marktanteile der Anbieter im schnurlosen Festnetztelefonmarkt in Deutschland	201
Abbildung 19:	Untersuchte Zusammenhänge im hybriden CE-Wettbewerbsmodell	204
Abbildung 20:	Untersuchungshypothesen bzgl. optimaler Marktbearbeitungsstrategien der Markentypologien	206
Abbildung 21:	Untersuchungshypothesen bzgl. optimaler Marktbearbeitungsstrategien in den Nachfragersegmenten	209
Abbildung 22:	Segmentlösung der Clusterzentrenanalyse	227

Abbildung 23:	Nettonutzenmodell im hybriden CE-Wettbewerbsmodell	233
Abbildung 24:	Häufigkeitsverteilung Scoring-Faktor als Maß der Stärke der Marke-Kunde-Beziehung	237
Abbildung 25:	Untersuchungsmodell für eine Konsistenzprüfung zwischen Nettonutzen und Kaufpräferenz	241
Abbildung 26:	Analyse des Wettbewerbsvorteils der Anbietermarken entlang Preis- und Qualitätsfaktor	244
Abbildung 27:	Aktuelle Marktpositionierung der Marken	246
Abbildung 28:	Entscheidungsrelevante Marken im hybriden CE-Wettbewerbsmodell	248
Abbildung 29:	Segmentanteile der entscheidungsrelevanten Marken	250
Abbildung 30:	Empirisch geschätzte Preis-Nutzen-Relation	259
Abbildung 31:	Empirisch geschätzte Kosten-Nutzen-Relation	260
Abbildung 32:	Illustrierendes Beispiel einer konkaven Kosten-Nutzen-Relation	261
Abbildung 33:	Bestimmung eines teilspielperfekten Nash-Gleichgewichts	265
Abbildung 34:	Geschätzte Nettonutzendifferenzen zwischen Kauf und Nichtkauf	267
Abbildung 35:	Geschätzte Differenz der Teilnettonutzenwerte Faktor „hohe Qualität"	268
Abbildung 36:	Geschätzte Differenz der Teilnettonutzenwerte Faktor „niedriger Preis"	269
Abbildung 37:	Individuelle CLV aller Nachfrager aus der Sicht der Premiummarke	278
Abbildung 38:	Änderung des Wettbewerbsvorteils bei optimaler Strategie	288
Abbildung 39:	Änderung der Marktpositionierung bei optimaler Strategie	289
Abbildung 40:	Analyse des Wettbewerbsvorteils der verwendeten Anbietermarken – reale Preise	374
Abbildung 41:	Geschätzte Differenz der Teilnettonutzenwerte Faktor „Individualität/ Fits my needs"	375
Abbildung 42:	Geschätzte Differenz der Teilnettonutzenwerte Faktor „nichtmonetäre Wechselkosten"	375
Abbildung 43:	Individuelle CLV aller potenziellen Nachfrager aus der Sicht der Premiummarke	378

Tabellenverzeichnis

Tabelle 1:	Aktuelle Themen in der CE-Forschung	11
Tabelle 2:	Aufbau der Untersuchung	15
Tabelle 3:	Bewertung finanzwirtschaftlicher Black-Box-CE-Modelle	24
Tabelle 4:	Bewertung verhaltenstheoretischer CE-Modelle	26
Tabelle 5:	Bewertung hybrider CE-Modelle	29
Tabelle 6:	Vergleich der hybriden CE-Modelle von Rust et al. (2004b) und Hundacker (2005)	36
Tabelle 7:	Bewertungskriterien volkswirtschaftlicher Wettbewerbstheorien und mögliche Ausprägungen	40
Tabelle 8:	Bewertung ausgewählter volkswirtschaftlicher Wettbewerbstheorien	53
Tabelle 9:	Informationslage der Spieler und Anwendungsbeispiele	69
Tabelle 10:	Klassifikation von Wettbewerbsmodellen im Marketing	80
Tabelle 11:	Übersicht wettbewerbsbezogener Optimierungsmodelle im Marketing	82
Tabelle 12:	Modellkonzept des hybriden CE-Wettbewerbsmodells	99
Tabelle 13:	Beispielhafte Darstellung des Entscheidungsablaufs im hybriden CE-Wettbewerbsmodell	104
Tabelle 14:	Wirkungsweise der Marktbearbeitungsstrategien im Modell	141
Tabelle 15:	Strategieformulierungsprozess zur Beschreibung der Normstrategien	163
Tabelle 16:	Empirische Untersuchungen in der CE-Forschung	183
Tabelle 17:	Bewertungskriterien und geforderte Ausprägung für das hybride CE-Wettbewerbsmodell	200
Tabelle 18:	Empirisch zu überprüfende Hypothesen dieser Arbeit	212
Tabelle 19:	Zusammensetzung der Stichprobe	216
Tabelle 20:	Verwendete Nutzenmerkmale im hybriden CE-Wettbewerbsmodell	219
Tabelle 21:	Bedeutungsgewichte der Nutzenmerkmale im Gesamtmarkt	222
Tabelle 22:	Übersicht und Bewertung der verwendeten Cluster-Algorithmen	226

Tabelle 23:	Zugänglichkeitsprüfung der Segmente anhand soziodemographischer Merkmale	230
Tabelle 24:	Zugänglichkeitsprüfung der Segmente anhand des Nutzungsverhaltens	231
Tabelle 25:	Empirisch ermittelte Markenwechselmatrix	238
Tabelle 26:	Qualitätsklassen der betrachteten Marken	249
Tabelle 27:	Anbieterprofitabilität und -kostenstruktur	251
Tabelle 28:	Investitionsvolumina im hybriden CE-Wettbewerbsmodell	256
Tabelle 29:	Verwendete Kaufzyklen im hybriden CE-Wettbewerbsmodell	263
Tabelle 30:	Determinanten des CLV – Status quo	276
Tabelle 31:	Durchschnittliche Markenwechselmatrix – Gesamtmarkt	280
Tabelle 32:	CLV und CE der Marken im Gesamtmarkt – Status quo	281
Tabelle 33:	Untersuchte Entscheidungsszenarien der Wettbewerber	283
Tabelle 34:	Optimale Marktbearbeitungsstrategien der Marken – Gesamtmarkt	285
Tabelle 35:	Einordnung und Interpretation der optimalen Strategien	292
Tabelle 36:	Zusammenfassung der optimalen Segmentstrategien	294
Tabelle 37:	Optimale Strategien der Marken – qualitätsbewusstes Segment	295
Tabelle 38:	Optimale Strategien der Marken – hochinvolviertes Segment	298
Tabelle 39:	Optimale Strategien der Marken – preisbewusstes Segment	301
Tabelle 40:	Optimale Strategien der Marken – nichtinvolviertes Segment	304
Tabelle 41:	Ergebnisse Segmentbearbeitung vs. Gesamtmarktbearbeitung	307
Tabelle 42:	Wettbewerbsantizipierende und -ignorierende Strategien der führenden Marke	311
Tabelle 43:	Sensitivitätsanalysen des hybriden CE-Wettbewerbsmodells	318
Tabelle 44:	Ergebnisse der Hypothesenprüfung	328
Tabelle 45:	Varianzerklärung Faktorenanalyse – Bedeutungsgewichte Nutzenmerkmale	368
Tabelle 46:	Details Segmentlösung Clusterzentrenanalyse	368
Tabelle 47:	Ergebnisse Diskriminanzanalyse	369

Tabelle 48:	Erfasste Komponenten des Nettonutzenmodells	370
Tabelle 49:	Varianzerklärung Faktorenanalyse – Nettonutzenmodell	370
Tabelle 50:	Multinomiales Logitmodell – letzte Kaufentscheidung Marke A	371
Tabelle 51:	Multinomiales Logitmodell – letzte Kaufentscheidung Marke B	371
Tabelle 52:	Multinomiales Logitmodell – letzte Kaufentscheidung Marke C	372
Tabelle 53:	Multinomiales Logitmodell – letzte Kaufentscheidung Marke D	372
Tabelle 54:	Multinomiales Logitmodell – letzte Kaufentscheidung Marke E	373
Tabelle 55:	Multinomiales Logitmodell – letzte Kaufentscheidung sonstige Marken	373
Tabelle 56:	Ergebnisse Normalverteilungstests	376
Tabelle 57:	Ergebnisse Signifikanztests für eine Stichprobe	376
Tabelle 58:	Ergebnisse Signifikanztests für zwei unabhängige Stichproben	377
Tabelle 59:	Segmentspezifische Markenwechselmatrizen – Status quo	378
Tabelle 60:	Segmentanteile der Marken – Status quo	379
Tabelle 61:	CE der Marken in den Segmenten – Status quo	379
Tabelle 62:	Markt- und Segmentanteile bei optimaler Strategie der Marken	380
Tabelle 63:	Optimale Strategie der führenden Marke ohne Wettbewerbsreaktionen – Gesamtmarkt	381
Tabelle 64:	Optimale Strategie der führenden Marke ohne Wettbewerbsreaktionen – Segment der qualitätsbewussten Nachfrager	381
Tabelle 65:	Optimale Strategie der führenden Marke ohne Wettbewerbsreaktionen – Segment der hochinvolvierten Nachfrager	382
Tabelle 66:	Optimale Strategie der führenden Marke ohne Wettbewerbsreaktionen – Segment der nichtinvolvierten Nachfrager	382
Tabelle 67:	Optimale Strategien der Marken – Gesamtmarkt (Preisänderung +/-10 %)	383
Tabelle 68:	Optimale Strategien der Marken – hochinvolviertes Segment (Preisänderung +/-10 %)	383

Tabelle 69:	Optimale Strategien der Marken – preisbewusstes Segment (Preisänderung +/-10 %)	384
Tabelle 70:	Optimale Strategien der Marken – Gesamtmarkt (Kostenänderung +/-2,5 %)	384
Tabelle 71:	Optimale Strategien der Marken – Gesamtmarkt (20-prozentige Investitionserhöhung)	385
Tabelle 72:	Optimale Strategien der Marken – Gesamtmarkt (20-prozentige Investitionssenkung)	385
Tabelle 73:	Optimale Strategien der Marken – hochinvolviertes Segment (20-prozentige Investitionserhöhung)	386
Tabelle 74:	Ergebnisse Segmentbearbeitung vs. Gesamtmarktbearbeitung (20-prozentige Investitionserhöhung)	386
Tabelle 75:	Optimale Strategien der Marken – Gesamtmarkt (reduzierter qualitätsorientierter Nettonutzeneffekt)	387
Tabelle 76:	Optimale Strategien der Marken – hochinvolviertes Segment (reduzierter qualitätsorientierter Nettonutzeneffekt)	387

Abkürzungsverzeichnis

Aufl.	Auflage
ARPU	Average Revenue per User
B2B	Business-to-Business
B2C	Business-to-Consumer
Bd.	Band
bspw.	beispielsweise
bzgl.	bezüglich
bzw.	beziehungsweise
ca.	circa
CATI	Computer Assisted Telephone Interviewing
CE	Customer Equity
CEM	Customer-Equity-Management
CLV	Customer Lifetime Value, Customer Lifetime Values
CV	Conjectural Variation
d. h.	das heißt
et al.	et alii, et alia, et alteri
etc.	et cetera
FMCG	Fast Moving Consumer Goods
f.	folgende
ff.	fortfolgende
Forts.	Fortsetzung
ggf.	gegebenenfalls
Hrsg.	Herausgeber
i. A.	im Allgemeinen
i. d. R.	in der Regel
k. A.	keine Angabe
MSA	Measure of Sampling Adequacy
NBD	Negative Binomial Distribution
NEIO	New Empirical Industrial Organization
o. g.	oben genannten
o. V.	ohne Verfasser
p. a.	per annum

PIMS	Profit Impact of Market Strategies
ROI	Return on Investment
S.	Seite
SCP-Paradigma	Structure-Conduct-Performance-Paradigma
sog.	sogenannte, sogenannter, sogenannten
SPSS	Superior Performance Software System
u. a.	und andere, unter anderem
u. U.	unter Umständen
USD	US-Dollar
v. a.	vor allem
vgl.	vergleiche
vs.	versus
WACC	Weighted Average Cost of Capital
z. B.	zum Beispiel
zit.	zitiert
z. T.	zum Teil
zzt.	zurzeit

Symbolverzeichnis

0	Nichtmonetäre Wechselkosten (auch: keine Preis- oder Qualitätsänderung)
×	Komponentenweise Matrixmultiplikation
$\dfrac{\partial(\cdot)}{\partial(\cdot)}$	Partielle Ableitung einer differenzierbaren Funktion
β	Teilnettonutzenwert der Nettonutzendimension
$\hat{\beta}$	Geschätzter Teilnettonutzenwert der Nettonutzendimension
ε	Stochastischer Fehlerterm im Nettonutzenmodell
γ	Teilnettonutzenwert des Nettonutzenfaktors
$\hat{\gamma}$	Geschätzter Teilnettonutzenwert des Nettonutzenfaktors
$\boldsymbol{\gamma}$	Vektor der Teilnettonutzenwerte aller Nettonutzenfaktoren
λ	Lernkurveneffekt im Erfahrungskurvenkonzept
μ	Exponent im Erfahrungskurvenkonzept (auch: Mittelwert einer Verteilung)
π	Markenwahlwahrscheinlichkeit (auch: Gewinn)
$\hat{\pi}$	Erwartete Markenwahlwahrscheinlichkeit
$\Delta\pi$	Absolute Änderung der Markenwechselwahrscheinlichkeit
$\mathbf{\Pi}$	Markov-Markenwechselmatrix
σ	Standardabweichung einer Verteilung
τ	Index des Betrachtungszeitpunkts
a	Index der Nettonutzendimensionen
A	Anzahl aller Nettonutzendimensionen
$\mathbf{A}$	Koeffizientenmatrix der Faktorwerte
A^2	Anderson-Darling-Teststatistik
b	Index der Nettonutzenfaktoren der Faktorenanalyse
B	Anzahl aller Nettonutzenfaktoren der Faktorenanalyse
$\mathbf{B}$	Wahrscheinlichkeitsverteilung des Markenwahlvektors
c	Index der Nachfrager
C	Anzahl aller Nachfrager
∂CE	Relative investitionsbereinigte CE-Änderung
ΔCE	Absolute CE-Änderung
d	Minimum der Anzahl der Spalten und Zeilen der untersuchten Kreuztabelle
D	Kolmogorov-Smirnov-Teststatistik

$\exp(\cdot)$	Exponentialfunktion
f	Kaufhäufigkeit der Nachfrager (auch: funktionale Nettonutzendimensionen)
h	Preis- bzw. Qualitätserhöhung der Marke
H	Untersuchungshypothese
i	Marke der letzten Kaufentscheidung (auch: Index der Spieler)
I	Anzahl aller Marken der letzten Kaufentscheidung (auch: Spielerzahl)
INV	Investitionen
j	Marke der nächsten Kaufentscheidung
J	Anzahl aller Marken der nächsten Kaufentscheidung (auch: Anzahl reiner Strategien)
k	Marketingfremde variable Stückkosten
K	Anzahl reiner Strategien
l	Preis- bzw. Qualitätssenkung der Marke
LCC	Lebenszykluskosten der Marke
$\ln(\cdot)$	Natürliche Logarithmusfunktion
m	Nachfragersegment
M	Anzahl aller Nachfragersegmente
$\max(\cdot)$	Maximierungsproblem
MS	Marktanteil der Marke
$MSCE$	CE-orientierter Marktanteil der Marke
n	Proband der Umfrage
N	Anzahl der Probanden der Primärmarktstudie
p	Herstellerpreis der Marke (auch: gemischte Strategie)
q	Qualität der Marke
Q	Absatzmenge der Marke
r	Wettbewerbermarke
$r(\cdot)$	Beste-Antwort-Korrespondenz
s	Marktbearbeitungsstrategie (auch: symbolische Nettonutzendimensionen)
$s*$	Optimale Marktbearbeitungsstrategie, teilspielperfektes Nash-Gleichgewicht
$\tilde{s}$	Optimale Marktbearbeitungsstrategie bei konstantem Wettbewerbsumfeld
S	Menge aller (reinen) Marktbearbeitungsstrategien
$SSCE$	CE-orientierter Segmentanteil der Marke
t	Entscheidungszeitpunkt der Marktbearbeitungsstrategie

Symbolverzeichnis

T	Ende des Planungszeitraums
u	Stochastischer Nettonutzen
$\hat{u}$	Erwarteter Nettonutzen
$\bar{u}$	Durchschnittlicher Nettonutzen
Δu	Absolute Nettonutzendifferenz
$\mathbf{U}$	Matrix aller Nettonutzendimensionen
v	Deterministischer Nettonutzen
w	Markenunabhängige Bedeutungsgewichte der Nutzendimensionen
W	Shapiro-Wilk-Teststatistik
x	Markenspezifische Nutzenassoziation der Nettonutzendimension
$\hat{x}$	Geschätzte markenspezifische Nutzenassoziation der Nettonutzendimension
Δx	Absolute Änderung der Nettonutzendimension
$\mathbf{X}$	Matrix der Nutzenassoziationen aller Nettonutzendimensionen
y	Dichotome Dummy-Variable der Kaufpräferenz
z	Faktorenwert des Nettonutzenfaktors
$\hat{z}$	Geschätzter Faktorenwert des Nettonutzenfaktors
$\mathbf{Z}$	Matrix der Faktorwerte aller Nettonutzenfaktoren

1 Wettbewerbsbetrachtung als Voraussetzung eines erfolgreichen Customer-Equity-Managements

1.1 Ausgangssituation und Problemstellung

Die Identifikation erfolgreicher Marktbearbeitungsstrategien in einem dynamischen Marktumfeld stellt eine der zentralen Herausforderungen für die marktorientierte Unternehmensführung dar. In wettbewerbsintensiven Märkten müssen bei der Festlegung von Marktbearbeitungsstrategien neben den erwarteten Kosten und dem erwarteten Nachfragerverhalten auch mögliche Reaktionen des Wettbewerbs in das Entscheidungskalkül des Managements einbezogen werden.[1] Gerade in gesättigten und stagnierenden Märkten, die durch einen starken Verdrängungswettbewerb charakterisiert sind,[2] rücken die wertorientierte Steuerung der Kundenbeziehungen und die Wettbewerbsanalyse ins zentrale Blickfeld einer Unternehmung.[3] Dabei ist wichtig, dass sowohl die Kunden- als auch die Wettbewerbsorientierung als gleichbedeutende Bewertungsperspektiven in die Festlegung einer optimalen Strategiealternative einfließen.[4] Wenn eine Unternehmung ihre Marktbearbeitungsstrategie an der Werthaltigkeit der Nachfrager ausrichtet und gleichzeitig Wettbewerbsentscheidungen[5] antizipiert, kann sie erfolgreich Wettbewerbsangriffe abwehren oder Wettbewerber verdrängen und dabei wertbringende Kundenbeziehungen halten, ausbauen und neu für sich gewinnen.[6]

In vielen Märkten kann eine **Zunahme der Wettbewerbsintensität** aufgrund veränderter Rahmenbedingungen beobachtet werden. Gerade in solch einem dynamischen Umfeld konkurrierender Anbieter steigt die Bedeutung der Schaffung und Aufrechterhaltung von Wettbewerbsvorteilen.[7] Ein etabliertes Konzept der Beurteilung der Wettbewerbsintensität eines Markts stellt das strukturelle Modell der „five forces"

---

[1] Vgl. LEEFLANG und WITTINK (2001), S. 119. Siehe auch KLAPPER (2003), S. 522.
[2] Vgl. BAUER (1988).
[3] Vgl. die empirischen Ergebnisse von RAMASWAMY et al. (1994) sowie STEENKAMP et al. (2005).
[4] Vgl. HEIL und MONTGOMERY (2001), S. 2.
[5] Wettbewerbsentscheidungen stellen in dieser Arbeit Marktbearbeitungsstrategien der konkurrierenden Marktanbieter dar. Marktbearbeitungsstrategien basieren auf Elementen des Marketing-Mix. In diesem Zusammenhang wird die Marketing-Mix-Definition von BORDEN (1964) verwendet. Der Marketing-Mix bildet sich dabei aus der Kombination von Marketing-Instrumenten der Produkt-, Preis-, Distributions- und Kommunikationspolitik.
[6] SHAH et al. (2006) sprechen im Rahmen einer solchen Unternehmensbetrachtung von einer „customer-centric firm", SHAH et al. (2006), S. 114.
[7] Vgl. PORTER (1998a).

von PORTER (1998a) dar. In diesem Zusammenhang lassen sich – neben einer Vielzahl weiterer Ursachen – v. a. zwei für diese Arbeit relevante Entwicklungstendenzen identifizieren.[8] Zum einen kann eine zunehmende **Homogenisierung des Marktangebots** infolge einer gestiegenen wahrgenommenen Austauschbarkeit von Produkten auf Seiten der Nachfrager festgestellt werden.[9] Dies lässt sich v. a. aufgrund steigender Standardisierungsbemühungen und einer schnelleren Diffusion technologischen Know-hows in vielen Märkten begründen.[10] Durch die zunehmende Qualitätsanpassung weisen Produkte immer geringere technisch-funktionale Qualitätsunterschiede auf. Die fortschreitende Qualitätsnivellierung hat zur Folge, dass aus Konsumentensicht das Risiko von Fehlkäufen sinkt.[11] Bei ihrem Kaufverhalten lässt sich daher meist eine schwindende bzw. polygame Markenloyalität beobachten.[12] Die geringere Kundenloyalität führt zu einer Senkung einer wesentlichen Markteintrittsbarriere und forciert dadurch die Wettbewerbsintensität.[13] In diesem Marktumfeld steigt die Bedeutung einer Wettbewerbsdifferenzierung, bspw. durch den Aufbau eines emotionalen Zusatznutzens.[14]

Zum anderen kann aufgrund einer dynamischen Marktentwicklung entlang dem Marktlebenszyklus eine **zunehmende Marktsättigung** in vielen Märkten beobachtet werden.[15] Das damit einhergehende abgeschwächte Marktwachstum führt zu einem starken **Verdrängungswettbewerb** zwischen den etablierten Marktanbietern.[16] Marktanteilsgewinne lassen sich in dieser Marktlebenszyklusphase im Wesentlichen nur durch Akquisition bestehender Kunden von Wettbewerbermarken[17] realisieren. PORTER (1998a) charakterisiert in diesem Zusammenhang das Wettbewerbsverhalten in gesättigten Märkten folgendermaßen: „With companies unable to maintain his-

---

[8] Für eine umfassende Vorstellung und Diskussion wettbewerbsbeeinflussender Faktoren vgl. PORTER (1998a), S. 5 ff.
[9] Vgl. KROEBER-RIEL und WEINBERG (2003), S. 128 f.
[10] Vgl. KULLMANN (2006), S. 5.
[11] Vgl. BURMANN et al. (2005), S. 10 ff.
[12] Vgl. MEYER-WAARDEN und BENAVENT (2006), S. 82.
[13] Vgl. PORTER (1998a), S. 9.
[14] Vgl. ESCH (2007), S. 42.
[15] Vgl. PORTER (1998a), S. 237 ff. Für das Marktlebenszykluskonzept vgl. bspw. MEFFERT et al. (2008), S. 272.
[16] Für Strategien in gesättigten Märkten vgl. OHLSEN (1985) sowie NARAYANDAS und RANGAN (2004).
[17] Da die empirische Untersuchung dieser Arbeit von jeweils nur einer Marke pro Unternehmung ausgeht, werden die Begriffe Marke und Unternehmen, wenn nicht explizit anders beschrieben, als Synonyme verwendet.

torical growth rates merely by holding market share, competitive attention turns inward toward attacking the shares of the others."[18]

Das **begrenzte Marktwachstum** lässt sich am **Beispiel Deutschland** anhand der Analysen des Statistischen Bundesamtes in einzelnen Wirtschaftsbereichen zeigen (vgl. Abbildung 1). In einer konjunkturellen Erhebung bestimmter Dienstleistungsbereiche in den Jahren 2003 bis 2006 weisen 18 der insgesamt 31 untersuchten Wirtschaftszweige eine jährliche Umsatzsteigerung von weniger als 3 % auf, 6 davon ein negatives Marktwachstum.[19] Im verarbeitenden Gewerbe zeigen im gleichen Zeitraum 5 von insgesamt 14 Wirtschaftszweigen ein Marktwachstum von kleiner 3 % p. a und 2 davon eine negative Entwicklung.[20] Die Produzenten von Gebrauchs- und Verbrauchsgütern realisieren dabei lediglich ein durchschnittliches Wachstum von 1,7 % und 2,4 % p. a. Im Einzelhandel ergibt sich ein ähnliches Bild mit einem schwachen Marktwachstum von 1,1 % p. a. in den Jahren 2003 bis 2006.[21] Von den insgesamt 57 untersuchten Einzelhandelszweigen verzeichnen 44 ein Umsatzwachstum von weniger als 3 % p. a. Davon weisen 26 ein negatives Marktwachstum auf. Die Marktzahlen des Statistischen Bundesamtes zeigen ein insgesamt schwaches Wachstum in den meisten Wirtschaftszweigen. Wachstumsziele einzelner Unternehmen können in diesen Märkten somit meist nur durch einen intensiven Verdrängungswettbewerb realisiert werden.

In wettbewerbsintensiven Märkten mit einer zunehmenden Homogenisierung des Angebots und einem abgeschwächten Marktwachstum steigt einerseits die Schwierigkeit der Sicherung bestehender profitabler Kundenbeziehungen.[22] Andererseits stellt die Akquisition wertbringender Neukunden vom Wettbewerb eine zunehmende Herausforderung für die Unternehmen dar. Beide Aspekte implizieren die Nutzung eines **kundenwertorientierten Unternehmensführungskonzepts** zur Identifikation optimaler Marktbearbeitungsstrategien in einem dynamischen Marktumfeld, da sich dadurch Implikationen für erfolgreiche Kundenbindungs- und -akquisitionsmaßnahmen ableiten lassen.

---

[18] PORTER (1998a), S. 238.
[19] Vgl. GENESIS-ONLINE (2007a).
[20] Vgl. GENESIS-ONLINE (2007b).
[21] Vgl. GENESIS-ONLINE (2007c).
[22] Vgl. LORBEER (2003), S. 3.

4 Wettbewerbsbetrachtung als Voraussetzung eines erfolgreichen Customer-Equity-Managements

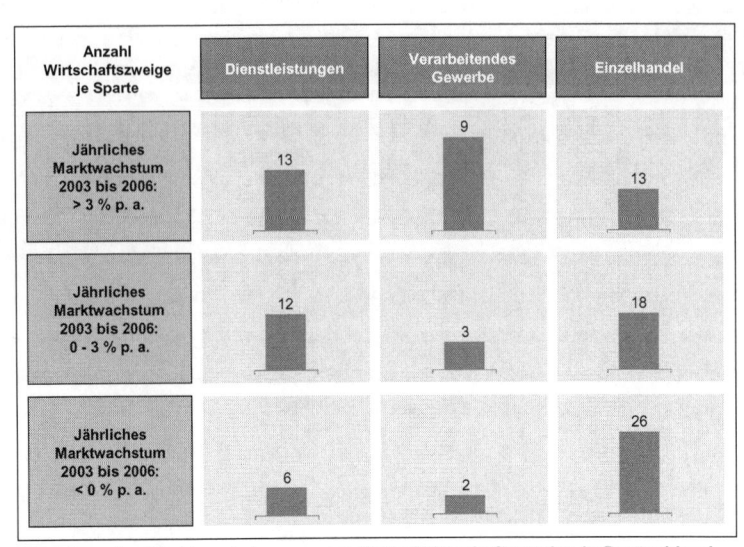

Anzahl Wirtschaftszweige je Sparte	Dienstleistungen	Verarbeitendes Gewerbe	Einzelhandel
Jährliches Marktwachstum 2003 bis 2006: > 3 % p. a.	13	9	13
Jährliches Marktwachstum 2003 bis 2006: 0 - 3 % p. a.	12	3	18
Jährliches Marktwachstum 2003 bis 2006: < 0 % p. a.	6	2	26

Abbildung 1: Marktwachstum ausgewählter Wirtschaftszweige in Deutschland
Quelle: Eigene Darstellung

In jüngerer Vergangenheit haben sich in der wirtschaftswissenschaftlichen Forschung sog. **Customer-Equity-Modelle** zur Messung und optimalen Steuerung der Werthaltigkeit von Kundenbeziehungen etabliert.[23] Der Kundenstammwert (Customer Equity (CE)) stellt als eine maßgebliche Steuerungsgröße der Unternehmensführung den aggregierten Wert aller Kundenbeziehungen aus der Sicht der betrachteten Unternehmung dar.[24] Die individuellen Kundenbeziehungen werden dabei anhand ihres Kundenlebenszeitwerts (Customer Lifetime Value (CLV)) gemessen. Der CLV wird in diesem Zusammenhang als der diskontierte Wert aller Zahlungsüberschüsse der Kundenbeziehung über den gesamten Kundenlebenszyklus bestimmt.[25] Das CE ist definiert als die Summe der CLV aller bestehenden und potenziellen Kunden einer Unternehmung.[26] Den Zahlungsüberschüssen, bspw. in Form kundenspezifischer Deckungsbeiträge, werden dabei Investitionen in die Kundenbeziehung gegenübergestellt.

---

[23] Vgl. bspw. RUST et al. (2004b). Einen aktuellen Überblick liefern GUPTA und ZEITHAML (2006) sowie KUMAR und GEORGE (2007).
[24] Vgl. HOGAN et al. (2002a), S. 7.
[25] Vgl. RUST et al. (2004a), S. 78, sowie ähnlich hierzu GUPTA und ZEITHAML (2006), S. 724.
[26] Vgl. RUST et al. (2004b), S. 110.

Ziel jüngster CE-Ansätze ist es, im Sinn einer „Return on Investment"-Betrachtung im Marketing,[27] Marktbearbeitungsstrategien anhand der dabei erzielten CE-Effekte zu bewerten.[28] Ein Ergebnis dieser Modelle ist die Identifikation optimaler CE-steigernder Marktbearbeitungsstrategien durch eine zielgerichtete Nutzung der zur Verfügung stehenden Unternehmensressourcen. Das **Customer-Equity-Management** (CEM) wird dabei als integriertes kunden- und wertorientiertes Unternehmensführungskonzept verstanden. HOGAN et al. (2002a) definieren CEM „as a comprehensive management approach that focuses the efforts of the firm on increasing the lifetime value of individual customers (i.e., the firm's customer assets) in a way that maximizes customer equity."[29]

In existierenden CE-Konzepten werden der CLV und das CE bislang jedoch **ohne explizite Berücksichtigung von Wettbewerbsentscheidungen** bestimmt.[30] Reaktionen des Wettbewerbs auf die gewählte Marktbearbeitungsstrategie einer Unternehmung werden somit ausgeschlossen. Gerade in gesättigten Märkten mit einem stagnierenden Marktwachstum erweist sich eine fehlende Berücksichtigung möglicher Wettbewerbsreaktionen bei der Festlegung CE-optimaler Marktbearbeitungsstrategien i. d. R. als nicht realistisch.[31] Aufgrund eines intensiven Verdrängungswettbewerbs werden Strategien einer Unternehmung meist durch – ggf. stark ausgeprägte – Reaktionen der Wettbewerber beantwortet. In diesem Wettbewerbsumfeld können somit signifikant ausgeprägte Reaktionselastizitäten der Marktanbieter festgestellt werden.[32] KUMAR et al. (2006) merken in diesem Zusammenhang zurecht an: „many current approaches to customer management tend to be somewhat tunnel-visioned, often ignoring competitors' actions and key changes in the marketplace or economic environment."[33] Ähnlich argumentieren Ho et al. (2006): „It will be interesting to explore how optimal investment in lifetime value changes with active rivalry".[34] RUST et al. (2004b) schlagen bereits eine konkrete Forschungsrichtung für die

---

[27] Vgl. REIBSTEIN und WITTINK (2005), S. 8.
[28] Vgl. RUST et al. (2004b) sowie HUNDACKER (2005).
[29] HOGAN et al. (2002a), S. 5.
[30] Vgl. Ho et al. (2006), S. 270.
[31] Für eine kritische Diskussion von Wettbewerbsreaktionen vgl. MONTGOMERY et al. (2005) sowie SHUGAN (2005a).
[32] Zum Begriff der Reaktionselastizität vgl. LEEFLANG und WITTINK (2001), S. 120.
[33] KUMAR et al. (2006), S. 93.
[34] Ho et al. (2006), S. 270.

Berücksichtigung eines Wettbewerbsumfelds in CE-Modellen vor: „An extension of this work might involve a game theoretic competitive structure in order to understand the effects of potential competitive reactions to the firm's intended improvements in key drivers of customer equity."[35]

Aufgrund der bisher fehlenden Berücksichtigung von Wettbewerbsreaktionen müssen **Handlungsempfehlungen bestehender CE-Modelle** einer kritischen Prüfung unterzogen werden. HUNDACKER (2005) stellt bspw. in der empirischen Analyse seines dualen hybriden CE-Modells zur Vorteilhaftigkeit eines preisorientierten „No-Frills"-Marktbearbeitungskonzepts[36] im deutschen Mobilfunkmarkt fest: „Das „No-Frills"-Konzept scheint [...] für einen relativ breiten Einsatz im Markt geeignet zu sein."[37] Preissenkungsmaßnahmen scheinen in diesem Modell einen positiven CE-Effekt zu generieren, indem sie zusätzliche Neukunden der Wettbewerber anlocken und dadurch Profitabilitätseinbußen der einzelnen Kundenbeziehungen überkompensieren. Andererseits fügt HUNDACKER (2005) hinzu, dass das No-Frills-Konzept „aufgrund seiner Preisorientierung verhältnismäßig leicht zu imitieren ist."[38] Jedoch wird eine relative Untersuchung der Wirkung von Marktbearbeitungsstrategien unter Berücksichtigung eines Wettbewerbsumfelds nicht durchgeführt.[39] Das akquisitorische Potenzial der No-Frills-Strategie wird i. d. R. überschätzt, da Preissenkungen der Wettbewerber explizit ausgeschlossen werden. Diese Handlungsempfehlung muss daher u. U. als problematisch betrachtet werden, da sie am Ende Preisreaktionen der Wettbewerber und dadurch ein suboptimales CE des Unternehmens hervorrufen kann.

Mögliche **Fehlentscheidungen** stellen jedoch eine Problematik für die meisten Handlungsempfehlungen in bestehenden CE-Modellen ohne die Berücksichtigung

---

[35] RUST et al. (2004b), S. 123.
[36] Das Ziel liegt bei diesem Marktbearbeitungskonzept in der möglichst effizienten Leistungserbringung über den gesamten Kundenlebenszyklus mit einer damit verbundenen Reduzierung der Lebenszykluskosten zur Finanzierung des Niedrigpreisangebots für die Kunden. Demgegenüber schlägt HUNDACKER (2005) als Alternative zur preisorientierten No-Frills-Strategie ein beziehungsorientiertes „Premium-Service"-Konzept vor, das der Kundenbeziehung über den gesamten Lebenszyklus eine hohe Priorität einräumt, während preisliche Verkaufsargumente im Hintergrund stehen.
[37] HUNDACKER (2005), S. 226. Das No-Frills-Konzept wirkt in beiden untersuchten Marktsegmenten, sowohl bei den hochwertigen und beziehungsorientierten Kunden als auch im niedrigwertigen und preisorientierten Segment, CE-steigernd. Demgegenüber scheint das Premium-Service-Konzept nur im Segment hochwertiger, beziehungsorientierter Kunden zu einer CE-Steigerung zu führen. Im Segment niedrigwertiger, betreuungsaffiner Kunden wirkt es hingegen wertzerstörend.
[38] HUNDACKER (2005), S. 248.
[39] Vgl. SUDHIR (2001a), S. 42.

eines Wettbewerbsumfelds dar. Insbesondere Empfehlungen für eine CE-optimale Preissenkung vernachlässigen dabei die Gefahr aggressiver Preisreaktionen des Wettbewerbs in Form eines „Preiskriegs".[40] Daher weist HUNDACKER (2005) auf diesen Forschungsbedarf hin: „Zukünftige Forschungsarbeiten könnten mögliche Aktionen und Reaktionen des Wettbewerbs in das Entscheidungskalkül einbeziehen".[41] Insgesamt kann somit die fehlende Wettbewerbsbetrachtung als eine von vielen Seiten akzeptierte **Forschungslücke in der aktuellen CE-Forschung** identifiziert werden.

1.2 Customer-Equity-Management als zentrales Steuerungskonzept des Beziehungsmarketings

Aufgrund der Forderung einer stärkeren Orientierung am Shareholder Value mit dem Ziel einer hohen Marktkapitalisierung[42] konnte in den vergangenen Jahren eine zunehmende Verlagerung hin zu einer **wertorientierten Unternehmensführung** beobachtet werden. Für die Erreichung des Ziels der Schaffung eines ökonomischen Mehrwerts steht dabei insbesondere die vorgelagerte Stufe einer inhaltlichen, **wertorientierten Strategieentwicklung** im Mittelpunkt.[43] Bisherige Forschungsarbeiten zur wertorientierten Unternehmensführung adressieren v. a. die Definition und Bewertung der Leistungsdimensionen des Unternehmens.[44] Jedoch steht die inhaltliche Ausgestaltung einer wertorientierten Unternehmensführung durch die Entwicklung und Umsetzung erfolgreicher, wertsteigernder Strategien als Schnittstelle zur Unternehmenspraxis im Mittelpunkt der aktuellen wertorientierten Forschung.[45]

Für die Entwicklung und Implementierung wertsteigernder Strategien spielt das **Marketing als marktorientiertes Unternehmensführungskonzept**[46] eine wichtige Rolle.[47] In diesem Zusammenhang steht v. a. die optimale Steuerung immaterieller

---

[40] Zum Begriff des Preiskriegs vgl. HEIL und HELSEN (2001), S. 83 ff.
[41] HUNDACKER (2005), S. 248.
[42] Vgl. KAGERMANN (2003), S. 14.
[43] Vgl. COENENBERG und SALFELD (2003), S. 11.
[44] Eine Übersicht wertorientierter Unternehmensführung bieten die grundlegenden Arbeiten von COPELAND et al. (1998); RAPPAPORT (1999); BÖRSIG und COENENBERG (2003); COENENBERG und SALFELD (2003).
[45] Vgl. COENENBERG und SALFELD (2003), S. 67 ff.
[46] Vgl. MEFFERT et al. (2008), S. 13.
[47] Auf der Basis eines modernen Marketingverständnisses wird Marketing in dieser Arbeit gemäß AMA (2008) folgendermaßen verstanden: „Marketing is the activity, set of institutions, and proc-

Vermögenswerte als Teil des Unternehmenswerts im Mittelpunkt der Wertsteigerung.[48] Während sich die Markenforschung auf die Marke als zentralen Werttreiber einer wertorientierten Unternehmensführung konzentriert,[49] identifiziert die CE-Forschung den Kunden als maßgebliche marketinggetriebene Determinante einer Steigerung des Unternehmenswerts.[50] Kundenbeziehungen werden dabei als Investitionsobjekte verstanden, deren Wert durch optimale Marktbearbeitungsstrategien zu maximieren ist. Moderne CE-Ansätze besitzen somit das Potenzial eines integrierten Gesamtkonzepts zur wertorientierten Strategieentwicklung und Unternehmensführung.

Im Zuge der Forderung nach einer Wertorientierung im Beziehungsmarketing[51] sowie einer konsequenten Messung der Wirkung von Marktbearbeitungsstrategien[52] gewinnt das **CEM als Schnittstelle zwischen der wertorientierten Unternehmensführung und dem Beziehungsmarketing**[53] in den letzten Jahren zunehmend an Bedeutung.[54] Das Marketing Science Institute hat daher diese Forschungsrichtung für die Jahre 2006 bis 2008 als eine der drei zentralen Stoßrichtungen der Forschung („Research Priorities") identifiziert. Dabei steht v. a. die inhaltliche Verknüpfung marketingorientierter Zielgrößen mit Marktbearbeitungsstrategien als Forschungsfrage im Fokus: „What is the impact of marketing metrics and models on marketing decision making?"[55]

Das CE stellt dabei die **zentrale Zielgröße des Beziehungsmarketings**[56] dar, die sich als Ergebnis eines Beziehungsgefüges mehrerer kundenorientierter Konstrukte

---

esses for creating, communicating, delivering, and exchanging offerings that have value for customers, clients, partners, and society at large."
[48] Vgl. SRIVASTAVA et al. (1999), S. 169.
[49] Einen Überblick liefert KELLER (2003).
[50] Vgl. GUPTA et al. (2004), S. 14; MEFFERT et al. (2008), S. 802.
[51] Vgl. BURMANN (2003), S. 114; HELM und GÜNTER (2006), S. 425 ff.
[52] Vgl. DOYLE (2000), S. 299; REINECKE (2004), S. 2f.
[53] Beziehungsmarketing (Relationship Marketing) wird dabei als „ein strategisches Konzept des Marketing, bei dem der Marketingerfolg durch systematisches Management (d. h. Analyse, Planung, Kontrolle und Organisation) individueller Kundenbeziehungen im Hinblick auf die Etablierung und Pflege von kooperativen, d. h. auf langfristigen, gegenseitigen Nutzen ausgerichteten, Geschäftsbeziehungen gesucht wird" (DILLER (2001), S. 163 f.), verstanden. Das Beziehungsmarketing stellt dabei ein Teilgebiet des Beziehungsmanagements dar, vgl. DILLER (1995), S. 442.
[54] Vgl. RUST et al. (2004b), S. 109.
[55] MSI (2006), S. 5.
[56] Vgl. CORNELSEN (2000), S. 21 ff.

ergibt.[57] In diesem Zusammenhang sind insbesondere die einstellungsorientierte **Kundenzufriedenheit** und das einstellungs- und verhaltensbasierte Konstrukt der **Kundenbindung** zu nennen.[58] Die Ursache-Wirkungs-Beziehungen zwischen den einzelnen Konstrukten wurden bereits in zahlreichen empirischen Untersuchungen überprüft.[59] Für die Kundenzufriedenheit kann dabei ein positiver Einfluss auf die Kundenbindung empirisch nachgewiesen werden.[60] Darüber hinaus existieren Untersuchungen, die einen direkten positiven Zusammenhang zwischen Kundenzufriedenheit und CLV eines Kunden identifizieren.[61] Dagegen werden bei der kausalen Beziehung zwischen der Kundenbindung und dem CLV uneindeutige Ergebnisse beobachtet. Zum einen wird in einigen empirischen Untersuchungen ein positiver Zusammenhang mit dem CLV aufgrund steigender Erlöse und sinkender Kosten beschrieben.[62] Zum anderen können auch empirische Analysen identifiziert werden, die wenig loyale, aber dennoch hochprofitable Kunden, sog. „butterflies", im Kundenportfolio von Unternehmen aufdecken.[63] Neben diesen Untersuchungen existieren weitere empirische Analysen zur Profitabilität von Kundenbeziehungen. Diese Arbeiten definieren jedoch die Kundenprofitabilität als eher statische Größe und daher nicht im Sinn eines CLV als kundenlebenszyklusorientiertes Konstrukt.[64]

Die hohe Relevanz der CE-Forschung in der modernen Beziehungsmarketingforschung spiegelt sich auch in der Fülle der **aktuellen CE-Forschungsthemen** wider (vgl. Tabelle 1).[65] Im Rahmen der **Implementierung** eines kundenorientierten Führungskonzepts stehen dabei insbesondere organisatorische Fragestellungen,[66]

---

[57] Vgl. VOGEL (2006), S. 56 ff.
[58] Vgl. HOMBURG und BRUHN (1998), S. 10; BRUHN und GEORGI (1998), S. 422. KRAFFT (2007) unterscheidet in seiner Übersicht die Kundennähe als weiteres zugrundeliegendes Konstrukt, vgl. KRAFFT (2007), S. 11 ff.
[59] Einen aktuellen Überblick liefert DEYLE (2007), S. 13 ff.
[60] Vgl. bspw. BURMANN (1991). Eine Übersicht empirischer Untersuchungen des Zusammenhangs zwischen Zufriedenheit und Kundenbindung bzw. Kundenloyalität bietet GIERING (2000), S. 22 ff. Für eine aktuelle Untersuchung vgl. GUSTAFSSON et al. (2005), S. 210 ff.
[61] Vgl. HOMBURG et al. (2005) sowie HO et al. (2006).
[62] Vgl. REICHHELD und SASSER (1990), S. 105 ff.; BLATTBERG und DEIGHTON (1996), S. 141.
[63] Vgl. REINARTZ und KUMAR (2000), S. 28, sowie REINARTZ und KUMAR (2002), S. 92 f.
[64] Vgl. MULHERN (1999), NIRAJ et al. (2001), BOWMAN und NARAYANDAS (2004) sowie CAMPBELL und FREI (2004).
[65] Vgl. hierzu auch KUMAR et al. (2006), S. 92.
[66] Vgl. KENNEDY et al. (2003) sowie SHAH et al. (2006).

aber auch allgemeine Implementierungsaspekte[67] im Mittelpunkt. Darüber hinaus untersuchen aktuelle Veröffentlichungen das **CE als zentrale Zielgröße einer wertorientierten Unternehmensführung**. Relevante Forschungsthemen sind dabei v. a. die Messung des CE als Teil des Unternehmenswerts,[68] die Beziehung des CE zum wirtschaftlichen Erfolg[69] und Shareholder Value[70] sowie das CE als Reporting-Kennzahl.[71]

Weitere aktuelle Arbeiten untersuchen die **Beziehung zwischen CE und anderen kundenorientierten Konstrukten**. In diesem Zusammenhang wird an der Integration einer Marken- und Kundenperspektive in einem ganzheitlichen Führungskonzept, bestehend aus Elementen des Brand Equity und CE, geforscht.[72] Darüber hinaus steht der Zusammenhang zwischen CLV und Kundenzufriedenheit,[73] Beschwerdeverhalten[74] sowie Mund-zu-Mund-Propaganda[75] im Mittelpunkt. Außerdem fokussieren relevante Veröffentlichungen auf eine **hybride Modellierung** des CLV- bzw. CE-Konstrukts auf der Basis ökonomischer und verhaltensorientierter Kundendaten.[76]

Ein aktuelles CE-Forschungsthema stellt zudem das **CE-orientierte Portfolio-Management** unter Berücksichtigung eines dynamischen Kundenportfolios heterogener Kundenbeziehungen[77] sowie einer risikoadjustierten Bestimmung des CLV[78] dar. Als weiteres wichtiges CE-Forschungsfeld kann die **methodische Weiterent-**

---

[67] Vgl. BELL et al. (2002a); REINARTZ et al. (2004); ALT et al. (2005); RYALS (2005); BOHLING et al. (2006).
[68] Vgl. GUPTA et al. (2004).
[69] Vgl. HOGAN et al. (2002b) sowie GUPTA und ZEITHAML (2006).
[70] Vgl. BERGER et al. (2006); RAO und BHARADWAJ (2008). Für Untersuchungen der Beziehung zwischen Kundenzufriedenheit und Shareholder Value vgl. ANDERSON et al. (2004) sowie GRUCA und REGO (2005).
[71] Vgl. WIESEL et al. (2008).
[72] Vgl. LEONE et al. (2006); AMBLER et al. (2002). Vgl. hierzu auch die Arbeit von BURMANN und JOST-BENZ (2005).
[73] Vgl. HO et al. (2006).
[74] Vgl. WÜNSCHMANN (2007).
[75] Vgl. VILLANUEVA et al. (2008).
[76] Vgl. RUST et al. (2004b); HUNDACKER (2005). Für weitere Details hybrider CE-Modelle vgl. Kapitel 2.4.
[77] Vgl. JOHNSON und SELNES (2004).
[78] Vgl. VON WANGENHEIM und LENTZ (2005).

wicklung des CLV-Konstrukts hinsichtlich Prognosefähigkeit,[79] nichtparametrischer Schätzung[80] und stochastischer Modellierung[81] identifiziert werden.

Implementierung des CEM	CE und wertorientierte Unternehmensführung	Beziehung zwischen CLV und anderen Konstrukten
• Organisatorische Implementierung: Kennedy et al. (2003) • Produkt- vs. kundenorientierte Organisation: Shah et al. (2006) • Implementierungs-Roadmap und Hindernisse: Bell et al. (2002a) • Implementierung eines CRM: Reinartz et al. (2004); Alt et al. (2005); Ryals (2005); Bohling et al. (2006)	• CE und Unternehmenswert: Gupta et al. (2004) • CE und wirtschaftlicher Erfolg: Gupta und Zeithaml (2006) • CE und Shareholder Value: Berger et al. (2006); Rao und Bharadwaj (2008) • CE als Reporting-Kennzahl: Wiesel et al. (2008)	• Brand Equity vs. CE: Ambler et al. (2002); Leone et al. (2006) • CLV und Kundenzufriedenheit: Ho et al. (2006) • CLV und Beschwerdeverhalten: Wünschmann (2007) • CLV und Mund-zu-Mund-Propaganda: Villanueva et al. (2008)
Hybride CE-Modelle	**CLV Portfolio-Management**	**Methodische Weiterentwicklung des CLV**
Nutzung ökonomischer und verhaltensorientierter Inputgrößen • Hundacker (2005) • Rust et al. (2004b)	• Dynamisches Kundenportfolio: Johnson und Selnes (2004) • Risiko-orientierter CLV: von Wangenheim und Lentz (2005)	• Prognose des CLV: Lemon et al. (2002); Malthouse und Blattberg (2005); Zeithaml et al. (2006); Venkatesan et al. (2007) • Nichtparametrische Schätzung: Pfeifer und Bang (2005) • Stochastische Modellierung: Calciu et al. (2006)

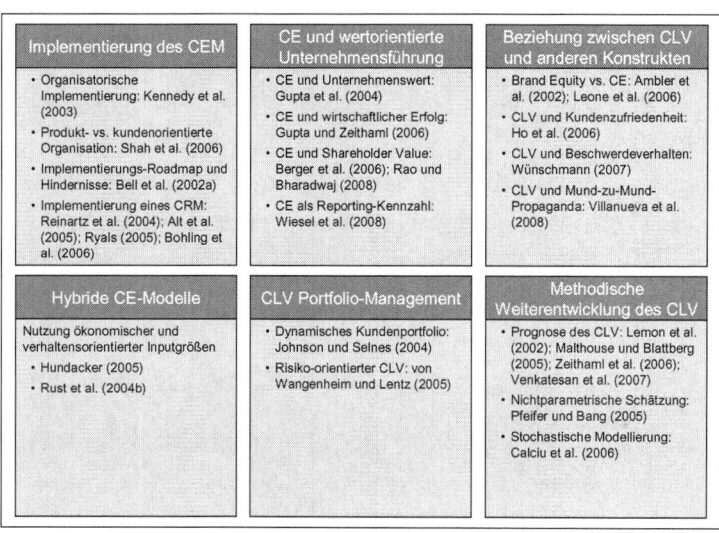

Tabelle 1: Aktuelle Themen in der CE-Forschung
Quelle: Eigene Darstellung

1.3 Zielsetzung und Aufbau der Untersuchung

Aufgrund der bisher fehlenden Berücksichtigung von Wettbewerbsentscheidungen in der CE-Forschung besteht das übergreifende Ziel dieser Arbeit in der Bestimmung CE-optimaler Marktbearbeitungsstrategien für Unternehmen in einem dynamischen Wettbewerbsumfeld. Dabei stehen die Weiterentwicklung aktueller CE-Modelle, die empirische Anwendung sowie die daraus generierten Implikationen für Wissenschaft und Praxis im Vordergrund. Insgesamt lassen sich drei **Forschungsziele** für diese Arbeit unterscheiden:

1. Primäres Ziel ist die Entwicklung eines erweiterten **CE-Wettbewerbsmodells**. Das Modell kann dabei als integrativer Ansatz verstanden werden, der eine wert-, kunden- und wettbewerbsorientierte Perspektive vereinigt. Das CE-Wett-

---

[79] Vgl. LEMON et al. (2002); MALTHOUSE und BLATTBERG (2005); ZEITHAML et al. (2006); VENKATESAN et al. (2007).
[80] Vgl. PFEIFER und BANG (2005).
[81] Vgl. CALCIU et al. (2006) sowie für die Modellierung einer stochastischen Kundenbindungsrate FADER und HARDIE (2005).

bewerbsmodell stellt eine Synthese aktueller relevanter CE-Modelle dar. Darüber hinaus bildet es eine Schnittstelle zwischen der modernen Marketingwissenschaft und der Volkswirtschaftslehre. Das Wettbewerbsverhalten der Anbieter wird auf der Basis spieltheoretischer Lösungskonzepte erklärt.

2. Anhand des formal-analytisch abgebildeten CE-Wettbewerbsmodells werden **Untersuchungshypothesen** bzgl. optimaler Marktbearbeitungsstrategien in einem Wettbewerbsumfeld formuliert. Die konzeptionell hergeleiteten Hypothesen werden im Rahmen einer **empirischen Untersuchung** überprüft. Anwendungsobjekt der vorliegenden Arbeit ist der Produktmarkt für schnurlose Festnetztelefone in Deutschland. Im Blickfeld der großzahligen Befragung in diesem Markt langlebiger Gebrauchsgüter steht das Segment der Privatkunden (B2C), d. h. der Nutzer, die schnurlose Festnetztelefone primär für private Zwecke erwerben.

3. Aus den Ergebnissen der empirischen Anwendung werden **Handlungsempfehlungen für die moderne Unternehmensführung** in einem dynamischen Wettbewerbsumfeld abgeleitet. Sie lassen insbesondere Rückschlüsse auf die Realisierung von Wettbewerbsvorteilen zu und untersuchen die Bedeutung einer Wettbewerbsantizipation bei der Festlegung optimaler Marktbearbeitungsstrategien. Neben Handlungsempfehlungen für die Praxis werden **Implikationen für die weitere CE-Forschung** aufgezeigt.

Durch die theoretische Fundierung und die praxisrelevante Anwendung des CE-Wettbewerbsmodells leistet diese Arbeit einen Beitrag zur **Etablierung des CE als zentrale Steuerungsgröße** einer wertorientierten dynamischen Unternehmens- bzw. Markenführung.[82]

Als **Forschungsmethodik** wird in dieser Arbeit zunächst auf der Basis einer umfassenden Literaturanalyse ein konzeptioneller Bezugsrahmen für ein CE-orientiertes Wettbewerbsmodell als Weiterentwicklung bestehender CE-Modelle definiert.[83] Die daraus hergeleiteten Hypothesen werden anschließend in einer umfangreichen empi-

---

[82] Vgl. BURMANN und FEDDERSEN (2007), S. 11 f.
[83] Ein konzeptioneller Bezugsrahmen stellt im Sinn eines Vorverständnisses Annahmen bezüglich der relevanten Größen, der relevanten Beziehungen zwischen den Größen und der relevanten Wirkungsmechanismen dar, vgl. KUBICEK (1977), S. 17 ff.

rischen Untersuchung getestet.[84] Um die Hypothesen zu überprüfen, wird als Datenerhebungstechnik eine Primärmarktstudie in Form einer großzahligen Kundenbefragung[85] mit standardisierten Fragebögen durchgeführt.[86] Zur Sicherstellung der Reliabilität und Validität[87] des verwendeten Fragebogens werden umfangreiche Pretests vorgeschaltet.[88] Die Überprüfung der Repräsentativität der Umfrage[89] erfolgt anhand von Ergebnissen von Sekundärstudien[90] im betrachteten Markt. Zusätzlich zur Kundenbefragung werden Experteninterviews für die Erfassung weiterer modellkritischer Parameter und die Sicherstellung der Realitätsnähe bestimmter Modellannahmen vorgenommen. Als quantitative Methoden der Erkenntnisgewinnung werden multivariate Datenanalyseverfahren und Methoden des Operations Research verwendet.[91]

Der **Aufbau dieser Arbeit** gliedert sich in drei Teile (vgl. Tabelle 2). **Teil I: Forschungsbedarf und Modellkonzept** stellt die konzeptionellen Grundlagen dieser Arbeit vor und leitet auf der Basis des ermittelten Forschungsbedarfs als Zwischenfazit ein Modellkonzept des zu entwickelnden Wettbewerbsansatzes ab. Kapitel 2 gibt einen strukturierten Überblick über existierende CE-Modelle. Dabei wird insbesondere kritisch geprüft, ob und welche CE-Modelle die Voraussetzungen für eine Erweiterung um ein Wettbewerbsumfeld erfüllen. In Kapitel 3 werden ausgewählte Wettbewerbstheorien aus der Volkswirtschaftslehre untersucht und ein relevanter theoretischer Ansatz identifiziert, der den Anforderungen eines wert- und kundenorientierten Modells gerecht wird. Darüber hinaus werden die wichtigsten Lösungskon-

---

[84] Eine Untersuchungshypothese bezeichnet eine Aussage, die einen Zusammenhang zwischen mindestens zwei Variablen postuliert, vgl. SCHNELL et al. (2005), S. 53, sowie ähnlich hierzu BORTZ und DÖRING (2006), S. 4.
[85] Vgl. BORTZ und DÖRING (2006), S. 236 ff.
[86] Vgl. SCHNELL et al. (2005), S. 321 ff.
[87] Reliabilität spiegelt die Zuverlässigkeit einer Messung wider und zeigt, inwiefern die Messung frei von Fehlern ist. Validität beschreibt als klassisches Gütekriterium einer Untersuchung, ob auch ein beabsichtigter Sachverhalt erfasst wurde. Dabei wird als Gütemaßstab der Vergleich mit einem Außenkriterium verwendet. In der empirischen Forschung wird dies als „concurrent validity" bezeichnet, vgl. MAYRING (2002), S. 141.
[88] Qualitätskriterien umfassen dabei insbesondere die Verständlichkeit, Beantwortbarkeit und Vollständigkeit des Fragebogens. Für eine umfassende Diskussion von Pretests vgl. SCHNELL et al. (2005), S. 347 ff.
[89] Zum Begriff der Repräsentativität vgl. KROMREY (2006), S. 400 ff.
[90] Eine Sekundärstudie bzw. Sekundäranalyse greift zur Überprüfung ihrer Hypothesen auf bereits vorhandene Datenbestände zurück, vgl. SCHNELL et al. (2005), S. 251.
[91] Eine Übersicht über Datenanalyseverfahren liefern SCHNELL et al. (2005), S. 441 ff. Die verwendeten multivariaten Verfahren in dieser Arbeit umfassen Clusteranalysen, Diskriminanzanalysen, Faktorenanalysen, multinomiale logistische Regressionen, Signifikanztests, nichtparametrische Testverfahren und Anpassungstests. Die verwendeten Methoden des Operations Research umfassen Ansätze der dynamischen Optimierung.

zepte der Spieltheorie als Fundament der modernen Wettbewerbsforschung vorgestellt. Im Anschluss wird ein kurzer Überblick über analytische Wettbewerbsmodelle des Marketings[92] gegeben, um relevante Lösungsaspekte für das zu entwickelnde CE-Wettbewerbsmodell vorzustellen. Abschließend werden die Modellgrundannahmen und Analysemethoden des zu entwickelnden Ansatzes in Form eines Modellkonzepts zusammengefasst.

Teil II: Modellentwicklung stellt auf der Basis des entwickelten Modellkonzepts die formal-analytischen Modellgrundlagen und spieltheoretischen Annahmen des Modells in Kapitel 4 vor. Dabei wird dem strukturellen Aufbau des CE-Wettbewerbsmodells, unterteilt in Modellnachfrage, -angebot sowie eine Beschreibung der Wettbewerbsinteraktionen der Marktanbieter, Rechnung getragen.[93] Als Ergebnis wird das entwickelte Modell in die CE-Forschung eingeordnet und mit aktuellen CE-Ansätzen verglichen.

In **Teil III: Empirische Anwendung und Untersuchungsergebnisse** stellt Kapitel 5 den Markt der empirischen Analyse, die konzeptionell hergeleiteten Untersuchungshypothesen sowie das empirische Design der Arbeit vor. Darüber hinaus wird als Grundlage der empirischen Untersuchung die marktspezifische Operationalisierung des CE-Wettbewerbsmodells beschrieben. Kapitel 6 präsentiert die empirischen Analyseergebnisse der Untersuchung. Die Robustheit der ermittelten Ergebnisse wird dabei in Form von Sensitivitätsanalysen überprüft.

Kapitel 7 schließt mit einer kritischen Würdigung der Untersuchungsergebnisse. Darüber hinaus werden Handlungsempfehlungen für das CEM in der Unternehmenspraxis entwickelt und Implikationen für die weitere Forschung abgeleitet.

---

[92] Eine Übersicht liefert MOORTHY (1993).
[93] Für eine Übersicht struktureller Wettbewerbsmodelle vgl. DUBÉ et al. (2005).

Zielsetzung und Aufbau der Untersuchung 15

Kapitel 1: Einleitung

Teil I: Forschungsbedarf und Modellkonzept

2 Systematisierung und Bewertung von CE-Modellen
- 2.1 Bewertungskriterien
- 2.2 Black-Box-CE-Modelle
- 2.3 Verhaltenstheor. CE-Modelle
- 2.4 Hybride CE-Modelle
- 2.5 Forschungsbedarf CE

3 Analyse des Wettbewerbsverhaltens im Marketing
- 3.1 Wettbewerbstheorien
- 3.2 Spieltheoretische Konzepte
- 3.3 Wettbewerbsmodelle
- 3.4 Implikationen/Modellkonzept

Teil II: Modellentwicklung

4 Entwicklung und formal-analytische Darstellung des CE-Wettbewerbsmodells
- 4.1 Entscheidungsproblem
- 4.2 Identitätsbas. Markenführung
- 4.3 Marktnachfrage
- 4.4 Marktangebot
- 4.5 CE als Steuerungsgröße
- 4.6 Wettbewerbsverhalten
- 4.7 Spieltheoretische Konzepte
- 4.8 Einordnung in CE-Forschung

Teil III: Empirische Anwendung und Untersuchungsergebnisse

5 Empirische Anwendung und Parametrisierung
- 5.1 Empirische CE-Analysen
- 5.2 Einordnung Markt
- 5.3 Untersuchungshypothesen
- 5.4 Design empirische Analyse
- 5.5 Parametrisierung Modell

6 Untersuchungsergebnisse & Handlungsempfehlungen
- 6.1 Konsistenzprüfung
- 6.2 Ergebnisse Status quo
- 6.3 Entscheidungsabfolgen
- 6.4-6.8 Ergebnisse Wettbewerb
- 6.9 Sensitivitätsanalysen
- 6.10 Ergebnisse Untersuchung

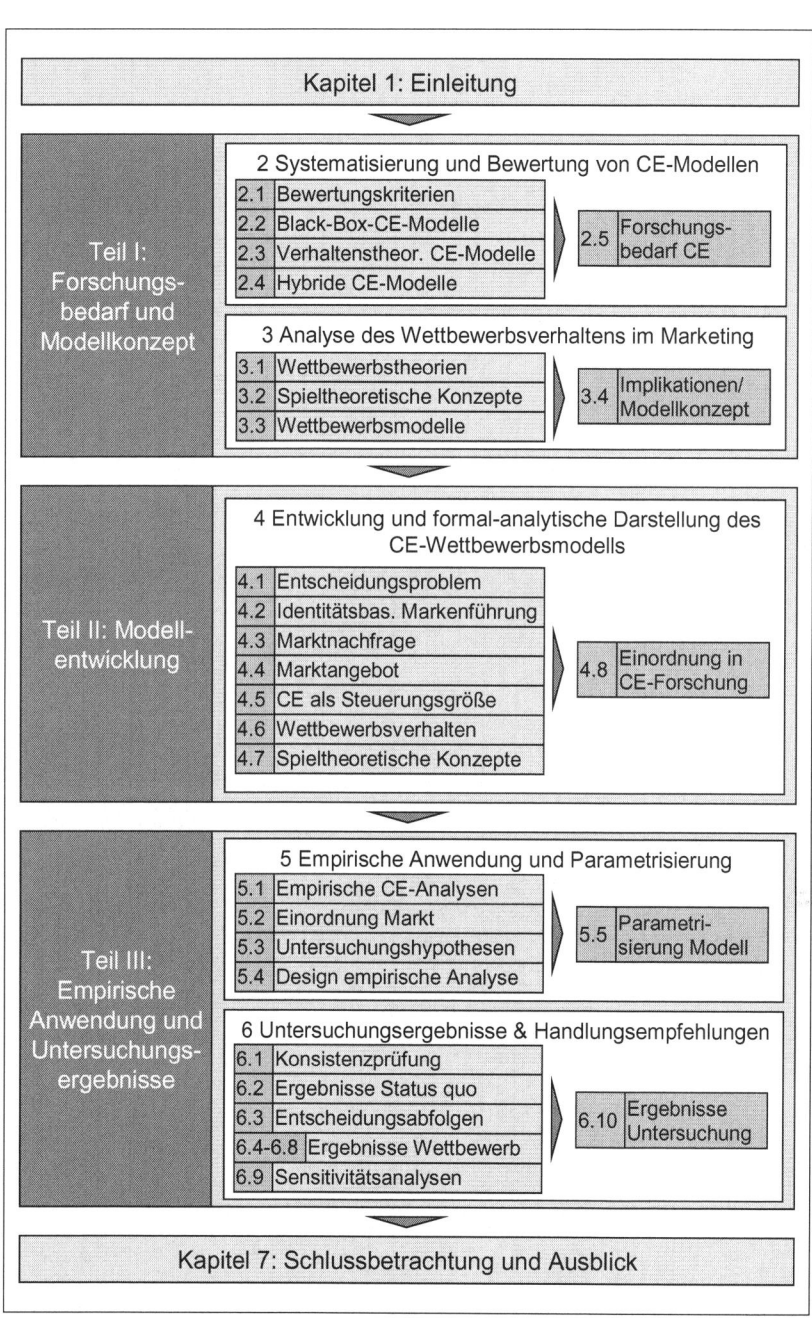

Kapitel 7: Schlussbetrachtung und Ausblick

Tabelle 2: Aufbau der Untersuchung
Quelle: Eigene Darstellung

Teil I: Forschungsbedarf und Modellkonzept

2 Systematisierung und Bewertung von CE-Modellen

In Anlehnung an BURMANN (2003) lassen sich in der aktuellen CE-Forschungslandschaft **drei Typen von CE-Modellen** unterscheiden: finanzwirtschaftliche Black-Box-Modelle, verhaltenstheoretisch orientierte Modelle und kombinierte, sog. hybride Modelle, die als Synthese der beiden ersten Modelltypen verstanden werden können.[94]

Bisher wurden, den Ausführungen in Kapitel 1 folgend, die CE-Modelltypen noch nicht bezüglich **Wettbewerbsentscheidungen** bei der Festlegung von Marktbearbeitungsstrategien analysiert. Zwar werden bspw. im hybriden CE-Modell von HUNDACKER (2005) CE-Effekte in unterschiedlichen Marktanteilszenarien anhand von Sensitivitätsanalysen untersucht, eine explizite Betrachtung von Wettbewerbsentscheidungen und ihrem Einfluss auf das CE einer Unternehmung erfolgt jedoch nicht. Effekte einer Investition in Kundenakquisitions- oder Kundenbindungsprogramme werden somit ohne mögliche Reaktionen des Wettbewerbs berechnet. Damit werden v. a. Kundenakquisitionsmaßnahmen und ihr Potenzial auf das CE überbewertet. Im Fall eines beschränkten Marketingbudgets kann dies in einer ungerechtfertigten Benachteiligung von Kundenbindungsmaßnahmen münden.

Im Folgenden werden die verschiedenen CE-Modellansätze kurz vorgestellt und bzgl. ihrer Eignung zur Integration eines Wettbewerbsumfelds überprüft. Die Bestimmung eines relevanten CE-Modelltyps erfolgt dabei anhand konzeptionell hergeleiteter Anforderungskriterien. Neben der Identifikation relevanter CE-Modelle werden auch der **Forschungsbedarf im CEM** und daraus abgeleitete Weiterentwicklungen bestehender CE-Modelle vorgestellt.

2.1 Bewertungskriterien

Abbildung 2 fasst die in dieser Untersuchung verwendeten **Bewertungskriterien** zusammen. Insgesamt werden drei Perspektiven bei der Bewertung von CE-Modellen als Anforderungskriterien betrachtet. Ein für diese Arbeit relevantes CE-Modell sollte Marktbearbeitungsstrategien aus einer Unternehmensperspektive betrachten und

---

[94] Einen Überblick über bestehende CE-Ansätze bieten darüber hinaus JAIN und SINGH (2002), BOLTON et al. (2004), KUMAR et al. (2004), GUPTA und ZEITHAML (2006) sowie KUMAR und GEORGE (2007).

diese am Nachfragerverhalten, d. h. an einer Kundenperspektive, spiegeln. Darüber hinaus soll das Ergebnis von Marktbearbeitungsstrategien auf der Basis einer CE-Perspektive, d. h. direkt durch das CE als Kenngröße einer Unternehmung, gemessen werden.

```
                    c) Marktbearbeitungsstrategien am
                       Kundennettonutzen orientiert

              Unternehmens-    c)    Kunden-
              perspektive            perspektive
                            d)
                         a)    e)
                         b)    f)

a) Marktbearbeitungs-                       e) CE-Effekte durch
   strategien definiert und mit                Investition in
   CE verknüpft              CE-Perspektive    Kundenstamm
b) Entscheidungsproblem der                 f) CE-Effekte durch
   Unternehmensführung                         Akquisition von Neukunden
   explizit betrachtet

                    d) Dynamische Zeitreihenbetrachtung
```

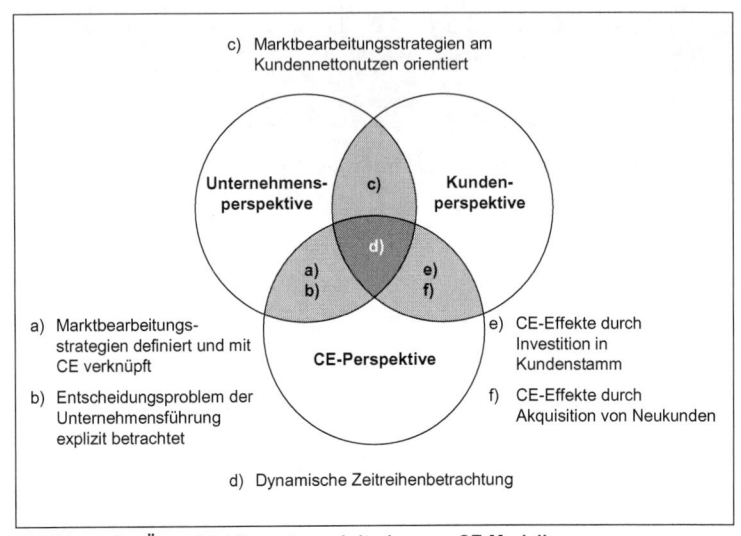

Abbildung 2: Übersicht Bewertungskriterien von CE-Modellen
Quelle: Eigene Darstellung

Auf der Basis der drei Perspektiven lassen sich folgende Bewertungskriterien für die Evaluierung von CE-Modellen ableiten (vgl. Abbildung 2):

a) **Marktbearbeitungsstrategien definiert und mit CE verknüpft:** In der vorliegenden Untersuchung werden CE-Effekte aufgrund gewählter Marktbearbeitungsstrategien in einem Wettbewerbsumfeld analysiert. In einem für diese Arbeit relevanten CE-Ansatz müssen daher Marktbearbeitungsstrategien definiert und mit dem CE einer Unternehmung verknüpft sein. Das Resultat einer Marktbearbeitungsstrategie lässt sich somit in Form von Veränderungen des CE zum Status quo untersuchen.[95] Darüber hinaus sollte bei der Transformation der zugrundeliegenden Parameter in monetäre Größen die Nachvollziehbarkeit und Validität sichergestellt werden.

---

[95] Vgl. BERGER et al. (2006), S. 159.

b) **Entscheidungsproblem der Unternehmensführung explizit betrachtet:** Aufgrund des übergreifenden Ziels der Untersuchung CE-optimaler Marktbearbeitungsstrategien unter Berücksichtigung von Wettbewerbsentscheidungen wird geprüft, ob existierende CE-Modelle die Festlegung von Marktbearbeitungsstrategien als Entscheidungsproblem der Unternehmensführung darstellen. Das Entscheidungsproblem ergibt sich aus der gleichzeitigen Betrachtung der Kosten alternativer Marktbearbeitungsstrategien und der erwarteten absatzseitigen Wirkung.[96] Die Unternehmensführung sollte anhand eines CE-Modells als Entscheidungsgrundlage diejenige Strategiealternative wählen, die den höchsten Return on Investment (ROI) erzielt.[97] Das Verständnis der absatzseitigen Wirkungen von Marktbearbeitungsstrategien wird im Rahmen dieser Arbeit durch die zusätzliche Berücksichtigung zu erwartender Wettbewerbsreaktionen vertieft.

c) **Marktbearbeitungsstrategien am Kundennettonutzen orientiert:** Bei Vorliegen konkurrierender Wettbewerbsangebote wird in dieser Untersuchung für das Kaufverhalten angenommen, dass sich Nachfrager weitgehend auf der Basis ihres Kundennettonutzens[98] entscheiden, d. h. anhand einer Abwägung zwischen Kundennutzen und Kundenkosten.[99] Das Konstrukt des Kundennettonutzens erlaubt die Untersuchung des Zusammenhangs zwischen Unternehmensentscheidung (Marktbearbeitungsstrategie) und resultierendem Nachfragerverhalten. Um die Wirksamkeit von Marktbearbeitungsstrategien in einem Wettbewerbsumfeld erklären und messen zu können, sollten sich diese am Kundennettonutzen orientieren. Insbesondere ist in diesem Zusammenhang die Möglich-

---

[96] Vgl. bspw. RUST et al. (2004b).

[97] Der ROI einer Marktbearbeitungsstrategie wird in der CE-Forschung meist durch einen Vergleich des CE-Effekts ΔCE der Marktbearbeitungsstrategie mit dem diskontierten Auszahlungsstrom INV der Marktbearbeitungsstrategie bestimmt, d. h. $ROI = (\Delta CE - INV)/INV$, vgl. BURMANN (2003), S. 127.

[98] Der in der vorliegenden Arbeit verwendete Kundenettonutzen-Begriff orientiert sich stark am „customer's perceived value" gemäß ZEITHAML (1988), S. 14. Für umfangreiche Diskussion des Konstrukts, vgl. HUNDACKER (2005), S. 66 ff. sowie VOGEL (2006), S. 13 ff.

[99] Vgl. BRUHN (2002).

keit der Messung eines nachfragerindividuellen Nettonutzens in einem CE-Modell von Bedeutung.[100]

d) **Dynamische Zeitreihenbetrachtung:** Um auch eine zeitliche Vorteilhaftigkeit von Marktbearbeitungsstrategien in einem Wettbewerbsumfeld untersuchen zu können, sollte ein relevanter CE-Ansatz eine dynamische Betrachtung der Modellparameter in Form von Zeitreihen zulassen. Dadurch können in einem dynamischen Kontext zeitversetzte Reaktionen des Wettbewerbs auf die Marktbearbeitungsstrategie eines Unternehmens analysiert werden.

e) **CE-Effekte durch Investition in Kundenstamm:** Aktuelle Kundenbeziehungen spielen für eine Unternehmung v. a. in stagnierenden Märkten mit einer hohen Wettbewerbsintensität eine große Rolle.[101] Daher ist die Betrachtung von Investitionen in den Kundenstamm, d. h. aktuelle Kundenbeziehungen eines Unternehmens, im Rahmen dieser Arbeit von besonderer Bedeutung. Ein relevanter CE-Ansatz sollte daher den CE-Effekt durch Investitionen in bestehende Kundenbeziehungen, bspw. den Aufbau eines Kundenbindungsprogramms, analysieren.

f) **CE-Effekte durch Akquisition von Neukunden:** Neben Investitionen in bestehende Kundenbeziehungen stellt die Akquisition von Neukunden eine weitere wichtige Möglichkeit zur Steigerung des CE einer Unternehmung dar.[102] Gerade bei der Berücksichtigung eines Wettbewerbsumfelds spielt die Migration von Kunden zwischen unterschiedlichen Anbietern eine wichtige Rolle.[103] Entscheidend für die Untersuchung der Vorteilhaftigkeit einer Marktbearbeitungsstrategie auf das CE ist somit die Möglichkeit einer differenzierten Betrachtung der Investition in bestehende Kunden und der Akquisition von Neukunden.[104] Ein für diese Arbeit relevantes CE-Modell sollte diese beiden Effekte getrennt betrachten.

---

[100] KUMAR und GEORGE (2007) unterscheiden dabei in ihrer Modellübersicht zwischen aggregierten und disaggregierten Modellen, vgl. KUMAR und GEORGE (2007), S. 158 ff.
[101] Vgl. STEENKAMP et al. (2005).
[102] Vgl. REINARTZ et al. (2005).
[103] Vgl. BBDO-CONSULTING (2006), S. 20.
[104] Vgl. BBDO-CONSULTING (2004a), S. 37 ff.

2.2 Finanzwirtschaftliche Black-Box-CE-Modelle

Innerhalb der **finanzwirtschaftlichen Black-Box-Modelle** werden entsprechend einer investitionstheoretischen Sichtweise zukünftige Kundenumsätze und -gewinne unter Berücksichtigung einer Kundenbindungsrate auf den Betrachtungszeitpunkt diskontiert.[105] Das CE einer Unternehmung ergibt sich in einem zweiten Schritt aus der Summe der Barwerte aller Kunden. Beispiele von Black-Box-Modellen finden sich in den Veröffentlichungen von BLATTBERG und DEIGHTON (1996), DWYER (1997), BERGER und NASR (1998), BERGER und BECHWATI (2001), BLATTBERG et al. (2001), REINARTZ und KUMAR (2003), GUPTA et al. (2004), PFEIFER und FARRIS (2004), VENKATESAN und KUMAR (2004), FADER et al. (2005), MALTHOUSE und BLATTBERG (2005), PFEIFER und BANG (2005), CALCIU et al. (2006), GUPTA et al. (2006), HARDIE und FADER (2006), TIRENNI et al. (2007) sowie VILLANUEVA et al. (2008).

Aufgrund der konsequenten Verwendung des Kapitalwerts in der Berechnung des CLV werden die Parameter in Black-Box-Modellen monetär bewertet. Somit sind Marktbearbeitungsstrategien mit dem **CE einer Unternehmung verknüpft** (vgl. Tabelle 3). Jedoch werden Marktbearbeitungsstrategien zwar als Alternativen gegenübergestellt, eine Beschreibung der Strategiealternativen wird aber nur in Form abstrakter Größen, wie bspw. Investitionen in Kundenakquisition oder Kundenbindung,[106] vorgenommen. Eine Parametrisierung der Marktbearbeitungsstrategien auf der Basis konkreter Marktbearbeitungsinstrumente erfolgt i. d. R. nicht. Somit wird eine Ursache-Wirkungs-Analyse von Unternehmens- und Wettbewerbsentscheidungen auf das CE eingeschränkt.[107]

Durch die investitionstheoretische Betrachtung können im Rahmen von Black-Box-Modellen sowohl Kosten- als auch Umsatzeffekte einer Marktbearbeitungsstrategie als **Entscheidungsproblem der Unternehmensführung** betrachtet werden. Somit lässt sich auf der Basis einer ROI-Analyse eine CE-optimale Marktbearbeitungsstrategie identifizieren. Beispielsweise bestimmen BERGER und BECHWATI (2001) eine

---

[105] Vgl. GUPTA et al. (2006), S. 141.
[106] Vgl. BERGER und BECHWATI (2001), S. 51.
[107] Die meisten Black-Box-Modelle unterscheiden Investitionen in Kundenakquisition und Kundenbindung, vgl. REINARTZ et al. (2005). Eine Hinterlegung konkreter Instrumente wie z. B. Preisreduktionen, Aufbau eines Bonusprogramms etc. wird jedoch meist nicht vorgenommen. Ausnahmen bilden die aktuellen Black-Box-Modelle von TIRENNI et al. (2007) und VILLANUEVA et al. (2008).

CE-optimale Budget-Allokation zwischen Investitionen in Kundenbindung und Kundenakquisition[108], VENKATESAN und KUMAR (2004) analysieren dagegen CE-optimale Kundenselektionsstrategien.

Bewertungskriterium	Finanzwirtschaftliche Black-Box-CE-Modelle
a) Marktbearbeitungsstrategien definiert und mit CE verknüpft	bedingt
b) Entscheidungsproblem der Unternehmensführung explizit betrachtet	ja
c) Marktbearbeitungsstrategien am Kundennettonutzen orientiert	nein
d) Dynamische Zeitreihenbetrachtung	ja
e) CE-Effekt durch Investition in Kundenstamm	ja
f) CE-Effekt durch Akquisition von Neukunden	bedingt

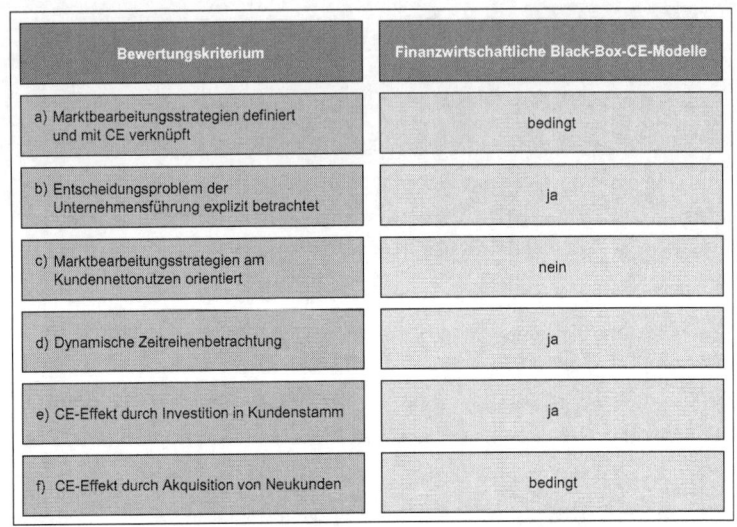

Tabelle 3: Bewertung finanzwirtschaftlicher Black-Box-CE-Modelle
Quelle: Eigene Darstellung

In Black-Box-Modellen wird der **Kundennettonutzen** bei der Festlegung und Durchführung von Marktbearbeitungsstrategien weitgehend nicht betrachtet. Das Nachfragerverhalten wird bei Vorliegen konkurrierender Wettbewerbsangebote nicht nutzentheoretisch fundiert erklärt. Die meisten Black-Box-Modelle gehen dagegen von einer mittleren Kundenbindungsrate über alle Nachfrager hinweg aus und schließen die differenzierte Marktbearbeitung eines heterogenen Kundenstamms weitgehend aus.

Aufgrund der **periodenorientierten Investitionsbetrachtung** der Kundenbeziehung anhand der Discounted-Cashflow-Methode kann in Black-Box-Modellen zudem eine dynamische Analyse des CE durchgeführt werden.[109] Damit ist grundsätzlich die Möglichkeit einer Untersuchung der zeitlichen Vorteilhaftigkeit von Marktbearbeitungsstrategien gegeben.

---

[108] Als Erweiterung der CE-Modelle von BLATTBERG und DEIGHTON (1996) und BERGER und NASR (1998).
[109] Vgl. hierzu v. a. die Untersuchung von REINARTZ und KUMAR (2003).

Der Fokus von Marktbearbeitungsstrategien liegt in Black-Box-Modellen meist auf Investitionen in **bestehende Kundenbeziehungen**, bspw. in Form von Direkt-Mailing-Aktionen.[110] Nur vereinzelte Black-Box-Modelle betrachten explizit die Akquisition von **Neukunden** als Strategiealternative.[111] Ein aktueller Black-Box-Ansatz von VILLANUEVA et al. (2008) untersucht bspw. die Akquisitionen von Neukunden sowohl anhand kurzfristiger Marketingmaßnahmen als auch mittels eher langfristig orientierter Mund-zu-Mund-Propaganda. Jedoch wird in diesem ökonometrischen Ansatz keine nutzenfundierte Begründung des Kundenverhaltens geliefert. In Black-Box-Modellen werden insgesamt gesehen kaum Aufschlüsse über Akquisitionschancen von Neukunden gegeben, so dass das Steuerungspotenzial für Neukundenakquisitionen als begrenzt einzuschätzen ist.[112]

Black-Box-Modelle finden aufgrund ihrer analytischen Klarheit und überschaubaren Anforderung an eine empirische Untersuchung vielfach Verwendung in der Praxis.[113] Dies wird auch in der Übersicht der bisherigen empirischen Untersuchungen in der CE-Forschung im dritten Teil dieser Arbeit deutlich (vgl. Kapitel 5.1). Größter Kritikpunkt an Black-Box-Modellen ist jedoch die fehlende nutzentheoretische Fundierung der Marktbearbeitungsstrategien. Darüber hinaus werden Marktbearbeitungsstrategien meist nicht auf der Basis konkreter Marktbearbeitungsinstrumente beschrieben, deren unterschiedlicher Einfluss auf das CE einer Unternehmung untersucht werden kann. In Anlehnung an die Darstellung in Abbildung 2 wird somit im Rahmen von Black-Box-Modellen die **Kundenperspektive nicht ausreichend betrachtet**. Daher erscheinen Black-Box-Modelle für eine Erweiterung um Wettbewerbsaspekte weitgehend nicht geeignet.

---

[110] Vgl. REINARTZ und KUMAR (2003).
[111] Vgl. BLATTBERG und DEIGHTON (1996) und die Erweiterung dieses Ansatzes von BERGER und BECHWATI (2001). Darüber hinaus analysieren THOMAS (2001) und REINARTZ et al. (2005) in ihren Ansätzen sowohl Kundenakquisitions- als auch Kundenbindungsmaßnahmen und ihren Einfluss auf die Profitabilität von Kundenbeziehungen. Da der Fokus in diesen Modellen jedoch auf der Kundenprofitabilität und nicht explizit auf dem CLV bzw. CE liegt, werden diese Arbeiten nicht als CE-Modelle betrachtet.
[112] Vgl. BURMANN (2003), S. 118.
[113] Vgl. BBDO-CONSULTING (2004b), S. 76.

2.3 Verhaltenstheoretische CE-Modelle

Verhaltenstheoretische CE-Modelle stellen insofern eine Erweiterung der Black-Box-Modelle dar, dass sie nicht nur das monetäre Potenzial eines Kunden beleuchten, sondern auch psychographische Faktoren zur Ermittlung des CLV bzw. des CE heranziehen. In ihrer Operationalisierung werden die kundenverhaltensorientierten Parameter in monetäre Größen transformiert. Verhaltenstheoretische CE-Modelle werden vorgestellt von PLINKE (1989), HOFMEYR und RICE (1995), HOEKSTRA und HUIZINGH (1999) sowie CORNELSEN (2000).

Marktbearbeitungsstrategien werden in verhaltenstheoretischen Modellen i. d. R. nicht auf der Basis konkreter Marktbearbeitungsinstrumente definiert. Über den Einbezug psychographischer Parameter werden lediglich Hinweise auf den möglichen Einsatz geeigneter Marktbearbeitungsstrategien gegeben. **Marktbearbeitungsstrategien** sind somit nur bedingt mit dem **CE verknüpft** und eine Reaktion des Kunden auf ihren differenzierten Einsatz wird auch hier weitgehend vernachlässigt (vgl. Tabelle 4). Bei der Transformation psychographischer Variablen in monetäre Größen ist darüber hinaus die Validität der Umrechnung kritisch zu hinterfragen.[114]

Bewertungskriterium	Verhaltenstheoretische CE-Modelle
a) Marktbearbeitungsstrategien definiert und mit CE verknüpft	bedingt
b) Entscheidungsproblem der Unternehmensführung explizit betrachtet	nein
c) Marktbearbeitungsstrategien am Kundennettonutzen orientiert	ja
d) Dynamische Zeitreihenbetrachtung	ja
e) CE-Effekt durch Investition in Kundenstamm	ja
f) CE-Effekt durch Akquisition von Neukunden	bedingt

Tabelle 4: Bewertung verhaltenstheoretischer CE-Modelle
Quelle: Eigene Darstellung

---

[114] Vgl. BURMANN (2003), S. 121.

Marktbearbeitungsstrategien werden in verhaltenstheoretischen Modellen nicht als alternative, durch den Anbieter steuerbare Entscheidungen dargestellt. Daher ist der Vergleich der zu erwartenden CE-Effekte einer Marktbearbeitungsstrategie mit den dabei anfallenden Kosten bzw. Investitionen im Rahmen einer ROI-Betrachtung nicht möglich. Ein **Entscheidungsproblem aus der Sicht der Unternehmensführung** wird im Rahmen verhaltenstheoretischer CE-Modelle weitgehend ausgeblendet.

Hinsichtlich einer Orientierung am **Kundennettonutzen** verwenden verhaltensorientierte Modelle zur Berechnung des CE zwar Faktoren wie Wiederkaufabsicht oder Kundenzufriedenheit. Ihre Begründung, bspw. durch gezielte Marktbearbeitungsstrategien der Unternehmen, erfolgt jedoch nicht.[115] Im Vergleich zu Black-Box-Modellen ist dennoch festzustellen, dass aufgrund der mehrdimensionalen CLV-Berechnung ein besseres Verständnis über das Kundenverhalten und seine Wirkung auf den CLV erzielt wird. CORNELSEN (2000) betrachtet bspw. neben dem durchschnittlichen Jahresumsatz auch den Referenzwert eines Kunden, der den Einfluss des Kunden auf Kaufentscheidungen anderer Kunden misst.[116]

Ähnlich wie bei Black-Box-Modellen wird in verhaltensorientierten Ansätzen ebenfalls eine **dynamische Betrachtung** unterschiedlicher Perioden in Form einer Zeitreihe bei der Ermittlung des CLV verfolgt. Auf der Basis der Discounted-Cashflow-Methode wird dabei der periodenspezifische Wert der Kundenbeziehung auf den Betrachtungszeitpunkt diskontiert.[117]

Der Fokus bei verhaltenstheoretischen Modellen liegt v. a. in der Steuerung des bestehenden **Kundenstamms**. HOEKSTRA und HUIZINGH (1999) merken in ihrem CE-Modell an: „Marketing activities being increasingly directed at building relationships with customers, the focus shifts from customer acquisition to customer retention."[118] Somit fehlen bei diesem Modelltyp, ähnlich wie bei Black-Box-Modellen, weitgehend Informationen über Akquisitionsmöglichkeiten potenzieller **Neukunden**. In-

---

[115] Vgl. CORNELSEN (2000).
[116] Vgl. CORNELSEN (2000), S. 255 ff.
[117] Vgl. HOEKSTRA und HUIZINGH (1999), S. 268.
[118] HOEKSTRA und HUIZINGH (1999), S. 263.

vestitionen in bestehende Kundenbeziehungen lassen sich dagegen anhand des berechneten CLV priorisieren.[119]

Hinsichtlich der verhaltenstheoretischen Modelle ist v. a. kritisch anzumerken, dass Marktbearbeitungsstrategien nicht als Entscheidungsproblem der Unternehmensführung formuliert werden und daher eine ROI-Betrachtung nicht möglich ist. Darüber hinaus erweist sich die Umrechnung verhaltensorientierter Größen in monetäre Größen als problematisch. In Anlehnung an die Darstellung in Abbildung 2 fokussieren verhaltenstheoretische Modelle somit v. a. auf die Kundenperspektive und konzentrieren sich dabei **zu wenig auf die Perspektive der Unternehmensführung**. Verhaltenstheoretische Modelle sind aus diesen Gründen für eine Erweiterung um Wettbewerbsaspekte als kritisch einzuschätzen.

2.4 Hybride CE-Modelle

Hybride CE-Modelle erweitern die beiden ersten Modelltypen, indem sie eine Kausalität zwischen Marktbearbeitungsstrategien des Unternehmens und dem Nachfragerverhalten herstellen und damit Aufschluss über die Wirksamkeit von Marktbearbeitungsinstrumenten geben. Sie können als kombinierte Ansätze verstanden werden, weil sie einerseits eine verhaltenstheoretische Erklärung des CLV und CE ermöglichen, aber andererseits direkt auf monetären Größen aufbauen. Hybride Modelle werden vorgestellt von BRUHN et al. (2000), RUST et al. (2001), BAYÓN et al. (2002), BURMANN und HUNDACKER (2003), RUST et al. (2004b), HUNDACKER (2005) sowie LEWIS (2005).[120]

In hybriden CE-Modellen werden Marktbearbeitungsstrategien meist als alternative Entscheidungsmöglichkeiten einer Unternehmung dargestellt, die über Marktbearbeitungsinstrumente mit dem **CE verknüpft** sind (vgl. Tabelle 5). HUNDACKER (2005) unterscheidet bspw. zwischen einem preisorientierten „No-Frills"- und einem beziehungsorientierten „Premium-Service"-Marktbearbeitungskonzept.[121] Darüber hinaus sind in den Ansätzen von RUST et al. (2004b) und HUNDACKER (2005) psychographi-

---

[119] Vgl. BURMANN (2003), S. 121.
[120] Im Folgenden wird jeweils auf die Arbeiten von RUST et al. (2004b) und HUNDACKER (2005) verwiesen, die Weiterentwicklungen der Veröffentlichungen von RUST et al. (2001) und BURMANN und HUNDACKER (2003) darstellen.
[121] Vgl. HUNDACKER (2005), S. 102 ff.

sche Größen in Form bedingter Markenwahlwahrscheinlichkeiten direkt monetär interpretierbar, sodass die mit Validitätsproblemen behaftete Transformation psychographischer Größen wie im Fall der verhaltensorientierten CE-Modelle entfällt.

Die Festlegung von Marktbearbeitungsstrategien wird in hybriden CE-Modellen als **Entscheidungsproblem der Unternehmensführung** beschrieben. Die absatzseitigen Effekte einer Marktbearbeitungsstrategie in Form von Änderungen des CE zum Status quo werden mit den damit verbundenen Kosten in einer ROI-Betrachtung verglichen. Demgemäß analysieren bspw. RUST et al. (2004b) in einer empirischen Anwendung ihres Modells für das Luftfahrtunternehmen American Airlines die Vorteilhaftigkeit einer Investition in die Kabinenausstattung der Business-Class auf Langstreckenflügen.[122] Dem Investitionsvolumen von 70 Mio. USD steht dabei eine Steigerung des CE um ca. 101 Mio. USD gegenüber, so dass auf der Basis einer ROI-Betrachtung von einer Investitionsrentabilität von ca. 44 % auszugehen ist.[123]

Bewertungskriterium	Hybride CE-Modelle
a) Marktbearbeitungsstrategien definiert und mit CE verknüpft	ja
b) Entscheidungsproblem der Unternehmensführung explizit betrachtet	ja
c) Marktbearbeitungsstrategien am Kundennettonutzen orientiert	ja
d) Dynamische Zeitreihenbetrachtung	ja
e) CE-Effekt durch Investition in Kundenstamm	ja
f) CE-Effekt durch Akquisition von Neukunden	ja

Tabelle 5: **Bewertung hybrider CE-Modelle**
Quelle: Eigene Darstellung

Marktbearbeitungsinstrumente werden in hybriden CE-Modellen mit psychographischen Nutzenvariablen des Kunden verknüpft. Die Effekte von Marktbearbeitungs-

---

[122] Vgl. RUST et al. (2004b), S. 121.
[123] In der Berechnung des ROI gehen RUST et al. (2004b) von einem Planungshorizont von drei Jahren aus.

strategien werden auf der Basis von Änderungen des wahrgenommenen **Kundennettonutzens** eines Produktes gemessen. Effekte der o. g. Investition in die Kabinenausstattung werden im Modell von RUST et al. (2004b) bspw. in Form von Änderungen der Ratingpunkte bei der Beurteilung des funktionalen Nettonutzens durch Business-Class-Kunden gemessen.[124] Neben der reinen Berechnung des CLV eines Kunden lässt sich anhand hybrider CE-Modelle feststellen, worauf dieser CLV auf der Basis des Kundennettonutzens beruht, um daraus zusätzlich Implikationen für die Marktbearbeitungsstrategie aus Unternehmenssicht abzuleiten.

In der Analyse der CE-Effekte einer Marktbearbeitungsstrategie gehen hybride CE-Modelle, ähnlich wie bei den beiden zuvor genannten Modelltypen, von einer diskontierten **dynamischen Zeitreihe** von Zahlungsüberschüssen aus. Eine periodenorientierte Erweiterung von Wettbewerbsentscheidungen und eine Analyse der zeitlichen Vorteilhaftigkeit konkurrierender Marktbearbeitungsstrategien sind somit bei diesem CE-Modelltyp grundsätzlich möglich.

Anders als bei den anderen beiden CE-Modelltypen fokussieren hybride Modelle nicht nur auf den bestehenden **Kundenstamm**, sondern beziehen alle potenziellen Nachfrager im Markt – sowohl aktuelle als auch potenzielle **Neukunden** – in die Modellierung des CE ein. Über das Konzept der bedingten Markenwahlwahrscheinlichkeit werden alle Nachfrager im Markt, die in ihrem Evoked Set[125] die betrachtete Marke haben, für die Berechnung des markenspezifischen CE berücksichtigt.[126] Dadurch können in hybriden CE-Modellen sowohl Investitionen in den Kundenstamm als auch Maßnahmen zur Akquisition von Neukunden untersucht und bewertet werden.

Insgesamt werden durch hybride Modelle auf der Basis der betrachteten Bewertungskriterien **am besten die Anforderungen erfüllt**, die an die Integration eines Wettbewerbsumfelds gestellt werden (vgl. Tabelle 5). Gemäß der Darstellung in Abbildung 2 werden in hybriden Modellen alle drei Perspektiven, die Unternehmens-, Kunden- und CE-Perspektive, berücksichtigt. Daher wird das zu entwickelnde

---

[124] Die Investition hat im Modell von RUST et al. (2004b) eine Erhöhung des wahrgenommenen Kundennettonutzens von 0,2 Ratingpunkten auf einer 5-Punkte-Ratingskala zur Folge.
[125] Das Evoked Set umfasst „alle Alternativen (Marken), die für einen Kauf in Frage kommen, weil man zu ihnen grundsätzlich eine positive Einstellung hat und eigentlich nichts dagegen spricht, eine von ihnen zu wählen", TROMMSDORFF (2004), S. 102.
[126] Vgl. BURMANN (2003), S. 126.

Hybride CE-Modelle 31

CE-Wettbewerbsmodell auf dem hybriden CE-Modelltyp basieren.[127] Im Folgenden werden zwei aktuelle hybride CE-Modelle von RUST et al. (2004b) und HUNDACKER (2005) im Detail vorgestellt und miteinander vergleichen. Ziel der Untersuchung ist die Identifikation der Stärken beider Ansätze, um diese im zu entwickelnden sog. hybriden CE-Wettbewerbsmodell miteinander zu verknüpfen.[128]

2.4.1 Modell von RUST et al. (2004b)

Das Modell von RUST et al. (2004b) besteht aus drei **Modellebenen**: einer Instrumenteebene, einer psychographischen und einer monetären Ebene (vgl. Abbildung 3). Grundlage des Modells ist ein diskreter Markov-Prozess erster Ordnung[129] zur Berechnung der bedingten Markenwahlwahrscheinlichkeiten der Nachfrager.[130] Das Markenwahlverhalten aller Nachfrager – sowohl aktuelle als auch potenzielle – fließt in die Quantifizierung des CE einer Unternehmung[131] ein.

Auf der **Instrumenteebene** wirken Marktbearbeitungsinstrumente als Determinanten des vom Kunden wahrgenommenen Nettonutzens. Als Marktbearbeitungsinstrumente definieren die Autoren klassische Bereiche der Produkt- und Preispolitik, aber auch Maßnahmen des Customer Relationship Managements.[132]

In Abhängigkeit vom gewählten Marktbearbeitungsinstrument einer Unternehmung werden die Dimensionen des Kundennutzens auf der **psychographischen Ebene** beeinflusst. Die Autoren unterscheiden hierbei drei Nutzenteilbereiche: einen funktio-

---

[127] Im Folgenden wird daher von einem hybriden CE-Wettbewerbsmodell gesprochen.

[128] Auf eine Vorstellung des hybriden CE-Modells von LEWIS (2005) wird an dieser Stelle aufgrund seiner sehr spezifischen Relevanz für den Direktvertrieb bzw. Abonnementverkauf einer Zeitung verzichtet.

[129] Ein diskreter Markov-Prozess (oder Markov-Kette) erster Ordnung ist ein diskreter stochastischer Prozess, dessen bedingte Wahrscheinlichkeitsverteilung zukünftiger Prozesszustände nur vom aktuellen Zustand (und nicht von vergangenen Zuständen) des Prozesses abhängt. Die Wahrscheinlichkeit des Eintretens zukünftiger Zustände ist also statistisch unabhängig von den vergangenen Zuständen des Prozesses. Diese Eigenschaft wird auch als Markov-Eigenschaft bezeichnet, vgl. CINLAR (1975), S. 106 f.

[130] Zur Modellierung von Kundenbeziehungen durch Markov-Modelle vgl. PFEIFER und CARRAWAY (2000). Dieser Ansatz betrachtet jedoch nur eine Marke und damit die Markenwahl eines Kunden. Es werden vielmehr Kaufentscheidungen des Kunden (einer Marke) im Zeitverlauf analysiert.

[131] Die Autoren nehmen für die Operationalisierung ihres Modells eine Marke je Unternehmen an. Damit werden im Kontext von RUST et al. (2004b) die Begriffe Marke und Unternehmen synonym verwendet.

[132] Beispiele hierfür sind die (wahrgenommene) Qualität und der Preis, aber auch Investitionen in Kundenbindungsprogramme, vgl. RUST et al. (2001).

nalen Basisnutzen, einen Markennutzen und einen Beziehungsnutzen.[133] Die in Konsumentenbefragungen ermittelten Informationen, bspw. zur Beurteilung der wahrgenommenen Produkt- und Servicequalität, werden in einer multinomialen logistischen Regression ausgewertet.[134] Als Resultat der Regression ergibt sich die bedingte Markenwahlwahrscheinlichkeit eines Nachfragers. Unter Zuhilfenahme der Markov-Eigenschaft können Prognosen über das zukünftige Markenwahlverhalten eines Kunden getroffen werden. Bei RUST et al. (2004b) handelt es sich folglich um ein „Always-a-share"-Modell, in dem ein zur Konkurrenz abgewanderter Kunde nicht als „lost-for-good" behandelt wird, sondern mit einer positiven Wahrscheinlichkeit zur Rückkehr zu einem späteren Zeitpunkt belegt ist.[135]

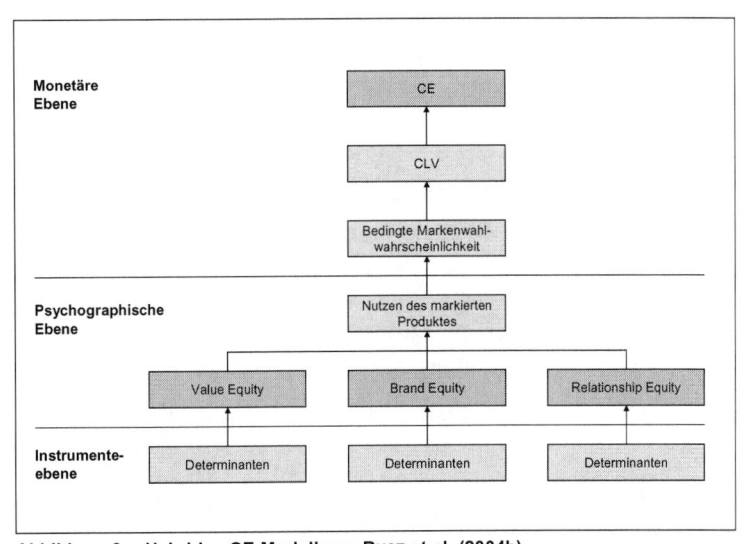

Abbildung 3: Hybrides CE-Modell von RUST et al. (2004b)
Quelle: BURMANN (2003), S. 123.

Auf **monetärer Ebene** wird der CLV mit Hilfe der nachfragerindividuellen Markenwahlwahrscheinlichkeiten, Kaufhäufigkeit, Einzahlungen, Ergebnismarge und Diskontierungsfaktor über die individuelle Kundenlebensdauer hinweg berechnet. Das CE einer Unternehmung wird durch Aggregation der CLV aller Kunden bestimmt. Die Vorteilhaftigkeit einer Marktbearbeitungsstrategie kann durch den Vergleich ihres zu

---

[133] RUST et al. (2004b) bezeichnen diese Teilbereiche als Value Equity, Brand Equity und Relationship Equity.
[134] Vgl. GUADAGNI und LITTLE (1983).
[135] DWYER (1997), S. 9.

erwartenden CE-Effekts und der dazu notwendigen diskontierten Investition im Rahmen einer ROI-Betrachtung bestimmt werden.

HUNDACKER (2005) beschreibt **Ansatzpunkte zur Weiterentwicklung** im Modell von RUST et al. (2004b), die an den drei Modellebenen ansetzen.[136] Auf der Instrumenteebene wird als wesentlicher Schwachpunkt die fehlende Möglichkeit einer segmentspezifischen Ausrichtung der Marktbearbeitung identifiziert. Auf der psychographischen Ebene wird v. a. der unklare Zusammenhang der determinierenden Instrumente und der drei Nutzenkomponenten der Kunden bemängelt. Auf der monetären Ebene wird als zentraler Kritikpunkt die fehlende Verknüpfung des exogenen CLV mit der Instrumenteebene festgestellt.

2.4.2 Modell von HUNDACKER (2005)

Das hybride CE-Modell von HUNDACKER (2005) setzt an dem identifizierten Forschungsbedarf des Modells von RUST et al. (2004b) an. Aufgrund des expliziten Einbezugs der Marktbearbeitungsdimensionen Kundenerfolgsbeitrag und Kundennettonutzen und der damit verbundenen segmentorientierten Marktbearbeitung wird der Ansatz auch als **duales hybrides Modell** bezeichnet. Für den Modellaufbau werden wie im Ansatz von RUST et al. (2004b) drei konzeptionelle Ebenen gewählt (vgl. Abbildung 4).

Auf **Instrumenteebene** werden im Modell von HUNDACKER (2005) die Marktbearbeitungsinstrumente entlang der Kundenlebenszyklusphasen Kundenakquisition, -durchdringung und -sicherung strukturiert. Darüber hinaus werden diese Instrumente im Sinn einer dualen Marktbearbeitung entlang der Dimensionen Kundenerfolgsbeitrag und Kundennettonutzen ausgerichtet, die auch als Segmentierungsvariablen der heterogenen Marktnachfrage dienen. Aufgrund der gewählten Marktbearbeitung wird eine Nettonutzenänderung der Kunden über die **psychographische Ebene** mit ihrem stochastischen Verhalten (Angebotswahlmodell) und dessen monetären Auswirkungen verknüpft. Auf der **monetären Ebene** fließen schließlich die Preis- und Kosteneffekte der jeweiligen Marktbearbeitung in Form einer disaggregierten Werttreiberanalyse in die Bestimmung des CLV ein.

---

[136] Vgl. BURMANN (2003), S. 128 und 134, sowie HUNDACKER (2005), S. 117 f.

Zur Messung des **Angebotswahlmodells** wird ähnlich wie bei RUST et al. (2004b) ein multinomiales Logitmodell gewählt. Dabei wird angenommen, dass die Kunden als nächste Kaufentscheidung das Angebot des relevanten Markts wählen, dessen ermittelte Wahlwahrscheinlichkeit am höchsten ist. Der relevante Markt umfasst hierbei sowohl die Angebote des Wettbewerbs als auch die zusätzlichen Angebote des untersuchten Anbieters. Anders als bei RUST et al. (2004b) wird hier jedoch nur die unmittelbar nächste Kaufentscheidung mit einem stochastischen Angebotswahlmodell berechnet. Das langfristige Kaufverhalten wird mit einer exogenen Kundenbindungsrate je Segment und Marktbearbeitungskonzept modelliert. Ein zur Konkurrenz abgewanderter Kunde wird somit nicht mit einer positiven Wahrscheinlichkeit zur Rückkehr zur ursprünglich gekauften Marke belegt. Folglich handelt es sich beim Ansatz von HUNDACKER (2005) um ein Lost-for-good-Modell, bei dem Kunden, die sich für ein anderes Angebot entschieden haben, sich in Zukunft nicht wieder für einen Kauf des ursprünglichen Angebots entscheiden. Eine sog. „polygame Loyalität"[137] von Nachfragern, die v. a. in FMCG-Märkten oder Märkten langlebiger Gebrauchsgüter beobachtet wird, ist daher beim Ansatz von HUNDACKER (2005) ausgeschlossen.

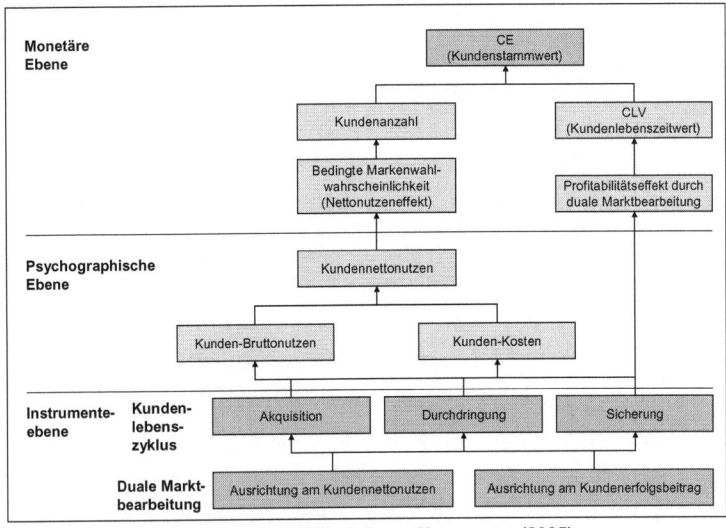

Abbildung 4: Duales hybrides CE-Modell von HUNDACKER (2005)
Quelle: HUNDACKER (2005), S. 119.

---

[137] BURMANN (2003), S. 124.

2.4.3 Vergleichende Bewertung der beiden hybriden CE-Modelle

In Tabelle 6 werden die wichtigsten Aspekte der beiden hybriden Modelle von RUST et al. (2004b) und HUNDACKER (2005) gegenübergestellt. Wie bereits in den beiden vorangegangenen Kapiteln dargestellt, gibt es deutliche Unterschiede, aber auch Gemeinsamkeiten zwischen den beiden Ansätzen.

Das duale hybride Modell von HUNDACKER (2005) weist mehrere **vorteilhafte Modellierungsaspekte** gegenüber dem Ansatz von RUST et al. (2004b) auf. Auf der Instrumenteebene werden die Marktbearbeitungsinstrumente entlang verschiedener Kundenlebenszyklusphasen strukturiert. Dies ermöglicht eine lebenszyklusorientierte Analyse des CLV. Zum anderen wird auf der psychographischen Ebene nicht eine ex ante vorgegebene Struktur der Nettonutzendimensionen der Kunden vorausgesetzt. Die Dimensionen werden stattdessen explorativ erhoben. Ähnlich wie im Modell von RUST et al. (2004b) wird im Ansatz von HUNDACKER (2005) auch eine dreidimensionale Nutzenstruktur des Kundenbruttonutzens in Form eines funktionalen Basisnutzens und eines Zusatznutzens, bestehend aus einem Marken- und Beziehungsnutzen, identifiziert. Jedoch unterscheidet HUNDACKER (2005) einen rein ökonomischen Nutzen von einem funktionalen Nutzen, der sich im Rahmen ihrer empirischen Untersuchung auch als signifikantes Differenzierungsmerkmal erweist.[138] Der Kundennettonutzen ergibt sich aus der Differenz zwischen Kundenbruttonutzen und Kundenkosten, bestehend aus den Kosten der Leistungsnutzung und der Wechselkosten, die durch die Änderung des Angebots[139] für einen Kunden entstehen. Auf der monetären Ebene wird der CLV eines Kunden modellendogen, d. h. abhängig von der gewählten Marktbearbeitung und den damit verbundenen Preis- und Kosteneffekten, in Form einer disaggregierten Werttreiberanalyse ermittelt. Im Gegensatz dazu werden bei RUST et al. (2004b) die Zahlungsüberschüsse für den CLV als exogene Größen, unabhängig von der Marktbearbeitungsstrategie des Unternehmens, modelliert. Im Modell von HUNDACKER (2005) fließt eine veränderte Marktbearbeitung also in zweierlei Hinsicht in den CLV einer Kundenbeziehung ein. Einerseits beeinflusst der geänderte Kundennettonutzen die Anzahl aktiver Kunden einer Unternehmung. Andererseits

---

[138] RUST et al. (2004b) wiederum fassen unter dem Begriff „Value Equity" sowohl funktionale als auch preisliche Aspekte zusammen.
[139] Dabei können sowohl anbieterinterne als auch Wechsel zu einem anderen Anbieter unterschieden werden.

ergeben sich aufgrund der gewählten Marktbearbeitung unterschiedliche Preis- und Kostenbedingungen, die den zukünftigen Cashflow einer Kundenbeziehung verändern.

Modelltyp		Rust et al. (2004) „Always-a-share"-Modell	Hundacker (2005) „Lost-for-good"-Modell
Monetäre Ebene	CE	$\overline{CLV}$ * Anzahl Kunden im Markt	$\overline{CLV}$ * Anzahl Kunden der Unternehmung
	CLV • Cashflows • Zeitraum	Exogen Individuelle Kundenlebensdauer	Endogen Limes-Betrachtung
	Markenwahlw'keit • 1. Markenwahlentscheidung • Weitere Wahlentscheidungen	Multinomiales Logitmodell Markov-Modell („Markenwechsel-Matrix")	Multinomiales Logitmodell • Marke mit maximaler W'keit Exogene Kundenbindungsrate
	• Verknüpft mit	CLV	Anzahl Kunden der Unternehmung
Psychographische Ebene	Nutzendimensionen	Funktionaler Nutzen Markennutzen Beziehungsnutzen	Funktionaler Basisnutzen Markennutzen Beziehungsnutzen Ökonomischer Nutzen
		Ex ante vorgegeben	Explorativ erhoben
Instrumenteebene	Verfügbare Instrumente	Branchenspezifisch festzulegen	Zwei Marktbearbeitungskonzepte • Preisorientiertes „No-Frills"-Konzept • Beziehungsorientiertes „Premium-Service"-Konzept
	Segmentspezifische Ausrichtung	Nein	Ja
	Lebenszyklusorientierung	Nein	Ja

Tabelle 6: Vergleich der hybriden CE-Modelle von RUST et al. (2004b) und HUNDACKER (2005)
Quelle: Eigene Darstellung

Jedoch existieren im CE-Modell von HUNDACKER (2005) auch einige **Ansatzpunkte zur Weiterentwicklung**. Auf der Instrumenteebene erscheint die Auswahl des preisorientierten No-Frills-Marktbearbeitungskonzepts und des beziehungsorientierten Premium-Service-Konzepts bzgl. einer kompletten Abdeckung der möglichen Kundennettonutzendimensionen als unvollständig. Darüber hinaus sind die gewählten Marktbearbeitungsstrategien im Anwendungsfokus stark auf die Mobilfunkbranche beschränkt, so dass eine Verallgemeinerung der Ergebnisse auf andere Branchen erschwert wird. Die Schätzung der Markenwahlwahrscheinlichkeiten auf der psychographischen Ebene erfolgt im Modell von HUNDACKER (2005) ausschließlich für die unmittelbar nächste Kaufentscheidung der Kunden. Mittel- bis langfristige Kaufverhaltenseffekte werden hingegen durch exogene und konstante segmentspezifische Kundenbindungsraten modelliert. Im Modell von RUST et al. (2004b) ist dagegen eine endogene Mehrperiodenbetrachtung des Kaufverhaltens der Nachfrager auf der Basis des Markov-Modells möglich.[140] Jedoch weist HUNDACKER (2005) auf die damit verbundene Validitätsproblematik der empirischen Schätzung der Modellparameter hin. Abschließend kann als Kritikpunkt am Modell von HUNDACKER (2005) festgehalten werden, dass auf der monetären Ebene für die Berechnung des kundenindividuellen CLV eine Grenzwert-Betrachtung der diskontierten Bindungswahrscheinlichkeiten unterstellt wird. RUST et al. (2004b) hingegen unterscheiden individuelle Kundenlebensdauern bei der Berechnung des CLV.[141]

2.5 Zusammenfassung des Forschungsbedarfs

In der CE-Forschung finden sich bisher ausschließlich Modelle, die bei der Analyse von CE-Effekten einer Unternehmung mögliche Marktbearbeitungsstrategien von Wettbewerbern ausklammern. Somit geht die Berechnung des ROI einer Marktbearbeitungsstrategie von einem **konstanten Wettbewerbsumfeld** aus und ignoriert Wettbewerbsreaktionen. Diese Forschungslücke soll im Rahmen dieser Arbeit durch die Entwicklung eines hybriden CE-Wettbewerbsmodells geschlossen werden.

Für die Integration eines Wettbewerbsumfelds zeichnen sich v. a. **hybride CE-Modelle** durch eine hohe Relevanz für die vorliegende Untersuchung aus. Sie erfüllen im Vergleich zu Black-Box-Modellen und verhaltenstheoretischen Modellen am besten die Anforderungskriterien entlang der hergeleiteten Unternehmens-, Kunden- und CE-Perspektive (vgl. Abbildung 2 sowie Kapitel 2.4). BURMANN (2003) identifiziert in diesem Zusammenhang drei Gründe für die Vorteilhaftigkeit hybrider CE-Modelle.[142] Erstens wird durch die nutzentheoretisch fundierte Operationalisierung des Kundenverhaltens eine robuste Einschätzung der Stabilität der zukünftigen Kundenbasis eines Unternehmens und damit eine bessere Schätzung zukünftiger Cashflows erreicht. Zweitens wird durch die stochastische Betrachtung des zukünftigen Markenwahlverhaltens eine gleichzeitige Modellierung der kundenspezifischen Risiken durchgeführt. Drittens wird die Anwendbarkeit der hybriden Modelle nicht auf bestehende Kunden beschränkt, sondern auf die Gesamtheit aller potenziellen Kunden ausgeweitet. Daher kann das ermittelte CE als Frühwarnindikator bei der Unter-

---

[140] Eine weitere Möglichkeit zur Operationalisierung der Kundenbindungsrate bildet die statistische Analyse des historischen Kundenverhaltens. Vgl. hierzu bspw. KRAFFT (2007), S. 113 ff.
[141] Jedoch muss auch hier auf die Schwierigkeiten bei der Schätzung der individuellen Kundenlebensdauer hingewiesen werden.
[142] Vgl. BURMANN (2003), S. 127.

nehmensbewertung dienen. Außerdem wird durch die Betrachtung aller Nachfrager das Potenzial zur Steuerung des Instrumenteeinsatzes insbesondere bei Neukundenakquisitionen und bei Investitionen in bestehende Kundenbeziehungen voll ausgeschöpft.

Das zu entwickelnde hybride CE-Wettbewerbsmodell kann dabei als **Synthese bestehender hybrider CE-Modelle** verstanden werden. Im Rahmen dieser Arbeit werden die Vorzüge der beiden aktuellen Ansätze von RUST et al. (2004b) und HUNDACKER (2005) integriert. Aus dem Modell von **HUNDACKER (2005)** wird dabei die segmentspezifische Betrachtung der Marktnachfrage und die endogene Modellierung des CLV aufgrund der Analyse entscheidungsabhängiger Marktbearbeitungskosten und Preise übernommen. Darüber hinaus werden die Nettonutzendimensionen der Nachfrager nicht ex ante definiert, sondern explorativ erhoben.

Im Fall des hybriden Modells von **RUST ET AL. (2004B)** erweist sich v. a. das Markov-Modell zur Darstellung eines dynamischen mehrperiodigen Kaufverhaltens der Nachfrager als relevant für die Betrachtung eines Wettbewerbsumfelds. Durch die Modellierung von Markenwechselmatrizen handelt es sich im Fall des hybriden CE-Wettbewerbsmodells um ein Always-a-share-Modell, in dem alle Nachfrager – aktuelle und potenzielle Kunden – in die Bestimmung des CLV eines Unternehmens einfließen. Dabei wird eine periodenorientierte Betrachtung der CE-Effekte verfolgt, die die Analyse zeitverzögerter Wettbewerbsreaktionen in einem sequenziellen Entscheidungskontext ermöglicht. Zudem wird bei der Bestimmung der nachfragerindividuellen CLV ein endlicher Planungshorizont angenommen.

Außerdem lässt sich erkennen, dass die Modellergebnisse der existierenden hybriden CE-Ansätze bisher noch nicht auf einer Optimierungsüberlegung basieren. Im zu entwickelnden hybriden CE-Wettbewerbsmodell werden daher Marktbearbeitungsstrategien einer Unternehmung als Variablen eines Entscheidungsproblems unter Berücksichtigung von Nebenbedingungen formuliert. Dieses Entscheidungsproblem wird auf der Basis eines dynamischen Optimierungsalgorithmus gelöst. Das Ergebnis des Wettbewerbsmodells sind **modellendogen bestimmte CE-optimale Marktbearbeitungsstrategien** unter Berücksichtigung von Wettbewerbsentscheidungen.[143]

---

[143] Vgl. hierzu Challenge Nr. 4 von BELL et al. (2002a), S. 81.

3 Analyse des Wettbewerbsverhaltens im Marketing

Im Rahmen dieses Kapitels werden zunächst die für das hybride CE-Wettbewerbsmodell relevanten Wettbewerbstheorien aus der Volkswirtschaftslehre vorgestellt und anhand abgeleiteter Anforderungskriterien bewertet. Ziel ist die Identifikation eines geeigneten volkswirtschaftlichen Wettbewerbsansatzes, der als theoretische Grundlage für die Abbildung eines Wettbewerbsumfelds im Rahmen des hybriden CE-Wettbewerbsmodells dienen kann. Darüber hinaus werden die Spieltheorie als Basis der modernen wettbewerbstheoretischen Forschung sowie relevante Wettbewerbsmodelle im Marketing präsentiert. Ziel ist zum einen ein tieferes Verständnis des derzeitigen Forschungsstands des Wettbewerbsverhaltens in der Marketingforschung. Zum anderen werden relevante Lösungsansätze für das zu entwickelnde CE-Wettbewerbsmodell identifiziert. Zum Abschluss des Kapitels wird auf der Basis der gewonnenen Erkenntnisse ein konzeptioneller Rahmen für das hybride CE-Wettbewerbsmodell entwickelt.

3.1 Relevanz ausgewählter volkswirtschaftlicher Wettbewerbstheorien für das Marketing

Im Folgenden werden zunächst Wettbewerbstheorien innerhalb der Volkswirtschaftslehre anhand der ihnen zugrundeliegenden Annahmen vorgestellt und ihre Relevanz für das Marketing und insbesondere für das CEM geprüft. Ziel ist, eine Aussage darüber treffen zu können, welche der wettbewerbstheoretischen Ansätze eine Schnittstelle zum CEM bietet. Dabei wird anhand geeigneter Kriterien ein Theoriekonzept identifiziert, bei dem Kunden- und Konkurrenzorientierung keine einander gegenseitig ausschließenden Alternativen repräsentieren. Vielmehr sollte dieses Theoriekonzept die beiden Perspektiven integrieren.[144]

3.1.1 Bewertungskriterien

In Anlehnung an HUBER (1999) werden drei Kriterien zur Ermittlung geeigneter Wettbewerbstheorien zurate gezogen (vgl. Tabelle 7).[145] Erstens sollte eine für das zu entwickelnde CE-Wettbewerbsmodell relevante volkswirtschaftliche Wettbewerbstheorie

---

[144] Hinsichtlich der Integration von Kunden- und Wettbewerbsorientierung bei der Festlegung von Marktbearbeitungsstrategien vgl. HEIL und MONTGOMERY (2001).
[145] Vgl. HUBER (1999), S. 5.

die Untersuchung dynamischer Wettbewerbsphänomene ermöglichen. Somit lässt sich in einem **zeitlichen Bezug** die Wirksamkeit von Marktbearbeitungsstrategien im Zeitverlauf untersuchen. Zudem können zeitverzögerte Reaktionen der einzelnen Wettbewerber berücksichtigt werden. In einem statischen Kontext wäre die Untersuchung dieser Effekte nicht möglich.

Zweitens sollte ein wettbewerbstheoretischer Ansatz aus der Volkswirtschaftslehre verwendet werden, der als **Methodologie des Erkenntnisfortschritts** die Möglichkeit der empirischen Überprüfung der aus der Theorie abgeleiteten Hypothesen bietet. Dies setzt voraus, dass eine einheitliche Definition des Wettbewerbs durch die jeweilige Wettbewerbstheorie vorgeschlagen wird. Auch sollten die entwickelten Konstrukte auf der Basis konkreter Beobachtungsgrößen für eine empirische Überprüfung operationalisiert werden können.

Bewertungskriterium	Mögliche Ausprägungen
Zeitlicher Bezug	• Statisch • **Dynamisch**
Methodologie des Erkenntnisfortschritts	• Formale Theorie • Empirie • **Formale Theorie und Empirie**
Berücksichtigung der Nachfragerpräferenzen	• nein • bedingt • **ja**

☐ = gewünschte Ausprägung

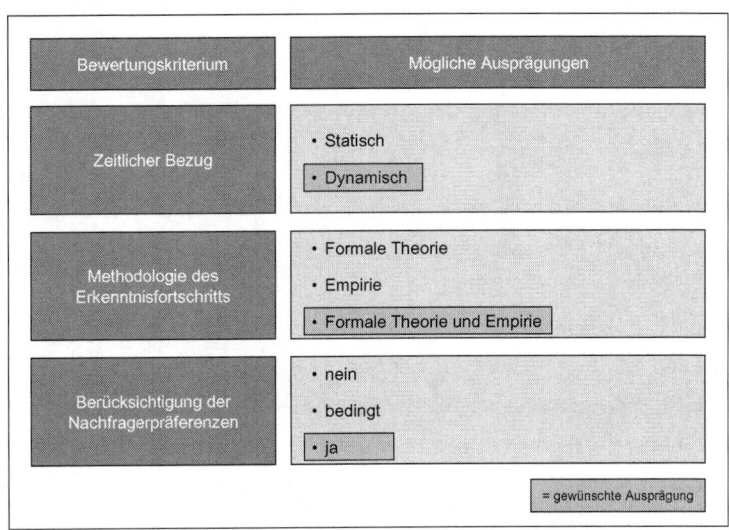

Tabelle 7: **Bewertungskriterien volkswirtschaftlicher Wettbewerbstheorien und mögliche Ausprägungen**
Quelle: Eigene Darstellung

Drittens erweist sich ein wettbewerbstheoretisches Konzept als Grundlage für das zu entwickelnde CE-Wettbewerbsmodell dann als vorteilhaft, wenn es nicht nur die Analyse von Wettbewerbsentscheidungen ermöglicht, sondern auch **Nachfragerpräferenzen** für die Beschreibung absatzseitiger Wirkungen berücksichtigt. Insbesondere sollten Unternehmensentscheidungen mit dem nutzentheoretisch erklärten Verhalten der Nachfrager im Markt verknüpft werden können.

3.1.2 Klassische Wettbewerbstheorie

Den Ausgangspunkt der modernen Wettbewerbstheorie bildet die klassische Schule der Nationalökonomie, die ihren Anfang 1776 in der grundlegenden Veröffentlichung von SMITH nimmt. Zu weiteren wichtigen Vertretern der klassischen Wettbewerbstheorie zählen u. a. RICARDO, SAY, MALTHUS, MILL und VON THÜNEN. Ein Grund, warum die **klassische Wettbewerbstheorie** über Jahrhunderte hinweg kontrovers diskutiert wurde, liegt in der Tatsache, dass sie sich als eine der ersten mit dem Phänomen des Wettbewerbs auseinandersetzte. Einen der Kernpunkte der klassischen Wettbewerbstheorie bildet das Harmonieprinzip einer Volkswirtschaft, in der aufgrund des herrschenden Preismechanismus die individuellen Handlungsweisen der Unternehmen koordiniert werden.[146] Preise werden in der klassischen Wettbewerbstheorie angebotsseitig erklärt und ergeben sich durch die im Produktionsprozess entstehenden Kosten. Dabei unterscheidet der klassische Wettbewerbsansatz zwischen natürlichen Preisen und den darum schwankenden Marktpreisen. Der natürliche Preis ist der langfristige Durchschnittspreis, auf den alle Güter letztendlich hinstreben. Er deckt genau die Kosten der Produktion, wohingegen die Schwankungen des Marktpreises durch Angebot und Nachfrage bestimmt werden. Veränderungen der Nachfrage werden dabei als exogene Größen betrachtet. SMITH beschreibt darüber hinaus den Preisbildungsprozess im Fall des Monopols[147] und begründete somit die klassische Dichotomie in der Marktanalyse zwischen Wettbewerb und Monopol. Als treibende Kraft des dynamischen Wettbewerbs betrachtet die klassische Wettbewerbstheorie den Zwang zum effizienten Einsatz vorhandener Ressourcen, der nach Auffassung der Klassik zu langfristig sinkenden Preisen führt.

Die klassische Wettbewerbstheorie zeichnet sich v. a. durch die Analyse dynamischer Wettbewerbsbeziehungen aus. Darüber hinaus liefert SMITH eine schlüssige formale Theorie zur Beschreibung von Wettbewerbsphänomenen. Jedoch erscheint

---

[146] SMITH spricht in diesem Zusammenhang von einer „unsichtbaren Hand" und der Vorstellung einer natürlichen Ordnung.

[147] Unter dem Begriff Monopol wird aus ökonomischer Sicht die Eigenschaft verstanden, dass die Outputmenge eines Anbieters kontinuierlich auf den von ihm gesetzten Preis reagiert und als stetige Funktion dieses Preises ausgedrückt werden kann, vgl. VARIAN (1992), S. 234.

der Sachverhalt der nur unzureichend betrachteten Nachfragerinteressen ungeeignet für die Analyse von Kundenbeziehungen in einem Wettbewerbsumfeld. Insbesondere liegt der Fokus bei der Preisbildung zu stark auf der Angebotsseite des Markts.[148] Die klassische Wettbewerbstheorie erweist sich daher als theoretische Grundlage für das zu entwickelnde CE-Wettbewerbsmodell als nicht geeignet. Tabelle 8 auf S. 48 fasst die Bewertung der klassischen Wettbewerbstheorie anhand der in Kapitel 3.1.1 vorgestellten Anforderungskriterien zusammen.

3.1.3 Neoklassische Wettbewerbstheorie

An diesem Punkt setzt die **neoklassische Wettbewerbstheorie** an. Sie lehnt die klassische Produktionskostentheorie als alleiniges Erklärungsmerkmal der Preisbildung ab. Erstmals werden Angebot und Nachfrage gleichermaßen als Grundlage des Preisbildungsprozesses gesehen. Aufgrund der Anwendung der Differenzialrechnung auf Nachfrageentscheidungen individueller Haushalte wurde die daraus resultierende Grenznutzentheorie der Konsumnachfrage ungefähr gleichzeitig um 1870 von JEVONS, MENGER und WALRAS entwickelt. Zentrale Annahme der neoklassischen Theorie ist dabei das Prinzip des homo oeconomicus, dass jedes Individuum in dem Sinn rational handelt, dass es unter den ihm zur Verfügung stehenden Alternativen die beste gemäß seiner Zielfunktion auswählt. Diesem Prinzip folgend, kann die Neoklassik grundsätzlich als ein mathematisches System zu optimierender Gleichungen unter Berücksichtigung von Nebenbedingungen betrachtet werden. Unter der Annahme eines statischen Marktgleichgewichts von Angebot und Nachfrage werden Lösungen entwickelt, in denen Marktpreise mit den natürlichen Preisen übereinstimmen. Für die mathematisch exakten Lösungen werden die vereinfachenden, axiomatischen Annahmen eines vollkommenen Markts herangezogen.[149] Während das Paradigma der klassischen Wettbewerbstheorie die Produktion darstellt, kann als Paradigma der Neoklassik die optimale Allokation gegebener knapper Ressourcen auf verschiedene Individuen angesehen werden.

---

[148] Vgl. BAYÓN (1997), S. 14.
[149] Vgl. OTT und WINKEL (1985). Eine vollständige Formulierung der Bedingungen eines vollkommenen Markts liefert bspw. KNIGHT (1921). In einigen Fällen wird als Synonym auch der Begriff der vollkommenen Konkurrenz verwendet.

Auch wenn die neoklassische Wettbewerbstheorie als bedeutendes Konzept gefeiert wird[150], müssen einige Aspekte kritisch betrachtet werden. Zwar werden die getroffenen Annahmen der formalen Theorie der Neoklassik aufgrund ihrer mangelnden Realitätsnähe kritisch hinterfragt.[151] Jedoch stellen Ausprägung und Art von Wettbewerbsreaktionen in einem Markt für die Neoklassik exogene Größen dar und werden somit nicht durch ihre Modelle erklärt. Darüber hinaus werden Nachfragerpräferenzen bei der Analyse von Wettbewerbsphänomenen nur bedingt berücksichtigt. Dieser Aspekt erweist sich neben der statischen Betrachtung der Wettbewerbsinteraktion als Hauptgrund, warum sich die neoklassische Wettbewerbstheorie nicht als Grundlage der Analyse des CE einer Unternehmung in einem dynamischen Wettbewerbsumfeld eignet.

3.1.4 Chicago-Schule

Ebenfalls eine weitgehend statische Interpretation des Wettbewerbs kennzeichnet den Ansatz der **Chicago School of Antitrust Analysis**. Zu ihren bedeutendsten Vertretern zählen STIGLER, BORK, POSNER und DEMSETZ. Im Gegensatz zu anderen Forschungsrichtungen der modernen Wettbewerbstheorie, die den Versuch unternehmen, mittels dynamischer Instrumente das Phänomen des Wettbewerbsprozesses zu erklären, basiert die Chicago-Schule auf der traditionellen Methode der komparativen Statik[152] der neoklassischen Preistheorie.[153] Deshalb werden die Annahmen vollkommener Märkte als Grundlage der ökonomischen Realität gewählt und die auf die Klassik zurückführende Dichotomie des Wettbewerbs und Monopols verwendet. Eine Weiterentwicklung der neoklassischen Preistheorie stellt die sog. Approximationshypothese[154] dar, dass alle in der ökonomischen Realität beobachteten Preise und Mengen gute Annäherungen der langfristigen, wettbewerblichen Preise und Mengen sind. Diese Annahme ist von großer Bedeutung, denn sie stellt einen Überbrückungsansatz zwischen Dynamik und Statik dar. Der als dynamisch betrachtete Wettbewerb steht der statischen Preistheorie gegenüber. Mit der Annahme, dass alle

---

[150] Vgl. bspw. ARNDT (1981), S. 37.
[151] Vgl. KADE (1962), S. 156.
[152] Unter komparativer Statik versteht man den Vergleich mehrerer Gleichgewichtszustände und die Untersuchung darüber, wie eine ökonomische Variable auf Veränderungen ihrer Umgebung reagiert, vgl. VARIAN (1992), S. 31 f.
[153] Vgl. STIGLER (1968), S. 12.
[154] Vgl. BITTLINGMAYER (1987), S. 710 f.

beobachteten Preise und Mengen den langfristig zu erwartenden Gleichgewichtspreisen entsprechen, wird jedoch eine Verbindung hergestellt.

Des Weiteren ist innerhalb der Chicago-Schule die Auffassung einer Auslese der Besten im Wettbewerbsprozess sehr verbreitet. Diese These, auch Überlebensprinzip[155] genannt, bedeutet, dass die Marktstruktur der jeweils zu betrachtenden Industrie eine endogene Größe darstellt, in der sich die Effizienz des Wettbewerbs und die Marktergebnisse widerspiegeln.[156] Den freien Marktzutritt potenzieller Wettbewerber sieht die Chicago-Schule langfristig als gegeben, sofern keine wettbewerbshemmenden staatlichen Regulierungen bestehen.[157] Somit sind die Vertreter der Chicago-Schule Verfechter eines weitreichenden Programms zur Deregulierung.[158]

Gegen den Ansatz der Chicago-Schule lassen sich jedoch substanzielle Einwände erheben. Der vielleicht wichtigste Kritikpunkt ist die Verwendung der statischen neoklassischen Gleichgewichtstheorie für die Erklärung des Wettbewerbsphänomens, basierend auf der Ansicht, dass eine statische Theorie ein dynamisches Phänomen nicht adäquat erklären kann.[159] Wird für die Analyse die Approximationshypothese herangezogen, dann wird eine Ad-hoc-Hilfshypothese eingeführt, die nur im Zusammenhang mit der Theorie steht und somit nicht selbst überprüfbar ist.[160] Bei der Anwendbarkeit des Modells der vollkommenen Märkte wird die Frage aufgeworfen, ob seine Anwendungsbedingungen überhaupt in der ökonomischen Realität zu finden oder nur in Grenzfällen einsetzbar sind.[161] Darüber hinaus wird die mangelhafte Operationalisierbarkeit der Begriffe der Chicago-Schule kritisiert.[162] Bspw. ist die „ökonomische Effizienz" nicht klar definiert,[163] schwierig zu messen[164] und wird als eine Art „Black-Box"[165] verwendet, mit deren Hilfe alle Markterscheinungen ohne nähere Analysen gerechtfertigt werden. Aus dieser unzureichenden Begriffsoperationalisierung

---

[155] Vgl. STIGLER (1968), S. 73.
[156] Ähnlich argumentieren die Vertreter der Theorie der Contestable Markets, vgl. BAUMOL et al. (1982), die jedoch von vielen Ökonomen nicht als eigene Wettbewerbstheorie angesehen wird.
[157] Vgl. bspw. POSNER (1979).
[158] Vgl. BORK (1978), S. 196.
[159] Vgl. OTT (1983), S. 59.
[160] Vgl. POPPER (1974), S. 986.
[161] Vgl. KRÜSSELBERG (1983), S. 80.
[162] Vgl. BORCHERT und GROSSEKETTLER (1985), S. 132 ff.
[163] Vgl. SCHERER (1977), S. 994.
[164] Vgl. ADAMS (1986), S. 403.
[165] SCHMIDT und RITTALER (1986), S. 45.

resultieren Schwierigkeiten bei der empirischen Überprüfung der auf diesen Begriffen basierenden Aussagen.[166] Darüber hinaus werden Kundenpräferenzen bei der Analyse von Wettbewerbsbeziehungen durch die Chicago-Schule nur unzureichend adressiert. Deshalb erweist sich die Chicago-Schule als theoretisches Fundament für das zu entwickelnde CE-Wettbewerbsmodell als nicht geeignet.

3.1.5 Harvard-Schule

Eine völlig andere Richtung als die von der Neoklassik beeinflusste Chicago-Schule schlägt die **Harvard School of Workable Competition** ein.[167] Ihr Theoriekonzept eines funktionsfähigen Wettbewerbs versucht statt des Konzepts des vollkommenen Markts als Ideal für die Wettbewerbspolitik einen neuen wettbewerbspolitischen Ansatz zu entwickeln. Geprägt wurde die Harvard-Schule besonders durch die Arbeit von CLARK.[168] Ausgangspunkt seiner Argumentation ist die Ansicht, dass ein vollkommener Markt nicht existiert, nie existiert hat und nie existieren wird.[169] Vielmehr definiert CLARK ein Konzept des dynamischen Wettbewerbs, der das Konzept der statischen, vollkommenen Konkurrenz als Leitbild ablösen könnte. In der dynamischen Theorie des funktionsfähigen Wettbewerbs sind Marktunvollkommenheiten wie Anpassungsverzögerungen, Produktdifferenzierungen oder mangelhafte Transparenz Voraussetzungen für die Funktionsfähigkeit des Wettbewerbs.[170] So gelingt es CLARK, den Wettbewerb als einen dynamischen Prozess zu beschreiben, der als eine Abfolge von Maßnahmen und Reaktionen charakterisiert ist.[171] Zum ersten Mal werden vorübergehende Marktunvollkommenheiten in Form von Monopolstellungen toleriert, die durch ihren Anreiz eine notwendige Voraussetzung für wirtschaftlichen Fortschritt darstellen.[172] Somit werden wirtschaftlicher Fortschritt und vollkomene Konkurrenz als gleichzeitige Zielsetzung ausgeschlossen, was jedoch für Wettbewerbspolitik einen Zielkonflikt zwischen Freiheit des Wettbewerbs und wirtschaftlichem Fortschritt darstellt. Diese Erkenntnis, auch als sog. Dilemma-Problematik bekannt,

---

[166] Vgl. SCHANZ (1975), S. 39.
[167] Vgl. OBERENDER (1994), S. 67.
[168] Vgl. CLARK (1940).
[169] Vgl. CLARK (1940), S. 241.
[170] Vgl. KANTZENBACH und KALLFASS (1981), S. 108.
[171] Vgl. CLARK (1980).
[172] Vgl. NEUMANN (1982), S. 150.

wurde zum Zentralpunkt der Harvard-Schule des funktionsfähigen Wettbewerbs.[173] Um das Dilemma zu lösen, wurden in der sog. Workability-Literatur Normen bzw. Markttests entwickelt, die den Wettbewerb in verschiedenen Industrien als funktionsfähig oder nicht funktionsfähig klassifizieren sollen.[174]

Grundlage für die Entwicklung der Normen bildet das **Structure-Conduct-Performance-Paradigma** (SCP-Paradigma) von MASON (1939) und BAIN (1951), das besagt, dass, von bestimmten Marktstrukturen ausgehend, entsprechende Verhaltensweisen induziert werden können, die zu bestimmten Ergebnissen führen (vgl. Abbildung 5). Der Grundgedanke ist, dass sich die Attraktivität des Markts v. a. durch die Marktstruktur bestimmt. Die Marktstruktur beeinflusst das strategische Verhalten der Unternehmen, d. h. ihre Wettbewerbsstrategie, die wiederum ihren Markterfolg bestimmt. Damit ist der Erfolg einer Unternehmung zumindest indirekt von der Marktstruktur abhängig. Diese wird anhand von Nachfrage- und Angebotscharakteristika, wie bspw. Anzahl der Nachfrager und Anbieter oder ihre Konzentration, gemessen. Unter Marktverhalten sind v. a. Marketing-Mix-Entscheidungen, aber auch Entscheidungen zu Forschungsinvestitionen und zum Markteintritt zu verstehen. Marktergebnisse werden in Form von Profitabilität oder Technologieführerschaft bewertet. Demnach existieren kausale Beziehungen, die die Erforschung der verschiedenen Märkte bzw. Marktvorgänge wesentlich erleichtern. Die typische Vorgehensweise der Harvard-Forscher besteht darin, einen Katalog von Normen in den Kategorien Marktstruktur, Marktverhalten oder Marktergebnis aufzustellen, deren Erfüllung die Funktionsfähigkeit des Wettbewerbs in Form von Tests garantiert.[175]

Obwohl die Beschreibung des Wettbewerbs als dynamischer Prozess von „actions and responses"[176] einen Fortschritt signalisiert, ist es der Harvard-Schule nicht gelungen, eine geschlossene Wettbewerbstheorie zu entwickeln. So konnten sich die Harvard-Forscher nicht auf einen einheitlichen normativen Katalog und damit eine Definition des funktionsfähigen Wettbewerbs verständigen. Zwar erweist sich das SCP-Paradigma als hilfreiches und nützliches Instrumentarium für die empirische Funktionsfähigkeitsanalyse einer Industrie. Jedoch stellt es lediglich eine Anzahl von Aus-

---

[173] Vgl. KANTZENBACH (1967), S. 15 ff.
[174] Vgl. POECHE (1970), S. 14.
[175] Einen Überblick über die entwickelten Konzepte bietet SOSNICK (1958), S. 415 ff.
[176] CLARK (1940), S. 326.

sagen dar, die als Summe phänomenologischer Beobachtungen ohne Erklärung von Verursachungsmustern anzusehen ist.[177] Zusätzlich sind die starke Subjektivität bei der Bewertung der Normen in der Workability-Literatur und das Fehlen geeigneter Messverfahren für die entwickelten Markttests als Hauptprobleme für die Umsetzung und die empirische Überprüfbarkeit anzumerken.[178] Darüber hinaus werden bei der Anwendung des SCP-Paradigmas die Nachfragerpräferenzen nur unzureichend berücksichtigt. Dies ist gerade im Hinblick auf die Nutzung der Harvard-Schule in einem CE-Wettbewerbsmodell als problematisch anzusehen.

Marktstruktur	Marktverhalten	Marktergebnis
• Zahl der Nachfrager • Zahl der Anbieter • Marktkonzentration (Nachfrager/Anbieter) • Marktwachstum • Markteintrittsbarrieren • Produktdifferenzierungsgrad • Kostenstruktur	• Marketing-Mix: Preis, Kommunikation, Produkt, Distribution • R&D • Markteintritt	• Profitabilität • Technologieführerschaft/ Innovationsrate

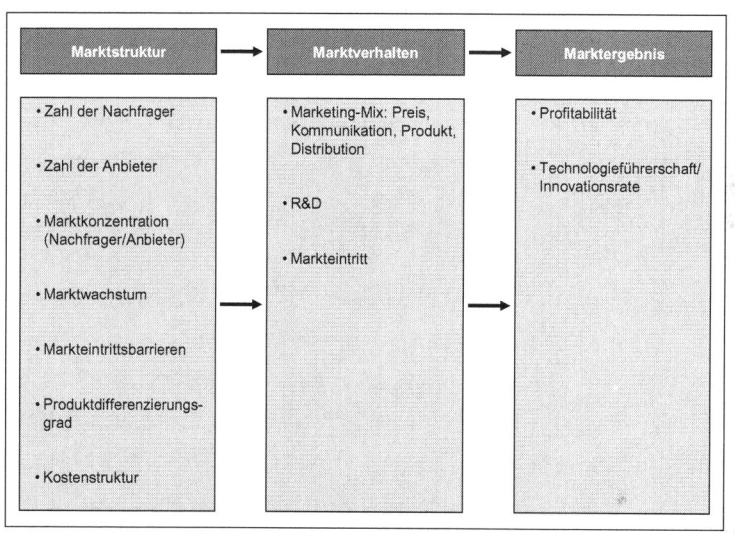

Abbildung 5: Structure-Conduct-Performance-Paradigma
Quelle: In Anlehnung an KADIYALI et al. (2001), S. 164.

3.1.6 Industrieökonomik

Die Basis der **Industrieökonomik**[179] bildet ebenfalls das soeben erwähnte SCP-Paradigma.[180] Daher wurden die beiden Forschungsrichtungen der Harvard-Schule des funktionsfähigen Wettbewerbs und der Industrieökonomik häufig irrtümlicherweise als Synonyme verwendet oder unter dem Begriff Harvard-Schule zusammenge-

---

[177] Vgl. MANTZAVINOS (1994), S. 33.
[178] Die Industrieökonomik-Forschung (s. Kapitel 3.1.6) entwickelt im Folgenden geeignete Messverfahren.
[179] Nach SCHERER und ROSS ist die Industrieökonomik als Synonym zum Begriff Industrial Organization zu nutzen, vgl. SCHERER und ROSS (1990), S. 1.
[180] Vgl. MASON (1939) und BAIN (1951).

fasst. Jedoch bestehen Unterschiede zwischen den beiden Wettbewerbstheorien. Der Hauptunterschied liegt dabei in der Operationalisierung des SCP-Paradigmas. Die stark normativ orientierte Theorie des funktionsfähigen Wettbewerbs fokussiert sich bei der Anwendung des SCP-Paradigmas auf die Suche nach einer adäquaten, erwünschten Form des Wettbewerbs. Im Gegensatz dazu befasst sich die Industrieökonomik im Sinn einer positiven Theorie mit der empirischen Analyse der tatsächlichen Wettbewerbsprozesse.[181] Die Industrieökonomik kann somit als Untersuchungslabor verstanden werden, das ökonomische Vorgänge anhand statistischer Verfahren testet und empirisch erforscht.[182] Die Identifikation einer „richtigen" Wettbewerbspolitik erfolgt auf der Basis empirischer Untersuchungen und nicht auf der Basis einer formalen Theorie.[183] Anhand des SCP-Paradigmas wurde eine Fülle von empirischen Ergebnissen im Rahmen der Industrieökonomik erzielt.[184] Ein Beispiel hierfür bildet die statistisch signifikante Korrelation zwischen Marktkonzentration und Gewinnen,[185] die besagt, dass die Wahrscheinlichkeit für die Erzielung hoher Gewinne mit dem Marktanteil der Unternehmung steigt.

Für die Industrieökonomik gelten bzgl. des SCP-Paradigmas dieselben Kritikpunkte wie für die Harvard-Schule. Jedoch stellt das Paradigma, angereichert mit dem Instrumentarium der Industrieökonomik, ein hilfreiches und nützliches Rahmenkonzept für die ökonomische Analyse von Industriebranchen dar.[186] Um auch die Problematik der Rückkopplungsbeziehungen[187] zwischen den drei Kategorien des Paradigmas zu adressieren, wird eine dynamische Industrieanalyse der Verflechtungen im Zeitablauf vorgeschlagen. Die Veröffentlichungen der Industrieökonomik wählen jedoch methodologisch eine relativ unorthodoxe Vorgehensweise bei der Erforschung des Wettbewerbs. Zunächst sollen in einer empirischen Untersuchung statistische Zusammenhänge zwischen Marktgrößen aufgedeckt und anschließend theoretisch begründet werden. Das Fehlen einer überprüfbaren Theorie, deren Aussagen empirisch getestet werden können, bringt jedoch Probleme mit sich. Es besteht die Schwierigkeit,

---

[181] Vgl. KAUFER (1980), S. 10.
[182] Vgl. SCHMALENSEE (1989), S. 643.
[183] Vgl. SHEPHERD (1985), S. 323 ff., sowie SCHERER und ROSS (1990), Kapitel 5, 9, 12, 13 und 15.
[184] Einen Überblick über die empirischen Ergebnisse der Industrieökonomik liefert BÖBEL (1984).
[185] Vgl. SHEPHERD (1972).
[186] Vgl. OBERENDER und VÄTH (1989), S. 12.
[187] Bspw. können Charakteristika des Marktverhaltens die Marktstruktur beeinflussen.

die empirischen Ergebnisse sinnvoll und theoretisch fundiert zu interpretieren bzw. theoretische Aussagen über wichtige Wettbewerbsphänomene zu formulieren.[188]

Zudem stehen in der Industrieökonomik, ähnlich wie bei der Harvard-Schule, die Wünsche der Nachfrager bei der Anwendung des SCP-Paradigmas nicht ausreichend im Mittelpunkt des Interesses, sondern spielen nur eine untergeordnete Rolle. Die Basis der Analysen bilden die Marktstruktur und das Marktverhalten der Unternehmen, die über das Marktergebnis entscheiden. Daher erweist sich die Industrieökonomik als theoretisches Fundament eines CE-Wettbewerbsmodells als nicht geeignet.

3.1.7 Neue Institutionenökonomik

Die **Neue Institutionenökonomik** basiert auf den Grundlagen der Neoklassik und der Chicago-Schule und analysiert die Wirkung sog. Institutionen auf die Ökonomie. Außerdem steht die Untersuchung der Interaktion zwischen Institutionen im Mittelpunkt der Theorie. Unter einer Institution wird ein System miteinander verknüpfter, formgebundener (formaler) und formungebundener (informeller) Regeln (Normen) einschließlich der Methoden zu ihrer Durchsetzung[189] verstanden. Zu den Hauptvertretern der Neuen Institutionenökonomik zählen COASE und WILLIAMSON. WILLIAMSON greift im Rahmen seiner Forschungsarbeiten zur Erklärung und Gestaltung von Institutionen auf das analytische Instrumentarium der neoklassischen Wettbewerbstheorie zurück, betrachtet jedoch im Gegensatz dazu eine Unternehmung nicht als bloße Produktionsfunktion, sondern beschreibt sie als endogen bestimmtes Beherrschungs- und Überwachungssystem.[190] Somit werden einige der Annahmen der Neoklassik im Rahmen der Neuen Institutionenökonomik z. T. aufgehoben. Erstens geht die Neue Institutionenökonomik davon aus, dass ökonomische Entscheidungen ausschließlich von Individuen mit unterschiedlichen Präferenzen und Risikoneigungen getroffen werden. Demgegenüber wird in der Neoklassik angenommen, dass Unternehmen als handelndes Kollektiv reagieren. Zweitens entwickelt die Neue Institutionenökonomik im Gegensatz zur Neoklassik die Annahme, dass die Entscheidungssubjekte eine unvollkommene individuelle Rationalität besitzen und damit auch nur

---

[188] Vgl. SCHERER (1985), S. 4.
[189] Vgl. NORTH (1990). Institutionen sind demnach bspw. Interessengruppen, Unternehmen, Märkte oder Staaten etc.
[190] Vgl. WILLIAMSON (1975), WILLIAMSON (1981) sowie WILLIAMSON (1985).

unvollständig informiert sind. Drittens gibt die Neue Institutionenökonomik die neoklassische Annahme von friktionslosen Märkten auf. Um Institutionen zu schaffen, zu betreiben und durch Einhaltung ihrer Regeln zu sichern, sind reale Ressourcen erforderlich. Dementsprechend ist bspw. der Preismechanismus als Marktkoordinationsinstrument mit Transaktionskosten verbunden, die Marktfriktionen zur Folge haben.[191]

Hinsichtlich der Analyse von Kundenbeziehungen in einem CE-Wettbewerbsumfeld kann an der Neuen Institutionenökonomik v. a. die Beschreibung und Untersuchung der interaktiven Wettbewerbsprozesse in einem dynamischen Kontext als positiv betrachtet werden. Problematisch sind jedoch das Fehlen eines universell akzeptierten Definitionsgebäudes in der formalen Theorie der Institutionenlehre sowie die aufgrund mangelnder Klarheit der gewonnenen Aussagen auftretenden Schwierigkeiten bei ihrer empirischen Überprüfung.[192] Darüber hinaus erstreckt sich die Betrachtung individueller Verhaltensannahmen in der Neuen Institutionenökonomik weitgehend auf die Institutionen einer Volkswirtschaft. Kundenpräferenzen werden dagegen nur bedingt betrachtet. Daher erweist sich die Neue Institutionenökonomik als wettbewerbstheoretische Grundlage für das CE-Wettbewerbsmodell als nicht geeignet.

3.1.8 Neue Industrieökonomik

Die empirische Forschung der Industrieökonomik auf der Basis des SCP-Paradigmas fokussiert sich seit den 70er und 80er Jahren v. a. auf Daten des PIMS-Programms.[193] Im Mittelpunkt der Untersuchungen stehen dabei meist Querschnittanalysen über mehrere Industrien hinweg, mit dem Ziel, branchenübergreifende Gesetzmäßigkeiten zu ermitteln. Dabei wurde jedoch die Erkenntnis gewonnen, dass die generierten Aussagen zur Profitabilität von Unternehmen anhand struktureller Größen nur unzureichend zur Erklärung des Wettbewerbsverhaltens beitragen. Vielmehr weisen Ergebnisse – v. a. auf der Basis der Spieltheorie – darauf hin, dass die

---

[191] Die Transaktionskostentheorie findet ihren Ursprung in der Arbeit von COASE (1937).
[192] Vgl. FÄSSLER (1989), S. 210.
[193] Das PIMS-Konzept (Profit Impact of Market Strategies) basiert auf einer branchenübergreifenden empirischen Studie zur Ermittlung erfolgsbeeinflussender Faktoren eines Unternehmens. Für Anwendungen vgl. bspw. PORTER (1979), SCHERER (1980). Einen Überblick liefert SCHMALENSEE (1989).

Profitabilität eines Unternehmens vom Verhalten der Wettbewerber sowie von branchenspezifischen Nachfrage- und Kostengrößen abhängt.[194]

Einen anderen Weg schlägt daher die empirische Forschung der **Neuen Industrieökonomik** (New Empirical Industrial Organization (NEIO)) ein. Ähnlich wie bei der Anwendung des SCP-Paradigmas basiert der NEIO-Ansatz auf ökonometrischen Modellen, jedoch steht hier die Analyse einzelner Industrien im Mittelpunkt. Zu den Hauptvertretern dieser in den letzten Jahren stark an Bedeutung gewachsenen Forschungsrichtung gehören TIROLE, SCHERER und BRESNAHAN.

Im Gegensatz zum SCP-Paradigma basieren Ansätze der NEIO-Forschung auf sog. strukturellen Wettbewerbsmodellen.[195] Ein strukturelles Modell besteht aus Nachfrage- und Angebotsfunktionen der einzelnen Anbieter eines Markts sowie aus Annahmen bzgl. der Wettbewerbsinteraktionen zwischen den Unternehmen.[196] Die Nachfragefunktionen stellen die Reaktionen der Nachfrager auf die Entscheidungen der Anbieter dar, die Angebotsfunktionen modellieren die Kosten der Anbieterentscheidungen. Die Annahmen zum Wettbewerbsverhalten basieren in NEIO-Ansätzen auf den Grundlagen der **Spieltheorie**. Unternehmen handeln als Wettbewerbsakteure auf der Basis der Maximierung ihrer – ex ante festgelegten – Zielfunktion. Als Entscheidungsgrößen stehen ihnen dazu Marktbearbeitungsstrategien zur Verfügung. Abbildung 6 fasst die Entwicklung der vorgestellten Wettbewerbstheorien und ihre Hauptforschungsthemen zusammen.

Wettbewerbsanalysen in einem NEIO-Ansatz eröffnen die Möglichkeit theoretisch fundierter empirischer Studien zum Wettbewerbsverhalten sowie zur Messung der Profitabilitätseffekte endogen ermittelter Marktbearbeitungsstrategien. Aus den empirischen Ergebnissen lassen sich auf der Basis von „What-if"-Analysen normative Aussagen generieren.[197] Darüber hinaus können im Rahmen der strukturellen Modelle dynamische Wettbewerbsbeziehungen abgebildet und untersucht werden. Die explizite Abbildung individueller Nachfragefunktionen eröffnet zudem die Möglichkeit zur Berücksichtigung von Nachfragerpräferenzen.

---

[194] Vgl. bspw. BRESNAHAN (1981).
[195] Vgl. KLAPPER (2003).
[196] Vgl. KADIYALI et al. (2001).
[197] Vgl. KADIYALI et al. (2001), S. 163.

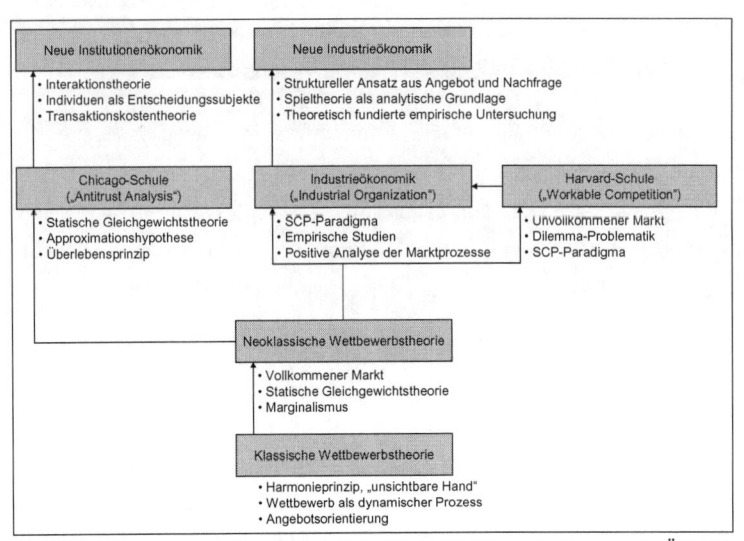

Abbildung 6: Ausgewählte volkswirtschaftliche Wettbewerbstheorien im Überblick
Quelle: In Anlehnung an HUBER (1999), S. 11.

3.1.9 Zusammenfassung der Bewertungsergebnisse

Tabelle 8 liefert zusammenfassend einen Überblick über die Bewertung der vorgestellten Wettbewerbstheorien. Auf der Basis der identifizierten Kriterien erscheint die **Neue Industrieökonomik** als theoretische Grundlage für die Abbildung eines Wettbewerbsumfelds in einem CE-Kontext besonders geeignet. Jedoch müssen auch die im Folgenden vorgestellten methodischen Kritikpunkte an der NEIO beachtet werden.

Für die **Operationalisierung von NEIO-Modellen** müssen zunächst die Nachfrage- und Angebotsfunktionen festgelegt werden. Aufgrund der analytischen Handhabbarkeit bei der Herleitung des strukturellen Modellansatzes werden dabei meist lineare oder log-lineare Funktionen herangezogen.[198] Jedoch existieren auch Beispiele komplexer Nachfragemodelle in Form von Quadratwurzel-Funktionen[199] oder Semi-log-Funktionen.[200] Zudem nutzen aktuelle NEIO-Ansätze die Operationalisierung der Nachfragefunktion über ein Logitmodell,[201] das u. a. die Möglichkeit zur Darstellung

---

[198] Vgl. KLAPPER (2003), S. 538.
[199] Vgl. GASMI et al. (1992)
[200] Vgl. PARKER und RÖLLER (1997)
[201] Vgl. bspw. SUDHIR (2001a).

der Heterogenität von Kundenpräferenzen eröffnet. Jedoch sind diese Verallgemeinerungen der Modellspezifikationen meist mit Komplexitätsproblemen verbunden und i. d. R. nicht mehr praktikabel.[202]

Kriterium Wettbewerbstheorie	Zeitlicher Bezug	Methodologie des Erkenntnisfortschritts	Berücksichtigung der Nachfragerpräferenzen
Klassische Wettbewerbstheorie	Dynamisch	Formale Theorie	nein
Neoklassische Wettbewerbstheorie	Statisch	Formale Theorie	bedingt
Chicago-Schule („Antitrust Analysis")	Statisch	Formale Theorie	bedingt
Harvard-Schule („Workable Competition")	Dynamisch	Empirie (normativer Charakter)	bedingt
Industrieökonomik („Industrial Organization")	Dynamisch	Empirie (positiver Charakter)	bedingt
Neue Institutionenökonomik	Dynamisch	Formale Theorie	bedingt
Neue Industrieökonomik	Dynamisch	Formale Theorie und Empirie	ja

= gewünschte Ausprägung

Tabelle 8: Bewertung ausgewählter volkswirtschaftlicher Wettbewerbstheorien
Quelle: In Anlehnung an HUBER (1999), S. 12.

Für die **Analyse des Wettbewerbsverhaltens** in einem NEIO-Modell stehen zwei Optionen, der Menü-Ansatz[203] sowie der Conjectural-Variation-Ansatz (CV-Ansatz),[204] zur Verfügung. Im Menü-Ansatz werden unterschiedliche Formen des Wettbewerbsverhaltens von Unternehmen in einem Markt formuliert und in ökonometrischen Modellen abgebildet. Als Basisfall agiert dabei ein unabhängiges Wettbewerbsverhalten, das in der spieltheoretischen Literatur als Nash-Verhalten bzw. im Fall eines Preiswettbewerbs als Nash-Bertrand-Verhalten bezeichnet wird.[205] Dabei wird angenommen, dass die Unternehmen bei der Festlegung ihrer optimalen Marktbearbeitungsstrategie die Entscheidungen der Wettbewerber als gegeben ansehen. Alternative Wettbewerbsverhalten zeichnen sich dadurch aus, dass sie entweder eher kooperativer oder stärker wettbewerblich als ein Nash-Verhalten sind. Ein Beispiel für einen

---

[202] Vgl. KLAPPER (2003), S. 538.
[203] Vgl. bspw. ROY et al. (1994).
[204] Der CV-Ansatz wurde ursprünglich von IWATA (1974) entwickelt.
[205] Zum Nash-Gleichgewicht vgl. Kapitel 3.2.2.

schärferen Wettbewerb stellt das Konzept des Stackelberg-Wettbewerbs[206] dar, bei dem in einem sequenziellen Kontext der zuerst Entscheidende (Stackelberg-Führer) zu Lasten des Nachziehenden (Stackelberg-Folger) einen höheren Gewinn erreichen kann. Im Menü-Ansatz wird somit für jedes postulierte Wettbewerbsverhalten ein alternatives ökonometrisches Modell entwickelt. Anhand von Modellselektionsverfahren wird anschließend das Modell ausgewählt, das am besten die empirischen Daten der Untersuchung erklären kann.[207] Eine weitere Möglichkeit zur Identifikation des Wettbewerbsverhaltens in einem Markt bietet der CV-Ansatz.[208] Anders als im Menü-Ansatz wird hier nicht a priori ein Wettbewerbsverhalten vorausgesetzt, sondern auf der Basis von CV-Parametern empirisch ermittelt. Diese Parameter bestimmen, welche Vermutungen (Conjectures) die Unternehmen bzgl. der resultierenden Wettbewerbsreaktionen haben. Die Werte der CV-Parameter können somit als Abweichungen von einem Nash-Verhalten interpretiert werden, weil sie messen, ob Unternehmen bei der Ermittlung optimaler Marktbearbeitungsstrategien die Reaktionen der Wettbewerber in die eigene Entscheidung mit einbeziehen.

Hinsichtlich einer Verwendung der NEIO-Wettbewerbstheorie für das zu entwickelnde **hybride CE-Wettbewerbsmodell** erweist sich v. a. die explizite Berücksichtigung der Nachfragerwünsche als vielversprechend. Endogene Marktbearbeitungsinstrumente lassen sich in einem NEIO-Ansatz, ähnlich wie in den CE-Modellen von RUST et al. (2001) und BURMANN und HUNDACKER (2003), über ein stochastisches Logitmodell mit heterogenen Kundenpräferenzen verknüpfen.[209] Die auf der Basis der strukturellen NEIO-Modelle gewonnenen empirischen Erkenntnisse zeichnen sich darüber hinaus durch ihre theoretische Fundierung aus.

Jedoch ist der NEIO-Ansatz auch mit **kritischen Aspekten**, meist methodischer Natur, behaftet. Zum einen weist KLAPPER (2003) auf das Dimensionalitätsproblem bei der Modellierung differenzierter Produktmärkte hin.[210] Zum anderen basieren die meisten NEIO-Wettbewerbsanalysen auf aggregierten Marktinformationen und nicht

---

[206] Vgl. VARIAN (1992), Kapitel 16, S. 297 ff.
[207] Einen Überblick über Modellselektionsverfahren für NEIO-Modelle liefern KADIYALI et al. (2001).
[208] Vgl. bspw. VILCASSIM et al. (1999).
[209] Eine Anwendung des Menü-Ansatzes für diesen Modelltyp steht allerdings gegenwärtig noch aus.
[210] Vgl. KLAPPER (2003), S. 533.

auf individuellen Kundendaten.²¹¹ Dies ist gerade für die Analyse von Kundenbeziehungen in einem CE-Kontext als problematisch anzusehen. Darüber hinaus sind Wettbewerbsdynamiken aufgrund ihrer Komplexität derzeit in NEIO-Modellen nur unzureichend berücksichtigt.²¹² Strukturelle Ansätze, die explizit Wettbewerbsdynamiken abbilden, basieren zumeist auf Zwei-Perioden-Lösungen,²¹³ um die damit verbundene Anzahl zu schätzender Parameter einzuschränken. Zusätzlich muss für die Lösung des Modells ein vorgegebenes Wettbewerbsverhalten angenommen werden. Auch die Analyse diskreter Marktbearbeitungsstrategien, wie bspw. der Eintritt in einen Markt, wird bisher in einem NEIO-Modell noch nicht abgebildet.²¹⁴

Aufgrund der hohen Modellkomplexität geht diese Untersuchung von einem ex ante **festgelegten Wettbewerbsverhalten** aus. Das strukturelle Wettbewerbsmodell nimmt in diesem Zusammenhang ein **Nash-Verhalten** der einzelnen Anbieter an. Zur Darstellung eines dynamischen Wettbewerbsumfelds wird zudem ein sequenzieller Entscheidungsmodus der Konkurrenten vorausgesetzt. Das hybride CE-Wettbewerbsmodell basiert auf Überlegungen der **Spieltheorie**. Im Folgenden werden die für diese Untersuchung relevanten spieltheoretischen Lösungskonzepte kurz vorgestellt.²¹⁵ Ein besonderer Fokus liegt dabei auf den in dieser Arbeit verwendeten **dynamischen Spielen** mit vollständiger und vollkommener Information bei einem sequenziellen Entscheidungsablauf.

3.2 Übersicht relevanter spieltheoretischer Konzepte des hybriden CE-Wettbewerbsmodells

Die spieltheoretische Forschung hat ihren Ursprung in der Veröffentlichung „The Theory of Games and Economic Behavior" der Autoren VON NEUMANN und MORGENSTERN aus dem Jahr 1944.²¹⁶ Die damals vorherrschende Prophezeiung einer Revolutionie-

---

[211] Ausnahmen bilden die Veröffentlichungen von HORSKY und NELSON (1992) und GOLDBERG (1995). Jedoch müssen für diese Modelle zahlreiche Annahmen getroffen werden, die sich auf die Interpretierbarkeit der Ergebnisse negativ auswirken. Bspw. geht der Ansatz von GOLDBERG (1995) von einem Nash-Verhalten aus.
[212] Vgl. KLAPPER (2003), S. 539.
[213] Vgl. bspw. ROBERTS und SAMUELSON (1988) sowie VILCASSIM et al. (1999).
[214] Eine Ausnahme stellt die Arbeit von BRESNAHAN und REISS (1991) dar, die die Anzahl von Markteintritten in einen etablierten Markt unter Annahme eines Nash-Verhaltens erklärt.
[215] Für einen umfassenden Überblick über die Spieltheorie vgl. FUDENBERG und TIROLE (1991) oder MYERSON (1991).
[216] Vgl. VON NEUMANN und MORGENSTERN (1944).

rung der Wirtschaftswissenschaften durch diesen neuen theoretischen Ansatz wurde in den Anfangsjahren zunächst nicht bestätigt. Die ersten Arbeiten in der Spieltheorie sind durch stark vereinfachende Annahmen und ein hohes formales Abstraktionsniveau geprägt. Aufgrund der Entwicklung wichtiger Lösungsansätze insbesondere für dynamische Spiele in den 70er und 80er Jahren des vorigen Jahrhunderts hat die Spieltheorie jedoch inzwischen ihren Weg in die Anwendung und v. a. auch in die **Marketingwissenschaft** gefunden.[217]

Damit verbunden ist auch eine **zunehmende Wettbewerbsorientierung** in der Marketingwissenschaft. Während die vollkommene Konkurrenz der klassischen Wettbewerbstheorie (vgl. Kapitel 3.1.2) nur für wenige Wettbewerbssituationen in der Realität anwendbar ist, können viele Wettbewerbsphänomene durch die nichtkooperative Spieltheorie analysiert werden. Insbesondere ist dies auf die meist geringe Anzahl von Wettbewerbern, ihre voneinander abhängige Zielsetzung bei der Festlegung von Strategien und die Wechselwirkung der Strategien der einzelnen Wettbewerber zurückzuführen.

Die Spieltheorie geht von **Entscheidungssubjekten** (Spielern) aus, die sich der von Eigeninteressen geleiteten Reaktionen der Umwelt auf die eigene Entscheidung bewusst sind. Dabei scheint die Festlegung einer eigenen optimalen Entscheidung (Strategie) zunächst unlösbar: Die optimale Strategie eines Unternehmens hängt davon ab, wie sich der Wettbewerb verhält, während das Wettbewerbsverhalten wiederum durch die Entscheidung des Unternehmens bedingt ist.[218] Die Spieltheorie löst diesen Zirkelbezug, indem sie optimale Entscheidungen für rationale und intelligente Spieler löst.[219] Als Abgrenzung zur Spieltheorie behandelt die Entscheidungstheorie Strategien einzelner Subjekte, die sich einer – eventuell unsicheren – Umwelt gegenübersehen.[220]

Ziel dieses Kapitels ist eine **kurze Einführung** in die nichtkooperative Spieltheorie als Grundlage für das zu entwickelnde hybride CE-Wettbewerbsmodell. Dabei wer-

---

[217] Vgl. MOORTHY (1993), S. 143.
[218] Vgl. ELIASHBERG und CHATTERJEE (1985), S. 262.
[219] Definitionen für das Rationalitäts- und Intelligenzprinzip werden in Kapitel 3.2.1 vorgestellt.
[220] Vgl. WIESE (2002), S. 1.

den wichtige spieltheoretische Begriffe definiert und **relevante Lösungskonzepte** dynamischer Spiele mit vollständiger und vollkommener Information kurz vorgestellt.

3.2.1 Beschreibung eines Spiels

In der spieltheoretischen Wissenschaft existieren unterschiedliche Ansätze, um ein Spiel zu beschreiben. Aufgrund ihrer breiten Anwendung werden im Folgenden die strategische Form und die extensive Form vorgestellt.[221] Dabei stellt die extensive Form eine detaillierte Beschreibung eines Spiels dar, während die strategische Form eine eher reduzierte Zusammenfassung beschreibt.[222]

3.2.1.1 Strategische Form

Die **strategische Form** eines Spiels spezifiziert die Menge von Spielern, die Menge von Strategien oder Entscheidungen, die jeder Spieler treffen kann, sowie die Menge von Auszahlungen, die den Nutzen jedes Spielers beschreibt, wenn eine bestimmte Kombination von Strategien gewählt wird.[223] Somit bedarf es zur Beschreibung eines Spiels in strategischer Form der Spezifikation der Spielerzahl I, der Angabe der für jeden Spieler $i = 1,\ldots,I$ möglichen Menge aller (reinen) Strategien S_i bzw. einer beliebigen Strategie $s_i \in S_i$ und der der damit verbundenen Auszahlungs- oder Zielfunktion $\pi_i(s_i)$.[224] Bisweilen finden sich auch Spiele, in denen die „Natur" eine Zufallsentscheidung trifft (bspw., ob nach der Gründung eines Unternehmens gleich eine Rezession auftritt oder nicht). Man spricht in diesem Zusammenhang dann auch von einem Pseudospieler.

In Wettbewerbsmodellen des Marketings sind die Spieler häufig Unternehmen bzw. Marken und die Strategien stellen meist Elemente des Marketing-Mix dar, während die Auszahlungen i. d. R. in Form von Gewinnen über einen Planungshorizont gemessen werden. Die **Wettbewerbssituation** entsteht dadurch, dass die Auszahlungsfunktion einer Unternehmung i nicht nur eine Funktion der eigenen Strategie s_i

---

[221] Vgl. GIBBONS (1992), S. 2 ff. und 115 ff.
[222] Vgl. MOORTHY (1985a), S. 263.
[223] Vgl. GIBBONS (1992), S. 3.
[224] Vgl. Abbildung 7, links oben.

darstellt, sondern auch von den Strategien der Wettbewerber s_j mit $j \neq i$ abhängt.[225] Häufig werden die Strategien aller Wettbewerber einer Unternehmung i, $\{s_j\}_{j \neq i}$, als s_{-i} bezeichnet. Somit kann das **strategische Entscheidungsproblem** aus der Sicht der Unternehmensführung in einem Wettbewerbsumfeld formuliert werden als

$$\max_{s_i} \pi_i(s_i, s_{-i}). \tag{1}$$

Die **Strategie** einer Unternehmung ist, allgemein gesprochen, ein Plan von Entscheidungen („plan of action"[226]). Eine (reine) Strategie[227] spezifiziert zu jedem Zeitpunkt eines Spiels, welche Entscheidungen bzw. Spielzüge eine Unternehmung treffen wird, als eine Funktion der Information, die der Unternehmung zum Entscheidungszeitpunkt zur Verfügung steht.[228] Als Annahme eines Spiels wird zugrundegelegt, dass jeder Spieler vollkommen rational handelt. Das bedeutet, dass jeder Spieler eine Strategie wählt, die gemäß seiner subjektiven Vorstellung seinen Nutzen maximiert. Darüber hinaus ist diese Rationalität jedem einzelnen Spieler des Spiels bekannt. Diese Eigenschaft wird in der spieltheoretischen Forschung als Intelligenz bezeichnet.[229]

Die Spieltheorie besteht zum großen Teil aus der Analyse **nichtkooperativer Situationen**. In nichtkooperativen Spielen wird angenommen, dass die Spieler strikt „gegeneinander" spielen in dem Sinn, dass sie nur an den eigenen Auszahlungen Interesse haben. Die Auszahlungen der anderen Spieler oder Teilmengen dieser Auszahlungen tauchen somit nicht in der Auszahlungsfunktion des Spielers auf. Die Mitspieler sind nur insoweit von Interesse, als ihre Aktionen die eigenen Ziele des Spielers tangieren.[230]

---

[225] In der Spieltheorie wird dies als strategischer Effekt bezeichnet, vgl. PFÄHLER und WIESE (1998), S. 30 ff.
[226] MOORTHY (1985a), S. 263. In dieser Arbeit werden die Begriffe „Entscheidung" und „Spielzug", wie in der Spieltheorie üblich, synonym verwendet.
[227] Der Begriff der gemischten Strategie wird in Kapitel 3.2.2.1 eingeführt.
[228] Vgl. MOORTHY (1985a), S. 263, oder auch GIBBONS (1992), S. 117.
[229] Vgl. MOORTHY (1985a), S. 263.
[230] In Situationen mit strategischen Interaktionen ist es jedoch durchaus möglich, dass es Kooperationen zwischen einzelnen Spielern gibt. Mit der Analyse der Möglichkeit, dass einzelne Spieler Koalitionen untereinander bilden können, setzt sich die Theorie kooperativer Spiele auseinander, vgl. MYERSON (1991), S. 417 ff.

Spiele in strategischer Form werden meist in Form einer **Auszahlungsmatrix** dargestellt. Abbildung 7 zeigt auf der linken Seite eine Auszahlungsmatrix am Beispiel eines **Marktzutrittsspiels**. Ein Monopolist beherrscht einen oder mehrere lokale Märkte. Auf einem solchen lokalen Markt kann ein potenzieller Marktneuling den Monopolisten herausfordern und ebenfalls als Anbieter auftreten. Entscheidet er sich für einen Markteintritt, kann ihn der Monopolist mit einer aggressiven Preisstrategie bekämpfen. Alternativ besteht die Möglichkeit, den bisherigen Monopolgewinn mit dem neuen Konkurrenten zu teilen, ihn also zu dulden. Die möglichen Auszahlungen ergeben sich wie folgt: Der Monopolgewinn betrage 100, die Marktzutrittskosten für den Marktneuling 10 Geldeinheiten. Im Fall von „Duldung" wird angenommen, dass der Monopolgewinn gleich zwischen den beiden Spielern geteilt werden kann, wobei der Newcomer daraus allerdings noch die Marktzutrittskosten zu bestreiten hat. Bei der Wahl einer aggressiven Preisstrategie („Bekämpfen") nimmt der Monopolist für diesen lokalen Markt eine völlige Neutralisierung des Monopolgewinns in Kauf, um den Marktneuling zu verdrängen.

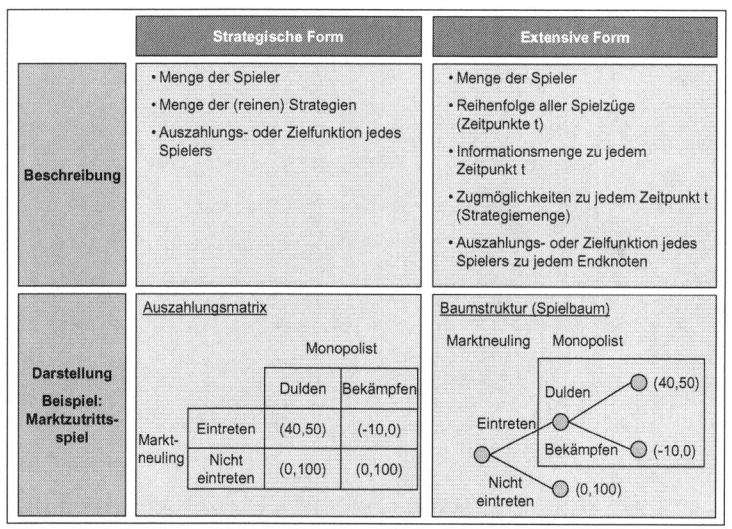

	Strategische Form	**Extensive Form**
Beschreibung	• Menge der Spieler • Menge der (reinen) Strategien • Auszahlungs- oder Zielfunktion jedes Spielers	• Menge der Spieler • Reihenfolge aller Spielzüge (Zeitpunkte t) • Informationsmenge zu jedem Zeitpunkt t • Zugmöglichkeiten zu jedem Zeitpunkt t (Strategiemenge) • Auszahlungs- oder Zielfunktion jedes Spielers zu jedem Endknoten
Darstellung **Beispiel:** **Marktzutrittsspiel**	Auszahlungsmatrix Monopolist 		Dulden	Bekämpfen
Marktneuling Eintreten	(40,50)	(-10,0)
Nicht eintreten	(0,100)	(0,100)		Baumstruktur (Spielbaum) Marktneuling → Monopolist Eintreten → Dulden (40,50) Eintreten → Bekämpfen (-10,0) Nicht eintreten (0,100)

Abbildung 7: Beschreibung und Darstellung eines Spiels
Quelle: Eigene Darstellung

3.2.1.2 Extensive Form

Die Beschreibung eines Spiels in strategischer Form wird weitestgehend zur Spezifizierung statischer Spiele mit einem simultanen Entscheidungsablauf der Spieler verwendet. Zur Darstellung dynamischer Spiele bietet sich dagegen die **extensive Form** an.[231] Wie bei der strategischen Form wird ein Spiel in extensiver Form zunächst anhand der Anzahl der Spieler I spezifiziert. Bei der Beschreibung der Strategien wird jedoch zwischen dem Zeitpunkt t des Spielzugs eines Spielers sowie den verschiedenen Zugmöglichkeiten und den verfügbaren Informationen zu jedem Zeitpunkt der Entscheidung differenziert (vgl. Abbildung 7, rechts oben). Zusätzlich müssen die Auszahlungen der Spieler für jede Kombination von Spielzügen beschrieben werden. Der Hauptunterschied zwischen einem Spiel in extensiver Form und einem Spiel in strategischer Form besteht somit in der detaillierteren Beschreibung des (zeitlichen) Ablaufs von Spielzügen und der Information zum Zeitpunkt der Entscheidung.

Teil der Beschreibung eines Spiels in extensiver Form ist die Darstellung eines sog. **Spielbaums**. Der Spielbaum ist ein Diagramm, das für jeden Zeitpunkt eines dynamischen Spiels die möglichen Entscheidungen aller Spieler spezifiziert. Die Auszahlungen für jeden Spieler werden als „Blätter" des Spielbaums dargestellt (vgl. Abbildung 7). Das Baumdiagramm hat den Vorteil, dass es die dynamische Struktur und die Reihenfolge der Entscheidungen eines Spiels darstellt. Die Entscheidung eines Spielers an einem Knoten bzw. an einer Verzweigung des Baums entspricht dabei der Auswahl eines „Astes". Nach jeder Spielentscheidung befinden sich die Spieler in einer neuen Entscheidungssituation, die aus den Strategien und Auszahlungen besteht, die ihnen von jetzt an zur Verfügung stehen.

Anhand der extensiven Form eines Spiels lassen sich Spiele beschreiben, in denen sowohl einige Entscheidungen sequenziell als auch einige simultan getroffen werden. Für die Darstellung simultaner Entscheidungsabläufe in einem Spielbaum wird in der Spieltheorie das Konzept der **Informationsmenge** bzw. des Informationsbezirks eines Spielers verwendet. Die Informationsmenge eines Spielers ist die Menge von Entscheidungsknoten eines Baums, an denen der Spieler eine Entscheidung treffen muss, und die durch den Spieler (aufgrund der unbekannten simultanen Entschei-

---

[231] Vgl. GIBBONS (1992), S. 115.

dung des Gegenspielers) nicht unterschieden werden können.[232] Dies impliziert, dass dem Spieler an jedem Entscheidungsknoten der Informationsmenge die gleichen Spielzugmöglichkeiten zur Verfügung stehen.[233] Im Beispiel von Abbildung 7 existieren nur einwertige Informationsmengen, so dass jeweils nur ein Entscheidungsknoten zu einer Informationsmenge gehört.[234]

Auf der Basis der Definition einer Informationsmenge kann nun ein **Teilspiel** definiert werden. Ein Teilspiel ist ein Teil eines Spiels in extensiver Form, das erstens an einem Knoten des Spielbaums beginnt, der für alle Spieler eine vollständige Informationsmenge darstellt. Zweitens muss ein Teilspiel alle im Spielbaum folgenden Entscheidungsknoten und Endknoten beinhalten. Drittens darf ein Teilspiel eine Informationsmenge nicht durchtrennen.[235] Zur Veranschaulichung ist ein Teilspiel des Marktzutrittsspiels in Abbildung 7 mit einem Rechteck gekennzeichnet.

3.2.2 Nash-Gleichgewicht

3.2.2.1 Grundlegende Begriffe

Bevor das Nash-Gleichgewicht als wichtiges Lösungskonzept der nichtkooperativen Spieltheorie vorgestellt wird, werden die dafür notwendigen Grundlagen kurz beschrieben. In Kapitel 3.2.1.1 wurde der Begriff der reinen Strategie eingeführt. Jedoch besteht häufig Unsicherheit darüber, welche Strategien der Gegenspieler wählen wird. Daher wird das Konzept der **gemischten Strategien** eingeführt. Eine gemischte Strategie eines Spielers i ist eine Wahrscheinlichkeitsverteilung $(p_{i1},...,p_{iK})$ über die Menge der reinen Strategien $S_i = \{s_{i1},...,s_{iK}\}$, wobei p_{ik} die Wahrscheinlichkeit bezeichnet, dass die Strategie s_{ik} gespielt wird.[236] Da p_{ik} ein Wahrscheinlichkeitsmaß darstellt, wird $0 \leq p_{ik} \leq 1$ für $k=1,...,K$ und $p_{i1}+\cdots+p_{iK}=1$ vorausgesetzt. Eine gemischte Strategie einer Unternehmung ist somit das Ergebnis einer Zufallsstrategie. Damit wird erreicht, dass Spieler die Strategie der Gegenspieler bzw.

---

[232] Vgl. GIBBONS (1992), S. 119.
[233] Im Spielbaum eines Spiels in extensiver Form werden Entscheidungsknoten, die zu einer Informationsmenge gehören, häufig durch gestrichelte Linien miteinander verbunden.
[234] Wie in Kapitel 3.2.3.2 gezeigt wird, handelt es sich im Beispiel des Marktzutrittsspiels daher um ein Spiel mit vollkommener Information.
[235] Vgl. BERNINGHAUS et al. (2005), S. 109.
[236] Vgl. GIBBONS (1992), S. 31.

Wettbewerber nicht vollständig korrekt vorhersagen können. Das Entscheidende an der gemischten Strategie eines Spielers ist, dass sie bei den anderen Spielern Unsicherheit erzeugt. Dabei ist anzumerken, dass alle reinen Strategien gleichzeitig auch gemischte Strategien sind, bei denen eine bestimmte (reine) Strategie mit der Wahrscheinlichkeit 1 ausgewählt wird.[237]

Einen weiteren wichtigen Begriff zum Verständnis des Nash-Gleichgewichts stellt die **strenge Dominanz** einer Strategie dar. Eine Strategie s'_i eines Spielers i wird streng dominiert von Strategie s''_i, wenn unabhängig vom Verhalten der Gegenspieler die Auszahlung der Strategie s'_i kleiner ist als die Auszahlung von s''_i, d. h. $\pi_i(s'_i, s_{-i}) < \pi_i(s''_i, s_{-i})$ für alle Strategiekombinationen $s_{-i} \in S_{-i}$.[238] Das Prinzip der strengen Dominanz ist wichtig, weil rationale Spieler streng dominierte Strategien nicht auswählen werden. Diese Aussage ist direkt ableitbar aus den grundlegenden Postulaten der Entscheidungstheorie.[239] Für die Erklärung spieltheoretischer Modelle können daher streng dominierte Strategien als optimale Lösungen eliminiert werden. Auch wenn die Idee der schrittweisen Eliminierung streng dominierter Strategien naheliegend ist, müssen zwei kritische Aspekte berücksichtigt werden.[240] Erstens werden bei jedem Eliminierungsschritt die Rationalität und v. a. auch die Intelligenz der einzelnen Spieler, d. h. die Kenntnis der Rationalität aller Spieler, vorausgesetzt. Zweitens kann auf der Basis der schrittweisen Eliminierung streng dominierter Strategien meist nur eine sehr unpräzise Vorstellung über den Gang des Spiels getroffen werden, da z. T. keine Strategien mit dieser Eigenschaft existieren. Grund dafür ist die recht hohe Anforderung, die an die Strategien bei strenger Dominanz gestellt wird.

Um ein Maximierungsproblem wie in Gleichung (1) zu analysieren, muss für das betrachtete Unternehmen zunächst die **Beste-Antwort-Korrespondenz** bzgl. der betrachteten reinen Strategie bestimmt werden.[241] Eine Beste-Antwort-Korrespondenz

---

[237] Vgl. VARIAN (1992), S. 264.
[238] Vgl. GIBBONS (1992), S. 5. Darüber hinaus existiert der Begriff der schwachen Dominanz einer Strategie, vgl. VARIAN (1992), S. 273. Dieser setzt voraus, dass die Auszahlung der schwach dominanten Strategie mindestens so hoch ist wie die Auszahlung der zu vergleichenden Strategie und nur bei irgendeiner Entscheidung höher liegt.
[239] Vgl. WIESE (2002), S. 73 f.
[240] Vgl. GIBBONS (1992), S. 6 f.
[241] Vgl. MOORTHY (1993), S. 145.

s_i^* eines Spielers i maximiert die Auszahlung π_i für jede beliebige Strategiekombination der Gegenspieler, d. h. $\pi_i(s_i^*, s_{-i}) > \pi_i(s_i, s_{-i})$. In der Praxis wird s_i^* als Lösung der ersten partiellen Ableitung der Auszahlungsfunktion von Spieler i berechnet:

$$\frac{\partial \pi_i}{\partial s_i}(s_i, s_{-i}) = 0. \tag{2}$$

Dieses Vorgehen setzt die Differenzierbarkeit der Auszahlungsfunktion bzgl. der Strategievariablen voraus. Falls diese jedoch nicht erfüllt ist, müssen numerische Lösungsverfahren zur Bestimmung der Optima verwendet werden.

3.2.2.2 Nash-Gleichgewicht für reine und gemischte Strategien

Auf der Basis der vorgestellten spieltheoretischen Grundlagen lässt sich das **Nash-Gleichgewicht** gemäß NASH (1951) als zentrales Lösungskonzept der nichtkooperativen Spieltheorie beschreiben. Ein Nash-Gleichgewicht ist, allgemein gesprochen, eine Liste jeweils einer (reinen oder gemischten) Strategie je Spieler, von der keiner der Spieler unilateral abrücken wird.[242]

In einem **Nash-Gleichgewicht reiner Strategien** entscheidet sich jeder Spieler für seine Beste-Antwort-Korrespondenz gemäß Gleichung (2). Jeder muss somit bestimmte Erwartungen darüber formulieren, welche Strategien seine Gegenspieler wählen, und entscheiden, welches seine beste Antwort darauf ist. Darüber hinaus wird gefordert, dass jeder Spieler seine optimale Strategie, unter Berücksichtigung der optimalen Strategien der Gegenspieler, spielt. Somit besteht für keinen Spieler ein Anreiz, von seiner Gleichgewichtsstrategie abzuweichen.[243] Formal ausgedrückt, sind in einem Spiel für n Spieler die Strategien $(s_1^*, \ldots s_n^*)$ ein Nash-Gleichgewicht reiner Strategien, wenn s_i^* für jeden Spieler i die Beste-Antwort-Korrespondenz bzgl. $(s_1^*, \ldots, s_{i-1}^*, s_{i+1}^*, \ldots, s_n^*)$ der anderen $n-1$ Spieler darstellt, d. h.

---

[242] Vgl. MOORTHY (1985a), S. 264.

[243] MOORTHY (1993) beschreibt in diesem Zusammenhang das Konzept eines ε-Nash-Gleichgewichts, wenn ein Nash-Gleichgewicht reiner Strategien nicht existiert. Ein ε-Nash-Gleichgewicht ist ein Nash-Gleichgewicht reiner Strategien, bei dem für jedes $\varepsilon > 0$ kein Spieler mehr als ε gewinnen kann, indem er einseitig von seiner Nash-Gleichgewichtslösung abweicht. Wenn nun ε beliebig klein ist, gewinnt der Spieler nicht viel durch eine Abweichung von seiner Strategie und verharrt somit im ε-Nash-Gleichgewicht, vgl. MOORTHY (1993), S. 147; BERNINGHAUS et al. (2005), S. 61.

$$\pi_i(s_1^*,\ldots,s_{i-1}^*,s_i^*,s_{i+1}^*,\ldots,s_n^*) > \pi_i(s_1^*,\ldots,s_{i-1}^*,s_i,s_{i+1}^*,\ldots,s_n^*) \qquad (3)$$

für alle $s_i \in S_i$. Somit kann ein Nash-Gleichgewicht reiner Strategien als Lösung eines n-dimensionalen Gleichungssystems der partiellen Ableitungen der Auszahlungsfunktionen aller Spieler gemäß Gleichung (2) bestimmt werden.

Um das **Nash-Gleichgewicht für gemischte Strategien** zu beschreiben, wird im Folgenden aufgrund der Übersichtlichkeit ein Spiel für zwei Spieler angenommen. Den beiden Spielern 1 und 2 stehen jeweils J bzw. K reine Strategien zur Verfügung. Die Mengen der reinen Strategien lassen sich somit darstellen als $S_1 = \{s_{11},\ldots,s_{1J}\}$ bzw. $S_2 = \{s_{21},\ldots,s_{2K}\}$. Wenn Spieler 2 aus der Sicht von Spieler 1 die Strategien $(s_{21},\ldots,s_{2K})$ mit den Wahrscheinlichkeiten $p_2 = (p_{21},\ldots,p_{2K})$ wählt, dann beträgt die erwartete Auszahlung π_1 der reinen Strategie s_{1j} bei einer gemischten Strategie p_2 des Gegenspielers

$$\pi_1(s_{1j}, p_2) = \sum_{k=1}^{K} p_{2k} \cdot \pi_1(s_{1j}, s_{2k}). \qquad (4)$$

Wenn zudem Spieler 1 selbst eine gemischte Strategie $p_1 = (p_{11},\ldots,p_{1J})$ spielt, stellt sich die erwartete Auszahlung für Spieler 1 als

$$\pi_1(p_1, p_2) = \sum_{j=1}^{J} \sum_{k=1}^{K} p_{1j} \cdot p_{2k} \cdot \pi_1(s_{1j}, s_{2k}) \qquad (5)$$

dar. Das Produkt $p_{1j} \cdot p_{2k}$ beschreibt dabei die Wahrscheinlichkeit, dass Spieler 1 die Strategie s_{1j} und Spieler 2 s_{2k} spielt. Die erwartete Auszahlung für Spieler 1 bzgl. der gemischten Strategie p_1 in Gleichung (5) ist das gewichtete Mittel der erwarteten Auszahlungen aller einzelnen reinen Strategien $\{s_{11},\ldots,s_{1J}\}$ aus Gleichung (4). Damit die gemischte Strategie $p_1 = (p_{11},\ldots,p_{1J})$ von Spieler 1 eine Beste-Antwort-Korrespondenz bzgl. der gemischten Strategie p_2 von Spieler 2 darstellt, sind die Wahrscheinlichkeiten p_{1j} nur dann größer 0, wenn $\pi_1(s_{1j}, p_2) > \pi_1(s_{1j'}, p_2)$ für alle $s_{1j'} \in S_1$ gilt. Jede reine Strategie von Spieler 1, die selbst eine Beste-Antwort-Korrespondenz bzgl. der gemischten Strategie des Gegenspielers darstellt, fließt dann mit einer positiven Wahrscheinlichkeit als Teil der gemischten Strategie p_1 ein.

Unter Anwendung des gleichen Gedankengangs für Spieler 2 können nun die Voraussetzungen für das **Nash-Gleichgewicht für gemischte Strategien** formuliert werden. Die gemischten Strategien (p_1^*, p_2^*) für ein Spiel für 2 Spieler sind ein Nash-Gleichgewicht, wenn die gemischten Strategien jedes Spielers eine Beste-Antwort-Korrespondenz bzgl. der jeweiligen gemischten Strategie des Gegenspielers darstellen. Insbesondere müssen (p_1^*, p_2^*) die Bedingungen $\pi_1(p_1^*, p_2^*) > \pi_1(p_1, p_2^*)$ für alle p_1 und $\pi_2(p_1^*, p_2^*) > \pi_2(p_1^*, p_2)$ für alle p_2 erfüllen.

Aus der Definition des Nash-Gleichgewichts geht hervor, dass damit auch „ein Gleichgewicht der Handlungen und Vorstellungen"[244] vorausgesetzt wird. Im Gleichgewicht sehen die konkurrierenden Spieler richtig voraus, mit welcher Wahrscheinlichkeit die anderen Spieler bestimmte Entscheidungen treffen. Die Vorstellungen jedes Spielers sind daher mit den tatsächlichen Entscheidungen der anderen Spieler konsistent. Ein Nash-Gleichgewicht wird in diesem Zusammenhang oft als „Ruhepunkt" in einem Anpassungsprozess interpretiert. Dieser Anpassungsprozess besteht im Durchdenken der Handlungsanreize der Gegenspieler. Jeder Spieler experimentiert mit verschiedenen Strategien und versucht die Entscheidungen der anderen Spieler zu verstehen.

Das in Kapitel 3.2.2.1 vorgestellte Konzept der Dominanz von Strategien ist stark mit dem Nash-Gleichgewicht verbunden. Ein **Gleichgewicht dominanter Strategien** ist dadurch charakterisiert, dass jeder Spieler seine Strategie so wählt, dass sie jede andere verfügbare Strategie schwach dominiert. Offensichtlich ist somit jedes Gleichgewicht dominanter Strategien auch gleichzeitig ein Nash-Gleichgewicht.[245] Umgekehrt sind nicht alle Nash-Gleichgewichte auch Gleichgewichte dominanter Strategien. Falls ein Gleichgewicht dominanter Strategien existiert, ist es eine besonders überzeugende Lösung des Spiels, weil sie für jeden Spieler eindeutig ist. Jedoch existieren häufig keine Gleichgewichte dominanter Strategien und das Konzept des Nash-Gleichgewichts muss angewendet werden. Meist gibt es jedoch mehr als nur ein Nash-Gleichgewicht in einem Spiel. In diesem Fall erweist sich die bereits vorgestellte schrittweise Eliminierung (streng) dominierter Strategien als naheliegendes Vorgehen zur Verringerung der Anzahl der (optimalen) Nash-Gleichgewichte in ei-

---

[244] VARIAN (1992), S. 265.
[245] Vgl. GIBBONS (1992), Proposition A, S. 12.

nem Spiel. Dieses Vorgehen ist mittlerweile ein akzeptiertes Vorgehen, um die Analyse eines Spiels zu vereinfachen.[246]

Die **Existenz von Nash-Gleichgewichten** ist meist kein Problem. NASH (1950) hat gezeigt, dass bei einer endlichen Anzahl von Spielern und einer endlichen Anzahl reiner Strategien immer ein Gleichgewicht existiert. Dies kann jedoch auch ein Gleichgewicht gemischter Strategien sein.[247] Für Spiele mit unendlich vielen Strategien ist die Existenz eines Nash-Gleichgewichts jedoch schwieriger zu lösen. Obwohl in der Realität Unternehmen keinen Zugang zu unendlich vielen Strategieoptionen haben, kann es dennoch notwendig werden, den tatsächlich beobachteten Wettbewerb anhand einer kontinuierlichen Entscheidungsvariable zu modellieren.[248] Gerade im Marketing spielen kontinuierliche Entscheidungsvariablen des Marketing-Mix, wie bspw. Entscheidungen zu Preis, Produktpositionierung und Kommunikationsausgaben, eine wichtige Rolle. In der Vergangenheit wurden daher verschiedene hinreichende Bedingungen für den Nachweis der Existenz eines Nash-Gleichgewichts bei unendlichen Strategieoptionen entwickelt.[249] Für die Strategiemenge wird beispielsweise gefordert, dass sie eine nichtleere und kompakte Menge darstellt, während die Auszahlungsfunktion eine kontinuierliche Funktion beschreibt. DASGUPTA und MASKIN (1986) entkräften die Forderung kontinuierlicher Auszahlungsfunktionen. Falls zusätzlich die Auszahlungsfunktion jeder Unternehmung eine quasi-konkave Funktion der eigenen Strategievariablen darstellt, ist dies eine hinreichende Bedingung für die Existenz eines reinen Nash-Gleichgewichts.

Im Gegensatz dazu ist der Nachweis der **Eindeutigkeit eines Nash-Gleichgewichts** deutlich problematischer. Spieltheoretiker haben daher in der Vergangenheit weitere Kriterien entwickelt, mit deren Hilfe zwischen verschiedenen Nash-Gleichgewichten gewählt werden kann. Diese Kriterien sind als sog. Verfeinerungen des Nash-Gleichgewichts bekannt. Bspw. stellen die Dominanz einer Strategie und die damit verbundene schrittweise Eliminierung dominierter Strategien eine solche Verfeine-

---

[246] Vgl. VARIAN (1992), S. 274. Die Eliminierung schwach dominierter Strategien ist problematischer. Es gibt Beispiele, bei denen dieses Vorgehen die strategische Natur des Spiels signifikant verändert.
[247] Vgl. GIBBONS (1992), S. 45.
[248] Vgl. MOORTHY (1985a), S. 267.
[249] Eine Übersicht liefern DASGUPTA und MASKIN (1986).

rung dar. In Kapitel 3.2.3.3 wird als weitere Verfeinerung das Konzept der Teilspielperfektion für dynamische Spiele vorgestellt.

Für das in 3.2.1 vorgestellte **Marktzutrittsspiel** (vgl. Abbildung 7) existieren in der strategischen Form zwei Nash-Gleichgewichtslösungen reiner Strategien: *(Eintreten, Dulden)* und *(Nicht eintreten, Bekämpfen)*. Unter der Annahme, dass der Marktneuling in den Markt eintritt, ist die Beste-Antwort-Korrespondenz des Monopolisten die Strategie „Dulden". Die Auszahlung von 40 Geldeinheiten dieser Strategie liegt über den null Geldeinheiten, die die Strategie „Bekämpfen" für den Monopolisten erzielt. Die Gleichgewichtslösung *(Nicht eintreten, Bekämpfen)* erfüllt ebenfalls die Definition eines Nash-Gleichgewichts, obwohl sie eigentlich nicht plausibel erscheint. Im Grunde ist diese Situation gar nicht definiert. In der strategischen Form kommt dies dadurch zum Ausdruck, dass die Auszahlungen in der unteren Zeile identisch sind. Wie diese unplausible Lösung durch Verfeinerung des Nash-Gleichgewichts eliminiert werden kann, zeigt Kapitel 3.2.3.2.

3.2.3 Dynamische Spiele mit vollständiger Information

3.2.3.1 Informationslage der Spieler

Die bisher vorgestellten spieltheoretischen Lösungskonzepte gehen davon aus, dass jeder Spieler die Auszahlungsfunktionen der anderen Spieler kennt und weiß, dass die anderen Spieler das wissen etc. Diese Annahme wird in der Spieltheorie auch als **vollständige Information** bezeichnet.[250] Gemäß MOORTHY (1985a) sind somit die „Spielregeln" des Spiels jedem einzelnen Spieler bekannt.[251] Dagegen besteht bei Spielen mit unvollständiger Information für einige Spieler Unsicherheit bzgl. der Auszahlungsfunktionen der Gegenspieler und die Spielregeln sind nicht allen Spielern vollständig bekannt (vgl. Tabelle 9). Wenn ein Spieler die Auszahlungen der Gegen-

---

[250] Vgl. VARIAN (1992), S. 280.
[251] Die Spielregeln eines Spiels sind nach MOORTHY (1985a) eine vollständige Beschreibung des Spiels. Sie umfassen die Anzahl der Spieler, ihre Strategiemenge zu jedem Zeitpunkt des Spiels, ihre Auszahlungs- oder Nutzenfunktion für jede Strategiekombination, den Ablauf der Spielzüge und die verfügbare Information zum Zeitpunkt jedes Spielzugs, vgl. MOORTHY (1985a), S. 263.

spieler jedoch nicht kennt, ist das Konzept einer Nash-Gleichgewichtslösung nicht besonders sinnvoll.[252]

Eine weitere Anforderung an die Informationslage der Spieler stellt die **vollkommene Information** dar. Von einem Spiel mit vollkommener oder perfekter Information spricht man, wenn alle Spieler bei jeder Entscheidung genau wissen, in welcher Situation bzw. an welchem Punkt sie sich befinden und welche Entscheidungsalternativen ihnen zur Verfügung stehen. Ein Spieler hat somit zu jedem Zeitpunkt Kenntnis über die komplette Vergangenheit des Spiels (vgl. Tabelle 9). Demgegenüber fehlt den Spielern in Spielen mit unvollkommener Information an irgendeinem Punkt des Spiels ein Teil der Information. Statische Spiele weisen per Konstruktion eine gewisse Informationsunvollkommenheit auf. Da die Entscheidungen aller Spieler simultan gefällt werden, weiß der einzelne Spieler nicht (mit Sicherheit), welche Entscheidungen die anderen jeweils treffen.

Die höchste Anforderung, die an die Informationslage der Spieler gestellt werden kann, ist somit die Eigenschaft der **Vollkommenheit der Information**. Unvollständige Information in einem Spiel liegt vor, wenn die „Natur" als Pseudospieler vor der ersten Entscheidung eines Spielers einen Zug macht und dieser von mindestens einem Spieler nicht beobachtet werden kann (vgl. Tabelle 9). Dies ist ein Spezialfall unvollkommener Information, da hier mindestens ein Spieler zu Beginn des Spiels nicht weiß, in welchem Knoten des Spielbaums er sich befindet. Ein Spiel kann durchaus vollständige, aber nicht vollkommene Information haben (aber nicht umgekehrt). Dies ist beispielsweise dann der Fall, wenn Spieler an irgendeinem Punkt eines Spiels simultan ziehen müssen. In diesem Fall wissen die Spieler nicht, in welchem Knoten des Spielbaums sie sich befinden (die Information ist also unvollkommen), es gibt jedoch keine Unklarheit über die Spielregeln des Spiels und die Information ist daher vollständig.

---

[252] Eine Methode zur systematischen Analyse von Strategien in Spielen mit unvollständiger Information wurde von HARSANYI (1967) entwickelt. Spiele dieser Art werden auch Bayesianische Spiele genannt, vgl. FUDENBERG und TIROLE (1991), Kapitel 6, S. 209 ff.

	Definition	Anwendungsbeispiele
Unvollständige Information	Einem Spieler sind Elemente der Spielregeln nicht bekannt • Menge der Spieler • Reihenfolge aller Spielzüge • Informationsmenge • Zugmöglichkeiten (Strategiemenge) • Auszahlungs- oder Zielfunktion jedes Spielers	• Statische/Dynamische Spiele mit Zügen der „Natur" als Pseudospieler • Bayesianische Spiele
Unvollkommene Information	Zu irgendeinem Zeitpunkt des Spiels fehlt einem Spieler ein Element der folgenden Information: • Aktueller Entscheidungsknoten (Situation des Spiels) • Entscheidungsalternativen • Komplette Vergangenheit des Spiels	• Statische Spiele • Dynamische Spiele mit simultanen Entscheidungsabläufen

Tabelle 9: Informationslage der Spieler und Anwendungsbeispiele
Quelle: Eigene Darstellung

3.2.3.2 Dynamische Spiele mit vollkommener Information

Dynamische Spiele mit vollkommener Information sind durch eine **sequenzielle Entscheidungsabfolge** charakterisiert. Aufgrund der angenommenen Vollkommenheit der Information beobachten die Spieler alle vergangenen Spielzüge, bevor die nächste Entscheidung getroffen wird. Die Auszahlungsfunktionen sind darüber hinaus für jede Strategiekombination den einzelnen Spielern zu jedem Zeitpunkt des Spiels bekannt (vollständige Information). Da die Entscheidungen sequenziell getroffen werden, kann ein Spieler die Entscheidung der Gegenspieler beobachten und analysieren, bevor er seine eigene Entscheidung trifft. Die Analyse solcher Spiele ist für die Marketingwissenschaft besonders interessant, da viele Marketing-Probleme diese Struktur haben: Ein etablierter Wettbewerber kann auf den Markteintritt eines neuen Wettbewerbers wie im Beispiel des Marktzutrittsspiels mit Änderungen des Verkaufspreises reagieren, in einem Duopol kann ein Unternehmen die Kommunikationsstrategie seines Gegenspielers beobachten, bevor er über sein eigenes Kommunikationsbudget entscheidet, und so weiter.

Wie bereits in Kapitel 3.2.1.2 dargestellt, kann die dynamische Struktur eines sequenziellen Spiels durch einen Spielbaum beschrieben und nach jeder Entscheidung der Spieler in verschiedene Teilspiele zerlegt werden. Ein Spiel dieser Form wird durch sog. **Rückwärtsinduktion** gelöst. Dabei handelt es sich um ein Lösungskonzept, bei dem die rationalen Spielzüge von hinten nach vorne identifiziert werden. Eine Gleichgewichtslösung wird dadurch ermittelt, dass eine dynamische Situation rückwärts durchdacht wird. Man vergleiche hierzu: „Life can only be understood backwards, but it must be lived forwards."[253] Die Vorgehensweise ähnelt der dynamischen Optimierung aus der Operations-Research-Forschung unter Anwendung des Bellman-Optimalitätsprinzips.[254]

Die Idee der Rückwärtsinduktion lässt sich anhand eines einfachen sequenziellen Spiels mit zwei Spielern beschreiben. Spieler 1 entscheidet sich zuerst für eine Strategie $s_1 \in S_1$. Anschließend muss Spieler 2 seine Strategie $s_2 \in S_2$ festlegen. Er muss somit für eine bereits gegebene und beobachtbare Ausprägung der Strategievariablen des Spielers 1 eine **Beste-Antwort-Korrespondenz** geben. Das Problem für Spieler 2 lässt sich formal darstellen als $\max_{s_2 \in S_2} \pi_2(s_1, s_2)$. Angenommen, es existiert für jedes $s_1 \in S_1$ eine eindeutige Beste-Antwort-Korrespondenz $s_2^* = r_2(s_1)$, ist s_2^* die optimale Lösung des zweiten Schritts des Spiels. Da Spieler 1 sowohl das Problem seines Gegenspielers als auch dessen Lösung $s_2^* = r_2(s_1)$ kennt, kann das Problem von Spieler 1 im ersten Schritt des Spiels geschrieben werden als $\max_{s_1 \in S_1} \pi_1(s_1, r_2(s_1))$.

Bei differenzierbaren Auszahlungsfunktionen lassen sich für beide Entscheidungsprobleme die Lösungen der partiellen Ableitungen von $\pi_1(s_1, r_2(s_1))$ und $\pi_2(s_1, s_2)$ bestimmen. Angenommen, es existiert auch eine eindeutige Lösung s_1^* für Spieler 1, dann ist das Strategienpaar

$$(s_1^*, r_2(s_1^*)) \tag{6}$$

das Ergebnis durch Rückwärtsinduktion.

Wie an diesem Beispiel zu sehen ist, werden nichtglaubwürdige Entscheidungen des Gegenspielers im Ergebnis der Rückwärtsinduktion nicht berücksichtigt. Spieler 1 antizipiert eine optimale Reaktion von Spieler 2 für jegliche Strategie s_1, die er selbst wählt. Spieler 1 schenkt somit Reaktionen, die nicht im Eigeninteresse von Spieler 2

---

[253] RASMUSSEN (2001), S. 110.
[254] Vgl. ZIMMERMANN und STACHE (2001), Kapitel 8.

liegen (bspw. Drohungen), keine Beachtung. Anders gesagt: Die einzige glaubwürdige Reaktion des Spielers 2 ist gegeben durch seine Reaktionsfunktion $s_2^* = r_2(s_1)$, die auf der Annahme eines Rationalverhaltens basiert. **Glaubwürdigkeit** ist ein ganz zentrales Element in dynamischen Spielen. Es ist eine der wichtigsten Errungenschaften der Spieltheorie, für Fragen der Glaubwürdigkeit einen stringenten Analyserahmen anbieten zu können.

Im Beispiel des **Marktzutrittsspiels** (vgl. Abbildung 7) handelt es sich um ein dynamisches Spiel mit vollkommener Information und einer sequenziellen Entscheidungsabfolge. Dabei wurde u. a. die Strategie *(Nicht eintreten, Bekämpfen)* als Nash-Gleichgewicht identifiziert. Jedoch greift bei dieser Gleichgewichtslösung das Argument der Glaubwürdigkeit. Unter keinen Umständen ist für den Monopolisten die Entscheidung „Bekämpfen" eine glaubwürdige Strategie. Falls sich der Marktneuling zum Markteintritt entschließen sollte, schadet sich der Monopolist mit der Reaktion „Bekämpfen" auch selbst und verhält sich somit irrational. Wenn rationales Verhalten und vollkommene Information vorausgesetzt werden können, ist die Strategie „Bekämpfen" nicht glaubwürdig und kann daher ausgeschlossen werden.

3.2.3.3 Dynamische Spiele mit unvollkommener Information

Im Folgenden werden dynamische Spiele mit unvollkommener (aber vollständiger) Information in extensiver Form betrachtet. Dynamische Spiele mit unvollkommener Information sind durch eine **simultane Entscheidungsabfolge** je Spielstufe charakterisiert. Spiele dieses Typs lassen sich ebenfalls durch einen Ansatz lösen, der auf der vorgestellten Rückwärtsinduktion beruht.

Die Vorgehensweise lässt sich an einem einfachen zweistufigen Spiel mit vollständiger, aber unvollkommener Information veranschaulichen. Zwei Spieler 1 und 2 wählen simultan in einer ersten Spielstufe ihre Strategien $s_1 \in S_1$ und $s_2 \in S_2$. Die beiden anderen Spieler 3 und 4 beobachten die Entscheidungen (s_1, s_2) der ersten Spielstufe und wählen anschließend ebenfalls simultan ihre Strategien $s_3 \in S_3$ bzw. $s_4 \in S_4$. Die Auszahlung eines Spielers i für $i = 1,\ldots,4$ lässt sich durch $\pi_i(s_1, s_2, s_3, s_4)$ beschreiben. Die Lösung dieses Spiels ergibt sich durch die Lösung der beiden Teilspiele, die ähnlich wie im Beispiel in Kapitel 3.2.3.2 durch **Rückwärtsinduktion** gelöst werden. Angenommen, es existiert für jede Entscheidung des ersten Teilspiels (s_1, s_2) ein eindeutiges Nash-Gleichgewicht des zweiten Teilspiels $(s_3^*(s_1,s_2), s_4^*(s_1,s_2))$. Falls die beiden ersten Spieler 1 und 2 das Verhalten der beiden Spieler 3 und 4 des zweiten Teilspiels jedoch antizipieren, kann das erste Teilspiel beschreiben werden mit den Strategien (s_1, s_2) und den Auszahlungsfunktionen $\pi_i(s_1, s_2, s_3^*(s_1,s_2), s_4^*(s_1,s_2))$ für $i = 1,2$. Darüber hinaus wird angenommen, dass das erste Teilspiel ebenfalls ein eindeutiges Nash-Gleichgewicht (s_1^*, s_2^*) besitzt. Dann kann das Ergebnis dieses zweistufigen Spiels mit simultanen Zügen durch

$$(s_1^*, s_2^*, s_3^*(s_1^*, s_2^*), s_4^*(s_1^*, s_2^*)) \tag{7}$$

beschrieben werden. Dieses Ergebnis wird, analog zum Ergebnis des sequenziellen Spiels in Gleichung (6), durch Rückwärtsinduktion ermittelt. Daher gilt auch hier die Aussage, dass nichtglaubwürdige Entscheidungen der Gegenspieler unberücksichtigt bleiben.

3.2.3.4 Teilspielperfektes Nash-Gleichgewicht

Formal ausgedrückt ist eine Strategiekombination ein **teilspielperfektes Nash-Gleichgewicht**, wenn diese erstens ein Nash-Gleichwicht für das gesamte dynamische Spiel und zweitens ein Nash-Gleichgewicht für jedes Teilspiel darstellt.[255] Ähnlich wie das Konzept der Eliminierung dominierter Strategien ist das Lösungskonzept des teilspielperfekten Nash-Gleichgewichts eine Verfeinerung des Nash-Gleichgewichts und führt daher zu einer hilfreichen Reduktion der Zahl der plausiblen Nash-Gleichgewichte. Die Teilspielperfektheit eliminiert insbesondere Nash-Gleichgewichte, die auf nichtglaubwürdigen Bedrohungen oder Versprechungen der Spieler beruhen. Die Bestimmung eines teilspielperfekten Nash-Gleichgewichts eines dynamischen Spiels ergibt sich durch Rückwärtsinduktion. Die teilspielperfekten Nash-Gleichgewichte der beiden o. g. Beispiele sind in den Gleichungen (6) und (7) dargestellt.

Im veranschaulichenden Beispiel des **Marktzutrittsspiels** ist die Entscheidung des Monopolisten auf der zweiten Stufe – gekennzeichnet durch ein Rechteck – ein Teilspiel (vgl. Abbildung 7, rechts). Dieses Teilspiel besitzt eine klare Lösung, die Dul-

---

[255] Das Konzept des teilspielperfekten Nash-Gleichgewichts wurde ursprünglich von SELTEN (1965) entwickelt.

dung des Marktneulings als rationale Entscheidung des Monopolisten. Da diese Strategie auch eine optimale Lösung des gesamten dynamischen Spiels darstellt, handelt es sich hierbei um ein teilspielperfektes Nash-Gleichgewicht. Somit ist die Gleichgewichtslösung *(Nicht eintreten, Bekämpfen)* zwar ein Nash-Gleichgewicht, nicht jedoch ein teilspielperfektes Nash-Gleichgewicht, da nach dem ausbleibenden Eintritt des Marktneulings auf der zweiten Stufe des Spiels „Bekämpfen" nicht optimal ist. Das Lösungskonzept des teilspielperfekten Gleichgewichts bewirkt somit durch Rückwärtsinduktion eine Reduzierung der glaubwürdigen Gleichgewichtslösungen.

Die **Existenz von teilspielperfekten Nash-Gleichgewichten** ist für dynamische Spiele mit vollständiger Information bei einer endlichen Anzahl von Spielern und einer endlichen Anzahl reiner Strategien gesichert. Dies kann jedoch auch ein Gleichgewicht gemischter Strategien sein. Dies ist auf die Existenz von Nash-Gleichgewichten bei endlichen Spielen gemäß NASH (1950) zurückzuführen.[256] Ein endliches dynamisches Spiel mit vollständiger Information besitzt eine endliche Anzahl von Teilspielen und jedes dieser Teilspiele erfüllt die Voraussetzungen des Theorems von NASH (1950).

Eine Voraussetzung für die Anwendung des Lösungskonzepts des teilspielperfekten Gleichgewichts ist die Identifizierbarkeit entsprechender Teilspiele, für die dann ein Nash-Gleichgewicht angegeben werden kann. Ein Teilspiel kann jedoch nur dann identifiziert werden, wenn es bei einer einwertigen Informationsmenge startet.[257] **Spiele mit unvollkommener Information** oder simultanen Entscheidungsabläufen bieten diese Möglichkeit nur eingeschränkt, da sie Situationen beinhalten, in denen ein Spieler nicht weiß, an welchem Knoten einer extensiven Form er sich gerade befindet. Daher ist das Konzept des teilspielperfekten Gleichgewichts in dynamischen Situationen mit unvollkommener Information nur teilweise anwendbar.[258] Aus diesem Grund wurden in der Vergangenheit modifizierte Gleichgewichtskonzepte für dynamische Spiele mit unvollkommener Information entwickelt. KREPS und WILSON (1982) beschreiben als weitere Verfeinerung eines Nash-Gleichgewichts ein sog. sequenzielles Gleichgewicht, das auf Vorstellungen der Spieler und dem Prinzip der sog.

---

[256] Vgl. Kapitel 3.2.2.2.
[257] Vgl. die Definition eines Teilspiels in Kapitel 3.2.1.2.
[258] Vgl. KREPS und WILSON (1982).

sequenziellen Rationalität beruht.[259] Ein Spieler muss an einer nicht einwertigen Informationsmenge (unvollkommene Information) eine Vorstellung über die Wahrscheinlichkeitsverteilung der Knoten in der Informationsmenge und damit über das Verhalten seiner Gegenspieler entwickeln.

Eine noch stärkere Verfeinerung des Nash-Gleichgewichts stellt das sog. Trembling-Hand-Gleichgewicht von SELTEN (1975) dar.[260] Dieses Lösungskonzept fordert von den einzelnen gleichgewichtigen Strategien, dass diese auch dann optimal bleiben, wenn es eine geringe Wahrscheinlichkeit dafür gibt, dass die Gegenspieler von den gleichgewichtigen Strategien abweichen. Diese geringe Wahrscheinlichkeit für letztlich irrationales Verhalten kann so paraphrasiert werden, dass die Spieler bei der Entscheidung etwas „zittern" und somit eine Unsicherheit für die Situation bewirken.

3.2.3.5 Strategien in dynamischen Spielen

In dynamischen, mehrstufigen Spielen lassen sich zum jeweiligen Entscheidungszeitpunkt der Spieler zwei Arten von Informationsstrukturen[261] unterscheiden.[262] Falls Spieler ihre Entscheidung zu einem Zeitpunkt t abhängig von der Geschichte des Spiels bis t treffen können, spricht man in der Spieltheorie von einer **Closed-loop-Informationsstruktur**. Die entsprechenden Strategien werden Closed-loop-Strategien genannt, während sog. **Open-loop-Strategien** nur Funktionen der Zeit sind. Die Festlegung, welche Strategien zu betrachten sind, hängt somit von der Wahl der Informationsstruktur des Spiels ab.

Falls Spieler keine Informationen über die Geschichte des Spiels haben und nur ihre eigenen Entscheidungen (und die Zeit) beobachten können, sind alle Strategien open-loop. Die Spieler müssen zu Beginn des Spiels ihre Open-loop-Strategien bereits festlegen, die nur eine Funktion der Zeit darstellen. Die teilspielperfekten Nash-Gleichgewichte ergeben sich nur aus diesen Strategien und werden daher **Open-loop-Nash-Gleichgewichte** genannt. Falls Spieler jedoch die Möglichkeit haben, am Ende jeder Periode auf Aktionen der Gegenspieler zu reagieren, werden

---

[259] Vgl. HOLLER und ILLING (2006), S. 113 ff.
[260] Vgl. BERNINGHAUS et al. (2005), S. 54 ff.
[261] Vgl. HOLLER und ILLING (2006), Kapitel 4.2.7, S. 167. Die Informationsstruktur ist dabei nicht mit dem Begriff der Informationsmenge (vgl. Kapitel 3.2.1.2) oder Informationslage (vgl. Kapitel 3.2.3.1) zu verwechseln.
[262] Vgl. FUDENBERG und TIROLE (1991), Kapitel 4.7, S. 130 ff.

Open-loop-Strategien nicht mehr dem Kriterium der Teilspielperfektheit entsprechen. Vielmehr werden nun im teilspielperfekten Nash-Gleichgewicht Closed-loop-Strategien von den Spielern gewählt, um optimal auf Aktionen der Gegenspieler reagieren zu können.[263] Diese Gleichgewichte werden daher auch als **teilspielperfekte Closed-loop-Nash-Gleichgewichte** bezeichnet.

Open-loop-Nash-Gleichgewichte erfreuen sich in der Analyse ökonomischer Probleme großer Beliebtheit.[264] Typischerweise lassen sich in dynamischen Spielen Open-loop-Nash-Gleichgewichte einfacher ermitteln als Closed-loop-Lösungen. Dies liegt z. T. daran, dass die Strategiemenge aller Closed-loop-Strategien viel größer ist. Zudem erweist sich die Bestimmung von Open-loop- und Closed-loop-Lösungen eines Spiels als besonders interessant. Der Vergleich der beiden Lösungen erlaubt die Analyse des Vorteils eigener Strategieänderungen zur Beeinflussung der zukünftigen Strategien der Gegenspieler. Außerdem stellen Open-loop-Lösungen eine gute Approximation zu Closed-loop-Gleichgewichten dar, wenn das Spiel von vielen „kleinen" Spielern gespielt wird. In diesem Fall haben Entscheidungen der Spieler nur einen kleinen Einfluss auf die optimale Strategie eines Spielers. Eine im Voraus festgelegte Open-loop-Strategie erweist sich somit als „nahezu" optimal.

3.2.4 Kritische Würdigung der Spieltheorie

Auch wenn sich die Spieltheorie v. a. in der Beschreibung des Verhaltens von Wirtschaftssubjekten als mächtiges Instrumentarium etabliert hat, existieren auch einige kritische Aspekte, die bei der Interpretation spieltheoretisch ermittelter Ergebnisse beachtet werden müssen.[265] Die folgende Diskussion gründet sich dabei auf Kritikpunkte etablierter Publikationen zur Spieltheorie, vgl. ELIASHBERG und CHATTERJEE (1985), MOORTHY (1985a), KREPS (1991), MYERSON (1991), GIBBONS (1992), VARIAN (1992), MOORTHY (1993), CABRAL (2000), JOHNSON et al. (2002) sowie SIEG (2005).

Zum einen können die Anforderungen an die Spieler und insbesondere das **Rationalitätsprinzip** als Kritikpunkt festgehalten werden.[266] Die Spieltheorie fokussiert sich

---

[263] Open-loop-Strategien schließen Reaktionen dieser Form explizit aus.
[264] Vgl. FUDENBERG und TIROLE (1991), S. 131.
[265] Auf empirische Probleme bei der Operationalisierung spieltheoretischer Modelle geht Kapitel 5 in der Entwicklung des hybriden CE-Wettbewerbsmodells ein.
[266] Vgl. Kapitel 3.2.2.1.

auf die Untersuchung „kaltblütiger rationaler Entscheidungen"[267] und auf die Maximierung der Auszahlungsfunktion der beteiligten Spieler. Sicherlich ist dieses Verhalten nicht vollständig bei jedem Entscheidungsträger in der Realität beobachtbar. Vielmehr haben Spieler bei Entscheidungen eine Vielzahl von Beweggründen, die unterschiedlicher Natur sein können. Das Konzept des Nash-Gleichgewichts beinhaltet jedoch eine Konsistenzforderung für die Vorstellungen der Spieler: Erlaubt sind nur Vorstellungen, die mit einem Maximierungsverhalten vereinbar sind. Sobald jedoch Spieler mit unterschiedlichen Auszahlungsfunktionen existieren, verliert dieses Lösungskonzept viel von seiner Kraft. Mit verschiedenen Vorstellungsmustern der Spieler lassen sich nun beinahe alle Verhaltensmuster abbilden.[268] Jedoch weist MYERSON (1991) in diesem Zusammenhang auf die Probleme einer entscheidungsorientierten Theorie hin, die nicht auf dem Rationalitätsprinzip beruht. Insbesondere leidet bei der Annahme irrationaler Spieler die Validität der Theorie.[269]

Darüber hinaus werden in der Spieltheorie hohe Anforderungen an die Informationsaufnahme und -verarbeitung der Spieler aufgrund des **Intelligenzprinzips** gestellt. Ein wichtiges Verfeinerungskonzept der Spieltheorie ist die Rückwärtsinduktion zur Berechnung teilspielperfekter Nash-Gleichgewichte in dynamischen Spielen.[270] Die Spieler prüfen die möglichen zukünftigen Spielzüge ihrer Gegenspieler auf ihre Glaubwürdigkeit. Dabei wird aufgrund der angenommenen Intelligenz der Spieler die vollständige Antizipation der Strategien der Gegenspieler vorausgesetzt. Dieses Vorgehen ist jedoch aufgrund einer Beschränkung der kognitiven Fähigkeiten der Spieler in der Realität meist nicht möglich. Spieltheoretische Experimente zeigen vielmehr, dass Entscheidungsträger z. T. zukünftige Züge von Gegenspielern gar nicht erst in Betracht ziehen.[271] Eine ähnliche Diskussion wird zum Konzept des Bayesianischen Gleichgewichts für Spiele mit unvollständiger Information geführt.[272] Die Überlegungen, die die Spieler zur Berechnung des Gleichgewichts durchführen müssen, sind meist sehr komplex. Daher wird häufig bezweifelt, ob Spieler tatsächlich in der Lage

---

[267] VARIAN (1992), S. 259.
[268] Vgl. VARIAN (1992), S. 283.
[269] Vgl. MYERSON (1991), S. 5.
[270] Vgl. Kapitel 3.2.3.2.
[271] Vgl. JOHNSON et al. (2002).
[272] Vgl. BERNINGHAUS et al. (2005), S. 81 ff.

sind, die Berechnungen durchzuführen.[273] Diese Aspekte werden in der sog. Theorie der beschränkten Rationalität aufgegriffen.[274]

Zum anderen setzt die Spieltheorie für die Bestimmung von Gleichgewichtslösungen präzise definierte **Spielregeln** voraus.[275] Jedoch existiert in der Unternehmensrealität häufig die Situation eines „freien Wettbewerbs", in dem meist keine genauen Spielregeln gelten und Überraschungsmomente – gerade durch die Änderung geläufiger Spielregeln – an der Tagesordnung sind. Eine **Änderung der Spielregeln** verändert in spieltheoretischen Modellen jedoch die prognostizierte Gleichgewichtslösung.[276] In diesem Zusammenhang drängt sich die Frage auf, wie die Spielregeln festgelegt werden. In der Spieltheorie werden Spielregeln meist exogen ermittelt und somit als gegeben akzeptiert. Dabei wird außer Acht gelassen, dass die antizipierten Gleichgewichtslösungen u. U. wiederum auch die Spielregeln beeinflussen können. KREPS (1991) fordert daher eine kritischere Analyse im Umgang mit spieltheoretischen Regeln.

Weitere Kritikpunkte orientieren sich am **Gleichgewichtsbegriff** als zentralem Lösungskonzept der Spieltheorie. Ein Marktgleichgewicht stellt die stationäre Lösung eines spieltheoretischen Modells dar, das sich erst langfristig und meist nach vielen Spielzügen einstellt. Eine theoretisch ermittelte Gleichgewichtsstrategie kann sich jedoch teilweise signifikant vom tatsächlich beobachteten Verhalten der Spieler unterscheiden.[277] Gründe hierfür sind bspw. deutlich kürzere Planungshorizonte oder die beschränkte Rationalität tatsächlicher Spieler. Die stark gleichgewichtsorientierte Spieltheorie kann jedoch ein solches Verhalten „abseits eines Gleichgewichts" nicht erklären.[278] Das Trembling-Hand-Gleichgewicht von SELTEN (1975) stellt einen ersten Schritt in diese Richtung dar. Dieses Lösungskonzept lässt zumindest mit einer geringen Wahrscheinlichkeit kleine Abweichungen von einem Marktgleichgewicht zu.[279]

---

[273] Vgl. VARIAN (1992), S. 282 f.
[274] In dieser Entscheidungstheorie resultiert die Unsicherheit nicht allein aus der strategischen Handlungsinterdependenz, sondern in erster Linie aus den beschränkten kognitiven Fähigkeiten der Entscheidungsträger, vgl. KREPS (1991), S. 133 ff. Eine Übersicht liefert SIMON (1982).
[275] Vgl. KREPS (1991), S. 94 f.
[276] Vgl. KREPS (1991), S. 128 f.
[277] Vgl. bspw. SIEG (2005), S. 120.
[278] Vgl. KREPS (1991), S. 105 f.
[279] Jedoch werden in diesem Zusammenhang abweichende Entscheidungen als Fehler der Spieler interpretiert, vgl. KREPS (1991), S. 115.

In spieltheoretischen Modellen existiert meist eine **Vielzahl möglicher Gleichgewichtslösungen**. Für eine Reduzierung der Nash-Gleichgewichte wurden in der Vergangenheit zahlreiche zusätzliche Verfeinerungen entwickelt. Diese Verfeinerungen, wie bspw. das teilspielperfekte Nash-Gleichgewicht, basieren meist auf Plausibilitäts- und Glaubwürdigkeitsüberlegungen. Jedoch garantieren Verfeinerungen des Nash-Gleichgewichts, wie bspw. das teilspielperfekte Nash-Gleichgewicht, nicht die **Identifikation einer eindeutigen, optimalen Lösung**. Falls mehrere Gleichgewichte existieren, dann können Spieler bspw. eine für sie naheliegende Lösung auswählen. Dies kann anhand der Prüfung weiterer Aspekte, wie bspw. Persönlichkeit und Kultur der Gegenspieler, geschehen, die in der spieltheoretischen Analyse nicht zuvor betrachtet wurden.[280]

3.3 Einordnung relevanter Wettbewerbsmodelle im Marketing

Im Folgenden wird ein Überblick über ausgewählte Wettbewerbsmodelle im Marketing gegeben. Dabei werden zwei Zielrichtungen verfolgt: Zum einen wird eine Einordnung und Strukturierung bestehender Wettbewerbsmodelle in der Marketingliteratur erzielt. Zum anderen werden relevante Modellierungsaspekte für das zu entwickelnde CE-Wettbewerbsmodell vorgestellt und diskutiert.

3.3.1 Modellklassifikation

Allgemein lassen sich Wettbewerbsmodelle im Marketing in zwei Modellgruppen – wettbewerbsbezogene Optimierungsmodelle und Erklärungsmodelle – einteilen (vgl. Tabelle 10). Aus einer normativen Perspektive bestimmen **Optimierungsmodelle** innerhalb ihres Modellrahmens optimale Marketing-Mix-Entscheidungen[281] als Ergebnis eines Maximierungsproblems. Die Struktur von Optimierungsmodellen im Marketing entspricht dabei dem typischen Aufbau spieltheoretischer Ansätze.[282] In einem Umfeld mehrerer Wettbewerber legen die Spieler eine optimale Strategie fest, um eine definierte Zielfunktion zu maximieren.[283] Die Strategien der Spieler sind Marketing-Mix-Variablen, auf deren Basis der Wert der Zielfunktion des Modells berech-

---

[280] Vgl. MOORTHY (1985a), S. 278.
[281] Vgl. BORDEN (1964).
[282] Vgl. Kapitel 3.2.1.
[283] Im zu entwickelnden CE-Wettbewerbsmodell stellen die Anbieter im Gegensatz zu den Nachfragern die Spieler dar.

net wird. Die Zielfunktion in Optimierungsmodellen im Marketing sind für gewöhnlich Gewinne[284] der Unternehmung über den betrachteten Planungshorizont. Um den Einfluss der Marketing-Mix-Variablen auf die Zielfunktion zu modellieren, werden Nachfragefunktionen und Angebotskostenfunktionen für die einzelnen Unternehmen formuliert. Die Wettbewerbssituation entsteht, wenn die Nachfragefunktion einer Unternehmung nicht nur eine Funktion der eigenen Strategie ist, sondern auch von den Strategien der Wettbewerber abhängt.[285] Die Lösung des Maximierungsproblems erfolgt im Standardfall des Nash-Gleichgewichts, wie in Kapitel 3.2.2 dargestellt, durch simultane Lösung der partiellen ersten Ableitungen der Zielfunktion jedes Spielers, ggf. unter Berücksichtigung zusätzlicher Nebenbedingungen.[286] Als Lösung des Maximierungsproblems ergibt sich ein stabiles (Markt-)Gleichgewicht, in dem jeder Spieler seine „beste" Strategie unter Berücksichtigung aller möglichen Strategiekombinationen der Wettbewerber wählt.[287] Deshalb besitzen Lösungen von Optimierungsmodellen einen gewissen Ex-ante-Charakter (vgl. Tabelle 10). Die Spieler antizipieren bei ihrer Lösung mögliche Entscheidungen des Wettbewerbs und stellen somit eine zukunftsgerichtete Entscheidungsfindung sicher.

Für die Anwendung der spieltheoretischen Optimierungsmodelle in empirischen Untersuchungen bieten sich grundsätzlich zwei Zielrichtungen an. Erstens kann das tatsächlich beobachtete Marktverhalten mit einem spieltheoretisch ermittelten optimalen Verhalten verglichen werden.[288] Als zweite Möglichkeit können unterschiedliche optimale Verhaltensformen auf der Basis verschiedener Modellalternativen theoretisch hergeleitet werden und das tatsächliche Marktverhalten anhand eines Gütekriteriums, bspw. des mittleren Fehlerquadrats, einer Verhaltensalternative zugeordnet werden.[289]

---

[284] Gewinne sind definiert als Differenz zwischen dem Umsatz und den damit verbundenen definierten Kosten über den Planungshorizont. Die definierten Kosten reichen von variablen Stückkosten, vgl. bspw. SUDHIR (2001a), bis hin zur Betrachtung zusätzlicher Fixkosten, vgl. bspw. BASUROY und NGUYEN (1998).
[285] Vgl. MOORTHY (1993), S. 144.
[286] Weitere Lösungs- und Gleichgewichtsoptionen werden bei der Vorstellung der Optimierungsmodelle in den folgenden Kapiteln 3.3.2 bis 3.3.5 betrachtet.
[287] Dann wird die Verfügbarkeit vollständiger Information für jeden Spieler angenommen, vgl. Kapitel 3.2.3.1. Für eine Übersicht spieltheoretischer Ansätze bei unvollständiger Information vgl. MOORTHY (1985a), S. 273 ff.
[288] Vgl. SIEG (2005), Kapitel 8, S. 114.
[289] In diesem Zusammenhang wird häufig auch von einer deskriptiven Spieltheorie gesprochen, vgl. bspw. LEEFLANG und WITTINK (2001), S. 122.

	Wettbewerbsbezogene Optimierungsmodelle	Wettbewerbsbezogene Erklärungsmodelle
Ziel/Ergebnis	• Bestimmung optimaler Marketing-Mix-Strategien unter Berücksichtigung von Wettbewerbsentscheidungen	• Bestimmung der Determinanten von Marketing-Mix-Entscheidungen in einem Wettbewerbsumfeld (SCP-Paradigma)
Optimierung	ja (Maximierung Zielfunktion)	nein
Modellstruktur	Spieltheorie • Nutzen- oder Zielfunktion • Nachfrage- und Angebotsfunktion • Nebenbedingungen	Multivariate statistische Analyseverfahren • Korrelations- und Regressionsanalyse
Zeitbezug	Ex-ante-Charakter	Ex-post-Charakter

Tabelle 10: Klassifikation von Wettbewerbsmodellen im Marketing
Quelle: Eigene Darstellung

Im Gegensatz zu Optimierungsmodellen fokussieren sich **Erklärungsmodelle** im Marketing auf die Begründung von Marketing-Mix-Entscheidungen in einem Wettbewerbsumfeld (vgl. Tabelle 10).[290] Im Sinn der Industrieökonomik wird das bereits erwähnte SCP-Paradigma angewendet und somit eine Beziehung zwischen Marktstruktur, Marketing-Mix-Entscheidungen und Unternehmenserfolg unterstellt.[291] Im Mittelpunkt der Erklärungsmodelle steht die Bestimmung signifikanter Determinanten von Marketing-Mix-Entscheidungen unter Zuhilfenahme multivariater statistischer Verfahren. Marketing-Mix-Entscheidungen werden folglich als mehrdimensionale Funktionen betrachtet. Je nach Modellansatz werden unterschiedliche Unternehmens- und Marktcharakteristika als Determinanten verwendet und ihre Aussagegüte, bspw. in Form von Bestimmtheitsmaßen, analysiert.[292] Die Modellergebnisse werden somit nicht auf der Basis spieltheoretischer Überlegungen gebildet und die Frage

---

[290] Einen Überblick über wettbewerbsbezogene Erklärungsmodelle im Marketing liefert ERICKSON (1990). Für aktuelle wettbewerbsbezogene Erklärungsmodelle im Marketing vgl. WAARTS und WIERENGA (2000), LEEFLANG und WITTINK (2001), WEDEL und ZHANG (2004), STEENKAMP et al. (2005), DEBRUYNE und REIBSTEIN (2005).

[291] Vgl Kapitel 3.1.6.

[292] Vgl. STEENKAMP et al. (2005). Einige Erklärungsmodelle betrachten zusätzlich Marketing-Mix-Entscheidungen der Wettbewerber als erklärende Größen der Entscheidungen eines Unternehmens, vgl. WEDEL und ZHANG (2004).

nach der „besten" Lösung wird nicht gestellt.[293] Aufgrund der Analyse auf der Basis historischer Informationen haben die Ergebnisse von Erklärungsmodellen zudem einen Ex-post-Charakter.

Im zu entwickelnden **hybriden CE-Wettbewerbsmodell** steht die Bestimmung CE-optimaler Marktbearbeitungsstrategien unter Berücksichtigung eines Wettbewerbsumfelds im Mittelpunkt. Daher haben v. a. die wettbewerbsbezogenen Optimierungsmodelle im Marketing eine hohe Relevanz für diese Arbeit. Erklärungsmodelle weisen dagegen eine relativ niedrige Relevanz für die vorliegende Arbeit auf. Hauptgründe sind v. a. die fehlende Beschreibung eines Entscheidungsproblems aus Unternehmensführungssicht und die Nichtberücksichtigung entscheidungsrelevanter Kosten bei der Analyse von Marktbearbeitungsstrategien. Zudem wird die Marktnachfrage als vorgegebene exogene Größe ohne Fundierung mit Nachfrager- und Unternehmensentscheidungen betrachtet.

Im Folgenden wird daher ein Überblick über **ausgewählte wettbewerbsbezogene Optimierungsmodelle im Marketing** gegeben. Die Modelle können anhand der im Mittelpunkt stehenden Entscheidungsvariablen des zugrundeliegenden Maximierungsproblems unterschieden werden. Dabei strukturieren sich die Entscheidungsvariablen entlang des Marketing-Mix einer Unternehmung (vgl. Tabelle 11). Innerhalb der Optimierungsmodelle unterscheidet man zwischen Preis-, Kommunikations- und Produktwettbewerbsmodellen.[294]

---

[293] KADIYALI et al. (2001) bemerken in diesem Zusammenhang, dass „these regressions do not result from any direct optimization behavior."(KADIYALI et al. (2001), S. 166.)

[294] Wettbewerbsanalysen auf der Basis von Distributionsentscheidungen als weiterem Element des Marketing-Mix fokussieren sich auf die Analyse von Distributionskanalkonflikten und dem damit verbundenen Preiswettbewerb zwischen den Herstellern und dem Handel. Diese Art von Optimierungsmodellen wird in dieser Arbeit daher zu den Preiswettbewerbsmodellen gezählt. Der Wettbewerb auf der Basis von Distributionsausgaben ähnelt wiederum dem Kommunikationswettbewerb, da Distributionsausgaben eines Unternehmens ähnlich wie Kommunikationsausgaben die Marktpräsenz beeinflussen, vgl. MOORTHY (1993), S. 182. Deshalb wird der Fokus in dieser Arbeit auf die Vorstellung der Kommunikationswettbewerbsmodelle gelegt.

Wettbewerbsbezogene Optimierungsmodelle	
Preiswettbewerb • Etablierter Wettbewerb • Markteintritt eines neuen Wettbewerbers • Preispromotion-Wettbewerb • Verhaltensanalysen im Preiswettbewerb • Preiswettbewerb mit Wechselkosten • Preiswettbewerb in differenzierten Märkten • Preiswettbewerb im Distributionskanal	**Kommunikationswettbewerb** • Etablierter Wettbewerb • Markteintritt eines neuen Wettbewerbers
Preis- und Kommunikationswettbewerb • Etablierter Wettbewerb • Markteintritt eines neuen Wettbewerbers • Verhaltensanalysen im Preis- und Kommunikationswettbewerb	**Preis- und Produktpositionierungswettbewerb** • Etablierter Wettbewerb • Markteintritt eines neuen Wettbewerbers • Preis- und Produktpositionierungswettbewerb von Produktlinien

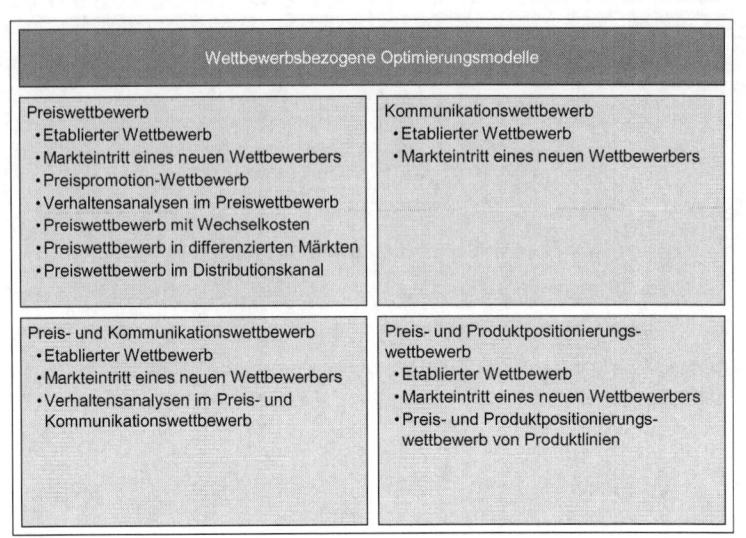

Tabelle 11: Übersicht wettbewerbsbezogener Optimierungsmodelle im Marketing
Quelle: Eigene Darstellung

3.3.2 Preiswettbewerb

Innerhalb der wettbewerbsbezogenen Optimierungsmodelle im Marketing spielen **Preiswettbewerbsmodelle** eine sehr bedeutende Rolle.[295] Dies liegt zum einen daran, dass der Preis eines Produkts einen wichtigen Faktor für die Kaufentscheidung von Nachfragern darstellt. Zum anderen spielt der Preis bei der Differenzierung eines Unternehmens in einem Wettbewerbsumfeld eine sehr wichtige Rolle. Darüber hinaus können Preisänderungen eindeutiger als Marketing-Mix-Entscheidungen in einem Wettbewerbsmodell empirisch identifiziert und gemessen werden, als dies bspw. bei Änderungen der Produktqualität möglich ist. Aus diesem Grund fokussieren sich viele empirische Wettbewerbsuntersuchungen im Marketing auf die Analyse des Preiswettbewerbs.[296]

---

[295] Vgl. KADIYALI et al. (2001), S. 179.
[296] Vgl. bspw. die Untersuchung des Preiswettbewerbs zwischen Ford und Chrysler von ROY et al. (1994).

3.3.2.1 Etablierter Preiswettbewerb

Eine Reihe von Preiswettbewerbsmodellen analysiert **optimale Preisstrategien etablierter Wettbewerber**[297] in einem dynamischen Oligopol.[298] Zur Abbildung der dynamischen Entwicklung der Nachfrage- und Angebotsfunktionen werden dabei häufig **differenzielle Spiele** verwendet.[299] Eine optimale Preisstrategie ergibt sich innerhalb dieses spieltheoretischen Konzepts durch die simultane Lösung eines Differenzialgleichungssystems.[300]

Aktuelle Wettbewerbsmodelle im Marketing zur Untersuchung des Preiswettbewerbs etablierter Wettbewerber fokussieren sich auf eine Beschreibung der dynamischen Entwicklung von Kundenpräferenzen. VILLAS-BOAS (2006) führt bspw. die zeitliche Entwicklung von Markenpräferenzen auf Lerneffekte der Nachfrager zurück und bindet diesen Effekt in ein dynamisches Wettbewerbsmodell ein. Dagegen analysieren SUDHIR et al. (2005) den Einfluss von Marktwachstum auf das optimale Preisniveau in einem Oligopol. Dabei berücksichtigen sie in ihrem Wettbewerbsmodell sowohl direkte Effekte (höhere Nachfrage resultiert in höheren Preisen) als auch indirekte Effekte (höhere Nachfrage resultiert in einem intensiveren Wettbewerb, d. h. niedrigeren Preisen) des Marktwachstums. Weitere Preiswettbewerbsmodelle betrachten nicht einzelne Produkte, sondern beschreiben optimale Preisstrategien für ganze Produktlinien.[301]

---

[297] Unter einem etablierten Wettbewerb wird in dieser Arbeit der Wettbewerb zwischen Unternehmen ohne Markteintritt neuer Wettbewerber verstanden, vgl. bspw. LEEFLANG und WITTINK (2001).

[298] Vgl. ANDERSON und DEPALMA (1988), GREEN und KRIEGER (1991), CHINTAGUNTA und RAO (1996), SUDHIR et al. (2005) sowie VILLAS-BOAS (2006).

[299] Vgl. CHINTAGUNTA und RAO (1996). Dabei handelt es sich um stochastische Spiele, die in kontinuierlicher Zeit beschrieben sind, vgl. HOLLER und ILLING (2006), S. 166 f.

[300] Einen Überblick über Anwendungen differenzieller Spiele liefert JORGENSEN (1982).

[301] Vgl. DRAGANSKA und JAIN (2005a). Wettbewerb auf der Basis von Produktlinien wird in Kapitel 3.3.5 betrachtet.

3.3.2.2 Preiswettbewerb bei Markteintritt

Optimierungsmodelle im Marketing analysieren darüber hinaus optimale Preisstrategien für den **Markteintritt einer neuen Marke** in einen bestehenden Markt.[302] Die Marktnachfrage wird dabei meist auf der Basis eines Diffusionsmodells[303] erklärt. Die Diffusionsrate, d. h. die Geschwindigkeit, wie sich Informationen einer neuen Marke von einem Nachfrager zum nächsten ausbreiten, kann dabei sowohl positiv als auch negativ bspw. durch das Weiterempfehlungsverhalten[304] von Kunden beeinflusst werden. Zur Abbildung der Marktdynamik werden häufig, ähnlich wie im Fall des etablierten Wettbewerbs, optimale Wettbewerbsentscheidungen auf der Basis differenzieller Spiele bestimmt.[305]

Aktuelle Wettbewerbsmodelle im Marketing betrachten den Preiswettbewerb bei Markteintritt eines neuen Wettbewerbers v. a. in Verbindung mit weiteren strategischen Marketing-Mix-Entscheidungen des Wettbewerbs. Daher fokussieren aktuelle Wettbewerbsmodelle beim Markteintritt neben dem Preiswettbewerb auf die zusätzliche Betrachtung von Kommunikationsentscheidungen (vgl. Kapitel 3.3.4) bzw. Produktpositionierungsentscheidungen (vgl. Kapitel 3.3.5).

3.3.2.3 Preispromotion-Wettbewerb

Eine wichtige Rolle innerhalb von Preiswettbewerbsmodellen im Marketing spielen **Preispromotions**.[306] Neben nichtpreisorientierten Promotion-Aktivitäten wie Features und Displays stellen Preispromotions für Anbieter wichtige Maßnahmen mit dem Ziel der Verkaufsförderung dar.[307] Innerhalb von Optimierungsmodellen werden

---

[302] Für Wettbewerbsmodelle zur Analyse optimaler Preisentscheidungen bei Markteintritt eines neuen Wettbewerbers vgl. RAO und SHAKUN (1972), ROBINSON und LAKHANI (1975), BASS (1980), DOLAN und JEULAND (1981), RAO und BASS (1985), ELIASHBERG und JEULAND (1986), DOCKNER und JORGENSEN (1988) sowie BAYUS (1992).

[303] Das Diffusionsmodell, von BASS (1969) entwickelt, beschreibt die Wirkung der Markteinführung innovativer Produkte unter Berücksichtigung von Innovations- und Imitationseffekten. Dabei wird das Ziel verfolgt, die Marktsituation hinsichtlich der Sicherheit von Investitionen in neue Technologien einzuschätzen, ohne auf komplexe Modellierungswerkzeuge zurückgreifen zu müssen.

[304] Zur Analyse des Weiterempfehlungsverhaltens („word-of-mouth behavior") vgl. BOWMAN und NARAYANDAS (2001).

[305] Vgl. ELIASHBERG und JEULAND (1986) sowie DOCKNER und JORGENSEN (1988).

[306] Eine Preispromotion bzw. kurzfristige Preisaktion ist eine Form der kurzfristigen Verkaufsförderung, bei der ein Angebotspreis kurzfristig gesenkt wird, um ihn anschließend wieder auf sein Normalniveau anzuheben, vgl. DILLER (2000), S. 476 f.

[307] Für Wettbewerbsmodelle zur Untersuchung optimaler Preispromotion-Strategien vgl. SHILONY (1977), VARIAN (1980), NARASIMHAN (1988), LAL (1990), RAJU et al. (1990), RAO (1991),

Preispromotions meist als Ergebnis stochastischer Preisstrategien modelliert.[308] Jeder Wettbewerber wählt einen Verkaufspreis als Realisation einer Zufallsvariable, deren Verteilungsfunktion im Marktgleichgewicht bestimmt werden kann. Die Lösung des Spiels besteht somit aus einem Nash-Gleichgewicht gemischter Strategien.[309]

Aktuelle Wettbewerbsansätze zur Analyse optimaler Preispromotion-Strategien untersuchen neben dem Markenwechselverhalten auch weitere Nachfrageeffekte von Preispromotions. BELL et al. (2002b) betrachten unter der Annahme eines flexiblen Konsums (d. h. gekaufte Einheiten je Kunde) neben dem Markenwechseleffekt auch einen Nachfrageexpansionseffekt durch Preispromotions. Die Autoren erklären die Zunahme der Nachfrage mit einer verstärkten Lagerhaltung auf Kundenseite („consumer stockpiling"). In einer empirischen Untersuchung deuten die Studienergebnisse auf eine hohe Güte ihres Wettbewerbsmodells hin. SHAFFER und ZHANG (2002) schlagen hingegen eine andere Richtung ein und untersuchen den Wettbewerbseinfluss kundenindividueller „One-to-One-Promotions"[310] bei heterogener Markenloyalität. In ihrem Modell profitiert in einem Duopol v. a. das Unternehmen mit der qualitativ höherwertigen Marke von One-to-One-Promotions in Form von gesteigerten Marktanteilen. Weitere Modelle untersuchen den Einfluss von Preispromotions auf die Kundenbindung.[311]

3.3.2.4 Verhaltensanalysen im Preiswettbewerb

Viele Wettbewerbsmodelle im Marketing analysieren Wettbewerbsentscheidungen auf der Basis der Spieltheorie unter der Annahme, dass sich die Spieler bei der Festlegung ihrer optimalen Strategie **nichtkooperativ** verhalten.[312] Jedoch existieren auch Preiswettbewerbsmodelle, die **kooperatives Wettbewerbsverhalten** in Form von impliziten Preisabsprachen untersuchen.[313] Der Grund für das Vorliegen impliziter

---

DENECKERE et al. (1992), RAO et al. (1995), VILLAS-BOAS (1995), BELL et al. (2002b) sowie SHAFFER und ZHANG (2002).

[308] Vgl. bspw. NARASIMHAN (1988).

[309] Strategien, die mit einer bestimmten Wahrscheinlichkeit auf der Basis einer Wahrscheinlichkeitsverteilung ausgewählt werden, heißen gemischte Strategien (vgl. Kapitel 3.2.2.1). Dagegen werden Strategien, bei denen eine bestimmte Entscheidung mit Wahrscheinlichkeit 1 getroffen wird, als reine Strategien bezeichnet, vgl. VARIAN (1992), S. 264.

[310] SHAFFER und ZHANG (2002), S. 1143.

[311] Vgl. FRUCHTER und ZHANG (2004) sowie LEWIS (2004).

[312] Vgl. bspw. PUTSIS und DHAR (1998), S. 269.

[313] Der Begriff „implicit collusion" stammt ursprünglich von STIGLER (1964).

Preisabsprachen liegt in der Tatsache, dass Anbieter in einem Oligopol davor zurückschrecken, ihre Preise zu senken, weil sie wiederum Preissenkungen des Wettbewerbs und damit einen Preiskrieg befürchten.[314] Wenn zukünftige Gewinne eine ausreichend wichtige Rolle spielen, werden somit alle Anbieter des Oligopols nicht von ihrem kooperativen Verhalten abrücken und ihren Monopolpreis beibehalten. In diesem Zusammenhang wird von impliziter Preisabsprache im Gegensatz zu expliziter Preisabsprache gesprochen, weil keine verbindlichen Vereinbarungen zwischen den Anbietern getroffen werden müssen und die Preisabsprachen sich in einem wiederholten Spiel im Sinn eines Nash-Gleichgewichts selbst durchsetzen.[315]

Bei der Betrachtung realer Märkte scheint jedoch häufig das beobachtete Wettbewerbsverhalten vielmehr einem Preiskrieg zu gleichen. Viele Wettbewerbsmodelle im Marketing versuchen daher, kooperatives oder aggressives bzw. andere **Formen des Wettbewerbsverhaltens** als Gleichgewichtslösungen in einem spieltheoretischen Kontext darzustellen.[316] Die strukturellen Wettbewerbsmodelle auf der Basis der NEIO bieten hierfür eine passende Grundlage.

Aktuelle Wettbewerbsmodelle zur Analyse des Preiswettbewerbsverhaltens fokussieren zum einen auf die empirische Überprüfung des Wettbewerbsverhaltens in verschiedenen Branchen.[317] Zum anderen beschreiben aktuelle Modelle die Marktnachfrage anhand eines multinomialen Logitmodells auf Nachfrageebene, um den Einfluss der Kundenheterogenität auf das Wettbewerbsverhalten zu untersuchen.[318]

---

[314] Diese Reaktion der Wettbewerber wird in der Spieltheorie als Bestrafungsstrategie bezeichnet, vgl. VARIAN (1992), S. 271.
[315] Vgl. SLADE (1989), S. 295. Diese Erkenntnis deckt sich mit dem Folk-Theorem wiederholter Spiele, das besagt, dass im Wesentlichen alle Strategien eines einstufigen Spiels (insbesondere auch kooperative Strategien) Nash-Gleichgewichte des wiederholten Spiels ohne Diskontierung sein können, vgl. FRIEDMAN (1971).
[316] Für Optimierungsmodelle zur Analyse von Wettbewerbsverhalten vgl. IWATA (1974), ROTEMBERG und SALONER (1986), BRESNAHAN (1987), SLADE (1987), SLADE (1989) BRANDER und ZHANG (1990), DOCKNER (1992), ROY et al. (1994), BERRY et al. (1995), CABRAL (1995), FEENSTRA und LEVINSOHN (1995), KADIYALI (1996), GENESOVE und MULLIN (1998), CORTS (1999), FERSHTMAN und PAKES (2000), NEVO (2001), SUDHIR (2001a) sowie DUBÉ et al. (2002).
[317] NEVO (2001) untersuchen das Wettbewerbsverhalten im US-Markt für Cornflakes; SUDHIR (2001a) wenden ihr strukturelles Wettbewerbsmodell in der US-Automobilindustrie an.
[318] Vgl. SUDHIR (2001a) sowie DUBÉ et al. (2002). Für weitere Wettbewerbsmodelle im Marketing auf der Basis eines Logitmodells vgl. CARPENTER und LEHMANN (1985), DE PALMA et al. (1985), PERLOFF und SALOP (1985), BESANKO et al. (1990), HORSKY und NELSON (1992), BERRY (1994), RAMASWAMY et al. (1994), BERRY et al. (1995), CHINTAGUNTA und RAO (1996), BASUROY und NGUYEN (1998), BESANKO et al. (1998), KADIYALI et al. (1999), NEVO (2001), SUDHIR (2001b) sowie VILLAS-BOAS und ZHAO (2005).

3.3.2.5 Preiswettbewerb mit Wechselkosten

In vielen Märkten wird das Markenwahlverhalten von Nachfragern durch signifikante **Wechselkosten** beeinflusst.[319] Eine Ursache für Wechselkosten sind Lernkosten aufgrund von Erfahrungen, die ein Kunde nach dem Kauf eines Produkts macht. Eine andere Quelle für Wechselkosten sind Transaktionskosten, die bspw. bei einem Wechsel der Bank aufgrund des auftretenden administrativen Aufwands entstehen. Als dritten Grund für Wechselkosten identifiziert KLEMPERER (1987) vertragliche Kosten, die einerseits durch vertragliche Verpflichtungen, andererseits aber auch bspw. durch Kundenbonusprogramme entstehen. Als Ergebnis dieser Wechselkosten entwickelt sich eine Kundenbindung.[320]

Aktuelle Wettbewerbsmodelle betrachten bspw. den Einfluss von Wechselkosten auf den Wettbewerb unter Berücksichtigung von Netzwerkeffekten zwischen Nachfragern.[321] Darüber hinaus wird der Zusammenhang zwischen Servicequalität des Anbieters, Erfahrungen der Kunden und den wahrgenommenen Wechselkosten untersucht.[322] Außerdem wird die Verbindung zwischen Wechselkosten, Kundenzufriedenheit sowie Kundenbindung auf der Basis theoretischer Überlegungen hergeleitet als auch empirisch geprüft.[323] Eine alternative Interpretation von Wechselkosten liefern BURNHAM et al. (2003), die zwischen prozessbedingten, finanziellen und beziehungsbedingten Wechselkosten der Kunden unterscheiden.[324] Als signifikante Determinanten von Wechselkosten identifizieren die Autoren die vom Kunden wahrgenommene Produktkomplexität, Anbieterheterogenität, Intensität der Produktnutzung sowie die Erfahrung mit alternativen Anbietern.[325]

---

[319] Für Wettbewerbsmodelle zur Untersuchung von Wechselkosten vgl. KLEMPERER (1987), BEGGS und KLEMPERER (1992), STANGO (2002), BURNHAM et al. (2003), LAM et al. (2004), BELL et al. (2005) sowie FARRELL und KLEMPERER (2006).
[320] Vgl. STANGO (2002).
[321] Vgl. FARRELL und KLEMPERER (2006).
[322] Vgl. BELL et al. (2005). Die Argumentation ähnelt dabei den Ausführungen von VILLAS-BOAS (2006) zur Betrachtung von Preiswettbewerb etablierter Wettbewerber.
[323] Vgl. LAM et al. (2004).
[324] Vgl. BURNHAM et al. (2003), S. 110.
[325] Vgl. BURNHAM et al. (2003), S. 121.

3.3.2.6 Preiswettbewerb in differenzierten Märkten

Einen weiteren wichtigen Aspekt bildet der Preiswettbewerb in differenzierten Märkten. Optimierungsmodelle im Marketing legen dabei optimale Preisstrategien für Produkte fest, die entlang von Produktattributen unterschieden werden.[326] Häufig wird bzgl. der Produktdifferenzierung innerhalb der Wettbewerbsmodelle zwischen **horizontaler und vertikaler Differenzierung** unterschieden.[327] Die horizontale Differenzierung (Produktvielfalt) zielt auf heterogene Nachfragerpräferenzen hinsichtlich unterschiedlicher Produktcharakteristika ab. Bei einer vertikalen Produktdifferenzierung (Qualitätswettbewerb) wird hingegen die unterschiedliche Preisbereitschaft der Nachfrager bzgl. eines festgelegten Produktcharakteristikums (Qualität) adressiert.[328]

In einem **aktuellen Wettbewerbsmodell** zur Beschreibung optimaler Preisstrategien in differenzierten Märkten beschreibt JING (2006) den vertikalen Preiswettbewerb in einem differenzierten Oligopol. Dabei werden bestehende Preiswettbewerbsmodelle in der Hinsicht erweitert, dass Unternehmen sich sowohl in der Qualität ihrer Produkte als auch in den Kosten unterscheiden. Einige der bereits erwähnten Wettbewerbsmodelle zur Analyse des Preiswettbewerbsverhaltens gehen ebenfalls von differenzierten Märkten aus.[329] Darüber hinaus existieren Optimierungsmodelle im Marketing, die einen sog. Cournot-Wettbewerb in differenzierten Märkten beschreiben.[330] Im Gegensatz zu einem sog. Bertrand-Wettbewerb, der den Preis als Entscheidungsgröße vorsieht, geht ein Cournot-Wettbewerb von der Menge als Entscheidungsvariable aus der Sicht der Unternehmen aus.[331]

---

[326] Für Preiswettbewerbsmodelle in differenzierten Märkten vgl. NORMAN (1983), MOORTHY (1985b), PERLOFF und SALOP (1985), NEVO (1998) sowie JING (2006). Einen Überblick liefern MANEZ und WATERSON (2001).
[327] Vgl. VANDENBOSCH und WEINBERG (1995), S. 225 f.
[328] Vgl. PFÄHLER und WIESE (1998), S. 213 ff.
[329] Vgl. FEENSTRA und LEVINSOHN (1995), NEVO (2001) sowie DUBÉ et al. (2002).
[330] Vgl. bspw. MOORTHY (1985b).
[331] Vgl. VARIAN (1992), S. 292 ff.

3.3.2.7 Preiswettbewerb in Distributionskanälen

Ein für den Einsatz spieltheoretischer Wettbewerbsmodelle im Marketing geeignetes Forschungsfeld bildet der **Preiskonflikt zwischen den Herstellern und dem Handel** in Distributionskanälen.[332] Dabei wird zwischen einem sog. vertikalen strategischen Preiswettbewerb zwischen Hersteller und Handel sowie einem horizontalen Preiswettbewerb zwischen den einzelnen Herstellern bzw. zwischen den einzelnen Händlern unterschieden.[333] Die vertikale Interaktion beschreibt den Wettbewerbsaspekt, dass Hersteller in Verhandlungen mit dem Handel Herstellerpreise auf der Basis von Lieferverträgen für ihre Produkte festlegen. Der Handel verfügt wiederum über Produkte vieler Hersteller und bestimmt für das gesamte Produktsortiment möglichst optimale Verkaufspreise, ggf. unter Zuhilfenahme temporärer Preispromotions. Die horizontale Interaktion im Distributionskanal beschreibt das Wettbewerbsphänomen, dass sowohl der Hersteller- als auch der Einzelhandelsmarkt einen wettbewerbsintensiven Markt mit mehreren konkurrierenden Marktakteuren darstellen.

Aktuelle Wettbewerbsmodelle zur Untersuchung des Preiswettbewerbs zwischen Hersteller und Handel fokussieren auf die Beschreibung von drei Wettbewerbsaspekten in Distributionskanälen. VILLAS-BOAS und ZHAO (2005) beschreiben den horizontalen Wettbewerb zwischen Herstellern[334] sowie die vertikale Interaktion zwischen Hersteller und Handel durch den Vergleich von Hersteller- und Einzelhandelspreisen. Darüber hinaus stehen das Verhalten des Handels und die Maximierung seiner Sortimentprofitabilität im Vordergrund.[335] Darüber hinaus fokussieren aktuelle Wettbewerbsmodelle auf empirische Analysen eines Stackelberg-Führer-Folger-Modells,[336] das zum einen die horizontale Interaktion zwischen Herstellern adressiert

---

[332] Für Wettbewerbsmodelle zur Betrachtung des Preiswettbewerbs in Distributionskanälen vgl. McGUIRE und STAELIN (1983), BESANKO et al. (1998), PUTSIS und DHAR (1998), SUDHIR (2001b), CHINTAGUNTA (2002), BESANKO et al. (2003), AILAWADI et al. (2005) sowie VILLAS-BOAS und ZHAO (2005).

[333] Vgl. SUDHIR (2001b), S. 244.

[334] CHINTAGUNTA (2002) analysiert in seinem Wettbewerbsmodell hingegen den horizontalen Wettbewerb zwischen einzelnen Händlern.

[335] Vgl. hierzu auch das strukturelle NEIO-Modell von SUDHIR (2001b). In einem ähnlichen strukturellen Wettbewerbsmodell adressieren BESANKO et al. (2003) den horizontalen Wettbewerb zwischen Herstellern sowie die vertikale Interaktion zwischen Hersteller und Handel. Jedoch wird das Verhalten des Handels außer Acht gelassen.

[336] Ein Stackelberg-Führer-Folger-Wettbewerb ist dadurch charakterisiert, dass ein Unternehmen in einem sequenziellen Kontext zuerst eine Strategie festlegt („Stackelberg-Führer"), bevor ein Wettbewerber auf diese Strategie reagieren kann („Stackelberg-Folger"), vgl. VARIAN (1992), Kapitel 16, S. 297 ff.

und zum anderen die vertikale Wettbewerbsbeziehung zwischen Hersteller und Handel.[337] Alternative Wettbewerbsmodelle zur Beschreibung des Preiswettbewerbs in Distributionskanälen analysieren darüber hinaus den Wettbewerb zwischen Herstellermarken und eigenen Marken des Handels.[338]

3.3.3 Kommunikationswettbewerb

Wettbewerbsmodelle im Marketing beschreiben den Kommunikationswettbewerb zwischen Unternehmen meist auf der Basis von **Kommunikationsausgaben als Entscheidungsvariable**.[339] Als Ergebnis dieser Modelle werden somit optimale Kommunikationsausgaben für die einzelnen Anbieter ermittelt.[340] Dabei wird ein Wettbewerb zwischen etablierten Unternehmen angenommen. Dagegen existieren nur wenige Wettbewerbsansätze, die Kommunikationsreaktionen ausschließlich auf den Markteintritt eines neuen Wettbewerbers hin betrachten.[341]

Die ersten Wettbewerbsmodelle zur Bestimmung optimaler Kommunikationsausgaben in einem Wettbewerbsumfeld basieren auf einer Anwendung des sog. **Lanchester-Modells** der Kriegsführung auf wirtschaftliche Phänomene.[342] In einem Duopol werden Umsatzveränderungen der beiden Unternehmen direkt durch ihre Kommunikationsausgaben erklärt. Unter Berücksichtigung einer konstanten Marktgröße ist der eigene Marktanteilsverlust proportional zu den Kommunikationsausgaben des Wettbewerbers. Im Marktgleichgewicht dieses einfachen Wettbewerbsmodells ist der Marktanteil eines Unternehmens gleich dem Anteil seiner Kommunikationsausgaben an den Gesamtausgaben im Markt inklusive seines Wettbewerbers.

---

[337] Vgl. AILAWADI et al. (2005).
[338] Vgl. PUTSIS und DHAR (1998).
[339] Vgl. DEAL (1979), TENG und THOMPSON (1983), ERICKSON (1985), HORSKY und MATE (1988), SORGER (1989), ERICKSON (1992), CHINTAGUNTA und VILCASSIM (1992), CHINTAGUNTA (1993), CHINTAGUNTA und JAIN (1995), ERICKSON (1995), FRUCHTER und KALISH (1997), FRUCHTER (1999) sowie ESPINOSA und MARIEL (2001).
[340] Darüber hinaus existieren Wettbewerbsmodelle, die in einem dynamischen Kontext den optimalen Zeitpunkt von Kommunikationsausgaben bestimmen, vgl. VILLAS-BOAS (1993).
[341] Ein Beispiel hierfür stellt der Ansatz von DOCKNER und JORGENSEN (1988) dar. Darüber hinaus existieret eine Vielzahl von Wettbewerbsmodellen, die Preis- und Kommunikationsreaktionen auf den Markteintritt eines neuen Wettbewerbers betrachten, vgl. Kapitel 3.3.4.
[342] Vgl. LITTLE (1979) auf der Basis von KIMBALL (1957). Für empirische Anwendungen des Lanchester-Modells vgl. CLARKE (1973), HORSKY (1977) sowie CARPENTER et al. (1988) und in abgewandelter Form LAMBIN et al. (1975).

Aktuelle Wettbewerbsmodelle zur Analyse des Kommunikationswettbewerbs in einem etablierten Wettbewerb erweitern das Lanchester-Modell in einem dynamischen Kontext und ermitteln Closed-loop-Nash-Marktgleichgewichte[343] als numerische Lösungen eines differenziellen Spiels.[344] Darüber hinaus werden in Wettbewerbsmodellen auch langfristige Wirkungen von Kommunikationsmaßnahmen auf den Marktanteil eines Unternehmens betrachtet. Alternative Wettbewerbsmodelle formulieren daher Änderungen des Marktanteils einer Unternehmung als Funktion des kumulierten Werts der bereits getätigten Kommunikationsausgaben („advertising goodwill").[345] Kommunikationsausgaben werden somit als Investitionen betrachtet, die neben kurzfristigen Umsatzeffekten auch langfristige Wirkungen auf den Marktanteil haben.[346]

3.3.4 Preis- und Kommunikationswettbewerb

Die im Folgenden vorgestellten Wettbewerbsmodelle betrachten neben Preisentscheidungen auch optimale Entscheidungen bzgl. Kommunikationsausgaben. Somit können diese Modelle als Synthese der zuvor beschriebenen Optimierungsmodelle verstanden werden. Jedoch ist zu beachten, dass aufgrund der höheren Modellkomplexität häufig vereinfachende Modellannahmen getroffen werden müssen. Somit wird erreicht, dass nach wie vor analytische Lösungen für die Marktgleichgewichte ermittelt werden können und die Anzahl der zu schätzenden Parameter für empirische Untersuchungen gering gehalten wird.

3.3.4.1 Etablierter Preis- und Kommunikationswettbewerb

Die Wettbewerbsmodelle zur Analyse des Preis- und Kommunikationswettbewerbs gehen häufig von einer **dynamischen Marktentwicklung** aus.[347] Dabei wird vereinzelt zur Modellierung der Dynamik, ähnlich wie in Optimierungsmodellen des Kom-

---

[343] Vgl. CHINTAGUNTA und VILCASSIM (1992). Marktgleichgewichte als Ergebnis eines dynamischen Spiels können in der Spieltheorie in sog. Closed-loop- und Open-loop-Nash-Gleichgewichte unterschieden werden (vgl. Kapitel 3.2.3.5). In Open-loop-Marktgleichgewichten ergeben sich Verläufe von Entscheidungsfunktionen, die ausschließlich Funktionen der Zeit sind. Entscheidungsfunktionen von Closed-loop-Gleichgewichten sind darüber hinaus auch Funktionen der jeweils aktuell verfügbaren Modellinformationen, vgl. ELIASHBERG und CHATTERJEE (1985).
[344] Vgl. bspw. FRUCHTER (1999) oder ESPINOSA und MARIEL (2001).
[345] Vgl. NERLOVE und ARROW (1962).
[346] Vgl. FRIEDMAN (1983), FERSHTMAN (1984) sowie ROBERTS und SAMUELSON (1988).
[347] Vgl. FEICHTINGER et al. (1988), LAL und MATUTES (1994), PIGA (1998), BASS et al. (2005) sowie DUBÉ und MANCHANDA (2005).

munikationswettbewerbs, das spieltheoretische Konzept differenzieller Spiele herangezogen.[348]

Aktuelle Wettbewerbsmodelle zur Bestimmung optimaler Preis- und Kommunikationsstrategien in einem etablierten Wettbewerb unterscheiden bzgl. der Wirkung von Kommunikationsmaßnahmen zwei Effekte.[349] Zum einen werden aufgrund von Kommunikationsmaßnahmen Marktanteile des Wettbewerbs gewonnen. Zum anderen vergrößern Kommunikationsmaßnahmen aber auch das gesamte Marktpotenzial, so dass auch Neukunden der betrachteten Produktkategorie gewonnen werden können. BASS et al. (2005) sprechen in diesem Zusammenhang im ersten Fall von „Brand Advertising Strategies", im zweiten Fall von „Generic Advertising Strategies". Aufgrund der generellen Wirkung von „Generic Advertising Strategies" auf die gesamte Produktkategorie und damit die Produkte aller Wettbewerber existieren somit sog. „free-riding"-Vorteile[350] für die einzelnen Marktakteure. Vor allem Anbieter mit einem kleinen Marktanteil profitieren von den „Generic Advertising Strategies" der Wettbewerber in Form gesteigerter Marktanteile und Profitabilitäten. Sowohl BASS et al. (2005) als auch DUBÉ und MANCHANDA (2005) finden in ihren empirischen Anwendungen Unterstützung für diese Hypothese.

3.3.4.2 Preis- und Kommunikationswettbewerb bei Markteintritt

Im Fall des Markteintritts eines neuen Wettbewerbers in einen bestehenden Markt analysieren Wettbewerbsmodelle im Marketing zwei Aspekte des Preis- und Kommunikationswettbewerbs. Zum einen existieren Modelle, die optimale Preis- und Kommunikationsstrategien für die Einführung eines neuen Produkts aus der Sicht des Marktneulings bestimmen.[351] Zum anderen identifizieren Wettbewerbsmodelle aus der Perspektive der bereits etablierten Wettbewerber optimale Reaktionsstrategien als Antwort auf einen Markteintritt.[352] Diese Modelle sind meist Erweiterungen des sog. Defender-Modells von HAUSER und SHUGAN (1983).

---

[348] Zur Darstellung eines dynamischen Preis- und Kommunikationswettbewerbs auf der Basis eines differenziellen Spiels vgl. PIGA (1998) sowie BASS et al. (2005).
[349] Vgl. BASS et al. (2005) sowie DUBÉ und MANCHANDA (2005).
[350] BASS et al. (2005), S. 556.
[351] Vgl. THOMPSON und TENG (1984), KALISH (1985) sowie MESAK und CLARK (1998).
[352] Vgl. LAMBIN et al. (1975), KUMAR und SUDHARSHAN (1988), CARPENTER (1989), CARPENTER und NAKAMOTO (1990), GRUCA et al. (1992), BASUROY und NGUYEN (1998) sowie GRUCA et al. (2001).

In einem **aktuellen Wettbewerbsmodell** analysieren GRUCA et al. (2001) optimale Reaktionen auf den Markteintritt eines neuen Wettbewerbers und unterscheiden dabei verschiedene Marktsegmente. Im Rahmen einer Marktsimulation werden optimale Preis- und Kommunikationsstrategien der etablierten Wettbewerber bestimmt. Als optimale Strategien ermitteln die Autoren eine Senkung der Preise und der Kommunikationsausgaben für Unternehmen, deren Segment durch den Marktneuling adressiert wird. Demgegenüber erweisen sich Preissteigerungen und Senkungen der Kommunikationsausgaben für Unternehmen, die nicht direkt vom Markteintritt betroffen sind, als optimal.

3.3.4.3 Verhaltensanalysen im Preis- und Kommunikationswettbewerb

Ähnlich wie im Fall der Optimierungsmodelle des Preiswettbewerbs existieren strukturelle Wettbewerbsmodelle, die neben unterschiedlichen Verhaltensformen im Preiswettbewerb gleichzeitig auch **kooperatives und nichtkooperatives Verhalten** im Kommunikationswettbewerb betrachten. Die meisten Wettbewerbsmodelle bauen dabei auf den strukturellen Modellen der NEIO-Forschung auf.[353]

In einem **aktuellen Wettbewerbsmodell** analysieren VILCASSIM et al. (1999) auf der Basis der NEIO-Forschung Abweichungen von einem Nash-Verhalten unter etablierten Wettbewerbern und verifizieren die theoretisch ermittelten Ergebnisse in einer empirischen Untersuchung des US-amerikanischen Markts für Körperpflegeprodukte. Demgegenüber analysiert SHANKAR (1997) das Verteidigungsverhalten für einen Monopolisten im Fall des Markteintritts eines neuen Wettbewerbers. Dabei werden unterschiedliche Marktgleichgewichte bzgl. Preis und Kommunikationsausgaben unter der Annahme eines Nash-Wettbewerbsverhaltens oder eines Stackelberg-Führer-Folger-Wettbewerbs bestimmt.[354]

---

[353] Für NEIO-Modelle zur Analyse des Wettbewerbsverhaltens im Preis- und Kommunikationswettbewerb vgl. GASMI et al. (1992), SLADE (1995), KADIYALI (1996) sowie VILCASSIM et al. (1999).
[354] Darüber hinaus betrachtet SHANKAR (1997) auch Ausgaben für Vertriebsmitarbeiter.

3.3.5 Preis- und Produktpositionierungswettbewerb

Die **Produktpositionierung** stellt für ein Unternehmen in einem Wettbewerbsumfeld ein wichtiges Differenzierungsmerkmal dar.[355] Darüber hinaus ist die Produkt- oder Qualitätsstrategie fester Bestandteil der Unternehmensstrategie. Dabei betrachten Wettbewerbsmodelle im Marketing die optimale Produktstrategie sehr häufig in Verbindung mit Preisentscheidungen. Ein möglicher Grund ist die vom Kunden wahrgenommene starke Bedeutung des Preises als Produktdifferenzierungsmerkmal und als Qualitätsindikator.[356] Eine isolierte Herleitung der optimalen Produktpositionierungsstrategie für ein Unternehmen ohne die zusätzliche Bestimmung eines optimalen Preises erscheint in dieser Hinsicht unvollständig.

3.3.5.1 Etablierter Preis- und Produktpositionierungswettbewerb

Das erste Wettbewerbsmodell zur Darstellung eines Preis- und Produktwettbewerbs wurde ursprünglich von HOTELLING (1929) entwickelt und die meisten in der Folgezeit entwickelten Optimierungsmodelle im Marketing basieren auf dieser Grundstruktur.[357] Typischerweise wird in diesen Wettbewerbsmodellen unterstellt, dass Unternehmen sich zunächst für eine Produktpositionierung und anschließend für eine Preisstrategie entscheiden.[358] Dieser **zweistufige Entscheidungsvorgang** entspricht der Tatsache, dass Produktentscheidungen meist langfristiger Natur sind als Preisentscheidungen.[359] Diese Vorgehensweise impliziert darüber hinaus, dass jedes Unternehmen bei der Festlegung einer Produktstrategie ihre Auswirkung auf die Preise aller Unternehmen antizipieren muss.

Produkte werden im Duopol-Modell von HOTELLING (1929) entlang eines kontinuierlichen eindimensionalen Indexes (Qualität) charakterisiert. Im Marktgleichgewicht wählen beide Unternehmen bei gleichen Preisen eine identische Produktpositionie-

---

[355] Produkteigenschaften können dabei entlang eines Produktattributs, wie bspw. Qualität, oder aber entlang mehrerer Attribute betrachtet werden, vgl. MOORTHY (1988) oder VANDENBOSCH und WEINBERG (1995).

[356] Vgl. MEFFERT et al. (2008), S. 500 f.

[357] Für Modelle zur Bestimmung optimaler Preis- und Produktpositionierungsstrategien in einem etablierten Wettbewerb vgl. DE PALMA et al. (1985), HAUSER (1988), VANDENBOSCH und WEINBERG (1995) sowie DORASZELSKI und DRAGANSKA (2006).

[358] Vgl. MOORTHY (1993), S. 163.

[359] Dieser sequenzielle Entscheidungsvorgang führt meist auch zur Existenz eines Nash-Gleichgewichts in reinen Strategien, vgl. MOORTHY (1988).

rungsstrategie im Zentrum des Markts. Dieses Phänomen **minimaler Produktdifferenzierung** impliziert im Modell von HOTELLING (1929) darüber hinaus identische Profitabilitäten und Marktanteile aller Marktakteure.

In einer **Erweiterung des Hotelling-Ansatzes** betrachten VANDENBOSCH und WEINBERG (1995) neben Preiswettbewerb eine vertikale Produktdifferenzierung entlang von zwei Dimensionen in einem Duopol.[360] Produkte werden somit anhand von zwei kontinuierlichen Qualitätsindizes (bspw. Produkt- und Servicequalität) charakterisiert. Als optimale Produktpositionierungsstrategien ergeben sich sog. MaxMin-Differenzierungsstrategien, d. h. maximale Differenzierung bzgl. eines Produktcharakteristikums bei minimaler Differenzierung bzgl. der anderen Dimension.[361] Dieses Ergebnis stützt die Hypothese in der Wettbewerbsliteratur, dass zwei Kräfte bei der Bestimmung einer optimalen Produktdifferenzierungsstrategie wirken.[362] Auf der einen Seite resultiert der Drang nach einer Reduktion des Preiswettbewerbs, also eine strategische Komponente, in einer maximalen Produktdifferenzierung[363], während der Wunsch nach Kundenakquisition vom direkten Wettbewerber hingegen für eine minimale Differenzierung spricht.

In einem **aktuellen Wettbewerbsmodell** analysieren DORASZELSKI und DRAGANSKA (2006) optimale Marktsegmentierungsstrategien in einem Duopol. Auf der Basis des Kundennettonutzens haben die Unternehmen entweder die Möglichkeit, allgemeine Standardprodukte über alle Marktsegmente hinweg anzubieten, oder aber segmentspezifische Produkte, die nur die Bedürfnisse einiger Nachfrager adressieren, zu platzieren. Die Autoren zeigen, dass eine optimale Marktsegmentierungsstrategie neben den Nachfragerbedürfnissen auch von der Wettbewerbsintensität und von den Fixkosten, die durch das Angebot eines zusätzlichen Produkts entstehen, bestimmt wird. Ähnlich dazu analysieren SYAM und KUMAR (2006) die Einführung eines kunden-

---

[360] MOORTHY (1988) sowie SHAKED und SUTTON (1982) beschreiben hingegen den Produktpositionierungswettbewerb entlang einer Produktdimension.

[361] Das MaxMin-Gleichgewicht ergibt sich nur, wenn das Verhältnis der Bandbreiten der beiden Qualitätsindizes innerhalb eines bestimmten Intervalls liegt, vgl. VANDENBOSCH und WEINBERG (1995), S. 240.

[362] Vgl. SHAKED und SUTTON (1982) sowie MOORTHY (1988).

[363] Wenn Unternehmen sich zu nahe bei ihren Wettbewerbern positionieren, steigt die Gefahr, dass Nachfrager nur auf der Basis von Preisen entscheiden. Dies erhöht jedoch für die Unternehmen auch den Anreiz des Preiswettbewerbs, der im Marktgleichgewicht niedrigere Gewinne impliziert, vgl. bspw. MOORTHY (1988), S. 143 f.

bzw. segmentspezifischen Produkts[364] als zusätzliches Angebot neben einem Standardprodukt. Im Marktgleichgewicht dieses spieltheoretischen Wettbewerbsmodells sind die Unternehmen durch das zusätzliche Angebot des kunden- bzw. segmentspezifischen Produkts in der Lage, die Nachfrage nach ihren Produkten gegenüber dem ursprünglichen Angebot des Standardprodukts zu erhöhen.[365] Zudem lassen sich dadurch auch höhere Preise für das Standardprodukt erzielen.

3.3.5.2 Preis- und Produktpositionierungswettbewerb bei Markteintritt

Neben der Beschreibung eines etablierten Preis- und Produktpositionierungswettbewerbs fokussieren Wettbewerbsmodelle im Marketing auch auf die Bestimmung optimaler Preis- und Produktpositionierungsstrategien für den **Markteintritt neuer Produkte** in einen bestehenden Markt.[366] HORSKY und NELSON (1992) analysieren in ihrem Wettbewerbsmodell den Markteintritt einer neuen Automobil-Marke in einem Oligopol. Zur Bestimmung der optimalen Eintrittsstrategien treffen die Autoren die vereinfachende Annahme, dass etablierte Marken auf den Markteintritt nur mit Preisänderungen, nicht jedoch mit Änderungen von Markenattributen reagieren.[367] Der Marktneuling antizipiert somit bei der Festlegung seiner optimalen Positionierungsstrategie bereits das Nash-Preisgleichgewicht, das sich nach dem Markteintritt einstellt.[368] In einem ähnlichen Ansatz beschreiben CHOI et al. (1990) die Preiseintrittsstrategie als Nash-Gleichgewicht, während die Produktpositionierungsstrategie für das neue Produkt als Stackelberg-Führer-Folger-Wettbewerb modelliert wird.

---

[364] SYAM und KUMAR (2006) sprechen in diesem Zusammenhang von einem „customized product", vgl. hierzu auch SYAM et al. (2005).

[365] Das Marktgleichgewicht ist dabei an bestimmte Marktvoraussetzungen geknüpft, vgl. SYAM und KUMAR (2006), S. 525.

[366] Vgl. PRESCOTT und VISSCHER (1977), LANE (1980), SHAKED und SUTTON (1982), JUDD (1985), MOORTHY (1988), BRESNAHAN und REISS (1990), CHOI et al. (1990) sowie HORSKY und NELSON (1992).

[367] Angesichts der langen Entwicklungshorizonte in der Automobilindustrie erscheint diese Annahme realistisch. Zur Darstellung der Marktnachfrage werden Produkte entlang mehrerer Produktdimensionen auf der Basis eines multiattributiven Nutzenmodells von ROSEN (1974) charakterisiert. Für die Modellierung des stochastischen Markenwahlverhaltens individueller Nachfrager in Abhängigkeit der Markenattribute und Preise aller Marken verwenden die Autoren ein multinomiales Logitmodell, vgl. HORSKY und NELSON (1992), S. 137 ff.

[368] Dieses sequenzielle Spiel wird auf der Basis des Konzepts teilspielperfekter Nash-Gleichgewichte durch Rückwärtsinduktion bestimmt, vgl. Kapitel 3.2.3.4.

3.3.5.3 Preis- und Produktpositionierungswettbewerb von Produktlinien

Wettbewerbsmodelle im Marketing betrachten in den letzten Jahren im Zuge steigender Variantenvielfalt und Sortimentsbreite zunehmend statt einzelner Produkte ganze **Produktlinien**[369] der Anbieter in einem Wettbewerbsumfeld.[370] DRAGANSKA und JAIN (2005b) analysieren in einem aktuellen strukturellen Wettbewerbsmodell optimale Preisstrategien und Entscheidungen zur Produktliniengröße in einem dynamischen Oligopol. Dabei werden horizontale Produktlinienerweiterungen betrachtet, bei denen die einzelnen Produkte der Produktlinien den gleichen Preis und die gleiche Qualität besitzen, sich jedoch bzgl. anderer Markenattribute (hier: Geschmacksrichtungen) unterscheiden.[371] Unternehmen führen v. a. deshalb horizontale Produktlinienerweiterungen durch, um die Markenloyalität ihrer Kunden zu erhalten bzw. zu erhöhen und einen Wechsel zum Wettbewerber zu verhindern.[372]

3.4 Implikationen für das hybride CE-Wettbewerbsmodell

Im Folgenden wird auf der Basis der vorgestellten Wettbewerbsmodelle im Marketing ein **Modellkonzept** für das zu entwickelnde Modell erstellt. Ziel dieser Arbeit ist die Entwicklung eines hybriden CE-Wettbewerbsmodells als Synthese der beiden aktuellen hybriden CE-Modelle von HUNDACKER (2005) und RUST et al. (2004b) (vgl. Kapitel 2). Als wettbewerbstheoretische Grundlage des Modells dienen, den Ergebnissen in Kapitel 3.1 folgend, die strukturellen Modellansätze der Neuen Industrieökonomik. Die wettbewerbsbezogenen Optimierungsmodelle im Marketing bilden dabei aufgrund ihrer Entscheidungsorientierung eine relevante Basis für das hybride CE-Wettbewerbsmodell (vgl. Kapitel 3.3).

Das Modellkonzept wird dabei entlang der **Modellgrundannahmen** und des gewählten **Analysemodus** vorgestellt. Ein ähnliches Vorgehen schlagen ELIASHBERG und

---

[369] Unter einer Produktlinie („product line") wird eine Gruppe von Produkten verstanden, die eine Ähnlichkeit bestimmter Produktattribute aufweisen. Vgl. hierzu die Definition von DRAGANSKA und JAIN (2005b): „We define product line as a group of products that have the same function and belong to the same quality tier and thus have the same price." (DRAGANSKA und JAIN (2005b), S. 5)
[370] Vgl. DE FRAJA (1996), VILLAS-BOAS (1998), KADIYALI et al. (1999), JOHNSON und MYATT (2003), VILLAS-BOAS (2004), DRAGANSKA und JAIN (2005a) sowie DRAGANSKA und JAIN (2005b).
[371] Demgegenüber steht eine vertikale Produktlinienerweiterung, bei der sich die Produkte einer Produktlinie qualitativ unterscheiden und nur durch die unterschiedliche Kaufbereitschaft der Kunden begründet ist, vgl. DRAGANSKA und JAIN (2005b), S. 2.
[372] In diesem Kontext sind Produktlinienerweiterungen ähnlich zum Cournot-Wettbewerb mit der Menge als strategischer Entscheidungsgröße zu sehen.

CHATTERJEE (1985) in ihrer Untersuchung analytischer Wettbewerbsmodelle im Marketing vor. Die Modellgrundannahmen gliedern sich dabei in Annahmen zur Marktnachfrage und zum Marktangebot sowie zur Wettbewerbsaktivität bzw. zum Entscheidungsprozess der Unternehmen. Der Analysemodus unterscheidet zwischen Aggregationsniveau, Zeitbezug und Marktgleichgewichtsbedingungen des spieltheoretischen Modells.

Tabelle 12 fasst die konzeptionellen Charakteristika des zu entwickelnden hybriden CE-Wettbewerbsmodells zusammen. Die Struktur des hybriden CE-Wettbewerbsmodells entspricht dabei dem Aufbau spieltheoretischer Ansätze, bestehend aus Nachfrage- und Angebotsfunktion sowie den Annahmen zur Wettbewerbsinteraktion.[373] Im Mittelpunkt des hybriden CE-Wettbewerbsmodells steht das **Entscheidungsproblem** der Bestimmung CE-optimaler Marktbearbeitungsstrategien in einem dynamischen Anbieteroligopol unter Berücksichtigung von Wettbewerbsentscheidungen. Die Marktbearbeitungsstrategien adressieren dabei Elemente des Marketing-Mix einer Unternehmung und sind branchenspezifisch anzupassen. Die Ausgestaltung und Operationalisierung der Marktbearbeitungsstrategien im hybriden CE-Wettbewerbsmodell erfolgt in Kapitel 4.

Als **Modellergebnis** wird in einem dynamischen Spiel ein teilspielperfektes Closed-loop-Nash-Gleichgewicht ermittelt. Dabei wird ein sequenziell reaktiver Entscheidungsablauf der Unternehmen vorausgesetzt. Somit werden Wirkungen von Marktbearbeitungsstrategien in Relation zu Wettbewerbsreaktionen analysiert[374] und die bisherige absolute Betrachtung von Marktbearbeitungsstrategien in CE-Modellen ohne Strategien des Wettbewerbs weiterentwickelt. Anhand dieser differenzierteren Betrachtung lassen sich bspw. Marktbearbeitungsstrategien eines „überraschten" Unternehmens (das bei der Bestimmung CE-optimaler Strategien Wettbewerbsreaktionen ausschließt) mit denen eines wettbewerbsantizipierenden Marktanbieters vergleichen.[375]

---

[373] Vgl. KADIYALI et al. (2001).
[374] Vgl. SUDHIR (2001a), S. 42.
[375] Diese Logik ähnelt den Ausführungen des Wettbewerbsmodells von ELIASHBERG und JEULAND (1986).

Implikationen für das hybride CE-Wettbewerbsmodell

			Hybrides CE-Wettbewerbsmodell
Modellgrundannahmen		Entscheidungsproblem	Bestimmung CE-optimaler Marktbearbeitungsstrategien in einem dynamischen Anbieteroligopol unter Berücksichtigung von Wettbewerbsentscheidungen (wettbewerbsbezogenes Optimierungsmodell)
		Modellergebnis	Teilspielperfektes Closed-loop-Nash-Gleichgewicht in einem dynamischen Spiel etablierter Wettbewerber mit einem sequenziellen Entscheidungsablauf
	Marktnachfrage	Anzahl Marktsegmente	Nachfragersegmentierung entlang strategierelevanter Nutzendimensionen der Nachfrager
		Determinanten Marktgröße	Nicht spezifiziert (konstante Marktgröße)
		Determinanten markenspez. Marktanteil	Abhängig vom erwarteten Nettonutzen der Marke (multinomiales Logitmodell). Migrationsmodell unter Annahme eines diskreten Markov-Prozesses (always-a-share-Ansatz)
		Unsicherheit	Betrachtet (erwarteter Nettonutzen)
	Marktangebot	Marken je Wettbewerber	1
		Anbieterkostenstruktur	Endogene Kosten der Marktbearbeitung - Unterscheidung variable Stückkosten und Fixkosten - Berücksichtigung eines Erfahrungskurveneffekts
		Produktdifferenzierung	Explizit (entlang mehrerer Nutzendimensionen). Mehrdimensionales Positionierungsmodell
	Wettbewerb und Entscheidung	Anzahl Wettbewerber	Anbieteroligopol
		Entscheidung Wettbewerb	Sequenziell reaktiv
		Zielsetzung Entscheidung	Maximierung CE unter Berücksichtigung notwendiger Investitionen
	Analysemodus	Aggregationsniveau	Nachfrager (Bestimmung eines individuellen CLV)
		Zeitbezug	Dynamisch (Periodenbetrachtung)
		Marktgleichgewichtsbedingungen	Teilspielperfektes Closed-loop-Nash-Gleichgewicht

Tabelle 12: Modellkonzept des hybriden CE-Wettbewerbsmodells
Quelle: Eigene Darstellung

3.4.1 Modellgrundannahmen

Die **Marktnachfrage** wird im Rahmen des hybriden CE-Wettbewerbsmodells differenziert in **Nachfragersegmente** analysiert.[376] In Anlehnung an das Modell von HUNDACKER (2005) wird dabei als Segmentierungslogik eine Segmentierung entlang ausgewählter Nutzendimensionen der Nachfrager gewählt.[377] Die Nutzendimensionen sollen aus der Sicht der Marktbearbeitungsstrategien relevante und beeinflussbare Größen darstellen, um eine möglichst hohe und unterschiedliche Reagibilität der Nachfrager in den einzelnen Segmenten sicherzustellen. Durch eine Segmentbetrachtung ergibt sich für die Unternehmen die Möglichkeit unterschiedlicher Segmentbearbeitungsstrategien.[378] Darüber hinaus lassen sich die Ergebnisse mit einer undifferenzierten Gesamtmarktbearbeitung vergleichen

Außerdem ist aufgrund der hohen Bedeutung des Wettbewerbs in stagnierenden Märkten[379] und der zusätzlichen Modellkomplexität im Rahmen des hybriden CE-Wettbewerbsmodells von einer **konstanten Marktgröße** auszugehen.

Zur Modellierung des **stochastischen Markenwahlverhaltens** dient ein **multinomiales Logitmodell**,[380] bei dem die Nettonutzenbeiträge aller relevanten Wettbewerberangebote im Evoked Set aus der Sicht der Nachfrager betrachtet werden.[381] Das Markenwahlverhalten wird über die Bewertung und Gewichtung der Nettonutzendimensionen durch die Nachfrager bestimmt.[382] Die Marktbearbeitungsstrategien der Unternehmen bewirken eine Änderung des Nettonutzens der Nachfrager und beeinflussen somit ihre Markenwahlwahrscheinlichkeit.[383] Um das dynamische Nachfragerverhalten je Periode in einem Wettbewerbsumfeld realistisch beschreiben zu können,

---

[376] Zur Vorteilhaftigkeit der segmentspezifischen Betrachtung vgl. das Wettbewerbsmodell von CHINTAGUNTA und RAO (1996).
[377] HUNDACKER (2005) segmentiert die Nachfrager darüber hinaus entlang ihres Kundenerfolgsbeitrags auf der Basis der sog. ABC-Analyse, vgl. KRAFFT und ALBERS (2000).
[378] Vgl. KOTLER und BLIEMEL (2001), S. 415 f.
[379] Vgl. BAUER (1988) bzw. die empirischen Ergebnisse von RAMASWAMY et al. (1994) sowie STEENKAMP et al. (2005). Jedoch existieren auch empirisch belegte Hinweise für eine Verschärfung des Wettbewerbsverhaltens in stark wachsenden Märkten, vgl. ROBINSON (1988) sowie BEGGS und KLEMPERER (1992).
[380] Vgl. LILIEN et al. (1992), S. 100 ff.
[381] Vgl. bspw. CHINTAGUNTA und RAO (1996) für die Darstellung eines Preiswettbewerbs auf der Basis eines multinomialen Logitmodells.
[382] Vgl. HUNDACKER (2005), S. 131.
[383] Zusätzlich werden zur Bestimmung der Markenwahlwahrscheinlichkeiten Wechselkosten berücksichtigt, vgl. HUNDACKER (2005), S. 131.

wird ein Always-a-share-Ansatz[384] für das hybride CE-Wettbewerbsmodell verwendet. Somit ist es möglich, dass ein zur Konkurrenz abgewanderter Kunde zu einem späteren Zeitpunkt, bspw. aufgrund einer Änderung der Marktbearbeitungsstrategien der Wettbewerber, wieder mit einer positiven Wahrscheinlichkeit zum ursprünglichen Anbieter zurückkehrt. Dabei wird, wie von RUST et al. (2004b) vorgeschlagen, ein **Migrationsmodell** auf der Basis eines **diskreten Markov-Prozesses** zur Modellierung des dynamischen Kaufverhaltens der Nachfrager verwendet.

Das **Marktangebot** des hybriden CE-Wettbewerbsmodells betrachtet jeweils **eine Marke je Anbieter**.[385] Dies liegt darin begründet, dass die Wettbewerbsbetrachtung im hybriden CE-Wettbewerbsmodell Wettbewerbsinteraktionen zwischen Unternehmen untersucht. Der in vielen Fällen intensive Wettbewerb zwischen Marken innerhalb eines Unternehmens[386] wird dabei zugunsten einer unverzerrten Analyse unternehmensexterner Wettbewerbsinteraktionen in dieser Arbeit ausgeschlossen.[387]

Die **Anbieterkostenstruktur** der einzelnen Marken im Modell bestehen aus den entscheidungsrelevanten Kosten der Marktbearbeitung. Aufgrund ihrer Abhängigkeit von der gewählten Strategie fließen sie als endogene Größen in das CE einer Unternehmung ein. Dabei werden variable Stückkosten und Fixkosten in Form von Investitionen unterschieden. Während variable Kosten von der Ausbringungsmenge abhängen, sind Fixkosten dagegen zumindest innerhalb bestimmter Intervalle von der Ausbringung unabhängig.[388] Für die variablen Kosten werden dynamische Kostensenkungspotenziale auf der Basis des Erfahrungskurvenkonzepts unterstellt.[389]

Die **Produktdifferenzierung** erfolgt im CE-Wettbewerbsmodell explizit entlang mehrerer Nutzendimensionen der Nachfrager.[390] Somit erfolgt eine Differenzierung der Marken in einem mehrdimensionalen Positionierungsmodell. Die Marken unterschei-

---

[384] Vgl. DWYER (1997), S. 9.
[385] Aufgrund der Betrachtung einer Marke je Unternehmen können diese beiden Begriffe im Folgenden als Synonyme verwendet werden.
[386] Bspw. identifizieren LEEFLANG und WITTINK (2001) keine signifikanten Unterschiede in der Reaktionselastizität zwischen Marken des gleichen Unternehmens und Marken verschiedener Unternehmen, vgl. LEEFLANG und WITTINK (2001), S. 132.
[387] Somit werden auch übergreifende Mehrmarkenstrategie einer Unternehmung nicht berücksichtigt, vgl. MEFFERT und PERREY (2005).
[388] Vgl. MEFFERT et al. (2008), S. 524 f.
[389] Vgl. VON OETINGER (2000a), S. 543 ff.
[390] Für eine mehrdimensionale Produktdifferenzierung in einem Wettbewerbsmodell vgl. VANDENBOSCH und WEINBERG (1995), S. 240 f.

den sich dabei in der Wahrnehmung der Nachfrager bzgl. der erfassten Nutzendimensionen.

Im Rahmen der Darstellung der **Wettbewerbsaktivität** und des **Entscheidungsprozesses** wird ein sequenziell reaktiver Entscheidungsablauf der Unternehmen wie im Beispiel des sog. Stackelberg-Führer-Folger-Wettbewerbs[391] unterstellt. Die Marktanbieter legen als Entscheidungsvariable innerhalb des hybriden CE-Wettbewerbsmodells nacheinander je Periode ihre Marktbearbeitungsstrategie fest. Als Zielfunktion maximieren die Anbieter auf der Basis der gewählten Marktbearbeitungsstrategie ihr CE über einen betrachteten Planungszeitraum unter Berücksichtigung notwendiger Investitionen. Dabei wird aufgrund einer größeren Realitätsnähe ein endlicher Planungshorizont wie im Ansatz von RUST et al. (2004b) angenommen. Auf der Basis der Spitzenkennzahl CE lassen sich weitere verbundene Kenngrößen in Anlehnung an RUST et al. (2004b) und HUNDACKER (2005) ableiten.[392] Insbesondere sind CE-Anteile auf der Markt- und Segmentebene von hoher Relevanz für die Unternehmenssteuerung.

3.4.2 Analysemodus

Der **Analysemodus** des hybriden CE-Wettbewerbsmodells basiert bzgl. des Aggregationsniveaus auf **individuellen Nachfragerdaten**. Somit lässt sich im Modell ein individueller CLV einer Nachfragerbeziehung ermitteln. Aus Markensicht wird jedoch zugunsten einer besseren Steuerbarkeit der Marktbearbeitungsstrategien das individuelle Markenwahlverhalten der Nachfrager auch zu segmentspezifischen Nachfragefunktionen und schließlich zu Marktanteilen der einzelnen Marken zusammengefasst.[393]

Darüber hinaus wird das Entscheidungsproblem in einem **dynamischen Zeitbezug** analysiert. Zur Beschreibung eines sequenziell reaktiven Entscheidungsablaufs müssen diskrete Entscheidungszeitpunkte in Perioden betrachtet werden. Somit können für das hybride CE-Wettbewerbsmodell dynamische mehrstufige Spiele mit vollkommener Information (d. h. mit sequenziellen Entscheidungen) als Modellstruktur ver-

---

[391] Vgl. VARIAN (1992), Kapitel 16, S. 297 ff.
[392] Vgl. RUST et al. (2004a), S. 115, und HUNDACKER (2005), S. 133.
[393] Vgl. hierzu die Wettbewerbsmodelle von HORSKY und NELSON (1992), BERRY et al. (1995) sowie GOLDBERG (1995).

wendet werden.[394] Darüber hinaus wird eine vollständige Information, d. h. Kenntnis der Auszahlungsfunktion und der Spielregeln für alle Marken, angenommen.

Als Ergebnis von dynamischen Spielen mit vollkommener Information können **teilspielperfekte Nash-Gleichgewichte** durch Rückwärtsinduktion ermittelt werden.[395] Dabei werden in dieser Arbeit Closed-loop-Lösungen[396] aufgrund einer besseren Beschreibung der Wettbewerbsinteraktion verwendet.[397] Jedoch erweisen sich Closed-loop-Gleichgewichte häufig als komplex, so dass analytisch geschlossene Lösungen meist nicht möglich sind.[398] Optimale Marktbearbeitungsstrategien werden im hybriden CE-Wettbewerbsmodell somit durch numerische Methoden empirisch ermittelt.

3.4.3 Beispielhafte Darstellung eines dynamischen spieltheoretischen CE-Wettbewerbsmodells

In Tabelle 13 wird zur Veranschaulichung ein beispielhaftes **dynamisches spieltheoretisches CE-Modell** für ein Duopol anhand eines Spielbaums in extensiver Form[399] beschrieben.[400] In diesem Beispiel haben die beiden Marken A und B jeweils zwei Alternativen von Marktbearbeitungsstrategien s_1 und s_2 sowie eine Passivstrategie s_0 (keine Aktion) zur Verfügung. Die Strategiemengen S_A und S_B der beiden Unternehmen bestehen somit jeweils aus dem Tripel der reinen Strategien (s_1, s_2, s_0).[401] In der Ausgangssituation in Periode t verfügen die beiden Unternehmen über ein CE von CE_A und CE_B. Ein Unternehmen (bspw. A) entscheidet nun in Peri-

---

[394] Vgl. Kapitel 3.2.3. Zur Darstellung dynamischer Entwicklungen wird in der Wettbewerbsliteratur häufig das Konzept differenzieller Spiele herangezogen. Jedoch ist diese stochastische Spielkategorie durch einen kontinuierlichen Entscheidungsablauf charakterisiert, in dem Spieler im Extremfall zu jedem infinitesimal kleinen Zeitpunkt t eine Entscheidung treffen. Zur Darstellung eines sequenziell reaktiven Entscheidungsablaufs ist diese Spielkategorie somit wenig geeignet. Alternativ bieten sich mehrstufige diskrete stochastische Spiele, sog. Markov-Spiele, zur Beschreibung eines sequenziell reaktiven Entscheidungsablaufs an. Jedoch wird an dieser Stelle aufgrund der Betrachtung deterministischer Marktbearbeitungsstrategien von dieser Spielkategorie abgesehen.

[395] Vgl. Kapitel 3.2.3.2.

[396] Vgl. Kapitel 3.2.3.5. Bei Closed-loop-Lösungen haben Spieler die Möglichkeit, am Ende jeder Periode auf Aktionen der Gegenspieler zu reagieren. Falls Spieler keine Informationen über die Geschichte des Spiels haben und nur ihre eigenen Entscheidungen (und die Zeit) beobachten können, werden die Strategien als open-loop bezeichnet.

[397] Vgl. die Ergebnisse von HORSKY und MATE (1988) sowie CHINTAGUNTA und VILCASSIM (1992).

[398] Vgl. bspw. CHINTAGUNTA und RAO (1996).

[399] Vgl. Kapitel 3.2.1.2.

[400] Selbstverständlich lässt sich das Vorgehen auch auf mehrere Marken, Strategiealternativen Marktsegmente und über mehrere Perioden ausbauen.

[401] Vgl. Kapitel 3.2.1.1.

ode t, welche Strategiealternative s_A aus $S_A \in (s_1, s_2, s_0)$ bevorzugt wird. Bisherige CE-Modelle berechnen den CE-Effekt der einzelnen Entscheidungsalternativen und vergleichen diesen in einer ROI-Betrachtung mit den notwendigen Investitionen der jeweiligen Strategie (vgl. Rechteck in Tabelle 13).[402]

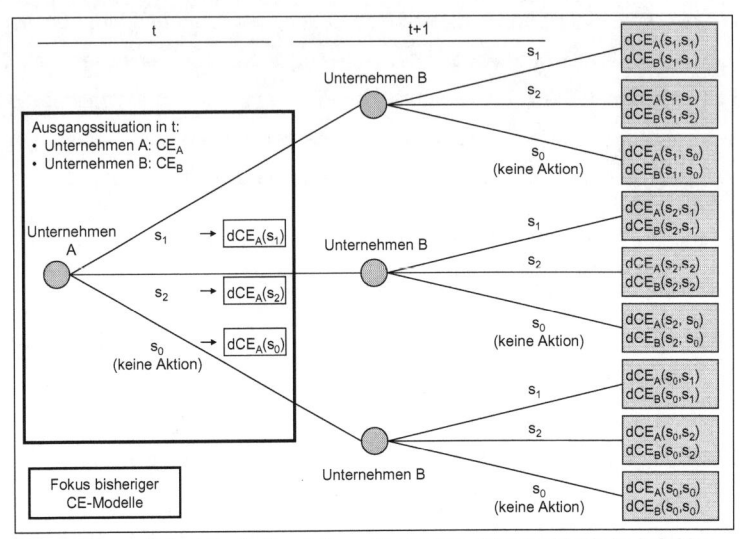

Tabelle 13: **Beispielhafte Darstellung des Entscheidungsablaufs im hybriden CE-Wettbewerbsmodell**
Quelle: Eigene Darstellung

Im Rahmen des hybriden CE-Wettbewerbsmodells werden hingegen zusätzlich **Wettbewerbsreaktionen** in Periode t+1 betrachtet. Darüber hinaus wird als Spitzenkennzahl die relative investitionsbereinigte CE-Veränderung $dCE = (\Delta CE - INV)/CE$ verwendet, um Strategiealternativen mit bzw. ohne notwendige Investitionen (wie bspw. die Passivstrategie) miteinander vergleichen zu können. Nachdem Unternehmen B die Strategie von A beobachtet hat (A hat bspw. die Strategie s_1 gewählt), stehen nun die gleichen Strategiealternativen aus $S_B = (s_1, s_2, s_0)$ zur Verfügung. Somit kann Unternehmen B mit der identischen Marktbearbeitungsstrategie s_1 oder mit Alternative s_2 antworten bzw. sich mit s_0 passiv verhalten. Insgesamt ergeben sich neun verschiedene mögliche Entscheidungs- und Reaktionskombinationen (vgl.

---

[402] Vgl. BURMANN (2003), S. 127. Die Definition des ROI einer Marktbearbeitungsstrategie wird in Fußnote 97 gegeben.

Tabelle 13). Zu jeder Kombination kann nun ein investitionsbereinigter CE-Effekt unter Berücksichtigung von Wettbewerbsreaktionen berechnet werden.

Bei der Bestimmung eines **teilspielperfekten Nash-Gleichgewichts** wird das sequenzielle Spiel rückwärts durchdacht und durch sog. Rückwärtsinduktion gelöst.[403] Für Unternehmen B wird zunächst eine Beste-Antwort-Korrespondenz[404] auf alle möglichen Entscheidungen von A bestimmt, d. h. diejenige Strategie $s_B^* \in S_B$, die $dCE_B(s_A, s_B^*)$ für alle möglichen Entscheidungen s_A von Unternehmen A maximiert. Unternehmen A antizipiert bei der Festlegung seiner optimalen Strategie bereits die Beste-Antwort-Korrespondenz s_B^* von B und bestimmt nun seinerseits ein $s_A^* \in S_A$, das $dCE_A(s_A^*, s_B^*)$ maximiert. Das Strategienpaar (s_A^*, s_B^*) wird in der Spieltheorie als teilspielperfektes Nash-Gleichgewicht bezeichnet. Da sie bei ihrer Festlegung zudem von den Entscheidungen des Wettbewerbs abhängen, handelt es sich hierbei um eine Closed-loop-Lösung.

Auch wenn Tabelle 13 ein erstes veranschaulichendes Beispiel darstellt, wird daran das **zusätzliche Steuerungspotenzial** des hybriden CE-Wettbewerbsmodells bereits deutlich. Das CE einer Unternehmung wird als wettbewerbsorientierte Spitzenkennzahl etabliert und bei der Festlegung optimaler Marktbearbeitungsstrategien werden bereits mögliche Reaktionen des Wettbewerbs antizipiert.

---

[403] Vgl. Kapitel 3.2.3.2. Die Vorgehensweise ähnelt der dynamischen Optimierung aus der Operations-Research-Forschung unter Anwendung des Bellman-Optimalitätsprinzips, vgl. ZIMMERMANN und STACHE (2001), Kapitel 8.
[404] Vgl. Kapitel 3.2.2.1.

Teil II: Modellentwicklung

4 Entwicklung und formal-analytische Darstellung des hybriden CE-Wettbewerbsmodells

4.1 Zugrundeliegendes Entscheidungsproblem aus Markenführungssicht

Das hybride CE-Wettbewerbsmodell erweitert die bisherige CE-Forschung um eine spieltheoretische Wettbewerbsbetrachtung. Darüber hinaus stellt das Modell eine Synthese der hybriden CE-Modelle von RUST et al. (2004b) und HUNDACKER (2005) dar. Abbildung 8 fasst das zugrundeliegende **Entscheidungsproblem aus Markenführungssicht** sowie die Struktur des hybriden CE-Wettbewerbsmodells zusammen.

Im Mittelpunkt stehen **Marktbearbeitungsstrategien** als Entscheidungsvariablen der Markenführung. Im hybriden CE-Wettbewerbsmodell stellen die Marktbearbeitungsstrategien Entscheidungen zum Preis und zur Produktqualität einer Marke dar. Die Marktbearbeitungsstrategien einer Marke beeinflussen den CLV der einzelnen Nachfrager und damit das aggregierte CE der betrachteten Marke. Jedoch werden die CLV der Nachfrager für eine Marke $j = 1, \ldots, J$ und damit das CE auch durch die Marktbearbeitungsstrategien der Wettbewerbermarken $r = 1, \ldots, J$ mit $r \neq j$ verändert. Die Festlegung einer optimalen Marktbearbeitungsstrategie für eine Marke scheint somit zunächst unlösbar: Sie hängt von den Strategien der Wettbewerbermarken ab, während die wiederum von den Strategien der betrachteten Marke abhängen. Es ergibt sich ein vermeintlicher Zirkelbezug, der nicht gelöst werden kann.[405] Jedoch erweisen sich die Methoden der Spieltheorie als nützliches Instrumentarium, um dieses Problem der Festlegung optimaler Marktbearbeitungsstrategien in einem Wettbewerbsumfeld zu lösen.

Doch wie beeinflussen die Marktbearbeitungsstrategien den CLV einer Kundenbeziehung? Die Marktbearbeitungsstrategie einer Marke wirkt sich aufgrund der gewählten Preis- und Qualitätsentscheidungen zunächst auf den **Nettonutzen** der Nachfrager $c = 1, \ldots, C$ im Gesamtmarkt aus.[406] Dieser ergibt sich aus dem Vergleich zwischen dem Bruttonutzen und den Kosten der Kaufentscheidung. Der Bruttonutzen

---

[405] Vgl. ELIASHBERG und CHATTERJEE (1985), S. 262.
[406] Vgl. ZEITHAML (1988), S. 251 f.; SINHA und DESARBO (1998), S. 236 f.; DESARBO et al. (2001), S. 845 f.

wird in dieser Untersuchung allgemein als Grad subjektiver Bedürfnisbefriedigung definiert, der durch den Erwerb der Marke entsteht.[407]

Während der Nettonutzen objekt- bzw. markenbezogener Natur ist, bilden sich **Präferenzen** der Nachfrager erst durch die Beurteilung mehrerer Kaufalternativen.[408] Die Präferenz ergibt sich im hybriden CE-Wettbewerbsmodell durch den Vergleich des stochastischen erwarteten Nettonutzens aller Markenalternativen im Evoked Set der Nachfrager. Das Nettonutzenmodell basiert in dieser Untersuchung auf dem Image der einzelnen Markenalternativen sowie auf der Stärke der Beziehung zwischen Marke und Nachfrager.[409] Aufgrund des Vergleichs des stochastischen Nettonutzens ergeben sich unter Annahme eines multinomialen Logitmodells **Markenwahlwahrscheinlichkeiten** der einzelnen Kaufalternativen.[410] Die Wahrscheinlichkeiten fließen zur Bestimmung prognostizierter Kaufentscheidungen anhand eines Markov-Modells direkt in die Berechnung des CLV aller Nachfrager ein.[411]

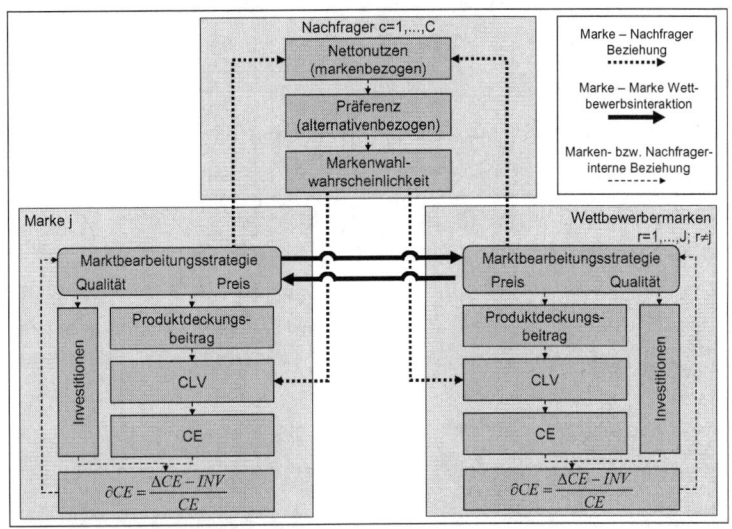

Abbildung 8: Entscheidungsproblem und Struktur des hybriden CE-Wettbewerbsmodells
Quelle: Eigene Darstellung

---

[407] Vgl. CORNELSEN (2000), S. 34.
[408] Vgl. MEFFERT et al. (2008), S. 56; GUTSCHE (1995), S. 39.
[409] Vgl. BURMANN und STOLLE (2007), S. 10 ff.
[410] Vgl. ZWERINA (1997), S. 25 ff.
[411] Vgl. RUST et al. (2004b), S. 109 ff.

Die Marktbearbeitungsstrategien wirken sich darüber hinaus auch auf den Produktdeckungsbeitrag der betrachteten Marke aus. Die Preis- und Qualitätsentscheidungen wirken sich sowohl auf den Preis als auch auf die variablen Kosten einer Marke aus. Im hybriden CE-Wettbewerbsmodell werden somit für die Berechnung des individuellen CLV modellendogene Produktdeckungsbeiträge verwendet.[412] Zusätzlich werden durch Qualitätsänderungen bedingte F&E-Aufwendungen in Form von Investitionen betrachtet. Die Bestimmung der Vorteilhaftigkeit einer Marktbearbeitungsstrategie ergibt sich damit durch den Vergleich der prognostizierten CE-Änderung und der dafür notwendigen Investitionen als relativem Anteil des aktuellen Marken-CE. Für die Festlegung optimaler Marktbearbeitungsstrategien prüfen alle betrachteten Marken somit als Zielfunktion eine **relative investitionsbereinigte Änderung des Marken-CE** ∂CE jeder Entscheidungsalternative. Die verwendete Zielgröße im hybriden CE-Wettbewerbsmodell bietet gegenüber einer klassischen ROI-Betrachtung[413] den Vorteil, dass sowohl Strategieoptionen mit als auch ohne notwendige Investitionen verglichen werden können.

Im Folgenden wird zunächst der identitätsbasierte Markenführungsansatz als konzeptionelle Grundlage des verwendeten Nettonutzenmodells kurz vorgestellt. Anschließend wird der formal-analytische strukturelle Aufbau des hybriden CE-Wettbewerbsmodells entlang der Nachfrage- und Angebotsseite beschrieben sowie das CE einer Marke als Zielfunktion zur Steuerung optimaler Marktbearbeitungsstrategien hergeleitet. Nach einer Einordnung des unterstellten Wettbewerbsverhaltens der Marktanbieter entlang von Normstrategien und Markentypologien wird die spieltheoretische Struktur des Wettbewerbsmodells in extensiver Form[414] dargestellt. Auf der Basis dieser Beschreibung werden Optimierungsbedingungen für die Identifikation CE-optimaler Marktbearbeitungsstrategien formuliert.

---

[412] Vgl. HUNDACKER (2005), S. 120.
[413] Vgl. HUNDACKER (2005), S. 133; BURMANN (2003), S. 127.
[414] Vgl. HOLLER und ILLING (2006), S. 12 f.

4.2 Identitätsbasierter Markenführungsansatz

Die vorliegende Untersuchung stützt sich bzgl. der Ausgestaltung des externen Marktwirkungskonzepts der Marktbearbeitungsstrategien auf den Ansatz der **identitätsbasierten Markenführung** von BURMANN et al. (2003).[415] Eine Marke wird in diesem Ansatz als „ein Nutzenbündel mit spezifischen Merkmalen, die dafür sorgen, dass sich dieses Nutzenbündel gegenüber anderen Nutzenbündeln, die dieselben Basisbedürfnisse erfüllen, aus der Sicht relevanter Zielgruppen nachhaltig differenziert"[416] definiert. Dabei erfolgt die Nutzengenerierung einer Marke durch die verdichtete Betrachtung physisch-funktionaler und symbolischer Nutzenkomponenten.

Neben dem **Markenimage** der Nachfrager wird im Rahmen eines integrierten Markenverständnisses auch die **Markenidentität** aus unternehmensinterner Perspektive betrachtet. Dieser Ansatz unterscheidet somit zwischen einem Selbstbild der Marke aus der Sicht der internen Zielgruppen, wie bspw. Mitarbeiter und Führungskräfte, und der nutzenfundierten Markenwahrnehmung der externen Zielgruppen, wie bspw. Nachfrager (vgl. Abbildung 9). Die identitätsbasierte Markenführung kann somit als Synthese einer Markt- und Ressourcenorientierung des strategischen Managements verstanden werden.[417] Als Bindeglied zwischen beiden Konstrukten fungiert darüber hinaus die **Marke-Kunde-Beziehung**, eine weitere wichtige Zielgröße der Markenführung darstellt.[418]

Die **Markenidentität** umfasst „diejenigen raum-zeitlich gleichartigen Merkmale der Marke, die aus der Sicht der internen Zielgruppen in nachhaltiger Weise den Charakter der Marke prägen".[419] Eine der wichtigsten Aufgaben im Rahmen der identitätsbasierten Markenführung ist die Übersetzung der Markenidentität in ein Markennutzenversprechen und in ein konkretes Markenverhalten aller Markenmitarbeiter zur Erfül-

---

[415] Grundlage des identitätsbasierten Markenführungsansatzes bildet das identitätsorientierte Markenmanagementkonzept von MEFFERT und BURMANN (1996), vgl. MEFFERT et al. (2008), S. 358 ff.

[416] BURMANN et al. (2003), S. 3, in Anlehnung an KELLER (2003), S. 3.

[417] Der marktorientierte Ansatz („Market-Based View") geht davon aus, dass ein nachhaltiger Unternehmenserfolg durch die Marktstruktur und durch das Wettbewerbsverhalten in diesem Markt determiniert wird (vgl. PORTER (2000), S. 61 ff.). Dieser Ansatz basiert somit auf dem SCP-Paradigma der Harvard-Schule (vgl. Kapitel 3.1.5) und der Industrieökonomik (vgl. Kapitel 3.1.6). Der ressourcenorientierte Ansatz („Resource-Based View") hebt dagegen v. a. die Bedeutung der Ressourcen und Fähigkeiten einer Unternehmung für einen nachhaltigen Unternehmenserfolg hervor, vgl. FREILING (2001) sowie FREILING (2006), S. 83 ff.

[418] Vgl. BRUHN und EICHEN (2007), S. 221 ff.

[419] MEFFERT et al. (2008), S. 361, in Anlehnung an MEFFERT und BURMANN (1996), S. 31.

lung dieses Versprechens. Die Markenidentität kann somit als Erklärungs- und Führungskonzept aus der Sicht der Markenführung verstanden werden (vgl. Abbildung 9).[420]

Das **Markenimage** wird in dieser Untersuchung als „ein in der Psyche relevanter externer Zielgruppen fest verankertes, verdichtetes, wertendes Vorstellungsbild von einer Marke"[421] verstanden. Für seine Entwicklung stehen dem Markennutzenversprechen die Markenerwartungen der Nachfrager gegenüber, die sich aus ihrer bisherigen Wahrnehmung der Markenidentität bildet.[422] Darüber hinaus entsteht auf Seiten der Nachfrager ein Markenerlebnis durch die Erfassung und Verarbeitung aller Arten von Signalen, die von der Marke an allen Markenberührungspunkten an die Nachfrager ausgesendet werden. Das Markenimage kann somit als ein externes Marktwirkungskonzept interpretiert werden, das sich als Ergebnis der Erfahrungen der Nachfrager über einen längeren Zeitraum ergibt.[423]

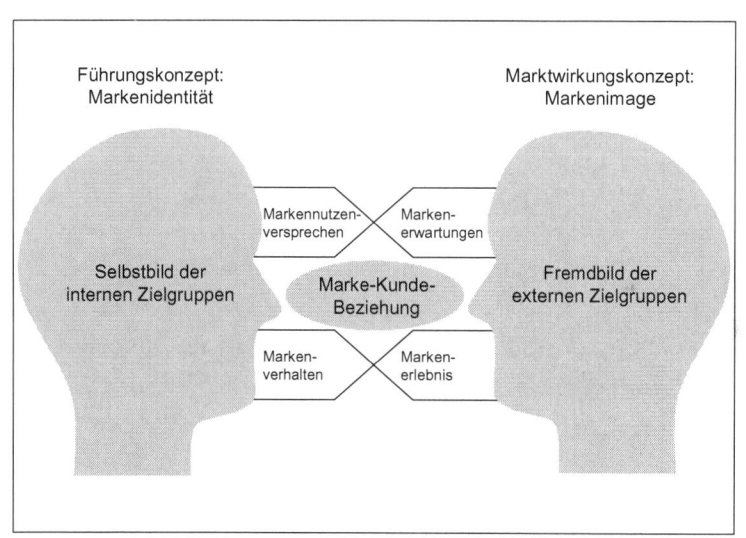

Abbildung 9: Grundkonzept der identitätsbasierten Markenführung
Quelle: In Anlehnung an MEFFERT und BURMANN (1996), S. 35.

---

[420] Für eine vertiefende Beschreibung der Markenidentität vgl. NITSCHKE (2006), S. 43 ff.
[421] BURMANN et al. (2003), S. 6.
[422] Vgl. BURMANN und MALONEY (2006), S. 23.
[423] Vgl. MEFFERT et al. (2008), S. 354.

Eine **Marke-Kunde-Beziehung** besteht gemäß WENSKE (2008) „aus inhaltlich zusammenhängenden, subjektiv bewerteten sozialen Interaktionen im Sinn eines unmittelbaren und/oder reaktionsorientierten Austausches zwischen Marken und ihren bestehenden Käufern."[424] Für den Aufbau einer dauerhaften Marke-Kunde-Beziehung ist eine Konsistenz zwischen Markenidentität und -image durch eine Übereinstimmung des Markenversprechens und -verhaltens mit den daraus resultierenden Markenerlebnissen notwendig.[425] Eine Orientierung der Marktbearbeitungsstrategien einer Marke an der Marke-Kunde-Beziehung zielt v. a. auf eine Stimulierung der Bindungsmotive bei den Nachfragern ab.[426]

In der vorliegenden Untersuchung steht die **externe Sichtweise des identitätsbasierten Markenführungsansatzes** für die Konzeptionalisierung des Nettonutzenkonstrukts der Nachfrager im Mittelpunkt. Dabei orientiert sich das das entwickelte Nettonutzenmodell eng an der externen Markenstärke als verhaltensorientiertem Konstrukt im Rahmen des identitätsbasierten Markenführungsansatzes.[427] Aus Nachfragersicht wird der Nettonutzen-Vorteil einer Marke gegenüber Wettbewerbermarken unmittelbar durch ihre externe Markenstärke repräsentiert.[428] Deshalb kann die externe Markenstärke als zentraler Auslöser für das Nachfragerverhalten in einem Wettbewerbsumfeld verstanden werden.

In der Konzeptionalisierung von JOST-BENZ (2008) werden das Markenimage und die Marke-Kunde-Beziehung als Komponenten der **externen Markenstärke** hergeleitet. Sie „beschreibt das Ausmaß der Verhaltensrelevanz von Marken für Nachfrager auf Basis eines markeninduzierten Wissens, der darauf aufbauenden markeninduzierten funktionalen und symbolischen Nutzenassoziationen und einer nachhaltigen Marke-Kunde-Beziehung."[429] In der vorliegenden Untersuchung wird diese Betrachtungsweise für die Konzeptionalisierung des Nettonutzenmodells als Grundlage des Nachfragerverhaltens verwendet. Bestandteile des Nettonutzenmodells sind das Marken-

---

[424] WENSKE (2008), S. 97.
[425] Vgl. WENSKE (2008), S. 87.
[426] Vgl. WENSKE (2008), S. 92.
[427] Vgl. MEFFERT et al. (2008), S. 354. Für eine ausführliche Beschreibung der externen Markenstärke vgl. JOST-BENZ (2008).
[428] Vgl. FARQUAR (1989), S. 24 ff.
[429] JOST-BENZ (2008), S. 78.

image als externes Marktwirkungskonzept[430] sowie die Stärke der Marke-Kunde-Beziehung[431]. Sie kann als Indikator für den Grad der Markenloyalität der Nachfrager interpretiert werden. Im Nettonutzenmodell der Nachfrager fließt die Stärke der Marke-Kunde-Beziehung als nichtmonetäre Wechselkosten ein.[432]

4.3 Marktnachfrage

4.3.1 Beschreibung der Nettonutzenfunktion der Nachfrager

Marktbearbeitungsinstrumente werden in hybriden CE-Modellen mit psychographischen Nutzenwahrnehmungen der Nachfrager verknüpft.[433] Der wahrgenommene **Nettonutzen** aus Nachfragersicht setzt sich dabei aus Bruttonutzenbestandteilen und Kostenbestandteilen zusammen.[434] Während Kostenbestandteile ausschließlich nutzenmindernd wirken, besteht der Bruttonutzen sowohl aus nutzensteigernden als auch nutzenmindernden Bestandteilen.

Die Effekte von Marktbearbeitungsstrategien werden auf der Basis von Änderungen des wahrgenommenen Nettonutzens einer Marke gemessen. Die Marktnachfrage wird anhand individueller Präferenzen der Nachfrager erklärt (vgl. Kapitel 4.3.4). Zur Beschreibung des Nettonutzens wird im Rahmen dieser Untersuchung das weit verbreitete **linear-additive, kompensatorische Teilnutzenwertmodell** verwendet.[435] Der deterministische Nettonutzen[436] v_{cij} einer Marke $j=1,\ldots,J$ für einen Nachfrager $c=1,\ldots,C$, der als letzte Kaufentscheidung die Marke i gewählt hat, ergibt sich aus der Summe der bewerteten Nettonutzendimensionen x_{acij} über alle Dimensionen $a=1,\ldots,A$ hinweg:

$$v_{cij} = \sum_{a=1}^{A} \beta_{acij} \cdot x_{acij}. \qquad (8)$$

---

[430] Vgl. MEFFERT und BURMANN (1996), S. 34.; TROMMSDORFF (2004), S. 159.
[431] Vgl. HOFMEYR und RICE (2000), S. 26 ff.
[432] Wechselkosten werden in anderen Veröffentlichungen auch als Wechselbarrieren der Nachfrager (vgl. bspw. DEYLE (2007), S. 188 ff.) bezeichnet. In der vorliegenden Untersuchung werden die beiden Begriffe „Wechselkosten" und „Wechselbarrieren" als Synonyme verwendet.
[433] Vgl. BURMANN (2003), S. 118.
[434] Vgl. BOLTON und DREW (1991), S. 376 f.
[435] Vgl. bspw. GUADAGNI und LITTLE (1983), S. 209; BOLTON und DREW (1991), S. 380; SINHA und DE-SARBO (1998), S. 239 f. Als Alternativen zum Teilnutzenwertmodell existieren v. a. das Vektormodell und das Idealpunktmodell. Eine Übersicht bietet GUTSCHE (1995), S. 81 ff.
[436] In der Literatur wird in diesem Zusammenhang auch vom Präferenzwert des Kunden für eine Marke gesprochen, vgl. STEINER und BAUMGARTNER (2004), S. 614.

Die Gewichtungsfaktoren β_{acij} stellen die **Teilnutzenwerte** (Benefits) des Nachfragers c für Nutzendimension a der betrachteten Marke dar. Der Parameter x_{acij} ist eine ordinal-skalierte Variable, die die Wahrnehmung des Nachfragers bzgl. der Nutzendimension einer Marke darstellt.[437] Der Nettonutzen in Gleichung (8) beschreibt die Nutzeneinstellung der Nachfrager für bestimmte Nutzendimensionen einer Marke und ist daher objektbezogen. Demgegenüber wird von einer Präferenz für eine Marke erst bei einer Betrachtung alternativer Kaufoptionen gesprochen. Die Kaufpräferenz im hybriden CE-Wettbewerbsmodell ergibt sich erst durch den Vergleich des Nettonutzens mehrerer Markenalternativen. Aus diesem Grund ist die Präferenz im Gegensatz zum Nettonutzen alternativenbezogen.[438]

Für die Verknüpfung der einzelnen Teilnutzenwerte wird im hybriden CE-Wettbewerbsmodell ein **linear-additives, kompensatorisches Teilnutzenwertmodell** verwendet. Diesem Ansatz liegen verschiedene **Modellannahmen** zugrunde, die im Folgenden einer kritischen Prüfung unterzogen werden müssen.[439] Erstens wird in einem linear-additiven, kompensatorischen Teilnutzenwertmodell vorausgesetzt, dass alle Nutzendimensionen bei der Beurteilung von Markenalternativen berücksichtigt werden und voneinander unabhängige Variablen darstellen. Somit lassen sich keine Interaktionen zwischen zwei oder mehreren Nutzendimensionen abbilden. Diese Annahme ist jedoch in vielen Fällen unrealistisch. Eine Marke mit einer guten wahrgenommenen Qualität ist bspw. auch häufig durch eine hohe wahrgenommene Reputation seitens der Nachfrager gekennzeichnet. Somit wird die geforderte Unabhängigkeit der Nutzendimensionen verletzt, was bei der Schätzung der Teilnutzenwerte zu Verzerrungen führen kann. Zweitens wird in einem linear-additiven, kompensatorischen Teilnutzenmodell die gegenseitige Substituierbarkeit der berücksichtigten Nutzendimensionen vorausgesetzt. Charakteristisch hierfür ist die Tatsache, dass geringe Bewertungen einzelner Nutzendimensionen durch höhere Nutzenbeiträge anderer ausgeglichen werden können. Für eine Marke kann somit bspw. eine schlechte wahrgenommene Bedienungsfreundlichkeit durch ein attraktives Design neutralisiert werden.

---

[437] Vgl. GUTSCHE (1995), S. 84.
[438] Vgl. GUTSCHE (1995), S. 42.
[439] Vgl. MCFADDEN (1986), S. 280.

Allgemeinere kompensatorische Verknüpfungsmodelle, wie bspw. eine polynomiale Verknüpfung, sind dagegen in der Lage, auch Interaktionseffekte zwischen Nutzendimensionen abzubilden. Jedoch ist dies mit einer deutlichen Steigerung der zu schätzenden Modellparameter verbunden. In dieser Untersuchung muss daher stets ein Kompromiss zwischen der Einfachheit des Nettonutzenmodells und seiner Fähigkeit zur Wiedergabe realer Nutzenzusammenhänge gefunden werden. Zahlreiche Untersuchungen zeigen allerdings, dass Schätzungen auf der Basis des linearadditiven, kompensatorischen Teilnutzenwertmodells den Gütekriterien der Validität und Realibilität genügen.[440] Die Substituierbarkeit lässt sich durch die Verwendung nichtkompensatorischer Verknüpfungsmodelle, wie bspw. konjunktive, disjunktive, oder lexikographische Verfahren, vermeiden.[441] Im Fall eines konjunktiven Verfahrens bestimmen die Nachfrager kritische Untergrenzen für jede Nutzendimension. Eine Marke wird nur dann als akzeptabel beurteilt, wenn die Teilnutzenwerte aller Nutzendimensionen den jeweiligen Schwellenwert erreichen oder übertreffen. Im Gegensatz dazu kann durch die sog. „Und-Verknüpfung" der Einfluss einer negativen Beurteilung einer einzelnen Nutzendimension auf den gesamten Nettonutzen der Marke sichtbar gemacht werden. Aufgrund der bereits angesprochenen hohen empirischen Validität des linear-additiven, kompensatorischen Teilnutzenwertmodells wird jedoch in der vorliegenden Untersuchung dieses Verfahren angewendet. Allerdings müssen bei der Interpretation der Ergebnisse die kritischen Modellannahmen berücksichtigt werden.

In dieser Untersuchung wird die Unabhängigkeit der betrachteten Nutzendimensionen durch eine Verdichtung im Rahmen einer **Faktorenanalyse** sichergestellt.[442] Ziel dieser Analyse ist es, die Nutzendimensionen der einzelnen Probanden einer Befragung durch eine geringere Anzahl möglichst aussagekräftiger Linearkombinationen (Faktoren) so zu nähern, dass dabei möglichst wenig Information – gemessen an der Varianz – verloren geht. Die geschätzten Faktoren (oder Hauptkomponenten) stehen dabei orthogonal zueinander und stellen somit unabhängige Variablen dar. Insge-

---

[440] Vgl. hierzu stellvertretend für zahlreiche andere Studien AKAAH (1991), S. 309 ff.; GUTSCHE (1995), S. 126 ff.
[441] Einen Überblick liefern LILIEN et al. (1992), S. 93 f.
[442] Vgl. bspw. HUNDACKER (2005), S. 158. Für weitere Informationen zur Faktorenanalyse vgl. BACKHAUS et al. (2006), S. 259 ff.

samt lässt sich das Nettonutzenmodell aus Gleichung (8) durch die Faktorenanalyse folgendermaßen umformulieren:

$$v_{cij} = \sum_{b=1}^{B} \gamma_{bcij} \cdot z_{bcij}. \tag{9}$$

Der Nettonutzen eines Nachfragers bzgl. einer Marke wird somit durch insgesamt B Faktorenwerte z_{bcij} erklärt. Die Bedeutungsgewichte γ_{bcij} beschreiben die Teilnutzenwerte bzgl. des jeweiligen verdichteten Nettonutzenfaktors.

4.3.2 Konzeptionelle Ausgestaltung des Nettonutzenmodells

4.3.2.1 Markenimage als externes Marktwirkungskonzept

Die theoretische Grundlage des verwendeten Markenimagekonstrukts bildet der identitätsbasierte Markenführungsansatz.[443] Das **Markenimage** wird dabei als Fremdbild der Marke bezeichnet und kann als ein externes Marktwirkungskonzept interpretiert werden. Das Markenimage stellt somit die Wahrnehmung der Marke aus Nachfragersicht dar und wird dabei als mehrdimensionales Einstellungskonstrukt modelliert.[444] Empirische Studien zeigen die starke Bedeutung des Markenimages im Kaufverhalten der Nachfrager.[445] Grundlage für den Aufbau eines Markenimages bildet die Markenbekanntheit (vgl. Abbildung 10).[446] Die Markenbekanntheit setzt nicht voraus, dass als Zielgruppe der Marke nur aktuelle Käufer in Betracht kommen. In dieser Untersuchung wird der Fokus sowohl auf aktuelle, ehemalige als auch ggf. zukünftige Käufer einer Marke gelegt. Das Bezugsobjekt des Markenimages sind somit sämtliche – aktuelle und potenzielle – Nachfrager, die die jeweilige Marke kennen.[447] Der identitätsbasierte Markenführungsansatz beschreibt das Markenimage in Anlehnung an KELLER (1993) anhand von drei Komponenten: Die Kenntnisse der Nachfrager zu

---

[443] Vgl. BURMANN und MEFFERT (2005a). Für das Managementkonzept der identitätsorientierten Markenführung vgl. BURMANN und MEFFERT (2005b).
[444] Vgl. BURMANN und MEFFERT (2005a), S. 53; TROMMSDORFF (2004).
[445] Vgl. bspw. TURNBULL et al. (2000), S. 161.
[446] Da die Markenbekanntheit eine Voraussetzung für das Markenimage darstellt, kann sie nicht als definitorische Komponente des Konstrukts dienen, vgl. MEFFERT et al. (2008), S. 358.
[447] Vgl. WENSKE (2008), S. 92.

den Markenattributen sowie den aus diesen Merkmalen abgeleiteten Assoziationen zum funktionalen und symbolischen Markennutzen (vgl. Abbildung 10).[448]

Die **Markenattribute** umfassen sämtliche von den Nachfragern wahrgenommenen Eigenschaften einer Marke. Dabei werden die Markenattribute in Übereinstimmung mit KELLER (1993) unterschieden in produkt- und nutzerbezogene Attribute. **Produktbezogene Markenattribute** sind Bestandteile, „die für die Erfüllung der von den Konsumenten gesuchten Produkt- bzw. Dienstleistungsfunktionen unabdingbar sind."[449] Typische produktbezogene Markenattribute stellen dabei physisch-funktionale Merkmale sowie die Qualität des Produkts dar. Demgegenüber ergeben sich **nutzerbezogene Markenattribute** aus den Assoziationen, die typische Käufer und Verwendergruppen einer Marke beim jeweiligen Nachfrager hervorrufen.[450]

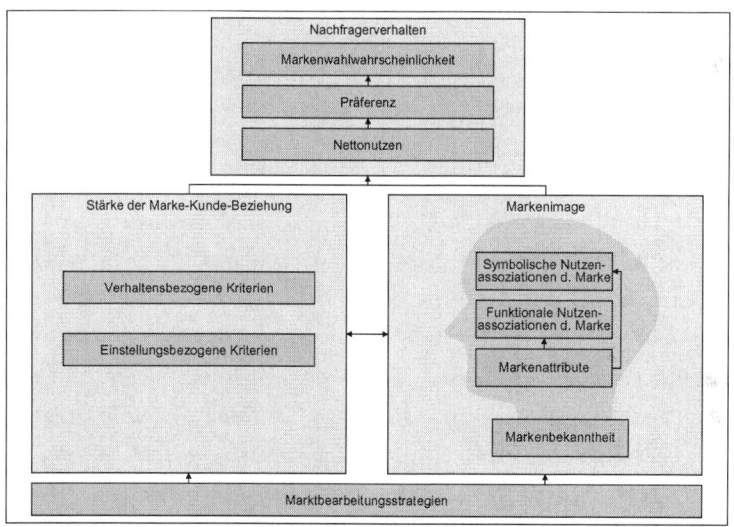

Abbildung 10: Konzeptionalisierung des Nettonutzenmodells
Quelle: Eigene Darstellung in Anlehnung an JOST-BENZ (2008), S. 78.

Die Markenattribute werden vom Nachfrager verdichtet und bewertet und beeinflussen den wahrgenommenen **Markennutzen**.[451] Dieser Zusammenhang lässt sich auf

---

[448] Außerdem existieren aktuelle Markenimageansätze, die die Markenpersönlichkeit als Komponente des Markenimages betrachten, vgl. bspw. AAKER (1996), S. 96 f., sowie BURMANN und STOLLE (2007), S. 83.
[449] BURMANN und STOLLE (2007), S. 80.
[450] Vgl. KELLER (1993), S. 4.
[451] Vgl. BURMANN et al. (2007), S. 9.

die Erkenntnisse der sog. Means-End-Theorie zurückführen.[452] Der Nachfrager betrachtet demnach die Marke als ein Bündel von Attributen und Eigenschaften (means) und bewertet diese entsprechend dem Ziel, einen wünschenswerten Zustand (end) zu erreichen. Der Markennutzen agiert dabei gewissermaßen als Medium zwischen Markenattributen und angestrebtem Zielzustand der Nachfrager. Somit lässt sich der Markennutzen als bewertete Attributseignung der Nachfrager bzgl. ihrer Zielerreichung definieren.[453]

Zur Ausgestaltung der **Markennutzendimensionen** geht diese Untersuchung in Anlehnung an VERSHOFEN (1959) von einer prinzipiellen dichotomen Nutzenstruktur für die Bestimmung des Markenimages, unterteilt in eine Grund- und Zusatznutzendimension, aus. Zudem wird die darauf aufbauende Unterscheidung **funktionaler und symbolischer Nutzenassoziationen** gemäß MEFFERT et al. (2008) verwendet. Darüber hinaus werden die Nutzendimensionen entlang aktueller Weiterentwicklungen des Markenimages, wie bspw. die fünfdimensionale Verfeinerung des Markennutzens von BURMANN und STOLLE (2007), interpretiert.

Die **funktionalen Nutzenassoziationen** der Nachfrager umfassen sämtliche stofflich-technischen Merkmale einer Marke, wie bspw. das Material, die von den Nachfragern zur Befriedigung ihrer Grundbedürfnisse als relevant angesehen werden. Dieser Grundnutzen ergibt sich dabei aus der Informations-, der Risikoreduktions- und der Vertrauensfunktion der Marke.[454] Demgegenüber erzielen die **symbolischen Nutzenassoziationen**, wie bspw. Spaß mit der Marke, einen darüber hinausgehenden Zusatznutzen bei den Nachfragern. Diese Nutzenassoziationen lassen sich nicht direkt an physikalischen Merkmalen des angebotenen Produkts ableiten. Vielmehr steht die Marke in diesem Fall als Symbol für einen Nutzen, der nur indirekt und nicht durch die objektiv-technische Beschaffenheit der Markenleistung für die Nachfrager erbracht wird. Die große Bedeutung der symbolischen Nutzenassoziationen für das Nachfragerverhalten wurde bereits empirisch belegt.[455]

---

[452] Vgl. GUTMAN (1981), S. 116 ff.
[453] Vgl. HERRMANN et al. (2005), S. 191 ff.
[454] Vgl. MEFFERT et al. (2008), S. 366.
[455] Vgl. FREUNDT (2006).

Die funktionalen und symbolischen Nutzenassoziationen lassen sich des Weiteren gemäß BURMANN und STOLLE (2007) insgesamt in **fünf Unterkategorien** aufteilen, die auf dem Ansatz von SWEENEY und SOUTAR (2001) aufbauen und sich aus der allgemeinen Bedürfnis- und Motivforschung von MASLOW (1970) ableiten lassen.[456] Auf funktionaler Nutzenebene wird zusätzlich zu einem **funktional-utilitaristischen Grundnutzen** ein **ökonomischer Nutzen** in Form des wahrgenommenen Preis-Leistungs-Verhältnisses unterschieden. Während der funktional-utilitaristische Grundnutzen sehr stark dem funktionalen Grundnutzen ähnelt, umfasst der ökonomische Nutzen die finanziellen Konsequenzen der Markennutzung. Beide Nutzenkategorien lassen sich mit dem Grund- und Sicherheitsbedürfnis nach MASLOW (1970) begründen.[457]

Innerhalb der emotional geprägten symbolischen Nutzenebene lassen sich ein sozialer Nutzen sowie eine persönlichkeitsorientierte Nutzenebene unterscheiden.[458] Der meist extrinsisch geprägte **soziale Nutzen** ist nicht mit den technischen Attributen des Markenprodukts verknüpft, sondern orientiert sich v. a. an den sozialen Nachfragerbedürfnissen nach Gruppenzugehörigkeit und sozialen Beziehungen.[459] Dieser Nutzen kann gemäß MASLOW (1970) dem Sozial- und externen Anerkennungsbedürfnis der Nachfrager zugeordnet werden.[460] Demgegenüber adressiert innerhalb der persönlichen Nutzenebene eine **sinnlich-ästhetische Dimension** die ästhetischen Eigenschaften des Markenprodukts.[461] Ein intrinsisch begründeter **hedonistischer Nutzen** fokussiert auf die persönlichkeitsorientierten Emotionen des Menschen und somit auf das Streben nach Selbstachtung bzw. -verwirklichung und Individualität gemäß MASLOW (1970).[462]

---

[456] Vgl. BURMANN und STOLLE (2007), S. 71 ff.
[457] Die Beschreibung der verwendeten Nutzendimensionen in dieser Untersuchung erfolgt in Kapitel 5.5.1.
[458] Vgl. BURMANN und STOLLE (2007), S. 78.
[459] Vgl. TROMMSDORFF (2004), S. 128.
[460] Vgl. MASLOW (1970), S. 43 ff.
[461] Vgl. KILIAN (2007), S. 350 ff.
[462] Vgl. TROMMSDORFF (2004), S. 129 ff., sowie BURMANN und MEFFERT (2005a), S. 55 f.

4.3.2.2 Stärke der Marke-Kunde-Beziehung zur Beschreibung nichtmonetärer Wechselkosten

Ein weiterer wichtiger Einflussfaktor für die Beeinflussung des Nachfragerverhaltens stellt neben dem Markenimage die **Stärke der Marke-Kunde-Beziehung** dar. Dabei liegen der Marke-Kunde-Beziehung „kognitive und/oder affektive Bindungsmotive auf Seiten der bestehenden Käufer zugrunde, die durch den funktionalen und symbolischen Nutzen der Marke befriedigt werden."[463] Für die Beurteilung der Stärke einer Marke-Kunde-Beziehung lassen sich einstellungsorientierte Kriterien (z. B. Sympathie, Vertrauen), verhaltensbezogene (z. B. Wiederkauf, Weiterempfehlung) oder ökonomische Kriterien (z. B. Umsatz, Gewinn, Rendite) anwenden.[464] In dieser Untersuchung wird gemäß WENSKE (2008) eine Analyse vorökonomischer Wirkungsgrößen der Marke-Kunde-Beziehung entlang verhaltens- und einstellungsbezogener Kriterien verfolgt.[465]

In empirischen Untersuchungen konnte bereits bestätigt werden, dass die Stärke einer **Marke-Kunde-Beziehung** einen signifikanten Erklärungsanteil für die Kauf- und Weiterempfehlungsintention der Nachfrager besitzt.[466] Somit lassen sich anhand der Marke-Kunde-Beziehung wertvolle Rückschlüsse auf das prognostizierte **zukünftige Nachfragerverhalten** ziehen. In einer empirischen Untersuchung zeigen ESCH et al. (2006), dass das zukünftige Kaufverhalten durch vergangene Käufe und die Markenbindung beeinflusst wird. Die Markenbindung lässt sich wiederum durch die Markenzufriedenheit und das Markenvertrauen sowie indirekt durch das Markenimage erklären.[467] Somit kann für diese Untersuchung festgehalten werden, dass mit einer stärker ausgeprägten Marke-Kunde-Beziehung und einer erhöhten Markenbindung auch eine erhöhte zukünftige Wiederkaufwahrscheinlichkeit und damit ein höherer Nettonutzen der Nachfrager unterstellt werden kann.[468]

Die Konstrukte **Markenimage** als externes Marktwirkungskonzept und **Marke-Kunde-Beziehung** weisen eine große inhaltliche Nähe auf. Insbesondere konnte in

---

[463] WENSKE (2008), S. 97.
[464] Vgl. MEFFERT et al. (2008), S. 60. Die Beschreibung der verwendeten Wirkungsgrößen in der vorliegenden Untersuchung erfolgt in Kapitel 5.5.2.
[465] Vgl. WENSKE (2008), S. 275.
[466] Vgl. ZEPLIN (2006), S. 187 f.; WENSKE (2008), S. 268 f.
[467] Vgl. ESCH et al. (2006), S. 102.
[468] Vgl. ESCH et al. (2006), S. 153.

der empirischen Untersuchung von WENSKE (2008) gezeigt werden, dass ein positiver Zusammenhang zwischen der Marke-Kunde-Beziehung und dem Markenimage nicht abgelehnt werden kann.[469] Aus diesem Grund erfolgt an dieser Stelle zugunsten eines besseren Verständnisses eine **kurze Abgrenzung** der beiden Konstrukte.[470] Aufgrund der besonderen Relevanz geht diese Untersuchung insbesondere auf die Unterscheidung hinsichtlich des Bezugsrahmens und der geforderten Intensität der Interaktion zwischen Marke und Nachfrager ein. Marke-Kunde-Beziehungen bestehen gemäß einer sozialpsychologischen Definition dann, wenn ein stabiles Interaktionsmuster zwischen Marke und Nachfrager erkennbar ist, die die Prognose zukünftigen Verhaltens ermöglicht.[471] Ein stabiles Interaktionsmuster ergibt sich jedoch erst nach einigen Kontaktpunkten, während für die Bildung eines Markenimages nur die Bekanntheit der Marke vorausgesetzt wird (vgl. Abbildung 10). Die Markenbekanntheit stellt sich jedoch bereits nach einer einmaligen ungestützten oder gestützten Erinnerung an ein Markenzeichen ein. Aus diesem Grund fokussieren Marke-Kunde-Beziehungen als Bezugsrahmen auf aktuelle Käufer der Marke. Bezugsrahmen des Markenimages sind hingegen sämtliche externen Zielgruppen der Marke, d. h. sowohl deren aktuelle als auch potenzielle Käufer.

Die Markenbindung infolge einer starken Marke-Kunde-Beziehung lässt sich außerdem als wahrgenommene **nichtmonetäre Wechselkosten** der Nachfrager interpretieren.[472] Bei einem Markenwechsel fallen für die Nachfrager die in der Vergangenheit aufgebauten Erfahrungswerte und Einstellungen gegenüber der Marke weg.[473] Die Markenbindung der Nachfrager, die aus einer vergangenen Interaktion zwischen Marke und Nachfrager resultiert, muss bei einem Wechsel zu einer anderen Marke zunächst wieder aufgebaut werden. Dabei können soziale[474] und psychische[475] Wechselkosten unterschieden werden.

Bei einem Markenwechsel müssen normalerweise zusätzlich auch **monetäre Wechselkosten** aus der Sicht der Nachfrager berücksichtigt werden. Diese können durch

---

[469] Vgl. WENSKE (2008), S. 269.
[470] Für eine ausführliche Abgrenzung der beiden Konstrukte vgl. WENSKE (2008), S. 89 ff.
[471] Vgl. ASENDORPF und BANSE (2000), S. 4.
[472] Vgl. STANGO (2002), S. 475 ff.; BELL et al. (2005), S. 169 ff.
[473] Vgl. BURNHAM et al. (2003), S. 109 ff.
[474] Vgl. PETER (2001).
[475] Vgl. HENNIG-THURAU et al. (2002), S. 230 ff.

Lernkosten, Transaktionskosten oder vertragliche Verpflichtungen im Fall eines Anbieterwechsels für die Nachfrager entstehen.[476] Im B2C-Produktmarkt für schnurlose Festnetztelefone in Deutschland, dem empirischen Anwendungsgebiet der vorliegenden Arbeit (vgl. Kapitel 5), besitzen die monetären Wechselkosten jedoch nur eine geringe Relevanz für das Nachfragerverhalten. Aus diesem Grund werden ökonomische Wechselkosten nicht im hybriden CE-Wettbewerbsmodell berücksichtigt. Eine Erweiterung bzw. branchenspezifische Anpassung des Nettonutzenmodells um monetäre Wechselkosten ist jedoch problemlos möglich.

4.3.2.3 Detaillierung des Nettonutzenmodells

Insgesamt lässt sich das Nettonutzenmodell aus Gleichung (8) folgendermaßen detaillieren:

$$v_{cij} = v_{cij}^0 + v_{cij}^f + v_{cij}^s. \tag{10}$$

Der **deterministische Nettonutzen** eines Nachfragers, der bei der letzten Kaufentscheidung die Marke i gewählt hat, umfasst nun die nichtmonetären Wechselkosten v_{cij}^0 sowie die funktionalen und symbolischen Nettonutzenassoziationen v_{cij}^f und v_{cij}^s einer Marke j. Die **nichtmonetären Wechselkosten** ergeben sich aus dem Produkt des Teilnutzenwerts β_{acij}^0 mit den Einstellungen x_{acij}^0 der Nachfrager bzgl. der Wirkungsgröße a der Marke-Kunde-Beziehung. Die Einstellungen der Nachfrager sind dabei ordinal-skaliert und nehmen den Wert null bei einem Markenwechsel ($i \neq j$) an.

Die **funktionalen und symbolischen Nutzenassoziationen** ergeben sich ebenfalls aus dem Produkt des jeweiligen Teilnutzenwerts mit den markenspezifischen Nutzenassoziationen der Nachfrager bzgl. der betrachteten Nettonutzendimension. Ingesamt ergibt sich für die Nettonutzenfunktion aus Gleichung (10):

$$v_{cij} = \sum_a \beta_{acij}^0 \cdot x_{acij}^0 + \beta_{acij}^f \cdot x_{acij}^f + \beta_{acij}^s \cdot x_{acij}^s. \tag{11}$$

---

[476] Vgl. KLEMPERER (1987), S. 375 f.

4.3.3 Verfahren zur Nettonutzenmessung

Prinzipiell kann die Bestimmung des Nettonutzens kompositionell oder dekompositionell durchgeführt werden. Im Fall der **kompositionellen Messung** werden die Teilnutzenwerte β_{acij} empirisch ermittelt und der Gesamtnutzen v_{cij} durch Addition gemäß Gleichung (11) bestimmt. Die Teilnutzenwerte werden somit direkt auf der Basis der Befragung ermittelt. Dazu treffen die Probanden für vorgegebene Nutzendimensionen Aussagen, welche Nutzeneinstellungen sie bzgl. der betrachteten Nutzendimension und der zu beurteilenden Marke wahrnehmen. Aus diesen Einzelurteilen wird dann auf die Gesamtbeurteilung jeder Marke und damit auf die Präferenz und Kaufwahrscheinlichkeit geschlossen. Diese sog. Self-Explicated-Methode erfreut sich in der Marketingwissenschaft aufgrund ihrer geringen Komplexität und der Möglichkeit der Analyse vieler Nutzenmerkmale großer Beliebtheit.[477]

Außerdem wird in der Marketingwissenschaft die Klasse der **dekompositionellen Verfahren** verwendet.[478] Wichtigster Vertreter ist dabei die Conjoint-Analyse.[479] Auf der Basis empirisch erhobener Gesamtnutzenurteile werden für eine Menge von realen oder hypothetischen Produkten (sog. Stimuli) die Parameter eines Nutzenmodells geschätzt.[480] Auf diese Weise werden die relativen Teilnutzenbeiträge einzelner Produkteigenschaften (sog. Stimulusmerkmale) als Bestandteil des Gesamtnutzens ermittelt.

Aus den empirisch erhobenen Präferenzdaten der Conjoint-Analyse werden anhand **mathematischer Schätzverfahren** die Teilnutzenwerte der einzelnen Produkteigenschaften geschätzt. Dabei steht eine Reihe von Ansätzen zur Verfügung.[481] Über die Vor- und Nachteile der einzelnen Verfahren lässt sich kein generelles Urteil fällen. Vielmehr muss die Auswahlentscheidung in Abhängigkeit des spezifischen Anwen-

---

[477] Die beiden hybriden CE-Modelle von RUST et al. (2004b) und HUNDACKER (2005) verwenden bspw. dieses Verfahren.
[478] Vgl. CARROLL und GREEN (1995), S. 385 f. Darüber hinaus existieren Mischformen, die Elemente der kompositionellen und dekompositionellen Verfahren vereinigen, vgl. WEDEL und KAMAKURA (1998). Einen wichtigen Vertreter dieser sog. hybriden Ansätze stellt die Adaptive Conjoint-Analyse dar, vgl. GREEN et al. (1991) sowie AGARWAL und GREEN (1991).
[479] Als weitere Option der dekompositionellen Nutzenmessung existieren u. a. die Verfahren der multidimensionalen Skalierung, vgl. GUTSCHE (1995), S. 102 ff.; CARROLL und GREEN (1997), S. 193 ff.
[480] Dafür steht eine Reihe mathematischer Schätzverfahren zur Verfügung. Eine Übersicht bieten MCFADDEN (1986), S. 281 f.; LOUVIERE (1991), S. 292 f.; STEINER und BAUMGARTNER (2004), S. 614f., sowie BACKHAUS et al. (2006), S. 571 ff.
[481] Vgl. STEINER und BAUMGARTNER (2004), S. 614 f. sowie MCFADDEN (1986), S. 281 f.

dungsfalls getroffen werden. Eine Übersicht der verwendeten Schätzverfahren liefern BACKHAUS et al. (2006).[482]

Hinsichtlich eines **Validitätsvergleichs der kompositionellen und dekompositionellen Verfahren** gibt es zahlreiche Studien, die zu unterschiedlichen Resultaten kommen.[483] Insbesondere kann häufig keine eindeutig höhere Prognosevalidität der empirischen Ergebnisse von Conjoint-Analysen im Verhältnis zu den kompositionellen Self-Explicated-Modellen nachgewiesen werden.[484] Teilweise werden sogar überlegene Validitätsergebnisse für die Self-Explicated-Ansätze gefunden.[485] Umgekehrt existieren Untersuchungsergebnisse, die der Conjoint-Analyse eine höhere Validität zusprechen.[486] Jedoch muss in diesem Zusammenhang insgesamt angemerkt werden, dass eine abschließende Beurteilung dieser Vergleichsstudien aufgrund der methodisch stark heterogenen Gruppe der dekompositionellen Verfahren schwierig ist.

Die dekompositionellen Verfahren der Conjoint-Analyse weisen gegenüber den kompositionellen Methoden einige Vorzüge auf. Die holistische Stimulidarbietung steht meist einer realen Entscheidungssituation am Point of Sale näher. Aufgrund einer nicht notwendigen direkten Abfrage von Nutzenassoziationen einzelner Nutzendimensionen wird eine höhere externe Validität der Untersuchungsergebnisse ermöglicht. Darüber hinaus wird durch die gemeinsame Darbietung aller Nutzenmerkmale eine weitgehend einheitliche Urteilsdimension des Probanden sichergestellt. Dagegen ist bei Self-Explicated-Methoden nicht unbedingt klar, ob die Beurteilung der Probanden bzgl. aller Nutzendimensionen vergleichbar ist. Zusätzlich wird die Gefahr von Verzerrungen der Ergebnisse durch eine häufig beobachtbare soziale Erwünschtheit der Antworten vermindert. Darüber hinaus sind Conjoint-Analysen meist besser geeignet, um Interaktionen zwischen Nutzendimensionen aufzudecken.[487] Außerdem lässt sich der häufig beobachtete Effekt der systematischen Überschätzung einzelner Nutzenmerkmale im Rahmen kompositioneller Verfahren reduzieren.

---

[482] Vgl. BACKHAUS et al. (2006), S. 571 ff.
[483] Vgl. AKAAH (1991), S. 309 ff.; GREEN et al. (1993), S. 369 f.; HENSEL-BÖRNER und SATTLER (2001).
[484] Vgl. SRINIVASAN und PARK (1997), S. 286; HENSEL-BÖRNER und SATTLER (2001), S. 21.
[485] Vgl. AGARWAL und GREEN (1991), S. 141.
[486] Vgl. PULLMAN et al. (1999), S. 1 f.
[487] Vgl. GREEN et al. (1993), S. 369 f.

Umgekehrt lassen sich für die direkte Nutzenmessung im Rahmen einer kompositionellen Self-Explicated-Methode einige **Vorteile gegenüber der Conjoint-Analyse** identifizieren.[488] Zum einen ist die kognitive Beanspruchung der Probanden in den Befragungen geringer. Zum anderen ist die Datenerhebung bei einer direkten Nutzenmessung mit Zeit- und Kostenvorteilen verbunden. Eine verbale Stimulusdarbietung, bspw. im Fall von Telefoninterviews, ist im Rahmen einer Conjoint-Analyse schwierig, da die Beurteilungsaufgabe sowie die Stimuli für die Probanden komplexer sind. Kompositionelle Self-Explicated-Modelle bieten darüber hinaus die Möglichkeit, für Marken auch eine große Anzahl von Attributen bzw. Nutzendimensionen in der Befragung zu berücksichtigen.[489]

Im Rahmen dieser Untersuchung werden die Teilnutzenwerte auf der Basis eines kompositionellen Verfahrens gemessen. Um die **Prognosevalidität der Ergebnisse** zu untersuchen, werden die geschätzten Nettonutzenwerte mit den beobachteten Kaufpräferenzen der Nachfrager verglichen. Ziel dieser **Konsistenzprüfung** ist die Beantwortung der Frage, ob Nachfrager mit ihrer gekauften Marke eine bessere Nutzenassoziation verbinden als mit Marken ihrer zweiten und dritten Wahl. Die Beschreibung des empirischen Designs der Untersuchung erfolgt in Kapitel 5.4.

4.3.4 Präferenz und Markenwahlverhalten

Auf der Basis der ermittelten Teilnutzenwerte lassen sich Präferenzen und daraus abgeleitet Kaufentscheidungen der Nachfrager prognostizieren. Dazu können sowohl Ansätze, die von deterministischen Teilnutzenwerten ausgehen, als auch sog. stochastische Zufallsnutzenmodelle (random utility models) verwendet werden.[490] Die Markenwahlmodelle (brand choice models) übersetzen die gemessenen Präferenzurteile der Probanden auf der Basis beobachtbarer Markenattribute in ein unterstelltes Markenwahlverhalten.[491]

Meist können jedoch nicht alle Faktoren gemessen werden, die das Markenwahlverhalten eines Konsumenten beeinflussen. Aus diesem Grund werden der **Nettonut-**

---

[488] Vgl. SRINIVASAN und PARK (1997), S. 286.
[489] Vgl. HAUSER und RAO (2004), S. 141 ff.
[490] Eine Übersicht liefert GUTSCHE (1995), S. 142 ff.
[491] Vgl. MCFADDEN (1986), S. 279; KAMAKURA et al. (2005), S. 279 ff.

zen bzw. die Präferenz eines Konsumenten als **stochastische Größen** modelliert.[492] Dadurch kann eine nicht messbare – jedoch existierende – Variation der Kaufpräferenz beschrieben werden.[493] Für eine Maximierung des stochastischen Gesamtnutzens als Entscheidungsproblem eines Konsumenten, besteht die Nettonutzenfunktion aus zwei Teilen: erstens aus dem deterministischen Nettonutzen als Funktion beobachtbarer Markenattribute und zweitens aus einer stochastischen Nutzenkomponente zur Modellierung nicht beobachteter Attribute, Präferenzunterschiede zwischen Konsumenten und Messfehlern.[494] Der stochastische Nettonutzen u_{cij} einer Marke j für einen Nachfrager c, der als letzte Kaufentscheidung Marke i gewählt hat, kann dargestellt werden als die Summe des deterministischen Nettonutzens v_{cij} gemäß Gleichung (11) und eines stochastischen Fehlerterms ε_{cij}:

$$u_{cij} = v_{cij} + \varepsilon_{cij}. \qquad (12)$$

Die Konsumenten wählen somit eine andere Marke $j*$ als bei ihrer letzten Kaufentscheidung, wenn der Nettonutzen u_{cij*} größer ist als der Nettonutzen aller Marken j, d. h. es muss gelten $u_{cij*} > u_{cij}$ für alle $j \neq j*$. Anhand der zusätzlichen Berücksichtigung des stochastischen Störterms lassen sich nun **Markenwahlwahrscheinlichkeiten** bestimmen.[495] Die Wahrscheinlichkeit, dass ein Nachfrager, der bei der letzten Kaufentscheidung Marke i gewählt hat, nun Angebotsalternative $j*$ wählt, kann durch die Wahrscheinlichkeit

$$\pi_{cij*} = \pi(u_{cij*} > u_{cij}) \qquad (13)$$

beschrieben werden.

In Abhängigkeit der unterstellten **Wahrscheinlichkeitsverteilung** des **stochastischen Fehlerterms** lassen sich verschiedene Markenwahlmodelle herleiten.[496] Falls für ε eine identisch verteilte, statistisch unabhängige Typ-1 Extremwertverteilung,

---

[492] Vgl. GUADAGNI und LITTLE (1983), S. 207.
[493] Vgl. BALTAS und DOYLE (2001), S. 115.
[494] Vgl. MCFADDEN (1986), S. 280.
[495] Vgl. ZWERINA (1997), S. 25 ff.
[496] Falls für ε eine multivariate Normalverteilung vorausgesetzt wird, ergibt sich das multinomiale Probitmodell, vgl. MCFADDEN (1986), S. 282 f.

die sog. Gumbel-Verteilung, der Form $\pi(\varepsilon_{cj} \leq x) = \exp(-\exp(-x))$ vorausgesetzt wird,[497] kann die in Gleichung (13) beschriebene Markenwahlwahrscheinlichkeit folgendermaßen umgeformt werden[498]:

$$\pi_{cij*} = \frac{\exp(v_{cij*})}{\sum_j \exp(v_{cij})} = \frac{\exp\left(v_{cij*}^0 + v_{cij*}^f + v_{cij*}^s\right)}{\sum_j \exp\left(v_{cij}^0 + v_{cij}^f + v_{cij}^s\right)}. \qquad (14)$$

Aus Gleichung (14) ist ersichtlich, dass die Markenwahlwahrscheinlichkeiten die Anforderungen an ein Wahrscheinlichkeitsmaß erfüllen, d. h.

$$\sum_j \pi_{cij} = 1. \qquad (15)$$

Das Markenwahlmodell in Gleichung (14) wird als **multinomiales Logitmodell** bezeichnet[499] und erfreut sich in der empirischen Marketingforschung aufgrund seiner klaren analytischen Form großer Popularität. Insbesondere verwenden viele Wettbewerbsmodelle im Marketing (vgl. Kapitel 3.3) diese Modellkategorie zur Beschreibung der Marktnachfrage.[500] Auch in der CE-Forschung basieren bereits diverse hybride CE-Modelle auf den Markenwahlwahrscheinlichkeiten eines multinomialen Logitmodells.[501]

Über den gesamten Kundenlebenszyklus hinweg treffen Nachfrager zu verschiedenen Zeitpunkten mehrere Markenwahlentscheidungen. Die damit assoziierten Markenwahlwahrscheinlichkeiten sind von den historischen Erfahrungen der Nachfrager mit der jeweiligen Marke und von den zwischenzeitlich getroffenen Marktbearbeitungsstrategien der Anbieter abhängig. Damit einhergehend wird die Modellierung eines **zukünftigen Markenwechselverhaltens** der Nachfrager notwendig. Die Nachfrager betrachten bei jeder Kaufentscheidung verschiedene Markenwahlmöglichkeiten in ihrem Evoked Set. Einerseits können sie sich wieder für die gleiche Marke entscheiden, die sie bei ihrer letzten Kaufentscheidung gewählt haben. Andererseits können sie zu einer anderen Marke wechseln oder aber zu einer bereits gekauften

---

[497] Vgl. HORSKY und NELSON (1992), S. 137.
[498] Vgl. MAIER und WEISS (1990), S. 135.
[499] Vgl. GUADAGNI und LITTLE (1983), S. 207 f.
[500] Vgl. bspw. HORSKY und NELSON (1992), CHINTAGUNTA und RAO (1996), BASUROY und NGUYEN (1998), SUDHIR (2001a), DRAGANSKA und JAIN (2005b) sowie VILLAS-BOAS und ZHAO (2005).
[501] Vgl. BAYÓN et al. (2002), RUST et al. (2004b) sowie HUNDACKER (2005).

Marke zurückkehren. Insbesondere der letzte Fall wird in vielen CE-Modellen fälschlicherweise als Akquisition eines Neukunden interpretiert.[502]

Eine elegante Möglichkeit zur Beschreibung des zukünftigen Markenwahlverhaltens in einem Migrationsmodell über mehrere Kaufentscheidungen hinweg bieten sog. **Markov-Ketten** erster Ordnung.[503] Eine Markov-Kette erster Ordnung ist ein diskreter stochastischer Prozess, der die sog. Markov-Eigenschaft erfüllt.[504] Anders ausgedrückt ist die bedingte Wahrscheinlichkeitsverteilung zukünftiger Zustände der Markov-Kette nur vom aktuellen Zustand und nicht von vergangenen Zuständen abhängig.[505] Die Wahrscheinlichkeit des Eintretens zukünftiger Zustände ist somit statistisch unabhängig von den vergangenen Zuständen des Prozesses. Im Migrationsmodell von RUST et al. (2004b) stellen die Zustände der Markov-Kette die Wahl einer bestimmten Marke dar. Das Markenwechselverhalten kann nun pro Kaufentscheidung und Nachfrager als $J \times J$-dimensionale Markov-Wechselmatrix Π_c beschrieben werden. Die Elemente von Π_c stellen dabei bedingte Markenwechselwahrscheinlichkeiten für jeweils zwei Marken dar. Der Term π_{cij} beschreibt die Wahrscheinlichkeit, dass ein Nachfrager c die Marke j wählt, unter der Bedingung dass bei der letzten Kaufentscheidung Marke i gewählt wurde.[506] Die nachfragerspezifische Markenwechselmatrix lässt sich folgendermaßen darstellen:

$$\Pi_c = \begin{pmatrix} \pi_{c11} & \cdots & \pi_{c1j} & \cdots \\ \vdots & \ddots & \vdots & \cdots \\ \pi_{ci1} & \cdots & \pi_{cij} & \cdots \\ \vdots & \vdots & \vdots & \ddots \end{pmatrix}. \qquad (16)$$

Die bedingten Wechselwahrscheinlichkeiten werden dabei auf der Basis des multinomialen Logitmodells gemäß Gleichung (14) ermittelt. Die **Markov-Eigenschaft** setzt voraus, dass die Wahl einer Marke bei der nächsten Kaufentscheidung nur von der aktuell gewählten Marke abhängt und weiter zurückliegende Markenwahlent-

---

[502] Vgl. RUST et al. (2004b), S. 112 f.
[503] Vgl. RUST et al. (2004b), S. 113; PFEIFER und CARRAWAY (2000), S. 48 f.
[504] Vgl. DOMSCHKE und DREXL (2005), S. 158.
[505] Vgl. CINLAR (1975), S. 106 f.
[506] Auf die übliche Schreibweise bedingter Wahrscheinlichkeiten $\pi_c(j|i)$ wird an dieser Stelle zugunsten einer besseren Lesbarkeit verzichtet.

scheidungen nicht in die aktuelle Entscheidung mit einfließen. Aus diesem Grund wird die Markov-Eigenschaft häufig als sog. Gedächtnislosigkeit des stochastischen Prozesses bezeichnet.[507] Sicherlich ist diese Eigenschaft eine einschränkende Annahme des Modells, da in der Realität bei einer aktuellen Kaufentscheidung auch historische Erfahrungen mit einfließen. Jedoch ermöglicht sie eine kompakte Beschreibung in der Zukunft liegender Markenwahlentscheidungen auf der Basis aktueller Nutzeninformationen. Somit wird eine deutliche Verringerung der Modellkomplexität und der Anzahl zu schätzender Parameter erreicht.

Die **Markenwahlwahrscheinlichkeit** eines Nachfragers c zu einem Zeitpunkt $t = 1, \cdots, T$ ist aufgrund der Markov-Eigenschaft nur von der Markenwahlwahrscheinlichkeit zum Zeitpunkt $t-1$ abhängig. Diese Entscheidung war jedoch ursprünglich ebenso abhängig von der vorletzten Markenwahlwahrscheinlichkeit in $t-2$ und so weiter. Den Ausgangspunkt der Berechnung stellt eine Anfangsverteilung der aktuellen Markenwahl $\mathbf{B}_c^0$, ein $1 \times J$-dimensionaler Zeilenvektor $\left(\pi_{c1}^0, \ldots, \pi_{cj}^0, \ldots, \pi_{cJ}^0\right)$, dar. Die Wahrscheinlichkeit, dass ein Nachfrager zu einem Zeitpunkt t eine bestimmte Marke wählt, lässt sich nun durch $\mathbf{B}_c^0$ und das t-fache Produkt der Wechselmatrix $\mathbf{\Pi}_c$ bestimmen:

$$\mathbf{B}_c^t = \mathbf{B}_c^0 \cdot \left(\mathbf{\Pi}_c\right)^t. \tag{17}$$

Die Elemente des Vektors $\mathbf{B}_c^t$

$$\mathbf{B}_c^t = \left(\pi_{c1}^t, \ldots, \pi_{cj}^t, \ldots, \pi_{cJ}^t\right) \tag{18}$$

stellen die prognostizierte Markenwahlwahrscheinlichkeit eines Nachfragers c für alle im Markt befindlichen Marken $j = 1, \ldots, J$ zu einem Zeitpunkt t dar.[508] Diese Markenwahlwahrscheinlichkeiten werden somit im hybriden CE-Wettbewerbsmodell bei der Modellierung des CLV als **endogene Kundenbindungsraten** bestimmt. Somit kann auf eine Verwendung exogener und konstanter Bindungsraten wie im Modell von HUNDACKER (2005) verzichtet werden. Zudem handelt es sich um ein Always-a-share-

---

[507] Vgl. DOMSCHKE und DREXL (2005), S. 216 f.
[508] Falls ein unendlicher Planungshorizont gewählt wird, lässt sich unter bestimmten Voraussetzungen eine stationäre Wahrscheinlichkeitsverteilung der Markov-Kette bestimmen, vgl. CINLAR (1975), S. 106 ff.

Modell, in dem Kunden auch nach mehreren Perioden bzw. Kaufentscheidungen wieder zu einer ursprünglichen Marke zurückkehren können.[509]

4.3.5 Möglichkeiten zur Aggregation der Marktnachfrage

Die bisher in den Gleichungen (8) bis (16) vorgestellten Konzepte wurden auf individueller Ebene für einen beliebigen Nachfrager c beschrieben. Eine grundlegende Entscheidung ist jedoch die **Wahl des Aggregationsniveaus der Schätzergebnisse**. Als Extremfall lassen sich in einer sog. Individualniveau-Analyse Teilnutzenwerte β_{acij} für jeden einzelnen Nachfrager gemäß Gleichung (8) schätzen. Demgegenüber steht die Möglichkeit eines gepoolten Teilnutzenwertmodells über den gesamten Markt hinweg. Diese Option der Gesamtmarktanalyse besteht somit aus aggregierten Schätzparametern, die für alle Probanden im Gesamtmarkt gültig sind.[510]

Bei der Gesamtmarktanalyse besteht jedoch v. a. die Gefahr der Parameterverzerrung infolge einer weitgehend ignorierten Heterogenität der kundenindividuellen Präferenzstrukturen. Demgegenüber existiert bei der Individual-Analyse das Problem ineffizienter Parameterschätzungen aufgrund einer hohen Anzahl von (kundenindividuellen) Parametern bei einer gleichzeitig kleinen Datenbasis. Als Synthese dieser beiden extremen Möglichkeiten der Marktbearbeitung wird daher in der Marketingtheorie und -praxis das **Konzept der Marktsegmentierung** verwendet.[511] Unter einer Marktsegmentierung wird in dieser Arbeit „die Aufteilung eines Gesamtmarkts in bezüglich ihrer Marktreaktion intern homogene und untereinander heterogene Untergruppen (Marktsegmente) sowie die Bearbeitung eines oder mehrerer dieser Marktsegmente"[512] verstanden. Die aggregierte Betrachtung auf der Segmentebene erleichtert die Planung und Steuerung von Marktbearbeitungsstrategien aus der Sicht der Unternehmensführung. Eine stärkere Individualisierung von Marketingaktivitäten und eine Anpassung von Produkten auf den einzelnen Kunden sind dagegen aus Kostengründen nur in wenigen Branchen üblich.[513]

---

[509] Vgl. DWYER (1997), S. 8.
[510] Vgl. STEINER und BAUMGARTNER (2004), S. 616 f.
[511] Für einen ausführlichen Überblick über die aktuelle Segmentierungsforschung, vgl. DEYLE (2007), S. 55 ff.
[512] MEFFERT (2000), S. 181.
[513] Beispiele hierfür sind Bereiche des Direktmarketings und Luxusgüter.

4.3.6 Segmentierung der Marktnachfrage

Für eine Aufteilung der Marktnachfrage in homogene Nachfragersegmente können **unterschiedliche Segmentierungskriterien** verwendet werden. Die Segmentierung kann dabei auf der Basis demographischer (bspw. Alter), geographischer (bspw. Stadt), psychographischer (bspw. Persönlichkeitsmerkmale) sowie verhaltensorientierter (bspw. Markenwahl) Merkmale vorgenommen werden.[514] Außerdem lassen sich Nachfrager anhand monetärer Größen wie Umsatz oder Profitabilitätskennzahlen in Segmente einteilen. Darüber hinaus existieren zahlreiche hybride Segmentierungsansätze, die mehrere Segmentierungslogiken kombinieren.[515]

Für die Marktsegmentierung können insbesondere auch nutzenorientierte Kriterien verwendet werden. Die Segmentierung erfolgt in der vorliegenden Untersuchung anhand der **Bedeutungsgewichte der Nutzendimensionen**. Diese stellen in der vorliegenden Untersuchung empirisch ermittelte Werte allgemeiner, d. h. markenunabhängiger, relativer Wichtigkeiten der einzelnen Nutzendimensionen bei der Kaufentscheidung der Nachfrager dar. In den Segmenten können somit Nachfrager zusammengefasst werden, die bestimmten Nutzendimensionen ähnliche Bedeutungen bei der Kaufentscheidung zuweisen.

Traditionelle Segmentierungsansätze, die die Nutzenmessung mit einer Marktsegmentierung verbinden, sind durch eine **sequenzielle Vorgehensweise** gekennzeichnet. In einem ersten Schritt werden die ermittelten Bedeutungsgewichte der Nutzendimensionen zur Gruppierung der Probanden verwendet. Bei dieser sog. Post-hoc-Segmentierung[516] werden die Konsumenten anhand der Ähnlichkeiten ihrer individuell ermittelten Bedeutungsgewichte unter Anwendung clusteranalytischer Verfahren zu disjunkten Segmenten $m = 1, \ldots, M$ zusammengefasst.[517] Eine Stichprobe von insgesamt N Probanden lässt sich somit auf M verschiedene Segmente mit jeweils N_m Personen aufteilen. Falls im Rahmen der empirischen Untersuchung zusätzliche Daten, wie bspw. demographische Charakteristika, erhoben werden, kön-

---

[514] Vgl. FRETER (2001), S. 1074 ff.
[515] In seinem dualen hybriden CE-Modell segmentiert HUNDACKER (2005) die Kunden nach dem Umsatz (Average Revenue per User (ARPU)) und den gemessenen Nutzendimensionen der Nachfrager, vgl. HUNDACKER (2005), S. 144 ff.
[516] Vgl. WEDEL und KAMAKURA (1998), S. 25.
[517] Vgl. BACKHAUS et al. (2003), S. 489 ff.

nen diese zur zusätzlichen Profilierung der Segmente genutzt werden. Nach Ermittlung der Gruppen werden in einem zweiten Schritt für jedes Segment segmentspezifische Teilnutzenwerte aller im Segment befindlichen Probanden bzgl. der betrachteten Nettonutzendimensionen berechnet.[518]

Im Rahmen des hybriden CE-Wettbewerbsmodells besteht das Ziel der Marktsegmentierung aus der Sicht der Unternehmensführung in der optimalen Ansprache möglichst homogener Nachfragergruppen mit unterschiedlichen Preis- und Qualitätsstrategien. Die Nachfrager in den einzelnen Segmenten sollten sich somit hinsichtlich ihrer Reagibilität gegenüber Preis- und Qualitätsentscheidungen einer Marke unterscheiden. Dies kann durch eine **zweidimensionale Marktsegmentierung** entlang der erhobenen Bedeutungsgewichte preis- und qualitätsorientierter Nutzendimensionen sichergestellt werden. Die Nachfrager der einzelnen Marktsegmente unterscheiden sich in ihrer Einschätzung der Wichtigkeit preis- und qualitätsorientierter Nutzendimensionen für den Kauf einer Marke.

Als Grundlage der Marktsegmentierung dienen die empirisch ermittelten **markenunabhängigen Bedeutungsgewichte der preis- und qualitätsorientierten Nutzendimensionen** w_{ac} der einzelnen Nachfrager. Analog zur Nettonutzenmessung werden auch hier zugunsten einer besseren Interpretierbarkeit die verdichteten preis- und qualitätsorientierten Bedeutungsgewichte der Nutzenfaktoren aus einer Faktorenanalyse verwendet.

Unter der Annahme der Repräsentativität der Stichprobe (vgl. Kapitel 5.4.1.2) lassen sich anhand der Marktsegmentierung die insgesamt C Nachfrager in homogene Marktsegmente mit jeweils C_m Nachfragern aufteilen, die durch unterschiedliche Preis- und Qualitätselastizitäten gekennzeichnet sind. Unter einer Preiselastizität wird in dieser Arbeit „die Sensitivität beziehungsweise Reagibilität der Konsumenten auf Preisänderungen"[519] verstanden. Operationalisiert wird die Preiselastizität der Nachfrage als „das Verhältnis der relativen Änderung des Absatzes auf die relative Preis-

---

[518] Darüber hinaus existieren simultane Segmentierungsansätze, die die Nutzenmessung und die Marktsegmentierung simultan durchführen. Für einen Überblick vgl. STEINER und BAUMGARTNER (2004), S. 618 ff.
[519] MEFFERT (2000), S. 488.

änderung"[520] auf der Basis einer sog. Preis-Absatz-Funktion. Die Definition der Qualitätselastizität ergibt sich analog dazu.

Auf der Basis der Segmentierung lassen sich vier **exemplarische Marktsegmente** mit verschiedenen Preis- und Qualitätselastizitäten unterscheiden (vgl. Abbildung 11). Die Marktsegmente ermöglichen die Herleitung von Implikationen für eine optimale Marktbearbeitung (vgl. Kapitel 4.6) aus der Sicht der Markenführung. Ein erstes Segment qualitätsbewusster Nachfrager ist durch eine hohe Qualitätselastizität bei zugleich niedriger Preiselastizität der Nachfrager gekennzeichnet. Die Nachfrager in diesem Segment weisen somit der Produktqualität bei der Markenwahl eine hohe Bedeutung zu, während der Preis der Marke eine untergeordnete Rolle spielt. Als Gegenstück zu diesem Marktsegment ist das Segment der preisbewussten Nachfrager in Abbildung 11 durch eine starke Preisorientierung bei gleichzeitig niedriger Qualitätssensitivität charakterisiert. Die Individuen in diesem Segment weisen dem Preis einer Marke eine wichtige Bedeutung bei der Kaufentscheidung zu. Die Produktqualität fließt hingegen nur mit einer geringen Bedeutung in die Kaufentscheidung der Konsumenten ein. Das Segment der hochinvolvierten Nachfrager in Abbildung 11 ist durch eine starke Preis- und Qualitätsorientierung gekennzeichnet. Die Nachfrager in diesem Segment sind durch eine hohe Reagibilität auf Preisänderungen sowie auf Änderungen der Produktqualität charakterisiert. Die nichtinvolvierten Nachfrager in Abbildung 11 weisen dagegen eine niedrige Preis- und Qualitätsorientierung auf. Bei der Kaufentscheidung spielen diese beiden Kriterien für die Nachfrager in diesem Segment nur eine untergeordnete Rolle.

Für die einzelnen Marktsegmente lassen sich nun **nachfragerindividuelle Nettonutzenfunktionen** aller im Segment befindlichen Nachfrager formulieren. Die geschätzten Teilnutzenwerte stellen dabei segmentspezifische durchschnittliche Größen dar:

$$
\begin{aligned}
u_{cij} &= v_{cij} + \varepsilon_{mij} \\
&= v_{cij}^0 + v_{cij}^f + v_{cij}^s + \varepsilon_{mij} \\
&= \sum_{a} \beta_{amij}^0 \cdot x_{acij}^0 + \beta_{amij}^f \cdot x_{acij}^f + \beta_{amij}^s \cdot x_{acij}^s + \varepsilon_{mij}.
\end{aligned}
\tag{19}
$$

---

[520] MEFFERT et al. (2008), S. 486.

Der stochastische Nettonutzen ergibt sich aus der Summe des nachfragerindividuellen deterministischen Nettonutzens und des segmentspezifischen Fehlerterms. Zur Sicherstellung unabhängiger Nutzendimensionen werden für die Schätzung der Teilnutzenwerte die verdichteten Faktoren der Faktorenanalyse verwendet:

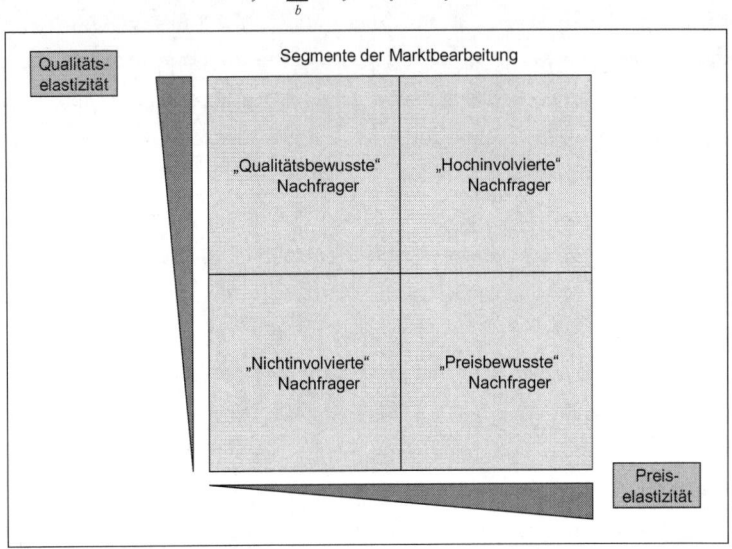

$$u_{cij} = \sum_{b} \gamma_{bmij} \cdot z_{bcij} + \varepsilon_{mij}. \tag{20}$$

Abbildung 11: **Exemplarische Nachfragersegmente einer zweidimensionalen Preis-Qualitäts-Segmentierung**
Quelle: Eigene Darstellung

Als Inputfaktoren des Modells fließen die individuellen verdichteten Nettonutzenfaktorwerte der Nachfrager z_{bcij} ein. Die Schätzung der segmentspezifischen Teilnutzenwerte γ_{bmij} erfolgt im Rahmen der multinomialen logistischen Regression. Als Ergebnis der nachfragerspezifischen multinomialen logistischen Regression je Segment ergibt sich der **erwartete nachfragerindividuelle Nettonutzen**:

$$\hat{u}_{cij} = \sum_{b} \hat{\gamma}_{bmij} \cdot \hat{z}_{bcij}. \tag{21}$$

Dieser wird für die Schätzung der **erwarteten Markenwahlwahrscheinlichkeit** der Nachfrager je Segment verwendet:

$$\hat{\pi}_{cij} = \frac{\exp(\hat{u}_{cij})}{\sum_{j} \exp(\hat{u}_{cij})}. \tag{22}$$

Die erwarteten Markenwahlwahrscheinlichkeiten im hybriden CE-Wettbewerbsmodell werden somit auf einer **individuellen Nachfragerebene** bestimmt. Erst nach der Schätzung des multinomialen Logitmodells erfolgt die Aggregation auf der Segmentebene. Dafür werden die individuellen Wahrscheinlichkeiten aus Gleichung (22) zu segmentspezifischen durchschnittlichen Markenwahlwahrscheinlichkeiten $\hat{\pi}_{mij}$ zusammengefasst. Für die Mittelwertbildung werden jeweils alle Probanden N_{mi} aus Segment m berücksichtigt, die bei ihrer letzten Kaufentscheidung Marke i gekauft haben:

$$\hat{\pi}_{mij} = \frac{1}{N_{mi}} \cdot \sum_{c=1}^{N_{mi}} \hat{\pi}_{cij}. \qquad (23)$$

Dadurch lassen sich **segmentspezifische Markov-Wechselmatrizen** $\Pi_m = (\hat{\pi}_{mij})_{I \times J}$ für alle Marken i, j bestimmen. Unter Zuhilfenahme der Markov-Eigenschaft lässt sich nun ausgehend von einer segmentspezifischen Anfangsverteilung

$$\mathbf{B}_m^0 = (\hat{\pi}_{m1}^0, \ldots, \hat{\pi}_{mj}^0, \ldots, \hat{\pi}_{mJ}^0) \qquad (24)$$

eine prognostizierte Markenwahlwahrscheinlichkeit für einen Zeitpunkt t, $\mathbf{B}_m^t = \mathbf{B}_m^0 \cdot (\Pi_m)^t$, bestimmen. Die Elemente des $1 \times J$-dimensionalen Vektors $\mathbf{B}_m^t$

$$\mathbf{B}_m^t = (\hat{\pi}_{m1}^t, \ldots, \hat{\pi}_{mj}^t, \ldots, \hat{\pi}_{mJ}^t) \qquad (25)$$

lassen sich als durchschnittliche erwartete Markenwahlwahrscheinlichkeiten zum Zeitpunkt t aller im Segment m befindlichen Probanden N_m der Stichprobe interpretieren.

Unter der Annahme der **Repräsentativität der Stichprobe**[521] können die Stichprobenmittelwerte der segmentspezifischen Markenwahlwahrscheinlichkeiten gemäß des zentralen Grenzwertsatzes als erwartungstreue Schätzfunktionen[522] des **men-**

---

[521] Die Untersuchung der Repräsentativität der Stichprobe erfolgt in Kapitel 5.4.1.2.
[522] Erwartungstreue ist ein Begriff der Statistik, mit dem die Qualität eines Schätzers bemessen werden kann. Sie drückt aus, wie gut der Schätzer den Wert aus der Grundgesamtheit repräsentiert, vgl. HARTUNG et al. (2005).

genmäßigen Segmentanteils MS_{mj}^t einer Marke j zum Zeitpunkt t interpretiert werden und es gilt:[523]

$$MS_{mj}^t = \hat{\pi}_{mj}^t. \qquad (26)$$

Analog lässt sich unter der Annahme der Repräsentativität der Stichprobe der **mengenmäßige Marktanteil** über alle Segmente hinweg berechnen. Der gesamte mengenmäßige Marktanteil einer Marke j zum Zeitpunkt t, MS_j^t, ergibt sich dann durch den gewichteten Mittelwert der segmentspezifischen Markenwahlwahrscheinlichkeiten der Marke:[524]

$$MS_j^t = \frac{1}{N} \sum_{m=1}^{M} N_m \cdot \hat{\pi}_{mj}^t. \qquad (27)$$

Ausgehend von einem Marktanteil in $t = 0$, MS_j^0 bzw. einem segmentspezifischen Marktanteil MS_{mj}^0 auf der Basis der segmentspezifischen Anfangsverteilung $\mathbf{B}_m^0$ lässt sich ein Marktanteilsverlauf der Marke über den Planungszeitraum hinweg beobachten.

4.3.7 Bestimmung der markenspezifischen Absatzmenge

Die Grundlage für die Bestimmung der markenspezifischen Absatzmengen bildet das **Marktvolumen** des betrachteten Markts. Das Marktvolumen wird in dieser Arbeit als „die gegenwärtig von allen Anbietern abgesetzte Menge für eine Produktgattung"[525] definiert. Diese Untersuchung geht von einem konstanten Marktvolumen über den gesamten Planungshorizont aus. Eine Erweiterung des hybriden CE-Wettbewerbsmodells um ein dynamisches, zeitveränderliches Marktvolumen wäre jedoch jederzeit möglich. Die Festlegung eines konstanten Marktvolumens folgt jedoch an dieser Stelle der sachlogischen Begründung in Kapitel 3.4. Das gesamte Marktvolumen Q für eine Periode t ergibt sich somit aus der Summe aller markenspezifischen Absatzmengen Q_j^t:

---

[523] Vgl. HORSKY und NELSON (1992), S. 141. Zugunsten einer besseren Übersichtlichkeit wird in dieser Arbeit auf die typische Beschreibung des Erwartungswerts E(x) einer Zufallsvariable x verzichtet.
[524] Vgl. GUTSCHE (1995), S. 160 f. Der Marktanteil ist dabei unabhängig von der Kaufhäufigkeit der Marke. Die Kaufhäufigkeit wirkt sich jedoch auf das jährliche Marktvolumen aus.
[525] MEFFERT et al. (2008), S. 53.

$$Q = \sum_j Q_j^t. \qquad (28)$$

Die **markenspezifischen Absatzmengen** einer Periode werden auf der Basis der ermittelten Marktanteile der einzelnen Marken gemäß Gleichung (27) bestimmt:

$$Q_j^t = MS_j^t \cdot Q. \qquad (29)$$

Analog erfolgt die Bestimmung der segmentspezifischen Absatzmenge Q_{mj}^t einer Marke anhand des Segmentanteils der Marke MS_{mj}^t und des Segmentvolumens Q_m. Die Segmentvolumina über alle Marken hinweg werden ebenfalls wie das Marktvolumen als konstant über den Planungszeitraum hinweg betrachtet.

4.3.8 Bestimmung der Kaufhäufigkeit der Nachfrager

Für die Bestimmung der zu erwartenden Cashflows einer Nachfragerbeziehung über den Kundenlebenszyklus hinweg ist in einem Produktmarkt mit langlebigen Gebrauchsgütern neben der Markenwahlwahrscheinlichkeit die Bestimmung der **Kaufhäufigkeit bzw. -frequenz der Nachfrager** von großer Bedeutung. Während die Markenwahlwahrscheinlichkeiten die Wahrscheinlichkeiten bei einer nächsten Kaufentscheidung des Nachfragers beschreiben, wird der **Zeitpunkt der nächsten Kaufentscheidung** durch diese Größe nicht erfasst. Erst durch die zusätzliche Betrachtung der Kaufhäufigkeiten lassen sich periodenspezifische Cashflows der jeweiligen Nachfrager für die einzelnen Marken schätzen.

Die Kaufhäufigkeit bzw. -frequenz der Nachfrager stellt ein **komplexes verhaltensorientiertes Konstrukt** dar und hängt meist von vielen Einflussfaktoren ab. Zum einen besitzt die technischbedingte Lebensdauer eines langlebigen Gebrauchsgutes einen großen Einfluss auf die Kaufhäufigkeit der Nachfrager. Der technischbedingten Lebensdauer stehen jedoch immer kürzer werdende Produktlebenszyklen aufgrund technologischer Innovationen gerade in Märkten mit einem hohen Reifegrad gegenüber. Zum anderen wirken sich aber auch Marktbearbeitungsstrategien der Anbieter, wie bspw. Preispromotions, auf die erwartete Kaufhäufigkeit der Nachfrager aus.[526] Zu diesem Zweck muss der aktuelle Marktlebenszyklus des jeweiligen Markts betrachtet werden. Märkte in einer Sättigungs- oder Degenerationsphase sind häufig

---

[526] Vgl. LEWIS (2005), S. 230 ff.

durch eine hohe Wettbewerbsintensität und einen scharfen Verdrängungswettbewerb gekennzeichnet.[527] Die Kaufhäufigkeit der Nachfrager kann dabei infolge des verstärkten Preiswettbewerbs zunehmen. Insgesamt gesehen stellt die Kaufhäufigkeit der Nachfrager eine mehrdimensionale Größe in einem Produktmarkt für langlebige Gebrauchsgüter dar. Aus diesem Grund erfolgt in dieser Untersuchung die Erfassung der Kaufhäufigkeit im Rahmen von Expertenbefragungen.[528]

Die Ergebnisse aus den Experteninterviews (vgl. Kapitel 5.4.2) lassen jedoch darauf schließen, dass im untersuchten Markt die qualitätsabhängige Lebensdauer der Produkte eine bedeutende Rolle für die Erklärung der prognostizierten Kaufhäufigkeit der Nachfrager spielt. Jedoch muss auch einer Reduktion der Produktlebenszyklen aufgrund technologischer Innovationen Rechnung getragen werden. Deshalb wird im Folgenden eine **markenspezifische Kaufhäufigkeit** f_j bzw. eine durchschnittliche segmentspezifische Größe f_{mj} angenommen.

Anhand der durchschnittlichen Kaufhäufigkeit f aller im Markt befindlichen Nachfrager lässt sich die **Anzahl der Nachfrager im Markt** C auf der Basis des Marktvolumens Q bestimmen und es gilt:

$$C = \frac{Q}{f}. \qquad (30)$$

Die durchschnittliche Kaufhäufigkeit aller Nachfrager im Markt ergibt sich dabei aus der Mittelwertbildung der markenspezifischen Kaufhäufigkeiten f_j.[529] Die Anzahl der Nachfrager in den einzelnen Segmenten C_m wird analog zu Gleichung (30) auf der Basis der segmentspezifischen Absatzmengen Q_m und der durchschnittlichen Kaufhäufigkeiten f_{mj} bestimmt.

---

[527] Vgl. MEFFERT et al. (2008), S. 279.
[528] Die Beschreibung der Operationalisierung des hybriden CE-Wettbewerbsmodells erfolgt in Kapitel 5.5.
[529] An dieser Stelle wird eine konstante Lebensdauer eines Nachfragers zugrundegelegt. Die Formulierung zeitlich variabler Lebensdauern ist jedoch jederzeit möglich, vgl. GUTSCHE (1995), S. 162.

4.4 Marktangebot

4.4.1 Marktbearbeitungsstrategien der Marktanbieter

In dieser Arbeit werden als Marktbearbeitungsstrategien aus Unternehmenssicht sowohl **Preis- als auch Qualitätsentscheidungen** für eine Marke unterschieden. Die Preisentscheidungen einer Marke umfassen dabei Entscheidungen bzgl. des aktuellen Preises der Marke. Insbesondere kann eine Marke im hybriden CE-Wettbewerbsmodell den aktuellen Preis erhöhen bzw. senken oder aber konstant lassen. Ähnlich hierzu adressieren die Qualitätsentscheidungen einer Marken die aktuelle Markenqualität. Im Rahmen einer Marktbearbeitungsstrategie können die Marken ihre Markenqualität erhöhen, senken oder unverändert lassen. Die Preis- und Qualitätsentscheidungen wirken sich im hybriden CE-Wettbewerbsmodell auf diverse Bestandteile des CLV einer Nachfragerbeziehung sowie das aggregierte CE einer Marke aus (vgl. Tabelle 14).[530]

x = wird durch Marktbearbeitungsstrategie beeinflusst			Marktbearbeitungsstrategie	
			Preisentscheidung	Qualitätsentscheidung
CLV einer Nachfragerbeziehung	Markenwahl (Nettonutzen)		x	x
	Produktdeckungsbeitrag	Preis	x	
		Lebenszykluskosten		x
		Marketingfremde variable Stückkosten		x
	Kaufhäufigkeit Nachfrager			x
	Investitionen			x

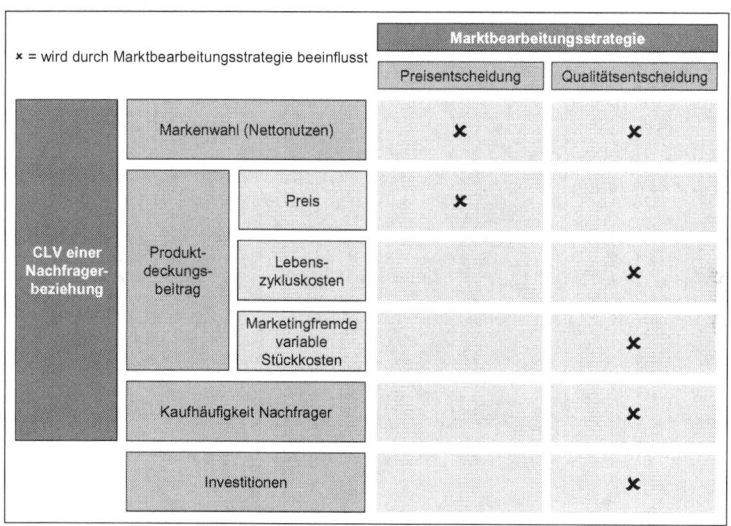

Tabelle 14: Wirkungsweise der Marktbearbeitungsstrategien im Modell
Quelle: Eigene Darstellung

Die Preis- und Qualitätsentscheidungen wirken sich auf das zukünftige **Markenwahlverhalten** der Nachfrager aus. Die veränderte Markenwahl ergibt sich aus einer ver-

---

[530] Im hybriden CE-Wettbewerbsmodell verfügt jede Unternehmung über eine Marke. Aus diesem Grund ist das aggregierte CE der Unternehmung mit dem aggregierten CE der Marke gleichzusetzen.

änderten wahrgenommenen Nutzenassoziation der Marke durch die Nachfrager. Die Marktbearbeitungsstrategien der Marken verändern insbesondere die preis- und qualitätsorientierten Nutzenassoziationen der Nachfrager bzgl. der Marken. Die neuen preis- und qualitätsorientierten Nutzenassoziationen der Nachfrager beeinflussen ihren Nettonutzen, der sich wiederum über die Beziehungen des multinomialen Logitmodells und der Annahme eines Markov-Modells auf die prognostizierte Markenwahlwahrscheinlichkeit auswirkt. Eine genaue Beschreibung der Modellierung von Preis- und Qualitätsentscheidungen auf das zukünftige Markenwahlverhalten der Nachfrager erfolgt in Kapitel 4.4.2.

Zusätzlich beeinflussen die Preis- und Qualitätsentscheidungen der Marktanbieter den **Produktdeckungsbeitrag** der einzelnen Marken. Während Preisentscheidungen Änderungen des Preises hervorrufen können, wirken sich Entscheidungen zur Markenqualität auf die Kostenstruktur der betrachteten Marke aus. Dabei wird zwischen marketingorientierten variablen Lebenszykluskosten und marketingfremden variablen Stückkosten der Marke unterschieden. Die Beschreibung der betrachteten Bestandteile des Produktdeckungsbeitrags der Marken findet sich in Kapitel 4.4.3.

Aufgrund der Annahme weitgehend **qualitätsorientierter Kaufhäufigkeiten** beeinflussen die Qualitätsentscheidungen der Marken auch die zukünftige erwartete Kaufhäufigkeit der Nachfrager. Eine qualitativ höherwertige Marke ist im hybriden CE-Wettbewerbsmodell durch eine niedrigere Kaufhäufigkeit der Konsumenten charakterisiert als eine qualitativ schlechtere Marke. Diese Annahme kann mit einer höheren zu erwartenden technischen Lebensdauer des qualitativ besseren Produkts gegenüber der qualitativ niedriger eingestuften Marke begründet werden.

Die Änderung der Produktqualität durch Umgestaltung bestimmter qualitätsorientierter Produktattribute, wie bspw. des Materials des Produkts, erfordert häufig F&E-Aufwendungen, aber auch Anpassungen, bspw. im Fertigungsprozess. Diese durch Qualitätsänderungen hervorgerufenen Aufwendungen werden im hybriden CE-Wettbewerbsmodell in Form von **qualitätsabhängigen Investitionen** berücksichtigt. Die berücksichtigten Investitionen werden in Kapitel 4.4.4 näher beschrieben.

4.4.2 Wirkung der Marktbearbeitungsstrategien auf das Markenwahlverhalten der Nachfrager

Die Preis- und Qualitätsentscheidungen der Marken im hybriden CE-Wettbewerbsmodell beeinflussen die preis- und qualitätsorientierten Nutzenassoziationen der Nachfrager. Die Änderung der Markenwechselwahrscheinlichkeit eines Nachfragers aufgrund einer Änderung seiner Nutzenassoziationen gegenüber einer Marke wird anhand der **partiellen Ableitungen der Wahlwahrscheinlichkeiten** des multinomialen Logitmodells bestimmt. Die partiellen Ableitungen agieren dabei als Maß für die relative Änderung der Markenwechselwahrscheinlichkeiten bei Änderungen der Nutzenassoziationen. Die Beschreibung der Wirkungsweise der Marktbearbeitungsstrategien auf das zukünftige prognostizierte Markenwechselverhalten der Nachfrager orientiert sich dabei an der Operationalisierung des CE-Modells von RUST et al. (2004b).

Die Änderung der Markenwechselwahrscheinlichkeiten $\partial \Pi$ aufgrund der Veränderung der Nutzenassoziationen $\partial \mathbf{X}$ eines Nachfragers lässt sich in Matrixschreibweise folgendermaßen ausdrücken:[531]

$$\frac{\partial \Pi}{\partial \mathbf{X}} = \frac{\partial \mathbf{U}}{\partial \mathbf{X}} \times \frac{\partial \Pi}{\partial \mathbf{U}}. \tag{31}$$

Der Term auf der linken Seite in Gleichung (31) beschreibt dabei eine nachfragerspezifische $A \times J$-dimensionale Matrix. Die Matrixelemente stellen dabei die partiellen Ableitungen der prognostizierten Markenwechselwahrscheinlichkeiten $\hat{\pi}_{cij}$ eines Nachfragers c für alle Marken $j = 1,...,J$ bzgl. aller beobachteten Nutzenassoziationen $\hat{x}_{acij}$ der Dimensionen $a = 1,...,A$ dar:

$$\frac{\partial \Pi}{\partial \mathbf{X}} = \left(\partial \hat{\pi}_{cij} \Big/ \partial \hat{x}_{acij} \right)_{a=1,...,A; j=1,...,J}. \tag{32}$$

Die Matrix in Gleichung (32) wird im hybriden CE-Wettbewerbsmodell für jeden Nachfrager, jede Marke i der letzten Kaufentscheidung und spezifisch für jedes Nachfragersegment bestimmt.

---

[531] Die Matrixprodukte stellen hier und im Folgenden eine komponentenweise Matrixmultiplikation dar.

Aufgrund des linear-additiven kompensatorischen Aufbaus des Nettonutzenmodells repräsentieren die Elemente des Terms $\partial \mathbf{U}/\partial \mathbf{X}$ in Gleichung (31) die geschätzten segmentspezifischen Teilnutzenwerte $\hat{\beta}_{amij}$ der einzelnen Nutzendimensionen $a = 1,\ldots, A$ aus Gleichung (19). Die resultierende Matrix stellt eine $J \times A$-dimensionale Matrix für jede Marke $j = 1,\ldots, J$ dar:

$$\frac{\partial \mathbf{U}}{\partial \mathbf{X}} = \left(\hat{\beta}_{amij}\right)_{j=1,\ldots,J; a=1,\ldots,A}. \qquad (33)$$

Die Matrix in Gleichung (33) wird spezifisch für jedes Segment und jede Marke i der letzten Kaufentscheidung berechnet.

Die Elemente der Matrix $\partial \mathbf{\Pi}/\partial \mathbf{U}$ in Gleichung (31) beschreiben die partiellen Ableitungen der prognostizierten Markenwahlwahrscheinlichkeit $\hat{\pi}_{cij}$ eines Nachfragers bzgl. seines Nettonutzens $\hat{u}_{cij}$ für alle möglichen Marken j der nächsten Kaufentscheidung. Auf der Diagonalen der $J \times J$-dimensionalen Matrix ergeben sich die partiellen Ableitungen zu

$$\partial \hat{\pi}_{cij} / \partial \hat{u}_{cij} = \frac{\partial \left(\frac{\exp(\hat{u}_{cij})}{\sum_j \exp(\hat{u}_{cij})} \right)}{\partial \hat{u}_{cij}} = \hat{\pi}_{cij} \cdot (1 - \hat{\pi}_{cij}). \qquad (34)$$

Die sonstigen Matrixelemente beschreiben die partiellen Ableitungen von $\hat{\pi}_{cij}$, wenn sich der Nettonutzen $\hat{u}_{cik}$ einer anderen Marke k mit $j \neq k$ ändert:

$$\partial \hat{\pi}_{cij} / \partial \hat{u}_{cik} = \frac{\partial \left(\frac{\exp(\hat{u}_{cij})}{\sum_j \exp(\hat{u}_{cij})} \right)}{\partial \hat{u}_{cik}} = -\hat{\pi}_{cij} \cdot \hat{\pi}_{cik}. \qquad (35)$$

Die symmetrische Matrix $\partial \mathbf{\Pi}/\partial \mathbf{U}$ wird somit für jeden Nachfrager und für jede Marke der letzten Kaufentscheidung spezifisch in jedem Segment bestimmt.

Wie bereits in Kapitel 4.2 beschrieben, werden die abgefragten Nutzendimensionen aufgrund einer häufig beobachteten Multikollinearität zu Faktoren im Rahmen einer **Faktorenanalyse** verdichtet. Trotz einer Extraktion der ursprünglichen Nutzendimensionen können jedoch nach wie vor die partiellen Ableitungen des Terms $\partial U/\partial X$ in Gleichung (31) bestimmt werden. Dies liegt in der Tatsache der Aussage des **Fundamentaltheorems der Faktorenanalyse** begründet, dass sich „jeder Beobachtungswert einer Ausgangsvariable [...] als eine Linearkombination mehrerer (hypothetischer) Faktoren beschreiben"[532] lässt. Die standardisierten[533] Faktorwerte der extrahierten Faktorenmatrix Z können somit aus den ursprünglichen (standardisierten) Nutzenassoziationen X der Nutzendimensionen durch Multiplikation mit der aus der Faktoranalyse geschätzten Koeffizientenmatrix der Faktorwerte A bestimmt werden:

$$Z = X \times A. \qquad (36)$$

Um die Ergebnisse der Faktorenanalyse bei der Bestimmung der partiellen Ableitungen in Gleichung (31) explizit zu berücksichtigen, lässt sich der Term folgendermaßen umformen:

$$\frac{\partial \Pi}{\partial X} = \frac{\partial Z}{\partial X} \times \frac{\partial U}{\partial Z} \times \frac{\partial \Pi}{\partial U}. \qquad (37)$$

Der Term $\partial U/\partial Z$ in Gleichung (37) stellt die Teilnutzenwerte γ des verdichteten Nettonutzenmodells in Gleichung (20) dar. Aufgrund der funktionalen Beziehung in Gleichung (36) repräsentiert der Term $\partial Z/\partial X$ die Koeffizientenmatrix der Faktorwerte A, so dass sich der Ausdruck in Gleichung (37) folgendermaßen vereinfachen lässt:

$$\frac{\partial \Pi}{\partial X} = A \times \gamma \times \frac{\partial \Pi}{\partial U}. \qquad (38)$$

Auf der Basis der Ausdrucks in Gleichung (38) lassen sich nun Änderungen der Markenwechselwahrscheinlichkeiten in der Markov-Wechselmatrix durch **Änderungen von Nutzenassoziationen** der Nachfrager gegenüber einer Marke bestimmen. Die Änderung der Markenwechselwahrscheinlichkeit $\Delta \hat{\pi}_{cij}$ eines Nachfragers c aufgrund

---

[532] BACKHAUS et al. (2006), S. 278.
[533] Die standardisierten Faktorwerte und Nutzenassoziationen weisen jeweils einen Mittelwert von 0 und eine Varianz von 1 auf. Die Standardisierung erfolgt durch die Transformation $(x-\mu)/\sigma$ der ursprünglichen Werte x mit Mittelwert μ und Standardabweichung σ, vgl. DOMSCHKE und DREXL (2005), S. 226 f.

einer veränderten Nutzenassoziation der Nutzendimension a bzgl. Marke j ergibt sich zu

$$\Delta \hat{\pi}_{cij} = \frac{\partial \hat{\pi}_{cij}}{\partial \hat{x}_{acij}} \cdot \Delta \hat{x}_{acij}. \tag{39}$$

Die Operationalisierung der Nutzenassoziationseffekte aufgrund von Preis- und Qualitätsentscheidungen der Marktanbieter sowie eine Beschreibung der adressierten preis- und qualitätsorientierten Nutzendimensionen erfolgt in Kapitel 5.5.

4.4.3 Produktdeckungsbeitrag der Marktanbieter

Der **Produktdeckungsbeitrag** der einzelnen Marktanbieter ergibt sich im hybriden CE-Wettbewerbsmodell als Differenz zwischen realisiertem Preis und den variablen Stückkosten der Marke. Diese Deckungsbeitragsdefinition entspricht der Grundform der Deckungsbeitragsrechnung, der sog. **einstufigen Deckungsbeitragsrechnung**, in der variable Kosten auf einzelne Kostenträger (Produkte) verrechnet und von den Produkterlösen subtrahiert werden.[534]

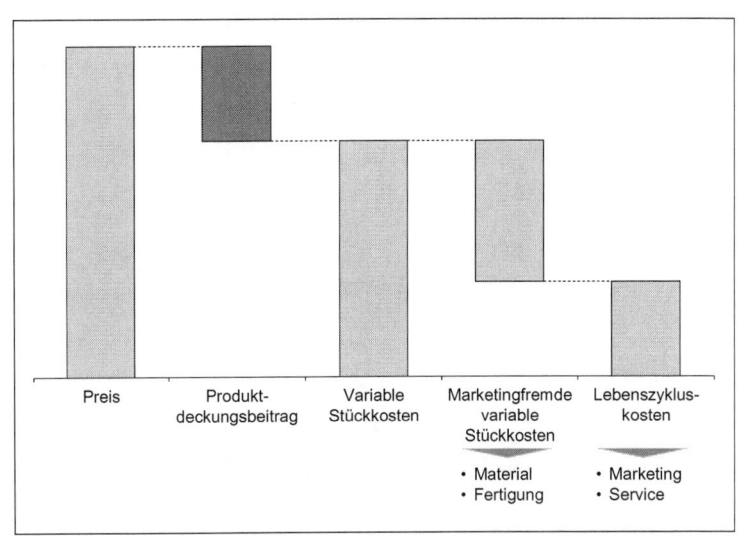

Abbildung 12: Produktdeckungsbeitrag im hybriden CE-Wettbewerbsmodell
Quelle: Eigene Darstellung

---

[534] Vgl. HUNGENBERG und WULF (2006), S. 387.

Innerhalb der **variablen Stückkosten** wird zwischen marketingfremden variablen Stückkosten und Lebenszykluskosten unterschieden.[535] Lebenszykluskosten entstehen durch Service- und Beziehungsmarketingaktivitäten während des Lebenszyklus einer Kundenbeziehung. Demgegenüber umfassen marketingfremde variable Stückkosten v. a. Material- und Fertigungskosten.

4.4.3.1 Preis

Der verwendete Preis einer Marke beschreibt im hybriden CE-Wettbewerbsmodell den **durchschnittlichen Herstellerpreis**.[536] Somit handelt sich es aus Unternehmenssicht um einen **sortimentweiten Durchschnittspreis** aller abgesetzten Produkte der Marke. Neben einem marktweiten durchschnittlichen Preis p_j^t für Marke j zum Zeitpunkt t ermöglicht das Modell auch das Angebot segmentspezifischer Preise p_{mj}^t für jedes einzelne Nachfragersegment m.

Für die Durchsetzung der Verkaufspreise aus Herstellersicht muss angemerkt werden, dass im hybriden CE-Wettbewerbsmodell **keine Absatzmittler im Distributionskanal** berücksichtigt werden. Dadurch werden Preiskonflikte zwischen Herstellern und dem Handel ausgeschlossen und eine Händlermarge als Bestandteil des Einzelhandelspreises wird nicht berücksichtigt.[537] Der Herstellerpreis stimmt deshalb mit dem Verkaufspreis der Marke gegenüber den Nachfragern in dieser Untersuchung überein.

4.4.3.2 Marketingfremde variable Stückkosten

Die **marketingfremden variablen Stückkosten** einer Marke umfassen im hybriden CE-Wettbewerbsmodell v. a. Material- und Fertigungskosten. Diese Kosten werden durch die Qualitätsentscheidungen der Marktanbieter beeinflusst. Dies kann durch Änderungen qualitätsorientierter Produktattribute, wie bspw. des Materials, begründet

---

[535] Vgl. MEFFERT (2000), S. 975.

[536] Dies liegt in der Tatsache begründet, dass zur Bestimmung der aktuellen durchschnittlichen Preise die Umsatz- und Absatzzahlen der einzelnen Marken berücksichtigt wurden. Zur Operationalisierung des Modells vgl. Kapitel 5.

[537] Vgl. VILLAS-BOAS und ZHAO (2005), S. 83 ff.; AILAWADI et al. (2005), S. 12 ff.

werden.[538] Eine Erhöhung bzw. Senkung der Produktqualität führt zu einer Erhöhung bzw. Senkung der marketingfremden variablen Stückkosten.

Für die Ermittlung dieser Stückkosten k_j^t einer Marke j zu einem Zeitpunkt t werden Kostensenkungen auf der Basis des **Erfahrungskurvenkonzepts** unterstellt. Die Erfahrungskurve ist ein betriebswirtschaftliches Konzept, das erstmals 1925 im US-amerikanischen Flugzeugbau entdeckt und in den siebziger Jahren des vergangenen Jahrhunderts durch Arbeiten der Boston Consulting Group weiterentwickelt wurde.[539] Das Konzept besagt, dass die inflationsbereinigten realen Stückkosten konstant sinken, wenn sich die kumulierte Produktionsmenge erhöht.[540] Als Hauptursachen können dynamische und statische Skaleneffekte identifiziert werden. Dynamische Skaleneffekte ergeben sich durch Lerneffekte (Produktivitätssteigerungen), technologischen Fortschritt (kostengünstigere Fertigungsverfahren) und kontinuierliche Rationalisierungsmaßnahmen zur Verbesserung der betrieblichen Prozesse. Statische Skaleneffekte lassen sich durch Betriebsgrößenvorteile bspw. im Einkauf begründen.

Die marketingfremden produktspezifischen variablen Stückkosten in Periode t hängen im hybriden CE-Wettbewerbsmodell daher von der prognostizierten **kumulierten Absatzmenge** einer Marke j, $\sum_{t'=0}^{t} Q_j^{t'}$ gemäß Gleichung (29) ab. Darüber hinaus wird ein Lernkurveneffekt λ unterstellt, der den Prozentsatz der Stückkostensenkung bei Verdoppelung der Absatzmenge beschreibt. Somit können die produktspezifischen variablen Stückkosten zum Zeitpunkt t durch den Ausdruck

$$k_j^t = k_j \cdot \left(\frac{\sum_{t'=0}^{t} Q_j^{t'}}{Q_j^0} \right)^{\mu} \qquad (40)$$

---

[538] Vgl. JING (2006), S. 250.
[539] Vgl. VON OETINGER (2000a), S. 543 ff.
[540] Typischerweise sinken die Kosten um 20 bis 30 % bei einer Verdoppelung der kumulierten Produktionsmenge, vgl. HENDERSON (1972), S. 1.

mit $\mu = \dfrac{\ln(1-\lambda)}{\ln 2}$ bestimmt werden. Analog hierzu ergeben sich die segmentspezifischen marketingfremden variablen Stückkosten k_{mj}^t in den einzelnen Nachfragersegmenten.

4.4.3.3 Lebenszykluskosten

Neben den marketingfremden variablen Stückkosten k_j^t werden in dieser Untersuchung außerdem **marketingrelevante periodische Lebenszykluskosten** LCC_j^t der Marke j in Periode t betrachtet.[541] Diese Kosten sind durch Beziehungsmarketingaktivitäten sowie Serviceleistungen der Unternehmen bedingt. In Anlehnung an HUNDACKER (2005) lassen sich die Lebenszykluskosten entlang der Kundenlebenszyklen Kundenakquisition, Kundendurchdringung und Kundensicherung differenziert betrachten.[542]

Die Lebenszykluskosten einer Marke werden in dieser Untersuchung ebenfalls durch die **Qualitätsentscheidungen** der Marktanbieter beeinflusst. Qualitätsorientierte Käufer einer qualitativ höherwertigen Marke setzen aufgrund des gezahlten Preispremiums häufig auch ein besonderes Maß an **Servicequalität** und Beziehungsmarketinganstrengungen der Marktanbieter voraus. Daher sollte der Marktanbieter eine qualitativ hochwertige Marke mit einem höheren Grad an Servicelevel anbieten, um bei seiner Zielgruppe ceteris paribus eine höhere Kundenzufriedenheit[543], Kundenbindung[544] und damit einen höheren CLV[545] zu erzielen. Umgekehrt kann bei eher preisorientierten Käufern einer qualitativ und preislich niedriger einzustufenden Marke ein niedrigeres Level an Servicequalität angesetzt werden, ohne eine signifikante Beeinträchtigung der Kundenzufriedenheit bzw. -bindung befürchten zu müssen. Ingesamt impliziert somit die gewählte Qualitätsentscheidung der Marken im hybriden CE-Wettbewerbsmodell die Höhe der Lebenszykluskosten. Eine Qualitätserhöhung bzw. -senkung hat eine Erhöhung bzw. Senkung der Lebenszykluskosten

---

[541] Vgl. BRUHN (2002), S. 187.
[542] Vgl. HUNDACKER (2005), S. 125.
[543] Vgl. RUST und ZAHORIK (1993), BOLTON (1998), BOLTON und LEMON (1999), LAM et al. (2004).
[544] Vgl. RUST und ZAHORIK (1993), BELL et al. (2005).
[545] Vgl. BERGER et al. (2002), GUPTA und ZEITHAML (2006).

LCC_j^t der Marke zur Folge. Analog verhalten sich die segmentspezifischen Lebenszykluskosten LCC_{mj}^t in den einzelnen Nachfragersegmenten.

4.4.4 Investitionen

Wichtig für die Planung strategischer Unternehmensentscheidungen ist die **Trennung zwischen variablen und fixen Kosten**. Variable Kosten sind von der Ausbringungsmenge abhängig. Fixe Kosten sind dagegen zumindest innerhalb bestimmter Intervalle von der Ausbringung unabhängig.[546] Die bisherigen Kostengrößen betrachten ausschließlich variable Kosten. Jedoch werden durch Qualitätsentscheidungen auch Fixkosten v. a. in Form von F&E-Aufwendungen verursacht.

Dabei werden Investitionen sowohl bei **Qualitätserhöhungen** als auch **-senkungen** einer Marke notwendig. Während die Investitionen bei einer Erhöhung der Markenqualität naheliegend erscheint, sind Investitionen bei einer Qualitätssenkung auf den ersten Blick überraschend. Jedoch kann auch dabei ein Entwicklungsaufwand durch den Einsatz neuer Materialien oder Produktfunktionalitäten entstehen.

Im Rahmen dieser Arbeit werden anfallende fixe Kosten im Sinn einer Investitionsrechnung als **Investitionen** INV_j^t zum Zeitpunkt der Qualitätsentscheidung t modelliert.[547] Die Investitionen können dabei auch notwendige Aufwendungen nach dem Zeitpunkt der Qualitätsentscheidung umfassen, die jedoch auf t abdiskontiert werden. Die Größe INV_j^t stellt somit den Barwert aller durch die Qualitätsentscheidung notwendigen Investitionen der Marke über den gesamten Betrachtungszeitraum dar. Analog ergeben sich die Investitionen INV_{mj}^t einer segmentspezifischen Marktbearbeitung.

Die Betrachtung notwendiger Investitionen trägt insbesondere der kapitalwertorientierten Betrachtung des verwendeten CE-Konstrukts Rechnung. Der Fokus liegt in dieser Untersuchung auf **aktuellen bzw. zukünftigen Investitionen der Marken**. Jedoch werden für die Bestimmung des CE einer Marke bereits in der Vergangenheit getätigte Investitionen bzw. Fixkosten der Marke nicht berücksichtigt. Somit wird im-

---

[546] Vgl. MEFFERT et al. (2008), S. 524 f.
[547] Vgl. HUNGENBERG und WULF (2006), S. 392 ff.

plizit angenommen, dass zukünftige Änderungen der prognostizierten Cashflows der Nachfrager nur durch aktuell bzw. zukünftig getätigte Investitionen hervorgerufen werden. Bereits getätigte Investitionen verändern jedoch nicht das zukünftige Markenwahlverhalten der Nachfrager.

4.5 Customer Equity als Steuerungsgröße der Unternehmensführung

Durch die Beschreibung der Marktnachfrage und des Marktangebots lassen sich nun der nachfragerindividuelle CLV und das aggregierte CE als kunden- und wertorientierte Steuerungsgrößen der Unternehmensführung herleiten.[548] Als Entscheidungsgröße für die Festlegung einer optimalen Marktbearbeitungsstrategie im hybriden CE-Wettbewerbsmodell wird darüber hinaus die relative investitionsbereinigte Änderung des CE eingeführt.

4.5.1 Nachfragerindividuelle Kundenlebenszeitwerte

Der CLV einer Nachfragerbeziehung lässt sich zu einem Betrachtungszeitpunkt t aus den prognostizierten Produktdeckungsbeiträgen der Beziehung über den endlichen Betrachtungszeitraum $[t,T]$ mit der betrachteten Marke ermitteln. Diese Zahlungsströme werden auf den Betrachtungszeitpunkt t anhand der Discounted-Cashflow-Methode[549] abgezinst. Als geeigneter Diskontierungssatz wird dabei im Sinn eines wertorientierten Shareholder-Value-Ansatzes[550] ein risikoadäquater Kapitalkostensatz aus der Sicht der betrachteten Marke verwendet.[551] Somit werden die gewichteten durchschnittlichen Kapitalkosten (Weighted Average Cost of Capital (WACC)) verwendet, die neben den Fremdkapitalkosten auch die Eigenkapitalkosten einer Unternehmung mit einer Risikoprämie berücksichtigen.[552] Insgesamt kann der CLV eines Nachfragers c im Segment m für eine Marke j zum Beobachtungszeitpunkt t, CLV_{cj}^{t} folgendermaßen formuliert werden:

$$CLV_{cj}^{t} = \sum_{\tau=t}^{T} \frac{\left(p_{j}^{\tau} - k_{j}^{\tau} - LCC_{j}^{\tau}\right) \cdot \hat{\pi}_{cj}^{\tau} \cdot f_{cj}}{(1+WACC)^{\tau-t}}. \qquad (41)$$

---

[548] Vgl. GUPTA und ZEITHAML (2006), S. 718 f.
[549] Vgl. SCHWEICKART und TÖPFER (2006), S. 18 f.
[550] Vgl. HUNGENBERG und WULF (2006), S. 60.
[551] Vgl. SCHWEICKART und TÖPFER (2006), S. 165.
[552] Vgl. SCHWEICKART und TÖPFER (2006), S. 29.

Im Zähler des Terms in Gleichung (41) finden sich die **erwarteten Cashflows der Nachfragerbeziehung** über den gesamten Planungshorizont. Der Produktdeckungsbeitrag der Marke wird dabei mit der erwarteten Markenwahlwahrscheinlichkeit des Nachfragers und seiner Kaufhäufigkeit multipliziert. Die erwarteten Cashflows werden für die Bestimmung des CLV summiert und auf den heutigen Betrachtungszeitpunkt abdiskontiert.

Die Marktbearbeitungsstrategien der Unternehmen werden im hybriden CE-Wettbewerbsmodell segmentspezifisch bzw. auf der Gesamtmarktebene festgelegt. Für die Steuerung der Nachfragerbeziehungen im jeweiligen Segment steht die **Ermittlung segmentspezifischer CLV** im Mittelpunkt der Betrachtung. Der segmentspezifische CLV eines Nachfragers im Segment m ergibt sich dabei analog zur nachfragerindividuellen Ermittlung in Gleichung (41):

$$CLV_{mj}^t = \sum_{\tau=t}^{T} \frac{(p_{mj}^\tau - k_{mj}^\tau - LCC_{mj}^\tau) \cdot \hat{\pi}_{mj}^\tau \cdot f_{mj}}{(1+WACC)^{\tau-t}}. \qquad (42)$$

Im Vergleich zum CLV in Gleichung (41) unterscheidet sich dieser Ausdruck in der Verwendung **durchschnittlicher segmentspezifischer Größen**. Die Preis- und variablen Kosten hängen von der gewählten Marktbearbeitungsstrategie der Marke für das jeweilige Segment ab. Die Ermittlung der durchschnittlichen Markenwahlwahrscheinlichkeiten ergibt sich dabei durch die Mittelwertbildung der nachfragerindividuellen Wahrscheinlichkeiten gemäß Gleichung (23). Analog lassen sich die durchschnittlichen Kaufhäufigkeiten der Nachfrager im jeweiligen Segment bestimmen.

Die CLV-Größen in den Gleichungen (41) und (42) ähneln in ihrer Struktur den CLV-Darstellungen typischer Black-Box-CE-Modelle.[553] Jedoch weist der verwendete CLV des hybriden CE-Wettbewerbsmodells fundamentale Unterschiede zu diesen Konzepten auf. Umsatz- und Kostengrößen werden in Black-Box-CE-Modellen meist als exogene Größen formuliert, die nicht näher durch Marktbearbeitungsstrategien und ihre Wirkung auf die Nachfragerbeziehung beschrieben werden. Der in dieser Untersuchung verwendete CLV-Ansatz gründet sich hingegen auf einen prognostizierten Cashflow der Kundenbeziehung, der durch eine ermittelte **Nutzenassoziation der Nachfrager** bzgl. der Marke und der gewählten Marktbearbeitungsstrategie beschrieben wird. Darüber hinaus werden variable Kosten **modellendogen** in Ab-

---

[553] Vgl. bspw. GUPTA et al. (2006), S. 141.

hängigkeit der gewählten Marktbearbeitungsstrategie für eine Marke bestimmt. Im Vergleich zu herkömmlichen Black-Box-CE-Modellen lässt sich somit für das entwickelte CLV-Konstrukt ein **höheres Steuerungspotenzial aus der Sicht der Markenführung** konstatieren.

4.5.2 Aggregiertes Customer Equity

Aus **Markensicht** wird der monetäre Wert aller Nachfragerbeziehungen einer Marke in einem Nachfragersegment zu einem **segmentspezifischen CE** zusammengefasst. Das CE für ein Segment zu einem Beobachtungszeitpunkt t ergibt sich als Produkt des prognostizierten durchschnittlichen CLV aller Nachfragerbeziehungen im Segment m bzgl. der Marke gemäß Gleichung (42) und der Anzahl Nachfrager C_m im Segment analog zu Gleichung (29):

$$CE_{mj}^t = CLV_{mj}^t \cdot C_m. \qquad (43)$$

Somit werden alle Nachfrager in einem Segment zur Ermittlung des markenspezifischen CE berücksichtigt und nicht, wie bspw. im Ansatz von HUNDACKER (2005), nur die jeweils aktiven Kunden einer Marke. Der Grund hierfür liegt in der Modellierung des CLV einer Nachfragerbeziehung als Always-a-share-Ansatz.[554] Der CLV umfasst die wahrscheinlichkeitsbereinigten zu erwartenden Umsätze jedes Nachfragers im Segment und nicht nur die Umsätze der jeweils aktiven Kunden, die sich tatsächlich für die Marke entscheiden. Übergreifend kann ein **markenspezifisches CE über alle Segmente** hinweg anhand des segmentspezifischen Marken-CE in Gleichung (43) bestimmt werden:

$$CE_j^t = \sum_{m=1}^{M} CE_{mj}^t. \qquad (44)$$

4.5.3 Customer-Equity-basierte Steuerungsgrößen der Unternehmensführung

Auf der Basis der hergeleiteten CE-Größen lassen sich nun Steuerungs- bzw. Entscheidungsgrößen aus der Sicht der Unternehmensführung herleiten. Die Vorteilhaftigkeit einer Marktbearbeitungsstrategie kann durch den Vergleich der prognostizierten CE-Veränderung der Strategieoption mit den dafür notwendigen Investitionen ermittelt werden. Die **relative investitionsbereinigte Änderung des CE**, ∂CE, fun-

---

[554] Vgl. DWYER (1997), S. 8.

giert dabei als Entscheidungsgröße aus Markensicht zur Festlegung optimaler Marktbearbeitungsstrategien für ein Nachfragersegment:

$$\partial CE_{mj}^t = \frac{\Delta CE_{mj}^t - INV_{mj}^t}{CE_{mj}^t}. \qquad (45)$$

Im Fall einer undifferenzierten **Gesamtmarktbearbeitung** ergibt sich analog:

$$\partial CE_j^t = \frac{\Delta CE_j^t - INV_j^t}{CE_j^t}. \qquad (46)$$

Diese Entscheidungsgrößen bieten gegenüber einer ROI-Betrachtung wie bei RUST et al. (2004b) und HUNDACKER (2005) den Vorteil, dass sich Strategieoptionen mit bzw. ohne notwendige Investitionen miteinander vergleichen lassen.[555] Eine herkömmliche ROI-Analyse setzt hingegen eine Investition im Rahmen einer Marktbearbeitungsstrategie voraus. Im hybriden CE-Wettbewerbsmodell stellen jedoch Preisentscheidungen Strategieoptionen ohne erforderliche Investitionen dar. Anhand der relativen investitionsbereinigten CE-Änderung aus den Gleichungen (45) bzw. (46) lässt sich die Vorteilhaftigkeit von Preis- und Qualitätsentscheidungen anhand einer einzigen umfassenden Entscheidungsgröße vergleichen.

Auf der Basis des CE-Konstrukts lassen sich weitere wertorientierte Kennzahlen für die Unternehmensführung ableiten. Insbesondere kann als Alternative zu herkömmlichen Marktanteilen wie in Gleichung (27) ein **CE-orientierter Marktanteil** für eine Marke j, $MSCE_j^t$, bestimmt werden:

$$MSCE_j^t = \frac{CE_j^t}{\sum_j CE_j^t}. \qquad (47)$$

Dazu analog ergibt sich ein **segmentspezifischer CE-Anteil** für eine Marke j, $SSCE_j^t$:

$$SSCE_j^t = \frac{CE_{mj}^t}{\sum_j CE_{mj}^t}. \qquad (48)$$

Aufgrund der gesamthaften Betrachtung von CE und Investitionen wird im Rahmen dieser Untersuchung die relative investitionsbereinigte CE-Änderung für die Festlegung optimaler Marktbearbeitungsstrategien verwendet. Jedoch ermöglichen auch die wertorientierten Marktanteilsgrößen in den Gleichungen (47) und (48) interessan-

---

[555] Vgl. RUST et al. (2004b), S. 121; HUNDACKER (2005), S. 133.

te Einblicke in die Werthaltigkeit der Nachfragerbeziehungen aus Unternehmenssicht. Insbesondere erlaubt der Vergleich mit dem herkömmlichen Segment- oder Marktanteil einer Marke Rückschlüsse auf den relativen Wert der Kundenbeziehungen im Vergleich zum Wettbewerb.

4.6 Wettbewerbsverhalten der Marktanbieter

4.6.1 Normstrategien im hybriden CE-Wettbewerbsmodell

Anhand der jeweiligen Preis- und Qualitätsentscheidungen einer Marke lassen sich unterschiedliche Typen von Marktbearbeitungsstrategien unterscheiden. Ziel ist dabei die Herleitung von **Normstrategien**, „welche die allgemeine Entwicklungsrichtung (strategische Stoßrichtung) für einzelne Geschäftseinheiten aufzeigen."[556] Im Rahmen dieser Untersuchung stehen dabei insbesondere Normstrategien in **stagnierenden Märkten** im Mittelpunkt.[557] Grund hierfür ist der aus Wettbewerbssicht interessante ausgeprägte Verdrängungswettbewerb in Märkten mit einer starken Stagnation des Marktvolumens. Die verwendeten Normstrategien stellen bzgl. ihres Charakters Marktbehauptungsstrategien von Marken in einem stagnierenden Umfeld dar. Rückzugs- bzw. Marktaustrittsstrategien werden dabei nicht betrachtet. Somit wird eine Entscheidung über den Grad der Marktabdeckung nicht getroffen. Diese Form der Marktbearbeitungsstrategie ist jedoch jederzeit im Modell implementierbar und würde sich im Fall eines negativen CE aus der Sicht der Marke anbieten.[558]

Die in dieser Untersuchung abgeleiteten Normstrategien beschreiben die Veränderung der Marke gegenüber dem Status quo, ihrer heutigen Marktpositionierung.[559] Als Marktpositionierung wird in dieser Untersuchung „das Bestreben des Unternehmens, sein Angebot so zu gestalten, dass es im Bewusstsein des Zielkunden einen besonderen, geschätzten und von Wettbewerbern abgesetzten Platz einnimmt"[560] verstanden. Die Normstrategien der Marken implizieren daher eine Änderung des Bewusstseins der Nachfrager als Folge seiner subjektiven Informationsverarbeitungsvorgän-

---

[556] MEFFERT et al. (2008), S. 253. Ähnlich hierzu BERNDT (2005), S. 87 f.
[557] Vgl. MEFFERT et al. (2008), S. 276 ff.
[558] Vgl. MEFFERT et al. (2008), S. 280.
[559] Zu Risiken der Nutzung von Normstrategien vgl. MEFFERT et al. (2008), S. 281 f. Dieser Aspekt wird in der vorliegenden Arbeit in Kapitel 7 aufgegriffen und diskutiert.
[560] KOTLER et al. (2007), S. 423. Die Positionierung bezieht sich dabei auf die zielgerichtete Einordnung eines Objektes in einen mehrdimensionalen Merkmalsraum, vgl. MEFFERT (2000), S. 353 ff.

ge.[561] Die Normstrategien im hybriden CE-Wettbewerbsmodell können aus diesem Grund eine **Re-Positionierung der Marke** im betrachteten Markt bzw. im jeweiligen Nachfragersegment hervorrufen.[562]

Insgesamt lassen sich fünf verschiedene Optionen für Normstrategien unterscheiden, die im Folgenden näher vorgestellt werden. Abbildung 13 fasst die möglichen **Normstrategien im hybriden CE-Wettbewerbsmodell** zusammen.

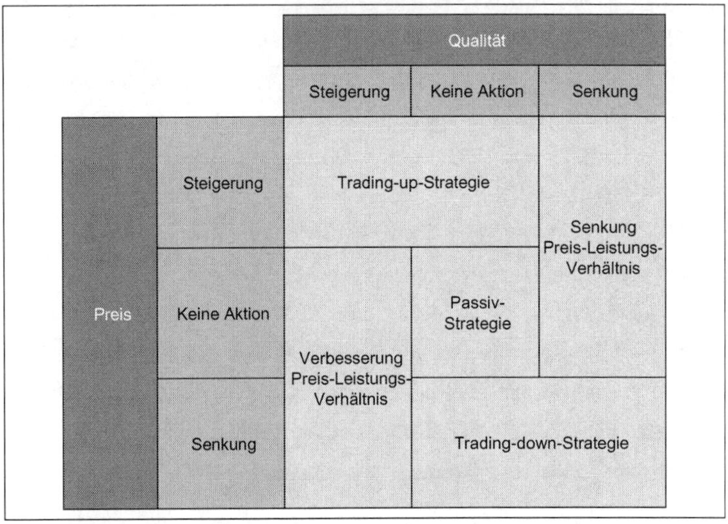

		Qualität		
		Steigerung	Keine Aktion	Senkung
Preis	Steigerung		Trading-up-Strategie	
	Keine Aktion			Senkung Preis-Leistungs-Verhältnis
			Passiv-Strategie	
		Verbesserung Preis-Leistungs-Verhältnis		
	Senkung		Trading-down-Strategie	

Abbildung 13: Normstrategien im hybriden CE-Wettbewerbsmodell
Quelle: Eigene Darstellung

Die **Passiv-Strategie** lässt sich als trivialste Normstrategie in Abbildung 13 identifizieren. Bei der Wahl dieser Strategieform nimmt der Marktanbieter keine Änderungen am Herstellerpreis und an der Qualität der Marke vor. Mit dieser Strategie soll die aktuelle Positionierung im Markt beibehalten werden. Jedoch wird dabei die Dynamik des Wettbewerbsumfelds vernachlässigt. Bei der Wahl einer Passiv-Strategie kommt es vielmehr zu einer – ggf. ungewollten – Re-Positionierung der Marke.[563] Diese er-

---

[561] Vgl. BURMANN und FEDDERSEN (2007), S. 21.
[562] Die Re-Positionierung umfasst in dieser Arbeit sowohl die Um- als auch die Neupositionierung der Marke. Während bei einer Umpositionierung die bisherige Zielgruppe weitgehend erhalten bleibt und lediglich eine Zielgruppen-Verlagerung bzw. -Erweiterung stattfindet, wird durch die Neupositionierung eine völlig neue Zielgruppe unter den Nachfragern angesprochen, vgl. BERNDT (2005), S. 92 f.; ESCH (2007), S. 152ff.
[563] Vgl. BERNDT (2005), S. 92.

gibt sich aus den Marktbearbeitungsstrategien der konkurrierenden Marken und der daraus resultierenden Verschiebung der relativen Markenpositionierung.

Eine **Trading-up-Strategie**[564] ist dadurch charakterisiert, dass zusätzlich zu einer Qualitätserhöhung auch eine Preiserhöhung durchgeführt wird. Außerdem umfasst diese Form der Marktbearbeitungsstrategie die Möglichkeit einer Preiserhöhung bei konstanter Qualität. Im Rahmen dieser Normstrategie wird folglich eine Preiserhöhung aufgrund einer guten wahrgenommenen Markenqualität durch die Nachfrager begründet. Die positive Qualitätswahrnehmung der Nachfrager kann dabei entweder durch eine tatsächliche, gleichzeitig durchgeführte Qualitätserhöhung der Marke oder aber durch eine verbesserte Qualitätswahrnehmung der Marke ohne eine eigentliche Änderung der Markenqualität zu Stande kommen. Eine verbesserte Qualitätswahrnehmung der Nachfrager ohne eine objektive Änderung der Markenqualität kann bspw. durch eine sog. „Flüsterpropaganda" zufriedener Kunden, erfolgreiche Tests sowie positive Berichte in Fachzeitschriften etc. entstehen.[565] Bei einer Trading-up-Strategie wird folglich versucht, die Preiserhöhung durch die höheren variablen Kosten und notwendigen Investitionen im Fall einer Qualitätserhöhung zu erklären. Wenn jedoch aus Markensicht keine Qualitätserhöhung durchgeführt wurde, wird der Bedeutung eines höheren Preises als Qualitätsindikator für die Nachfrager Rechnung getragen.[566]

Demgegenüber steht die **Trading-down-Strategie**,[567] die die gleichzeitige Preis- und Qualitätssenkung einer Marke sowie eine Preissenkung bei konstanter Markenqualität umfasst. Der erwirtschaftete Kostenvorteil aufgrund der Qualitätsreduktion wird in Form einer Preisreduktion an die Nachfrager weitergegeben. Bei dieser Form der Marktbearbeitungsstrategie wird somit versucht, gegenüber dem Status quo preissensitivere und qualitätsinsensitivere Nachfrager anzusprechen. Das primäre Ziel einer Preissenkung bei konstanter Qualität ist es, die Nachfrager durch ein nunmehr verbessertes Preis-Leistungs-Verhältnis zu einer Kaufentscheidung zu bewegen.[568]

---

[564] Vgl. MEFFERT et al. (2008), S. 404.
[565] Vgl. MEFFERT et al. (2008), S. 822.
[566] Vgl. BERNDT (2005), S. 245 f.
[567] Vgl. MEFFERT et al. (2008), S. 404.
[568] Vgl. BERNDT (2005), S. 59.

Die Erhöhung der Markenqualität zusammen mit einem konstanten oder reduzierten Preis führt zu einer **Verbesserung des Preis-Leistungs-Verhältnisses**. Diese Art der Marktbearbeitung fokussiert sich auf eine signifikante Steigerung des Nettonutzens der Nachfrager. Ziel aus Anbietersicht ist somit eine signifikante Steigerung des Marktanteils. Aufgrund ihres stark negativen Effekts auf den Produktdeckungsbeitrag wegen der Preissenkung und/oder der erhöhten variablen Stückkosten lässt sich eine solche Strategie nur vorübergehend durchführen. Zusätzlich müssen notwendige Investitionen in F&E für die Erhöhung der Produktqualität berücksichtigt werden. Diese Art der Marktbearbeitung lässt sich häufig als Reaktion auf den Markteintritt eines neuen Wettbewerbers oder aber in einem intensiven Verdrängungswettbewerb unter etablierten Wettbewerbern beobachten.[569] Die Verbesserung des Preis-Leistungs-Verhältnisses stellt vom Charakter her eine sog. **Konfliktstrategie** dar.[570] Damit ist die Zielsetzung verbunden, im Vergleich zum Wettbewerber bedeutende Marktanteile zu gewinnen und möglicherweise die Marktführerschaft zu verteidigen bzw. zu erringen.

Im Gegensatz dazu fokussiert eine **Senkung des Preis-Leistungs-Verhältnisses** auf eine Steigerung des Produktdeckungsbeitrags. Dazu wird ein konstanter oder erhöhter Preis zusammen mit einer reduzierten Markenqualität angeboten. Ziel ist somit die Erhöhung der Profitabilität der angebotenen Marke durch einen erhöhten Preis oder aber durch reduzierte variable Stückkosten. Demgegenüber müssen jedoch Investitionen in Form von F&E-Aufwendungen für die Neuspezifizierung des qualitativ herabgestuften Produkts eingeplant werden. Als Trade-off der Senkung des Preis-Leistungs-Verhältnisses müssen aufgrund einer Senkung des Kundennettonutzens Abwanderungen bisheriger Kunden in Kauf genommen werden. Diese Form der Marktbearbeitungsstrategie besitzt aus der Sicht der Marktanbieter den Charakter einer **Kooperationsstrategie**.[571] Die Wahl einer Senkung des Preis-Leistungs-Verhältnisses kann durch die Einsicht aller Marken begründet werden, dass ein Entgegenkommen der Wettbewerber – bspw. durch eine orchestrierte Preiserhöhung bei reduzierter Qualität – eine höhere Profitabilität für alle Marken zur Folge hat als ein

---

[569] Vgl. bspw. HORSKY und NELSON (1992) sowie CHOI et al. (1990).
[570] Vgl. MEFFERT et al. (2008), S. 311 ff. Die Trading-down-Strategie einer Preissenkung bei konstanter Qualität stellt somit ebenfalls eine Konfliktstrategie dar.
[571] Vgl. MEFFERT (2000), S. 285. Die Trading-up-Strategie einer Preiserhöhung bei konstanter Qualität stellt somit ebenfalls eine Kooperationsstrategie dar.

intensiver Wettbewerb. Wie bereits in Kapitel 3.3.4 beschrieben, sind solche sog. impliziten Preisabsprachen v. a. in oligopolistischen Märkten häufig das vorherrschende Wettbewerbsverhalten.[572]

4.6.2 Markentypologien im hybriden CE-Wettbewerbsmodell

Für eine bessere Interpretation des Wettbewerbsverhaltens im hybriden CE-Wettbewerbsmodell werden im Folgenden unterschiedliche **Markentypologien** hergeleitet. Die Bildung von Typologien ist in der Marketingwissenschaft ein weit verbreitetes Vorgehen. Typologien sind im Marketing dadurch gekennzeichnet, dass sie „typenübergreifend differenzierte, innerhalb eines Typs aber einheitliche Implikationen für das Marketing besitzen."[573] Anhand der entwickelten Normstrategien ist es möglich, bestimmte Implikationen für die einzelnen Markentypologien herzuleiten. In dieser Arbeit werden Markentypologien entlang zweier Dimensionen unterschieden (vgl. Abbildung 14).

Zum einen wird die **Größe der Anbietermarke** entlang ihres mengen- oder stückmäßigen Marktanteils[574] betrachtet. Dabei lassen sich sog. Nischenmarken von marktbeherrschenden Marken unterscheiden. Während ein Marktführer meist große Teile des Gesamtmarkts abdeckt, spezialisieren sich Nischenmarken auf bestimmte Teile des Markts und weisen daher nur einen kleinen übergreifenden Marktanteil auf.[575] Die Betrachtung des Marktanteils folgt der Annahme des SCP-Paradigmas der Harvard-Schule und der Industrieökonomik, wonach das strategische Wettbewerbsverhalten der Unternehmen durch die Marktgegebenheiten bestimmt wird.[576]

Als zweite Dimension wird die **Art des Wettbewerbsvorteils** der jeweiligen Marke analysiert. In Anlehnung an BACKHAUS und VOETH (2007) kommt ein Wettbewerbsvorteil oder Nettonutzen-Vorteil nur dann zustande, wenn sich dieser auf ein bedeutsames, durch die Nachfrager wahrgenommenes Leistungsmerkmal der Marke be-

---

[572] Vgl. NEVO (2001) für den US-amerikanischen Cornflakes-Markt sowie SUDHIR (2001a) im US-amerikanischen Automobilmarkt.
[573] MEFFERT (2000), S. 49.
[574] In diesem Zusammenhang wird ein mengenmäßiger – und nicht ein umsatzorientierter – Marktanteil verwendet, um Preiseffekte in dieser Betrachtungsdimension bewusst auszublenden. Preiseffekte werden rein in der Dimension der Art des Wettbewerbsvorteils analysiert.
[575] Vgl. MEFFERT et al. (2008), S. 296.
[576] Vgl. MASON (1939) und BAIN (1951) sowie die Ausführungen in den Kapiteln 3.1.5 und 3.1.6.

zieht, das dauerhaft und effizient gegenüber den konkurrierenden Marken aufrecht erhalten werden kann.[577]

Die Charakterisierung des Wettbewerbsvorteils erfolgt in dieser Untersuchung entlang der durch die Nachfrager **wahrgenommenen relativen Preis- und Qualitätsniveaus**. Diese zweidimensionale Betrachtung des Wettbewerbsvorteils basiert auf dem strategischen Positionierungsmodell von SEBASTIAN und MAESSEN (2003). Jedoch werden im Unterschied zu diesem Ansatz die wahrgenommenen Preis- und Qualitätsniveaus bereits im Kontext eines Wettbewerbsumfelds interpretiert. Als Ergebnis der Analyse der beiden relativen Preis- und Qualitätsniveaus der einzelnen Marken werden **Einschätzungen des Wettbewerbsvorteils** der einzelnen Marken abgeleitet.

Marken mit einem hohen relativen Preis-Qualitäts-Niveau zeichnen sich gegenüber ihren Wettbewerbern durch einen ausgeprägten **Leistungsvorteil** aus.[578] Die Kernkompetenz der Qualitätsführerschaft ermöglicht es der Marke, ein signifikantes Preispremium im Vergleich zu den Wettbewerbsmarken zu realisieren.[579] Marken mit einem niedrigen relativen Preis-Qualitäts-Niveau gegenüber den konkurrierenden Marken weisen als Kernkompetenz eine ausgesprochene Kostenführerschaft aus. Dabei wird vorausgesetzt, dass sich eine niedrigere wahrgenommene Qualität auch in einer günstigeren Kostenstruktur der Marke widerspiegelt. Somit verfügen diese Marken als Wettbewerbsvorteil gegenüber den Nachfragern über einen signifikanten **Preisvorteil**.[580]

Zusätzlich werden Marken mit einem mittleren relativen Preis-Qualitäts-Mix im hybriden CE-Wettbewerbsmodell unterschieden. Im strategischen Positionierungsmodell von SEBASTIAN und MAESSEN (2003) wird diese Form der Marktbearbeitungsstrategie als Mittelpreisstrategie bezeichnet. Hinsichtlich ihrer aktuellen Marktpositionierung kann jedoch kein unverwechselbares Nutzenangebot (Unique Selling Proposition (USP)) der Marke erkannt werden.[581] Entlang der Wettbewerbsstrategien nach

---

[577] Vgl. BACKHAUS und VOETH (2007), S. 15 ff.
[578] Vgl. PORTER (2002).
[579] Vgl. HAMEL und PRAHALAD (1995), S. 307 ff.
[580] Vgl. MEFFERT et al. (2008), S. 298.
[581] Vgl. RIES und TROUT (2001), S. 19 f.

PORTER (2002) verfügen diese über **keinen eigentlichen Wettbewerbsvorteil** gegenüber ihren konkurrierenden Marken.

Insgesamt lassen sich entlang der Markengröße und der Art des Wettbewerbsvorteils **vier Markentypologien** unterscheiden (vgl. Abbildung 14). Eine Premiummarke zeichnet sich neben ihrer Qualitätsführerschaft zusätzlich als Marktführer mit einem hohen Marktanteil aus. Nach der Strategiesystematik von PORTER (1998b) besitzt eine **Premiummarke** als Kernkompetenz eine Qualitätsführerschaft im Gesamtmarkt und somit einen Leistungsvorteil. Durch den starken Qualitätsfokus soll die Bedeutung des Preises als Kaufentscheidungskriterium in den Hintergrund treten. Dadurch kann eine Premiummarke auch langfristig eine hochpreisige Prämienpreisstrategie realisieren.[582]

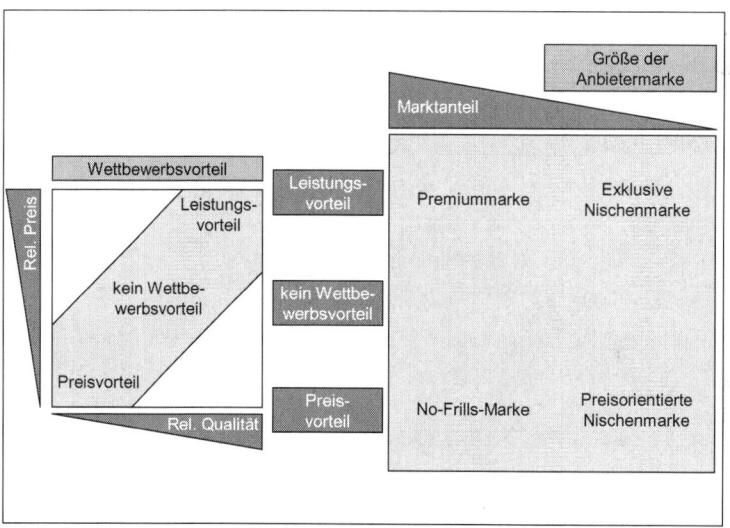

Abbildung 14: **Markentypologien im hybriden CE-Wettbewerbsmodell**
Quelle: Eigene Darstellung

Dagegen fokussiert eine **exklusive Nischenmarke** aufgrund des Leistungsvorteils auf besonders qualitätsorientierte Nachfragergruppen. Gemäß der Strategiesystematik von PORTER (2002) deckt eine exklusive Nischenmarke als qualitätsorientierter Marktnischenbearbeiter nur einen kleinen Teil des Gesamtmarkts ab.[583] Als Kernkompetenz weist der exklusive Nischenanbieter vergleichbar zur Premiummarke eine

---

[582] Vgl. MEFFERT (2000), S. 549 f.
[583] Vgl. BERNDT (2005), S. 93.

überlegene Produktqualität auf und verfügt somit gegenüber dem Wettbewerb über einen Leistungsvorteil. Deshalb kann ein exklusiver Nischenanbieter eine hochpreisige Prämienpreisstrategie – analog zur Premiummarke – aufrechterhalten.

Eine **No-Frills-Marke** weist dagegen einen ausgesprochenen Preisvorteil auf und verfügt als kostenorientierter Marktführer über einen großen Marktanteil. Die Profilierung einer No-Frills-Marke auf dem Gesamtmarkt erfolgt gemäß PORTER (2002) durch Kostenvorteile gegenüber den Wettbewerbermarken.[584] Dieser Kostenvorteil wird durch Erfahrungskurveneffekte aufgrund einer hohen Absatzmenge der No-Frills-Marke verstärkt. No-Frills-Marken finden sich in Produktmärkten v. a. im Einzelhandel bei Discountern wie Aldi oder Lidl. Jedoch hat sich diese Form der Marktbearbeitung bereits in vielen Dienstleistungsbranchen etabliert. Als Beispiele sind hier die sog. Low-Cost-Carrier im Linienflugverkehr zu nennen.[585]

Die **kostenorientierte Nischenmarke** fokussiert hingegen aufgrund des Preisvorteils v. a. auf besonders preissensitive Nachfragergruppen. Im Rahmen des Marktangebots wird besonders das Preis-Leistungs-Verhältnis der Marke betont. Die Profilierung der kostenorientierten Nischenmarke erfolgt somit gemäß PORTER (2002) durch Kostenvorteile gegenüber den Wettbewerbermarken. Der Preis rückt daher als entscheidendes Kriterium bei der Markenwahl durch die Nachfrager in den Vordergrund. Jedoch wählt die kostenorientierte Nischenmarke im Gegensatz zur No-Frills-Marke eine Marktnischenstrategie, die v. a. besonders preissensitive Nachfrager im Markt anspricht.

4.6.3 Normstrategien und ihre Implikationen für die Markentypologien

4.6.3.1 Strategieformulierungsprozess

Im Folgenden werden nun die Implikationen der möglichen Normstrategien für alle vier Markentypologien analysiert. Dabei werden die drei typischen Ebenen eines **Strategieformulierungsprozesses** für die Charakterisierung der Normstrategien verwendet (vgl. Tabelle 15).[586] In der ersten Ebene, der **Strategie-Position**, wird geprüft, ob die in der Vergangenheit gewählte Marktbearbeitungsstrategie beibehalten

---

[584] Vgl. MEFFERT et al. (2008), S. 506; HUNDACKER (2005), S. 103.
[585] Vgl. STELTER et al. (2004), S. 5 f.
[586] Vgl. BERNDT (2005), S. 92f.

werden soll oder nicht. Dabei werden als Positionierungsstrategien die Beibehaltung bzw. der Ausbau der aktuellen Marktpositionierung sowie eine Re-Positionierung der Marke unterschieden.

In der zweiten Ebene, der **Strategie-Substanz**, wird der angestrebte Wettbewerbsvorteil der Marke bestimmt. Dabei sind insbesondere die Kosten- bzw. Preisführerschaft und die Qualitätsführerschaft zu nennen.[587] Die Strategie der Kosten- bzw. Preisführerschaft zielt auf die Realisierung signifikanter Kostenvorteile gegenüber den Wettbewerbsmarken ab. Voraussetzung für die Realisierung der Kostensenkungspotenziale ist die Ausnutzung von Erfahrungskurveneffekten. Demgegenüber besteht die Strategie der Leistungsführerschaft in einer Differenzierung der Marke gegenüber dem Wettbewerb. Dabei wird das Ziel verfolgt, dass die Marke von den Nachfragern als einzigartiges Produkt wahrgenommen werden soll. In dieser Untersuchung werden Differenzierungsvorteile v. a. durch die Qualität der angebotenen Marke realisiert.

	Beschreibung	Mögliche Ausprägungen
Strategie-Position	Vergleich der aktuellen mit der bisherigen Strategie der Marke	• Beibehaltung bzw. Ausbau der aktuellen Marktpositionierung • Re-Positionierung der Marke
Strategie-Substanz	Angestrebter Wettbewerbsvorteil der Marke	• Kosten- bzw. Preisführerschaft • Leistungsführerschaft/ Differenzierung
Strategie-Stil	Antizipierte Rolle der jeweiligen Marke im Wettbewerbsumfeld	• Marktführer • Marktherausforderer • Marktmitläufer • Marktnischenbearbeiter

Tabelle 15: Strategieformulierungsprozess zur Beschreibung der Normstrategien
Quelle: Eigene Darstellung

Die dritte Ebene, der **Strategie-Stil**, beschreibt die antizipierte Rolle der jeweiligen Marke im Wettbewerbsumfeld. Dabei sind v. a. die Optionen Marktführer, Markther-

---

[587] Vgl. MEFFERT et al. (2008), S. 298.

ausforderer, Marktmitläufer sowie Marktnischenbearbeiter zu nennen. Für einen Marktführer ist meist ein Wettbewerbsverhalten typisch, das auf eine Intensivierung seiner Aktivitäten und einen Ausbau seines USP ausgerichtet ist. Ziel des Marktführers ist es, seinen aktuellen Wettbewerbsvorteil gegenüber seinen Wettbewerbern zu erhalten bzw. auszubauen. Marktherausforderer versuchen dagegen die Position des Marktführers anzugreifen und ihren Marktanteil zu erhöhen. Typische Maßnahmen von Marktherausforderern sind bspw. drastische Preissenkungen. Marktmitläufer passen sich hingegen dem Wettbewerber an und bemühen sich lediglich, ihren aktuellen Marktanteil zu erhalten. Aggressive Marktbearbeitungsstrategien werden vermieden und ein defensives Verhalten bevorzugt. Marktnischenbearbeiter spezialisieren sich hingegen auf kleinere Nachfragergruppen und versuchen so Qualitäts- oder Preisvorteile gegenüber dem Wettbewerb aufzubauen.

Die Marktbearbeitungsstrategie einer Marke muss dabei immer **relativ zu den Strategien der Wettbewerbermarken** betrachtet werden. Erst durch die zusätzliche Wettbewerbsbetrachtung ergibt sich eine treffende Charakterisierung der gewählten Strategie. In diesem Zusammenhang lässt sich eine sog. Points-of-Difference- und eine Points-of-Parity-Positionierung unterscheiden.[588] Während die erste Strategieoption eine möglichst stark ausgeprägte Differenzierung einer Marke gegenüber den Wettbewerbermarken anstrebt, beschreibt die zweite Option eine weitgehende Imitation des Wettbewerberverhaltens. In Tabelle 15 kann der Strategie-Stil eines Marktführers und eines Marktnischenbearbeiters mit einer Points-of-Difference-Positionierung verglichen werden, während ein Marktmitläufer eher eine Points-of-Parity-Positionierung verfolgt.

4.6.3.2 Mehrdimensionales Positionierungsmodell

Die aktuellen und antizipierten Marktpositionierungen der Marken werden im hybriden CE-Wettbewerbsmodell durch ein **Positionierungsmodell** beschrieben.[589] Die Beschreibung der Marktpositionierung erfolgt dabei entlang der Dimensionen Markengröße und Art des Wettbewerbsvorteils, wie im Fall der Herleitung der Markentypologien (vgl. Kapitel 4.6.2). Der Wettbewerbsvorteil wird dabei durch die relativen, von den Nachfragern wahrgenommenen **preis- und qualitätsorientierten Nutzen-**

---

[588] Vgl. KELLER (2003), S. 131 ff.
[589] Vgl. BURMANN und FEDDERSEN (2007), S. 22.

assoziationen beschreiben. Die preis- und qualitätsorientierten Nutzenassoziationen werden dabei durch die beiden extrahierten Preis- und Qualitätsfaktoren der Faktorenanalyse operationalisiert. Neben einer Visualisierung der relativen Wettbewerbspositionierung der einzelnen Marken lassen sich in einem Positionierungsmodell besonders erfolgversprechende Positionierungsstrategien analysieren.

In dieser Arbeit wird die **Beibehaltung bzw. der Ausbau der aktuellen Marktposition** dadurch beschrieben, dass die Marken nach der Wahl ihrer optimalen Normstrategie weitgehend ihre ursprüngliche Marktposition im Positionierungsmodell beibehalten (vgl. Abbildung 15). Die **Re-Positionierung** einer Marke ergibt sich dagegen durch eine signifikante Verschiebung der Marke im Positionierungsmodell. Dabei muss jedoch immer eine relative Verschiebung der Marke bzgl. der Wettbewerbermarken berücksichtigt werden. Falls bspw. für alle Wettbewerbermarken eine Trading-up-Strategie durchgeführt wird, wird dadurch der Leistungsvorteil bzw. die Qualitätsführerschaft einer Premiummarke lediglich aufrechterhalten und nicht ausgebaut.

4.6.3.3 Interpretation der Normstrategien anhand der Markentypologien

Beide **qualitätsorientierten Marken**, die Premiummarke und die exklusive Nischenmarke, sind durch eine überlegene wahrgenommene Qualität bei einem zugleich hohen realisierten Preis charakterisiert.[590] Darüber hinaus realisiert die Premiummarke als Marktführer gegenüber den Wettbewerbermarken einen hohen Marktanteil. Die exklusive Nischenmarke fokussiert hingegen v. a. auf besonders qualitätssensitive, aber preisinsensitive Nachfragergruppen. Für den **Ausbau der aktuellen Marktpositionierung** steht der Premiummarke und der exklusiven Nischenmarke im hybriden CE-Wettbewerbsmodell eine Trading-up-Strategie zur Verfügung (vgl. Abbildung 15). Durch den Einsatz einer Trading-up-Strategie kann der Leistungsvorteil der Marke gemäß PORTER (2002) aufgrund einer konsequent verfolgten Qualitätsorientierung aufrechterhalten bzw. weiter vergrößert werden. Diese Strategie ist vergleichbar mit einer sog. Präferenzstrategie, die das Ziel verfolgt, durch den Einsatz nichtpreislicher Marketinginstrumente bei den Nachfragern einen hohen Nettonutzen zu generie-

---

[590] Vgl. MEFFERT (2000), S. 874 f.

ren.[591] Dieser Nettonutzen sollte am besten eine Alleinstellung erzeugen und dem Marktanbieter das Durchsetzen höherer Preise im Gesamtmarkt ermöglichen.

Im Gegensatz dazu führt eine Senkung des Preis-Leistungs-Verhältnisses der **qualitätsorientierten Marken** zu einer Fokussierung auf besonders qualitäts- und preissensitive Nachfragergruppen (vgl. Abbildung 15).[592] Eine Verbesserung des Preis-Leistungs-Verhältnisses zielt hingegen auf eine signifikante Marktanteilssteigerung der Marke. Der Marktanteilsgewinn wird jedoch durch einen schlechteren Produktdeckungsbeitrag „erkauft". Die Wahl einer Trading-down-Strategie führt sowohl für eine Premiummarke als auch für eine exklusive Nischenmarke zu einer Abschwächung der Qualitätsführerschaft im Gesamtmarkt.

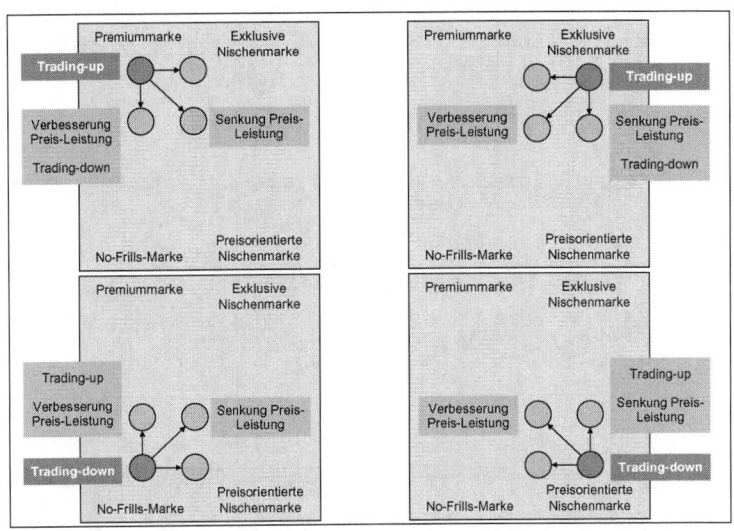

Abbildung 15: Normstrategien und ihre Implikationen für Markentypologien
Quelle: Eigene Darstellung

Die beiden **preisorientierten Marken** sind gegenüber den qualitätsorientierten Marken durch eine niedrigere Produktqualität bei zugleich niedrigem Preis gekennzeichnet. Bei dieser Form der Marktpositionierung steht die Betonung des Preis-Leistungs-Verhältnisses der Marke im Mittelpunkt. Der Preis rückt daher als entscheidendes

---

[591] Vgl. BECKER (2006), S. 182 ff. Jedoch lassen sich im Vergleich der beiden Systematisierungsansätze nach PORTER (2002) und BECKER (2006) auch wesentliche Unterschiede herausarbeiten, vgl. MEFFERT et al. (2008), S. 298 ff.
[592] Vgl. MEFFERT et al. (2008), S. 296.

Kriterium bei der Markenwahl in den Vordergrund. Darüber hinaus weisen No-Frills-Marken in dieser Arbeit definitionsgemäß einen großen Marktanteil auf. Für eine No-Frills-Marke und eine preisorientierte Nischenmarke führt die Wahl einer **Trading-down-Strategie** zu einem **Ausbau der aktuellen Marktposition**. Durch die Trading-down-Strategie wird eine weitere Fokussierung einer offensiven Preis-Qualitäts-Strategie erzielt, die mit der sog. aggressiven Preisstrategie nach PORTER (2002) vergleichbar ist. Die Kostenvorteile werden durch eine weitere Absenkung der Produktqualität ausgebaut. Aufgrund der Kostenvorteile lässt sich darüber hinaus ein niedriger Preis realisieren, durch den eine höhere Anzahl von Nachfragern angesprochen werden soll. Diese Vorgehensweise deckt sich im Wesentlichen mit der häufig zitierten Preis-Mengen-Strategie zur gezielten Beeinflussung des Nachfragerverhaltens.[593]

Durch die Festlegung einer Senkung des Preis-Leistungs-Verhältnisses wird für die **preisorientierten Marken** eine Eingrenzung auf besonders preis- und qualitätssensitive Nachfragergruppen verfolgt (vgl. Abbildung 15). Demgegenüber steht bei der Erhöhung des Preis-Leistungs-Verhältnisses die Erhöhung des Marktanteils im Mittelpunkt. Dem Marktanteilsgewinn steht hingegen ein negativer Deckungsbeitragseffekt gegenüber. Die Wahl einer Trading-up-Strategie hat sowohl für eine No-Frills-Marke als auch für eine preisorientierte Nischenmarke eine Abschwächung der Preis- bzw. Kostenführerschaft im Gesamtmarkt zur Folge.

4.7 Spieltheoretische Beschreibung

4.7.1 Darstellung in extensiver Form

4.7.1.1 Anzahl der Wettbewerbermarken

Wie bereits in Kapitel 3.2.1.2 beschrieben, muss für eine extensive Beschreibung eines spieltheoretischen Modells zunächst die **Menge der Spieler** festgelegt werden. Im Rahmen des hybriden CE-Wettbewerbsmodells stellen die Anbietermarken im betrachteten Markt die Spieler dar. Im hybriden CE-Wettbewerbsmodell werden insgesamt $j = 1...,J$ Marken unterschieden. Das Marktangebot jedes Anbieters umfasst jeweils eine Marke. Verschiedene Produkte eines Anbieters werden somit unter einer

---

[593] Vgl. BECKER (2006), S. 214 ff.

Dachmarke zusammengefasst. Als Dachmarke wird in der vorliegenden Untersuchung „eine Marke bezeichnet, unter der ein gesamtes Produktionsprogramm angeboten wird".[594] Die einzelnen Marken lassen sich dabei immer eine der insgesamt vier Markentypologien (vgl. Kapitel 4.6.2) zuordnen.

4.7.1.2 Entscheidungsabfolge der Marktbearbeitungsstrategien

Die Entscheidungsabfolge der Marktbearbeitungsstrategien wird anhand der Zugmöglichkeiten der Marken zu jedem Zeitpunkt des Spiels (Strategiemenge), der Reihenfolge aller Spielzüge und der verfügbaren Informationsmenge der Marken zum Zeitpunkt eines Spielzugs erläutert. Für die Darstellung des spieltheoretischen Modells in extensiver Form stellt der Spielbaum ein grundlegendes Konzept dar. Formal gesehen ist ein Spielbaum ein Graph, dessen Knoten die Entscheidungs- oder Endsituationen und dessen Kanten die Zugmöglichkeiten beschreiben, die ein Spieler durchführen kann, wenn er am Zug ist.[595]

Für die Strategiemenge einer Marke muss zunächst zwischen einer Gesamtmarktbearbeitung und einer segmentspezifischen Marktbearbeitung unterschieden werden. Als **Strategiemenge** S_{mj} einer **segmentspezifischen Marktbearbeitung** für ein Segment m stehen einer Marke die Menge aller Preisentscheidungen S_{mj}^p sowie die Menge aller Qualitätsentscheidungen S_{mj}^q zur Verfügung. Eine segmentspezifische Marktbearbeitungsstrategie $s_{mj} \in S_{mj} = \left(S_{mj}^p, S_{mj}^q\right)_{m=1,\ldots,M}$ setzt sich somit aus einem festgelegten Preis und einem Qualitätsniveau für Marke j für das Nachfragersegment zusammen. Den Ausführungen in Kapitel 4.6.1 folgend, umfassen die segmentspezifischen Preisentscheidungen für eine Marke die Erhöhung p_{mj}^h, Senkung p_{mj}^l sowie Beibehaltung des aktuellen Preises p_{mj}^0:

$$S_{mj}^p = \left\{p_{mj}^0, p_{mj}^h, p_{mj}^l\right\}_{m=1,\ldots,M}. \tag{49}$$

---

[594] BERNDT (2005), S. 40.
[595] Vgl. BERNINGHAUS et al. (2005), S. 91 f.

Analog hierzu beschreiben die segmentspezifischen Qualitätsentscheidungen einer Marke die Erhöhung q_{mj}^h, Senkung q_{mj}^l sowie Beibehaltung der aktuellen Markenqualität q_{mj}^0:

$$S_{mj}^q = \left\{ q_{mj}^0, q_{mj}^h, q_{mj}^l \right\}_{m=1,\ldots,M}. \qquad (50)$$

Die Normstrategien im hybriden CE-Wettbewerbsmodell ergeben sich in Abhängigkeit von den getroffenen Preis- und Qualitätsentscheidungen (vgl. Kapitel 4.6.1). Als Spezialfall ergibt sich die **Passiv-Strategie** einer Marke, wenn keine Preis- oder Qualitätsänderung gegenüber dem Status quo vorgenommen wird:

$$s_{mj}^0 = \left(p_{mj}^0, q_{mj}^0 \right)_{m=1,\ldots,M}. \qquad (51)$$

Im Fall einer undifferenzierten **Gesamtmarktbearbeitung** ergibt sich für die Strategiemenge einer Marke analog eine Marktbearbeitungsstrategie $s_j \in S_j = \left(S_j^p, S_j^q \right)$. Die Marktbearbeitungsstrategie beschreibt den festgelegten Preis und das Qualitätsniveau der Marke für den gesamten Markt. Die Strategiemenge der Preisentscheidungen S_j^p und der Qualitätsentscheidungen S_j^q der Marke lassen sich entsprechend den Gleichungen (49) und (50) darstellen.

Im Folgenden wird die zeitliche Entscheidungsabfolge der Marken für eine Segmentbearbeitung beschrieben.[596] Für die Reihenfolge der Spielzüge wird ein **mehrstufiges Spiel** vorausgesetzt.[597] In einem ersten Schritt legt ein Anbieter die Preis- und Qualitätsstrategie für seine Marke fest. Die Wettbewerbermarken reagieren auf diese Strategie in weiteren Schritten ebenfalls mit Preis- und Qualitätsentscheidungen jeweils für ihre Marke. Diese **sequenzielle Entscheidungsabfolge** ist vergleichbar mit einem Stackelberg-Führer-Folger-Modell, das im ursprünglichen Basisfall einen Mengenwettbewerb in einem Duopol homogener Güter beschreibt.[598] Jedoch ist im Rahmen des hybriden CE-Wettbewerbsmodells von einem Oligopol von insgesamt J Marken sowie einem heterogenen Markt mit Nachfragersegmenten auszugehen.

---

[596] Die Beschreibungen einer Gesamtmarktbearbeitung ergeben sich analog.
[597] Vgl. PFÄHLER und WIESE (2006), S. 18 f.
[598] Vgl. BERNINGHAUS et al. (2005), S. 143.

Abbildung 16 gibt einen Überblick über den Entscheidungsablauf anhand eines **Spielbaums** des hybriden CE-Wettbewerbsmodells. Eine führende Marke j legt als erstes eine Marktbearbeitungsstrategie s_{mj} zum Zeitpunkt t_1 fest.[599] Als Strategiemenge S_{mj} stehen dabei insgesamt neun verschiedene Preis-Qualitäts-Kombinationen zur Verfügung. Diese Anzahl der Entscheidungsmöglichkeiten ergibt sich aus verschiedenen Permutationen der Elemente aus den Gleichungen (49) und (50). Im Spielbaum in Abbildung 16 gibt es nach der ersten Spielstufe somit neun Entscheidungsknoten.

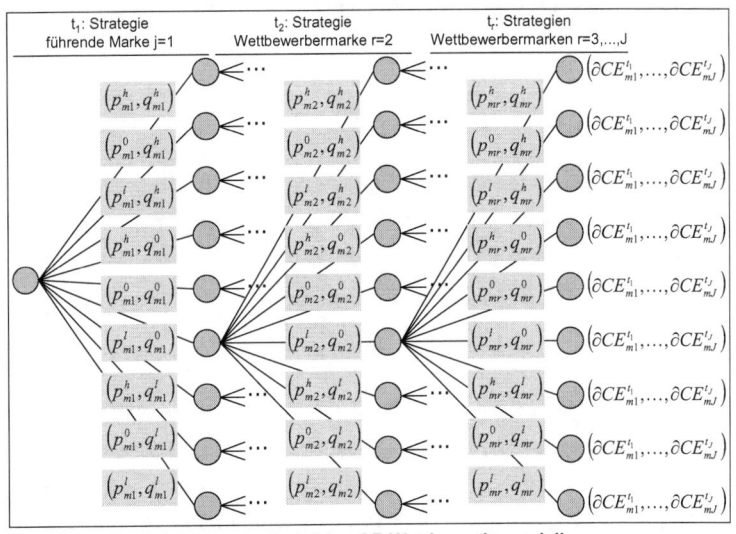

Abbildung 16: Spielbaum des hybriden CE-Wettbewerbsmodells
Quelle: Eigene Darstellung

An diesen Entscheidungsknoten setzen nun die **Wettbewerbermarken** $r = 1, \ldots, J$ mit $r \neq j$ an und reagieren ihrerseits mit Marktbearbeitungsstrategien. Für das Verhalten der Wettbewerbermarken wird ebenfalls eine sequenzielle Entscheidungsabfolge angenommen. Zum Zeitpunkt t_2 legt die erste Wettbewerbermarke als Reaktion auf die Strategie der führenden Marke ihre Preis- und Qualitätsentscheidung fest. Zu einem Zeitpunkt t_3 beobachtet die nächste Wettbewerbermarke die bereits festgelegten Strategien der beiden vorangegangenen Marken und so weiter. Jede Wettbewerber-

---

[599] In Abbildung 16 wird der Übersichtlichkeit halber die Darstellung für $j = 1$ gewählt.

marke $r = 2,...,J$ legt somit ihre Marktbearbeitungsstrategie zu den jeweiligen Zeitpunkten t_r mit $t_2 < ... < t_J < T$ fest (vgl. Abbildung 16). Der Entscheidungsablauf endet, sobald die letzte Wettbewerbermarke J ihre Entscheidung getroffen hat. Insgesamt verfügt das beschriebene Spiel somit über J Spielstufen.

Auf jeder Stufe des Spiels setzen an den Entscheidungsknoten des Spielbaums wiederum neun Entscheidungskombinationen der jeweiligen Wettbewerbermarke an. Insgesamt verfügt der Spielbaum in Abbildung 16 nach J Spielstufen über $(9)^J$ Endknoten bzw. Blätter. Die **Anzahl der Blätter** des Spielbaums in Abbildung 16 kann somit schon bei wenigen Wettbewerbsmarken sehr hohe Werte annehmen. Bei der Betrachtung von insgesamt fünf entscheidungsrelevanten Wettbewerbsmarken ($J = 5$) ergibt sich eine Anzahl von insgesamt $(9)^5$ oder 59.049 Endknoten im segmentspezifischen Spielbaum. Falls zusätzlich $m = 4$ Nachfragersegmente unterschieden werden, ergibt sich für jedes Segment ein Spielbaum identischen Umfangs.

Die Anzahl der Endknoten variiert sehr stark mit der Änderung der betrachteten entscheidungsrelevanten Marken.[600] Eine **Reduzierung der Anzahl analysierter Marken** im hybriden CE-Wettbewerbsmodell kann durch die Modellierung eines sog. „outside good"[601] erzielt werden, in dem mehrere irrelevante Marken subsumiert werden. Diese Marken können keine Marktbearbeitungsstrategien festlegen und verfügen somit über einen konstanten durchschnittlichen Nettonutzen für die Nachfrager über den gesamten Planungszeitraum hinweg.

Der in Abbildung 16 formulierte Entscheidungsablauf beschreibt ein **dynamisches Spiel mit vollkommener Information**, das durch eine sequenzielle Entscheidungsabfolge gekennzeichnet ist (vgl. Kapitel 3.2.3.1). Die betrachteten Wettbewerbsmarken haben zu jedem Zeitpunkt des Spiels Kenntnis über ihre aktuelle Position im Spielbaum und die zur Verfügung stehenden Entscheidungsalternativen. Somit existieren im hybriden CE-Wettbewerbsmodell nur einelementige Informationsmengen der Spieler.[602] Darüber hinaus ist ihnen die komplette Vergangenheit des Spiels be-

---

[600] Für eine Anzahl von $J = 7$ Marken ergibt sich eine Anzahl von $(9)^7$ oder 4.782.969 Endknoten pro Spielbaum und Segment.
[601] DRAGANSKA und JAIN (2005b), S. 5.
[602] Die Informationsmenge eines Spielers ist die Menge an Entscheidungsknoten eines Baums, an denen der Spieler eine Entscheidung treffen muss und die durch den Spieler, bspw. aufgrund der

kannt. Für den Spielablauf in Abbildung 16 bedeutet dies, dass einer Marke bei der Festlegung ihrer Marktbearbeitungsstrategie die jeweiligen Strategien der zuvor entscheidungsrelevanten Marken bekannt sind.

Das hybride CE-Wettbewerbsmodell stellt darüber hinaus ein **dynamisches Spiel mit vollständiger Information** (vgl. Kapitel 3.2.3.1) dar. Den betrachteten Spielern sind zu jedem Zeitpunkt des mehrstufigen Spiels die Elemente der Spielregeln bekannt.[603] Somit werden Informationsasymmetrien zwischen den Spielern ausgeschlossen. Jede Marke im hybriden CE-Wettbewerbsmodell kennt insbesondere zu jedem Zeitpunkt des Spiels die Zielfunktion ihrer Wettbewerbermarken.[604]

4.7.1.3 Zielfunktion und Formulierung der Optimierungsbedingungen

Als Zielfunktion jeder Wettbewerbsmarke wird die **relative investitionsbereinigte CE-Änderung** der gewählten Marktbearbeitungsstrategie verwendet. Dabei wird die prognostizierte Änderung des CE gegenüber dem Status quo aufgrund einer Strategie den dafür notwendigen Investitionen gegenübergestellt. Die Änderung des CE in einem Segment wird dabei anhand eines veränderten segmentspezifischen CLV und daraus abgeleitet eines aggregierten segmentspezifischen Marken-CE berechnet. Aus dem segmentspezifischen CE einer Marke lässt sich darüber hinaus ein Marken-CE über alle Segmente hinweg berechnen.

Als **Status quo** werden zu einem Zeitpunkt t_1 für die **führende Marke** $j=1$ im Markt ein segmentspezifischer Kundenlebenszeitwert $CLV_{m1}^{t_1}\left(s_{m1}^0, s_{m2}^0, \ldots, s_{mJ}^0\right)$ und ein aggregiertes $CE_{m1}^{t_1}\left(s_{m1}^0, s_{m2}^0, \ldots, s_{mJ}^0\right)$ berechnet.[605] Diese Werte bestimmen die Ausgangssituation der führenden Marke anhand der zum Zeitpunkt t_1 vorliegenden Nutzenassozia-

---

unbekannten simultanen Entscheidung des Gegenspielers, nicht unterschieden werden können, vgl. Kapitel 3.2.3.1.

[603] Die Spielregeln eines Spiels sind nach MOORTHY (1985a) eine vollständige Beschreibung des Spiels. Sie umfassen die Anzahl der Spieler, ihre Strategiemenge zu jedem Zeitpunkt des Spiels, ihre Auszahlungs- oder Nutzenfunktion für jede Strategiekombination, den Ablauf der Spielzüge und die verfügbare Information zum Zeitpunkt jedes Spielzugs (vgl. MOORTHY (1985a), S. 263.).

[604] Alternativ lassen sich andere Abfolgen von Wettbewerbsentscheidungen beschreiben. Insbesondere existieren dynamische Spiele mit simultanen Entscheidungsabläufen und damit unvollkommener Information sowie Modelle mit Informationsasymmetrie und damit unvollständiger Information. Eine Übersicht spieltheoretischer Ansätze im heterogenen Oligopol liefern PFÄHLER und WIESE (2006), S. 235 ff.

[605] Aufgrund der hohen Relevanz der gewählten Marktbearbeitungsstrategie für das CLV bzw. CE einer Marke werden diese Konstrukte im Folgenden, anders als in Kapitel 4.5, als explizite Funktionen der Marktbearbeitungsstrategien aller Marken dargestellt.

tionen der Nachfrager. Somit ist für die Bestimmung des Status quo von einer konstanten Nutzenassoziation der Nachfrager bis zum Planungshorizont T aufgrund einer Passiv-Strategie der führenden Marke s_{m1}^0 sowie aller Wettbewerbermarken $\left(s_{m2}^0,\ldots,s_{mJ}^0\right)$ gemäß Gleichung (51) auszugehen.

Unter Annahme eines sequenziellen Entscheidungsablaufs legt die **führende Marke** $j=1$ im Wettbewerbsmodell zum Zeitpunkt t_1 ihre optimale segmentspezifische Marktbearbeitungsstrategie $s_{m1}^* \in S_{m1}$ in Form einer Preis- und Qualitätsentscheidung fest. Dabei geht sie bereits von jeweils optimalen Reaktionen $\left(s_{m2}^*,\ldots,s_{mJ}^*\right)$ aller Wettbewerbermarken $r=2,\ldots,J$ zum Zeitpunkt t_r aus. In der Spieltheorie wird eine solche optimale Reaktion als Beste-Antwort-Korrespondenz bezeichnet.[606] Die Festlegung einer optimalen Marktbearbeitungsstrategie ergibt sich aus dem Vergleich der prognostizierten segmentspezifischen CE-Veränderung gegenüber dem Status quo $CE_{mj}^{t_1}\left(s_{m1},s_{m2}^*,\ldots,s_{mJ}^*\right) - CE_{mj}^{t_1}\left(s_{m1}^0,s_{m2}^0,\ldots,s_{mJ}^0\right)$ und der dafür notwendigen Investition $INV_{m1}^{t_1}(s_{m1})$. Für die führende Marke ergibt sich dadurch folgendes **Entscheidungsproblem**:

$$\begin{aligned}
s_{m1}^* &= \max_{s_{m1}\in S_{m1}} \partial CE_{m1}^{t_1} \\
&= \max_{s_{m1}\in S_{m1}} \left\{ \frac{\Delta CE_{m1}^{t_1}\left(s_{m1},s_{m2}^*,\ldots,s_{mJ}^*\right) - INV_{m1}^{t_1}(s_{m1})}{CE_{m1}^{t_1}\left(s_{m1}^0,s_{m2}^0,\ldots,s_{mJ}^0\right)} \right\} \\
&= \max_{s_{m1}\in S_{m1}} \left\{ \frac{CE_{m1}^{t_1}\left(s_{m1},s_{m2}^*,\ldots,s_{mJ}^*\right) - CE_{m1}^{t_1}\left(s_{m1}^0,s_{m2}^0,\ldots,s_{mJ}^0\right) - INV_{m1}^{t_1}(s_{m1})}{CE_{m1}^{t_1}\left(s_{m1}^0,s_{m2}^0,\ldots,s_{mJ}^0\right)} \right\}.
\end{aligned} \quad (52)$$

Zum Zeitpunkt t_2 beobachtet die erste **Wettbewerbermarke** $r=2$ die Marktbearbeitungsstrategie der führenden Marke. Als Ausgangssituation muss die Wettbewerbermarke somit die bereits in t_1 festgelegte optimale Strategie der führenden Marke berücksichtigen. Daher wird ein Status quo $CE_{m2}^{t_2}\left(s_{m1}^*,s_{m2}^0,\ldots,s_{mJ}^0\right)$ für die erste Wettbewerbermarke zugrundegelegt. Als Antwort auf die festgelegte Strategie der führenden Marke reagiert die Wettbewerbermarke mit einer optimalen Reaktion s_{m2}^*. Dabei antizipiert sie die optimalen Reaktionen aller folgenden Wettbewerbermarken. In die Zielfunktion fließt der prognostizierte CE-Effekt der gewählten Marktbearbeitungs-

---

[606] Vgl. MOORTHY (1993), S. 145.

strategie, $CE_{m2}^{t_2}\left(s_{m1}^*, s_{m2}, s_{m3}^*, \ldots, s_{mJ}^*\right) - CE_{m2}^{t_2}\left(s_{m1}^*, s_{m2}^0, \ldots, s_{mJ}^0\right)$, ein. Analog zur führenden Marke ergibt sich folgendes Entscheidungsproblem:

$$\begin{aligned}
s_{m2}^* &= \max_{s_{m2} \in S_{m2}} \partial CE_{m2}^{t_2} \\
&= \max_{s_{m2} \in S_{m2}} \left\{ \frac{\Delta CE_{m2}^{\tau_2}\left(s_{m1}^*, s_{m2}, s_{m3}^*, \ldots, s_{mJ}^*\right) - INV_{m2}^{\tau_2}\left(s_{m2}\right)}{CE_{m2}^{t_2}\left(s_{m1}^*, s_{m2}^0, \ldots, s_{mJ}^0\right)} \right\} \\
&= \max_{s_{m2} \in S_{m2}} \left\{ \frac{CE_{m2}^{t_2}\left(s_{m1}^*, s_{m2}, s_{m3}^*, \ldots, s_{mJ}^*\right) - CE_{m2}^{t_2}\left(s_{m1}^*, s_{m2}^0, \ldots, s_{mJ}^0\right) - INV_{m2}^{t_2}\left(s_{m2}\right)}{CE_{m2}^{t_2}\left(s_{m1}^*, s_{m2}^0, \ldots, s_{mJ}^0\right)} \right\}.
\end{aligned} \quad (53)$$

Dieses Vorgehen wiederholt sich in den weiteren Spielrunden für **jede nachfolgende Wettbewerbermarke**, die ihre Strategie zum Zeitpunkt t_r mit $r > 2$ festlegt. Allgemein kann für diese Wettbewerbermarken folgendes Entscheidungsproblem formuliert werden:

$$\begin{aligned}
s_{mr}^* &= \max_{s_{mr} \in S_{mr}} \partial CE_{mr}^{t_r} \\
&= \max_{s_{mr} \in S_{mr}} \left\{ \frac{\Delta CE_{mr}^{t_r}\left(s_{m1}^*, s_{m2}^*, \ldots, s_{mr-1}^*, s_{mr}, s_{mr+1}^*, \ldots, s_{mJ}^*\right) - INV_{mr}^{t_r}\left(s_{mr}\right)}{CE_{mr}^{t_r}\left(s_{m1}^*, s_{m2}^0, \ldots, s_{mr-1}^*, s_{mr}^0, s_{mr+1}^0, \ldots, s_{mJ}^0\right)} \right\}.
\end{aligned} \quad (54)$$

4.7.2 Bestimmung eines teilspielperfekten Nash-Gleichgewichts durch dynamische Optimierung

Anhand der vorgestellten Entscheidungsprobleme der betrachteten Marken im Oligopol in den Gleichungen (52) bis (54) lassen sich optimale Marktbearbeitungsstrategien in einem **Nash-Gleichgewicht** bestimmen.[607] Ein Nash-Gleichgewicht im hybriden CE-Wettbewerbsmodell ist dadurch charakterisiert, das alle Strategien wechselseitig Beste-Antworten-Korrespondenzen darstellen. Die den Wettbewerbermarken unterstellten optimalen Strategien müssen somit wiederum beste Antworten auf die optimale Strategie der führenden Marke $j = 1$ sein.[608] Dies ist gleichbedeutend mit der Aussage, dass alle betrachteten Marken eine optimale Marktbearbeitungsstrategie bei gegebenen optimalen Strategien aller Wettbewerbermarken wählen.[609]

---

[607] Ein Nash-Gleichgewicht ist eine Strategiekombination, bei der jeder Spieler, unter Berücksichtigung der optimalen Strategien aller anderen Spieler, eine optimale Strategie wählt. Somit besteht in einem Nash-Gleichgewicht für keinen der Spieler ein Anreiz, von seiner Gleichgewichtsstrategie abzuweichen, vgl. Kapitel 3.2.2.
[608] Vgl. BERNINGHAUS et al. (2005), S. 36.
[609] Vgl. HOLLER und ILLING (2006), S.58.

Wie bereits in Kapitel 3.2.2.2 beschrieben, stellt die Existenz von Nash-Gleichgewichten kein Problem dar. Bei einer endlichen Anzahl von Spielern und einer endlichen Anzahl reiner Strategien existiert immer ein Nash-Gleichgewicht.[610] Vielmehr steht das Problem der Eindeutigkeit bzw. der Auswahl plausibler Nash-Gleichgewichte im Mittelpunkt. Für dynamische Spiele mit vollkommener Information wird daher als Verfeinerung des Nash-Gleichgewichtskonzepts die **Teilspielperfektheit** für die Gleichgewichtslösung gefordert. Um zu bestimmen, ob ein Nash-Gleichgewicht teilspielperfekt ist, muss für jedes Teilspiel[611] überprüft werden, ob sich die betrachteten Marken an die vorgeschlagenen Nash-Strategien halten würden. Diese Analyse ist unabhängig davon, ob der Knoten bzw. das Teilspiel im Spielverlauf tatsächlich erreicht wird oder nicht. Dies stellt somit eine strengere Anforderung an die Gleichgewichtslösung dar. Das „normale" Nash-Gleichgewicht setzt nur die Annahme voraus, dass Spieler keinen Anreiz haben, von ihrer Gleichgewichtslösung abzurücken, wenn die Gegenspieler ihrerseits ihre Gleichgewichtsstrategien wählen. Teilspielperfekte Gleichgewichte implizieren auch Restriktionen an das Verhalten der Spieler außerhalb des Nash-Gleichgewichtspfads. Dadurch ist es möglich, unglaubwürdige Nash-Gleichgewichte auszuschließen, die auf Drohungen beruhen, abseits des betrachteten Nash-Gleichgewichtspfads irrationale Handlungen durchzuführen.[612] Dabei werden strenge Anforderungen an die Rationalität der Spieler gestellt. Das spieltheoretische Lösen eines Problems setzt nicht nur die Rationalität der Spieler, sondern auch die weitreichende Kenntnis der Rationalität für alle Spieler voraus. Daher spricht man in diesem Zusammenhang auch von einer allgemein bekannten Rationalität.[613]

Teilspielperfekte Gleichgewichte werden mit den Methoden der dynamischen Optimierung anhand des **Bellman-Prinzips der Rückwärtsinduktion** gelöst.[614] Das Marktgleichgewicht des dynamischen Spiels wird dabei rekursiv ermittelt. Als Vorgehensweise wird der Spielbaum als Repräsentant des Spiels in extensiver Form

---

[610] Vgl. NASH (1950). Dies kann jedoch natürlich auch ein Gleichgewicht gemischter Strategien darstellen, vgl. GIBBONS (1992), S. 45.
[611] Ein Teilspiel fängt in einem bestimmten Entscheidungsknoten eines Spielbaums an, wenn der Teil des Baums, der in diesem Knoten beginnt, mit dem Rest des Spiels ausschließlich über diesen Knoten verknüpft ist, vgl. Kapitel 3.2.1.2.
[612] Vgl. BERNINGHAUS et al. (2005), S. 109 f.
[613] Vgl. BERNINGHAUS et al. (2005), S. 113 f.
[614] Vgl. BELLMAN (1957). Für eine Übersicht vgl. DOMSCHKE und DREXL (2005), S. 162 ff.

sukzessive von „hinten nach vorne" analysiert. Dabei wird, beim letzten Entscheidungsknoten beginnend, für alle Entscheidungsknoten geprüft, ob die Nash-Strategiekombination auch für das Teilspiel, das an dem jeweiligen Knoten beginnt, optimal ist.[615] Das Optimalitätsprinzip von Bellman besagt, dass jeder Teilpfad eines optimalen Pfades optimal ist. Wenn das Spiel an irgendeinem Entscheidungsknoten entlang des Spielpfads neu beginnen würde, sollten die verbleibenden Strategien (bzw. Spielzüge) des ursprünglich betrachteten Gleichgewichts auch ein Gleichgewicht des neuen „verkürzten" Teilspiels darstellen. Auf das hybride CE-Wettbewerbsmodell angewendet bedeutet dies, dass von der Marktbearbeitungsstrategie der letzten Marke J her kommend die vorherigen $J-1$ Entscheidungszeitpunkte aller Marken sukzessive analysiert werden. Die **ermittelte Gleichgewichtslösung** $\left(s_{m1}^*, s_{m2}^*, \ldots, s_{mJ}^*\right)$ stellt eine optimale Lösung für alle Teilspiele des Modells dar und erfüllt somit das Kriterium der **Teilspielperfektheit**.

Da das hybride CE-Wettbewerbsmodell ein dynamisches Spiel mit vollkommener Information darstellt und somit echte Teilspiele identifiziert werden können, kann auf das Konzept des sequenziellen Gleichgewichts (vgl. Kapitel 3.2.3.3) von KREPS und WILSON (1982) verzichtet werden. Es schließt als **weitere Verfeinerung eines Nash-Gleichgewichts** unplausible Gleichgewichtslösungen für Spiele mit unvollkommener Information ohne echte Teilspiele aus. Die Bestimmung eines Trembling-Hand-Gleichgewichts (vgl. Kapitel 3.2.3.3) wird ebenfalls nicht herangezogen, da die Entscheidungen der Marken im hybriden CE-Wettbewerbsmodell ohne Unsicherheit getroffen werden.[616] Dieses Lösungskonzept setzt als zusätzliche Optimalitätsbedingung voraus, dass die Gleichgewichtsstrategien auch dann optimal bleiben, wenn es eine geringe Wahrscheinlichkeit dafür gibt, dass die Gegenspieler von diesen Strategien abweichen.

Die beschriebene teilspielperfekte Gleichgewichtslösung des hybriden CE-Wettbewerbsmodells stellt darüber hinaus ein **Closed-loop-Nash-Gleichgewicht** dar.[617] Die betrachteten Wettbewerbermarken r haben zum jeweiligen Entscheidungszeit-

---

[615] Vgl. HOLLER und ILLING (2006), S. 112.
[616] Vgl. SELTEN (1975), S. 25 ff.
[617] Falls Spieler ihre Entscheidung zu einem bestimmten Zeitpunkt abhängig von der Geschichte des Spiels vor diesem Zeitpunkt treffen können, spricht man in der Spieltheorie von einer Closed-loop-Informationsstruktur, vgl. Kapitel 3.2.3.4.

punkt die Möglichkeit, auf die vorhergehenden Marktbearbeitungsstrategien der Wettbewerbermarken optimal zu reagieren. Im alternativen Fall der Open-loop-Strategien würden die betrachteten Marken keine Informationen über die Geschichte des Spiels besitzen und nur ihre eigenen Entscheidungen beobachten können.[618]

4.8 Einordnung der ermittelten CE-Kenngröße in die aktuelle CE-Forschung

Das vorgestellte hybride CE-Wettbewerbsmodell zeichnet sich gegenüber bestehenden CE-Ansätzen durch die zusätzliche **Modellierung eines dynamischen Wettbewerbsumfelds** in einem oligopolistischen Markt aus. Somit wird das CE als Kenngröße für die Unternehmensführung in einem realistischeren Marktumfeld weiterentwickelt. Die hergeleiteten optimalen Marktbearbeitungsstrategien der Marken in einem teilspielperfekten Nash-Gleichgewicht bieten interessante Aufschlüsse für eine optimale wertorientierte Steuerung des Kundenportfolios aus Markensicht unter gleichzeitiger Berücksichtigung von Wettbewerbsreaktionen. Somit wird insbesondere durch die Betrachtung eines Wettbewerbsumfelds der Forderung nach einer dynamischen Markenführung Rechnung getragen.

Das Modell der vorliegenden Untersuchung weist neben der Betrachtung eines Wettbewerbsumfelds auch zahlreiche **Vorteile gegenüber bestehenden hybriden CE-Modellen** auf. Insbesondere werden die in Kapitel 2 identifizierten Ansatzpunkte der Modelle von RUST et al. (2004b) und HUNDACKER (2005) aufgegriffen und weiterentwickelt. Somit kann das hybride CE-Wettbewerbsmodell als Synthese dieser beiden CE-Ansätze verstanden werden.

Gegenüber dem hybriden CE-Modell von **RUST et al. (2004b)** lassen sich mehrere Vorzüge des hybriden CE-Wettbewerbsmodells identifizieren. Erstens wird eine segmentspezifische Betrachtung verfolgt, die eine differenzierte Marktbearbeitung aus der Sicht einer Marke ermöglicht. Dadurch wird einer potenziellen Heterogenität des Konsumentenverhaltens im Markt Rechnung getragen. Zweitens werden modellendogene Marktbearbeitungskosten verwendet, die von den gewählten Qualitätsentscheidungen der betrachteten Marke abhängen. Somit wird ein endogener Produktdeckungsbeitrag für die Ermittlung des CLV verwendet. Drittens berücksichtigen die marketingfremden variablen Stückkosten im hybriden CE-Wettbewerbsmodell Erfah-

---

[618] Vgl. HOLLER und ILLING (2006), S. 167 f.

rungskurveneffekte, die ein realistischeres Bild der Kostenstruktur der Marktanbieter ermöglichen. Viertens werden die Nettonutzenänderungen der Nachfrager in der vorliegenden Untersuchung durch Marktbearbeitungsstrategien der Anbietermarken in einem kausalen Zusammenhang modellendogen erklärt. Fünftens wird durch die Nutzung der relativen investitionsbereinigten CE-Änderung als Kenngröße für die Festlegung optimaler Marktbearbeitungsstrategien der Vergleich von Strategieoptionen mit bzw. ohne notwendige Investitionen anhand einer Entscheidungsgröße möglich.

Das hybride CE-Wettbewerbsmodell zeichnet sich im Vergleich zum dualen hybriden CE-Modell von HUNDACKER (2005) ebenfalls durch mehrere Vorteile aus. Erstens werden gemeinsam mit einer Segmentbetrachtung auch segmentspezifische Kundenbindungsraten berücksichtigt, die das heterogene Konsumentenverhalten im Gesamtmarkt besser widerspiegeln. Zweitens werden die Markenwechselwahrscheinlichkeiten modellendogen, d. h. abhängig von den gewählten Marktbearbeitungsstrategien der Marktanbieter, erklärt. Drittens basiert das hybride CE-Wettbewerbsmodell auf einen Always-a-share-Ansatz. Ein zum Wettbewerb abgewanderter Kunde kann dabei zu einem späteren Zeitpunkt wieder mit einer positiven Wahrscheinlichkeit zum ursprünglichen Anbieter zurückkehren. Somit ist eine realistischere Beschreibung eines dynamischen Markenwahlverhaltens der Nachfrager in einem Wettbewerbsumfeld möglich, als wenn ein einmalig abgewanderter Kunde als lost-for-good behandelt wird. Viertens werden die Stückkosten mit einem Erfahrungskurveneffekt belegt, um die in der Realität häufig beobachteten und empirisch belegten Kostenvorteile abbilden zu können. Fünftens wird im Ansatz von HUNDACKER (2005) ähnlich wie bei RUST et al. (2004b) als Entscheidungsgröße der ROI einer Marktbearbeitungsstrategie verwendet, der ausschließlich die Analyse von Strategiealternativen mit notwendigen Investitionen erlaubt.

Teil III: Empirische Anwendung und Untersuchungsergebnisse

5 Empirische Anwendung und Parametrisierung des hybriden CE-Wettbewerbsmodells

5.1 Übersicht bisheriger empirischer Untersuchungen in der CE-Forschung

In den letzten Jahren wurden in der CE-Forschung vermehrt **empirische Anwendungen der entwickelten CE-Modelle** durchgeführt.[619] Diese Tendenz kann mit der zunehmenden Forderung nach einer Konfrontation modelltheoretisch generierter Aussagen mit der wirtschaftlichen Realität begründet werden.[620] Dieser Anspruch ergibt sich aus dem Forschungsparadigma der Marketingforschung[621], das eine Verbindung des deduktiv-nomologischen Erklärungsbegriffs mit den Methoden der empirischen Sozialforschung vorsieht.[622]

Der in dieser Untersuchung verwendete **Marktbegriff** wird aus der Sicht der Marktanbieter beschrieben. Diese angebotsorientierte Marktbetrachtung ist kennzeichnend für die Betriebswirtschaftslehre und insbesondere für die Marketingtheorie. Den Ausführungen von MEFFERT et al. (2008) folgend, werden Märkte definiert als „Menge aktueller und potenzieller Nachfrager bestimmter Leistungen sowie der aktuellen und potenziellen Anbieter dieser Leistungen und den Beziehungen zwischen Nachfragern und Anbietern."[623]

Tabelle 16 liefert eine aktuelle Übersicht der empirischen Untersuchungen in der CE-Forschung. Dabei ist ersichtlich, dass meist finanzwirtschaftliche Black-Box-CE-Modelle in empirischen Untersuchungen angewendet werden. Ein möglicher Grund hierfür ist die relativ niedrige Anforderung an die Datengrundlage der Anbieter.[624] Aufgrund ihres finanzwirtschaftlichen Fokus lässt sich auf der Basis weniger Datenpunkte und unter Berücksichtigung der getroffenen Annahmen ein Wert des CE einer Unternehmung berechnen.[625] Dagegen stellen die **hybriden CE-Modelle** eine anspruchsvolle Modellvariante in Bezug auf Datengrundlage und Methodik dar. Die

---

[619] Einen Überblick empirischer Untersuchungen in der CE-Forschung liefern REINARTZ und KUMAR (2003), RUST et al. (2004b) sowie VENKATESAN und KUMAR (2004).
[620] Vgl. CHMIELEWICZ (1994), S. 36 f. und 87 ff.
[621] Vgl. TOMCZAK (1992), S. 77.
[622] Vgl. RAFFÉE (1995), S. 31.
[623] MEFFERT et al. (2008), S. 46.
[624] Vgl. BBDO-CONSULTING (2004b), S. 15 f.
[625] Einen Überblick liefern GUPTA und ZEITHAML (2006).

notwendigen branchen- und unternehmensspezifischen Anpassungen hybrider CE-Modelle sind eine weitere hohe Hürde für empirische Anwendungen.

Vereinzelte empirische Anwendungen werden auf der Basis veranschaulichender **numerischer Fallbeispiele** durchgeführt (vgl. Tabelle 16).[626] Die daraus gewonnenen Erkenntnisse werden anhand hypothetischer Daten ermittelt. Im Zuge einer zunehmenden Akzeptanz der CE-Forschung in Wissenschaft und Praxis[627] und der damit verbundenen Sammlung relevanter Kundendaten anhand leistungsstarker Datenbanksysteme[628] werden CE-Modelle immer häufiger im Rahmen umfangreicher empirischer Untersuchungen angewendet.[629] Zum einen steht dem Forscher die Möglichkeit der **Kundendatenbankanalyse** des jeweiligen Anbieters zur Verfügung. Auf der Basis der erfassten Kaufverhaltenshistorie und der soziodemographischen Daten lassen sich CLV-Berechnungen in verschiedenen Kundensegmenten durchführen.[630]

Zum anderen bietet sich die Durchführung von **Marktstudien** in der jeweiligen Branche an.[631] Auf diese Weise können alle potenziellen Konsumenten im Markt – sowohl existierende Kunden des Anbieters als auch bisherige Nichtkunden – untersucht werden. Die Marktstudie kann entweder auf eine vorhandene Datenbasis zurückgreifen (Sekundärstudie) oder auf eigens vom Forscher erhobene Daten (Primärstudie).[632]

---

[626] Vgl. DWYER (1997), BERGER und NASR (1998), BERGER und BECHWATI (2001), PFEIFER und FARRIS (2004), MALTHOUSE und BLATTBERG (2005) sowie PFEIFER und BANG (2005).
[627] Vgl. GUPTA et al. (2006), S. 139.
[628] Vgl. MALTHOUSE und BLATTBERG (2005), S. 4.
[629] Vgl. bspw. HUNDACKER (2005).
[630] Vgl. bspw. TIRENNI et al. (2007).
[631] Vgl. bspw. HUNDACKER (2005). Selbstverständlich kann die Datenbankanalyse auch mit einer Marktstudie gekoppelt werden vgl. HOFMEYR und RICE (1995).
[632] Vgl. KAMENZ (2001), S. 58 ff.

	Autor	Art der empirischen Untersuchung	CE-Modelltyp
Direktvertrieb	Dwyer (1997)	Kundendatenbankanalyse	Black-Box
	Berger und Nasr (1998)	Numerisches Fallbeispiel	Black-Box
	Berger und Bechwati (2001)	Numerisches Fallbeispiel	Black-Box
	Reinartz und Kumar (2003)	Kundendatenbankanalyse	Black-Box
	Pfeifer und Farris (2004)	Numerisches Fallbeispiel	Black-Box
	Lewis (2005)	Kundendatenbankanalyse	Hybrid
	Malthouse und Blattberg (2005)	Kundendatenbankanalyse	Black-Box
	Pfeifer und Bang (2005)	Numerisches Fallbeispiel	Black-Box
	Hardie und Fader (2006)	Numerisches Fallbeispiel	Black-Box
Finanzdienstleistungen (Kreditkarten)	Hofmeyr und Rice (1995)	Datenbankanalyse Sekundärmarktstudie	Verhaltenstheoretisch
	Gupta et al. (2004)	Kundendatenbankanalyse	Black-Box
Internetdienstleistungen (Online-Handel)	Gupta et al. (2004)	Kundendatenbankanalyse	Black-Box
	Fader et al. (2005)	Kundendatenbankanalyse	Black-Box
IT-Produkte und -Dienstleistungen (B2B)	Reinartz und Kumar (2003)	Kundendatenbankanalyse	Black-Box
	Venkatesan und Kumar (2004)	Kundendatenbankanalyse	Black-Box
Automobilherstellung	Cornelsen (2000)	Primärmarktstudie	Verhaltenstheoretisch
	Gelbrich (2001)	Sekundärmarktstudie	Verhaltenstheoretisch
Linienflugverkehr	Rust et al. (2004)	Primärmarktstudie	Hybrid
	Tirenni et al. (2007)	Kundendatenbankanalyse Simulation	Black-Box
Telekommunikation (Mobilfunk)	Hundacker (2005)	Primärmarktstudie	Hybrid
Einzelhandel	Rust et al. (2004)	Primärmarktstudie	Hybrid
Konsumgüter (FMCG)	Rust et al. (2004)	Primärmarktstudie	Hybrid
Autovermietung	Rust et al. (2004)	Primärmarktstudie	Hybrid

Tabelle 16: Empirische Untersuchungen in der CE-Forschung
Quelle: Eigene Darstellung

Im Rahmen der **Primärstudie** werden in Konsumentenbefragungen Informationen zu Konsumentenpräferenz und Kaufverhalten, aber auch soziodemographische Daten erfasst.[633] Diese stellen v. a. für hybride CE-Modelle kritische Inputfaktoren dar. Häufig werden aufwendige Längsschnittuntersuchungen durchgeführt, in denen Konsumentenpanel zu verschiedenen Zeitpunkten befragt werden, um ggf. Verschiebungen der Kundenpräferenzen messen zu können.[634] Eine weniger aufwendige Alternative stellen Querschnittanalysen dar, in denen Konsumenten zum historischen, aktuellen und zukünftigen Kaufverhalten befragt werden.[635] Insgesamt sind Primärmarktstudien für eine empirische CE-Analyse von besonders hoher Bedeutung, da sich mit dieser Art der Marktanalyse das **volle Potenzial des CEM** ausschöpfen lässt. Zum einen lassen sich Auswirkungen von **Kundenbindungsmaßnahmen** auf aktuelle Kundenbeziehungen untersuchen. Zum anderen erlauben sie die Analyse **akquisitorischer Marketingstrategien** für Neukunden.

Dagegen kann in einer **Sekundärstudie** eine bereits verfügbare großzahlige Sekundärdatenbasis herangezogen werden.[636] Als Sekundärdatenbasis dienen Marktanalysen von Marktforschungsinstituten, aber auch branchenspezifische Analystenberichte von Finanzinstituten. Jedoch sind bei einer Nutzung von Sekundärstudien für die empirische Anwendung eines Modells mehrere Nachteile zu nennen. Erstens passen Sekundärquellen meist nicht genau zur konkreten Fragestellung der eigenen Untersuchung. Dadurch werden Anpassungen des Modells notwendig, unter denen die Qualität der antizipierten Ergebnisse leiden kann. Zweitens sind Sekundärdaten bereits das Ergebnis einer Analyse. Somit fällt eine darauf aufbauende Interpretation empirischer Ergebnisse bei einer zusätzlichen Anwendung schwer. Drittens basieren Sekundärdatenquellen i. d. R. auf einer aggregierten Datenbasis. Somit lassen sich keine Rückschlüsse auf das individuelle Konsumentenverhalten ziehen, was für eine CE-Untersuchung von Nachteil ist.

Darüber hinaus werden **Simulationen** für empirische Untersuchungen entwickelt, um das Verhalten der Konsumenten auf der Basis zufälliger Stichproben bspw. in sog.

---

[633] Vgl. Rust et al. (2004b).
[634] Eine Übersicht von Längsschnittstudien im Beziehungsmarketing liefern Berger et al. (2002), S. 47. Eine vergleichende Übersicht von Längsschnitt- und Querschnittanalysen bieten Rindfleisch et al. (2008).
[635] Vgl. bspw. Rust et al. (2004b).
[636] Vgl. Gelbrich (2001).

Monte-Carlo-Simulationen zu beschreiben.[637] Ziel dieser Simulationsstudien ist die Erhöhung des Stichprobenumfangs zur Erzielung statistisch signifikanter Testergebnisse. Kritisch zu hinterfragen ist in diesem Zusammenhang jedoch die empirische Validität der Ergebnisse. Die beiden Black-Box-CE-Modelle von JOHNSON und SELNES (2004) und HO et al. (2006) führen Simulationen in nicht näher spezifizierten Märkten durch und werden aus diesem Grund nicht in Tabelle 16 aufgeführt.

5.1.1 Direktvertrieb

Die **ersten empirischen Untersuchungen** finanzwirtschaftlicher **Black-Box-CE-Modelle** fokussierten sich Mitte bzw. Ende der 90er Jahre des vergangenen Jahrhunderts auf Themen des Direktvertriebs,[638] insbesondere des Katalogversandhandels[639] und des Direct-Mail-Verkaufs[640] (vgl. Tabelle 16). DWYER (1997) formuliert grundlegende Heuristiken zur Berechnung eines kundenspezifischen CLV und unterscheidet erstmals konzeptionell zwischen Always-a-share- und Lost-for-good-Kunden.[641] Für die erstgenannte Kundenkategorie entwickelt DWYER (1997) ein Kundenbindungsmodell für den Abonnementverkauf einer Konsumentenzeitschrift. Auf der Basis kundenspezifischer Umsatz- und Kostengrößen sowie durchschnittlicher Kundenbindungsraten ermittelt DWYER (1997) den Kapitalwert von 1.000 Kundenabonnements für eine Stichprobe aus der **Kundendatenbank** in den Jahren 1983-1988.[642] Darüber hinaus wird die Werthaltigkeit von 1.000 Lost-for-good-Kunden anhand eines Kundenmigrationsmodells ebenfalls für einen 4-Jahres-Horizont bestimmt.[643]

BERGER und NASR (1998) erweitern die zuvor entwickelten CLV-Methoden im Direktvertrieb um den Aspekt der Akquisition von Neukunden. Die Aussagekraft dieser Konzepte prüfen die Autoren auf der Basis **numerischer Fallbeispiele** für Direct-Mail-Verkaufsaktionen. In einem weiteren Black-Box-Ansatz untersuchen BERGER

---

[637] Vgl. JOHNSON und SELNES (2004) sowie HO et al. (2006).
[638] Vgl. MEFFERT (2000), S. 642 f.
[639] Vgl. REINARTZ und KUMAR (2003).
[640] Vgl. DWYER (1997), BERGER und NASR (1998), BERGER und BECHWATI (2001), PFEIFER und FARRIS (2004), MALTHOUSE und BLATTBERG (2005), PFEIFER und BANG (2005) sowie HARDIE und FADER (2006).
[641] Vgl. DWYER (1997), S. 8.
[642] Vgl. DWYER (1997), Exhibit 1, S. 10.
[643] Vgl. DWYER (1997), Exhibit 2, S. 12.

und BECHWATI (2001) die optimale Budget-Allokation zwischen Kundenbindungs- und Kundenakquisitionsmaßnahmen ebenfalls anhand **numerischer Fallbeispiele** für den Direktvertrieb. Im Gegensatz dazu analysieren REINARTZ und KUMAR (2003) CE-optimale Kundenselektionsstrategien eines Versandhändlers[644] auf der Basis einer umfangreichen Analyse der **Kundendatenbank** über einen Zeitraum von 36 Monaten.[645] Das Kaufverhalten des Kundenpanels wird mit einem Negative-Binomial-Distribution-(NBD-)Pareto-Modell statistisch berechnet.[646] Anhand der geschätzten Überlebenswahrscheinlichkeit lässt sich ein zu erwartender CLV je Kunde bestimmen. Die optimale Kundenselektionsstrategie ergibt sich aus dem Vergleich zwischen CLV und Mailingkosten je Kunde.

PFEIFER und FARRIS (2004) untersuchen den Einfluss der Kundenbindungsrate auf den CLV eines Black-Box-CE-Modells und berechnen die analytische Lösung einer Kundenbindungselastizität. Die Auswirkung einer veränderten Kundenbindungsrate auf den CLV wird in hypothetischen **numerischen Beispielen** quantifiziert. Weitere aktuelle empirische Untersuchungen im Direktvertrieb fokussieren sich v. a. auf die Problematik von Schätzfehlern bei der Bestimmung eines durchschnittlichen CLV anhand von Stichproben. MALTHOUSE und BLATTBERG (2005) untersuchen die Prognose-Genauigkeit von CLV-Schätzungen auf der Basis historischen Kundenverhaltens. In der Längsschnittstudie einer **Kundendatenbank** im Direktvertrieb[647] über einen Zeitraum von zwölf Jahren finden MALTHOUSE und BLATTBERG (2005) empirische Unterstützung für ihre sog. „20-55"- und „80-15"-Regeln. Diese Regeln besagen, dass innerhalb der oberen 20 Prozent (unteren 80 Prozent) aller Kunden 55 Prozent (15 Prozent) auf der Basis ihres historischen Verhaltens falsch klassifiziert werden.

PFEIFER und BANG (2005) analysieren Verzerrungen von CLV-Schätzungen aufgrund eines Mix sowohl aktiver als auch bereits beendeter Kundenbeziehungen in der

---

[644] Darüber hinaus führen REINARTZ und KUMAR (2003) eine empirische Untersuchung für einen Anbieter von IT-Produkten und Dienstleistungen im B2B-Bereich durch, vgl. Kapitel 5.1.4.
[645] Insgesamt umfasst die Untersuchung von REINARTZ und KUMAR (2003) drei Panels mit insgesamt knapp 12.000 Haushalten. Als Information wurden die Anzahl der Käufe und die gekaufte Menge je Kaufakt abgefragt.
[646] Vgl. KRAFFT (2007), S. 113 ff.
[647] MALTHOUSE und BLATTBERG (2005) führen darüber hinaus Längsschnittstudien in folgenden drei Branchen durch: Dienstleistungen, B2B und Non-Profit, die jedoch nicht näher spezifiziert und daher im Folgenden nicht näher beleuchtet werden.

Stichprobe einer Längsschnittuntersuchung. Eine einfache Durchschnittsberechnung eines CLV anhand kundenindividueller Daten wird den „wahren" durchschnittlichen CLV-Wert der Stichprobe unterschätzen.[648] Die Autoren entwickeln nichtparametrische Methoden zur Korrektur der Verzerrung und veranschaulichen das Vorgehen anhand **numerischer Fallbeispiele**. HARDIE und FADER (2006) beschreiben Schätzfehler bei der Bestimmung eines CLV aufgrund konstanter Kundenbindungsraten. In einem Kundenpanel nimmt die durchschnittliche Kundenbindungsrate über die Zeit hinweg zu, da Kunden mit niedrigerer Bindungsrate früher das Panel verlassen als Kunden mit einer höheren Bindungsrate. Black-Box-CE-Modelle mit konstanten Kundenbindungsraten unterschätzen somit den wahren Wert aller Kundenbeziehungen in einer Stichprobe. Die Autoren quantifizieren diesen Effekt in numerischen Fallbeispielen.

Die einzige empirische Anwendung eines **hybriden CE-Modells** im Direktvertrieb stellt die Arbeit von LEWIS (2005) dar (vgl. Tabelle 16). LEWIS (2005) analysiert optimale Preispromotion-Strategien für den Abonnementverkauf einer Zeitung auf der Basis einer **Kundendatenbankanalyse**. Die Kunden agieren in diesem CE-Modell nutzenmaximierend und vergleichen in jeder Periode den Kauf des Abonnements der jetzigen Periode (zum aktuellen Preis) mit zukünftigen zu erwartenden Preispromotion-Aktivitäten in den Folgeperioden. Aus der Sicht der Unternehmung kann anhand dieser Überlegung eine optimale dynamische Preispromotion-Strategie ermittelt werden. Die Lösung des Problems wird dabei mittels einer dynamischen Programmierung bestimmt. Aufgrund des strukturellen Charakters des Modells lassen sich unterschiedliche Marketing-Strategien anhand ihres resultierenden CE-Effekts vergleichen. LEWIS (2005) überprüft die Aussagekraft seines CE-Modells auf der Basis einer Längsschnittstudie von knapp 1.600 Kunden einer Zeitung über einen Zeitraum von 36 Monaten. Die Kaufverhaltenshistorie umfasst Preis, Promotion-Aktivitäten und Abonnement-Akzeptanz jedes Kunden. Als Ergebnis der empirischen Untersuchung ergibt sich bei optimaler Preispromotion-Strategie ein leicht ansteigender durchschnittlicher Preis über den Betrachtungszeitraum.

---

[648] Die Autoren sprechen in diesem Zusammenhang von einem „right censored lifetime value", PFEIFER und BANG (2005), S. 51.

5.1.2 Finanzdienstleistungen

Empirische Untersuchungen von CE-Modellen im Finanzdienstleistungsbereich erstrecken sich bisher v. a. auf das **Kreditkartengeschäft**. Auf der Basis eines verhaltenstheoretischen Modells analysieren HOFMEYR und RICE (1995) das CE im Kreditkartenmarkt. Als Datengrundlage dient dabei eine Querschnittanalyse der **Kundendatenbank** eines Kreditkartenanbieters. Zusätzlich wird die Einstellung bisheriger Nichtkunden in einer **Sekundärmarktstudie** erfasst. Anhand der ermittelten Einstellung segmentieren HOFMEYR und RICE (1995) sowohl existierende Kunden als auch bisherige Nichtkunden. In einer zweiten Befragung nach einem Jahr erfassen die Autoren das Wechselverhalten der Nichtkunden. Das CE der bisherigen Nichtkunden stellt somit das Marktpotenzial des Kreditkartenanbieters dar und ergibt sich aus dem durchschnittlichen CLV und der Wechselwahrscheinlichkeit je Kundensegment.

In einem Black-Box-CE-Modell analysieren GUPTA et al. (2004) das CE des **Kreditkartenanbieters** Capital One als Bestandteil der Marktkapitalisierung des Unternehmens.[649] Als Datengrundlage dienen Quartalszahlen der Geschäftsberichte zur Erfassung von Kundenanzahl, Deckungsbeiträgen und Marketingkosten sowie Experteninterviews zur Bestimmung der branchenüblichen Kundenbindungsraten.[650] Zur Prognose der zukünftigen Kundenzahlentwicklung verwenden die Autoren das Diffusionsmodell von BASS (1969). Als Ergebnis für Capital One ermitteln GUPTA et al. (2004) ein CE von knapp 11 Milliarden USD. Verglichen mit dem Marktwert zwischen 10 und 14 Milliarden USD im ersten Quartal 2002 erweist sich CE als ein signifikanter Bestandteil des Unternehmenswerts von Capital One.

5.1.3 Internetdienstleistungen/Online-Handel

Das Black-Box-CE-Modell von GUPTA et al. (2004) untersucht neben Capital One auch das CE einiger Internet-Dienstleistungsunternehmen. Insbesondere berechnen die Autoren auf der Basis einer **Kundendatenbankanalyse**[651] das CE für Amazon,

---

[649] Darüber hinaus bestimmen die Autoren das CE der Internetdienstleister Amazon, Ameritrade, E-bay und E*Trade, vgl. Kapitel 5.1.3.
[650] Zur Übersicht der verwendeten Daten vgl. GUPTA et al. (2004), Tabelle 2, S. 10.
[651] Der Begriff Kundendatenbankanalyse ist im Fall von GUPTA et al. (2004) sehr weit gefasst, da es sich hierbei v. a. um eine Analyse von Geschäftsberichten handelt.

Ameritrade, Ebay und E*Trade. Jedoch kann im Fall von Amazon und Ebay nur ein kleiner Teil des Marktwerts durch das CE erklärt werden. Der Wert aller Kundenbeziehungen beläuft sich für Amazon (Ebay) nur auf einen Wert von 0,8 (1,9) Milliarden USD bei einem Marktwert zwischen 3,4 und 6,4 (13,7 und 19,5) Milliarden USD. Somit scheinen die beiden Firmen entweder am Markt überbewertet oder aber der Marktwert umfasst noch weitere Aspekte, die nicht durch das CE abgedeckt werden.[652]

In einem weiteren Black-Box-CE-Modell verbinden FADER et al. (2005) das **RFM-Konzept**[653] mit dem CLV einer Kundenbeziehung. Als Datengrundlage dient ihnen das Kaufverhalten einer **Kundendatenbank** von mehr als 23.000 Kunden des Online-Musikanbieters CDNOW in den Jahren 1997/1998. Das historische Kaufverhalten der Kunden entlang der RFM-Parameter dient als Segmentierungslogik der Kundenbasis. Zukünftiges Kaufverhalten, genauer gesagt, die Anzahl zu erwartender Kaufvorgänge, wird ähnlich wie im Ansatz von REINARTZ und KUMAR (2003) durch ein NBD-Pareto-Modell statistisch berechnet. Die Höhe der jeweiligen Kauftransaktion wird anhand einer Gamma-Verteilung geschätzt. Dadurch ist es möglich, auf der Basis von RFM-Parametern einen kundenindividuellen CLV zu berechnen.

5.1.4 IT-Produkte und -Dienstleistungen

Im IT-Produkte und -Dienstleistungsbereich stellt v. a. das Geschäft mit Firmenkunden (Business-to-Business, B2B) ein wichtiges Anwendungsfeld empirischer Untersuchungen in der CE-Forschung dar. Der Grund hierfür liegt höchstwahrscheinlich in einer, verglichen mit dem Business-to-Consumer-Bereich (B2C-Bereich), geringeren Anzahl und besseren Identifizierbarkeit von Kunden begründet. REINARTZ und KUMAR (2003) analysieren in ihrem Black-Box-CE-Modell (vgl. auch Kapitel 5.1.1) **optimale Kundenselektionsstrategien** für einen Anbieter von IT-Produkten und -Dienstleistungen im B2B-Bereich.[654] Auf der Basis einer Längsschnittstudie der **Kaufverhaltenshistorie der Kunden** zwischen 1993 und 2000 ermitteln die Autoren

---

[652] Für eine umfassende Diskussion vgl. GUPTA et al. (2004), S. 14 und 17 f.
[653] RFM steht für Recency, Frequency, Monetary Value. Das Konzept stammt aus dem Direktmarketing und wird als Priorisierungs- und Segmentierungslogik für Direct-Mail-Aktionen verwendet, vgl. KRAFFT und ALBERS (2000), S. 520 f.
[654] Vgl. auch die darauf aufbauende Arbeit von REINARTZ et al. (2005).

anhand des NBD-Pareto-Modells Schätzungen für das zukünftige Kaufverhalten und den CLV.

In einem weiteren Black-Box-CE-Modell analysieren VENKATESAN und KUMAR (2004) den Einfluss von Kundenkontakten über verschiedene Vertriebskanäle auf den CLV einer Kundenbeziehung im B2B-Bereich. Das Kaufverhalten, genauer gesagt, die Kaufhäufigkeit, wird anhand eines Gamma-Modells geschätzt, während der Deckungsbeitrag eines Kunden anhand einer Panelregression bestimmt wird. Auf der Basis dieser Erkenntnisse ermitteln die Autoren eine CE-optimale Kundenselektionsstrategie und CE-optimale Kommunikationsstrategien je Vertriebskanal und Kunde. Die empirische Datengrundlage der Untersuchung bildet die **Kundendatenbank** eines Anbieters von IT-Produkten und -Dienstleistungen im B2B-Bereich mit Informationen zum Kaufverhalten der Kunden sowie zur Kontakthistorie.

5.1.5 Automobilherstellung

In der empirischen Anwendung eines verhaltenstheoretischen CE-Modells analysiert CORNELSEN (2000) die einzelnen monetären Bestandteile[655] des CLV einer Kundenbeziehung auf der Basis einer **Marktstudie** im Automobilbereich. Insgesamt umfasst die **Primärstudie** die schriftliche Befragung einer repräsentativen Stichprobe von 500 Privatpersonen verschiedener Fahrzeugklassen.[656] Die empirische Messung des CLV fokussiert sich dabei v. a. auf die Bestimmung des Referenzwerts eines Kunden. Dafür werden Referenzvolumen, Meinungsführerschaft, soziales Netz, Kundenzufriedenheit und -bindung jedes Probanden gemessen.[657] Die starke Streuung der ermittelten Referenzwerte deutet dabei auf ein hohes Steuerungspotenzial durch CLV-Analysen hin.[658]

---

[655] Der CLV wird in der Arbeit von CORNELSEN (2000) umsatz- und erfolgsbezogen bestimmt und umfasst einen Cross-Selling-Wert, einen Referenzwert sowie einen Informationswert, vgl. CORNELSEN (2000), S. 234 f.

[656] Die Repräsentativität hinsichtlich der Gesamtheit der Automobilbesitzer in Deutschland wurde nach den Merkmalen Alter, Einkommen und Fahrzeugklasse durch Quotierung, d. h. eine nichtzufällige Quotenauswahl, sichergestellt, vgl. CORNELSEN (2000), S. 241.

[657] In der automobilen Oberklasse ermittelt CORNELSEN (2000) bspw. einen jahresbezogenen durchschnittlichen Umsatzwert von 13.200 DM bei einem Referenzwert zwischen +5.733 DM und -3.502 DM, vgl. CORNELSEN (2000), S. 267.

[658] In diesem Zusammenhang sind die in Kapitel 2.3 beschriebenen Kritikpunkte an den verhaltenstheoretischen CE-Modellen zu beachten.

GELBRICH (2001) untersucht ebenfalls ein verhaltenstheoretisches CE-Modell anhand einer **Marktstudie** im Automobilbereich. Die Schätzung und Erklärung der insgesamt sieben Bestandteile des CLV[659] für die **Automobilfinanzierung** erfolgt auf der Basis von **Sekundärdaten**. Die verwendete sog. Verbraucheranalyse, die jährlich im Auftrag mehrerer Verlage in Deutschland erhoben wird, umfasst Daten über die Konsumgewohnheiten von insgesamt 31.337 Probanden über 14 Jahre. Insbesondere werden Soziökonomika (Nettoeinkommen etc.), Soziodemographika (Alter, Geschlecht etc.) sowie Psychographika (Risikobereitschaft, Einstellung zur Marke etc.) erfasst.[660] Auf der Basis des empirisch ermittelten CLV entwickelt GELBRICH (2001) Empfehlungen für eine Automobilbank zur Akquisition wirtschaftlich attraktiver Käufer.[661]

5.1.6 Linienflugverkehr

Der Linienflugverkehr spielt eine wichtige Rolle in der empirischen CE-Forschung. Der hohe Stellenwert des Beziehungsmarketings in diesem Markt wird auch deutlich an seiner Vorreiterrolle im Aufbau von Kundenloyalitätsprogrammen (sog. Frequent-Flyer-Programs) in den 90er Jahren des vergangenen Jahrhunderts.[662] In einem hybriden CE-Modell analysieren RUST et al. (2004b) den CE-Effekt einer Marketing-Investition für **American Airlines** (vgl. Tabelle 16).[663] Der Ansatz basiert auf einer **Marktstudie** bestehender und potenzieller Kunden von American Airlines. Grundlage ist eine **Primärstudie**[664] zufällig ausgewählter Kunden zum Kaufverhalten und zu relevanten Nutzendimensionen des Leistungsangebots von American Airlines und seiner Wettbewerber.[665] Der CE-Effekt der Marketing-Investition ergibt sich aus dem

---

[659] GELBRICH (2001) unterscheidet monetäre Nutzenbestandteile (künftiges Umsatzpotenzial), nichtmonetäre Nutzenbestandteile (Cross-Selling-Potenzial, generische Markentreue, Wechselbereitschaft, Referenzpotenzial, Verschuldungsbereitschaft) und Kostenbestandteile (Ausfallwahrscheinlichkeit) für den CLV in der Automobilfinanzierung, vgl. GELBRICH (2001), S. 142.

[660] Vgl. GELBRICH (2001), S. 157 ff.

[661] Im attraktivsten Kundensegment ergibt sich bspw. ein CLV von ca. 290 TDM, vgl. GELBRICH (2001), S. 226.

[662] Vgl. SHUGAN (2005b).

[663] Darüber hinaus führen RUST et al. (2004b) Primärmarktstudien in folgenden Branchen durch: Elektronik- und Lebensmitteleinzelhandel, Konsumgüter (FMCG: Taschentücher) und Autovermietung (vgl. Tabelle 16).

[664] Von den insgesamt 229 befragten Kunden erwiesen sich 100 Personen als relevant für die Untersuchung, vgl. RUST et al. (2004b), S. 117.

[665] Der Befragung vorgeschaltet wurden Interviews mit Managern und Marktexperten zur Erfassung relevanter Marktinformationen, wie bspw. Marktgröße, Zeithorizont, Profitabilitäten und Nutzendimensionen, vgl. RUST et al. (2004b), S. 116.

Vergleich der veränderten Nutzenwahrnehmung der Kunden und dem Investitionsvolumen im Sinn einer ROI-Betrachtung.

In einem Black-Box-CE-Modell analysieren TIRENNI et al. (2007) optimale Marketing-Maßnahmen für das Frequent-Flyer-Program von **Finnair**.[666] Das dynamische Kaufverhalten der Kunden wird anhand eines sog. Markov-Entscheidungsprozesses simuliert.[667] Die empirische Untersuchung basiert auf einer **Kundendatenbankanalyse** des Kaufverhaltens 10.000 zufällig ausgewählter Kunden des Vielfliegerprogramms über einen Zeitraum von zwei Jahren. Darüber hinaus werden Charakteristika (soziodemographische Daten etc.) der einzelnen Kunden erfasst. Die Kunden werden zunächst anhand verschiedener Scoring-Segmentierungsmethodiken (bspw. RFM) sowie statischer Segmentierungsverfahren (bspw. Clusterzentrenanalysen) in Cluster aufgeteilt.[668] In diesem Zusammenhang erweist sich ein statistisches Regressionsverfahren gegenüber dem weit verbreiteten RFM-Konzept als überlegene Prognosemethode des zukünftigen CLV des Segments. Die Prognosegüte wird dabei durch den Vergleich zwischen geschätztem und tatsächlichem CLV auf der Basis des mittleren quadratischen Fehlers gemessen.[669] Je Kunde und Segment lassen sich nun mittels einer dynamischen Programmierung die CLV-optimalen zukünftigen Marketing-Kontaktmaßnahmen (bspw. spezielle Angebote) festlegen. TIRENNI et al. (2007) messen die Performance dieser Maßnahmen mit simulierten CLV-Werten, bei denen keine Änderung der bisherigen Marketing-Maßnahmen vorgenommen wird.[670]

5.1.7 Telekommunikation

Auch wenn die Telekommunikation in der CE-Forschung häufig als relevanter Markt identifiziert wird[671], hat bisher ausschließlich HUNDACKER (2005) ein hybrides CE-Modell für diesen Markt entwickelt und empirisch untersucht (vgl. Tabelle 16).[672] Grundlage der empirischen Analyse im deutschen **Mobilfunkmarkt** ist eine **Primär-**

---

[666] Vgl. hierzu auch die Arbeit von TIRENNI (2005).
[667] Einen Überblick über Markov Decision Processes liefert PUTERMAN (2005).
[668] Für einen Überblick der verwendeten Segmentierungskonzepte vgl. TIRENNI (2005), S. 44.
[669] Zu diesem Zweck wird die Stichprobe in zwei gleich große Teile zur Schätzung und Evaluierung der Ergebnisse aufgeteilt.
[670] Die realisierten CLV liegen – je nach Segment – deutlich über dem Niveau der simulierten CLV, vgl. TIRENNI (2005), S. 45.
[671] Vgl. bspw. MALTHOUSE und BLATTBERG (2005), S. 4, sowie TIRENNI (2005), S. 120.
[672] Für eine detaillierte Beschreibung des Modells vgl. Kapitel 2.4.2.

marktstudie von knapp 1.000 privaten Nutzern.[673] Dabei wurden neben den soziodemographischen Daten auch Informationen zum Nutzungsverhalten (Anbieter, monatliche Telefonrechnung etc.), Bindungsgrad (Loyalität, Zufriedenheit etc.) und zu den Nutzendimensionen unterteilt in funktionaler Nutzen, Markennutzen, Beziehungsnutzen und ökonomischer Nutzen erfasst. Auf Anbieterseite wurden Lebenszykluskosten für die Parametrisierung des CE-Konstrukts erfasst. Auf der Basis dieser Daten bestimmt HUNDACKER (2005) eine zweidimensionale Segmentierung der Stichprobe entlang des Kundennettonutzens und des Kundenerfolgsbeitrags.[674] Darüber hinaus werden je Segment der CLV aller Kundenbeziehungen im Status quo berechnet. Die CE-Wirkungen der beiden formulierten Marktbearbeitungskonzepte „No-Frills" und „Premium-Service" werden schließlich durch die Veränderung des Nettonutzens und der Profitabilität gegenüber dem Status quo bei voller Marktabdeckung bzw. segmentspezifischer Marktbearbeitung gemessen.

5.1.8 Zwischenfazit

Bisherige empirische Untersuchungen in der CE-Forschung fokussieren weitgehend auf **Dienstleistungen** und dabei v. a. auf den **Direktvertrieb** (vgl. Tabelle 16). Dies ist durch die hohe Verfügbarkeit von Kundeninformationen insbesondere im Katalogversandhandel zu erklären. Empirische Analysen von CE-Modellen in Produktmärkten adressieren v. a. den Automobilsektor und IT-Produkte und Dienstleistungen im B2B-Bereich. Weitere Untersuchungen in Märkten langlebiger Gebrauchsgüter, dem Untersuchungsgegenstand dieser Arbeit, können jedoch in der CE-Forschung bisher nicht beobachtet werden.

Darüber hinaus werden meist finanzwirtschaftliche Black-Box-CE-Modelle in empirischen Analysen angewendet (vgl. Tabelle 16). Daher stellt die vorliegende Untersuchung eines **hybriden CE-Wettbewerbsmodells** auch eine methodische Vertiefung der empirischen CE-Forschung dar.

Die vorherrschende Art der empirischen Analyse stellen bisher Kundendatenbankanalysen dar (vgl. Tabelle 16). Die aus der Sicht des CEM besonders interessanten empirischen **Primärmarktstudien** wurden hingegen bisher nur von CORNELSEN

---

[673] Vor der Befragung wurde der Fragebogen in Pre-Tests geprüft.
[674] Als Kundenerfolgsbeitrag verwendet HUNDACKER (2005) den durchschnittlichen Kundenumsatz (Average Revenue per User (ARPU)).

(2000), RUST et al. (2004b) und HUNDACKER (2005) durchgeführt. Aufgrund einer gleichzeitigen Analyse von Kundenbindungs- und Kundenakquisitionseffekten durch Marktbearbeitungsstrategien wird diese Form der Marktanalyse auch in der vorliegenden Untersuchung verwendet.

5.2 Einordnung des Produktmarkts für schnurlose Festnetztelefone in Deutschland

5.2.1 Abgrenzung und Charakterisierung des betrachteten Markts

Den Untersuchungsgegenstand des hybriden CE-Wettbewerbsmodells bildet der Produktmarkt für schnurlose Festnetztelefone in Deutschland für Privatkunden (B2C). Diese Produkte lassen sich gemäß ihrer Dauerhaftigkeit und materiellen Beschaffenheit als **langlebige Gebrauchsgüter** charakterisieren, die im Regelfall viele Verwendungseinsätze überdauern.[675] Langlebige Gebrauchsgüter erfordern darüber hinaus einen verhältnismäßig intensiven persönlichen Verkaufs- und Serviceaufwand sowie umfangreiche Garantieleistungen der Marktanbieter.

Bzgl. der Kaufgewohnheiten der Nachfrager im untersuchten Markt können schnurlose Festnetztelefone als **Güter des Such- und Vergleichskaufs** („Shopping Goods") beschrieben werden.[676] Bei ihrer Kaufentscheidung durchlaufen die Nachfrager bei diesem Produkttyp Such-, Vergleichs- und Auswahlprozesse, in denen sie Bewertungskriterien wie Qualität, Preis und Design anlegen. Die Qualität schnurloser Festnetztelefone können die Nachfrager bei der Informationssuche vor dem Kauf, bspw. durch die Analyse von Testergebnissen, bewerten. Deshalb können die in den informationsökonomischen Ansätzen der Marketingwissenschaft beschriebenen Informationsasymmetrien zwischen Anbietern und Nachfragern weitgehend vernachlässigt werden.[677]

Hinsichtlich der Aktiviertheit und des Involvements der Nachfrager bei der Kaufentscheidung können schnurlose Festnetztelefone als **Low-Involvement-Käufe** identifiziert werden.[678] Produkte dieser Kategorie sind durch eine relativ niedrige persönliche

---

[675] Vgl. KOTLER und BLIEMEL (2001), S. 719.
[676] Vgl. KOTLER und BLIEMEL (2001), S. 720 f.
[677] Vgl. KAAS und BUSCH (1996), S. 243 ff.
[678] Vgl. KROEBER-RIEL und WEINBERG (2003), S. 371 ff.

Bedeutung für den Nachfrager gekennzeichnet. Die Kaufentscheidung ist mit einem geringeren Risiko als bei High-Involvement-Produkten (wie bspw. Automobilen) verbunden, so dass die Nachfrager weniger Zeit und Energie für den Kaufentscheidungsprozess verwenden. Das tendenziell niedrige Involvement der Nachfrager beeinflusst außerdem den Grad der Aktivierung und Aufmerksamkeit bei der Kaufentscheidung.[679] Aufgrund der niedrigeren Aktivierung und Aufmerksamkeit der Nachfrager bei einem Low-Involvement-Produkt erscheint insbesondere die verwendete Markov-Eigenschaft im hybriden CE-Wettbewerbsmodell als nicht unrealistische Modellannahme.

Für die Erklärung des Käuferverhaltens werden im Rahmen des verhaltenswissenschaftlichen Ansatzes der modernen Marketingtheorie die Art und Anzahl der Entscheidungsträger bei der Kaufentscheidung berücksichtigt. Für schnurlose Festnetztelefone kann als **Entscheidungsträger** der **individuelle Konsument** identifiziert werden.[680] Eine kollektive Kaufentscheidung, bspw. in Familien, kann somit weitestgehend ausgeschlossen werden. Wegen der Fokussierung auf den B2C-Markt können auch Unternehmen bzw. Institutionen als Entscheidungsträger der Kaufentscheidung ausgeschlossen werden. Deshalb scheint die Verwendung eines nachfragerindividuellen Nettonutzenmodells im hybriden CE-Wettbewerbsmodell eine geeignete Annahme für den untersuchten Markt.

Zudem sind schnurlose Festnetztelefone typische **heterogene Produkte**. Bei einer Kaufentscheidung steht für die Nachfrager neben einem Preisvergleich v. a. der Vergleich der unterschiedlichen Produktausstattungsmerkmale im Mittelpunkt. Auf schnurlose Festnetztelefone angewendet bedeutet dies für die Nachfrager, dass eine vergleichende Analyse von Produktmerkmalen, wie bspw. Qualität, Design, Bedienungsfreundlichkeit etc. bei der Kaufentscheidung eine wichtige Rolle spielt. Somit erscheint eine attributsbasierte Herleitung funktionaler Nutzendimensionen im hybriden CE-Wettbewerbsmodell als geeignet für den betrachteten Produktmarkt.

Des Weiteren kann als **Verwendungszweck** schnurloser Festnetztelefone für Privatkunden primär die Erfüllung des Kommunikationsbedürfnisses der Nachfrager identifiziert werden. Dabei steht v. a. der möglichst problemlose Kontakt mit dem sozialen

---

[679] Vgl. MEFFERT et al. (2008), S. 110.
[680] Vgl. MEFFERT (1992), S. 38.

Umfeld im Vordergrund. Daher ist die zusätzliche Betrachtung emotional orientierter symbolischer Nutzenassoziationen eine sinnvolle Ergänzung zu den funktionalen Nutzendimensionen für die Beschreibung des Nettonutzens der Nachfrager.

Der Markt für schnurlose Festnetztelefone für Privatkunden bringt jedoch auch die für **Produktmärkte** typischen **Probleme aus der Sicht des Beziehungsmarketings** mit sich. Mangels eines kontraktualen Geschäftsverhältnisses existieren meist nur wenige Markenberührungspunkte zwischen Anbieter und Nachfrager. Dies wirkt sich ebenfalls auf eine abgeschwächte Ausprägung des Kundenlebenszyklusgedankens[681] sowohl in der Wahrnehmung der Nachfrager als auch in der Marktbearbeitung der Anbieter aus.[682] Darüber hinaus kann auch die Verfügbarkeit von Kundeninformationen in Kundendatenbanken der Anbieter als durchschnittlich eingeschätzt werden. Außerdem gibt es aufgrund der diskreten Kaufentscheidungen langlebiger Gebrauchsgüter Probleme für die genaue Bestimmung des Start- und Endpunkts einer Kundenbeziehung. Insgesamt wird dadurch die Bestimmung des CLV im Produktmarkt für schnurlose Festnetztelefone erschwert. Umgekehrt kann jedoch das hybride CE-Wettbewerbsmodell auch als **Weiterentwicklung bestehender empirischer CE-Untersuchungen** auf Produktmärkte langlebiger Gebrauchsgüter betrachtet werden. Wie in Kapitel 5.1 beschrieben, beschränken sich die empirischen CE-Untersuchungen weitgehend auf Dienstleistungsbranchen. Die vorliegende empirische Untersuchung stellt daher die erste empirische Anwendung eines hybriden CE-Modells in einem Markt langlebiger Gebrauchsgüter dar.

Darüber hinaus müssen auch **aktuelle Entwicklungen im Markt** schnurloser Festnetztelefone für Privatkunden beachtet werden, die eine **gesteigerte Bedeutung des Beziehungsmarketings** zur Folge haben. Im Bereich der Telekommunikation hat die weitgehende Digitalisierung der übertragenen Daten, wie bspw. Bild, Ton, Video, Schrift etc. eine Loslösung bisheriger inhaltsspezifischer Übermittlungsformen ermöglicht.[683] Die zunehmende Konvergenz von Übermittlungswegen und Diensten in der Telekommunikation wirkt sich auch auf die Hersteller schnurloser Festnetztelefone für Privatkunden aus.[684] Sie treten immer stärker als Anbieter integrierter Kommu-

---

[681] Vgl. HUNDACKER (2005), S. 101.
[682] Vgl. THOMAS et al. (2004), S. 32.
[683] Vgl. ROSE et al. (2007).
[684] Vgl. VICTOR et al. (2006).

nikationslösungen für den privaten Nutzer auf. Das Angebot schnurloser Festnetztelefone wird um zusätzliche Produkte, wie bspw. Internetanschlüsse, IP-fähige Telefongeräte, Unterhaltungssysteme durch Einbindung von Medieninhalten etc. erweitert.[685] Dadurch rückt neben der Hardware auch der Dienstleistungscharakter dieser Hersteller immer mehr in den Mittelpunkt. Das Angebot des reinen Produkts ohne die zusätzliche Beachtung der Kundenbeziehung als grundlegende Steuerungsgröße tritt deshalb auch in diesem Produktmarkt immer mehr in den Hintergrund.

5.2.2 Wettbewerbsorientierte Bewertung des betrachteten Markts

Für eine empirische Anwendung des hybriden CE-Wettbewerbsmodells sollte sich der betrachtete Markt auch durch eine hohe Wettbewerbsrelevanz auszeichnen. Für eine **wettbewerbsorientierte Bewertung** des Produktmarkts für schnurlose Festnetztelefone in Deutschland werden zwei Marktcharakteristika – **Marktstruktur und Marktwachstum** – analysiert. Diese Sichtweise folgt der Annahme des SCP-Paradigmas der Harvard-Schule und der Industrieökonomik, wonach das strategische Wettbewerbsverhalten der Unternehmen durch die Marktgegebenheiten bestimmt wird.[686]

Die **Marktstruktur** wird anhand der Anzahl der Anbieter im jeweiligen Markt als Bewertungskriterium operationalisiert. Für das hybride CE-Wettbewerbsmodell wird ein **Angebotsoligopol**, d. h. eine Marktform mit nur wenigen Anbietern, gefordert.[687] Dies kann durch verschiedene sachlogische Argumente begründet werden. Erstens sind Anbieter in einem Oligopol in der Lage, durch eine Änderung ihrer Marktbearbeitungsstrategie die Marktverhältnisse (bspw. Marktanteilsgewinne) aktiv zu ändern. In einem Angebotspolypol, bestehend aus vielen kleinen Anbietern, haben Änderungen der Marktbearbeitungsstrategien dagegen praktisch keine Auswirkungen auf die Marktverhältnisse und es besteht folglich keine Marktmacht der einzelnen Anbieter.[688] Als zweiter Grund lässt sich die bessere Identifikation und Wahrnehmung der Anbie-

---

[685] Vgl. bspw. o. V. (2007a).
[686] Vgl. MASON (1939) und BAIN (1951) sowie die Ausführungen in den Kapiteln 3.1.5 und 3.1.6.
[687] Vgl. VARIAN (1992), Kapitel 16, S. 286 ff.
[688] Spieltheoretisch formuliert haben die Marktbearbeitungsstrategien eines Unternehmens kaum Einfluss auf die Auszahlungsfunktionen der Konkurrenten. Ein sog. strategischer Effekt (vgl. PFÄHLER und WIESE (1998), S. 30 ff.) ist in einem Polypol nur schwach ausgeprägt.

ter durch die Nachfrager in einem Oligopol gegenüber einem Polypol anführen. Dadurch gewinnt der Aspekt der Beziehung zwischen Anbieter und Nachfrager sowie ihre optimale Steuerung durch Marktbearbeitungsstrategien anhand des CLV zusätzlich an Bedeutung. Ein drittes Argument adressiert die Komplexität einer Wettbewerbsmodellierung bei einer hohen Anzahl betrachteter Anbieter. Die Komplexität ergibt sich sowohl durch einen erhöhten Datenbedarf (spezifische Kosten- und Nachfragefunktionen der Anbieter) als auch durch eine erhöhte Anzahl zu schätzender Modellparameter (z. B. Kreuzpreiselastizitäten zwischen allen Anbietern).

Als zweites Bewertungskriterium wird das **Marktwachstum** anhand des aktuellen Marktlebenszyklus der betrachteten Branche analysiert.[689] Abbildung 17 gibt einen Überblick über die typischen Lebenszyklusphasen eines Markts. Auf der Basis des Marktlebenszyklus lassen sich Rückschlüsse auf die **Wettbewerbsintensität** zwischen den einzelnen Anbietern ableiten. Insbesondere in Märkten mit einem bereits leicht abgeschwächten Wachstum in der **Reife- und Sättigungsphase** sind Umsatzsteigerungen meist nur noch durch Marktanteilssteigerungen bei einem gleichzeitigen Marktanteilsverlust der Wettbewerber möglich.[690] Die erhöhte Wettbewerbsintensität ergibt sich aus einem hohen Marktausschöpfungsgrad in diesen Lebenszyklusphasen.[691] In solch einem **Verdrängungswettbewerb** ist das Wettbewerbsverhalten darüber hinaus durch eine hohe Reaktionsverbundenheit charakterisiert. Deshalb rufen Marktbearbeitungsstrategien eines Anbieters in relativer kurzer Zeit signifikante Wettbewerbsreaktionen hervor.[692] Diese beiden Lebenszyklusphasen sind daher für eine Anwendung der nichtkooperativen Spieltheorie im hybriden CE-Wettbewerbsmodell besonders relevant.

Demgegenüber liegt der Fokus in „jungen" Märkten in der **Einführungs- und Wachstumsphase** v. a. auf der Planung des Markteintritts und auf der Wahl des Markteintrittszeitpunkts. In der wertorientierten Steuerung des Kundenportfolios steht angesichts eines großen Teils des nicht abgedeckten Markts die Akquisition neuer Kunden im Mittelpunkt. Aus der Wettbewerbsperspektive ist in diesen Phasen star-

---

[689] Vgl. MEFFERT et al. (2008), S. 67 ff.
[690] Vgl. BAUER (1988) bzw. die empirischen Ergebnisse von RAMASWAMY et al. (1994) sowie STEENKAMP et al. (2005).
[691] Vgl. MEFFERT et al. (2008), S. 54 f.
[692] Vgl. die Untersuchung des Preiswettbewerbs von RAMASWAMY et al. (1994).

ken Wachstums der Aspekt der Reaktionsverbundenheit zwischen den konkurrierenden Anbietern noch nicht stark ausgeprägt. Auch bei Märkten in der **Degenerationsphase** liegt der Fokus verstärkt auf einer Rückzugs- oder Marktaustrittsstrategie der einzelnen Anbieter. Daher ist auch diese Marktlebenszyklusphase nicht von einem Wettbewerbsverhalten gekennzeichnet, bei dem Aktionen und Reaktionen der Wettbewerber im Mittelpunkt der Betrachtung stehen. Ingesamt scheinen die Marktlebenszyklusphasen mit einem stark wachsenden und stark schrumpfenden Markt nur bedingt für die Analyse eines etablierten Wettbewerbs zwischen bereits im Markt existierenden Anbietern geeignet zu sein.

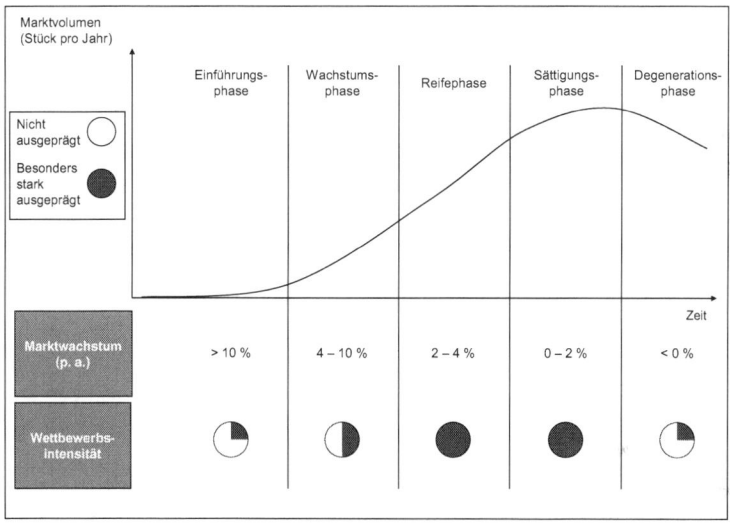

Abbildung 17: Marktlebenszyklusphasen und deren Implikationen auf die Wettbewerbsintensität
Quelle: Eigene Darstellung

Tabelle 17 fasst die Anforderungen der wettbewerbsorientierten Bewertungskriterien an das hybride CE-Wettbewerbsmodell zusammen. Aus der Wettbewerbsperspektive eignet sich das Anbieteroligopol in einem Markt mit einer Reife- oder Sättigungsphase besonders gut für eine empirische Anwendung des Modells.

	Geforderte Ausprägung für das hybride CE-Wettbewerbsmodell	Begründung
Marktstruktur (Anzahl der Anbieter)	Niedrig (Anbieteroligopol)	• Höhere Marktmacht durch die Anbieter • Bessere Identifikation und Wahrnehmung der Anbieter durch die Nachfrager • Komplexität des Wettbewerbsmodells (Datenbedarf und Modellparameter)
Marktlebenszyklus	Reife- und Sättigungsphase	• Hohe Wettbewerbsintensität (Verdrängungswettbewerb) • Ausgeprägte Reaktionsverbundenheit der Wettbewerber

Tabelle 17: Bewertungskriterien und geforderte Ausprägung für das hybride CE-Wettbewerbsmodell
Quelle: Eigene Darstellung

5.2.2.1 Marktstruktur des deutschen Produktmarkts für schnurlose Festnetztelefone

Abbildung 18 zeigt die **Marktanteile der einzelnen Anbietermarken** im deutschen Produktmarkt für schnurlose Festnetztelefone im Privatkundengeschäft. Die Marktanteile beruhen auf der Sekundärmarktstudie eines Marktforschungsinstituts. Dabei wird klar ersichtlich, dass dieser Markt durch ein ausgeprägtes **Anbieteroligopol** als Marktform charakterisiert ist. Die fünf größten Marken decken insgesamt knapp 85 % des gesamten Marktvolumens ab.

Als klarer Marktführer kann Marke A im deutschen Markt mit einem mengenmäßigen Marktanteil von über 40 % identifiziert werden.[693] Gefolgt wird der Marktführer von Marke B mit einem Marktanteil von 15 %. Die drei weiteren Marken C bis E verfügen über Marktanteile um jeweils 8 %. Unter den sonstigen Marken sind kleinere Anbieter subsumiert, die zusammen noch einen Marktanteil von 16 % haben.

---

[693] Aus Gründen der Geheimhaltung werden die Markennamen hier und im Folgenden der Arbeit nicht veröffentlicht.

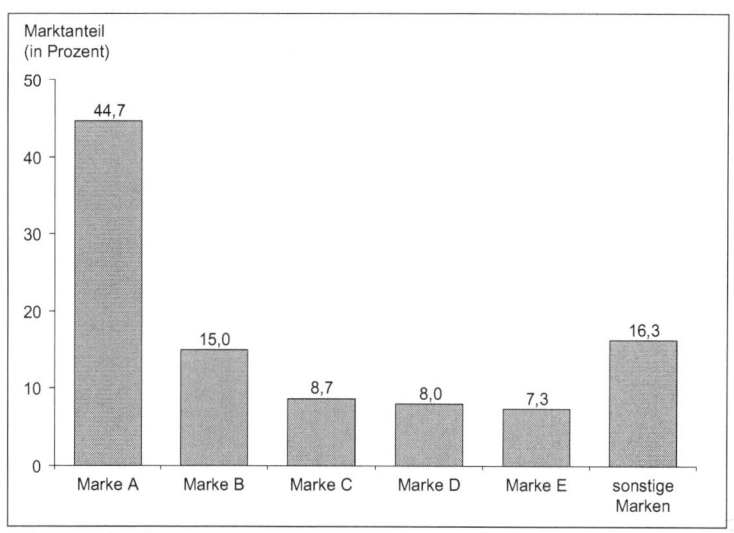

Abbildung 18: Marktanteile der Anbieter im schnurlosen Festnetztelefonmarkt in Deutschland
Quelle: Eigene Darstellung

5.2.2.2 Aktuelle Marktentwicklung im deutschen Produktmarkt für schnurlose Festnetztelefone

In den vergangenen Jahren war der deutsche Produktmarkt für schnurlose Festnetztelefone durch eine signifikante **Stagnation der Marktnachfrage** gekennzeichnet. Für diese Entwicklung lassen sich zwei Hauptgründe identifizieren. Erstens ist dieser Markt durch einen **hohen Marktsättigungsgrad** charakterisiert. Faktisch besitzen viele der insgesamt 39,8 Millionen Privathaushalte in Deutschland[694] ein Festnetztelefon. Somit ist eine mengenmäßige Sättigung der Marktnachfrage in Deutschland erreicht. Zweitens ist eine zunehmende Verdrängung herkömmlicher schnurloser Festnetztelefone durch kostengünstigere **Substitutionsprodukte** festzustellen. Insbesondere die VoIP-basierte Internet-Telefonie durch Anbieter, wie bspw. skype, ermöglicht es den Nachfragern, direkt über ihren PC zum Nulltarif mit ihrer Community zu kommunizieren.[695] Darüber hinaus kann eine verstärkte Marktpenetration von Mobiltelefonen in Deutschland beobachtet werden.[696] Die Nachfrager werden zusätzlich durch besonders günstige Gesprächstarife der Mobilfunkbetreiber dazu motiviert,

---

[694] Vgl. o. V. (2005a).
[695] Vgl. o. V. (2007b).
[696] Vgl. HUNDACKER (2005), S. 30.

ausschließlich ihr Mobiltelefon für Telefongespräche zu nutzen.[697] Der Festnetzanschluss und damit das Festnetztelefon fallen somit weitgehend als notwendiges Kommunikationsmedium für diese Nachfrager weg.[698] Als Pionier für diesen Markttrend gilt der damalige Mobilfunkbetreiber VIAG Interkom, der in Deutschland Ende der 90er Jahre des vorherigen Jahrhunderts mit dem „Homezone"-Ansatz die Zusammenführung von Mobilfunk- und Festnetzdiensten einläutete.[699]

Darüber hinaus hat die Vorgabe der EU-Kommission einer sog. **Entbündelung der Netze im Telekommunikationssektor** Auswirkungen auf den zukünftigen Absatz schnurloser Festnetztelefone in Europa. Sie schreibt den etablierten Netzbetreibern vor, den Wettbewerbern bspw. die Bereitstellung von DSL-Breitbandzugängen zu ermöglichen, ohne dass der Nachfrager gleichzeitig einen Festnetztelefonanschluss unterhalten muss.[700] Die Trennung des Internetzugangs vom klassischen Telefonanschluss wird aller Voraussicht nach einen negativen Effekt auf die Anzahl der Festnetzanschlüsse und damit den Absatz schnurloser Festnetztelefone haben.

In diesem schwierigen Marktumfeld fokussieren die Hersteller von schnurlosen Festnetztelefonen neben dem herkömmlichen Absatz durch Ersatzbeschaffungen aufgrund defekter Altgeräte auf die **Entwicklung technologisch innovativer Produkte**. Insbesondere das Angebot VoIP-basierter Telefongeräte,[701] aber auch bspw. sog. Festnetz-Handys,[702] d. h. integrierte Mobilfunk-, Internet- und Festnetztelefone, ermöglichen auch unter Einfluss der aktuellen Markttendenzen eine Steigerung des mengenmäßigen Absatzes. Neben der mengenmäßigen Betrachtung des Absatzpotenzials ist jedoch auch die Preisbereitschaft der Nachfrager zur monetären Steigerung des Marktvolumens zu berücksichtigen.[703] Insbesondere wird dies durch die Schaffung eines Zusatznutzens aufgrund eines besseren Services, aber auch durch qualitative Verbesserung von Produktattributen wie Display, Tastatur, Material etc. oder aber durch kreative Zusatzfeatures, wie bspw. eine Babyphone-Funktion, erreicht.

---

[697] Vgl. o. V. (2006a).
[698] Vgl. o. V. (2005b).
[699] Vgl. o. V. (2006b).
[700] Vgl. o. V. (2007c).
[701] Vgl. o. V. (2007d).
[702] Vgl. o. V. (2006c).
[703] Vgl. OHLSEN (1985), S. 126.

5.2.3 Zusammenfassung

Der deutsche Produktmarkt für schnurlose Festnetztelefone stellt für das hybride CE-Wettbewerbsmodell ein **passendes empirisches Anwendungsgebiet** dar. Dies kann mit den für diesen Markt realistischen Modellannahmen sowie dem beobachteten Markt- und Wettbewerbsumfeld begründet werden.

Die **Modellannahme** der Markov-Eigenschaft bzgl. des Nachfragerverhaltens erscheint in diesem Markt durch den ausgeprägten Low-Involvement-Charakter des Produkts realistisch. Außerdem kann die Nutzung eines multidimensionalen Nettonutzenmodells entlang funktionaler und symbolischer Nutzenassoziationen der Nachfrager durch die Heterogenität des Produkts und seinen Verwendungszweck begründet werden. Für die Nachfrager schnurloser Festnetztelefone als typische heterogene Produkte spielt bei der Kaufentscheidung eine vergleichende Analyse funktionaler Produktattribute eine große Rolle. Darüber hinaus stehen aufgrund des primären Verwendungszwecks der Erfüllung ihres Kommunikationsbedürfnisses auch emotional geprägte symbolische Nutzenaspekte im Mittelpunkt.

Aus einer **Wettbewerbsperspektive** zeichnet sich der Produktmarkt für schnurlose Festnetztelefone in Deutschland durch ein ausgeprägtes Anbieteroligopol aus, in dem die einzelnen Anbietermarken erstens durch den Nachfrager eindeutig wahrnehmbar sind und zweitens aufgrund ihrer Marktmacht durch Marktbearbeitungsstrategien aktiv ihre Marktpositionierung beeinflussen können. Außerdem befindet sich der Markt aktuell in einer ausgesprochenen Sättigungsphase, die durch eine hohe Wettbewerbsintensität infolge eines starken Verdrängungswettbewerbs charakterisiert ist. Darüber hinaus kann eine ausgesprochene Reaktionsverbundenheit der Wettbewerber identifiziert werden. Insgesamt bietet der betrachtete Markt ein geeignetes Anwendungsfeld für das hybride CE-Wettbewerbsmodell.

5.3 Untersuchungshypothesen

Auf der Basis des in Kapitel 4 entwickelten hybriden CE-Wettbewerbsmodells lassen sich **Untersuchungshypothesen** ableiten, die im folgenden Kapitel 6 empirisch überprüft werden. Abbildung 19 gibt einen Überblick über die analysierten Zusammenhänge. Insgesamt lassen sich zehn Untersuchungshypothesen unterscheiden, die verschiedene Aspekte des hybriden CE-Wettbewerbsmodells adressieren. Zunächst werden die jeweilige Markentypologie des Anbieters (H_{1-4}) sowie das adressierte Nachfragersegment (H_{5-8}) als **Determinanten einer optimalen Marktbearbeitungsstrategie** untersucht. Darüber hinaus wird bzgl. der **Wirkungen einer optimalen Marktbearbeitungsstrategie** aller Marken die Vorteilhaftigkeit der Segmentbearbeitung gegenüber einer Gesamtmarktbearbeitung in einem Wettbewerbsumfeld untersucht (H_9). Abschließend wird der Einfluss einer Wettbewerbsantizipation auf die optimale Marktbearbeitungsstrategie für die führende Marke analysiert (H_{10}). Dabei wird das optimale CE einer wettbewerbsantizipierenden Marke mit dem CE einer wettbewerbsignorierenden Marke verglichen.

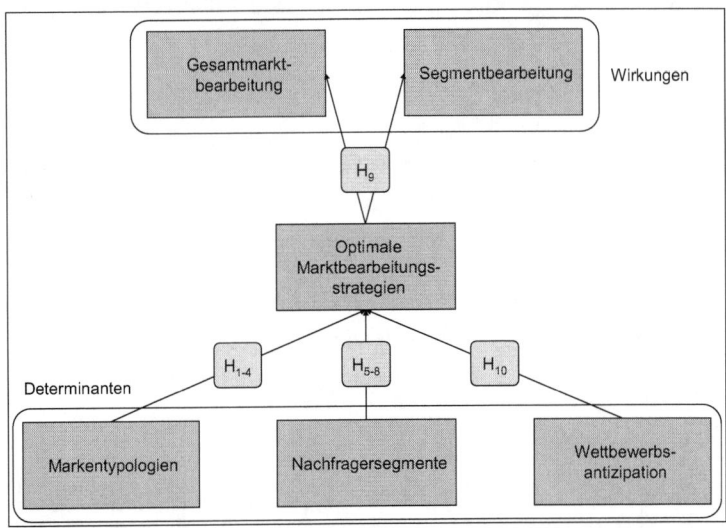

Abbildung 19: Untersuchte Zusammenhänge im hybriden CE-Wettbewerbsmodell
Quelle: Eigene Darstellung

5.3.1 Optimale Marktbearbeitungsstrategien der Markentypologien

Zunächst werden Untersuchungshypothesen für das **optimale Wettbewerbsverhalten der Markentypologien im Gesamtmarkt** hergeleitet.[704] Grundlage bilden die in Kapitel 4.2.4.1 beschriebenen Normstrategien. Den Ausführungen in Kapitel 4.2.4.2 folgend, können unterschiedliche Markentypologien entlang der Dimensionen Wettbewerbsvorteil und Markengröße betrachtet werden. Dabei besitzen die entwickelten

---

[704] Dabei werden die Hypothesen ausschließlich für eine Gesamtmarktbearbeitung formuliert. Somit können Überschneidungen zu den segmentspezifischen Hypothesen (vgl. Kapitel 5.3.2) ausgeschlossen werden.

Normstrategien, wie bereits in Kapitel 4.2.4.3 beschrieben, unterschiedliche Implikationen für die Markentypologien.

Insgesamt wird für alle Marken auf der Gesamtmarktebene angenommen, dass eine **Beibehaltung oder ein Ausbau der aktuellen Marktposition** für alle Markentypologien eine optimale Strategie darstellt.[705] Dies lässt sich durch die Erkenntnis von PORTER (2002) begründen, dass jedes Unternehmen eine spezifische **Kernkompetenz** entwickeln und ausbauen muss, um nachhaltig Wettbewerbsvorteile zu realisieren.[706] Somit wird als vorherrschendes Wettbewerbsverhalten eine **Points-of-Difference-Positionierung** der einzelnen Marken unterstellt. Diese Form der Marktpositionierung strebt eine möglichst stark ausgeprägte Wettbewerbsdifferenzierung der Marke gegenüber den konkurrierenden Marken an.[707]

Implizit wird außerdem eine signifikante Re-Positionierung von Marken auf der Gesamtmarktebene als suboptimale Entscheidungsalternative unterstellt. Diese Annahme lässt sich durch das **Nutzenversprechen einer Marke** erklären. Eine stark ausgeprägte Re-Positionierung einer Marke kann durch die Veränderung der symbolischen und funktionalen Nutzenassoziationen des Markenimages begründet werden. Je größer dabei die Distanz zwischen ursprünglicher und neuer Marktpositionierung, desto schwieriger und zeitaufwendiger wird es für die Nachfrager, die neue Markenpositionierung zu verinnerlichen.[708] Als Ergebnis sinkt daher die Erfolgswahrscheinlichkeit einer Re-Positionierung, so dass die Wahl einer geeigneten Balance zwischen ursprünglicher und antizipierter Marktposition eine bedeutende Rolle bei der Realisierung des Re-Positionierungserfolgs spielt.[709]

Abbildung 20 beschreibt die abgeleiteten Untersuchungshypothesen zum optimalen Wettbewerbsverhalten der einzelnen Markentypologien im Gesamtmarkt. Insgesamt lassen sich vier Hypothesen unterscheiden (H_1 bis H_4), die in Kapitel 6 empirisch überprüft werden.

---

[705] Vgl. BERNDT (2005), S. 92.
[706] Vgl. PRAHALAD und HAMEL (1990), HAMEL und PRAHALAD (1995), S. 307 ff.
[707] Demgegenüber ist bei einer Points-of-Parity-Positionierung die Imitation einer Wettbewerbermarke zu beobachten, vgl. KELLER (2003), S. 131 ff.
[708] Vgl. MEFFERT et al. (2008), S. 376 f.
[709] Vgl. BURMANN und FEDDERSEN (2007), S. 23.

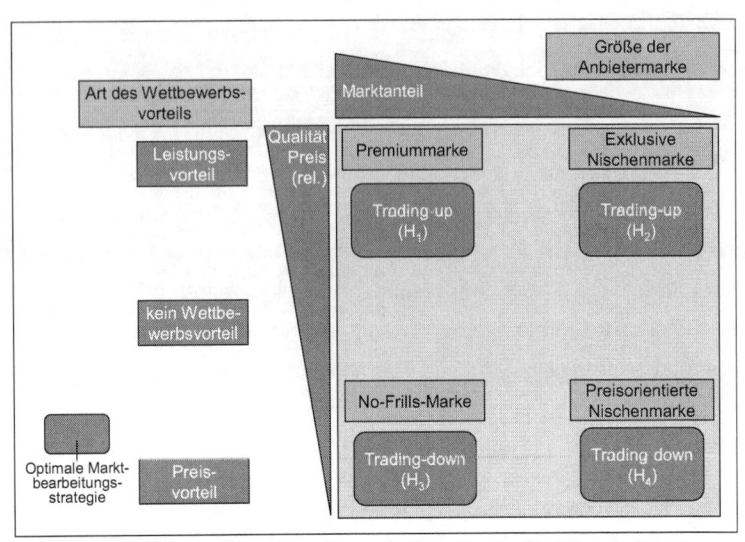

Abbildung 20: Untersuchungshypothesen bzgl. optimaler Marktbearbeitungsstrategien der Markentypologien
Quelle: Eigene Darstellung

Aus der Sicht einer **Premiummarke** wird als optimale Marktbearbeitungsstrategie auf der Gesamtmarktebene die Wahl einer Trading-up-Strategie (H_1) angenommen (vgl. Abbildung 20). Als Hauptgrund der Vorteilhaftigkeit einer Trading-up-Strategie werden die Fokussierung der Qualitätsführerschaft und die damit verbundene Möglichkeit der Durchsetzung höherer Preise im Gesamtmarkt gesehen.[710] Insgesamt wird für eine Premiummarke eine positive Auswirkung auf das Markenimage der Marke im Fall einer Trading-up-Strategie angenommen. Dabei ist anzumerken, dass eine Trading-up-Strategie in dieser Arbeit auch die Möglichkeit einer Preiserhöhung bei konstanter Qualität beschreibt. Dabei wird der häufig beobachtete Charakter des Preises als Qualitätsindikator berücksichtigt.[711]

Für eine **exklusive Nischenmarke** wird ebenfalls eine Trading-up-Strategie (H_2) zur Beibehaltung oder Fokussierung der aktuellen Marktposition als optimale Alternative angenommen (vgl. Abbildung 20). Der Grund für die Vorteilhaftigkeit einer Trading-up-Strategie liegt dabei ähnlich wie bei der Premiummarke im Ausbau der Qualitäts-

---

[710] Die Entwicklung der Qualitäts- und Preisführerschaft muss hier und im Folgenden immer in Relation zu den Strategien der Wettbewerber gesehen werden. Falls die Wettbewerbsmarken ebenfalls eine Trading-up-Strategie verfolgen, werden dadurch bei der Premiummarke lediglich der Leistungsvorteil bzw. die Qualitätsführerschaft aufrechterhalten.

[711] Vgl. MEFFERT et al. (2008), S. 479.

führerschaft als Nischenanbieter und in der Durchsetzung höherer Prämienpreise. Eine weitere Fokussierung der Qualitätsführerschaft würde außerdem die weitere Selektion besonders profitabler, preisinsensitiver Nachfrager der Nischenmarke ermöglichen.

Als optimale Strategieoption auf der Gesamtmarktebene wird für eine **No-Frills-Marke** eine Trading-down-Strategie (H_3) unterstellt (vgl. Abbildung 20). Für die Optimalität der Trading-down-Strategie würde eine weitere Fokussierung der Kostenführerschaft im Gesamtmarkt sprechen, die die Durchsetzung niedrigerer Preise aufgrund realisierter reduzierter qualitätsrelevanter Stückkosten ermöglicht. Jedoch umfasst die Trading-down-Strategie auch eine Preissenkung bei konstanter Qualität. Auch wenn diese Strategieoption anfangs eine Senkung des Produktdeckungsbeitrags impliziert, kann sich langfristig eine erfahrungskurvenbedingte Stückkostenreduktion infolge einer starken Erhöhung der Absatzmenge einstellen. Eine solche Discountstrategie, d. h. das Angebot einer preisgünstigen, aber qualitativ guten Marke ist eine in der Praxis häufig beobachtbare Wettbewerbsstrategie in vielen Branchen.[712]

Für eine **preisorientierte Nischenmarke** wird als optimale Strategieoption zur Beibehaltung oder Fokussierung der aktuellen Marktpositionierung ebenfalls eine Trading-down-Strategie (H_4) angenommen (vgl. Abbildung 20). Die Optimalität der Trading-down-Strategie ergibt sich dabei ebenfalls im Wesentlichen aus dem Ausbau der Kostenführerschaft durch die Realisierung niedrigerer variabler Stückkosten. Gegenüber dem Nachfrager kann der Preisvorteil als Nischenanbieter durch einen nun möglichen reduzierten Preis infolge der niedrigeren variablen Kosten weiter vertieft werden.

5.3.2 Optimale Marktbearbeitungsstrategien in den Nachfragersegmenten

Im Folgenden werden Untersuchungshypothesen bzgl. der optimalen Marktbearbeitungsstrategien in den einzelnen **Nachfragersegmenten** generiert. Die Segmentierungslogik orientiert sich, den Ausführungen in Kapitel 4.2.1.5 folgend, an den Bedeutungsgewichten preis- und qualitätsorientierter Nutzendimensionen bei der Kaufentscheidung der Nachfrager. Der Gesamtmarkt lässt sich somit auf vier exem-

---

[712] Vgl. HAAS (2003), S. 215.

plarische Nachfragersegmente mit unterschiedlichen Preis- und Qualitätselastizitäten aufteilen. Aufgrund der unterschiedlichen Reagibilität der Nachfrager lassen sich Hypothesen bzgl. der unterschiedlichen Wirkungsweisen der einzelnen Normstrategien formulieren. Die Argumentation zur Wirkungsweise der Normstrategien in den Segmenten ähnelt z. T. den entwickelten Untersuchungshypothesen von HUNDACKER (2005). Jedoch besteht im Vergleich zu den Hypothesen in der vorliegenden Arbeit ein zentraler Unterschied. Die Untersuchungshypothesen zur Wirkungsweise der Marktbearbeitungsstrategien in den einzelnen Nachfragersegmenten werden für die einzelnen Marken in einem Wettbewerbsumfeld unter Berücksichtigung optimaler Wettbewerbsreaktionen analysiert. Außerdem wird nicht wie bei HUNDACKER (2005) ein durchschnittlicher Anbieter betrachtet, der in allen Segmenten über einen gleich großen Segmentanteil verfügt.[713]

Abbildung 21 fasst die entwickelten **Untersuchungshypothesen** bzgl. der optimalen Marktbearbeitungsstrategien in den einzelnen **Nachfragersegmenten** unter Berücksichtigung optimaler Wettbewerbsreaktionen zusammen. Die Vorteilhaftigkeit einer Normstrategie wird dabei anhand der prognostizierten relativen investitionsbereinigten Änderung des CE (vgl. Kapitel 4.5.3) ermittelt. Diese Zielgröße ergibt sich durch die Differenz zwischen prognostizierter CE-Änderung und den dafür notwendigen Investitionen dividiert durch den Marken-CE im Status quo. Die Veränderung des CE lässt sich dabei weitgehend durch den Vergleich der prognostizierten Änderung der Kaufwahrscheinlichkeit (Marktanteilseffekt) mit der Änderung des Produktdeckungsbeitrags (Profitabilitätseffekt) der Marke analysieren.[714] Insgesamt wird für jedes Nachfragersegment eine Normstrategie als optimale Segmentbearbeitung in einer Untersuchungshypothese formuliert.

Im Segment der **qualitätsbewussten Nachfrager** wird als optimale Segmentbearbeitung eine **Trading-up-Strategie** angenommen (H₅). Dies kann dadurch begründet werden, dass bei den Nachfragern wegen ihrer ausgeprägten Qualitätsorientierung durch eine Erhöhung der Produktqualität eine signifikante Steigerung des Nettonutzens – und damit der Kaufwahrscheinlichkeit – erzielt wird. Demgegenüber wirkt sich der höhere Preis wegen seiner geringeren Nutzenbedeutung nur schwach negativ

---

[713] Vgl. HUNDACKER (2005), S. 143.
[714] HUNDACKER (2005) spricht in diesem Zusammenhang ebenfalls vom Nettonutzen- und Profitabilitätseffekt.

auf die Kaufwahrscheinlichkeit und damit den prognostizierten Marktanteil der Marke aus. Somit lassen sich Preissteigerungen realisieren, die dem Kosteneffekt einer Qualitätserhöhung – erhöhte variable Kosten sowie Investitionen in F&E – mehr als neutralisieren und gleichzeitig nicht die Gefahr einer starken Abnahme des Marktanteils in sich bergen.

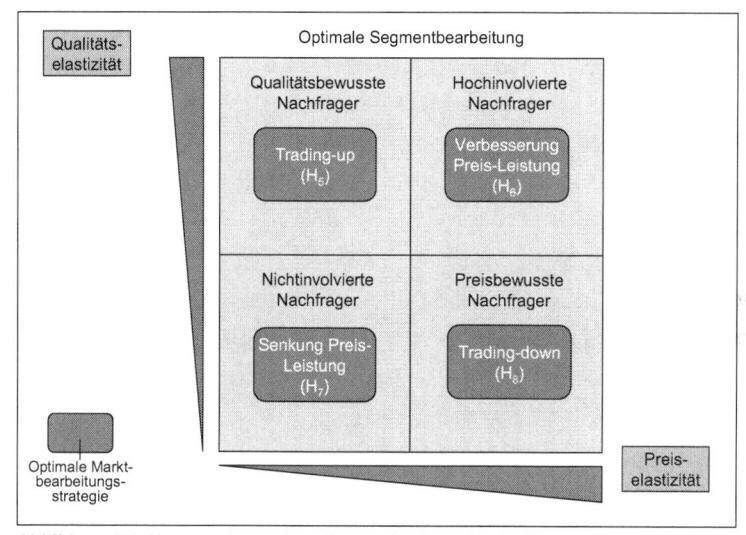

Abbildung 21: Untersuchungshypothesen bzgl. optimaler Marktbearbeitungsstrategien in den Nachfragersegmenten
Quelle: Eigene Darstellung

Im Segment der **hochinvolvierten Nachfrager** wird die **Verbesserung des Preis-Leistungs-Verhältnisses** als optimale Form der Marktbearbeitung unterstellt (H_6). Die Senkung des Preises bzw. die Steigerung der Produktqualität führt zu einem signifikanten Nettonutzeneffekt auf Seiten der stark preis- und qualitätsorientierten Nachfrager. Somit lässt sich eine signifikante Zunahme des prognostizierten Marktanteils der Marke realisieren. Der Effekt dieser Zunahme übersteigt dabei den negativen Deckungsbeitragseffekt, der eine Verbesserung des Preis-Leistungs-Verhältnisses mit sich bringt.

Für die Vorteilhaftigkeit einer **Senkung des Preis-Leistungs-Verhältnisses** wird angenommen, dass sie im Segment der **nichtinvolvierten Nachfrager** eine optimale Strategieoption darstellt (H_7). Aufgrund der geringen Preis- und Qualitätsorientierung der Nachfrager in diesem Segment wirkt sich die Erhöhung des Preises bzw. die

Senkung der Produktqualität nur geringfügig auf den Kundennettonutzen der Nachfrager aus. Die Gefahr einer hohen Kundenabwanderung ist daher für die Marken nur teilweise gegeben. Gleichzeitig wirkt sich die Erhöhung des Produktdeckungsbeitrags positiv auf den gesamten Kundenstamm der Marke im Segment aus. Insgesamt wird somit eine positive relative investitionsbereinigte Steigerung des CE für dieses Segment erwartet.

Eine **Trading-down-Strategie** wird dagegen als optimale Segmentbearbeitung für das **Segment der preisbewussten Nachfrager** angenommen (H_8). Aufgrund der hohen Bedeutung des Preises für die Nachfrager in diesem Segment ergibt sich durch seine Senkung ein signifikanter positiver Nettonutzeneffekt. Demgegenüber wirkt sich die Absenkung der Produktqualität nur schwach negativ auf das Kaufverhalten der Nachfrager aus. Somit lassen sich Kostenvorteile durch eine Qualitätssenkung realisieren, ohne eine starke Reduzierung des Marktanteils der Marke zu riskieren. Durch die Preissenkung lässt sich jedoch eine signifikante Steigerung des Marktanteils realisieren, der aufgrund des Kostenvorteils ohne einen stark verringerten Deckungsbeitrag „erkauft" werden muss. Insgesamt wird ein optimaler relativer CE-Effekt erwartet.

5.3.3 Vorteilhaftigkeit einer segmentspezifischen Marktbearbeitung

Den zentralen Aspekt der bisherigen Argumentation bilden die Möglichkeit einer differenzierten Segmentbetrachtung und die daraus abgeleiteten segmentspezifischen Marktbearbeitungsstrategien. Um die **Vorteilhaftigkeit einer optimalen Segmentbearbeitung** gegenüber einer optimalen **undifferenzierten Gesamtmarktbearbeitung** unter Berücksichtigung von Wettbewerbsreaktionen zu messen, wird das hybride CE-Wettbewerbsmodell mit beiden Formen der Marktbearbeitung angewendet. Als Untersuchungshypothese wird angenommen, dass eine segmentspezifische Marktbearbeitung zu einem signifikant besseren Ergebnis führt als eine undifferenzierte Gesamtmarktstrategie (H_9).

Eine **segmentspezifische Marktbearbeitung** ist im hybriden CE-Wettbewerbsmodell dadurch charakterisiert, dass die betrachteten Marken die Möglichkeit einer segmentspezifischen Anpassung ihres Marktangebots haben. Somit können der Preis und die Qualitätseigenschaften des angebotenen Produkts an die heterogenen Bedürfnisse der Nachfrager segmentspezifisch angepasst werden. Jedoch wird durch eine segmentspezifische Ansprache der Nachfrager auch eine Erhöhung der Investitionen notwendig, da nun im Extremfall für jedes Nachfragersegment F&E-Aufwendungen für eine Anpassung der Markenqualität anfallen. Somit impliziert die Hypothese, dass dieser Investitionseffekt durch den Nutzeneffekt infolge einer besseren (da segmentspezifischen) Ansprache der Nachfragerbedürfnisse mehr als neutralisiert wird.

5.3.4 Vorteilhaftigkeit einer Wettbewerbsantizipation

Um die **Vorteilhaftigkeit einer Wettbewerbsantizipation** im hybriden CE-Wettbewerbsmodell zu quantifizieren, werden für die führende Marke zwei unterschiedliche Entscheidungsprobleme für die Festlegung optimaler Marktbearbeitungsstrategien – mit bzw. ohne explizite Berücksichtigung von Wettbewerbsreaktionen – formuliert. Daraus lässt sich folgende Untersuchungshypothese ableiten: Eine Marke, die bei ihrer Festlegung optimaler Strategien – auf der Markt- sowie auf der Segmentebene – von einem unveränderlichen Wettbewerbsumfeld ausgeht, realisiert ein schlechteres Ergebnis als eine Marke, die den Effekt von Wettbewerbsreaktionen antizipiert (H_{10}). Damit verbunden ist die Aussage, dass eine nichtantizipierende Marke Fehlentscheidungen treffen wird, die zu einer signifikant niedrigeren relativen investitionsbereinigten Veränderung des CE führt.

Das **Entscheidungsproblem** der **wettbewerbsignorierenden führenden Marke** $j=1$, die bei der Festlegung einer segmentspezifischen optimalen Marktbearbeitungsstrategie keine Reaktionen der Wettbewerbermarken $r = 2,...,J$ antizipiert, beschränkt sich auf ein reduziertes Teilspiel des ursprünglichen Spielbaums. Die führende Marke setzt für alle konkurrierenden Marken eine Passiv-Strategie als mögliche Wettbewerbsreaktion voraus. Somit kann das Entscheidungsproblem für die führende Marke in Anlehnung an Kapitel 4.7 folgendermaßen formuliert werden:

$$\begin{aligned}
\tilde{s}_{m1} &= \max_{s_{m1} \in S_{m1}} \partial CE_{m1}^{t_1}\left(s_{m1}, s_{mr}^0\right)_{r \neq 1} \\
&= \max_{s_{m1} \in S_{m1}} \left\{ \frac{\Delta CE_{m1}^{t_1}\left(s_{m1}, s_{m2}^0, ..., s_{mJ}^0\right) - INV_{m1}^{t_1}(s_{m1})}{CE_{m1}^{t_1}\left(s_{m1}^0, s_{m2}^0, ..., s_{mJ}^0\right)} \right\} \\
&= \max_{s_{m1} \in S_{m1}} \left\{ \frac{CE_{m1}^{t_1}\left(s_{m1}, s_{m2}^0, ..., s_{mJ}^0\right) - CE_{m1}^{t_1}\left(s_{m1}^0, s_{m2}^0, ..., s_{mJ}^0\right) - INV_{m1}^{t_1}(s_{m1})}{CE_{m1}^{t_1}\left(s_{m1}^0, s_{m2}^0, ..., s_{mJ}^0\right)} \right\}.
\end{aligned} \quad (55)$$

Jedoch hat die „optimale" segmentspezifische Strategie $\tilde{s}_{m1}$ der führenden Marke nicht den o. g. Effekt zur Folge, da in Gleichung (55) optimale Wettbewerbsreaktionen explizit ausgeschlossen werden. In der Realität reagieren jedoch die Wettbewerbermarken auf die festgelegte Strategie der führenden Marke ihrerseits mit ihren optimalen Strategien $\left(s_{m2}^*,\ldots,s_{mJ}^*\right)$. Die tatsächlich realisierte relative investitionsbereinigte CE-Veränderung durch $\tilde{s}_{m1}$ ergibt sich somit durch folgenden Term:

$$\partial CE\left(\tilde{s}_{m1},s_{mr}^*\right)_{r\neq 1} = \frac{CE_{m1}^{t_1}\left(\tilde{s}_{m1},s_{m2}^*,\ldots,s_{mJ}^*\right) - CE_{m1}^{t_1}\left(s_{m1}^0,s_{m2}^0,\ldots,s_{mJ}^0\right) - INV_{m1}^{t_1}\left(\tilde{s}_{m1}\right)}{CE_{m1}^{t_1}\left(s_{m1}^0,s_{m2}^0,\ldots,s_{mJ}^0\right)}. \quad (56)$$

Bei diesem Ausdruck werden die optimalen Reaktionen aller Wettbewerbermarken $r = 2,\ldots,J$ berücksichtigt. In der Spieltheorie werden solche optimalen Reaktionen als Beste-Antwort-Korrespondenzen bezeichnet. Um den Effekt einer Wettbewerbsantizipation zu quantifizieren, muss $\partial CE\left(\tilde{s}_{m1},s_{mr}^*\right)_{r\neq 1}$ aus Gleichung (56) mit $\partial CE\left(s_{m1}^*,s_{mr}^*\right)_{r\neq 1}$ des teilspielperfekten Nash-Gleichgewichts s_{m1}^* der führenden Marke verglichen werden.

5.3.5 Zusammenfassung der Untersuchungshypothesen

Abschließend werden in Tabelle 18 die formulierten Untersuchungshypothesen dieser Arbeit zusammengefasst, die in Kapitel 6 empirisch überprüft werden.

	Optimale Marktbearbeitungsstrategien der Markentypologien
H₁	Für eine Premiummarke erweist sich die Wahl einer Trading-up-Strategie auf der Gesamtmarktebene als optimale Strategieoption.
H₂	Für eine exklusive Nischenmarke erweist sich die Wahl einer Trading-up-Strategie auf der Gesamtmarktebene als optimale Strategieoption.
H₃	Für eine No-Frills-Marke erweist sich die Wahl einer Trading-down-Strategie auf der Gesamtmarktebene als optimale Strategieoption.
H₄	Für eine preisorientierte Nischenmarke erweist sich die Wahl einer Trading-down-Strategie auf der Gesamtmarktebene als optimale Strategieoption.
	Optimale Marktbearbeitungsstrategien in den Nachfragersegmenten
H₅	Eine Trading-up-Strategie erweist sich im Segment der qualitätsbewussten Nachfrager als CE-optimale Strategieoption.
H₆	Eine Verbesserung des Preis-Leistungs-Verhältnisses erweist sich im hochinvolvierten Segment als CE-optimale Strategieoption.
H₇	Eine Senkung des Preis-Leistungs-Verhältnisses erweist sich im nichtinvolvierten Segment als CE-optimale Strategieoption.
H₈	Eine Trading-down-Strategie erweist sich im preisbewussten Segment als CE-optimale Strategieoption.
	Vorteilhaftigkeit einer segmentspezifischen Marktbearbeitung
H₉	Eine segmentspezifische Marktbearbeitung führt zu einer höheren relativen investitionsbereinigten CE-Änderung als eine undifferenzierte Gesamtmarktstrategie.
	Vorteilhaftigkeit einer Wettbewerbsantizipation
H₁₀	Eine Marke, die bei ihrer Festlegung optimaler Strategien von einem unveränderlichen Wettbewerbsumfeld ausgeht, realisiert eine niedrigere relative investitionsbereinigte CE-Änderung als eine Marke, die den Effekt von Wettbewerbsreaktionen antizipiert.

Tabelle 18: Empirisch zu überprüfende Hypothesen dieser Arbeit
Quelle: Eigene Darstellung

5.4 Design der empirischen Analyse

5.4.1 Primärmarktstudie

Die empirische Anwendung basiert auf einer **Primärmarktstudie**, die Anfang 2007 am Lehrstuhl für innovatives Markenmanagement der Universität Bremen in Kooperation mit einem Marktforschungsinstitut in Deutschland durchgeführt wurde. Als Methode wurde eine computergestützte Befragungstechnik (Computer Assisted Telephone Interviewing (CATI)) gewählt.[715] Im Rahmen der standardisierten Interviews wurden verwendbare Ergebnisse von insgesamt 1.236 privaten Nachfragern schnurloser Festnetztelefone im Alter zwischen 20 und 65 Jahren erfasst.

5.4.1.1 Aufbau und Struktur des Fragebogens

Vor der Befragung der Probanden wurden **qualitative Pre-Tests** mit 70 Probanden durchgeführt, in denen v. a. die Verständlichkeit, Beantwortbarkeit und Vollständigkeit des Fragebogens überprüft wurde. Darüber hinaus wurde der vorläufige Fragebogen einem **Expertentest** unterzogen, auf dessen Basis geringfügige inhaltliche und stilistische Änderungen vorgenommen wurden.

Die endgültige Version des **Fragebogens** umfasst neben einer Abfrage der Soziodemographika Fragestellungen zum Kauf- und Nutzungsverhalten der Probanden. Darüber hinaus werden Bedeutungsgewichte von Nutzenmerkmalen für schnurlose Festnetztelefone im Allgemeinen und Nutzenassoziationen bzgl. der Marken im Evoked Set der jeweils letzten Kaufentscheidung erfasst.[716] Während die Informationen zum Kauf- und Nutzungsverhalten in die Schätzung des Nettonutzenmodells sowie des multinomialen Logitmodells einfließen, dienen die Bedeutungsgewichte der Nutzenmerkmale für schnurlose Festnetztelefone der Segmentierung der Marktnachfrage. Die Nutzenassoziationen bzgl. der einzelnen Marken im Evoked Set werden für die Bestimmung der unterschiedlichen Markentypologien und des Nettonutzenmodells der Nachfrager verwendet.

---

[715] Vgl. KOCH (2004), S. 73 f.

[716] Der gesamte Fragebogen der Erhebung umfasst außerdem Fragen zu Mobilfunktelefonen, VoIP-Telefonen, Internetanschlüssen sowie sog. „Home Entertainment Systems". In Anhang A sind lediglich die für diese Untersuchung relevanten Fragestellungen schnurloser Festnetztelefone abgebildet.

Die Fragen zum **Nutzungsverhalten** der Nachfrager fokussieren auf die Abfrage der Bedeutung des schnurlosen Festnetztelefons im alltäglichen Leben, wie bspw. die Rolle des Telefons im Kontakt mit Familie und Freunden. Hinsichtlich des **Kaufverhaltens** werden Fragen zur Verkaufsberatung am Point of Sale, wie bspw. Markenempfehlungen eines Servicemitarbeiters im Einzelhandel, gestellt. Darüber hinaus wird je Proband das Evoked Set bei der letzten Kaufentscheidung innerhalb der letzten zwölf Monate erfasst. Dies wird durch die Abfrage der gekauften Marke (erste Wahl) sowie der beiden relevanten Markenalternativen (zweite und dritte Wahl) erreicht. Hinsichtlich der zuletzt gekauften Marke wird der Grad der Zufriedenheit sowie der Wirkungsgrößen der Marke-Kunde-Beziehung abgefragt.[717]

Die Fragestellungen zur allgemeinen, nicht markenspezifischen **Bedeutung einzelner Nutzenmerkmale** bei der Kaufentscheidung für schnurlose Festnetztelefone erfassen die Bedeutungsgewichte der funktionalen und symbolischen Nutzenmerkmale. Die funktionalen Nutzenaspekte fokussieren auf die Bedeutung technischer Eigenschaften, wie bspw. Produktqualität oder -design, sowie ökonomischer Aspekte beim Kauf eines schnurlosen Festnetztelefons. Die symbolischen Dimensionen adressieren Nutzenaspekte, die nur indirekt durch das Angebot der Marke erbracht werden. Dazu gehören der Lebensstil, der mit einer Marke verbunden wird, aber auch die Möglichkeit der Generierung von Beziehungsvorteilen, wie bspw. der Kontakt mit Freunden und Familie.

Als Grundlage für die Bestimmung des Markenimages wurden die Probanden zunächst zur **Markenbekanntheit** befragt. Anschließend wurden für alle drei Marken des nachfragerspezifischen Evoked Sets die zugehörigen **funktionalen und symbolischen Nutzenassoziationen** erfasst. Dabei handelt es sich um die gleichen Nutzendimensionen wie in der o. g. Abfrage allgemeiner Bedeutungsgewichte einzelner Nutzenmerkmale für schnurlose Festnetztelefone. Jedoch handelt es sich hierbei um **markenspezifische Nutzenassoziationen**, die die Nutzeneinstellung der Probanden gegenüber der jeweiligen Marke widerspiegeln.

---

[717] Zur Verwendung der Wirkungsgrößen im hybriden CE-Wettbewerbsmodell zur Bestimmung nichtmonetärer Wechselkosten vgl. Kapitel 5.5.2.1.

5.4.1.2 Zusammensetzung und Repräsentativität der Stichprobe

Tabelle 19 beschreibt die Stichprobenanteile entlang soziodemographischer Daten sowie entlang der letzten Kaufentscheidung der Probanden innerhalb der letzten zwölf Monate. Bei einem Vergleich mit den Marktanteilen ausgewählter Marken auf der Basis einer Sekundärstudie (vgl. Abbildung 18) kann eine Repräsentativität der Stichprobe für den deutschen Produktmarkt für schnurlose Festnetztelefone im B2C-Bereich festgestellt werden. Lediglich für Marke A wird eine größere Abweichung der Stichprobenanteile (37,2 %) von den Anteilen der Sekundärmarktstudie (44,7 %) identifiziert. Insgesamt jedoch weichen die Stichprobenanteile der einzelnen Marken nicht besonders stark von den tatsächlichen Marktanteilen ab. Aus diesem Grund wird von einer Kalibrierung der Stichprobe durch die Gewichtung der einzelnen Probanden abgesehen.[718]

5.4.2 Experteninterviews

Zusätzlich zur Primärmarktforschung wurden insgesamt vier Experteninterviews für die Erfassung anbieterseitiger Informationen durchgeführt. Die Experteninterviews basieren ebenfalls auf einem standardisierten **Fragebogen**,[719] der auf der Grundlage der Modellierung des Marktangebots im hybriden CE-Wettbewerbsmodell (vgl. Kapitel 4.2.2) erstellt wurde. Bei den befragten Experten handelt es sich um Spezialisten eines Beratungsunternehmens, die allesamt langjährige Erfahrung im betrachteten Markt aufweisen können.[720]

Der Fragebogen umfasst Fragestellungen zu **drei Themengebieten**. Erstens werden Informationen zur Anbieterkostenstruktur und -profitabilität erfasst. Zweitens werden marktspezifische Investitionsvolumina erhoben, die typischerweise bei Änderungen der Produktqualität im schnurlosen Festnetztelefonmarkt anfallen. Drittens werden Informationen zur prognostizierten Kaufhäufigkeit der Nachfrager abgefragt.

---

[718] Vgl. bspw. HORSKY und NELSON (1992) oder RUST et al. (2004b).
[719] Siehe Anhang B.
[720] Aufgrund der vereinbarten Vertraulichkeit werden die Namen der Marktexperten nicht veröffentlicht.

	n=1.236	Stichprobenanteil
Alter	20 bis 29 Jahre	24,2 %
	30 bis 39 Jahre	22,7 %
	40 bis 49 Jahre	20,5 %
	50 bis 59 Jahre	26,9 %
	60 Jahre und älter	5,7 %
Geschlecht	Männlich	48,8 %
	Weiblich	51,2 %
Familienstand	Alleinstehend	26,5 %
	Verheiratet	45,3 %
	Geschieden	9,6 %
	Verwitwet	2,5 %
	In Partnerschaft lebend	16,1 %
Beruf	Arbeiter	4,9 %
	Angestellter	40,4 %
	Selbständiger	16,2 %
	Beamter	6,2 %
	Schüler, Student, Auszubildender	12,1 %
	Hausfrau/-mann	8,4 %
	Rentner	6,3 %
	Arbeitssuchender	5,5 %
Monatliches Haushaltsnetto-einkommen	Unter 500 €	4,5 %
	500 bis 999 €	7,3 %
	1.000 bis 1.499 €	12,9 %
	1.500 bis 1.999 €	12,9 %
	2.000 bis 2.499 €	11,8 %
	2.500 bis 2.999 €	10,8 %
	3.000 bis 3.499 €	8,5 %
	3.500 bis 3.999 €	3,6 %
	Über 4.000 €	6,2 %
	k. A.	21,6 %
Letzte Kaufentscheidung (innerhalb der letzten zwölf Monate)	Marke A	37,2 %
	Marke B	18,1 %
	Marke C	9,9 %
	Marke D	7,4 %
	Marke E	6,4 %
	Marke F	5,3 %
	Marke G	2,6 %
	Marke H	1,4 %
	Marke I	1,4 %
	Weitere Marken	10,3 %

Tabelle 19: **Zusammensetzung der Stichprobe**
Quelle: **Eigene Darstellung**

Design der empirischen Analyse 217

5.4.3 Sekundärmarktstudien

Zur Erfassung weiterer Marktinformationen zum deutschen Produktmarkt für schnurlose Festnetztelefone wurden im Rahmen dieser Untersuchung **Sekundärstudien** herangezogen. Um die Plausibilität dieser Marktdaten sicherzustellen, wurden die Ergebnisse in den Experteninterviews diskutiert und mit den Erfahrungen der Marktspezialisten verglichen.

Zum einen werden das jährliche **Marktvolumen** und **Marktanteile** der einzelnen Marken im Jahr 2006 auf der Basis einer Marktstudie erfasst. Das Marktvolumen dient neben der ermittelten durchschnittlichen Kaufhäufigkeit als Grundlage für die Schätzung der Anzahl aller Nachfrager im Markt.[721] Anhand der jährlichen Stück- und Umsatzzahlen der Marken lassen sich durchschnittliche Preise je Markensortiment ermitteln, die als Anbieterpreise in das hybride CE-Wettbewerbsmodell einfließen.

Die markenspezifischen **Kapitalkosten** wurden von einem Finanzinformationsdienstleister ermittelt. Der WACC bezieht sich dabei auf das jeweilige börsennotierte Unternehmen, das die Marke produziert und vertreibt.

5.4.4 Datenanalyse

Für die Datenanalyse und Quantifizierung des hybriden CE-Wettbewerbsmodells wurde verschiedene Anwendungssoftware eingesetzt. Die Faktorenanalyse, die Clusteranalyse sowie die durchgeführten Signifikanz- und Normalverteilungstests[722] wurden mit der Statistiksoftware SPSS 14.0 durchgeführt. Die multinomiale logistische Regression sowie die nichtparametrischen Signifikanztests erfolgten mit der Statistiksoftware STATA 7.0. Die Modellrechnung umfasst darüber hinaus die Bestimmung der nachfragerindividuellen Markenwechselwahrscheinlichkeiten anhand des Markov-Modells, die Schätzung des segmentspezifischen durchschnittlichen CLV sowie des aggregierten CE und die Bestimmung eines teilspielperfekten Nash-Gleichgewichts durch Rückwärtsinduktion. Alle Berechnungsschritte wurden in der Programmiersprache Microsoft Visual Basic 6.3 implementiert und anhand der Tabellenkalkulationssoftware Microsoft Excel 2003 ausgewertet.

---

[721] Den Ausführungen in Kapitel 5.2.2.2 folgend, wird eine konstante Marktgröße für den gesamten Planungszeitraum angenommen.

[722] Dies bezieht sich auf den Kolomogorov-Smirnov-Test. Der Anderson-Darling-Test und der Shapiro-Wilk-Test auf Normalität wurden mit der Anwendungssoftware STATA 7.0 berechnet.

5.5 Parametrisierung des hybriden CE-Wettbewerbsmodells

Die Parametrisierung des hybriden CE-Wettbewerbsmodells orientiert sich am strukturellen Aufbau des Modells. Zunächst werden auf Nachfrageseite die Ergebnisse der Marktsegmentierung und die Operationalisierung der Nettonutzen- und Präferenzmessung vorgestellt. Auf der Marktangebotsseite werden anschließend die verwendeten Markentypologien und die Operationalisierung der jeweiligen Anbieterkostenstruktur und -profitabilität beschrieben. Außerdem wird die Wirkungsweise der Marktbearbeitungsstrategien auf Nettonutzen, Profitabilität, Investitionen und Kaufhäufigkeit der Nachfrager vorgestellt. Abschließend wird das Verfahren der Rückwärtsinduktion zur Bestimmung eines teilspielperfekten Nash-Gleichgewichts als Lösung des hybriden CE-Wettbewerbsmodells näher beleuchtet.

5.5.1 Segmentierung der Marktnachfrage

5.5.1.1 Elemente der nutzenorientierten Segmentierung

Als Elemente für die Segmentierung der Marktnachfrage werden die nachfragerspezifischen **Bedeutungsgewichte der Nutzenmerkmale** beim Kauf schnurloser Festnetztelefone verwendet. Diese werden durch eine kompositionelle Erfassung der Bedeutungsgewichte der Nachfrager in einer 5-stufigen Skala erfasst.[723] Dabei wird zwischen insgesamt neun funktionalen und neun symbolischen Nutzendimensionen unterschieden (vgl. Tabelle 20).

Die **funktionalen Nutzenmerkmale** adressieren, den Ausführungen von BURMANN und STOLLE (2007) folgend, einen utilitaristischen und einen ökonomischen Nutzen. Der **utilitaristische Nutzen** umfasst v. a. sämtliche Nutzendimensionen, die sich aus den technischen Attributen des Markenprodukts ergeben. Dieser entsteht v. a. aus der Informations-, Risikoreduktions- und Vertrauensfunktion der Marke.[724] Diese Funktionen werden in der vorliegenden Untersuchung v. a. durch die abgefragten Nutzenmerkmale „Reputation", „Qualität" und „Innovativität" adressiert. Eine gute Reputation, hohe Qualität oder Innovativität des Markenprodukts tragen auf Nachfragerseite zu einer Verringerung des Risikos eines Fehlkaufs und einer Erhöhung des Vertrauens in die Marke bei. Außerdem werden Design und Haptik des schnurlosen

---

[723] Die Rangwerte wurden dabei mit „1 = überhaupt nicht wichtig" bis „5 = sehr wichtig" belegt.
[724] Vgl. BURMANN und MEFFERT (2005a), S. 55.

Festnetztelefons aufgrund ihrer hohen Relevanz für die wahrgenommene Markenqualität als zusätzliche funktionale Nutzenmerkmale erfasst. Der funktional-utilitaristische Nutzen adressiert außerdem die physiologischen Bedürfnisse der Nachfrager nach Sicherheit oder Problemvermeidung.[725] Die in dieser Untersuchung ermittelten Nutzenmerkmale für hohe Kundenservicequalität, Bedienungsfreundlichkeit und niedrige Komplexität des Markenprodukts fokussieren sich v. a. auf die Befriedigung dieser Bedürfnisse.

Funktionale Nutzenmerkmale	1 = überhaupt nicht wichtig ↔ 5 = sehr wichtig					Symbolische Nutzenmerkmale	1 = überhaupt nicht wichtig ↔ 5 = sehr wichtig				
	1	2	3	4	5		1	2	3	4	5
Reputation der Marke	❏	❏	❏	❏	❏	Die Marke passt zu meinem Lebensstil.	❏	❏	❏	❏	❏
Hohe Qualität des Markenprodukts	❏	❏	❏	❏	❏	Die Marke passt zu meinem Kommunikationsverhalten.	❏	❏	❏	❏	❏
Attraktives Design des Markenprodukts	❏	❏	❏	❏	❏	Die Marke macht mir Spaß.	❏	❏	❏	❏	❏
Innovativität des Markenprodukts	❏	❏	❏	❏	❏	Die Marke unterstützt mich im Alltag und verbessert meine Lebensqualität zu Hause.	❏	❏	❏	❏	❏
Guter Kundenservice	❏	❏	❏	❏	❏	Die Marke gibt mir zu Hause die Freiheit und Flexibilität, alles zu tun.	❏	❏	❏	❏	❏
Bedienungsfreundlichkeit des Markenprodukts	❏	❏	❏	❏	❏	Die Marke hilft mir, immer in Kontakt mit Familie und Freunden zu sein.	❏	❏	❏	❏	❏
Niedrige Komplexität des Markenprodukts	❏	❏	❏	❏	❏	Die Marke zeigt ein soziales Engagement.	❏	❏	❏	❏	❏
Haptik des Markenprodukts	❏	❏	❏	❏	❏	Die Marke ist immer erreichbar.	❏	❏	❏	❏	❏
Niedriges Preislevel	❏	❏	❏	❏	❏	Die Marke ist multikulturell und global.	❏	❏	❏	❏	❏

Tabelle 20: Verwendete Nutzenmerkmale im hybriden CE-Wettbewerbsmodell
Quelle: Eigene Darstellung

Der **ökonomische Nutzen** einer Marke basiert v. a. auf dem wahrgenommenen Preis-Leistungs-Verhältnis durch die Nachfrager.[726] In dieser Arbeit wird der ökonomische Nutzen durch das wahrgenommene niedrige Preisniveau der Marke operationalisiert. Weitere dynamische monetäre Größen, die für die Nachfrager im Laufe ihres Beziehungslebenszyklus durch die Nutzung auftreten können, werden aufgrund ihrer geringen Bedeutung im Produktmarkt für schnurlose Festnetztelefone ausgeschlossen.

Der **symbolische Nutzen** lässt sich gemäß BURMANN und STOLLE (2007) in drei Komponenten unterteilen: einen meist extrinsisch geprägten sozialen Nutzen, eine

---

[725] Vgl. MASLOW (1970), S. 35 ff.
[726] Vgl. TROMMSDORFF (2004), S. 121 ff.

sinnlich-ästhetische Nutzendimension sowie einen intrinsisch begründeten hedonistischen Nutzen. Der **soziale Nutzen** wird in dieser Untersuchung v. a. durch die beiden Nutzenmerkmale „Kommunikationsverhalten" und „Kontakt zu Familie und Freunden" (vgl. Tabelle 20) adressiert. Somit wird der Fokus hauptsächlich auf das Bedürfnis nach sozialem Kontakt gelegt, bei dem das schnurlose Festnetztelefon als Medium in den eigenen vier Wänden der Nachfrager eine zentrale Rolle spielt.

Von der Messung eines **sinnlich-ästhetischen Nutzens** wird in dieser Arbeit aus zwei Gründen verzichtet: Erstens handelt es sich bei schnurlosen Festnetztelefonen weitestgehend um Low-Involvement-Produkte, bei denen der Fokus v. a. auf dem Grundbedürfnis der direkten Kontaktaufnahme mit der Außenwelt von zu Hause besteht. Zweitens werden typische sinnlich-ästhetische Nutzenkomponenten, wie bspw. Haptik und Design des Markenprodukts, v. a. bei schnurlosen Festnetztelefonen weitgehend durch technische Attribute wie Material, Display und Tastatur des Festnetztelefons erklärt. Daher werden diese beiden Nutzenmerkmale in der vorliegenden Untersuchung zum funktionalen Nutzen gezählt. Drittens handelt sich es im Fall der Markenästhetik[727] ähnlich wie bei einem Schönheitsideal um ein höchst subjektives Konstrukt, so dass auf dessen Verwendung in dieser Untersuchung verzichtet wird.

Der **hedonistische Nutzen** spielt in dieser Arbeit hingegen eine zentrale Rolle bei der Bestimmung des symbolischen Nutzens. Die Nutzenmerkmale „Lebensstil", „Spaß", „Lebensqualität", „Freiheit/Flexibilität" sowie „Erreichbarkeit" (vgl. Tabelle 20) adressieren v. a. das Bedürfnis nach Selbstverwirklichung und Individualität der Nachfrager. Die Merkmale „soziales Engagement" und „Multikulturalität/Globalität" der Marke fokussieren dagegen auf die ethischen und spirituellen Bedürfnisse des Nachfragers.

Tabelle 21 fasst die **mittleren Bedeutungsgewichte der erfassten Nutzenmerkmale** im Gesamtmarkt zusammen. Dabei sind v. a. drei Gesichtspunkte von besonderem Interesse für die weitere Untersuchung. Erstens deuten die Antwortergebnisse der Probanden darauf hin, dass alle identifizierten Nutzenmerkmale bei der Kaufentscheidung relevant und mit einer mindestens mittleren Wichtigkeit belegt sind. Das mit der niedrigsten Bedeutung betrachtete Merkmal „soziales Engagement" weist mit

---

[727] Vgl. LANGNER und ESCH (2006), S. 18 ff.

einem mittleren Wert von 2,8 einen immer noch fast durchschnittlichen Wert auf, während der wichtigste Faktor „Qualität" mit 4,4 nur 1,6 Punkte darüber liegt. Zweitens lässt sich festhalten, dass es zwischen dem funktionalen und dem symbolischen Nutzen keine wesentlichen Bedeutungsunterschiede bei der Kaufentscheidung gibt. Während Merkmale des funktionalen Nutzens eine mittlere Wichtigkeit von 4,0 aufweisen, liegen Elemente des symbolischen Nutzens mit einem Wert von 3,7 nur knapp darunter. Die höhere durchschnittliche Bedeutung der funktionalen Nutzenelemente kann durch die Charakterisierung der schnurlosen Festnetztelefone als ausgesprochene Low-Involvement-Produkte erklärt werden. Insgesamt wird jedoch die Verwendung eines dichotomen Nettonutzenkonstrukts und der expliziten Zweiteilung in funktionalen Grundnutzen und symbolischen Zusatznutzen durch die Ergebnisse in Tabelle 21 gerechtfertigt. Drittens ist die nur durchschnittliche Bedeutung des Merkmals „niedriges Preislevel" bei zugleich großer Wichtigkeit einer hohen Produktqualität zu erkennen. Diese Umfrageergebnisse deuten auf eine insgesamt nur durchschnittliche Preissensitivität der Marktnachfrage hin. Im Gegensatz dazu kann bzgl. der Produktqualität eine hohe Sensitivität der Nachfrager festgehalten werden. Es scheint bei der Kaufentscheidung eher die Produktqualität und nicht der Preis im Mittelpunkt des Interesses zu stehen. Somit kann die große Bedeutung des ökonomischen Nutzens, wie bspw. in der empirischen Untersuchung von HUNDACKER (2005) im deutschen Mobilfunkmarkt, zunächst nicht bestätigt werden.

Jedoch muss in diesem Zusammenhang ein **Schwachpunkt der verwendeten Befragungstechnik** anhand standardisierter telefonischer Befragungen genannt werden. Aufgrund der Tatsache, dass es sich bei der Befragung nur um eine hypothetische Point-of-Sale-Situation handelt, ist die nur durchschnittliche Wichtigkeit des ökonomischen Nutzens ein bekanntes Problem von Konsumentenbefragungen in einem neutralen Umfeld. Erst wenn die Probanden tatsächlich am Point of Sale ihre Produkte auswählen, rückt der nun reale und spürbare Preis in den Mittelpunkt ihrer Betrachtung. Dies lässt sich bspw. in Form eines Feldexperiments anwenden, bei dem Ursache-Wirkungs-Beziehungen in einer natürlichen, realistischen Umgebung vollzogen werden.[728]

---

[728] Vgl. MEFFERT et al. (2008), S. 161 f.

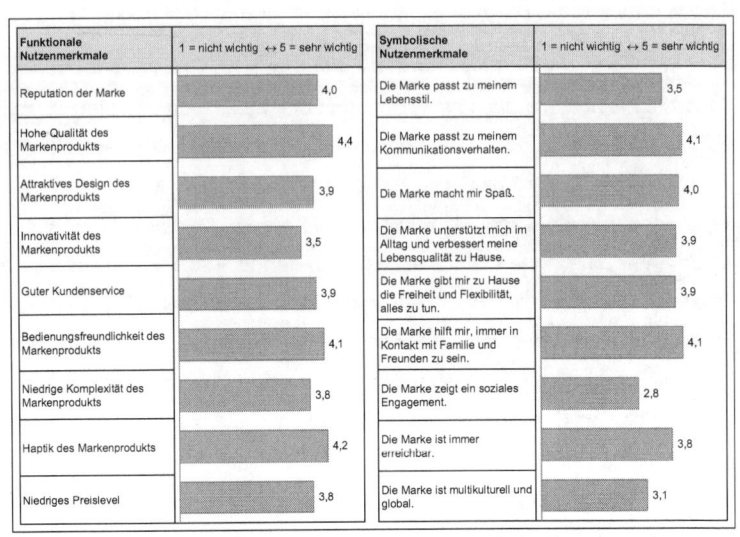

Funktionale Nutzenmerkmale	1 = nicht wichtig ↔ 5 = sehr wichtig	Symbolische Nutzenmerkmale	1 = nicht wichtig ↔ 5 = sehr wichtig
Reputation der Marke	4,0	Die Marke passt zu meinem Lebensstil.	3,5
Hohe Qualität des Markenprodukts	4,4	Die Marke passt zu meinem Kommunikationsverhalten.	4,1
Attraktives Design des Markenprodukts	3,9	Die Marke macht mir Spaß.	4,0
Innovativität des Markenprodukts	3,5	Die Marke unterstützt mich im Alltag und verbessert meine Lebensqualität zu Hause.	3,9
Guter Kundenservice	3,9	Die Marke gibt mir zu Hause die Freiheit und Flexibilität, alles zu tun.	3,9
Bedienungsfreundlichkeit des Markenprodukts	4,1	Die Marke hilft mir, immer in Kontakt mit Familie und Freunden zu sein.	4,1
Niedrige Komplexität des Markenprodukts	3,8	Die Marke zeigt ein soziales Engagement.	2,8
Haptik des Markenprodukts	4,2	Die Marke ist immer erreichbar.	3,8
Niedriges Preislevel	3,8	Die Marke ist multikulturell und global.	3,1

Tabelle 21:   Bedeutungsgewichte der Nutzenmerkmale im Gesamtmarkt
Quelle: Eigene Darstellung

5.5.1.2 Ergebnisse der Faktorenanalyse

Die erfassten Bedeutungsgewichte der Nutzenmerkmale zeichnen sich durch eine ausgesprochene **Multikollinearität** aus. Bis auf vereinzelte Ausnahmen sind alle Korrelationskoeffizienten der Nutzendimensionen signifikant von null unterschiedlich.[729] Diese Beobachtungen werden durch die Ergebnisse des Bartlett-Tests und anhand des Kaiser-Meyer-Olkin-Kriteriums bestätigt.[730] Die Multikollinearität von Clustervariablen stellt jedoch ein ernsthaftes Problem für clusteranalytische Verfahren dar. Hochkorrelierte Merkmale können bei der Bestimmung optimaler Cluster zu einer Verzerrung der Ergebnisse führen.[731] Deshalb werden die erhobenen Daten anhand einer Faktorenanalyse zu orthogonalen Nettonutzendimensionen verdichtet.[732] Um für die anschließende Marktsegmentierung die vollständige Stichprobe verwenden zu können, werden fehlende Werte durch den Mittelwert der Ausprägungen des

---

[729] Signifikanzniveau < 0,001. Ausnahmen stellen die Korrelationskoeffizienten zwischen dem Merkmal „niedriger Preis" und den Merkmalen „Reputation", „hohe Qualität", „Innovativität" und „Lebensstil" dar.
[730] Vgl. BACKHAUS et al. (2006), S. 274 f. Der Bartlett-Test weist eine Prüfgröße von 6.810,122 bei einem Signifikanzniveau von < 0,001 auf. Das MSA-Kritierum („measure of sampling adequacy") gemäß Kaiser, Meyer und Olkin zeigt einen Wert von 0,927, der als „erstaunlich" geeignet für eine Faktoranalyse gilt.
[731] Vgl. BACKHAUS et al. (2006), S. 549 f.
[732] Vgl. BACKHAUS et al. (2006), S. 259 ff.

jeweiligen Nutzenmerkmals ersetzt. Dabei muss auf die damit verbundenen Verzerrungen der Ergebnisse hingewiesen werden.[733] Jedoch zeigt der Vergleich der Ergebnisse der Faktorenanalyse mit bzw. ohne Ersetzen der fehlenden Werte nur eine geringe Verzerrung.

Als Ergebnis der **Faktorenanalyse** können vier Faktoren extrahiert werden, die 57,9 % der Gesamtvarianz erklären.[734] Für die Faktorextraktion wird das Kaiser-Kriterium herangezogen. Danach werden nur Faktoren mit einem Eigenwert größer 1 verwendet. Der Eigenwert stellt ein Maß für die durch den jeweiligen Faktor erklärte Varianz dar. Faktoren mit einem Eigenwert kleiner 1 weisen einen geringeren Varianzerklärungsanteil auf als ein einzelnes Merkmal. Insgesamt lassen sich ein preis- und ein qualitätsorientierter Faktor mit einem jeweils stark funktionalen Nutzencharakter identifizieren.[735] Darüber hinaus ergeben sich zwei eher symbolisch geprägte Faktoren, „Globalität und Innovativität" bzw. „Individualität/Fits my needs".

5.5.1.3 Untersuchung und Bewertung verschiedener Segmentierungsansätze

Die unabhängigen Faktoren lassen sich als Segmentierungsvariablen zur Bildung von Nachfragersegmenten verwenden. Dabei werden unterschiedliche clusteranalytische Verfahren durchgeführt und ihre Segmentergebnisse miteinander verglichen. Die Bewertung der Verfahrensalternativen bezieht sich in der vorliegenden Untersuchung auf die Prüfung der **Praktikabilität der Segmentlösung**.

Als **Bewertungskriterien** für die Analyse der Praktikabilität werden zwei Größen verwendet, die die Identifikation einer möglichst geeigneten Segmentlösung sicherstellen sollen. Ziel der Marktsegmentierung ist den Ausführungen in Kapitel 4.2.1.5 folgend die Ermittlung von Nachfragergruppen mit einer möglichst stark **unterschiedlichen Reagibilität** auf Preis- und Qualitätsänderungen. Dadurch wird eine differenzierte Marktbearbeitung aus der Sicht der Marken im hybriden CE-Wettbewerbsmodell ermöglicht. Für die Segmentlösungen werden somit als Bewertungskriterium die segmentspezifischen durchschnittlichen Faktorwerte der preis- und qualitätsorientierten Faktoren bestimmt. Bei einer geeigneten Segmentlösung weisen

---

[733] Vgl. BACKHAUS et al. (2006), S. 553 f.
[734] Vgl. Tabelle 45 in Anhang C.
[735] Aus Gründen der Geheimhaltung werden Details der Ergebnisse der Faktorenanalyse nicht veröffentlicht.

diese Werte in den unterschiedlichen Segmenten möglichst unterschiedliche Werte auf. Als zweites Bewertungskriterium rückt die Größe der gebildeten Segmente in den Mittelpunkt. Im Rahmen des hybriden CE-Wettbewerbsmodells wird für jedes Marktsegment eine markenspezifische multinomiale logistische Regression durchgeführt. Aus diesem Grund müssen alle Marktsegmente durch eine **ausgewogene Segmentgröße** gekennzeichnet sein. Für jede Segmentlösung wird daher die Größe des kleinsten Clusters als Bewertungskriterium gemessen.

Clusteranalytische Verfahren lassen sich anhand ihres Clusteralgorithmus unterscheiden. Dabei sind v. a. partitionierende und agglomerative hierarchische **Cluster-Algorithmen** als wichtigste Verfahren in der Praxis zu nennen.[736] Die partitionierenden Verfahren gehen von einer anfänglichen Segmentanordnung aus, die schrittweise mit einem Austauschalgorithmus eine optimale Segmentlösung ermittelt. Demgegenüber starten agglomerative hierarchische Verfahren ohne Anfangslösung und bilden, ausgehend von den einzelnen Untersuchungsobjekten, schrittweise immer größer werdende Cluster durch Zusammenfassen kleinerer Gruppen.

In dieser Untersuchung werden zwei agglomerative hierarchische Cluster-Algorithmen, das **Ward-Verfahren** und das **Average-Linkage-Verfahren**, verwendet. Beide Verfahren zeichnen sich durch ein konservatives Verhalten aus, d. h., sie tendieren bei ihrem Fusionierungsalgorithmus weder zu einer Dilatation noch zu einer Kontraktion der Gruppen.[737] Insbesondere das Ward-Verfahren zeichnet sich im Vergleich zu anderen Verfahren durch eine in den meisten Fällen sehr gute Segmentlösung aus. Für die vorliegende Arbeit ist die für das Ward-Verfahren typische Bildung etwa gleich großer Cluster von besonderer Bedeutung.

Als partitionierendes Verfahren wird die **Clusterzentrenanalyse** verwendet. Dieser Algorithmus bietet sich v. a. bei einer großen Anzahl von Beobachtungen an. Die Clusterzentrenanalyse minimiert die Streuungsquadratsumme innerhalb der einzelnen Cluster, gemessen durch die einfache euklidische Distanz.[738] Die partitionierenden Verfahren haben gegenüber den hierarchischen Algorithmen den Vorteil, dass während der Segmentbildung jeder Beobachtungspunkt beliebig zwischen den

---

[736] Vgl. BACKHAUS et al. (2006), S. 510 ff. Zusätzlich existieren divisive Clusterverfahren, die jedoch aufgrund ihrer geringen Bedeutung nicht weiter betrachtet werden.
[737] Vgl. BACKHAUS et al. (2006), S. 527 f.
[738] Vgl. BACKHAUS et al. (2006), S. 551 f.

Clustern verschoben werden kann. Die partitionierenden Verfahren zeichnen sich somit durch eine größere Variabilität aus.[739]

Den einzelnen Verfahren werden, den Ausführungen in Kapitel 4.2.1.5 folgend, als **Anzahl der zu bildenden Segmente** vier Cluster vorgegeben. Auf eine Erhöhung auf sechs oder neun Cluster wird zugunsten einer ausreichenden segmentspezifischen Stichprobengröße verzichtet.

Als **Segmentierungsvariablen** werden einerseits alle vier Faktoren der Faktorenanalyse verwendet. Andererseits werden aufgrund der Zielsetzung der Marktsegmentierung, einer Bildung von Clustern mit möglichst unterschiedlichen Preis- und Qualitätselastizitäten, nur die beiden preis- und qualitätsorientierten Faktoren als Segmentierungsgrößen untersucht.

Tabelle 22 gibt einen Überblick über die Bewertung der untersuchten clusteranalytischen Verfahren. Insgesamt scheint die **Clusterzentrenanalyse entlang der preis- und qualitätsorientierten Nutzenfaktoren** die für diese Untersuchung geeignetste Segmentlösung darzustellen. Sie zeichnet sich zum einen durch eine hinreichend unterschiedliche Reagibilität der Nachfragersegmente hinsichtlich Preis- und Qualitätsänderungen aus. Zum anderen ist die notwendige ausgewogene Clustergröße für eine anschließende marken- und segmentspezifische Analyse des hybriden CE-Wettbewerbsmodells sichergestellt. Demgegenüber weist die Clusterzentrenanalyse anhand aller vier Faktoren nur eine geringe Abweichung der Preis- und Qualitätselastizität zwischen den einzelnen Clustern auf. Gleiches gilt, wenn auch in abgeschwächterer Form, für die beiden Lösungen des Ward-Verfahrens. Die Segmentlösungen mittels des Average-Linkage-Verfahrens erzeugen Cluster mit einer relativ stark unterschiedlichen Preis- und Qualitätselastizität der Nachfrager. Jedoch weisen die Segmente auch sehr unterschiedliche Clustergrößen auf. Der kleinste Cluster umfasst bei einer Segmentierung entlang des preis- und qualitätsorientierten Faktors nur 50 Beobachtungen, im Fall aller vier Faktoren sogar nur 49 Beobachtungen.

---

[739] Demgegenüber existieren auch Nachteile der partitionierenden Verfahren gegenüber den hierarchischen Cluster-Algorithmen. Für eine Übersicht vgl. bspw. BACKHAUS et al. (2006), S. 514 ff.

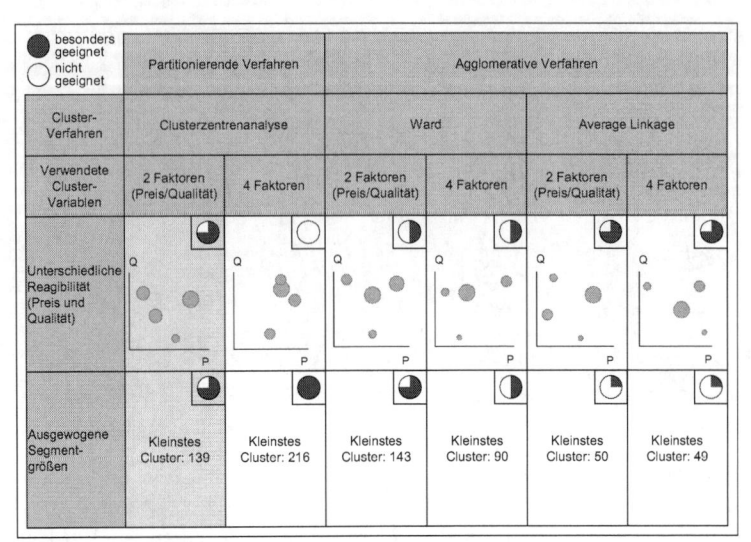

besonders geeignet ● / nicht geeignet ○	Partitionierende Verfahren				Agglomerative Verfahren			
Cluster-Verfahren	Clusterzentrenanalyse				Ward		Average Linkage	
Verwendete Cluster-Variablen	2 Faktoren (Preis/Qualität)		4 Faktoren		2 Faktoren (Preis/Qualität)	4 Faktoren	2 Faktoren (Preis/Qualität)	4 Faktoren
Unterschiedliche Reagibilität (Preis und Qualität)	◐		○		◐	◐	●	●
Ausgewogene Segmentgrößen	◐		●		◐	◐	◐	◐
	Kleinstes Cluster: 139		Kleinstes Cluster: 216		Kleinstes Cluster: 143	Kleinstes Cluster: 90	Kleinstes Cluster: 50	Kleinstes Cluster: 49

Tabelle 22: Übersicht und Bewertung der verwendeten Cluster-Algorithmen
Quelle: Eigene Darstellung

In diesem Zusammenhang muss auf den **Informationsverlust** durch die ledigliche Nutzung der beiden preis- und qualitätsorientierten Nutzenfaktoren hingewiesen werden. Die ermittelten Segmente unterscheiden sich bzgl. der beiden weiteren Nutzenfaktoren „Individualität/Fits my needs" und „Globalität und Innovativität" nicht so stark, wie es durch die Nutzung aller vier Nutzenfaktoren sein könnte. Jedoch werden diese Nutzenkomponenten nicht durch **Marktbearbeitungsstrategien** der Marken in der vorliegenden Untersuchung adressiert. Daher stellt der o. g. Informationsverlust für die gewünschte unterschiedliche **Reagibilität der Nachfrager** bzgl. der verwendeten Marktbearbeitungsstrategien kein großes Problem dar.

5.5.1.4 Ergebnisse der Marktsegmentierung

Aufgrund ihrer hohen Relevanz für diese Untersuchung wird im Folgenden die **Segmentlösung der Clusterzentrenanalyse** anhand des preis- und qualitätsorientierten Nutzenfaktors näher vorgestellt (vgl. Abbildung 22). Die Anfangslösung des Cluster-Algorithmus konvergiert bereits nach 10 Iterationsschritten zu einer optimalen Lösung.[740] Das kleinste Marktsegment mit einem Stichprobenanteil von lediglich 11,2 % stellen die preisbewussten Nachfrager dar. Demgegenüber repräsentieren die hoch-

---

[740] Für weitere Details bzgl. der Ergebnisse des Cluster-Algorithmus vgl. Tabelle 46 in Anhang C.

involvierten Nachfrager mit 38,3 % das größte Segment. Außerdem fällt auf, dass das Segment der nichtinvolvierten Nachfrager immer noch eine im Verhältnis zu den anderen Segmenten mittlere Qualitätssensitivität aufweist. Somit weist das als insensitiv angenommene Nachfragersegment eine verhältnismäßig hohe Qualitätsorientierung auf.

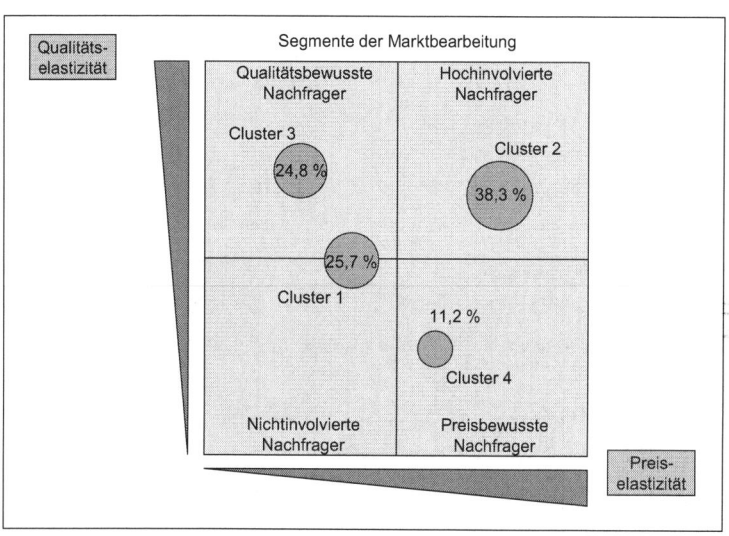

Abbildung 22: Segmentlösung der Clusterzentrenanalyse
Quelle: Eigene Darstellung

Eine Methode zur Prüfung der Signifikanz des Unterschieds der Preis- und Qualitätselastizitäten zwischen den ermittelten Marktsegmenten stellt die **Diskriminanzanalyse** dar.[741] Mit ihr lassen sich die Ergebnisse der Clusterzentrenanalyse entlang der beiden preis- und qualitätsorientierten Faktoren näher untersuchen. Zunächst kann die isolierte Trennfähigkeit der beiden Faktoren durch jeweils signifikante Teststatistiken gezeigt werden.[742] Für die vier Marktsegmente können insgesamt zwei Diskriminanzfunktionen gebildet werden, die beide signifikant zur Trennung der Segmente beitragen.[743] Die erste Diskriminanzfunktion erklärt bei einem Wilks' Lambda von 0,129 bereits 65,3 % der Varianz, die zweite Diskriminanzfunktion weist ein Wilks' Lambda von 0,440 auf. Anhand des mittleren Diskriminanzkoeffizienten lässt sich

---

[741] Vgl. BACKHAUS et al. (2006), S. 156 ff.
[742] Signifikanzniveau < 0,001, vgl. Tabelle 47 in Anhang C.
[743] Signifikanzniveau < 0,001, vgl. Tabelle 47.

außerdem die diskriminatorische Bedeutung der beiden Faktoren ermitteln. Der qualitätsorientierte Faktor besitzt dabei mit 0,713 einen größeren Wert als der preisorientierte Faktor mit 0,527. Somit scheint die Qualität eine größere diskriminatorische Bedeutung aufzuweisen als der Preis. Die insgesamt hohe diskriminatorische Güte der Segmentlösung entlang der beiden Faktoren wird auch durch die Ergebnisse der Klassifikationsmatrix unterstützt.[744] In dieser Matrix werden die Häufigkeiten angegeben, mit denen Segmentzugehörigkeiten von Beobachtungen a priori anhand ihrer Diskriminanzwerte „richtig" bzw. „falsch" geschätzt werden. Die Trefferquote in dieser Untersuchung beträgt insgesamt 96,7 %.

Insgesamt ist festzuhalten, dass für eine **differenzierte Marktbearbeitungsstrategie** die Marktsegmente signifikant unterschiedliche Preis- und Qualitätselastizitäten aufweisen. Die ermittelte Clusterlösung gibt die konzeptionell hergeleiteten exemplarischen Marktsegmente gemäß Kapitel 4.2.1.5 wieder. Deshalb ist eine unterschiedliche Reagibilität der Nachfrager in den einzelnen Marktsegmenten hinsichtlich Preis- und Qualitätsänderungen der Anbieter zu erwarten. Außerdem deutet ihre hohe diskriminatorische Bedeutung darauf hin, dass die Qualität einer Marke aus nutzentheoretischer Sicht ein größeres Potenzial zur differenzierten Ansprache der Nachfrager verspricht als der Preis einer Marke.

5.5.1.5 Zugänglichkeitsprüfung der Segmente

Um aus Markensicht eine Adressierbarkeit der identifizierten Marktsegmente sicherzustellen, wird im Folgenden eine Zugänglichkeitsprüfung hinsichtlich des **Nutzungsverhaltens** der Nachfrager sowie ihrer **soziodemographischen Merkmale** (vgl. Tabelle 19) durchgeführt. Die Zugänglichkeitsprüfung eignet sich dabei sowohl für bestehende als auch für neue Kunden. Bestehende Kunden können dabei auf der Basis von Kundendatenbankanalysen der Marken anhand signifikanter Charakteristika gezielt angesprochen werden. Hinsichtlich neuer Kunden gibt die Zugänglichkeitsprüfung Aufschlüsse für eine gezielte Ansprache bestimmter Bevölkerungsgruppen oder Nutzersegmente.

Für die Untersuchung des Zusammenhangs der Merkmale mit einer Segmentzugehörigkeit der Nachfrager werden im Rahmen einer **Kontingenzanalyse** Chi-

---

[744] Vgl. Tabelle 47.

Quadrat-Tests und darauf aufbauende Test-Statistiken angewendet.[745] Während Chi-Quadrat-Tests die statistische Unabhängigkeit zwischen nominal-skalierten Variablen untersuchen, fokussieren die verwendeten Statistiken **Kontingenzkoeffizient** und **Cramer's V** auf eine Messung der Stärke des Zusammenhangs. Die beiden Teststatistiken zeichnen sich gegenüber einem herkömmlichen Phi-Koeffizienten durch eine bessere Interpretierbarkeit bei einer Nutzung nominal-skalierter Variablen mit mehr als zwei Ausprägungen aus. Auch bei mehrdimensionalen Variablen mit mehr als zwei Dimensionen beträgt der maximale Wert des Cramer's V immer 1. Der maximale Wert des Kontingenzkoeffizienten liegt dagegen unter 1 und hängt von der minimalen Zahl der Ausprägungen der untersuchten Merkmale ab.[746] Insgesamt ist bei einem steigenden Wert der Teststatistiken von einem stärker ausgeprägten Zusammenhang auszugehen.

In Tabelle 23 sind die Ergebnisse der Zugänglichkeitsprüfung entlang der **soziodemographischen Merkmale** der Nachfrager zusammengefasst. Dabei ist ersichtlich, dass v. a. Geschlecht, Beruf und monatliches Haushaltsnettoeinkommen einen signifikanten Zusammenhang zur Segmentzugehörigkeit (Signifikanzniveau < 0,05) aufweisen. Insgesamt ist die Stärke des Zusammenhangs aufgrund der relativ niedrigen Werte des Kontingenzkoeffizienten und Cramer's V als relativ gering einzuschätzen. Darüber hinaus scheinen das Alter und der Familienstand der Nachfrager aufgrund einer niedrigen Signifikanz nicht einer gezielten Segmentansprache dienen zu können.

Es ist auffallend, dass männliche Nachfrager im Vergleich zum Stichprobendurchschnitt von 49 % überdurchschnittlich stark im qualitätsbewussten (56 %) und preisbewussten (54 %) Segment vertreten sind. Das hochinvolvierte Segment enthält dagegen im Verhältnis zum Stichprobenanteil von 51 % überdurchschnittlich viele Frauen als Nachfrager (58 %). Hinsichtlich des Berufs der Nachfrager ist v. a. das erhöhte Aufkommen von Rentnern im hochinvolvierten Segment (11 %) gegenüber dem Stichprobenmittel von 6 % festzustellen. Außerdem ist auffallend, dass Schüler,

---

[745] Vgl. BACKHAUS et al. (2006), S. 240 ff.

[746] Der maximale Wert des Kontingenzkoeffizienten beträgt $\sqrt{\frac{d-1}{d}}$. Die Variable d stellt dabei das Minimum aus der Anzahl der Spalten und Zeilen der untersuchten Kreuztabelle dar, vgl. JANSSEN und LAATZ (2005), S. 262 f.

Studenten und Auszubildende sich im Vergleich zum Stichprobendurchschnitt von 12 % häufig im preisbewussten Segment befinden (15 %). Bei der Analyse der Haushaltsnettoeinkommen wird der vermutete Zusammenhang einer erhöhten Preissensitivität bei einem niedrigeren Nettoeinkommen bestätigt. In den beiden preisorientierten Segmenten befinden sich v. a. Nachfrager mit einem niedrigen Nettoeinkommen von bspw. 500 bis 999 €. Demgegenüber sind Nachfrager mit einem besonders hohen Nettoeinkommen von über 4.000 € v. a. durch eine hohe Qualitätsorientierung bei zugleich niedriger Preissensitivität gekennzeichnet.

Soziodemographika		Sign.-niveau[a]	Kont.-koeffizient	Cramer's V	Anteil Nutzer im Marktsegment (in %)				
Alter	20 bis 29 Jahre	< 0,056	0,128	0,075	24	21	24	28	26
	30 bis 39 Jahre				23	25	21	25	22
	40 bis 49 Jahre				20	22	21	20	18
	50 bis 59 Jahre				27	28	25	24	29
	60 Jahre und älter				6	4	9	2	4
Geschlecht	Männlich	< 0,001	0,116	0,116	49	56	42	54	49
	Weiblich				51	44	58	46	51
Familienstand	Alleinstehend	< 0,424	0,099	0,058	26	27	28	24	26
	Verheiratet				45	44	44	46	47
	Geschieden				10	9	8	12	10
	Verwitwet				3	3	4	1	1
	In Partnerschaft lebend				16	17	15	18	16
Beruf	Arbeiter	< 0,001	0,213	0,126	5	4	5	7	5
	Angestellter				40	46	34	45	43
	Selbständiger				16	19	14	16	17
	Beamter				6	8	6	3	6
	Schüler, Student, Azubi				12	9	13	15	13
	Hausfrau/-mann				8	8	10	8	8
	Rentner				6	4	11	2	3
	Arbeitssuchender				6	3	8	4	5
Monatliches Haushaltsnettoeinkommen	Unter 500 €	< 0,010	0,206	0,121	6	4	7	6	6
	500 bis 999 €				9	7	12	11	6
	1.000 bis 1.499 €				16	16	16	15	17
	1.500 bis 1.999 €				16	16	18	18	14
	2.000 bis 2.499 €				15	14	14	19	16
	2.500 bis 2.999 €				14	11	14	12	17
	3.000 bis 3.499 €				11	12	10	7	13
	3.500 bis 3.999 €				5	6	5	5	2
	Über 4.000 €				8	13	6	8	9

a. Signifikanzniveau <0,05 fett gekennzeichnet

Tabelle 23: Zugänglichkeitsprüfung der Segmente anhand soziodemographischer Merkmale
Quelle: Eigene Darstellung

Die erhobenen **Merkmale zum Nutzungsverhalten** adressieren v. a. den Stellenwert des Telefonierens für die Nachfrager. Die Probanden geben dabei auf einer Skala von 1 („trifft überhaupt nicht zu") bis 4 („trifft vollständig zu") den Grad ihrer Zustimmung zu insgesamt vier **Aussagen** wieder (vgl. Tabelle 24). Die erste Aussage beschreibt das Telefonieren als Vergnügen und ausgedehnte Freizeitbeschäftigung für die Nachfrager. Die zweite Aussage stellt die Besonderheit des Telefonierens als Kontaktmöglichkeit mit der Umwelt in den Vordergrund. Die dritte Aussage geht hingegen im Fall des Telefonierens eher von einem notwendigen Übel aus, während die letzte Aussage es sogar als Ärgernis beschreibt. Hinsichtlich einer gezielten Segmentzugänglichkeit zeichnen sich v. a. die Aussagen „Telefonieren als Vergnügen",

„Telefonieren als notwendiges Übel" und „Telefonieren als Ärgernis" mit signifikanten Werten (Signifikanzniveau < 0,05) der Teststatistiken aus. Demgegenüber kann die Einordnung des Telefonierens als Kontaktmöglichkeit zur Umwelt nicht einer gezielten Ansprache bestimmter Segmente dienen.

Nutzungsverhalten		Signifikanzniveau[a]	Kontingenzkoeffizient	Cramer's V	Anteil Nutzer im Marktsegment (in %)				
„Telefonieren ist für mich ein Vergnügen. Ich führe ausgedehnte Telefongespräche mit anderen."	Trifft überhaupt nicht zu	**< 0,001**	0,156	0,091	7	7	7	9	6
	Trifft eher nicht zu				18	13	17	28	21
	Trifft eher zu				35	35	33	37	37
	Trifft vollständig zu				40	46	44	25	35
„Ich telefoniere intensiv mit Freunden oder der Familie, um meine Beziehungen zu stärken."	Trifft überhaupt nicht zu	< 0,136	0,104	0,061	15	19	16	12	13
	Trifft eher nicht zu				22	17	24	26	22
	Trifft eher zu				32	31	29	36	34
	Trifft vollständig zu				31	33	30	27	31
„Ich benutze ungern das Telefon. Ich versuche, die Telefongespräche so kurz wie möglich zu halten."	Trifft überhaupt nicht zu	**< 0,017**	0,127	0,074	46	52	47	35	42
	Trifft eher nicht zu				31	30	29	32	33
	Trifft eher zu				18	14	17	25	21
	Trifft vollständig zu				5	5	7	7	4
„Ich bin kein Telefon-Mensch. Ich empfinde Telefongespräche als Ärgernis."	Trifft überhaupt nicht zu	**< 0,002**	0,144	0,084	54	60	55	38	54
	Trifft eher nicht zu				27	26	26	30	27
	Trifft eher zu				15	10	14	24	15
	Trifft vollständig zu				5	4	5	7	4

a. Signifikanzniveau <0,05 fett gekennzeichnet

Tabelle 24: Zugänglichkeitsprüfung der Segmente anhand des Nutzungsverhaltens
Quelle: Eigene Darstellung

Die Nachfrager im qualitätsbewussten Segment scheinen überdurchschnittlich häufig das Telefonieren als Vergnügen zu beschreiben (46 % gegenüber einem Stichprobenmittel von 40 %). Im hochinvolvierten Segment ist der überdurchschnittliche Anteil dieser Nachfrager bereits leicht abgeschwächt (44 %). Die bzgl. des Telefonierens eher negativ eingestellten Nachfrager finden sich v. a. im preisbewussten Segment wieder. In diesem Segment finden sich überdurchschnittlich viele Nachfrager, die Telefonieren entweder als notwendiges Übel (7 % gegenüber einem Stichprobendurchschnitt von 5 %) oder sogar als Ärgernis (7 % gegenüber 5 %) betrachten. Ein erhöhtes Aufkommen dieser Nachfrager kann außerdem auch im hochinvolvierten Segment beobachtet werden.

Die Beobachtungen des Nutzungsverhaltens der Nachfrager in den einzelnen Segmenten erscheinen hinsichtlich ihrer Preis- und Qualitätsorientierung bei ihrer Kaufentscheidung plausibel. Nachfrager, die dem Telefonieren eine besondere Bedeutung in ihrer Freizeit zuordnen, sind durch eine hohe Qualitätsorientierung bei zugleich niedriger Preissensitivität charakterisiert. Diese Nachfrager scheinen somit beim Kauf besonders stark auf qualitätsbedingte Merkmale eines schnurlosen Festnetztelefons, wie bspw. zusätzliche Funktionalitäten, zu achten, während der Preis eher in den Hintergrund rückt. Demgegenüber suchen sich Nachfrager, die dem Telefonieren eine niedrige oder sogar negative Bedeutung zuordnen, eher besonders preisgünstige Produkte bei ihrer Kaufentscheidung aus. Qualitätsrelevante Produkteigenschaften treten dagegen eher in den Hintergrund.

5.5.2 Nettonutzen- und Präferenzmessung

5.5.2.1 Nettonutzenmodell

Die Grundlage für das Nettonutzenmodell bilden, den Ausführungen in Kapitel 4.3.2 folgend, das **Markenimage** sowie die Stärke der **Marke-Kunde-Beziehung** der einzelnen Nachfrager. Das Markenimage wird dabei durch die erhobenen markenspezifischen Nutzenassoziationen der Nachfrager geschätzt. Die Dimensionen der Nutzenassoziationen decken sich dabei mit den Nutzenmerkmalen, deren allgemeine, markenunspezifische Bedeutungsgewichte als Grundlage für die nutzenorientierte Marktsegmentierung dienten (vgl. Kapitel 5.5.1.1). Zusätzlich werden Wirkungsgrößen der Marke-Kunde-Beziehung zur Beschreibung nichtmonetärer Wechselkosten in das Nettonutzenmodell aufgenommen.

Abbildung 23 fasst das verwendete Nettonutzenmodell im hybriden CE-Wettbewerbsmodell zusammen. Für die Operationalisierung der nichtmonetären Wechselkosten werden drei Parameter verwendet, die bereits in vielen empirischen Untersuchungen als signifikante Wirkungsgrößen der Stärke einer Marke-Kunde-Beziehung identifiziert wurden. Als erste Komponente wird als vorökonomisches, einstellungsorientiertes Kriterium die **Sympathie der Marke** durch die Nachfrager erhoben. Diese psychographische Größe bringt die emotionale Verbundenheit der Kunden mit der jeweiligen Marke zum Ausdruck und kann als Kriterium für die Messung der Tragfähigkeit der Marke-Kunde-Beziehung verstanden werden.[747] Die Markensympathie wird in dieser Untersuchung in Anlehnung an BURMANN (2005) als eine stark emotionale Größe definiert, die den „Grad des ‚Mögens' einer Marke"[748] misst.

---

[747] Vgl. BURMANN (2005), S. 469.
[748] BURMANN (2005), S. 465.

In der Konzeptionalisierung der Tragfähigkeit einer Marke-Kunde-Beziehung betrachtet BURMANN (2005) neben der Sympathie einer Marke auch das Vertrauen, Vermissen und Involvement als Dimension der Markenbeziehung.

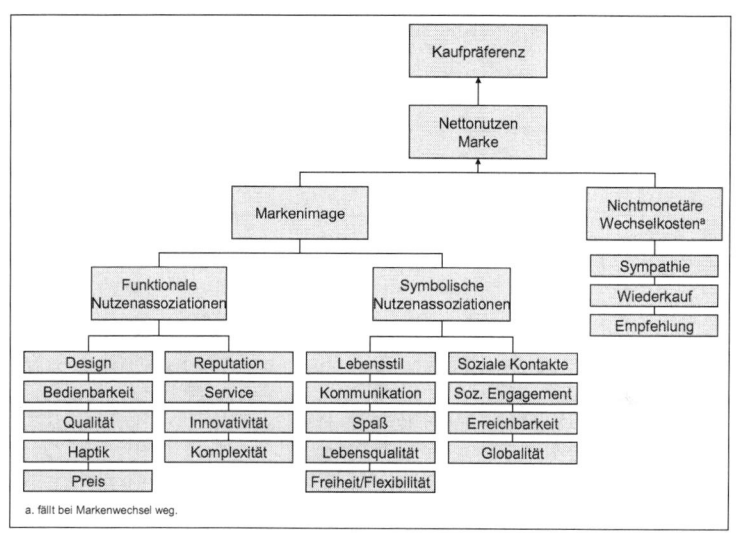

Abbildung 23: Nettonutzenmodell im hybriden CE-Wettbewerbsmodell
Quelle: Eigene Darstellung

Als weitere Kriterien zur Messung der Wirkung der Stärke einer Marke-Kunde-Beziehung werden die verhaltensorientierten Größen der **Wiederkaufabsicht** und der **Weiterempfehlungsbereitschaft** der Nachfrager erfasst. Der Zusammenhang dieser beiden Wirkungsgrößen mit der Marke-Kunde-Beziehung wurde bereits in mehreren Studien empirisch untersucht.[749] In der empirischen Analyse von WENSKE (2008) konnte insbesondere gezeigt werden, dass die Stärke einer Marke-Kunde-Beziehung einen positiven Einfluss sowohl auf die Kauf- als auch die Weiterempfehlungsbereitschaft der Nachfrager hat.[750] Aufgrund des direkten Einflusses dieser beiden Größen auf das Kaufverhalten der Nachfrager wird von einer alternativen Modellierung der nichtmonetären Wechselkosten auf der Basis der Kundenzufriedenheit in dieser Untersuchung abgesehen. Kundenzufriedenheit stellt einen wichtigen, jedoch nicht den einzigen Einflussfaktor für die Wiederkaufabsicht und das

---

[749] Vgl. FOURNIER (1994), KRESSMANN et al. (2003), ESCH et al. (2006), BRUHN und EICHEN (2007). Eine Zusammenfassung der wissenschaftlichen Studien zu den Wirkungen von Marke-Kunde-Beziehungen liefert WENSKE (2008), S. 124 ff.
[750] Vgl. WENSKE (2008), S. 268 f.

Weiterempfehlungsverhalten der Nachfrager dar.[751] Daher wird der Fokus auf direkt interpretierbare und verhaltensrelevante Parameter bei der Modellierung nichtmonetärer Wechselkosten gerichtet.

5.5.2.2 Ergebnisse der Faktorenanalyse

Die markenspezifischen funktionalen und symbolischen Nutzenassoziationen sowie die Wirkungsgrößen der Marke-Kunde-Beziehung werden anhand einer 5-stufigen Skala erfasst.[752] Die Antworten der Probanden bzgl. der einzelnen Komponenten des Nettonutzenmodells bilden die Grundlage für die multinomiale logistische Regression. Das Vorliegen multikollinearer Regressionsvariablen führt jedoch bei der Schätzung des Modells zu Problemen mit den Tests der Regressionskoeffizienten.[753] Aus diesem Grund wird auch hier – wie im Fall der allgemeinen markenübergreifenden Bedeutungsgewichte der Nutzendimensionen – eine **Faktorenanalyse** zur Verdichtung der markenspezifischen Nutzenassoziationen vorgeschaltet. Die Ergebnisse des Bartlett-Tests und des Kaiser-Meyer-Olkin-Kriteriums deuten dabei auf eine ähnlich starke Multikollinearität der Komponenten des Nettonutzenmodells hin.[754]

Als Resultat der Faktorenanalyse des Nettonutzenmodells werden anhand des Kaiser-Kriteriums vier Faktoren extrahiert, die insgesamt 66,9 % der Gesamtvarianz erklären.[755] Analog zur Faktoranalyse der Bedeutungsgewichte der Nutzenmerkmale werden fehlende Beobachtungen durch den Mittelwert der jeweiligen Nutzenassoziationen der Nachfrager ersetzt. Der Ergebnisvergleich mit bzw. ohne Ersetzen der fehlenden Werte zeigt auch hier nur eine geringe Verzerrung. Insgesamt bestätigen sich v. a. die bereits bei der Faktorenanalyse der Bedeutungsgewichte der Nutzenmerkmale aufgedeckten Faktoren „Individualität/Fits my needs", „hohe Qualität" und „niedriger Preis". Im Gegensatz dazu kann der Faktor „Globalität und Innovativität" in der Struktur der Nutzenassoziationen der Marken nicht mehr nachgewiesen werden. Als weiteren extrahierten Faktor ergeben sich die drei Wirkungsgrößen der Marke-

---

[751] Vgl. MEFFERT et al. (2008), S. 127.
[752] Die Rangwerte wurden dabei mit „1 = trifft für Marke i überhaupt nicht zu" bis „5 = trifft für Marke i vollständig zu" belegt, vgl. Tabelle 48 in Anhang D.
[753] Vgl. ROBERTS und LILIEN (1993), S. 56.
[754] Der Bartlett-Test weist eine Prüfgröße von 33.114,018 bei einem Signifikanzniveau von < 0,001 auf. Das MSA-Kriterum („measure of sampling adequacy") nach Kaiser, Meyer und Olkin zeigt einen Wert von 0,948, der als „erstaunlich" geeignet für eine Faktoranalyse gilt.
[755] Vgl. Tabelle 49 in Anhang D.

Kunde-Beziehung zur Beschreibung der nichtmonetären Wechselkosten.[756] Insgesamt lässt sich somit eine **komplexe Nettonutzenstruktur** der Nachfrager im Produktmarkt für schnurlose Festnetztelefone in Deutschland konstatieren. Insbesondere wird die Qualität als mehrdimensionales Nutzenkonstrukt identifiziert.[757] Außerdem stellt die Identifikation sowohl eines preis- als auch eines qualitätsorientierten Nettonutzenfaktors eine wichtige Grundlage für die anschließende Untersuchung optimaler Preis- und Qualitätsentscheidungen im Rahmen des hybriden CE-Wettbewerbsmodells dar.

5.5.2.3 Multinomiale logistische Regression

Auf der Basis des Nettonutzenmodells lassen sich mittels einer **multinomialen logistischen Regression** die Markenwechselwahrscheinlichkeiten bestimmen. Dabei handelt es sich um eine individuelle Schätzung auf Nachfragerebene. Eine Aggregation auf der Segmentebene erfolgt erst nach der Quantifizierung des multinomialen Logitmodells durch die Schätzung markenspezifischer durchschnittlicher Markenwechselwahrscheinlichkeiten je Marktsegment.

Die abhängige Variable im multinomialen Logitmodell stellt die **prognostizierte nächste Markenwahl** der Nachfrager dar. Unter Anwendung der Markov-Eigenschaften lässt sich, ausgehend von einer Anfangsverteilung, anhand der ermittelten Markenwechselmatrizen die prognostizierte Markenwahl zu einem beliebigen Zeitpunkt t je Nachfrager bestimmen. Bei der Operationalisierung ihres Modells erheben RUST et al. (2004b) im Rahmen der Primärmarktbefragung direkt die Kaufabsicht der Probanden. Als Erweiterung wird in dieser Untersuchung die nächste Kaufentscheidung anhand verschiedener Wirkungsgrößen der Marke-Kunde-Beziehung bestimmt. Die Wirkungsgrößen decken sich dabei mit den verwendeten Komponenten im Nettonutzenmodell zur Beschreibung der nichtmonetären Wechselkosten (vgl. Kapitel 5.5.2.1). Neben der erfassten Ausprägung der Wiederkaufabsicht wird die Stärke der Marke-Kunde-Beziehung außerdem entlang der Parameter Markensympathie und Empfehlungsbereitschaft erfasst. Diese gegenüber dem Ansatz von RUST et al. (2004b) differenziertere Sichtweise verfolgt das Ziel einer realistische-

---

[756] Aus Gründen der Geheimhaltung werden Details der Ergebnisse der Faktorenanalyse nicht veröffentlicht.
[757] Vgl. KOTLER und BLIEMEL (2001), S. 398 ff.; TELLIS und JOHNSON (2007), S. 758 ff.

ren Schätzung der unbekannten Markenwahl der Nachfrager bei der nächsten Kaufentscheidung.

Zur Schätzung der prognostizierten nächsten Markenwahl werden die erfassten Ausprägungen der drei Determinanten der Stärke der Marke-Kunde-Beziehung im Rahmen eines **Scoring-Modells** je Nachfrager zu einem Punktwert verdichtet. Der Scoring-Faktor ergibt sich dabei aus einer linear-additiven Verknüpfung der Ausprägungen der Determinanten. Aufgrund der Erfassung der Determinanten auf einer 5-stufigen Skala[758] kann der Scoring-Faktor Werte zwischen 3 und 15 annehmen und dient als Grad für die Stärke der Marke-Kunde-Beziehung. Im Nettonutzenmodell entspricht dies den wahrgenommenen nichtmonetären Wechselkosten der Nachfrager, die sie bei einem Markenwechsel verlören.

Für das prognostizierte Wechselverhalten bei der nächsten Kaufentscheidung wird angenommen, dass die Nachfrager nur dann von ihrer letzten Kaufentscheidung abweichen, wenn der **Scoring-Faktor** als Grad der Stärke der Marke-Kunde-Beziehung unterhalb eines bestimmten Schwellenwerts liegt. In diesem Fall weicht der Nachfrager auf die zweite Wahl im jeweiligen Evoked Set aus. Als Ergebnis dieser Betrachtung ergibt sich eine prognostizierte Markenwechselmatrix für die nächste Kaufentscheidung als Grundlage für die Quantifizierung des multinomialen Logitmodells.

Besonders kritisch bei diesem Ansatz ist die **Identifikation eines geeigneten Schwellenwerts** und die damit verbundene Frage, ab welcher Untergrenze der nichtmonetären Wechselkosten ihr Verlust für die Nachfrager bei einem Markenwechsel vertretbar ist. Abbildung 24 gibt einen Überblick über die Häufigkeitsverteilung der erfassten Determinanten und die daraus abgeleitete Verteilung des Scoring-Faktors auf der Gesamtmarktebene über alle Marken hinweg. Um den Einfluss der Wahl des Schwellenwerts auf das prognostizierte Wechselverhalten der Nachfrager näher beleuchten zu können, werden im Rahmen dieser Untersuchung Sensitivitätsanalysen mit unterschiedlichen Schwellenwerten durchgeführt. Insbesondere werden als kritische Scoring-Werte, ab denen die Nachfrager die zweite Wahl aus ihrem Evoked Set bei der nächsten Kaufentscheidung wählen, die Schwellenwerte 9, 10 und

---

[758] Vgl. Tabelle 48 in Anhang D.

Parametrisierung des hybriden CE-Wettbewerbsmodells 237

11 untersucht und ihre Auswirkungen auf das Wechselverhalten der Nachfrager verglichen.

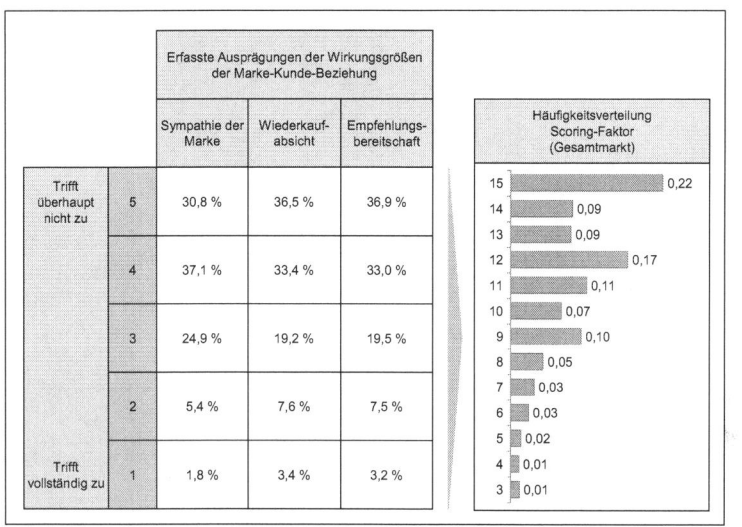

		Erfasste Ausprägungen der Wirkungsgrößen der Marke-Kunde-Beziehung			Häufigkeitsverteilung Scoring-Faktor (Gesamtmarkt)	
		Sympathie der Marke	Wiederkaufabsicht	Empfehlungsbereitschaft		
Trifft überhaupt nicht zu	5	30,8 %	36,5 %	36,9 %	15	0,22
					14	0,09
					13	0,09
	4	37,1 %	33,4 %	33,0 %	12	0,17
					11	0,11
					10	0,07
	3	24,9 %	19,2 %	19,5 %	9	0,10
					8	0,05
					7	0,03
	2	5,4 %	7,6 %	7,5 %	6	0,03
					5	0,02
Trifft vollständig zu	1	1,8 %	3,4 %	3,2 %	4	0,01
					3	0,01

Abbildung 24: Häufigkeitsverteilung Scoring-Faktor als Maß der Stärke der Marke-Kunde-Beziehung
Quelle: Eigene Darstellung

Tabelle 25 zeigt die in dieser Untersuchung verwendete **empirisch ermittelte Markenwechselmatrix** der Nachfrager. Die Elemente der Matrix stellen die relativen Häufigkeiten eines Wechsels zwischen den zugehörigen Markenkombinationen dar. Der kritische Schwellenwert des Scoring-Faktors, ab dem die Nachfrager zur zweiten Wahl in ihrem Evoked Set wechseln, beträgt 10. Im Rahmen der Sensitivitätsanalysen mit den alternativen Schwellenwerten 9 und 11 hat sich gezeigt, dass sich für die einzelnen untersuchten Marken die prognostizierten Kaufwahrscheinlichkeiten kaum verändern. Bei einem Schwellenwert von 10 entscheiden sich 40,0 % aller Nachfrager bei ihrer nächsten Kaufentscheidung für ein Markenprodukt von Marke A (vgl. Tabelle 25). Für die Schwellenwerte 9 bzw. 11 ändert sich dieser Wert auf 40,2 % bzw. 40,3 %. Ähnliches ist bei den anderen untersuchten Marken zu beobachten. Eine niedrigere (höhere) Wechselbereitschaft der Nachfrager erhöht (senkt) einerseits die jeweilige Bindungsrate der Marke. Anderseits geht damit auch eine Senkung (Erhöhung) der Häufigkeit eines Markenwechsels einher. Es scheint, als ob beide Effekte einander nahezu neutralisieren. Deshalb werden für die weitere Untersuchung die Ergebnisse aus Tabelle 25 verwendet. Insbesondere fließt die prognostizierte nächste Kaufentscheidung als abhängige Variable in die nachfragerspezifische Schätzung der Markenwahlwahrscheinlichkeiten in einem multinomialen Logitmodell ein.

		Prognose nächste Kaufentscheidung					
		Marke A	Marke B	Marke C	Marke D	Marke E	sonstige Marken	Gesamt
Letzte Kaufent- scheidung	Marke A	0,785	0,061	0,054	0,002	0,040	0,059	1,000
	Marke B	0,169	0,672	0,060	0,005	0,030	0,065	1,000
	Marke C	0,138	0,009	0,776	0,017	0,052	0,009	1,000
	Marke D	0,232	0,024	0,098	0,598	0,024	0,024	1,000
	Marke E	0,110	0,014	0,096	0,027	0,726	0,027	1,000
	sonstige Marken	0,181	0,046	0,063	0,017	0,034	0,660	1,000
	Gesamt	0,400	0,155	0,136	0,052	0,081	0,176	1,000

Tabelle 25: Empirisch ermittelte Markenwechselmatrix
Quelle: Eigene Darstellung

In Anlehnung an Kapitel 4.3.6. kann der erwartete nachfragerindividuelle Nettonutzen als Bestandteil des multinomialen Logitmodells mit den Ergebnissen der Faktoranalyse folgendermaßen formuliert werden:

$$\hat{u}_{cij} = \hat{\gamma}_{1mj} \cdot \hat{z}_{1cij} + \cdots + \hat{\gamma}_{4mj} \cdot \hat{z}_{4cij}. \tag{57}$$

Die latente, da nicht empirisch beobachtbare Variable $\hat{u}_{cij}$ stellt den erwarteten Nettonutzen eines Nachfragers c dar, der bei der letzten Kaufentscheidung Marke i gekauft hat und bei der nächsten Kaufentscheidung Marke j wählt. Der erwartete Nettonutzen wird dabei durch die vier mittels der Faktorenanalyse extrahierten und daher unabhängigen Nettonutzenfaktoren erklärt.

Der erwartete **latente Nettonutzen** $\hat{u}_{cij}$ bestimmt dabei die Markenwechselwahrscheinlichkeit $\hat{\pi}_{cij}$, wobei gilt:

$$\hat{\pi}_{cij} = P(y_{cij} = 1) = P(u_{cij} > u_{cij^*}) = \frac{\exp(\hat{u}_{cij})}{\sum_{j^*} \exp(\hat{u}_{cij^*})}. \tag{58}$$

Die Variable y_{cij} stellt dabei eine dichotome Dummy-Variable dar, die den Wert 1 annimmt, wenn Nachfrager c bei der letzten Kaufentscheidung Marke i gekauft hat und bei der nächsten Kaufentscheidung Marke j wählt. In allen anderen Fällen gilt dagegen $y_{cij} = 0$.

Anhand der prognostizierten Markenwahl der Nachfrager bei ihrer nächsten Kaufentscheidung (vgl. Tabelle 25) lässt sich die Variable y_{cij} bestimmen und anschließend das **nachfragerspezifische multinomiale Logitmodell** aus Gleichung (57) und (58) mittels Maximum-Likelihood-Methode quantifizieren.[759] Die Schätzung erfolgt für den Gesamtmarkt sowie für die Subpopulationen in den einzelnen Nachfragersegmenten. Die multinomiale logistische Regression wird dabei spezifisch für jede Marke der letzten Kaufentscheidung der Nachfrager durchgeführt. Die Regressionsergebnisse auf der Gesamtmarktebene finden sich für jede Marke in Anhang D.[760] Eine detaillierte Interpretation der Ergebnisse des multinomialen Logitmodells erfolgt in Kapitel 6 dieser Arbeit.

5.5.2.4 Konsistenzprüfung zwischen Nettonutzen und Kaufpräferenz

Zentrale Prämisse des hybriden CE-Wettbewerbsmodells ist die Annahme, dass die Nachfrager Kaufentscheidungen auf der Basis ihres Nettonutzens treffen. Dadurch wird implizit vorausgesetzt, dass die Kaufpräferenz eines Nachfragers durch seine Nutzenassoziationen bzgl. der Marken im Evoked Set weitgehend erklärt werden kann. Im Rahmen dieser Untersuchung wird daher eine **Konsistenzprüfung** zwischen dem geschätzten **Nettonutzen** und der tatsächlich beobachteten **Kaufpräferenz** der Nachfrager vorgenommen.

Dazu werden die Ergebnisse des multinomialen Logitmodells mit den Kaufpräferenzen der Nachfrager, unterteilt in erste, zweite und dritte Wahl, verglichen. Insbesondere wird dabei die Frage untersucht, ob der Käufer einer Marke auch eine signifikant positivere Nutzenassoziation mit dieser Marke, gemessen am Nettonutzen, verbindet. Umgekehrt kann geprüft werden, ob ein Nachfrager, der eine andere Marke gewählt hat, auch einen signifikant niedrigeren Nettonutzen mit der untersuchten Marke

---

[759] Vgl. RUST et al. (2004b), S. 124.
[760] Vgl. Tabelle 50 bis Tabelle 55 in Anhang D.

assoziiert. In beiden Fällen kann von einer **bewussten Kauf- bzw. Nichtkaufentscheidung** im Sinn einer Nettonutzenorientierung gesprochen werden.

Diese Konsistenzprüfung zwischen Nettonutzen und Kaufpräferenz ist aus zweierlei Gründen interessant für diese Arbeit. Zum einen kann die **Modellvalidität** der verwendeten multinomialen logistischen Regression zur Bestimmung von Markenwahlwahrscheinlichkeiten untersucht werden. Grundlage für eine Verwendung des multinomialen Logitmodells ist die Annahme, dass der beobachtete Nettonutzen die weitgehende Begründung für eine Kaufentscheidung oder einen Markenwechsel darstellt. Falls die Konsistenzprüfung zeigt, dass der Nettonutzen, bestehend aus dem Markenimage und den nichtmonetären Wechselkosten der Nachfrager, in besonderem Maß ihre Kaufpräferenz erklärt, kann für das verwendete multinomiale Logitmodell insgesamt eine hohe Validität bzgl. der Modellierung des Markenwahlverhaltens festgehalten werden.

Zum anderen kann der **Einfluss moderierender Variablen** auf die Konsistenz zwischen Nettonutzen und Kaufpräferenz der Nachfrager untersucht werden. Für ein Low-Involvement-Produkt wie ein schnurloses Festnetztelefon ist in diesem Zusammenhang insbesondere die Frage interessant, ob eine **Verkaufsberatung** oder eine **Markenempfehlung am Point of Sale** zu einem höheren Nutzenbewusstsein der Nachfrager bei ihrer Kaufentscheidung führen Im Fall eines nachgewiesenen Einflusses können somit Rückschlüsse auf die Ausrichtung der Verkaufsberatung am Point of Sale, wie bspw. die besondere Betonung einzelner Nutzenmerkmale der Marken, gezogen werden, was v. a. für die Praxis von hoher Relevanz ist.

In Abbildung 25 wird das verwendete **Untersuchungsmodell** für eine Konsistenzprüfung zwischen dem geschätzten Nettonutzen und der tatsächlich beobachteten Kaufpräferenz der Nachfrager vorgestellt. Auf der Basis der beobachteten markenspezifischen Nettonutzenassoziationen und der Wirkungsgrößen einer Marke-Kunde-Beziehung lassen sich in einer Faktorenanalyse insgesamt vier Nettonutzenfaktoren extrahieren. Die orthogonalen Faktoren fließen als unabhängige latente Variablen in das multinomiale Logitmodell ein. Unter der Annahme eines linear-additiven Nettonutzenmodells lassen sich die Markenwahlwahrscheinlichkeiten der Nachfrager schätzen. Außerdem kann der abhängige latente Nettonutzen der Nachfrager anhand der ermittelten Regressionskoeffizienten $\hat{\gamma}_{bij}$ der multinomialen logistischen Regression auf der Gesamtmarktebene und der geschätzten Nutzenfaktoren $\hat{z}_{bcij}$ der Nachfrager bestimmt werden. Der geschätzte Nettonutzen $\hat{u}_{cij}$ eines ehemaligen Käufers der Marke i bzgl. einer Marke j seines Evoked Sets bildet die Grundlage für die Konsistenzprüfung, indem $\hat{u}_{cij}$ der jeweiligen tatsächlich beobachteten Kaufpräferenz y_{cj} der Marke j bei der letzten Kaufentscheidung zugewiesen wird.

Die Kaufpräferenz y_{cj} beschreibt im Untersuchungsmodell eine dichotome Dummy-Variable, die den Wert 1 annimmt, wenn Marke j die erste Wahl bei der letzten Kaufentscheidung des Nachfragers darstellte, bzw. den Wert 0 im Fall einer zweiten und dritten Wahl.

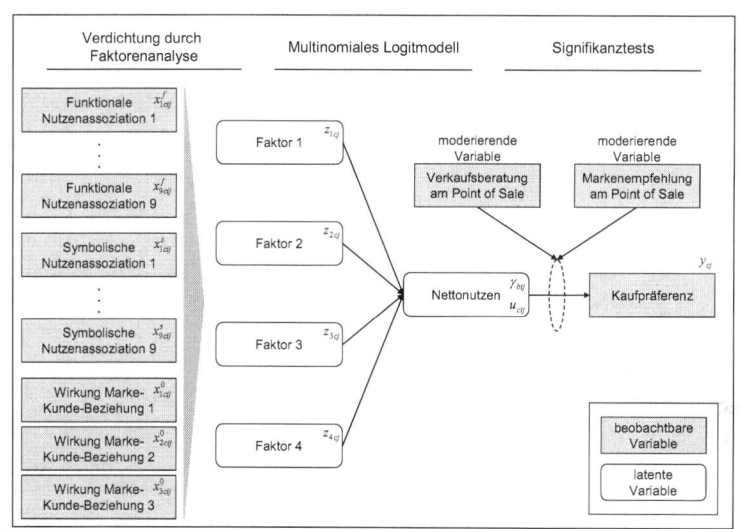

Abbildung 25: Untersuchungsmodell für eine Konsistenzprüfung zwischen Nettonutzen und Kaufpräferenz
Quelle: Eigene Darstellung

Für die Konsistenzprüfung wird der **durchschnittliche Nettonutzen** verschiedener Kaufpräferenzen über alle relevanten Nachfrager der Stichprobe geschätzt. Der Term $\bar{u}^{(0)}$ beschreibt dabei bspw. den durchschnittlichen Nettonutzen aller Nachfrager bzgl. der Marken, die in ihrem Evoked Set mit einer Kaufpräferenz $y_{cj} = 0$, d. h. als zweite oder dritte Wahl, angegeben wurden. Aufgrund der Annahme einer linear-additiven Nettonutzenfunktion lässt sich der durchschnittliche Nettonutzen einer

Kaufpräferenz als Summe der durchschnittlichen Teilnettonutzenwerte bzgl. der einzelnen Nutzenfaktoren b darstellen:

$$\overline{u}^{(1)} = \sum_b \overline{u}_b^{(1)}$$
$$\overline{u}^{(0)} = \sum_b \overline{u}_b^{(0)}.$$
(59)

Der **durchschnittliche Teilnettonutzenwert eines Nettonutzenfaktors** ergibt sich dabei als Mittelwert der individuellen geschätzten Teilnettonutzenwerte über alle relevanten Probanden der Stichprobe hinweg, die eine Marke mit der jeweiligen Kaufpräferenz in ihrem Evoked Set identifiziert haben:

$$\overline{u}_b^{(1)} = \frac{1}{N^{(1)}} \sum_i \sum_j \sum_c \hat{\gamma}_{bij}^{(1)} \cdot \hat{z}_{bcij}^{(1)}$$
$$\overline{u}_b^{(0)} = \frac{1}{N^{(0)}} \sum_i \sum_j \sum_c \hat{\gamma}_{bij}^{(0)} \cdot \hat{z}_{bcij}^{(0)}.$$
(60)

Für die Konsistenzprüfung werden als **Teststatistiken** die **Nettonutzendifferenzen** der ermittelten durchschnittlichen Nettonutzenwerte errechnet:

$$\Delta \overline{u}^{(10)} = \overline{u}^{(1)} - \overline{u}^{(0)}.$$
(61)

Analog können bzgl. der einzelnen Nettonutzenfaktoren die Differenzen der Teilnettonutzenwerte als Teststatistiken bestimmt werden:

$$\Delta \overline{u}_b^{(10)} = \overline{u}_b^{(1)} - \overline{u}_b^{(0)}.$$
(62)

Bei einer nachgewiesenen Normalverteilung der Untersuchungsgrößen in den Gleichungen (61) und (62) können insbesondere **Signifikanztests**[761] durchgeführt werden, um die Unterschiede der durchschnittlichen Nettonutzendifferenzen statistisch zu
untersuchen. Für diese Untersuchung sind dabei insbesondere die sog. **t-Tests zum Mittelwertvergleich** von Bedeutung.

Darüber hinaus lässt sich der Einfluss moderierender Variablen auf die durchschnittlichen Nettonutzendifferenzen zwischen unterschiedlichen Kaufpräferenzen untersuchen. Insbesondere ist dabei der Einfluss einer **Verkaufsberatung oder Markenempfehlung am Point of Sale** von besonderer Bedeutung. Dazu werden in-

---

[761] Vgl. bspw. JANSSEN und LAATZ (2005), S. 323 ff.

nerhalb der Stichprobe zwei Subpopulationen dadurch unterschieden, ob eine Verkaufsberatung oder eine Markenempfehlung am Point of Sale erfolgt ist oder nicht. Anhand des Vergleichs der Nettonutzendifferenzen der beiden Subpopulationen kann untersucht werden, ob sich die Verkaufsberatung oder Markenempfehlung positiv auf die bewusste Kaufentscheidung der Nachfrager auswirkt.

5.5.3 Markentypologien

Auf der Basis der konzeptionell hergeleiteten **Markentypologien** (vgl. Kapitel 4.2.4.2) können nun die in dieser Untersuchung verwendeten Marken entlang der Dimensionen **Markengröße** und der Art des **Wettbewerbsvorteils** charakterisiert werden. Aufgrund der hohen Repräsentativität der Primärmarktstudie (vgl. Kapitel 5.4.1.2) werden die Umfrageergebnisse direkt für die Bestimmung des Marktanteils und des Wettbewerbsvorteils der einzelnen Marken verwendet. Für die Ermittlung des Marktanteils werden die Stichprobenanteile der Kaufentscheidungen der Probanden in den letzten zwölf Monaten verwendet (vgl. Tabelle 19).

5.5.3.1 Wettbewerbsvorteil der Marken

Die Einschätzung, ob die Anbieter im Verhältnis zum Wettbewerb einen **Leistungsvorteil** oder einen **Preisvorteil** gegenüber den Nachfragern aufweisen, wird anhand der markenspezifischen Nutzenassoziationen der Probanden bestimmt. Dabei werden die Faktoren „hohe Qualität" und „niedriger Preis" der Faktorenanalyse des Nettonutzenmodells verwendet. In Abbildung 26 werden die Ergebnisse der Nutzenassoziationen der Probanden entlang der beiden qualitäts- und preisorientierten Faktoren dargestellt. Zugunsten einer besseren Interpretierbarkeit wurden die negativen Werte des Faktors „niedriger Preis" verwendet, so dass höhere Werte direkt als höherer Preis interpretiert werden können.

In dieser Untersuchung wird der Wettbewerbsvorteil der Marken auf der Basis der Nutzenwahrnehmung der Nachfrager identifiziert. Somit handelt es sich im Fall der Qualität und des Preises um **subjektive Nutzenassoziationen**, die die Nachfrager mit der jeweiligen Marke verbinden. Demgegenüber könnte die Analyse auch entlang realer und objektiver Preis- und Qualitätsindizes erfolgen. Den Ausführungen in Kapitel 5.5.2.2 folgend, erweist sich v. a. die Qualität eines schnurlosen Festnetztelefons als komplexes Konstrukt mit unterschiedlichen Nutzenaspekten. Aus diesem Grund ist eine objektive und allgemeingültige Messung der jeweiligen Qualität eines technischen Produkts, bspw. entlang eines Qualitätsindizes, mit Problemen verbunden. Demgegenüber erweist sich die objektive Messung von Preisen als deutlich einfacher, so dass in Anhang dieser Arbeit auch eine Alternative zu Abbildung 26 mit realen durchschnittlichen Preisen aufgeführt ist.[762] Insgesamt werden jedoch in dieser Arbeit subjektive Nutzenassoziationen zur Analyse des Wettbewerbsvorteils der Marken bevorzugt, weil sie bei der Kaufentscheidung am Point of Sale die relevante Entscheidungsgröße der Nachfrager darstellen.

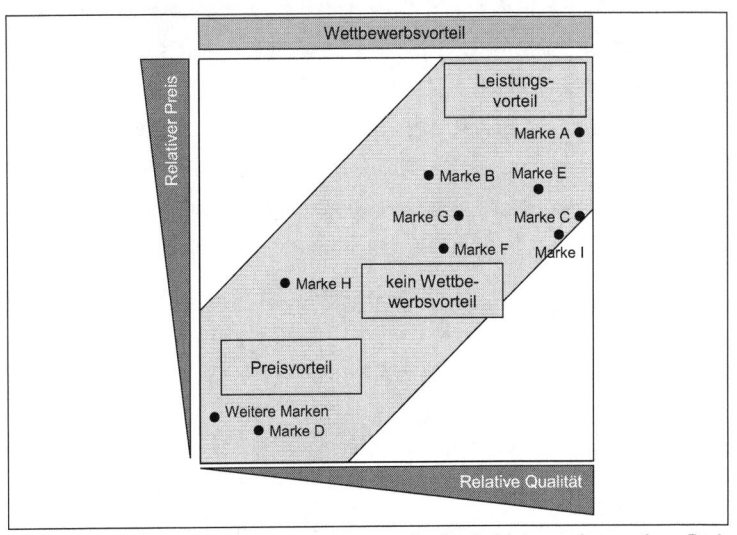

Abbildung 26: Analyse des Wettbewerbsvorteils der Anbietermarken entlang Preis- und Qualitätsfaktor
Quelle: Eigene Darstellung

In Abbildung 26 fallen zunächst die Marken mit einer sehr hohen, durch die Nachfrager wahrgenommenen Qualität auf. Hierzu zählen die Marken A, C, E und Marke I. Aufgrund einer gegenüber dem Wettbewerb überlegenen Qualität gelingt es dabei v. a. der Marke A, auch einen hohen (wahrgenommenen) Preis bei den Nachfragern durchzusetzen. Für Marke A ist daher ein ausgeprägter **Leistungsvorteil** gegenüber den konkurrierenden Marken festzustellen. In ähnlicher Weise, wenn auch etwas weniger ausgeprägt, trifft dies für die Marken C und E zu. Jedoch scheinen diese beiden Marken ihren Qualitätsvorteil nicht in dem vergleichbaren Maß wie Marke A in einen

---

[762] Vgl. Abbildung 40 in Anhang E.

deutlich höheren Preis übersetzen zu können. Bei Marke I trifft dies in einem noch verstärkten Maß zu.

Als einzige Marke mit einem klaren **Preisvorteil** auf der Basis der Befragungsergebnisse zeichnet sich Marke D aus. Aufgrund einer niedrigeren Qualität und damit verbundener Kosteneinsparungen ist es dieser Marke möglich, den Nachfragern einen günstigen Preis anzubieten. Demgegenüber weist die Marke H eine vergleichbar niedrige wahrgenommene Qualität wie Marke D auf. Jedoch erzielt Marke H dabei ein nach wie vor durchschnittliches Preisniveau gegenüber Marke D. Unter den „weiteren Marken" in diesem Anbietersegment sind weitere preisorientierte Marken zusammengefasst.

In Abbildung 26 finden sich außerdem diverse Marken, die weder über einen klaren Leistungsvorteil noch über einen signifikanten Preisvorteil verfügen. Diese Marken sind durch eine durchschnittliche Produktqualität und ein mittleres Preisniveau gegenüber dem Wettbewerb charakterisiert und verfügen daher über **keinen ausgeprägten Wettbewerbsvorteil**. Hierzu zählen die Marken B, G und F. Dabei erzielt v. a. Marke B bei einem durchschnittlichen Qualitätsniveau in den Augen der Nachfrager immer noch ein überdurchschnittliches Preisniveau.

Die Ergebnisse aus Abbildung 26 decken sich in großen Teilen mit der Analyse auf der Basis **realer Herstellerpreise**.[763] Marke A repräsentiert dabei nach wie vor die Marke mit dem höchsten durchschnittlichen Herstellerpreis, gefolgt von Marke E. Demgegenüber hat Marke D als preisorientierte Marke ein deutlich niedrigeres Preisniveau. Dabei ist das deutlich niedrigere mittlere Preisniveau der Marke B auffallend. Bei der preisorientierten Nutzenwahrnehmung der Nachfrager in Abbildung 26 scheint es sich eher um eine als zu teuer empfundene Einschätzung der Marke zu handeln. Sie deckt sich jedenfalls nicht mit den realen durchschnittlichen Herstellerpreisen dieser Marke.

---

[763] Vgl. Abbildung 40 in Anhang E.

5.5.3.2 Markengröße

Um die untersuchten Marken den **Markentypologien** zuordnen können, muss neben der Art des Wettbewerbsvorteils auch der Marktanteil der Marken als Maß für die **Markengröße** hinzugezogen werden. Abbildung 27 fasst die Ergebnisse der Marktpositionierung der analysierten Marken entlang dieser beiden Dimensionen zusammen.[764] Die im hybriden CE-Wettbewerbsmodell entscheidungsrelevanten Marken sollten nach Möglichkeit alle vier Markentypologien abdecken, damit die daraus abgeleiteten Untersuchungshypothesen geprüft werden können. Jedoch sollte auch die Anzahl der zu analysierenden Marken im hybriden CE-Wettbewerbsmodell aufgrund der schnell wachsenden Komplexität der spieltheoretischen Struktur (vgl. Kapitel 4.7.1.2) möglichst begrenzt sein. Entscheidungsrelevant bedeutet in diesem Zusammenhang, dass die Marken im hybriden CE-Wettbewerbsmodell Marktbearbeitungsstrategien bzgl. Preis und Qualität über den Planungszeitraum hinweg festlegen können.

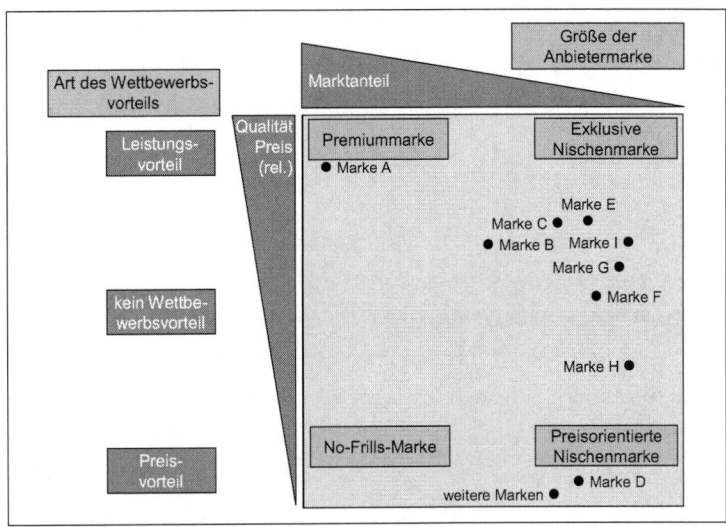

Abbildung 27: Aktuelle Marktpositionierung der Marken
Quelle: Eigene Darstellung

Als klar identifizierbare **Premiummarke** mit einem signifikanten Leistungsvorteil bei zugleich großem Marktanteil gegenüber seinen Wettbewerbern entpuppt sich Mar-

---

[764] Als Abschätzung für den Ordinatenwert wird die Quadratwurzel der Summe der quadrierten Faktorwerte der beiden qualitäts- und preisorientierten Faktoren aus Abbildung 26 ermittelt.

ke A. Demgegenüber lässt sich als preisorientierte **Nischenmarke** Marke D als Anbieter mit einem deutlichen Preisvorteil und kleinen Marktanteil identifizieren. Als Kandidaten für die **exklusive Nischenmarke** eignen sich besonders die Marken C und E. Marke E weist gegenüber Marke C einen noch kleineren Marktanteil auf. Hinsichtlich ihres Leistungsvorteils zeigen die beiden Marken jedoch vergleichbar hohe wahrgenommene Preis- und Qualitätsniveaus. Aus diesem Grund werden beide Marken im hybriden CE-Wettbewerbsmodell als entscheidungsrelevante exklusive Nischenmarken berücksichtigt. Die Identifikation einer eindeutig ersichtlichen **No-Frills-Marke** fällt dagegen deutlich schwerer, da keine der Marken in Abbildung 27 ein niedriges durch die Nachfrager wahrgenommenes Preisniveau bei gleichzeitig hohem Marktanteil vorweisen kann. Jedoch wird aufgrund der bereits angesprochenen Diskrepanz zwischen höherem wahrgenommenem und niedrigerem realem Preisniveau im Fall der Marke B diese als No-Frills-Marke im hybriden CE-Wettbewerbsmodell berücksichtigt.

Abbildung 28 fasst die im Modell berücksichtigten **entscheidungsrelevanten Marken** zusammen. Alle weiteren Marken werden als sog. „sonstige Marken" zusammengefasst. Die Nutzenassoziationen dieser hypothetischen Marke ergeben sich aus dem Durchschnitt der subsumierten einzelnen Marken. Diese Marke legt im hybriden CE-Wettbewerbsmodell keine Marktbearbeitungsstrategien fest und weist daher konstante Preis- und Qualitätsniveau über den gesamten Planungszeitraum auf. Dies schließt jedoch nicht aus, dass Nachfrager jederzeit zu dieser Marke wechseln können bzw. sie nach wie vor kaufen.

5.5.3.3 Qualitätsklassen der betrachteten Marken

Durch die Charakterisierung des Wettbewerbsvorteils der betrachteten entscheidungsrelevanten Marken (vgl. Abbildung 26) lassen sich die Marken einzelnen Qualitätsklassen zuordnen. Die Unterscheidung von **Qualitätsklassen** ist für die Schätzung notwendiger Investitionen und der prognostizierten Kaufhäufigkeiten der Nachfrager im hybriden CE-Wettbewerbsmodell notwendig.

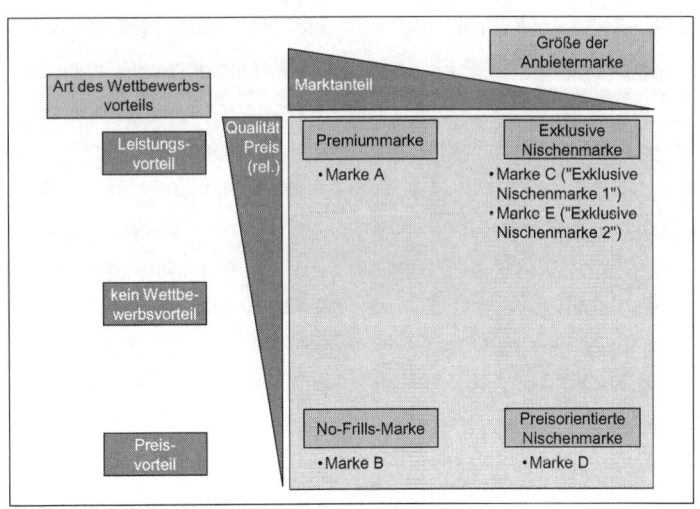

Abbildung 28: Entscheidungsrelevante Marken im hybriden CE-Wettbewerbsmodell
Quelle: Eigene Darstellung

Die Qualitätsklassen basieren auf den **qualitätsorientierten Nutzenassoziationen der Nachfrager** im betrachteten Markt. Tabelle 26 gibt einen Überblick über die verwendeten Qualitätsklassen. Anhand der Analyse der wahrgenommenen Qualität der Marken lassen sich insgesamt drei Qualitätsklassen unterscheiden. Als Marke mit einer niedrigen Qualität wird die preisorientierte Nischenmarke eingestuft. Demgegenüber wird die No-Frills-Marke mit einer mittleren Qualität assoziiert. Außerdem werden die nicht entscheidungsrelevanten „sonstigen Marken" ebenfalls als eine durchschnittliche Marke mit einer mittleren Qualität betrachtet. Die Premiummarke und die beiden exklusiven Nischenmarken weisen hingegen eine hohe wahrgenommene Markenqualität auf.

5.5.3.4 Segmentanteile der betrachteten Marken

Wichtig für die Operationalisierung des hybriden CE-Wettbewerbsmodells ist die Tatsache, dass alle entscheidungsrelevanten Marken in jedem Nachfragersegment vertreten sind. Abbildung 29 fasst die **Segmentanteile der entscheidungsrelevanten Marken** des Modells zusammen. Dabei ist ersichtlich, dass alle Marken über Anteile in jedem Nachfragersegment verfügen. Darüber hinaus lassen sich die unterschiedlichen Anteile einer Marke in den verschiedenen Segmenten im Hinblick auf die Art ihres Wettbewerbsvorteils (vgl. Abbildung 26) verifizieren. Insgesamt erscheinen die unterschiedlichen Segmentanteile der einzelnen Marken hinsichtlich ihrer Preis- und

Qualitätspositionierung sinnvoll. Die Premiummarke verfügt bspw. als Marke mit einem ausgeprägten Leistungsvorteil über einen gegenüber dem Marktanteil von 37,2 % überdurchschnittlich hohen Anteil von 45,2 % im Segment der besonders qualitätsbewussten Nachfrager. Demgegenüber erzielt die Premiummarke aktuell nur einen Anteil von 19,0 % im Segment der preisbewussten Nachfrager. Dies erscheint aufgrund der festgestellten überlegenen Qualität und des hohen wahrgenommenen Preisniveaus der Marke plausibel. Umgekehrt erreicht die preisorientierte Nischenmarke einen unterdurchschnittlichen Anteil von 2,0 % im qualitätsbewussten Segment, während diese preisgünstige und zugleich qualitativ eher niedrig einzuschätzende Marke einen überdurchschnittlich hohen Anteil von 15,1 % im preisbewussten Segment im Vergleich zum übergreifenden Marktanteil von 7,4 % erzielt.

	Betrachtete Marken im hybriden CE-Wettbewerbsmodell
Hohe Qualität	• Premiummarke • Exklusive Nischenmarke 1 • Exklusive Nischenmarke 2
Mittlere Qualität	• No-Frills-Marke • sonstige Marken
Niedrige Qualität	• Preisorientierte Nischenmarke

Tabelle 26: **Qualitätsklassen der betrachteten Marken**
Quelle: Eigene Darstellung

Als **Zwischenfazit** kann festgehalten werden, dass die im hybriden CE-Wettbewerbsmodell betrachteten entscheidungsrelevanten Marken den konzeptionell hergeleiteten Markentypologien weitgehend eindeutig zugewiesen werden können. Darüber hinaus wird jede Typologie von mindestens einer Anbietermarke abgedeckt. Die für eine Prüfung der Untersuchungshypothesen notwendige Tatsache, dass alle entscheidungsrelevanten Marken in jedem Nachfragersegment vertreten sind, wird ebenfalls erfüllt. Außerdem decken sich die unterschiedlichen Segmentanteile der Marken weitgehend mit ihrer aktuellen Qualitäts- und Preispositionierung im Gesamtmarkt. Zusammenfassend verfügt das hybride CE-Wettbewerbsmodell über fünf entscheidungsrelevante Marken, wohingegen die restlichen Marken unter „sonstige Marken" hypothetisch subsumiert werden.

Marke	Segmentanteil		Marke	Segmentanteil
Premiummarke	0,452		Premiummarke	0,334
Preisorientierte Nischenmarke	0,020		Preisorientierte Nischenmarke	0,094
Exklusive Nischenmarke 1	0,106		Exklusive Nischenmarke 1	0,100
Exklusive Nischenmarke 2	0,076		Exklusive Nischenmarke 2	0,050
No-Frills-Marke	0,195		No-Frills-Marke	0,188
sonstige Marken	0,152		sonstige Marken	0,234
Premiummarke	0,424		Premiummarke	0,190
Preisorientierte Nischenmarke	0,068		Preisorientierte Nischenmarke	0,151
Exklusive Nischenmarke 1	0,084		Exklusive Nischenmarke 1	0,111
Exklusive Nischenmarke 2	0,065		Exklusive Nischenmarke 2	0,071
No-Frills-Marke	0,172		No-Frills-Marke	0,143
sonstige Marken	0,188		sonstige Marken	0,333

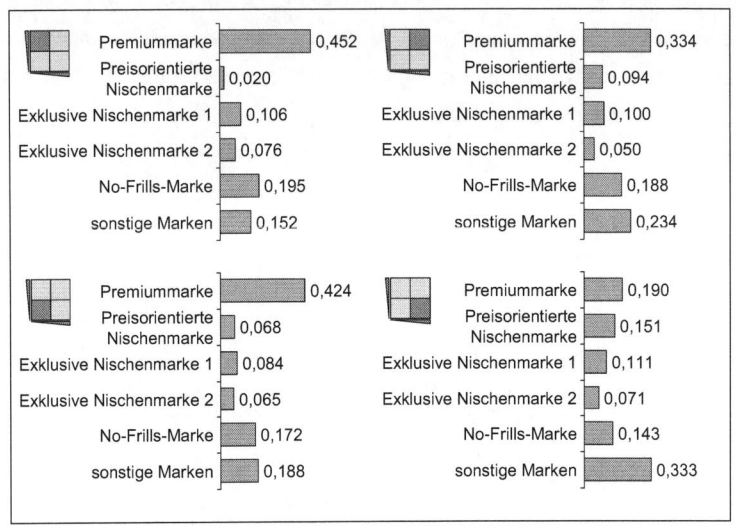

Abbildung 29: Segmentanteile der entscheidungsrelevanten Marken
Quelle: Eigene Darstellung

5.5.4 Anbieterprofitabilität und -kostenstruktur

Die Produktdeckungsbeiträge der Anbietermarken im deutschen Produktmarkt für schnurlose Festnetztelefone wurden im Rahmen der durchgeführten **Experteninterviews** erfasst. Es handelt sich bei den ermittelten Größen um Experteneinschätzungen. Die verwendeten Produktdeckungsbeiträge beruhen auf den Beurteilungen von insgesamt vier Marktexperten. Aufgrund einer i. d. R. schwierigen Einschätzung der anbieterspezifischen Deckungsbeiträge wurde als Bezugspunkt ein durchschnittlicher marktüblicher Deckungsbeitrag verwendet. Auf der Basis der Experteneinschätzungen wurden die untersuchten Marken in Relation zum branchenweiten durchschnittlichen Produktdeckungsbeitrag eingeordnet.

Tabelle 27 gibt einen Überblick über die verwendeten **Produktdeckungsbeiträge** der einzelnen Anbietermarken. Die Premiummarke und exklusive Nischenmarke 1 weisen dabei gemäß den Einschätzungen der Marktexperten einen überdurchschnittlichen Produktdeckungsbeitrag von 30 % auf, die restlichen drei Anbietermarken sowie die sonstigen Marken dagegen einen durchschnittlichen marktweiten Produktdeckungsbeitrag von 25 %.

Marke	Herstellerpreis	Produktdeckungsbeitrag	Variable Stückkosten	Lebenszykluskosten	Marketingfremde variable Stückkosten
Premiummarke	68 €	30 %	47 €	5 €	42 €
Preisorientierte Nischenmarke	40 €	25 %	30 €	3 €	27 €
Exklusive Nischenmarke 1	55 €	30 %	38 €	4 €	34 €
Exklusive Nischenmarke 2	64 €	25 %	48 €	5 €	43 €
No-Frills-Marke	44 €	25 %	33 €	3 €	30 €
sonstige Marken	49 €	25 %	37 €	4 €	33 €

Tabelle 27: Anbieterprofitabilität und -kostenstruktur
Quelle: Eigene Darstellung

Die Herstellerpreise der unterschiedlichen Anbietermarken beruhen auf Ergebnissen von Sekundärstudien. Dabei wurde durch den Quotient der markenspezifischen Absatz- und Umsatzahlen ein **durchschnittlicher sortimentsweiter Herstellerpreis** je Marke errechnet. Die ermittelten Herstellerpreise wurden mit den Erfahrungen der befragten Marktexperten abgeglichen, um ein möglichst hohes Maß an Validität zu erreichen. Erwartungsgemäß weisen die Premiummarke und die beiden exklusiven Nischenmarken die höchsten durchschnittlichen Herstellerpreise auf. Die Premiummarke realisiert dabei einen durchschnittlichen sortimentsweiten Herstellerpreis von knapp 68 €. Die exklusiven Nischenmarken liegen mit 64 € (Marke 1) bzw. 55 € (Marke 2) leicht darunter. Demgegenüber setzt die preisorientierte Nischenmarke nur einen Preis von 40 € an. Die No-Frills-Marke realisiert dagegen einen leicht höheren durchschnittlichen Herstellerpreis von 44 €.

Anhand von Herstellerpreisen – im Gegensatz zu Handelspreisen mit einer eingerechneten Händlermarge – kann auf der Basis der ermittelten Produktdeckungsbeiträge direkt auf die **durchschnittlichen variablen Stückkosten** der einzelnen Marken geschlossen werden (vgl. Kapitel 4.4.3).[765] Die **Lebenszykluskosten** der einzelnen Marken machen dabei gemäß den Einschätzungen der Marktexperten im Durchschnitt knapp 10 % der gesamten variablen Stückkosten aus. Die restlichen 90 % werden dagegen den **marketingfremden variablen Stückkosten** zugerechnet. Hinsichtlich des Anteils der Lebenszykluskosten an den gesamten variablen Stückkosten wurden somit keine markenspezifischen Effekte berücksichtigt. Auch wenn sich diese Annahme nicht mit den realen Marktgegebenheiten deckt, stellt der angenommene Anteil von 10 % bzgl. der Einschätzungen der Marktexperten einen realistischen, marktüblichen Wert dar.

Die marketingfremden variablen Stückkosten der einzelnen Marken weisen im hybriden CE-Wettbewerbsmodell einen dynamischen Kostensenkungseffekt auf, der durch das **Erfahrungskurvenkonzept** erklärt werden kann. Für die Operationalisierung wurde von den Marktexperten ein durchschnittlicher Erfahrungskurveneffekt von 20 % für den deutschen Produktmarkt für schnurlose Festnetztelefone konstatiert. Bei einer Verdopplung der kumulierten Absatzmenge weisen die marketingfremden variablen Stückkosten ein Kostensenkungspotenzial in dieser Höhe auf. Dieser Wert ist mit Erfahrungskurveneffekten in anderen Branchen langlebiger Gebrauchsgüter vergleichbar.[766] Als Bezugsgröße für die Bestimmung der kumulierten Absatzmenge der einzelnen Marken wurde in dieser Untersuchung die jeweilige Absatzmenge der letzten zehn Jahre verwendet.

5.5.5 Markenspezifische Kapitalkosten

Die **markenspezifischen Kapitalkosten** (WACC) wurden vom Finanzinformationsdienstleister Bloomberg für das Jahr 2006 ermittelt. Sie werden für die Diskontierung der erwarteten Cashflows der Nachfragerbeziehungen einer Marke verwendet. Somit werden im hybriden CE-Wettbewerbsmodell **markenspezifische Risiken** bei der Bestimmung eines Marken-CE berücksichtigt.

Die exklusive Nischenmarke 1 weist mit 12,1 % p. a. die höchsten Kapitalkosten der untersuchten Marken auf, gefolgt von der Premiummarke mit 11,5 % p. a. Die preis-

---

[765] Bei einer Nutzung von Handelspreisen müsste vor der Ermittlung variabler Stückkosten anhand des Produktdeckungsbeitrags zusätzlich eine Händlermarge eingerechnet werden.
[766] Vgl. VON OETINGER (2000a), S. 543 ff.

orientierte Nischenmarke verfügt dagegen über einen leicht niedrigeren Kapitalkostensatz von 11,1 % p. a. Die exklusive Nischenmarke 2 und die No-Frills-Marke zeigen die niedrigsten Kapitalkosten von 9,8 % p. a. und 9,3 % p. a. Für die sonstigen Marken werden hingegen durchschnittliche Kapitalkosten von 10 % p. a. angenommen. Insgesamt betrachtet können lediglich geringe Kapitalkostenunterschiede zwischen den einzelnen Marken festgestellt werden.

5.5.6 Wirkungsweise der Marktbearbeitungsstrategien

Die Marktbearbeitungsstrategien der Marken im hybriden CE-Wettbewerbsmodell beeinflussen, den Ausführungen in Kapitel 4.4.1 folgend, verschiedene **Komponenten des CLV** einer Nachfragerbeziehung. Neben einer Änderung des Produktdeckungsbeitrags ändern Preis- und Qualitätsentscheidungen einer Marke die Nutzenassoziationen der Nachfrager bzgl. dieser Marke. Zusätzlich haben Qualitätsentscheidungen Auswirkungen auf die erwartete Kaufhäufigkeit der Nachfrager und ziehen insbesondere Investitionen nach sich.

5.5.6.1 Produktdeckungsbeitrag

Die Preis- und Qualitätsentscheidungen einer Marke schlagen sich im angebotenen Preis-Qualitäts-Mix und damit im Preis und in den variablen Stückkosten der Marke nieder. Die unterstellten Preis- und Kosteneffekte im hybriden CE-Wettbewerbsmodell basieren auf **branchenüblichen Werten** im betrachteten Markt, die in den durchgeführten **Experteninterviews** erhoben wurden. Diese Vorgehensweise deckt sich mit dem CE-Modell von HUNDACKER (2005), in dem ebenfalls eine den Gesamtmarkt umfassende Preisreduktion der Anbieter unterstellt wird.[767] Das CE-Modell von RUST et al. (2004b) geht dagegen von einem konstanten Produktdeckungsbeitrag aus. Somit werden keine Preis- und Kosteneffekte durch Marktbearbeitungsstrategien berücksichtigt.[768]

Eine **Preiserhöhung bzw. -senkung** wird im hybriden CE-Wettbewerbsmodell durch eine 20-prozentige Erhöhung bzw. -senkung des durchschnittlichen sortimentsweiten Herstellerpreises operationalisiert. Diese signifikante Preisänderung deckt sich mit den beobachteten Preisänderungen der Marken im deutschen Produktmarkt für

---

[767] Vgl. HUNDACKER (2005), S. 155 f.
[768] Vgl. RUST et al. (2004b), S. 121 f.

schnurlose Festnetztelefone im Privatkundensegment. Außerdem wurde dieser Preiseffekt von den befragten Marktexperten als realistisch eingestuft. Im betrachteten Markt werden laut Aussage der Experten häufig Preiserhöhungen in dieser Größenordnung, bspw. von 49,95 € auf 59,95 €, durchgeführt. Demgegenüber sind im Rahmen von Preispromotions auch Preissenkungen von 20 % zur besonderen Verkaufsförderung der Marke durchaus üblich.

Die **Qualitätsentscheidungen** der Marken im hybriden CE-Wettbewerbsmodell haben dagegen Auswirkungen auf die variablen Stückkosten. Laut Aussagen der Marktexperten bewegen sich die durchschnittlichen Kosteneffekte bei typischen Qualitätserhöhungen bzw. -senkungen in der Größenordnung von +5 % bzw. -5 % der ursprünglichen variablen Stückkosten. Eine Erhöhung der marketingfremden variablen Stückkosten kann bei schnurlosen Festnetztelefonen durch qualitative Verbesserungen von Produktattributen, wie bspw. Gehäusematerial, Display, Keypad, Akku etc. oder durch eine Erweiterung der Gerätefunktionalität, wie bspw. durch zusätzliche Schnittstellen mit anderen Geräten, erklärt werden. Demgegenüber lassen sich Kostensenkungen durch Einsparungen bei Produktattributen oder Funktionalitäten realisieren. Erhöhungen bzw. Senkungen der Lebenszykluskosten ergeben sich durch eine Verbesserung bzw. Verschlechterung von Garantie- und Serviceleistungen oder durch erhöhte bzw. gesenkte Aufwendungen in der Markenkommunikation mit den Nachfragern.

Aufgrund des großen Einflusses der unterstellten prozentualen Veränderung von Preis und Kosten werden im Rahmen der Quantifizierung des hybriden CE-Wettbewerbsmodells **Sensitivitätsanalysen** durchgeführt. Dabei wird u. a. der Einfluss variierender Preis- und Kosteneffekte auf das optimale Wettbewerberhalten untersucht.

5.5.6.2 Investitionen

Neben einer Veränderung der variablen Stückkosten ziehen **Qualitätsänderungen** von Marken **Investitionen** nach sich. Diese umfassen v. a. Aufwendungen für Forschung und Entwicklung, aber auch Fixkosten, die durch die Änderungen im Fertigungsprozess notwendig werden. Hinsichtlich des Umfangs der Investitionen wird im hybriden CE-Wettbewerbsmodell zwischen einer Gesamtmarktbearbeitung und einer Segmentbearbeitung unterschieden. Die Qualitätsentscheidungen beziehen sich im

Fall der Gesamtmarktbearbeitung auf das gesamte Sortiment einer Marke. Somit umfassen die Gesamtmarkt-Investitionen einer Marke Aufwendungen für eine Änderung des gesamten Produktportfolios einer Marke. Die Investitionen im Rahmen einer segmentspezifischen Marktbearbeitung umfassen dagegen Änderungen von Teilen des Sortiments. Dies kann dadurch erklärt werden, dass durch eine segmentspezifische Marktbearbeitung nur ein Teil der Nachfrager gezielt mit den für sie relevanten Produkten angesprochen wird.

Auf der Basis der **Experteneinschätzungen** fallen die notwendigen Investitionen für Qualitätserhöhungen deutlich höher aus als bei einer Senkung der durchschnittlichen Qualität einer Marke. Dies wird im Wesentlichen durch einen größeren Entwicklungsaufwand bei Qualitätserhöhungen gegenüber -senkungen erklärt. Somit werden im hybriden CE-Wettbewerbsmodell die qualitätsbedingten Investitionsvolumina in Abhängigkeit von der aktuellen **Qualitätsklasse** einer Marke (vgl. Kapitel 5.5.3.3) festgelegt. Die unterstellten Investitionsvolumina fallen für qualitativ hochwertige Marken höher aus als vergleichbare Investitionen für qualitativ niedriger eingestufte Marken.

Tabelle 28 beschreibt die verwendeten Investitionsvolumina bei Erhöhung bzw. Senkung der Qualität im hybriden CE-Wettbewerbsmodell. Die dargestellten Größen spiegeln dabei die Einschätzungen der Experten marktüblicher Werte wider und können hier nur als **Näherungswerte** ohne eine detaillierte Investitionsberechnung verstanden werden. Investitionen für Qualitätserhöhungen weisen dabei doppelt so große Volumina auf wie für Qualitätssenkungen einer Marke.

Darüber hinaus stellen **segmentspezifische Qualitätsinvestitionen** die Hälfte der Gesamtmarkt-Investitionsvolumina dar. Im Extremfall würden durch eine Qualitätsanpassung in allen vier Nachfragersegmenten im Vergleich zur undifferenzierten Gesamtmarktbearbeitung doppelt so hohe Investitionsvolumina anfallen. Dies ergibt sich durch die zusätzlich anfallenden Komplexitätskosten durch das Angebot verschiedener Produktvarianten in den einzelnen Nachfragersegmenten.[769]

---

[769] Vgl. REINHART und ZÄH (2006).

Aktuelle Qualitäts- klasse	Marken in dieser Klasse	Investitionsvolumen		
		Qualitäts- entscheidung	Gesamtmarkt- bearbeitung	Segment- bearbeitung (pro Segment)
Hohe Qualität	• Premiummarke • Exklusive Nischenmarke 1 • Exklusive Nischenmarke 2	Qualitäts- senkung	25 Mio. €	12,5 Mio. €
		Qualitäts- erhöhung	50 Mio. €	25 Mio. €
Mittlere Qualität	• No-Frills-Marke • sonstige Marken	Qualitäts- senkung	20 Mio. €	10 Mio. €
		Qualitäts- erhöhung	40 Mio. €	20 Mio. €
Niedrige Qualität	• Preisorientierte Nischenmarke	Qualitäts- senkung	15 Mio. €	7,5 Mio. €
		Qualitäts- erhöhung	30 Mio. €	15 Mio. €

Tabelle 28: Investitionsvolumina im hybriden CE-Wettbewerbsmodell
Quelle: Eigene Darstellung

5.5.6.3 Nettonutzen und Präferenz

Die Preis- und Qualitätsentscheidungen haben im hybriden CE-Wettbewerbsmodell darüber hinaus Änderungen der **preis- und qualitätsorientierten Nutzenassoziationen** der Nachfrager bzgl. einer Marke zur Folge. Die daraus resultierenden veränderten Markenwechselwahrscheinlichkeiten ergeben sich wiederum durch die Multiplikation der Änderungen der Nettonutzenfaktoren mit den empirisch geschätzten partiellen Ableitungen der Markenwechselwahrscheinlichkeiten (vgl. Kapitel 4.4.2).

Diese Vorgehensweise ähnelt in der Methodik dem **hybriden CE-Modell von RUST et al. (2004b)**. Jedoch werden die Änderungen des Nettonutzens im Modell dieser Autoren nicht durch Strategieentscheidungen der Marktanbieter in einem kausalen Zusammenhang erklärt.[770] Die Erhöhung des qualitätsorientierten Nettonutzenfaktors um 0,2 Skalenpunkte im Modell von RUST et al. (2004b) stellt somit eine modellexogene Schätzgröße dar und wird nicht durch Nachfragerreaktionen auf eine Verbesserung der Sitzplatzqualität von American Airlines validiert.[771] Im **dualen hybriden CE-Modell von HUNDACKER (2005)** wird eine Kausalität von Anbieterentscheidungen und

---

[770] Vgl. RUST et al. (2004b), S. 121 f.
[771] Vgl. RUST et al. (2004b), S. 121.

Markenwahlverhalten der Nachfrager sichergestellt, indem die einzelnen erfassten Nettonutzendimensionen direkt mit Marktbearbeitungsinstrumenten der Anbieter verknüpft sind. Durch eine dichotome Kodierung lassen sich bestimmte Merkmale der Marktbearbeitungskonzepte ein- bzw. ausblenden und die zugehörigen Änderungen des Nettonutzens direkt messen.[772]

Die in Kapitel 3.3 vorgestellten **Wettbewerbsmodelle im Marketing** schätzen für die Bestimmung optimaler Marktbearbeitungsstrategien die partiellen Ableitungen des Marktanteils der Marken bzgl. der entscheidungsrelevanten Variablen der Marktanbieter, wie bspw. Preis und Kommunikationsausgaben. Dafür werden meist Zeitreihendaten der Anbieter im betrachteten Markt für eine Längsschnittanalyse verwendet. Die partiellen Ableitungen der Marktanteile werden dabei durch geeignete Maximum-Likelihood-Schätzverfahren ermittelt. Die für die vorliegende Untersuchung relevanten Wettbewerbsmodelle beschreiben die Marktnachfrage auf der Basis eines multinomialen Logitmodells. Diese Art von Wettbewerbsmodellen schätzt Marktanteilsveränderungen v. a. in Zeitreihenanalysen entlang von Änderungen des Preises,[773] sowie zusätzlich Änderungen von Produktcharakteristika[774] und Kommunikationsausgaben[775]. Somit werden Marktanteilsveränderungen entlang beobachtbarer Größen des Marktangebots geschätzt.

In der vorliegenden Untersuchung werden **Nettonutzenänderungen** der Nachfrager modellendogen ermittelt. Dabei werden in einer Querschnittanalyse im beobachteten Markt die Nettonutzenänderungen bzgl. Preis und Qualität auf der Basis der Stichprobenergebnisse ermittelt. Den markenspezifischen preis- und qualitätsorientierten Nutzenassoziationen der Nachfrager stehen dabei den unterschiedlichen Preisen und variablen Stückkosten der Anbieter gegenüber. Für die Schätzung der Nettonutzenänderungen der Nachfrager aufgrund von Preis- und Qualitätsänderungen der Marken lassen sich für das hybride CE-Wettbewerbsmodell empirische **Preis-Nutzen-Relationen** und **Kosten-Nutzen-Relationen** verwenden. Eine Preis-Nutzen-Relation stellt dabei eine Beziehung zwischen Herstellerpreisen der Marken und den

---

[772] Vgl. HUNDACKER (2005), S. 189.
[773] Vgl. SUDHIR (2001a), S. 48 f.
[774] Vgl. HORSKY und NELSON (1992), S. 142; DRAGANSKA und JAIN (2005b), S. 9 f.; VILLAS-BOAS und ZHAO (2005), S. 87.
[775] Vgl. BASUROY und NGUYEN (1998), S. 1404.

preisorientierten Nutzenassoziationen der Nachfrager bzgl. der Marken her. Für die Schätzung der Preis-Nutzen-Relationen werden dabei die durchschnittlichen Herstellerpreise der Marken und die durchschnittlichen preisorientierten Nutzenassoziationen der Probanden der Umfrage für jede Marke verwendet. Analog werden für die empirische Bestimmung der Kosten-Nutzen-Relation die durchschnittlichen qualitätsorientierten Nutzenassoziationen der Probanden ermittelt. Aus Markensicht werden als Indikator für die angebotene Qualität die variablen Stückkosten herangezogen. Die Kosten-Nutzen-Relation beschreibt in dieser Arbeit den Zusammenhang zwischen variablen Stückkosten der Marken und den qualitätsorientierten Nutzenassoziationen der Nachfrager.

Die Auswirkungen von Preis- und Qualitätsänderungen der Marken auf den Nettonutzen der Nachfrager lassen sich somit als **modellendogene Größen** bestimmen. Aus diesem Grund ist eine Kausalität zwischen Marktbearbeitungsstrategie und Nettonutzen der Nachfrager weitgehend sichergestellt und eine eher problematische exogene Schätzung der Nachfragerreaktionen auf Preis- und Qualitätsänderungen entfällt. Jedoch müssen in diesem Zusammenhang die fehlende Berücksichtigung markenspezifischer Effekte und die Annahme eines linearen Regressionsmodells als kritische Modellannahmen erwähnt werden.

Die **Preisentscheidungen** der Marken beeinflussen in der vorliegenden Untersuchung die preisorientierten Nutzenassoziationen der Nachfrager. Eine 20-prozentige Preiserhöhung oder -senkung einer Marke schlägt sich somit direkt in den Nutzenassoziationen der Nachfrager nieder. Die **Qualitätsentscheidungen** der Anbietermarken wirken sich dagegen auf den qualitätsorientierten Nettonutzenfaktor aus.

Abbildung 30 beschreibt die empirisch **geschätzte Preis-Nutzen-Relation**[776] in dieser Untersuchung bzgl. der Nutzendimension „niedriges Preislevel".[777] Das unterstellte lineare Regressionsmodell weist ein Bestimmtheitsmaß von 63,6 % auf. Durch die Regressionsgerade lassen sich Nettonutzeneffekte für Preiserhöhungen bzw. -senkungen aller Marken schätzen. Für die Premiummarke ergibt sich bei einer 20-

---

[776] Die durchschnittlichen Herstellerpreise decken sich mit den Angaben in Tabelle 27.
[777] Hinsichtlich der weiteren preisorientierten Nutzendimensionen werden ähnliche Ergebnisse beobachtet. Aufgrund der vereinbarten Vertraulichkeit werden diese Ergebnisse nicht veröffentlicht.

prozentigen Preiserhöhung (Preissenkung) unter Annahme der Gültigkeit einer linearen Preis-Nutzen-Relation über alle Marken hinweg eine durchschnittliche Änderung der Nutzenassoziation bzgl. der Dimension „niedriges Preislevel" von -1,139 (+1,139) Skalenpunkten.

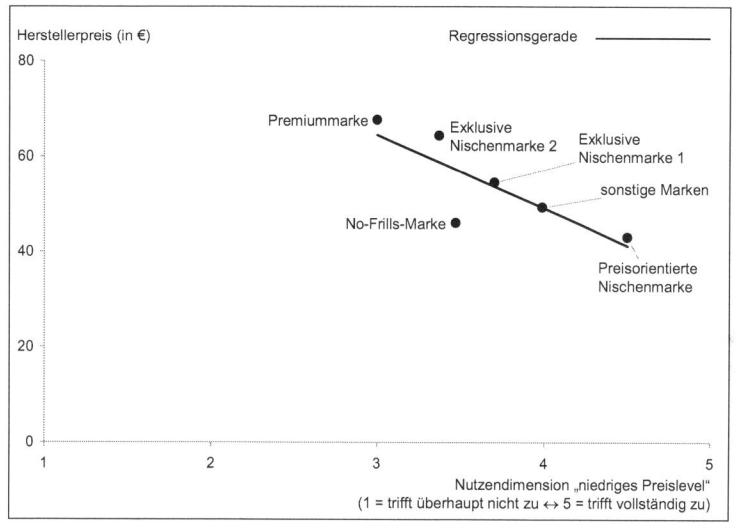

Abbildung 30: Empirisch geschätzte Preis-Nutzen-Relation
Quelle: Eigene Darstellung

Ähnlich beschreibt Abbildung 31 die empirisch **geschätzte Kosten-Nutzen-Relation** bzgl. der qualitätsorientierten Nutzendimension „hohe Qualität".[778] Insgesamt werden durch das lineare Regressionsmodell 59,0 % der Gesamtvarianz erklärt. Unter Annahme der Gültigkeit des linearen Zusammenhangs zwischen Qualität, gemessen durch die variablen Stückkosten der Marke, und den Nutzenassoziationen der Nachfrager bzgl. der Dimension „hohe Qualität" können nun durchschnittliche Nettonutzenänderungen der Nachfrager ermittelt werden. Im hybriden CE-Wettbewerbsmodell haben Qualitätsänderungen der Marken eine 5-prozentige Erhöhung (Senkung) der variablen Stückkosten gegenüber den ursprünglichen Kosten zur Folge. Somit kann bspw. für die Premiummarke eine durchschnittliche Veränderung der Nutzenassoziationen der Nachfrager von knapp 0,5 Skalenpunkten bei einer Qualitätsänderung ermittelt werden.

---

[778] Hinsichtlich der weiteren verwendeten qualitätsorientierten Nutzendimensionen werden ähnliche Ergebnisse beobachtet. Aufgrund der vereinbarten Vertraulichkeit werden diese Ergebnisse nicht veröffentlicht.

Die Bestimmung qualitätsorientierter Nettonutzenänderungen ist im Vergleich zu den preisorientierten Effekten als deutlich zu **konservative Schätzung** einzustufen. Dies liegt darin begründet, dass ein linearer Ursache-Wirkungs-Zusammenhang zwischen einer Veränderung der variablen Kosten und der qualitätsorientierten Nettonutzenänderung besteht. Jedoch steht den Marken bei einer Qualitätserhöhung die Möglichkeit einer priorisierten Auswahl besonders qualitätsrelevanter Produktattribute zur Verfügung. Die Änderungen dieser Produktattribute haben eine besonders starke Wirkung auf die Qualitätswahrnehmung der Nachfrager. Durch die priorisierte Wahl von Attributen kann somit ein **konkaver Wirkungsverlauf** von Kostenänderungen auf die Qualitätswahrnehmung der Nachfrager unterstellt werden.

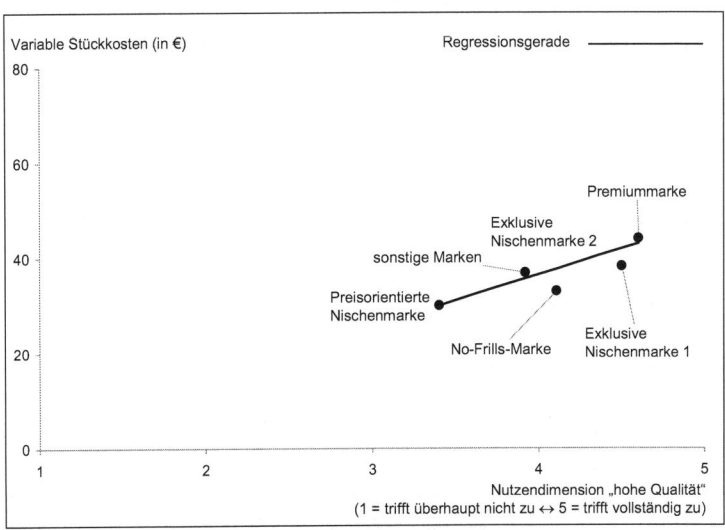

Abbildung 31: Empirisch geschätzte Kosten-Nutzen-Relation
Quelle: Eigene Darstellung

Ein relevantes Beispiel eines besonders qualitätsrelevanten Produktattributes stellt bei **schnurlosen Festnetztelefonen** die Tastatur (‚Keypad') dar. Durch geeignete qualitative Verbesserungen der Tastatur, wie bspw. ein exakter Druckpunkt der Tasten, lässt sich ohne eine signifikante Erhöhung der variablen Stückkosten eine erhebliche Erhöhung der Qualitätswahrnehmung auf Seiten der Nachfrager realisieren.

Abbildung 32 zeigt ein **illustrierendes Beispiel** einer konkaven Kosten-Nutzen-Relation. Für eine Qualitätserhöhung stehen der Marke in diesem Fall vier verschiedene Produktattribute zur Verfügung, die insgesamt eine Erhöhung der variablen

Stückkosten um 10 % bewirken. Bei einer vorgegebenen prozentualen Erhöhung der variablen Kosten kann die Marke durch eine priorisierte Änderung besonders qualitätsrelevanter Produktattribute eine überproportionale Steigerung der Qualitätswahrnehmung der Nachfrager erzielen. In Abbildung 32 ist bspw. durch zwei Produktattribute bereits mit knapp 80 % ein Großteil des gesamten Nettonutzeneffekts aller vier Attribute realisierbar. Die dafür notwendige Erhöhung der variablen Kosten ist dagegen mit 5 % nur halb so groß. Eine lineare Kosten-Nutzen-Relation würde daher zu einer deutlichen **Unterschätzung der Wirkung einer Kostenänderung auf die Qualitätswahrnehmung** der Nachfrager führen.

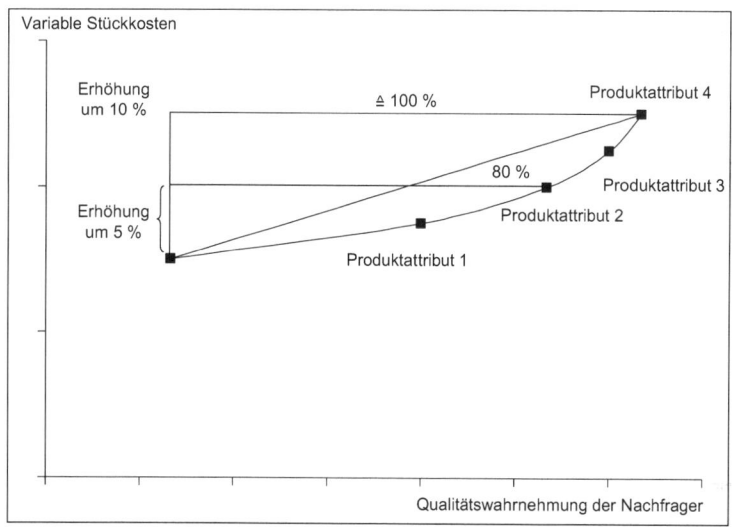

Abbildung 32: Illustrierendes Beispiel einer konkaven Kosten-Nutzen-Relation
Quelle: Eigene Darstellung

Aus diesem Grund werden die in Abbildung 31 geschätzten qualitätsrelevanten Nettonutzenveränderungen der Nachfrager mit einem **Skalierungsfaktor** nach oben korrigiert. Die geschätzten linearen Ursache-Wirkungs-Zusammenhänge werden dabei in einem Basisszenario verdoppelt.[779] Diese kritische, da exogen angenommene, Anpassung der linearen Kosten-Nutzen-Effekte ist u. a. Gegenstand der **Sensitivitätsanalysen** in Kapitel 6. Dadurch kann der Einfluss unterschiedlicher Skalierungsfaktoren auf das Modellergebnis analysiert werden.

---

[779] Für die Nutzendimension „hohe Qualität" ergibt sich durch eine 5-prozentige Erhöhung (Senkung) der Qualität ein durchschnittlicher Nettonutzeneffekt von +1,0 (-1,0) Skalenpunkten.

Die beschriebenen Preis-Nutzen- und Kosten-Nutzen-Relationen stellen die Ergebnisse auf der Gesamtmarktebene dar und vernachlässigen somit eine **unterschiedliche Reagibilität** der Nachfrager bzgl. Preis- und Qualitätsänderungen in den einzelnen **Marktsegmenten**. Jedoch können im Rahmen dieser Untersuchung Nachfragersegmente bestimmt werden, die sich hinsichtlich ihrer Preis- und Qualitätssensitivität signifikant unterscheiden (vgl. Kapitel 5.5.1.4). Für die Schätzung der Nettonutzeneffekte in den einzelnen Segmenten werden daher ebenfalls **segmentspezifische Nutzen-Relationen** berechnet.[780]

5.5.6.4 Kaufhäufigkeit der Nachfrager

Wie bereits in Kapitel 4.3.8 erläutert, stellt die **Kaufhäufigkeit bzw. -frequenz** der Nachfrager häufig ein komplexes verhaltensorientiertes Konstrukt für langlebige Gebrauchsgüter dar. Besonders im betrachteten Produktmarkt für schnurlose Festnetztelefone fließen verschiedene Faktoren in die Schätzung der Kaufhäufigkeit ein. In den **Experteninterviews** wurde die technisch qualitätsabhängige Lebensdauer eines schnurlosen Festnetztelefons als eine wichtige Determinante der Kaufhäufigkeit identifiziert. Darüber hinaus wurden zwei weitere wichtige Einflussgrößen ermittelt, die eine Erhöhung der prognostizierten Kaufhäufigkeiten gegenüber einer reinen Lebensdauer-Betrachtung zur Folge haben. Erstens wurden die immer kürzer werdenden Produktlebenszyklen aufgrund neuer technologischer Innovationen, wie bspw. IP-fähige Telefone, genannt. Zweitens kann durch einen verstärkten Preiswettbewerb aufgrund des hohen Marktsättigungsgrades (vgl. Kapitel 5.2.2.2) laut Aussage der Marktexperten eine erhöhte Kaufhäufigkeit der Nachfrager erwartet werden.

Insgesamt werden für das hybride CE-Wettbewerbsmodell **Kaufhäufigkeiten je Qualitätsklasse** (vgl. Kapitel 5.5.3.3) aus den Experteninterviews generiert. Damit lässt sich für jede Marke im betrachteten Markt eine spezifische Kaufhäufigkeit schätzen. Darüber hinaus werden **Auswirkungen von Qualitätsänderungen** auf die durchschnittliche Kaufhäufigkeit einer Marke erfasst. Tabelle 29 fasst die verwendeten Kaufzyklen als reziproken Wert der Kaufhäufigkeit zusammen.

---

[780] Die Segmentergebnisse spiegeln dabei die unterschiedlichen Preis- und Qualitätssensitiven der Nachfrager wider.

Aufgrund der zusätzlichen identifizierten Einflussfaktoren liegen die verwendeten Kaufzyklen unter den technischbedingten Lebensdauern moderner schnurloser Festnetztelefone. Insgesamt müssen bei der Schätzung der Kaufzyklen neben einer rein **technischen Analyse des Produkts** auch die aktuelle **Marktlebenszyklusphase** sowie das beobachtete **Wettbewerbsverhalten** im untersuchten Markt berücksichtigt werden.

Aktuelle Qualitätsklasse	Marken in dieser Klasse	Kaufzyklen (in Jahren)	
Hohe Qualität	• Premiummarke • Exklusive Nischenmarke 1 • Exklusive Nischenmarke 2	Qualitätssenkung	3,0
		Konstante Qualität	3,5
		Qualitätserhöhung	4,0
Mittlere Qualität	• No-Frills-Marke	Qualitätssenkung	2,5
		Konstante Qualität	3,0
		Qualitätserhöhung	3,5
Niedrige Qualität	• Preisorientierte Nischenmarke	Qualitätssenkung	2,0
		Konstante Qualität	2,5
		Qualitätserhöhung	3,0

Tabelle 29: Verwendete Kaufzyklen im hybriden CE-Wettbewerbsmodell
Quelle: Eigene Darstellung

5.5.7 Bestimmung optimaler Marktbearbeitungsstrategien durch dynamische Optimierung

Für die Bestimmung optimaler Marktbearbeitungsstrategien aller Marken in einem Marktgleichgewicht werden in dieser Untersuchung Methoden der **dynamischen Optimierung** angewendet.[781] In diesem **Teilgebiet des Operations Research** werden Modelle betrachtet, die in einzelne Stufen zerlegt werden können, so dass die Gesamtoptimierung durch eine stufenweise rekursive Optimierung ersetzt werden kann. Die Lösungsverfahren für dynamische Optimierungsmodelle basieren auf dem Optimalitätsprinzip von BELLMAN (1957), das besagt, dass jeder Teilpfad eines optimalen

---

[781] Einen Überblick liefern KAMIEN und SCHWARTZ (1981).

Pfades optimal ist. Typische Anwendungen der dynamischen Optimierungen stellen bspw. Bestellmengen- und Losgrößenplanungen dar.

Im hybriden CE-Wettbewerbsmodell werden die Stufen des Modells durch **Teilspiele** (vgl. Kapitel 3.2.1.2) in einem Spielbaum beschrieben. Das Marktgleichgewicht des dynamischen Spiels wird dabei durch **Rückwärtsinduktion** ermittelt. Der Spielbaum wird dabei stufenweise rekursiv von „hinten nach vorne" analysiert. Die ermittelte Nash-Gleichgewichtslösung des hybriden CE-Wettbewerbsmodells stellt eine optimale Lösung für alle Teilspiele dar und erfüllt somit das Kriterium der Teilspielperfektheit. Genauer gesagt wird ein **Gleichgewicht dominanter Strategien** für alle Teilspiele ermittelt. Falls dieses Gleichgewicht existiert, stellt es für jede Marke im Modell eine eindeutige Lösung dar. Offensichtlich ist somit jedes Gleichgewicht dominanter Strategien auch gleichzeitig ein Nash-Gleichgewicht.[782] Falls jedoch kein Gleichgewicht dominanter Strategien existiert, muss das Konzept des (teilspielperfekten) Nash-Gleichgewichts herangezogen werden.

In Abbildung 33 sind eine schematische Darstellung des **Spielbaums des hybriden CE-Wettbewerbsmodells** sowie eine Übersicht der zu lösenden Teilspiele dargestellt. Insgesamt werden fünf entscheidungsrelevante Marken (vgl. Kapitel 5.5.3) unterschieden. Jede Marke verfügt dabei jeweils über insgesamt 9 verschiedene Preis-Qualitäts-Entscheidungskombinationen, die den entwickelten Normstrategien (vgl. Kapitel 4.6.1) zugeordnet werden. Der Spielbaum umfasst somit insgesamt $(9)^5$ oder 59.049 Endknoten bzw. Blätter. Darüber hinaus können 7.381 verschiedene Teilspiele identifiziert werden. Ein Teilspiel stellt dabei die verschiedenen Ausgangspunkte einer Marke aufgrund vorheriger Wettbewerbsentscheidungen dar, die zum jeweiligen Entscheidungszeitpunkt unterschieden werden können. Ein Endknoten bzw. Blatt des Spielbaums kann hingegen als Ergebnis für ein mögliches Entscheidungsszenario aller Marken betrachtet werden. Insgesamt muss für das Modell jeweils ein Spielbaum identischer Dimension auf der Gesamtmarktebene sowie spezifisch für jedes Nachfragesegment durch Rückwärtsinduktion gelöst werden.

Unter Annahme eines **sequenziellen Entscheidungsablaufs** können für die fünfte und letzte Marke zum Entscheidungszeitpunkt t_5 insgesamt 6.561 verschiedene Aus-

---

[782] Vgl. Kapitel 3.2.2.2.

gangspunkte (Teilspiele) je Segment unterschieden werden (vgl. Abbildung 33).[783] In jedem Teilspiel kann die Marke ihrerseits auf die vorherigen Wettbewerbsentscheidungen eine optimale Reaktion unter den 9 verschiedenen Strategiealternativen bestimmen. Die vorletzte, vierte Marke unterscheidet wiederum 729 Entscheidungssituationen, zu denen jeweils eine optimale Marktbearbeitungsstrategie unter der Annahme optimaler Wettbewerbsentscheidungen ermittelt wird. Der Vorgang setzt sich bis zur ersten führenden Marke fort, für die nur ein Teilspiel unter der Annahme der optimalen Wettbewerbsreaktionen gelöst werden muss.

Spielbaum im hybriden CE-Wettbewerbsmodell (Gesamtmarkt/je Segment)	Betrachtete Marke	Anzahl betrachteter Teilspiele	Größe der Teilspiele (Anz. Blätter)
Lösung durch Rückwärtsinduktion	Marke Nr. 1	1	59.049
	Marke Nr. 2	9	6.561
	Marke Nr. 3	81	729
	Marke Nr. 4	729	81
	Marke Nr. 5	6.561	9
		Σ: 7.381	

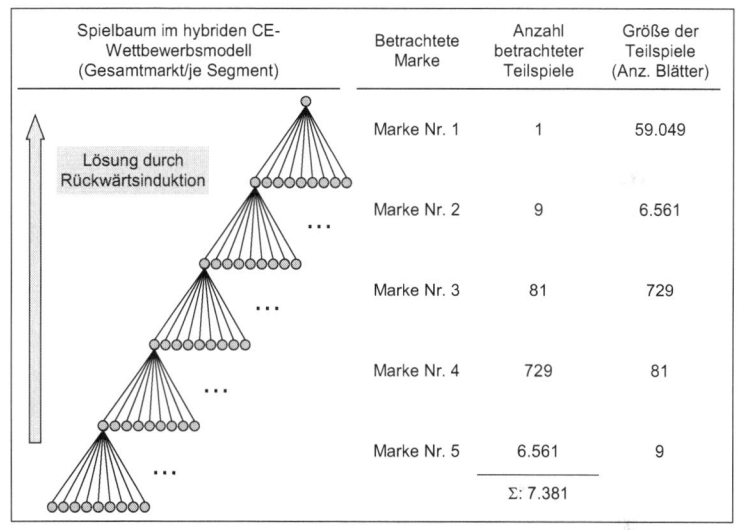

Abbildung 33: Bestimmung eines teilspielperfekten Nash-Gleichgewichts
Quelle: Eigene Darstellung

---

[783] Für das hybride CE-Wettbewerbsmodell werden unterschiedliche Entscheidungsreihenfolgen der Marken betrachtet. Die untersuchten Entscheidungsabfolgen werden in Kapitel 6.3 vorgestellt.

6 Untersuchungsergebnisse und Handlungsempfehlungen

In Kapitel 6 werden die **empirischen Ergebnisse dieser Arbeit** vorgestellt. Zunächst werden die Ergebnisse der Konsistenzprüfung zwischen geschätztem Nettonutzen und beobachteter Kaufpräferenz präsentiert (vgl. Kapitel 6.1). Kapitel 6.2 beschreibt die Quantifizierungsergebnisse des hybriden CE-Wettbewerbsmodells im Status quo ohne Berücksichtigung eines Wettbewerbsumfelds. Danach werden die beiden untersuchten sequenziellen Entscheidungsabläufe des Modells vorgestellt (vgl. Kapitel 6.3). Die darauf folgenden Kapitel adressieren die Prüfung der verschiedenen wettbewerbsorientierten Untersuchungshypothesen des Modells (vgl. Kapitel 6.4 bis 6.7). Kapitel 6.8 umfasst die Modellergebnisse des alternativen Entscheidungsablaufs, bevor anschließend in Kapitel 6.9 die Untersuchungsergebnisse in Sensitivitätsanalysen geprüft werden. Abschließend fasst Kapitel 6.10 die Untersuchungsergebnisse kurz zusammen.

6.1 Konsistenzprüfung zwischen Nettonutzen und Kaufpräferenz

6.1.1 Nettonutzendifferenzen zwischen gekauften und nichtgekauften Marken

Die Konsistenzprüfung des unterstellten Markenwahlmodells basiert auf dem in Kapitel 5.5.2.4 entwickelten Untersuchungsmodell. Dabei werden die geschätzten nachfragerindividuellen Nettonutzenwerte den beobachteten Kaufpräferenzen der Nachfrager gegenübergestellt. Insbesondere werden die **Nettonutzendifferenzen** bei Nachfragern, die eine Marke gekauft haben, mit Nettonutzenwerten bzgl. Marken der zweiten und dritten Wahl im Evoked Set verglichen.[784] Darüber hinaus werden die Differenzen der Teilnettonutzenwerte der einzelnen Nettonutzenfaktoren der Hauptachsen-Faktorenanalyse analysiert.

Abbildung 34 beschreibt die empirische Häufigkeitsverteilung der **geschätzten Nettonutzendifferenz** der Probanden. Neben einer Verteilung absoluter Häufigkeiten sind in Abbildung 34 zusätzlich die kumulierten relativen Häufigkeiten aufgeführt. Der Nettonutzen einer nichtgekauften Marke liegt nur in 20,9 % der Fälle in der Stichprobe über dem Nettonutzen der gekauften Marke. Die durchschnittliche Nettonutzendif-

---

[784] Für die Ermittlung der Nettonutzendifferenz wird der Durchschnitt der Marken zweiter und dritter Wahl verwendet.

ferenz über alle Probanden und Marken hinweg liegt bei 3,85. Insgesamt scheinen die Nachfrager im vorwiegenden Teil der Fälle einen höheren Nettonutzen mit der jeweils gekauften Marke zu verbinden. Um ein besseres Verständnis der ermittelten Nettonutzendifferenz zu gewinnen, müssen jedoch die Differenzen der Teilnettonutzenwerte bzgl. der einzelnen Nettonutzenfaktoren untersucht werden.

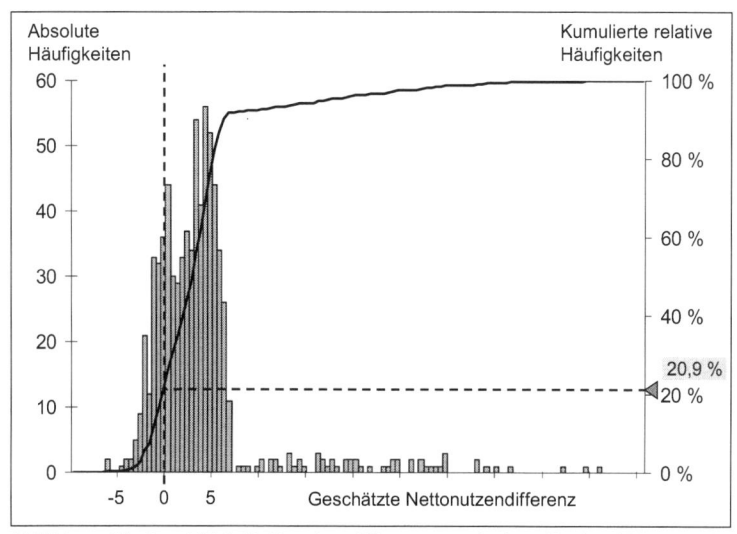

Abbildung 34: Geschätzte Nettonutzendifferenzen zwischen Kauf und Nichtkauf
Quelle: Eigene Darstellung

In Abbildung 35 ist das Histogramm der **Teilnettonutzendifferenzen des Faktors „hohe Qualität"** dargestellt. Die durchschnittliche Differenz der qualitätsorientierten Teilnettonutzenwerte liegt bei 0,23. In insgesamt 23,5 % der Fälle weist die Teilnettonutzendifferenz der Probanden negative Werte auf. Somit kann auch für den qualitätsorientierten Nutzenfaktor für den Großteil der Stichprobe ein Unterschied der markenspezifischen Nutzenassoziationen zwischen einer gekauften Marke und Marken der zweiten und dritten Wahl festgestellt werden. Insbesondere scheinen die Nachfrager im Durchschnitt ebenfalls einen höheren qualitätsorientierten Nettonutzen mit ihrer gekauften Marke zu verbinden.

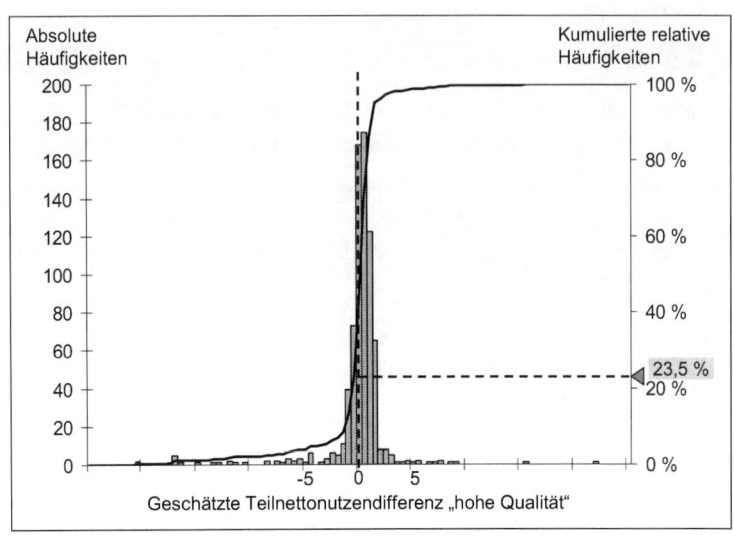

Abbildung 35: Geschätzte Differenz der Teilnettonutzenwerte Faktor „hohe Qualität"
Quelle: Eigene Darstellung

Die empirisch ermittelten Differenzen der **Teilnettonutzenwerte des Faktors „niedriger Preis"** zeigen ein ähnliches Bild (vgl. Abbildung 36). Die mittlere Differenz der preisorientierten Teilnettonutzenwerte aller Probanden beträgt 0,43. Negative Teilnettonutzendifferenzen werden nur in 11,8 % aller Fälle beobachtet. Somit kann auch für den preisorientierten Nettonutzenfaktor eine unterschiedliche Nutzenwahrnehmung der Nachfrager bzgl. ihrer gekauften Marke festgestellt werden. Bei der Auswahl einer Marke bevorzugen die Nachfrager im Durchschnitt die Alternative mit einem niedrigeren wahrgenommenen Preisniveau.

Die sonstigen Nettonutzenfaktoren im Nettonutzenmodell des hybriden CE-Wettbewerbsmodells zeigen hingegen ein unterschiedliches Bild. Der Nettonutzenfaktor **„Individualität/Fits my needs"** weist mit 0,02 nur eine abgeschwächte mittlere Teilnettonutzendifferenz auf (vgl. Abbildung 41 in Anhang F). Demgegenüber zeigen die **nichtmonetären Wechselkosten** mit einer durchschnittlichen Differenz von 3,18 große Unterschiede zwischen der gekauften Marke und Marken der zweiten und dritten Wahl (vgl. Abbildung 42 in Anhang F). Die stark positive Differenz kann jedoch durch die unterstellte Struktur der Wechselkosten im hybriden CE-Wettbewerbsmodell begründet werden. Die Markensympathie sowie die Bereitschaft zum

Wiederkauf bzw. zur Weiterempfehlung werden für nichtgekaufte Marken im Modell mit null angenommen.[785]

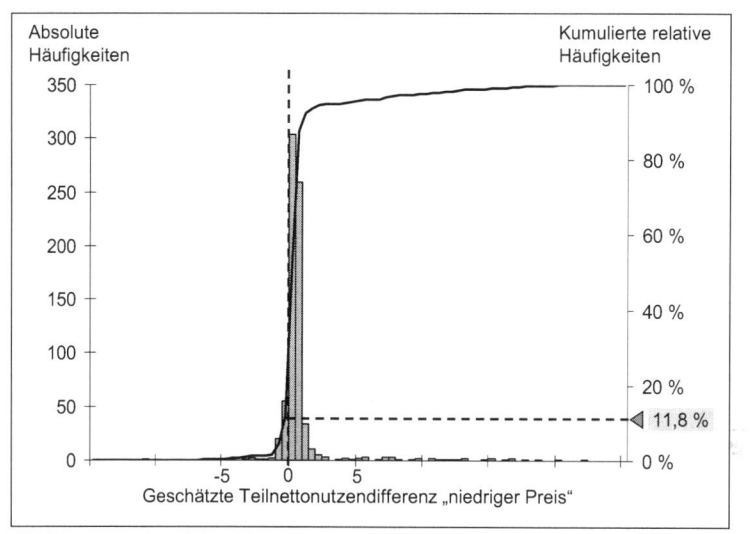

Abbildung 36: Geschätzte Differenz der Teilnettonutzenwerte Faktor „niedriger Preis"
Quelle: Eigene Darstellung

6.1.2 Statistische Signifikanz der Nettonutzendifferenzen

Für eine Überprüfung der **statistischen Signifikanz** der positiven Nettonutzendifferenz bieten sich **Signifikanztests der Mittelwerte** an. Die sog. t-Tests setzen dabei die Normalverteilung der abhängigen Variablen in der Grundgesamtheit voraus. Aus diesem Grund werden vor der Anwendung der Signifikanztests zunächst sog. Normalverteilungstests durchgeführt, die die Voraussetzung der Normalverteilung des ermittelten Nettonutzens überprüfen. Dabei werden der Kolmogorov-Smirnov-Test, der Anderson-Darling-Test und der Shapiro-Wilk-Test auf Normalität der Stichprobe als Erweiterungen des herkömmlichen Chi-Quadrat-Anpassungstests verwendet.[786]

Entsprechend der sehr kleinen p-Werte aller drei **Normalverteilungstests** wird die Nullhypothese einer Normalverteilung für die geschätzten Nettonutzendifferenzen der Stichprobe abgelehnt (vgl. Tabelle 56 in Anhang F). Die Normalverteilungsannahme

---

[785] Vgl. Kapitel 4.3.1.
[786] Zur Definition der verwendeten Teststatistiken vgl. THODE (2002), S. 101 ff.; D'AGOSTINO und STEPHENS (1986), S. 373 ff.

der Teilnettonutzendifferenzen wird ebenfalls weitestgehend abgelehnt. Lediglich der Kolmogorov-Smirnov-Test zeigt für den Nettonutzenfaktor „Individualität/Fits my needs" mit 0,158 einen p-Wert über 5 %. Jedoch schätzen die beiden anderen Normalverteilungstests einen p-Wert von < 0,001. Insgesamt muss die Normalverteilungsannahme für die Nettonutzendifferenzen sowie für die einzelnen Differenzen der Teilnettonutzenwerte abgelehnt werden.

Aufgrund des zentralen Grenzwertsatzes sind jedoch bei **großen Stichproben** die Konsequenzen einer verletzten Normalverteilungsannahme vertretbar. Wegen des hohen Stichprobenumfangs von n = 900 werden daher in dieser Untersuchung t-Tests herangezogen.[787] Darüber hinaus erweist sich der t-Test als relativ robust gegen die Normalverteilungsannahme.[788] Insgesamt gesehen dienen die Ergebnisse der t-Tests jedoch nur als erste Schätzung, da die empirisch ermittelten Standardfehler der Mittelwerte verzerrte Schätzfunktionen darstellen.

Unter der Annahme normalverteilter Nettonutzendifferenzen lassen sich die Unterschiede der Nettonutzenwerte anhand von **t-Tests** einer Stichprobe statistisch untersuchen. Der sehr niedrige p-Wert von $p < 0,001$ deutet auf die Ablehnung der Nullhypothese identischer Nettonutzenwerte gekaufter und nichtgekaufter Marken hin (vgl. Tabelle 57 in Anhang F). Zudem lässt sich die Nullhypothese für die beiden Nettonutzenfaktoren „hohe Qualität" ($p = 0,034$) und „niedriger Preis" ($p < 0,001$) mit einem Signifikanzniveau von 0,05 ablehnen. Die nichtmonetären Wechselkosten weisen ebenfalls stark signifikante positive Werte ($p < 0,001$) auf. Demgegenüber zeigen die Differenzen der Teilnettonutzenwerte des Nettonutzenfaktors „Individualität/Fits my needs" mit einem p-Wert von 0,614 nur insignifikante Werte. Somit scheint sich die gekaufte Marke von den Marken der zweiten und dritten Wahl im Evoked Set hinsichtlich dieses Nettonutzenfaktors nicht signifikant zu unterscheiden.

Zusätzlich zu den t-Tests werden in dieser Untersuchung **nichtparametrische Testverfahren** durchgeführt. Diese Tests können unabhängig von einer Verteilungsannahme der Grundgesamtheit angewendet werden.[789] Dadurch kann eine u. U.

---

[787] Der gegenüber der Anzahl der Probanden (n = 1.236) reduzierte Stichprobenumfang ergibt sich aus der Tatsache, dass nicht alle Probanden in der Befragung ein vollständiges Relevant Set angegeben haben.
[788] Vgl. ECKSTEIN (2006), S. 112.
[789] Vgl. JANSSEN und LAATZ (2005), S. 525 ff.

problematische Normalverteilungsannahme vermieden werden. Nichtparametrische Tests basieren auf Rangziffern oder Häufigkeiten der untersuchten Variablen, die gegenüber der direkten Verwendung von Variablenwerten zu einem Informationsverlust und dadurch zu einer geringeren Trennschärfe des Tests führen.[790] In der vorliegenden Untersuchung wird für die Analyse der Nettonutzendifferenzen zwischen gekaufter und nichtgekaufter Marke der sog. **Binomial-Test** angewendet. Dabei wird die Stichprobe der Nettonutzendifferenzen in zwei Teile größer und kleiner null geteilt und anschließend geprüft, ob die Stichprobe einer binomialverteilten Grundgesamtheit mit $p = 0{,}5$ entnommen wurde. Im Gegensatz zum t-Test bezieht sich der Binomial-Test somit auf den **Median** der Stichprobe. Falls diese Nullhypothese abgelehnt werden muss, ist von einer signifikant von null unterschiedlichen Nettonutzendifferenz auszugehen.

Die **Ergebnisse des Binomial-Tests** bestätigen dabei die Resultate der t-Tests. Die Nullhypothese einer signifikanten Nettonutzendifferenz zwischen gekaufter und nichtgekaufter Marke wird mit einem Signifikanzniveau von $< 0{,}001$ abgelehnt (vgl. Tabelle 57 in Anhang F). Ähnliche Ergebnisse werden für die Nettonutzenfaktoren „hohe Qualität" und „niedriger Preis" sowie für die nichtmonetären Wechselkosten beobachtet. Im Gegensatz dazu weist der Test bzgl. des Faktors „Individualität/Fits my needs" einen hohen p-Wert von $0{,}1472$ auf, so dass die Nullhypothese nicht abgelehnt werden kann. Insgesamt scheint sich dieser Nettonutzenfaktor aus der Sicht der Nachfrager zwischen einer gekauften und einer nichtgekauften Marke nicht signifikant zu unterscheiden.

6.1.3 Untersuchung moderierender Variablen

Um den Einfluss einer **Verkaufsberatung** und **Markenempfehlung am Point of Sale** zu untersuchen, werden erneut t-Tests für zwei unabhängige Stichproben verwendet. Für die Bestimmung der p-Werte wird dabei zwischen identischen und unterschiedlichen Varianzen in den Subpopulationen unterschieden.[791] Insgesamt können jedoch nur schwach ausgeprägte Unterschiede der Nettonutzendifferenzen zwischen Probanden mit bzw. ohne eine Verkaufsberatung festgestellt werden (vgl.

---

[790] Vgl. JANSSEN und LAATZ (2005), S. 525.
[791] Für die Feststellung gleicher bzw. ungleicher Varianzen wird dabei der Levene-Test auf Homogenität der Varianzen angewendet, vgl. JANSSEN und LAATZ (2005), S. 337 ff.

Tabelle 58 in Anhang F). Probanden, die eine Verkaufsberatung am Point of Sale in Anspruch genommen haben, zeigen nur eine durchschnittliche Nettonutzendifferenz von 3,88 gegenüber 3,86 der Probanden ohne Beratung. Zudem weist auch der p-Wert des t-Tests mit 0,964 nur auf einen insignifikanten Unterschied in den beiden Subpopulationen hin. Auch bzgl. der einzelnen Nettonutzenfaktoren können nur insignifikante Unterschiede in den Differenzen der Teilnutzenwerte identifiziert werden. Ähnlich hierzu fallen die Unterschiede der Nettonutzendifferenzen bei einer Markenempfehlung am Point of Sale nur sehr gering aus. Ähnliches gilt für die Teilnutzendifferenzen der einzelnen Nettonutzenfaktoren. Dies wird durch die hohen p-Werte der t-Tests zwischen 0,562 und 0,964 bestätigt.

Um die Ergebnisse der t-Tests zu validieren, werden erneut **nichtparametrische Testverfahren** für zwei unabhängige Stichproben angewendet. Durch die Wahl dieser Testverfahren kann die problematische Annahme einer Normalverteilung für die Nettonutzendifferenzen der beiden Subpopulationen vermieden werden. In der vorliegenden Untersuchung werden hierfür der **Kruskal-Wallis-Test** und der **Cuzick-Test** verwendet.[792] Aufgrund der Nutzung von Rangsummen basieren diese Testverfahren auf dem Median der Stichproben. Während der Kruskal-Wallis-Test untersucht, ob sich die beiden unabhängigen Stichproben signifikant voneinander unterscheiden (d. h. aus unterschiedlichen Verteilungen stammen), kann durch den Cuzick-Test zusätzlich ein Trend zwischen den Stichproben überprüft werden.[793]

Im Gegensatz zu den Mittelwerten der beiden Stichproben sind die Mediane der Nettonutzendifferenzen durch größere Unterschiede zwischen Nachfragern mit bzw. ohne einer **Verkaufsberatung am Point of Sale** gekennzeichnet. Der Median der Nettonutzendifferenzen von Nachfragern, die eine Verkaufsberatung am Point of Sale in Anspruch genommen haben, ist mit 3,337 deutlich über dem Median von Nachfragern ohne eine Beratung von 2,702 (vgl. Tabelle 58 in Anhang F). Dagegen weisen die Median-Unterschiede der einzelnen Teilnettonutzendifferenzen der Faktoren geringere Werte auf. Diese Beobachtungen werden durch die Testergebnisse der beiden nichtparametrischen Tests bestätigt. Sowohl der Kruskal-Wallis-Test als auch

---

[792] Der Cuzick-Test ähnelt dabei dem häufig verwendeten Jonckheere-Terpstra-Test, vgl. CUZICK (1985), S. 87.

[793] Die Überprüfung des Trends zwischen den beiden Subpopulationen ergibt sich durch den Vergleich der Mediane.

der Cuzick-Test lehnen die Nullhypothese identischer Verteilungen in den beiden Subpopulationen mit p-Werten von 0,017 bzw. 0,020 ab. Insbesondere weisen die Ergebnisse des Cuzick-Tests darauf hin, dass der Median der Nettonutzendifferenz bei Nachfragern mit einer Verkaufsberatung am Point of Sale signifikant größer ist als bei Nachfragern ohne eine Beratung. Jedoch ergeben sich bzgl. der einzelnen Nettonutzenfaktoren keine signifikanten Median-Unterschiede.

Hinsichtlich einer **Markenempfehlung am Point of Sale** ergeben sich in den beiden Subpopulationen keine signifikant unterschiedlichen Mediane der Nettonutzendifferenzen (vgl. Tabelle 58 in Anhang F). Auch für die einzelnen Nettonutzenfaktoren deuten die Testergebnisse der beiden nichtparametrischen Testverfahren auf insignifikante Unterschiede hin.

Die Testergebnisse der nichtparametrischen Testverfahren bestätigen, dass sich die Nachfrager im Fall einer **Verkaufsberatung am Point of Sale** durch eine höhere Konsistenz zwischen Nettonutzen und beobachteter Kaufpräferenz auszeichnen. Dagegen weisen Nachfrager ohne eine in Anspruch genommene Verkaufsberatung eine signifikant niedrigere Nettonutzendifferenz zwischen gekaufter und nichtgekaufter Marke auf. Im Sinn einer Nettonutzenbetrachtung des Nachfragerverhaltens kann somit ein höheres Maß eines **bewussten Kaufverhaltens** infolge einer Verkaufsberatung festgestellt werden.[794] Jedoch kann dieses Ergebnis nicht bei den einzelnen Nettonutzenfaktoren der Nachfrager beobachtet werden.

Dennoch können von diesem Ergebnis **Handlungsempfehlungen** für den Verkauf schnurloser Festnetztelefone an Privatkunden abgeleitet werden. Die Testergebnisse zeigen, dass Nachfrager nach einer Verkaufsberatung einen höheren Nettonutzen bzgl. ihrer gekauften Marke im Vergleich zu den anderen Marken in ihrem Evoked Set verbinden. Somit scheinen der Nettonutzen der Nachfrager und damit ihr Kaufverhalten durch eine Verkaufsberatung der Anbieter beeinflussbar zu sein. Insbesondere lässt sich durch eine gezielte Betonung besonders nutzenkritischer Produktattribute, wie bspw. die Bedienungsfreundlichkeit, die Nutzenwahrnehmung der Nachfrager gegenüber der Marke verbessern. Aus der verbesserten Nutzenwahrnehmung ergibt sich aufgrund der nachgewiesenen hohen Konsistenz zwischen

---

[794] Dabei muss jedoch die umfragebedingte zeitliche Verzögerung zwischen Kaufentscheidung und Nettonutzenerfassung berücksichtigt werden.

Nettonutzen und Kaufpräferenz (vgl. Kapitel 6.1.1) eine höhere Kaufwahrscheinlichkeit der Nachfrager für die jeweilige Marke. Aus der Sicht der Marken bieten sich für eine gezielte Verkaufsberatung Investitionen, bspw. in Form von Schulungsmaßnahmen des Verkaufspersonals, an.

6.1.4 Zusammenfassung der Konsistenzprüfung

Ingesamt kann für das geschätzte Nettonutzenmodell eine **hohe Konsistenz** bzgl. der beobachteten Kaufpräferenz der Nachfrager festgestellt werden. Die Nachfrager verbinden mit ihrer Kaufentscheidung einen signifikant höheren Nettonutzen als für Marken der zweiten und dritten Wahl ihres Evoked Sets. Auch wenn ein großer Teil der Nettonutzendifferenz durch die nichtmonetären Wechselkosten der Nachfrager erklärt wird, weisen auch die Nettonutzenfaktoren „hohe Qualität" und „niedriger Preis" signifikant positive Differenzen der Teilnutzenwerte auf. Somit scheinen die Nachfrager im Durchschnitt mit der gekauften Marke einen höheren preis- und qualitätsorientierten Nettonutzen zu verbinden als mit den nichtgekauften Marken im Evoked Set. Dagegen können bzgl. des Faktors „Individualität/Fits my needs" keine signifikanten Unterschiede der Teilnettonutzenwerte beobachtet werden. Zusammenfassend erscheint die nutzenfundierte Beschreibung des Nachfragerverhaltens auf der Basis eines multinomialen Logitmodells als geeignet für diese Untersuchung.

Darüber hinaus kann ein signifikanter Einfluss der moderierenden Variablen **Verkaufsberatung am Point of Sale** auf die Unterschiede der Nettonutzendifferenzen in den beiden Subpopulationen der Stichprobe festgestellt werden. Nachfrager, die eine Verkaufsberatung in Anspruch genommen haben, weisen somit eine signifikant größere Nettonutzendifferenz zwischen gekaufter und nichtgekaufter Marke auf als Nachfrager ohne Beratung. Dieser Einfluss der Verkaufsberatung kann u. a. durch den Low-Involvement-Charakter des betrachteten Produkts (vgl. Kapitel 5.2.1) erklärt werden. Im Gegensatz hierzu scheint sich jedoch eine **Markenempfehlung am Point of Sale** nicht signifikant auf die Nettonutzendifferenzen der Nachfrager auszuwirken.[795]

---

[795] Von den insgesamt 272 Probanden der Primärmarktstudie haben 216 oder 79 % die empfohlene Marke auch gekauft.

6.2 Status quo – keine Wettbewerbsentscheidungen

6.2.1 Einflussgrößen des Kundenlebenszeitwerts der Marken

Den Ausführungen in Kapitel 4.5.1 folgend, lassen sich im hybriden CE-Wettbewerbsmodell sowohl **nachfragerindividuelle Kundenlebenszeitwerte** (CLV) als auch **durchschnittliche Marken-CLV** auf der Segment- und Gesamtmarktebene quantifizieren. Als Bezugsrahmen dienen alle Nachfrager, d. h. aktuelle und potenzielle Kundenbeziehungen im Markt aus der Sicht einer Marke. Während der nachfragerindividuelle CLV auf nachfragerspezifischen Kaufwahrscheinlichkeiten des multinomialen Logitmodells beruht, werden für den durchschnittlichen Marken-CLV aggregierte Marktanteile auf der Basis der durchschnittlichen Markenwechselmatrizen berechnet. Die Ergebnisse in diesem Kapitel gehen dabei von einem **Status quo** ohne Berücksichtigung von Marktbearbeitungsstrategien der Marken über den gesamten Planungshorizont aus.

Der CLV ergibt sich im hybriden CE-Wettbewerbsmodell aus dem diskontierten **erwarteten Cashflow einer Nachfragerbeziehung** über den gesamten Planungshorizont der Marke. Der Cashflow wird dabei durch den Produktdeckungsbeitrag, das Markenwahlverhalten und die Kaufhäufigkeit der Nachfrager bestimmt.

Für die Berechnung des CLV eines Nachfragers geht das hybride CE-Wettbewerbsmodell zudem von einem **endlichen Kundenlebenszyklus** aus. Für die Berechnung der erwarteten Profitabilitäten einer Kundenbeziehung wird aus der Sicht der Marke ein **Planungshorizont** von 60 Quartalen veranschlagt. Dieser Wert übersteigt einerseits laut Aussage der Marktexperten den typischen Planungshorizont einer Investition im betrachteten Markt. Jedoch wird dieser Wert als realistischer Zeithorizont für die durchschnittliche Lebensdauer eines Kundenportfolios gesehen. Dieser relativ lange Planungszeitraum trägt insbesondere dem zeitdiskreten Kaufverhalten der Nachfrager im betrachteten Markt langlebiger Gebrauchsgüter Rechnung. Ein durchschnittlicher Nachfrager trifft in dieser Untersuchung über diesen Zeitraum hinweg im Schnitt 4,7 Kaufentscheidungen.

Tabelle 30 fasst die **Einflussgrößen** für die **Bestimmung des CLV** auf der Gesamtmarktebene zusammen. Preise, Lebenszyklus und Kaufhäufigkeiten der Nachfrager bleiben aufgrund der fehlenden Berücksichtigung von Preis- und

Qualitätsentscheidungen der Marken im Status quo konstant über den gesamten Planungszeitraum. Die marketingfremden variablen Stückkosten verändern sich jedoch aufgrund des unterstellten Erfahrungskurveneffekts. Die aggregierten Marktanteile für die Bestimmung des durchschnittlichen CLV der einzelnen Marken ergeben sich durch Mittelwertbildung des zugrundeliegenden Markov-Markenwechselmodells der individuellen Nachfrager. Die Bestimmung des nachfragerindividuellen CLV erfolgt dagegen direkt durch die individuellen Markenwahlwahrscheinlichkeiten.

	Produktdeckungsbeitrag			Lebenszykluskosten (in €/St.)	Kaufhäufigkeit (pro Quartal)	Marktanteil	
	Preis (in €/St.)	Marketingfremde variable Stückkosten[1] (in €/St.)					
Zeitpunkt	(konstant)	Beginn[2]	Ende[3]	(konstant)	(konstant)	Beginn[2]	Ende[3]
Premiummarke	67,55	42,56	32,85	4,73	0,071	0,3721	0,2976
Preisorientierte Nischenmarke	40,04	27,03	18,51	3,00	0,100	0,0744	0,1100
Exklusive Nischenmarke 1	54,51	34,34	22,19	3,82	0,071	0,0987	0,1904
Exklusive Nischenmarke 2	64,32	43,42	26,51	4,82	0,071	0,0627	0,1519
No-Frills-Marke	43,99	29,69	23,23	3,30	0,083	0,1806	0,1333
sonstige Marken	49,20	33,21	27,23	3,69	0,083	0,2115	0,1168

1. mit Erfahrungskurveneffekt
2. zu Beginn des Planungszeitraums (am jeweiligen Quartalsanfang)
3. am Ende des Planungszeitraums (am jeweiligen Quartalsende)

Tabelle 30: Determinanten des CLV – Status quo
Quelle: Eigene Darstellung

Im **Status quo ohne Berücksichtigung von Marktbearbeitungsstrategien** der Marken kann für die Premiummarke ein Rückgang des aktuellen **Marktanteils** von 37,2 % auf 29,8 % beobachtet werden (vgl. Tabelle 30). Demgegenüber weisen beide exklusiven Nischenmarken eine deutliche Erhöhung ihres Marktanteils auf. Ähnlich hierzu kann auch die preisorientierte Nischenmarke deutliche Marktanteilsgewinne von 7,4 % auf 11,0 % verzeichnen. Die No-Frills-Marke verzeichnet hingegen einen Rückgang von 18,1 % auf 13,3 %. Insgesamt scheinen durch die gesteigerte Wechselbereitschaft der Nachfrager aufgrund niedriger Kundenbindungsraten v. a. die kleinen Nischenmarken zu profitieren, indem sie jeweils anteilig wechselwillige Nachfrager der größeren Marken für sich gewinnen können.

Die unterschiedlichen Marktanteilsverläufe der Marken schlagen sich auch in der Entwicklung der marketingfremden variablen Stückkosten nieder. Aufgrund der Marktanteilsgewinne kann für die Nischenmarken ein deutlich stärkerer **Erfahrungskurveneffekt** beobachtet werden als für die größeren Marken. Dies wirkt sich auch auf den **Produktdeckungsbeitrag der Marken** im Verlauf des Planungszeitraums aus. Im Vergleich zu den anfänglichen Deckungsbeiträgen (vgl. Tabelle 27) steigen die Werte für beide exklusiven Nischenmarken am Ende des Planungshorizonts auf 52 % (Marke 1) bzw. 51 % (Marke 2). Demgegenüber weist die Premiummarke am Ende des betrachteten Zeitraums einen Produktdeckungsbeitrag von 44 % auf, während die No-Frills-Marke aufgrund eines abgeschwächten Erfahrungskurveneffekts 40 % erreicht.

Die Entwicklungen der **Segmentanteile in den einzelnen Nachfragersegmenten** decken sich dabei im Wesentlichen mit den Marktanteilsverläufen in Tabelle 30. Während die Premiummarke, No-Frills-Marke und die sonstigen Marken bei einem konstanten Wettbewerbsumfeld in den betrachteten Segmenten Anteilsverluste hinnehmen müssen, gewinnen die drei Nischenmarken hinzu.[796]

6.2.2 Nachfragerindividuelle Kundenlebenszeitwerte

Die im Folgenden vorgestellten **nachfragerindividuellen CLV** beschreiben den Wert der Nachfragerbeziehungen am Beispiel der **Premiummarke**. Dabei wird für jeden Probanden der durchgeführten Primärmarkstudie eine nachfragerindividuelle Markenwechselmatrix bestimmt und unter Annahme der Markov-Eigenschaft eine Markenwahlwahrscheinlichkeit zu jedem Zeitpunkt des gesamten Planungshorizonts prognostiziert.[797]

Aufgrund der hohen **Repräsentativität der Umfrage** (vgl. Kapitel 5.4.1.2) vermitteln die Ergebnisse ein realistisches Bild des monetären Werts der Nachfrager im Markt aus der Sicht der Premiummarke. Abbildung 37 liefert einen Überblick über die individuellen CLV aller Nachfrager für die Premiummarke. Das **aktuelle Kundenportfolio** der Premiummarke mit 37,2 % aller Nachfrager im Markt trägt 60 % des Marken-

---

[796] Vgl. Tabelle 60 in Anhang G.
[797] Die Berechnung der nachfragerindividuellen CLV wurde auch für alle weiteren Marken im hybriden CE-Wettbewerbsmodell durchgeführt. Aus Platzgründen werden jedoch lediglich die Ergebnisse für die Premiummarke vorgestellt.

CE bei.[798] Der individuelle CLV aktueller Kundenbeziehungen schwankt dabei zwischen Werten von maximal 58,06 € und minimal 6,91 €. Im Kundenportfolio der Premiummarke tragen die 20 % wertvollsten Kunden zu 39 % des gesamten Marken-CE aller aktuellen Kunden bei, die stärksten 50 % der Kunden bereits zu 77 %, während die erfolgsschwächsten restlichen 50 % der Kunden lediglich 23 % des Marken-CE aller aktuellen Kunden ausmachen.

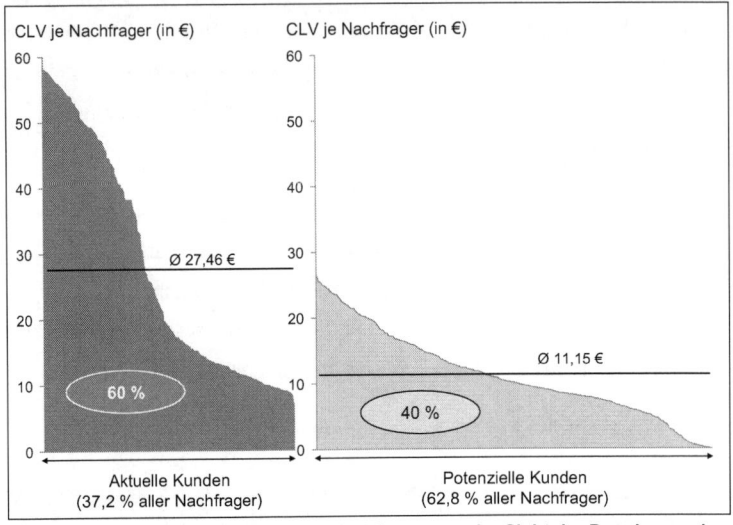

Abbildung 37: Individuelle CLV aller Nachfrager aus der Sicht der Premiummarke
Quelle: Eigene Darstellung

Die **potenziellen Kunden**, 62,8 % aller Nachfrager im Markt, stellen dabei aktuelle Kunden der Wettbewerbsmarken der Premiummarke dar.[799] Aufgrund der Annahme eines Migrationsmodells besitzen diese Nachfrager i. d. R. eine positive Wahrscheinlichkeit, zur Premiummarke zu wechseln. Aus diesem Grund stellen auch diese Nachfrager einen monetären Wert aus der Sicht der Premiummarke dar. Insgesamt tragen sie zu 40 % des gesamten Marken-CE der Premiummarke bei. Der durchschnittliche CLV einer Nachfragerbeziehung beträgt dabei 11,15 €.

---

[798] Das aktuelle Kundenportfolio besteht dabei aus Probanden, die bei ihrer letzten Kaufentscheidung die Premiummarke gewählt haben.
[799] Einen Überblick über die CLV der potenziellen Kunden aus der Sicht der Premiummarke liefert Abbildung 43 in Anhang G.

Das hybride CE-Wettbewerbsmodell stellt wie das hybride CE-Modell von RUST et al. (2004b) ein **Always-a-share-Modell**[800] dar, bei dem potenzielle Kunden die Möglichkeit haben, wieder, ggf. zu einem späteren Zeitpunkt, zu einer Marke zurückzukehren. Demgegenüber entscheiden sich die Kunden einer Marke in einem **Lost-for-good-Modell** mit einer bestimmten Wahrscheinlichkeit, der jeweiligen Kundenbindungsrate, für den weiteren Kauf dieser Marke. Bei einem Wechsel zu einer anderen Marke ist jedoch, wie im Fall des hybriden CE-Modells von HUNDACKER (2005), eine spätere Rückkehr ausgeschlossen.

Der **Lost-for-good Ansatz** stellt ein **Spezialfall** des hybriden CE-Wettbewerbsmodells dar, bei dem in den nachfragerindividuellen Markenwechselmatrizen nur die Diagonalelemente berücksichtigt werden, während die restlichen Matrixelemente gleich null gesetzt werden. Somit sind für die Bestimmung des CLV einer Nachfragerbeziehung nur die Kundenbindungsraten der jeweiligen Marke berücksichtigt. Aus Abbildung 37 wird ersichtlich, dass eine Lost-for-good-Betrachtung zu einer signifikanten Unterschätzung des „wahren" Marken-CE der Premiummarke von insgesamt 40 % führen würde. Einen ähnlichen Wert beobachten RUST et al. (2004b), die eine Unterschätzung von 47,3 % eines Lost-for-good-Modells ermitteln.[801]

6.2.3 Aggregierte Markenwechselmatrizen der Nachfrager

Tabelle 31 fasst die **aggregierten Markenwechselmatrizen** der Nachfrager auf der Gesamtmarktebene zusammen. Die Matrix ergibt sich durch die Mittelwertbildung der individuell geschätzten Markenwechselmatrizen der einzelnen Nachfrager aus dem multinomialen Logitmodell.[802] Die Zeilen der Matrix beschreiben die Marken der letzten Kaufentscheidung, während die Spalten jeweils die möglichen Marken der nächsten Kaufentscheidung darstellen. Die Matrixelemente auf den Diagonalen können somit als Kundenbindungsraten, d. h. als Wahrscheinlichkeiten für den erneuten Kauf der gleichen Marke, interpretiert werden. Die sonstigen Bestandteile der Matrix rep-

---

[800] Vgl. DWYER (1997), S. 9.
[801] Vgl RUST et al. (2004b), S. 121.
[802] Im Gegensatz zum multinomialen Logitmodell der Konsistenzprüfung (vgl. Kapitel 6.1) greift das multinomiale Logitmodell für die Bestimmung der Markenwechselmatrizen lediglich auf Bewertungen der Nachfrager bzgl. ihrer gekauften Marke zurück. Dies liegt daran, dass nur anhand eines beobachteten Kaufverhaltens eine eindeutige Zuordnung der Nachfrager zu einem bestimmten Element der Wechselmatrix möglich ist.

räsentieren hingegen Wahrscheinlichkeiten für Wechsel zu einer anderen Marke bei der nächsten Kaufentscheidung.

Auf der **Gesamtmarktebene** deuten die Kundenbindungsraten zwischen 26,1 % für die preisorientierte Nischenmarke und 53,6 % für die Premiummarke auf eine **hohe Wechselbereitschaft** der Nachfrager im untersuchten Produktmarkt für schnurlose Festnetztelefone hin. Zudem ist bei der Analyse der Kundenbindungsraten auffallend, dass die Premiummarke (53,6 %) und die qualitätsorientierten Nischenmarken 1 (49,8 %) sowie 2 (43,7 %) höhere Werte aufweisen als die preisorientierte Nischenmarke (26,1 %) und die No-Frills-Marke (33,9 %).

Die ermittelten durchschnittlichen Markenwechselmatrizen auf der **Segmentebene** (vgl. Tabelle 59 in Anhang G) decken sich weitgehend mit dem zu erwartenden Nachfragerverhalten. Bspw. weist die Premiummarke im Segment der preisbewussten Nachfrager mit einer hohen Preissensitivität bei zugleich hoher Qualitätssensitivität eine verhältnismäßig niedrige Bindungsrate von 27,1 % auf. Im Gegensatz dazu zeigt sich für die Premiummarke im qualitätsbewussten Segment mit einer niedrigen Preissensitivität eine überdurchschnittlich hohe Bindungsrate von 56,3 %. Für die preisorientierte Nischenmarke kann hingegen in diesem Segment lediglich eine niedrige Bindungsrate von 25,8 % beobachtet werden.

	Premium-marke	Preisorientierte Nischenmarke	Exklusive Nischenmarke 1	Exklusive Nischenmarke 2	No-Frills-Marke	sonstige Marken
Premium-marke	0,5356	0,0729	0,0961	0,0913	0,1070	0,0971
Preisorientierte Nischenmarke	0,2721	0,2640	0,1445	0,1171	0,0960	0,1064
Exklusive Nischenmarke 1	0,1742	0,0808	0,4983	0,0873	0,0771	0,0824
Exklusive Nischenmarke 2	0,1392	0,1188	0,1134	0,4372	0,0927	0,0988
No-Frills-Marke	0,2216	0,0906	0,1287	0,1072	0,3394	0,1125
sonstige Marken	0,2094	0,1176	0,1428	0,1241	0,1448	0,2613

Tabelle 31: Durchschnittliche Markenwechselmatrix – Gesamtmarkt
Quelle: Eigene Darstellung

6.2.4 Durchschnittliche Kundenlebenszeitwerte und Kundenstammwerte der Marken

Anhand der beschriebenen Einflussgrößen (vgl. Tabelle 30) lässt sich neben einem nachfragerindividuellen CLV ein **durchschnittlicher Marken-CLV** berechnen. Der CLV einer Marke stellt dabei den durchschnittlichen monetären Wert aller, d. h. aktueller und potenzieller, Nachfragerbeziehungen im Markt aus der Sicht der Marke dar. Insgesamt weist ein Nachfrager im betrachteten Produktmarkt für schnurlose Festnetztelefone einen CLV von 52,34 € auf (vgl. Tabelle 32). Der größte Teil des CLV eines Nachfragers entfällt dabei auf die Premiummarke (17,61 €), gefolgt von den beiden exklusiven Nischenmarken 1 (10,09 €) und 2 (8,90 €). Die preisorientierte Nischenmarke und die No-Frills-Marke weisen dagegen nur kleinere CLV-Werte von 5,31 € bzw. 5,30 € auf.

Marke	CLV (in € pro Nachfrager)	CE (in Mio. €)	MSCE (in %)
Premiummarke	17,61	294,9	33,7
Preisorientierte Nischenmarke	5,31	88,9	10,1
Exklusive Nischenmarke 1	10,09	168,9	19,3
Exklusive Nischenmarke 2	8,90	149,0	17,0
No-Frills-Marke	5,30	88,9	10,1
sonstige Marken	5,11	85,6	9,8
Gesamt	52,34	876,2	

Tabelle 32: CLV und CE der Marken im Gesamtmarkt – Status quo
Quelle: Eigene Darstellung

Die insgesamt 16,7 Mio. Nachfrager im Gesamtmarkt stellen aus der Sicht der Marken einen **marktweiten Kundenstammwert** von 876,2 Mio. € dar.[803] Davon entfällt ein CE-orientierter Marktanteil von 33,7 % auf die Premiummarke. Im Vergleich mit

---

[803] Die Anzahl der Nachfrager ergibt sich im Modell durch die Multiplikation des jährlichen Marktvolumens (5,2 Mio. Stück pro Jahr) mit den durchschnittlichen unterstellten Kaufzyklen der Nachfrager (alle 3,2 Jahre), vgl. Kapitel 4.3.8.

der Entwicklung des Marktanteils zwischen 37,2 % und 29,8 % über den Planungszeitraum hinweg (vgl. Tabelle 30) kann somit ein durchschnittlicher CLV für die Premiummarke identifiziert werden. Dagegen weisen die beiden exklusiven Nischenmarken mit einem CE-orientierten Marktanteil von 19,3 % (Marke 1) bzw. 17,0 % (Marke 2) einen überdurchschnittlichen CLV auf. Für die No-Frills-Marke ergibt sich dagegen ein lediglich unterdurchschnittlicher CLV aufgrund des niedrigen CE-Anteils von 10,1 %.

Auf der Basis der ermittelten CE-Werte im Status quo (vgl. Tabelle 32) werden die CE-Effekte von Preis- und Qualitätsentscheidungen in einem Wettbewerbsumfeld bestimmt. Sie fließen in die Berechnung der relativen investitionsbereinigten CE-Änderung (vgl. Kapitel 4.5.3) einer Marktbearbeitungsstrategie aus der Sicht der Marken ein.[804]

6.3 Untersuchte Entscheidungsabfolgen der Wettbewerbermarken

Die Wettbewerbsentscheidungen im hybriden CE-Wettbewerbsmodell sind durch eine **sequenzielle Entscheidungsabfolge** der Wettbewerber charakterisiert. Um den Einfluss alternativer Entscheidungssequenzen auf die optimalen Marktbearbeitungsstrategien der Marken in einem Wettbewerbsumfeld zu analysieren, werden in dieser Untersuchung **verschiedene Entscheidungsszenarien** dargestellt. In einem **Basisszenario** legt die Premiummarke als dominierender Marktführer als erste Marke ihre Preis- und Qualitätsentscheidungen zu Beginn des Quartals $t_1 = 0$ fest (vgl. Tabelle 33 links). Auf die Marktbearbeitungsstrategie des Marktführers reagieren ihrerseits die Nischenmarken jeweils um ein Quartal versetzt. Die beiden exklusiven Nischenmarken 2 und 1 reagieren am Anfang des Quartals $t_2 = 1$ und $t_3 = 2$, gefolgt von der preisorientierten Nischenmarke am Anfang von $t_4 = 3$. Die No-Frills-Marke reagiert als letzte Marke auf die Strategien der Wettbewerber am Anfang von $t_5 = 4$. Die sonstigen Marken verfügen im Modell über keine eigenen Marktbearbeitungsstrategien und lassen somit Preis und Qualität gegenüber dem Status quo konstant. Damit die ermittelten CLV der einzelnen Marken vergleichbar sind, wird für jede Marke ein identischer Planungszeitraum von 60 Quartalen vorausgesetzt. Dies bedeutet für

---

[804] Die korrespondierenden CLV- und CE-Werte der Marken in den einzelnen Nachfragersegmenten finden sich in Tabelle 61 in Anhang G.

das Entscheidungsszenario, dass der Planungszeitraum der Premiummarke am Abschluss des Quartals $T_1 = 60$ endet. Der Planungshorizont der darauf folgenden Marke endet daher jeweils am Ende von $T_2 = 61$ etc.

In einem **alternativen Entscheidungsszenario** legt die preisorientierte Nischenmarke als erster Wettbewerber ihre Marktbearbeitungsstrategie im betrachteten Markt fest (vgl. Tabelle 33 rechts). Auf die Preis- und Qualitätsentscheidungen reagieren die beiden exklusiven Nischenmarken mit jeweils einem Quartal versetzt. Als vierte Marke entscheidet sich die No-Frills-Marke für eine Marktbearbeitungsstrategie, bevor die Premiummarke als letzte Marke auf die Strategien der Wettbewerbermarken reagiert.

#	Marke	Entscheidungsabfolge (t in Quartalen)	#	Marke	Entscheidungsabfolge (t in Quartalen)
1	Premiummarke	Beginn t=0	1	Preisorientierte Nischenmarke	Beginn t=0
2	Exklusive Nischenmarke 2	Beginn t=1	2	Exklusive Nischenmarke 2	Beginn t=1
3	Exklusive Nischenmarke 1	Beginn t=2	3	Exklusive Nischenmarke 1	Beginn t=2
4	Preisorientierte Nischenmarke	Beginn t=3	4	No-Frills-Marke	Beginn t=3
5	No-Frills-Marke	Beginn t=4	5	Premiummarke	Beginn t=4
-	Sonstige Marken	Keine Entscheidung	-	Sonstige Marken	Keine Entscheidung

Tabelle 33: Untersuchte Entscheidungsszenarien der Wettbewerber
Quelle: Eigene Darstellung

Diese alternative Entscheidungsabfolge kann durch einen Vergleich mit dem Basisszenario **interessante Aufschlüsse über das optimale Wettbewerbsverhalten** der Marken bringen. Bspw. kann das optimale Wettbewerbsverhalten unterschiedlicher Marktführertypologien einander gegenübergestellt werden. Im Basisszenario legt eine Premiummarke mit einem deutlichen Leistungsvorteil und hohem Marktanteil als erste Marke ihre optimale Marktbearbeitungsstrategie fest. Im zweiten Szenario übernimmt eine preisorientierte Nischenmarke mit kleinem Marktanteil die Rolle des Marktführers. Somit können die unterschiedlichen optimalen Strategien der beiden

Marktführer sowie die unterschiedlichen optimalen Reaktionen der Marken in beiden Szenarien verglichen werden.

Zudem kann für die Premiummarke und die preisorientierte Nischenmarke analysiert werden, welche Auswirkung eine eher reaktive Wettbewerbshaltung als Marktfolger im Vergleich zu einer aktiven Marktführerrolle auf das optimale CE der Marke hat. Insbesondere werden Erkenntnisse über den **first-mover-advantage** einer Marke gewonnen.[805] Somit wird das Verständnis der Zeit als strategischer Wettbewerbsvorteil in einem etablierten Wettbewerb weiter vertieft.[806]

6.4 Optimale Marktbearbeitungsstrategien der Markentypologien

Die im Folgenden vorgestellten Marktbearbeitungsstrategien beschreiben ein optimales Wettbewerbsverhalten der konkurrierenden Marken im betrachteten Markt. Die Marken antizipieren somit bei ihrem Nash-Verhalten bereits optimale Reaktionen der Wettbewerber im Oligopol. Das Ergebnis des spieltheoretischen Modells bildet aufgrund des unterstellten sequenziellen Entscheidungsablaufs ein empirisch ermitteltes teilspielperfektes Nash-Gleichgewicht aller Marken. Darüber hinaus stellt es ein Gleichgewicht dominanter Strategien dar und ist somit eine eindeutige Lösung des hybriden CE-Wettbewerbsmodells.

6.4.1 Optimale Gesamtmarktbearbeitung der Marken

Zunächst werden die optimalen Marktbearbeitungsstrategien der Marken für eine **Gesamtmarktbearbeitung** vorgestellt. Entlang der entwickelten **Markentypologien** wurden Untersuchungshypothesen für das optimale Wettbewerbsverhalten der unterschiedlichen Marken entwickelt (vgl. Kapitel 5.3.1). Tabelle 34 gibt einen Überblick über die ermittelten optimalen Marktbearbeitungsstrategien der einzelnen Marken im betrachteten Gesamtmarkt. Als vorherrschende Form einer CE-optimalen Normstrategie kann dabei die **Trading-up-Strategie** identifiziert werden.

Die Premiummarke verfolgt als Marktführer im Rahmen einer **optimalen Marktbearbeitungsstrategie** eine Preis- und Qualitätserhöhung auf der Gesamtmarktebene. Die übrigen Wettbewerbermarken reagieren ihrerseits mit einer Preiserhöhung für

---

[805] Vgl. MOORTHY (1993), S. 171 ff. Die Analyse des first-mover-advantage erfolgt in Kapitel 6.8.
[806] Vgl. BLACKBURN (1991).

ihre Marke. Jedoch scheint die Investition für eine zusätzliche Qualitätserhöhung für die beiden exklusiven Nischenmarken und die No-Frills-Marke nicht vorteilhaft zu sein. Dagegen erweist sich die Normstrategie einer Senkung des Preis-Leistungs-Verhältnisses, d. h. einer Preiserhöhung bei zugleich gesenkter Qualität, für die preisorientierte Nischenmarke als optimale Entscheidungsalternative.

Durch die Wahl einer Preis- und Qualitätserhöhung erzielt die **Premiummarke** gegenüber dem Status quo einen relativen investitionsbereinigten CE-Effekt von +34,9 %. Im Vergleich zu einem Marktanteil von 29,8 % im Status quo eines konstanten Wettbewerbsumfelds (vgl. Tabelle 30) wird nun nach 60 Quartalen ein Marktanteil von 35,0 % prognostiziert. Insgesamt kann somit ein positiver Marktanteilseffekt durch die Wahl einer Preis- und Qualitätserhöhung für die Premiummarke identifiziert werden. Außerdem ergibt sich ein positiver Profitabilitätseffekt durch die zusätzliche Preiserhöhung. Dieser Effekt wird jedoch durch die erhöhten variablen Kosten aufgrund der Qualitätssteigerung leicht abgeschwächt.[807] Insgesamt ergibt sich somit ein dominierender Marktanteilseffekt mit einem deutlich positiven Profitabilitätseffekt, der insgesamt zu einer signifikanten CE-Steigerung für die Premiummarke führt.

	CE Status quo	CE bei optimaler Strategie	Investition bei optimaler Strategie	dCE	Marktbearbeitungsstrategie		
					Preis	Qualität	Normstrategie
Premium-marke	294,9	447,7	50,0	34,9 %	Erhöhung	Erhöhung	Trading-up-Strategie (Preis und Qualität)
Preis-orientierte Nischenmarke	88,9	126,7	15,0	25,6 %	Erhöhung	Senkung	Senkung Preis-Leistung
Exklusive Nischenmarke 1	168,9	200,5	-	18,7 %	Erhöhung	keine Änderung	Trading-up-Strategie (Preis)
Exklusive Nischenmarke 2	149,0	174,9	-	17,4 %	Erhöhung	keine Änderung	Trading-up-Strategie (Preis)
No-Frills-Marke	88,9	106,5	-	19,8 %	Erhöhung	keine Änderung	Trading-up-Strategie (Preis)
sonstige Marken	85,6	134,2	-	56,8 %	(keine Entscheidung)	(keine Entscheidung)	(keine Entscheidung)
Gesamt	876,2	1.190,5	65,0	28,5 %	Hypothese bestätigt		
					Hypothese abgelehnt		

Tabelle 34: Optimale Marktbearbeitungsstrategien der Marken – Gesamtmarkt
Quelle: Eigene Darstellung

---

[807] Die Erhöhung der variablen Kosten wird darüber hinaus durch die Verstärkung des Erfahrungskurveneffekts infolge eines höheren Marktanteils gegenüber dem Status quo abgeschwächt.

Die beiden **exklusiven Nischenmarken** entscheiden sich im Rahmen ihrer Trading-up-Strategie im Vergleich zur Premiummarke lediglich für eine Preiserhöhung. Die Investitionen in eine Qualitätserhöhung erweist sich für diese beiden Marken nicht als optimal. Das besonders starke Marktanteilswachstum dieser beiden Marken bei einem konstanten Wettbewerbsumfeld wird durch die Preiserhöhung deutlich abgebremst. Die exklusive Nischenmarke 1 verliert gegenüber dem Status quo 3,5 Prozentpunkte des Marktanteils und realisiert am Ende des Planungszeitraums einen Marktanteil von 15,5 %. Für die exklusive Nischenmarke 2 ergibt sich ein Marktanteilsverlust von 3,2 Prozentpunkten auf insgesamt 12,0 %. Im Vergleich zum Status quo eines konstanten Wettbewerbsumfelds übersteigt der signifikante Profitabilitätseffekt der Preiserhöhung jedoch den negativen Marktanteilseffekt für diese beiden Marken. Insgesamt steigert sich das Marken-CE für Marke 1 und 2 um 18,7 % bzw. 17,4 %. Darüber hinaus scheint die zusätzliche Investition in eine Qualitätserhöhung von 50 Mio. € nicht zu einem ausreichend großen Marktanteilseffekt zu führen, um daraus einen optimalen CE-Effekt zu realisieren.

Dagegen verfolgt die **preisorientierte Nischenmarke** als optimale Form der Marktbearbeitung eine Senkung des Preis-Leistungs-Verhältnisses. Im Zuge der zuvor festgelegten Preiserhöhungen der Wettbewerber entscheidet sich diese Marke ebenfalls für eine 20-prozentige Erhöhung der Preise. Zusätzlich wird ein weiterer positiver Profitabilitätseffekt infolge niedrigerer variabler Stückkosten durch die Investition in eine Qualitätssenkung realisiert. Insgesamt scheint der Effekt eines deutlich gestiegenen Produktdeckungsbeitrags den negativen Marktanteilseffekt mehr als auszugleichen. Die Marke realisiert durch diese Strategie eine optimale relative investitionsbereinigte CE-Änderung von 25,6 %. Durch die Senkung des Preis-Leistungs-Verhältnisses muss die Marke jedoch einen signifikanten Marktanteilsverlust von 3,5 Prozentpunkten gegenüber dem Status quo von 11,0 % hinnehmen.

Die **No-Frills-Marke** lässt sich von der Welle der zuvor festgelegten Preiserhöhungen mittreiben und legt ihrerseits als optimale Form der Gesamtmarktbearbeitung eine 20-prozentige Preiserhöhung fest. Insgesamt kann die No-Frills-Marke durch diese Form der Marktbearbeitung eine Erhöhung des investitionsbereinigten CE von 19,8 % realisieren. Der prognostizierte Marktanteil am Ende des Planungshorizonts sinkt dabei gegenüber dem Status quo von 13,3 % auf 10,5 %. Im Gegensatz zur preisorientierten Nischenmarke scheint eine Investition in eine

Qualitätssenkung für die No-Frills-Marke nicht vorteilhaft zu sein. Dies steht mit dem erhöhten Investitionsbedarf für eine Qualitätssenkung von 20 Mio. € für die Marke in Verbindung (vgl. Tabelle 28).

Für die **sonstigen Marken** kann durch die Preiserhöhung der Wettbewerbermarken mit einem Marktanteil von 19,5 % eine deutliche Steigerung gegenüber dem Status quo (11,7 %) prognostiziert werden. Aufgrund des deutlich verstärkten Erfahrungskurveneffekts gegenüber dem Status quo resultiert daraus eine signifikante Steigerung des CE von 56,8 %.

Anhand der gewählten Trading-up-Strategie der qualitätsorientierten Marken können die **Untersuchungshypothesen** für die Premiummarke (H_1) sowie für die beiden exklusiven Nischenmarken (H_2) bestätigt werden. Demgegenüber müssen die Hypothesen für eine optimale Gesamtmarktbearbeitung der preisorientierten Marken (H_3 und H_4) im betrachteten Markt abgelehnt werden. Die beiden Marken wählen nicht, wie angenommen, eine Trading-down-Strategie, sondern im Fall der No-Frills-Marke eine Trading-up-Strategie und im Fall der preisorientierten Nischenmarke eine Senkung des Preis-Leistungs-Verhältnisses.

Auf der **Gesamtmarktebene** führen die CE-optimalen Marktbearbeitungsstrategien der entscheidungsrelevanten Marken zu einer signifikanten Steigerung des CE. Unter Berücksichtigung der getätigten Gesamtinvestitionen von 65,0 Mio. € realisieren die Marken eine CE-Steigerung von 28,5 % gegenüber dem Status quo.

6.4.2 Einordnung und Interpretation der optimalen Strategien

Die optimalen Marktbearbeitungsstrategien der Marken lassen sich entlang der drei Dimensionen des **Strategieformulierungsprozesses** (vgl. Kapitel 4.6.3.1) interpretieren und in die aktuelle Strategie-Forschung einordnen.[808] Darüber hinaus werden die optimalen Strategien entsprechend dem entwickelten **mehrdimensionalen Positionierungsmodell** (vgl. Kapitel 4.6.2) graphisch dargestellt. Neben einer Veranschaulichung der relativen Wettbewerbsbewegungen erlaubt die Beschreibung des Wettbewerbsverhaltens in einem Positionierungsmodell eine bessere Interpretation der getroffenen Wettbewerbsentscheidungen. In Abbildung 38 sind dazu die Wirkun-

---

[808] Vgl. BERNDT (2005), S. 92 f.

gen der optimalen Marktbearbeitungsstrategien auf den **Wettbewerbsvorteil der Marken** dargestellt. Dieser wird entlang der Dimensionen relativer Preis und Qualität dargestellt. Die Wettbewerbsverschiebungen der Marken spiegeln die relativen Preis- und Qualitätsänderungen der Marken wider. Zusätzlich zur relativen Veränderung des Wettbewerbsvorteils der Marken werden in Abbildung 39 die relativen **Änderungen der Markengrößen** entlang der Marktanteilsverschiebungen betrachtet.

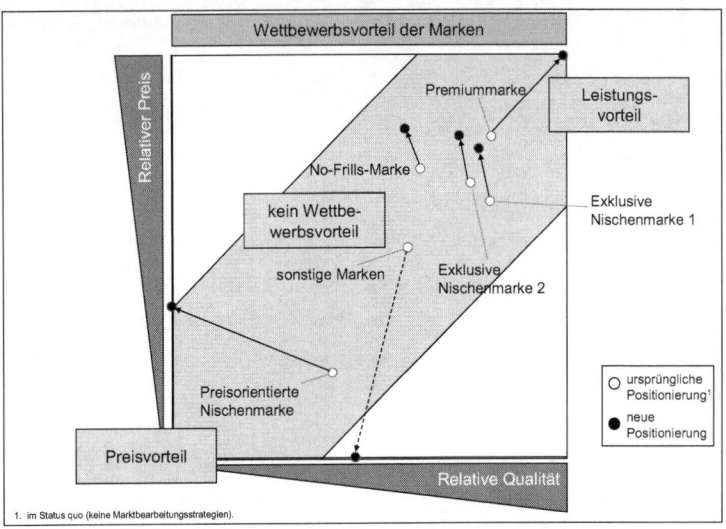

Abbildung 38: Änderung des Wettbewerbsvorteils bei optimaler Strategie
Quelle: Eigene Darstellung

Die **Premiummarke** verfolgt durch die Wahl einer Preis- und Qualitätserhöhung im Rahmen einer Trading-up-Strategie als Strategie-Stil einen Ausbau der ursprünglichen Marktpositionierung. Als Strategie-Substanz kann dabei für die Premiummarke der weitere Ausbau des bereits heute ausgeprägten Leistungsvorteils der Marke identifiziert werden.[809] Dabei wird der aktuelle USP der Premiummarke einer überlegenen Qualität weiterentwickelt.[810] In Abbildung 38 werden diese Beobachtungen durch die starke relative Wettbewerbsbewegung der Premiummarke hin zu einem höheren wahrgenommenen Preis- und Qualitätsniveau der Nachfrager bestätigt. Als Strategie-Stil kann für die Premiummarke auch im Rahmen der gewählten optimalen Marktbearbeitungsstrategie das klare Ziel einer Marktführerschaft erkannt werden. In

---

[809] Vgl. PORTER (2002).
[810] Vgl. RIES und TROUT (2001), S. 19 f.

Abbildung 39 spiegelt sich dies durch die Erhöhung des prognostizierten Marktanteils gegenüber dem Status quo wider. In Relation zum Wettbewerb kann die Trading-up-Strategie der Premiummarke als Points-of-Difference-Positionierung interpretiert werden.[811] Gegenüber dem Wettbewerb wird dabei die Qualitätsführerschaft als Kernkompetenz der Premiummarke weiter ausgebaut.[812] Hinsichtlich der Nachfrager wird eine Präferenzstrategie verfolgt, in der durch die Qualitätserhöhung ein hoher Nettonutzeneffekt generiert wird, der die gleichzeitige Preiserhöhung rechtfertigt.[813]

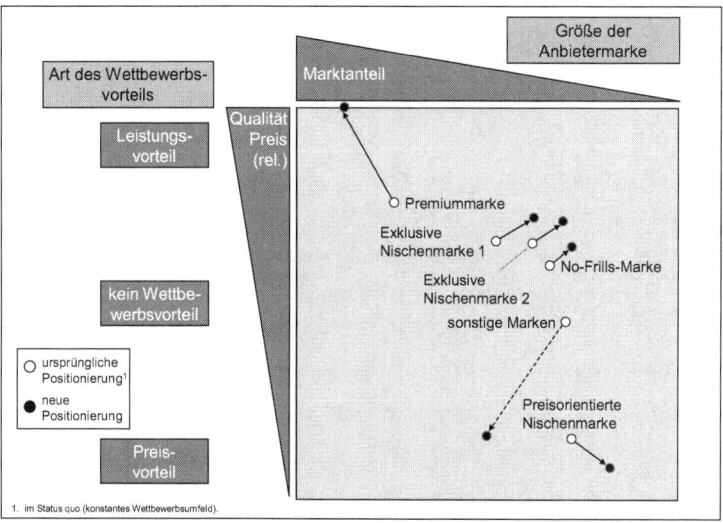

Abbildung 39: Änderung der Marktpositionierung bei optimaler Strategie
Quelle: Eigene Darstellung

Im Vergleich dazu erreichen die beiden **exklusiven Nischenmarken** durch die optimale Wahl einer Preiserhöhung als Strategie-Position lediglich eine Beibehaltung der aktuellen Marktpositionierung. Die Aufrechterhaltung des aktuellen Leistungsvorteils bezieht sich bei diesen beiden qualitätsorientierten Marken nur auf die preisliche Dimension. Hinsichtlich der Qualitätsführerschaft verlieren sie bei ihrer Wahl der optimalen Gesamtmarktbearbeitung relativ zur Premiummarke. Als Strategie-Substanz kann dabei kein klarer Ausbau der Leistungsführerschaft bzw. keine weitere Qualitätsdifferenzierung gegenüber dem Wettbewerb identifiziert werden. Dies spiegelt

---

[811] Vgl. KELLER (2003), S. 131 ff.
[812] Vgl. HAMEL und PRAHALAD (1995), S. 307 ff.
[813] Vgl. BECKER (2006), S. 182 ff.

sich in den relativen Wettbewerbsbewegungen der beiden exklusiven Nischenmarken gegenüber der Premiummarke in Abbildung 38 wider. Bzgl. ihres Strategie-Stils können die beiden exklusiven Nischenmarken als Marktnischenbearbeiter identifiziert werden. Durch die Erhöhung des Preises bei gleichbleibender Qualität wird eine weitere Fokussierung auf besonders preisinsensitive Nachfragergruppen im Gesamtmarkt angestrebt. Aufgrund des imitierenden Wettbewerbsverhaltens können die beiden Marken jedoch auch als Marktmitläufer charakterisiert werden. Im Sinn einer Points-of-Parity-Positionierungsstrategie wird durch die Imitation des Wettbewerbsverhaltens eine optimale Marktposition angestrebt. Die Ähnlichkeit der relativen Wettbewerbsbewegung der beiden exklusiven Nischenmarken ist dabei besonders gut im Positionierungsmodell in Abbildung 39 zu beobachten

Die **No-Frills-Marke** wählt vergleichbar zu den beiden exklusiven Nischenmarken eine Preiserhöhung als optimale Form der Marktbearbeitung. Für die preisorientierte Marke stellt diese Preiserhöhung eine weitgehende Beibehaltung der relativen Marktpositionierung gegenüber dem Status quo dar. Dies kann dadurch begründet werden, dass durch die flächendeckende Preiserhöhung aller entscheidungsrelevanten Marken im Markt das relative Preisgefüge weitgehend aufrechterhalten wird. Die Beibehaltung der relativen Marktposition der No-Frills-Marke wird durch die graphisch dargestellten Wettbewerbsbewegungen in Abbildung 38 bestätigt. Somit bleibt die wenn auch im Fall der No-Frills-Marke schwach ausgeprägte Preisführerschaft weitgehend bestehen. Durch die gewählte Strategie kann die No-Frills-Marke bzgl. des Strategie-Stils als Marktmitläufer charakterisiert werden. Durch ein im Wesentlichen imitierendes Wettbewerbsverhalten im Vergleich zu den beiden exklusiven Nischenmarken versucht die Marke im Sinn einer Points-of-Parity-Positionierung einen möglichst hohes CE zu erzielen. Die Imitation des Wettbewerbsverhaltens durch die No-Frills-Marke kann dabei anschaulich im Positionierungsmodell in Abbildung 39 gezeigt werden.

Die **preisorientierte Nischenmarke** fokussiert durch die Wahl einer Senkung des Preis-Leistungs-Verhältnisses auf den Ausbau der aktuellen Marktpositionierung. Durch die Reduzierung der Qualität wird eine weitere Absenkung der variablen Stückkosten der Marke erzielt. Diese Kosteneinsparungen werden jedoch nicht an die Nachfrager im Gesamtmarkt weitergegeben. Stattdessen erhöht die preisorientierte Nischenmarke ebenfalls, wie alle weiteren entscheidungsrelevanten Marken im betrachteten Markt, ihre Preise. Im Vergleich zu den Wettbewerbsmarken kann somit die aktuelle Preisführerschaft der Marke gegenüber dem Nachfrager weitgehend aufrechterhalten werden (vgl. Abbildung 38). Durch die Qualitätssenkung kann darüber hinaus eine Points-of-Difference-Positionierung gegenüber den Wettbewerbermarken identifiziert werden. Bei der Wahl dieser Strategie scheint die preisorientierte Nischenmarke eine möglichst stark ausgeprägte Differenzierung vom Wettbewerb sicherzustellen, um so einen möglichst hohen Marken-CE zu erzielen. Als Strategie-Stil kann für die Marke die Rolle eines Marktnischenbearbeiters identifiziert werden. Durch die Senkung des Preis-Leistungs-Verhältnisses fokussiert die Marke auf besonders preis- und qualitätsinsensitive Nachfragergruppen im Gesamtmarkt. Dies wird in Form eines sinkenden Marktanteils gegenüber dem Status quo ersichtlich (vgl. Abbildung 39).

Die Marktbearbeitungsstrategien der entscheidungsrelevanten Marken im betrachteten Markt führen darüber hinaus zu einer unfreiwilligen, da nicht aktiv gesteuerten, Re-Positionierung der **sonstigen Marken**. Durch die flächendeckenden Preiserhöhungen aller anderen Marken senkt sich das wahrgenommene relative Preisniveau der sonstigen Marken auf den tiefsten Stand im betrachteten Markt (vgl. Abbildung 38). Durch die Wettbewerbsbewegungen der Wettbewerbsmarken nehmen die sonstigen Marken somit die Rolle einer wenn auch hypothetischen No-Frills-Marke im Gesamtmarkt ein (vgl. Abbildung 39).

In Tabelle 35 sind die Ergebnisse der **Interpretation und Einordnung der optimalen Marktbearbeitungsstrategien** der Marken zusammengefasst. Insgesamt gesehen sind im betrachteten Wettbewerbsumfeld keine signifikanten Re-Positionierungen der Marken zu beobachten. Dies kann als Indiz dafür gelten, dass der Erfolg einer Re-Positionierung mit der Distanz zwischen ursprünglicher und neuer, antizipierter Marktpositionierung sinkt.[814] BURMANN und FEDDERSEN (2007) erklären dieses Phänomen durch den für die Nachfrager erhöhten Lernaufwand des nunmehr stark veränderten Angebots der betrachteten Marke.

Außerdem scheint das Wettbewerbsverhalten der entscheidungsrelevanten Marken im betrachteten Anbieteroligopol v. a. durch **Kooperationsstrategien** in Form implizi-

---

[814] Vgl. BURMANN und FEDDERSEN (2007), S. 23.

ter Preisabsprachen charakterisiert zu sein.[815] Dieses Wettbewerbsverhalten ist in vielen oligopolistischen Märkten, wie bspw. im deutschen Strom- und Gasversorgungsmarkt oder im Mineralölmarkt, zu beobachten.[816] Das Wettbewerbsphänomen ist dabei durch die Einsicht der Marktanbieter bestimmt, dass durch eine entgegenkommende, kooperative Marktbearbeitungsstrategie ein höheres CE erwirtschaftet werden kann als bei einer aggressiven konkurrenzgerichteten Konfliktstrategie, wie bspw. signifikante Preissenkungen. Mit Ausnahme der marktführenden Premiummarke wählen alle entscheidungsrelevanten Marken im betrachteten Markt kooperative Marktbearbeitungsstrategien. Aufgrund des kooperativen Wettbewerbsumfelds ist auch die Rolle des Marktherausforderers im betrachteten Markt unbesetzt. Daher kann für keine der entscheidungsrelevanten Marken eine aggressive Preisstrategie nach PORTER (2002) identifiziert werden. Jedoch muss in diesem Zusammenhang erwähnt werden, dass es sich im Modell um ein Marktumfeld etablierter Wettbewerber handelt, bei dem der Markteintritt eines Marktneulings ausgeschlossen wird.[817]

	Premiummarke	Exklusive Nischenmarke	No-Frills-Marke	Preisorientierte Nischenmarke
Strategie-Position	• Ausbau aktuelle Marktpositionierung	• Beibehaltung aktuelle Marktpositionierung	• Beibehaltung aktuelle Marktpositionierung	• Ausbau aktuelle Marktpositionierung
Strategie-Substanz	• Leistungsführerschaft • Points-of-Difference-Positionierung	• Leistungsführerschaft	• Preisführerschaft	• Preisführerschaft • Points-of-Difference-Positionierung
Strategie-Stil	• Marktführer	• Marktnischenbearbeiter/ Marktmitläufer (Points-of-Parity-Positionierung)	• Marktmitläufer (Points-of-Parity-Positionierung)	• Marktnischenbearbeiter
	Konfliktstrategie	Kooperationsstrategie	Kooperationsstrategie	Kooperationsstrategie

Tabelle 35: Einordnung und Interpretation der optimalen Strategien
Quelle: Eigene Darstellung

---

[815] Vgl. LAMBIN et al. (2007).
[816] Vgl. RUDNICK (2003).
[817] Vgl. GRUCA et al. (2001), S. 53 ff.

Darüber hinaus deutet das Wettbewerbsverhalten auf eine **relativ niedrige Kreuzpreiselastizität der Marktnachfrage** hin. Es scheint keine Marke einen Vorteil darin zu sehen, aus dem kooperativen Wettbewerbsgleichgewicht auszubrechen, um mit abgesenkten Preisen eine signifikante Marktanteilssteigerung zu realisieren, die den negativen Profitabilitätseffekt infolge eines schlechteren Produktdeckungsbeitrags dominiert. Die relativ niedrige Kreuzpreiselastizität der Marktnachfrage kann dabei am Beispiel des Marktanteilsverlaufs der sonstigen Marken gezeigt werden. Diese realisieren zwar durch die Preiserhöhungen der Wettbewerbermarken mit 19,5 % fast eine Verdopplung des Marktanteils gegenüber dem Status quo von 11,7 %. Jedoch kann keine übermäßig starke Abwanderung der Nachfrager zu den sonstigen Marken mit einem konstant gebliebenen Preis-Qualitäts-Mix beobachtet werden. Dies deutet auf eine relativ niedrige Kreuzpreiselastizität der Nachfrage bzgl. der sonstigen Marken mit den übrigen Anbietermarken im Markt hin. Das Drohpotenzial signifikanter Marktanteilsverluste zu den sonstigen Marken scheint aus der Sicht der entscheidungsrelevanten Marken bei einer gemeinsamen Preiserhöhung somit nicht allzu groß zu sein.

6.5 Optimale Marktbearbeitungsstrategien in den Nachfragersegmenten

Eine Übersicht über die ermittelten optimalen Marktbearbeitungsstrategien in den Nachfragersegmenten ist in Tabelle 36 dargestellt. Dabei fällt auf, dass sich insbesondere in den preissensitiven Segmenten die angenommenen optimalen Normstrategien „Verbesserung des Preis-Leistungs-Verhältnisses" und „Trading-down-Strategie" nicht bestätigen. Dies liegt daran, dass auch in den Segmenten ein eher kooperatives Wettbewerbsverhalten der entscheidungsrelevanten Marken beobachtet werden kann. Somit erweist sich eine Preissenkung nicht als optimale Form der Segmentbearbeitung. Vielmehr scheint auch in den Nachfragersegmenten eine Kooperation der Marken die vorherrschende Wettbewerbsform darzustellen, in denen sich die meisten Marken für eine Preiserhöhung entscheiden.

Insgesamt können die Untersuchungshypothesen für die Segmente der qualitätsbewussten Nachfrager (H_5) sowie der nichtinvolvierten Nachfrager (H_8) bestätigt werden. Die Hypothese bzgl. des hochinvolvierten Nachfragersegments (H_6) kann hingegen nur unter der Annahme eines konstanten Wettbewerbsumfelds für den

Marktführer bestätigt werden, während die unterstellte optimale Segmentbearbeitung (H_7) der preisbewussten Nachfrager abgelehnt werden muss.

	Optimale Segmentbearbeitung			
	Qualitätsbewusst (Hypothese H_5)	Hochinvolviert (Hypothese H_6)	Preisbewusst (Hypothese H_7)	Nichtinvolviert (Hypothese H_8)
Premiummarke	Trading-up-Strategie (Preis und Qualität)	Trading-up-Strategie (Preis und Qualität)[1]	Trading-up-Strategie (Preis)	Trading-up-Strategie (Preis)
Preis- orientierte Nischenmarke	Trading-up-Strategie (Preis)	Trading-up-Strategie (Preis und Qualität)	Passivstrategie	Senkung Preis-Leistung
Exklusive Nischenmarke 1	Trading-up-Strategie (Preis)	Trading-up-Strategie (Preis und Qualität)	Trading-up-Strategie (Preis)	Trading-up-Strategie (Preis)
Exklusive Nischenmarke 2	Trading-up-Strategie (Preis)	Trading-up-Strategie (Preis und Qualität)	Trading-up-Strategie (Preis)	Trading-up-Strategie (Preis)
No-Frills-Marke	Trading-up-Strategie (Preis)	Trading-up-Strategie (Preis und Qualität)	Trading-up-Strategie (Preis)	Senkung Preis-Leistung
sonstige Marken	keine Entscheidung	keine Entscheidung	keine Entscheidung	keine Entscheidung

1. Die angenommene Optimalität einer Verbesserung des Preis-Leistungsverhältnisses ergibt sich für die Premiummarke nur unter Annahme eines konstanten Wettbewerbsumfelds

Hypothese bestätigt
Hypothese abgelehnt

Tabelle 36: Zusammenfassung der optimalen Segmentstrategien
Quelle: Eigene Darstellung

6.5.1 Segment der qualitätsbewussten Nachfrager

Im Nachfragersegment der qualitätssensitiven, aber preisinsensitiven Nachfrager ergibt sich ein ähnliches Bild der **optimalen Segmentbearbeitungsstrategien der Marken** wie im Gesamtmarkt. Alle entscheidungsrelevanten Marken wählen als optimale Form der Segmentbearbeitung eine **Trading-up-Strategie** in Form einer Preiserhöhung (vgl. Tabelle 37). Die Premiummarke entscheidet sich im Rahmen ihrer Trading-up-Strategie zusätzlich für die Durchführung einer Qualitätserhöhung. Aufgrund der verhältnismäßig geringen Preissensitivität der Nachfrager in diesem Segment erweist sich eine Preiserhöhung für alle entscheidungsrelevanten Marken als optimal. Demgegenüber scheint die Investition in eine Qualitätserhöhung trotz einer relativ gesehen starken Qualitätsorientierung der Nachfrager in diesem Segment nur für die Premiummarke vorteilhaft zu sein.

Für die **Premiummarke** ergibt sich durch die Wahl einer Preis- und Qualitätserhöhung eine relative investitionsbereinigte Erhöhung des Segment-CE um 38,6 % gegenüber dem Status quo (vgl. Tabelle 37). Diese signifikante Erhöhung des CE kann einerseits durch eine prognostizierte Segmentanteilssteigerung um 7,0 Prozentpunkte auf insgesamt 45,0 % erklärt werden. Im Vergleich zu den Wettbewerbermarken kann die Premiummarke somit gegenüber den Nachfragern einen positiven Nettonutzeneffekt durch die gleichzeitige Qualitätserhöhung realisieren. Andererseits ergibt sich die CE-Steigerung durch eine Steigerung des Produktdeckungsbeitrags durch die Preiserhöhung. Der 20-prozentigen Preiserhöhung steht eine 5-prozentige Erhöhung der variablen Stückkosten durch die Qualitätserhöhung gegenüber.[818] Zusätzlich müssen für die Bestimmung des CE-Effekts die anfallenden Investitionen aufgrund der Wahl einer Qualitätserhöhung von 25 Mio. € berücksichtigt werden.

	CE Status quo	CE bei optimaler Strategie	Investition bei optimaler Strategie	dCE	Marktbearbeitungsstrategie		
					Preis	Qualität	Normstrategie
Premiummarke	99,0	162,2	25,0	38,6 %	Erhöhung	Erhöhung	Trading-up-Strategie (Preis und Qualität)
Preisorientierte Nischenmarke	3,4	4,2	-	24,8 %	Erhöhung	keine Änderung	Trading-up-Strategie (Preis)
Exklusive Nischenmarke 1	47,8	55,9	-	16,9 %	Erhöhung	keine Änderung	Trading-up-Strategie (Preis)
Exklusive Nischenmarke 2	45,3	54,2	-	19,5 %	Erhöhung	keine Änderung	Trading-up-Strategie (Preis)
No-Frills-Marke	20,2	23,2	-	14,4 %	Erhöhung	keine Änderung	Trading-up-Strategie (Preis)
sonstige Marken	17,3	25,7	-	49,1 %	keine Entscheidung	keine Entscheidung	keine Entscheidung
Gesamt	233,0	325,3	25,0	28,9 %	Hypothese bestätigt		
					Hypothese abgelehnt		

Tabelle 37: Optimale Strategien der Marken – qualitätsbewusstes Segment
Quelle: Eigene Darstellung

Die beiden **exklusiven Nischenmarken** entscheiden sich im Vergleich zur Premiummarke lediglich für eine Preiserhöhung. Eine zusätzliche Qualitätserhöhung erscheint dagegen nicht als optimale Form der Segmentbearbeitung der qualitätsbewussten Nachfrager. Durch die Qualitätserhöhung kann folglich kein signifikanter CE-Effekt erzielt werden, der die notwendigen Investitionen in eine Qualitätserhöhung von jeweils 25 Mio. € für diese beiden Marken übersteigt. Im Vergleich zur Premiummarke

---

[818] In diesem Zusammenhang müssen Kostensenkungen wegen des unterstellten Erfahrungskurveneffekts berücksichtigt werden.

kann diese Beobachtung u. a. durch die geringe Größe der beiden Nischenmarken erklärt werden. Im Status quo weisen die exklusiven Nischenmarken ein Segment-CE von 47,8 Mio. € (Marke 1) bzw. 45,3 Mio. € (Marke 2) auf, das jeweils weniger als die Hälfte des CE der Premiummarke ausmacht. Durch die Wahl einer Preiserhöhung können beide eine relative CE-Steigerung von 16,9 % und 19,5 % gegenüber dem Status quo realisieren. Dabei reduzieren sich die Segmentanteile von 20,8 % auf 16,9 % für die exklusive Nischenmarke 1 bzw. von 17,8 % auf 14,9 % für Marke 2. Dem negativen Segmentanteilseffekt steht dabei jedoch ein größerer, positiver Profitabilitätseffekt aufgrund der Preiserhöhung gegenüber, so dass sich insgesamt eine Steigerung des Segment-CE für diese beiden Marken ergibt.

Die beiden **preisorientierten Marken** entscheiden sich ebenfalls wie die vorher betrachteten Marken im Rahmen einer Trading-up-Strategie für eine Preiserhöhung. Durch die Wahl dieser Segmentbearbeitung realisieren beide Marken eine relative Erhöhung des Segment-CE um 24,8 % für die preisorientierte Nischenmarke bzw. 14,4 % für die No-Frills-Marke. Dabei reduziert sich der ohnehin schon kleine Segmentanteil der Nischenmarke um 0,3 Prozentpunkte auf insgesamt 1,5 %. Für die No-Frills-Marke ergibt sich aufgrund der Preiserhöhung eine Reduzierung des Segmentanteils um 3,5 Prozentpunkte auf 8,5 %. Jedoch dominiert der starke Profitabilitätseffekt durch die 20-prozentige Preiserhöhung, so dass sich für beide Marken eine Steigerung des Segment-CE realisieren lässt.

Die **sonstigen Marken** profitieren von den Preiserhöhungen der entscheidungsrelevanten Marken durch eine Segmentanteilserhöhung gegenüber dem Status quo um 3,6 Prozentpunkte auf insgesamt 13,2 %. Durch ergibt sich, verstärkt durch einen signifikanteren Erfahrungskurveneffekt, insgesamt eine Erhöhung des Segment-CE um 49,1 % gegenüber dem Status quo.

Insgesamt lässt sich die Segmentstrategie der Premiummarke in diesem Nachfragersegment gegenüber den Wettbewerbermarken als eine Points-of-Difference-Positionierung interpretieren, deren Ziel der Ausbau der aktuellen Qualitätsführerschaft in diesem Segment ist. Somit stellt die Strategie als Verhaltensweise gegenüber den Konkurrenten eine Konfliktstrategie dar. Demgegenüber kann das **Wettbewerbsverhalten** der anderen entscheidungsrelevanten Marken im betrachteten Segment als Points-of-Parity-Positionierungsstrategien gedeutet werden, deren primäres Ziel die Aufrechterhaltung der aktuellen Marktpositionierung durch ein imitierendes Wettbewerbsverhalten darstellt. Das konkurrenzgerichtete Verhalten dieser Marken besitzt dabei den Charakter einer Kooperationsstrategie.

Das Verhalten der entscheidungsrelevanten Wettbewerbermarken im qualitätsbewussten Nachfragersegment bestätigt dabei die definierten **Untersuchungshypothesen** für dieses Segment (vgl. Kapitel 5.3.2). Für alle Marken erweist sich eine **Trading-up-Strategie** als optimale Form der Segmentbearbeitung (H_5). Aufgrund einer relativ gesehen niedrigen Preissensitivität der qualitätsbewussten Nachfrager ergibt sich für die Marken durch die Preiserhöhung nur eine schwache Marktanteilsreduktion gegenüber dem Status quo. Darüber hinaus kann für die Premiummarke eine Marktanteilserhöhung durch die Qualitätserhöhung festgestellt werden, die den negativen Profitabilitätseffekt aufgrund höherer variabler Stückkosten und notwendiger Investitionen übersteigt.

6.5.2 Segment der hochinvolvierten Nachfrager

Das Wettbewerbsverhalten der entscheidungsrelevanten Marken im hochinvolvierten, d. h. preis- und qualitätssensitiven Nachfragersegment ist ebenfalls durch die optimale Wahl einer **Trading-up-Strategie** gekennzeichnet. Im Gegensatz zum qualitätsbewussten Segment (vgl. Kapitel 6.5.1) wählen jedoch alle entscheidungsrelevanten Marken – sowohl die qualitäts- als auch die preisorientierten – neben einer Preiserhöhung auch eine Qualitätserhöhung als optimale Form der Segmentbearbeitung (vgl. Tabelle 38). Somit scheint sich in diesem qualitätsorientierten Segment durch die Wahl einer Qualitätserhöhung ein signifikant positiver Marktanteilseffekt durch eine verbesserte Nutzenwahrnehmung der Nachfrager zu ergeben, der den Effekt der Erhöhung der variablen Stückkosten und der notwendigen Investitionen mehr als neutralisiert.

Durch die Wahl einer Preis- und Qualitätserhöhung ergibt sich für die **Premiummarke** eine investitionsbereinigte relative CE-Erhöhung um 33,4 % gegenüber dem Status quo (vgl. Tabelle 38). Die Steigerung des CE resultiert dabei einerseits aus einer prognostizierten Segmentanteilserhöhung von 3,5 Prozentpunkten auf insgesamt 30,5 %. Die Nachfrager scheinen somit die Trading-up-Strategie der Premiummarke mit einem positiven Nettonutzeneffekt gegenüber dem Status quo zu honorieren. Darüber hinaus kann eine Steigerung des Produktdeckungsbeitrags infolge der Preiserhöhung um 20 % festgestellt werden, die der 5-prozentigen Erhöhung der variablen Stückkosten aufgrund der Qualitätserhöhung entgegenwirkt.[819] Insgesamt scheint somit die Investition in eine Qualitätserhöhung von 25 Mio. € aufgrund der Steigerung des Marktanteils vorteilhaft zu sein.

	CE Status quo	CE bei optimaler Strategie	Investition bei optimaler Strategie	dCE	Marktbearbeitungsstrategie		
					Preis	Qualität	Normstrategie
Premiummarke	98,7	156,7	25,0	33,4 %	Erhöhung	Erhöhung	Trading-up-Strategie (Preis und Qualität)
Preisorientierte Nischenmarke	42,7	66,1	15,0	19,7 %	Erhöhung	Erhöhung	Trading-up-Strategie (Preis und Qualität)
Exklusive Nischenmarke 1	69,6	109,9	25,0	22,1 %	Erhöhung	Erhöhung	Trading-up-Strategie (Preis und Qualität)
Exklusive Nischenmarke 2	56,9	92,6	25,0	18,9 %	Erhöhung	Erhöhung	Trading-up-Strategie (Preis und Qualität)
No-Frills-Marke	31,8	53,8	20,0	6,0 %	Erhöhung	Erhöhung	Trading-up-Strategie (Preis und Qualität)
sonstige Marken	29,6	13,2	-	-55,3 %	keine Entscheidung	keine Entscheidung	keine Entscheidung
Gesamt	329,4	492,4	110,0	16,1 %		Hypothese bestätigt Hypothese abgelehnt	

Tabelle 38: Optimale Strategien der Marken – hochinvolviertes Segment
Quelle: Eigene Darstellung

Die beiden **exklusiven Nischenmarken** entscheiden sich ähnlich wie die Premiummarke im Rahmen ihrer Trading-up-Strategie für eine gleichzeitige Preis- und Qualitätserhöhung im hochinvolvierten Nachfragersegment. Durch die Wahl dieser optimalen Form der Segmentbearbeitung realisieren die exklusiven Nischenmarken eine investitionsbereinigte relative CE-Erhöhung von 22,1 % (Marke 1) und 18,9 % (Marke 2) gegenüber dem Status quo. Die stärker ausgeprägte CE-Erhöhung für Marke 1 kann dabei v. a. durch die gleiche Höhe der notwendigen Investitionen von 25 Mio. € für beide Marken und des höheren Segment-CE von Marke 1 im Status quo von 69,6 Mio. € gegenüber Marke 2 (56,9 Mio. €) erklärt werden. Der positive Segmentanteilseffekt fällt dagegen für beide Marken vergleichbar aus. Marke 1 realisiert durch die Preis- und Qualitätserhöhung eine Segmentanteilssteigerung von 1,9 Prozentpunkten auf insgesamt 22,9 %, während für Marke 2 eine Steigerung von 1,6

---

[819] Zusätzlich müssen die Kostensenkungseffekte aufgrund des unterstellten Erfahrungskurveneffekts berücksichtigt werden.

Prozentpunkten auf 17,2 % prognostiziert wird. Der positive CE-Effekt resultiert auch aus dem positiven Profitabilitätseffekt aufgrund der durchgeführten Preiserhöhung, der einer Erhöhung der variablen Kosten sowie den notwendigen Investitionen entgegenwirkt.

Für die beiden **preisorientierten Marken** erweist sich eine Preis- und Qualitätserhöhung im Rahmen einer Trading-up-Strategie ebenfalls als optimale Form der Segmentbearbeitung. Insgesamt ergibt sich für die Marken eine relative investitionsbereinigte CE-Erhöhung von 19,7 % (preisorientierte Nischenmarke) und 6,0 % (No-Frills-Marke). Somit scheint auch für die preisorientierten Marken die Investition in eine Qualitätserhöhung von Vorteil zu sein. Der deutlich niedrigere CE-Effekt für die qualitativ höherwertige No-Frills-Marke ergibt sich dabei im Wesentlichen durch das höhere notwendige Investitionsvolumen von 20 Mio. € bei einem gleichzeitig kleineren Segment-CE im Status quo von 31,8 Mio. €. Durch die Preis- und Qualitätserhöhung können die beiden preisorientierten Marken im Segment der hochinvolvierten Nachfrager ihre Segmentanteile gegenüber dem Status quo weitgehend aufrechterhalten. Die preisorientierte Nischenmarke verzeichnet einen leichten Rückgang des Segmentanteils von 0,4 Prozentpunkten auf insgesamt 13,6 %, die No-Frills-Marke von 0,2 Prozentpunkten auf 11,6 %. Somit ergibt sich in diesem Segment, vergleichbar zum Status quo, ein höherer prognostizierter Segmentanteil für die Nischenmarke als für die No-Frills-Marke.

Aufgrund der Preis- und Qualitätserhöhungen der Wettbewerber ergibt sich für die **sonstigen Marken** eine signifikante Senkung des Segment-CE um -55,3 %. Dies kann v. a. durch einen starken Segmentanteilsverlust von 6,4 Prozentpunkten auf nur noch 4,2 % im Segment der hochinvolvierten Nachfrager erklärt werden.

Die optimalen Strategien der entscheidungsrelevanten Marken sind in diesem Nachfragersegment durch ein **imitierendes Wettbewerbsverhalten** geprägt. Daher kann als Ergebnis der Wettbewerbsbewegung eine weitgehende Beibehaltung der aktuellen Marktpositionierung in diesem Segment für diese Marken identifiziert werden. Sowohl der Preisvorteil der preisorientierten Marken als auch der relative Qualitätsvorteil der qualitätsorientierten Marken wird durch die Trading-up-Strategien der einzelnen Marken im Wesentlichen aufrechterhalten. Deshalb besitzen die gewählten

Strategien der Marken den Charakter einer **Points-of-Parity-Positionierung**, in der die weitgehende Imitation der Wettbewerbermarken angestrebt wird.

Die ermittelten optimalen Strategien der Marken decken sich dabei nicht mit dem unterstellten Wettbewerbsverhalten der **Untersuchungshypothesen** im Segment der hochinvolvierten Nachfrager. Für das preis- und qualitätssensitive Nachfragersegment wurde ursprünglich eine Verbesserung des Preis-Leistungs-Verhältnisses als optimale Form der Segmentbearbeitung unterstellt (H_6). Diese Annahme setzte dabei implizit voraus, dass bspw. durch eine Qualitätserhöhung bei konstantem Preis eine Marktanteilssteigerung für die Marken erzielbar ist, der den negativen Profitabilitätseffekt mehr als neutralisiert. Jedoch können bei der Analyse der Wettbewerbsergebnisse zwei Aspekte identifiziert werden, die einer Verbesserung des Preis-Leistungs-Verhältnisses im Segment entgegenstehen. Erstens zeichnet sich die Marktnachfrage durch eine relativ geringe Kreuzpreiselastizität aus, so dass durch eine Verbesserung des Preis-Leistungs-Verhältnisses nicht die notwendige signifikante Steigerung des Segmentanteils einer Marke im Wettbewerbsumfeld zu erwarten ist. Zweitens stellt im Gegensatz dazu eine 20-prozentige Preiserhöhung die Möglichkeit einer signifikanten Steigerung des Produktdeckungsbeitrags für die Marken in Aussicht. Durch die informale Kooperation der Marken und die damit verbundene gemeinsame Erhöhung der Preise aller entscheidungsrelevanten Marken wird dieser Profitabilitätseffekt für alle Marken realisierbar. Somit überwiegen in einem Wettbewerbsumfeld aus der Sicht der Marken die Vorteile einer (gemeinsam durchgeführten) Preiserhöhung gegenüber einer Verbesserung des Preis-Leistungs-Verhältnisses, bspw. durch eine Qualitätserhöhung bei konstantem Preis.[820]

6.5.3 Segment der preisbewussten Nachfrager

Im Segment der preisbewussten Nachfrager ergeben sich für die qualitätsorientierten Marken sowie für die No-Frills-Marke ebenfalls Preiserhöhungen im Rahmen von Trading-up-Strategien als bestmögliche Formen der Segmentbearbeitung (vgl. Tabelle 39). Trotz einer relativ gesehen hohen Preissensitivität der Nachfrager in diesem Segment erweist sich eine gemeinsame Preiserhöhung für diese Marken als optimal. Dagegen entscheidet sich die preisorientierte Nischenmarke für eine

---

[820] Die Untersuchungshypothese wird jedoch, wie in Kapitel 6.7.2.2 beschrieben, unter Annahme eines konstanten Wettbewerbsumfelds aus der Sicht der führenden Premiummarke bestätigt.

Passivstrategie. Aufgrund der relativ gesehen niedrigen Qualitätssensitivität der Nachfrager scheint für keine Marke im betrachteten Segment die Investition in eine Qualitätserhöhung vorteilhaft zu sein.

				Marktbearbeitungsstrategie			
	CE Status quo	CE bei optimaler Strategie	Investition bei optimaler Strategie	dCE	Preis	Qualität	Normstrategie
Premiummarke	18,1	22,4	-	23,8 %	Erhöhung	keine Änderung	Trading-up-Strategie (Preis)
Preisorientierte Nischenmarke	14,5	22,3	-	53,8 %	keine Änderung	keine Änderung	Passivstrategie
Exklusive Nischenmarke 1	11,8	13,1	-	11,8 %	Erhöhung	keine Änderung	Trading-up-Strategie (Preis)
Exklusive Nischenmarke 2	7,9	8,8	-	11,9 %	Erhöhung	keine Änderung	Trading-up-Strategie (Preis)
No-Frills-Marke	9,1	10,4	-	14,5 %	Erhöhung	keine Änderung	Trading-up-Strategie (Preis)
sonstige Marken	24,9	37,8	-	52,2 %	keine Entscheidung	keine Entscheidung	keine Entscheidung
Gesamt	86,2	114,9	-	33,3 %	Hypothese bestätigt		
					Hypothese abgelehnt		

Tabelle 39: Optimale Strategien der Marken – preisbewusstes Segment
Quelle: Eigene Darstellung

Durch die Wahl einer Preiserhöhung wird für die **Premiummarke** eine relative CE-Erhöhung von 23,8 % gegenüber dem Status quo auf insgesamt 22,4 Mio. € prognostiziert (vgl. Tabelle 39). Die Steigerung des Segment-CE ergibt sich dabei weitgehend aus einem signifikanten Profitabilitätseffekt aufgrund der 20-prozentigen Preiserhöhung. Demgegenüber reduziert sich der Segmentanteil der Premiummarke um 4,8 Prozentpunkte auf insgesamt 12,0 %.

Die beiden **exklusiven Nischenmarken** realisieren durch die Wahl einer Preiserhöhung eine Steigerung des Segment-CE von 11,8 % bzw. 11,9 % gegenüber dem Status quo auf insgesamt 13,1 Mio. € bzw. 8,8 Mio. €. Ähnlich wie im Fall der Premiummarke ergibt sich die Steigerung des CE v. a. durch eine starke Zunahme des Produktdeckungsbeitrags. Aufgrund der Preiserhöhung müssen die beiden Marken jedoch auch Segmentanteilseinbußen von -3,6 bzw. -2,7 Prozentpunkten hinnehmen. Als Ergebnis der Preiserhöhung ergibt sich ein prognostizierter Segmentanteil von 8,8 % für die exklusive Nischenmarke 1 und 5,7 % für Marke 2.

Ein ähnliches Bild zeigt sich im betrachteten Segment für die **No-Frills-Marke**. Während sich der Segmentanteil der Marke aufgrund der Preiserhöhung von 12,8 % auf 8,7 % verringert, kann durch den starken Profitabilitätseffekt nach wie vor eine Steigerung des CE um 14,5 % auf insgesamt 10,4 Mio. € realisiert werden.

Dagegen scheint sich für die **preisorientierte Nischenmarke** der Verzicht auf eine Preiserhöhung als optimale Form der Segmentbearbeitung für das preisbewusste Nachfragersegment auszuzahlen. Durch die Wahl einer Passivstrategie wird eine Steigerung des Segment-CE um 53,8 % auf insgesamt 22,3 Mio. € prognostiziert. Diese signifikante Erhöhung des CE wird v. a. durch eine starke Segmentanteilssteigerung um 7,5 Prozentpunkte auf insgesamt 28,0 % bewirkt.

Durch die Preiserhöhungen der qualitätsorientierten Marken sowie der No-Frills-Marke ergibt sich für die **sonstigen Marken** eine ebenfalls starke Segmentanteilszunahme von 7,7 Prozentpunkten auf insgesamt 36,8 %. Dadurch realisieren diese Marken eine CE-Steigerung von 52,2 % gegenüber dem Status quo.

Die gewählte Passivstrategie der preisorientierten Nischenmarke lässt sich im Vergleich zum **Wettbewerbsverhalten** als Differenzierungsstrategie im Sinn einer Points-of-Difference-Positionierung charakterisieren. Durch die Wahl dieser Strategiealternative ist die Marke im Stande, ihre aktuelle Preisführerschaft gegenüber ihren entscheidungsrelevanten Wettbewerbermarken weiter auszubauen. Die Wettbewerbsentscheidungen der weiteren Marken sind dagegen im preisbewussten Nachfragersegment durch ein im Wesentlichen kooperatives und imitierendes Verhaltensmuster gekennzeichnet. Daher kann für diese Marken eine Points-of-Parity-Positionierung im adressierten Segment identifiziert werden. Somit scheint eine Differenzierungsstrategie für die No-Frills-Marke, ähnlich zur preisorientierten Nischenmarke, nicht eine optimale Form der Segmentbearbeitungsstrategie darzustellen. Dies kann v. a. dadurch begründet werden, dass bei einer zusätzlichen preislichen Differenzierung der No-Frills-Marke durch einen konstanten Preis, bspw. im Rahmen einer Passivstrategie, die prognostizierte Marktanteilssteigerung im Vergleich zur alleinigen Differenzierung der Nischenmarke deutlich abnimmt. Dem nun schwächer gewordenen Marktanteilseffekt steht jedoch ein signifikanter Profitabilitätsverlust aufgrund der nicht durchgeführten Preiserhöhung gegenüber, so dass insgesamt eine

Preiserhöhung für die No-Frills-Marke (und die qualitätsorientierten Marken) als optimal erscheint.

Die **Untersuchungshypothese** einer optimalen Segmentbearbeitung wird für das preisbewusste Nachfragersegment nicht bestätigt (H_7). Im Gegensatz zur unterstellten Trading-down-Strategie, d. h. Preissenkung bei konstanter oder sinkender Qualität, werden Trading-up-Strategien bzw. eine Passivstrategie im adressierten Segment beobachtet. Die Preissenkung im Rahmen einer Trading-down-Strategie scheint einen zu starken negativen Profitabilitätseffekt auf den Produktdeckungsbeitrag einer Marke zu haben, der nicht durch einen ausreichend positiven Marktanteilseffekt ausgeglichen werden kann.

6.5.4 Segment der nichtinvolvierten Nachfrager

Im Segment der preis- und qualitätsinsensitiven Nachfrager ergibt sich im Vergleich zu den anderen Segmenten ein leicht anderes Wettbewerbsverhalten der Marken. Während die qualitätsorientierten Marken und die No-Frills-Marke eine Preiserhöhung im Rahmen einer Trading-up-Strategie wählen, erweist sich für die preisorientierte Nischenmarke eine Senkung des Preis-Leistungs-Verhältnisses durch eine Preiserhöhung bei gleichzeitiger Qualitätssenkung als optimale Form der Segmentbearbeitung (vgl. Tabelle 40). Somit scheint sich für die preisorientierte Nischenmarke ein signifikanter Profitabilitätseffekt durch die Senkung des Preis-Leistungs-Verhältnisses zu ergeben, der nicht durch einen übermäßig starken Marktanteilsverlust der Nachfrager aufgrund einer niedrigen Preis- und Qualitätssensitivität im Segment bestraft wird.

Für die **Premiummarke** wird im Segment der nichtinvolvierten Nachfrager durch die optimale Wahl einer Preiserhöhung eine Steigerung des Segment-CE um 48,3 % gegenüber dem Status quo auf insgesamt 118,5 Mio. € prognostiziert (vgl. Tabelle 40). Die Steigerung ergibt sich durch einen starken Profitabilitätseffekt infolge der 20-prozentigen Preiserhöhung bei einem nur schwachen Segmentanteilsverlust von 3,0 Prozentpunkten auf insgesamt 28,0 %. Dagegen scheint die Investition in eine Qualitätssenkung von 12,5 Mio. € aufgrund eines stärkeren prognostizierten Segmentanteilsverlusts nicht vorteilhaft zu sein.

Ein ähnliches Bild zeigt sich für die beiden **exklusiven Nischenmarken**. Durch eine Preiserhöhung können beide Marken eine Steigerung des Segment-CE von jeweils 37,6 % (Marke 1) bzw. 31,1 % (Marke 2) auf insgesamt 55,2 bzw. 51,3 Mio. € realisieren. Damit erreichen die beiden Marken eine signifikante Steigerung des Produktdeckungsbeitrags. Dieser steht jedoch ein Segmentanteilsverlust gegenüber. Für Marke 1 wird aufgrund der Preiserhöhung ein Marktanteilsverlust von -1,6 Prozentpunkten auf insgesamt 16,4 % prognostiziert, für Marke 2 ein Verlust von -1,1 Prozentpunkten auf 14,9 %.

	CE Status quo	CE bei optimaler Strategie	Investition bei optimaler Strategie	dCE	Marktbearbeitungsstrategie		
					Preis	Qualität	Normstrategie
Premiummarke	79,9	118,5	-	48,3 %	Erhöhung	keine Änderung	Trading-up-Strategie (Preis)
Preisorientierte Nischenmarke	29,4	48,4	7,5	39,3 %	Erhöhung	Senkung	Senkung Preis-Leistung
Exklusive Nischenmarke 1	40,1	55,2	-	37,6 %	Erhöhung	keine Änderung	Trading-up-Strategie (Preis)
Exklusive Nischenmarke 2	39,1	51,3	-	31,1 %	Erhöhung	keine Änderung	Trading-up-Strategie (Preis)
No-Frills-Marke	27,8	37,6	-	35,4 %	Erhöhung	keine Änderung	Trading-up-Strategie (Preis)
sonstige Marken	15,5	38,1	-	146,0 %	keine Entscheidung	keine Entscheidung	keine Entscheidung
Gesamt	231,8	349,2	7,5	47,4 %	Hypothese bestätigt		Hypothese abgelehnt

Tabelle 40: Optimale Strategien der Marken – nichtinvolviertes Segment
Quelle: Eigene Darstellung

Die **No-Frills-Marke** realisiert mit ihrer gewählten Preiserhöhung eine optimale CE-Steigerung von 35,4 % gegenüber dem Status quo auf insgesamt 37,6 Mio. €. Der Profitabilitätseffekt übersteigt dabei den negativen Segmentanteilseffekt von -2,2 Prozentpunkten.

Demgegenüber kann die **preisorientierte Nischenmarke** eine Steigerung des Segment-CE durch eine Preiserhöhung bei gleichzeitiger Qualitätssenkung realisieren. Durch die Senkung des Preis-Leistungs-Verhältnisses ergibt sich eine investitionsbereinigte relative Steigerung des CE um 39,3 % gegenüber dem Status quo. Aufgrund der Wahl dieser Segmentstrategie muss die Marke Segmentanteilsverluste hinnehmen. Jedoch fallen diese aufgrund der relativ gesehen niedrigen Preis- und

Qualitätssensitivität der Nachfrager im Verhältnis zu den anderen Segmenten niedriger aus. Für die preisorientierte Nischenmarke ergibt sich ein Segmentanteilsverlust von 2,1 Prozentpunkten auf insgesamt 8,9 %. Somit scheint die Investition in eine Qualitätssenkung von 7,5 Mio. € für diese Marke in diesem Segment vorteilhaft zu sein. Durch die Senkung des Preis-Leistungs-Verhältnisses ergibt sich ein signifikanter Profitabilitätseffekt aufgrund gestiegener Preise und gesunkener variabler Stückkosten, der den negativen Marktanteils- und Investitionseffekt mehr als neutralisiert.

Aufgrund der im Wesentlichen kooperativen Wettbewerbsstrategien der entscheidungsrelevanten Marken ergibt sich für die **sonstigen Marken** mit einem konstanten Preis-Qualitäts-Mix ein signifikanter Zugewinn an Segmentanteilen. Gegenüber dem Status quo können die sonstigen Marken eine Zunahme von 10,8 Prozentpunkten auf insgesamt 19,7 % verzeichnen. Aufgrund eines zusätzlichen positiven Profitabilitätseffekts infolge eines stärkeren Erfahrungskurveneffekts ergibt sich für die sonstigen Marken eine CE-Steigerung von 146,0 % gegenüber dem Status quo.

Das **Wettbewerbsverhalten** ist im Segment der nichtinvolvierten Nachfrager durch ein kooperatives Muster aller entscheidungsrelevanten Marken gekennzeichnet. Durch die gemeinsame Preiserhöhung bei konstanter oder gesenkter Qualität versuchen die Anbietermarken eine höhere Profitabilität zu erzielen als im Fall einer Konfliktstrategie, wie bspw. einer Preissenkung. Diese informelle Kooperation ist gerade im Segment der preis- und qualitätsinsensitiven Nachfrager durch die zusätzliche Qualitätssenkung der beiden preisorientierten Marken stark ausgeprägt. Das kooperative Verhalten scheint dabei mit dem eher inelastischen Charakter der Nachfrage in diesem Segment zusammenzuhängen. Durch die kollektive Preiserhöhung und die zusätzliche Qualitätssenkung der preisorientierten Nischenmarke ist gerade in diesem Marktsegment die Gefahr übermäßig großer Segmentanteilsverluste für die entscheidungsrelevanten Marken als gering einzustufen.

Die gewählte Segmentbearbeitungsstrategie der preisorientierten Nischenmarke bestätigt die konzeptionell hergeleitete **Untersuchungshypothese** für das nichtinvolvierte Nachfragersegment. Die Senkung des Preis-Leistungs-Verhältnisses (H_8)

erweist sich für diese Marke als die optimale Form der Segmentbearbeitung für das preis- und qualitätsinsensitive Nachfragersegment.[821]

6.6 Vorteilhaftigkeit einer segmentspezifischen Marktbearbeitung

Im hybriden CE-Wettbewerbsmodell werden zwei Wettbewerbsmodi getrennt voneinander untersucht. Zum einen steht den entscheidungsrelevanten Marken die Möglichkeit einer **undifferenzierten Gesamtmarktbearbeitung** zur Verfügung (vgl. Kapitel 6.4). Dabei legen sie in einer sequenziellen Entscheidungsabfolge Preis- und Qualitätsentscheidungen für den gesamten Markt fest. Zum anderen wird die Option einer **differenzierten Segmentbearbeitung** geprüft (vgl. Kapitel 6.5).[822] Dafür legen die Marken in einer separaten Wettbewerbsuntersuchung einen für das jeweilige Nachfragersegment spezifischen Preis-Qualitäts-Mix fest. Im Folgenden werden die empirisch ermittelten teilspielperfekten Nash-Gleichgewichte miteinander verglichen und die Vorteilhaftigkeit der segmentspezifischen Marktbearbeitung untersucht. Damit verbunden ist die Frage, ob durch die segmentspezifische Anpassung des Marktangebots ein höheres CE unter Berücksichtigung des ggf. erhöhten Investitionsaufwands für die Marken erzielt werden kann. Der erhöhte Investitionsaufwand kann dabei durch die erhöhte Komplexität aufgrund der parallelen Bearbeitung der einzelnen Segmente mit einem den Bedürfnissen der Nachfrager angepassten Produktsortiment entstehen (vgl. Kapitel 5.5.6.2).[823]

In Tabelle 41 werden die Ergebnisse der optimalen segmentspezifischen Marktbearbeitung mit den optimalen Strategien einer Gesamtmarktbearbeitung verglichen. Die **Untersuchungshypothese** der Vorteilhaftigkeit einer segmentspezifischen Marktbearbeitung (H_9) kann dabei für vier der insgesamt fünf entscheidungsrelevanten Marken bestätigt werden. Sowohl die Premiummarke als auch die Nischenmarken realisieren eine höhere relative investitionsbereinigte CE-Steigerung im Fall einer segmentspezifischen Marktbearbeitung als bei der Wahl einer undifferenzierten

---

[821] Die gewählten Preiserhöhungen der qualitätsorientierten Marken und der No-Frills-Marke im Rahmen einer Trading-up-Strategie stellen dabei auch eine Senkung des Preis-Leistungs-Verhältnisses dar. Jedoch wird diese Form der Marktbearbeitung in der vorliegenden Untersuchung unter der Kategorie einer Trading-up-Strategie gefasst. Somit wird insbesondere die Bedeutung eines höheren Preises als Qualitätsindikator für die Nachfrager berücksichtigt (vgl. Kapitel 4.6.1).

[822] Vgl. KOTLER und BLIEMEL (2001), S. 453 ff.

[823] Vgl. BACKHAUS et al. (2003), S. 222.

Marktbearbeitungsstrategie. Demgegenüber wird für die No-Frills-Marke bei einer undifferenzierten Form der Gesamtmarktbearbeitung ein besseres Ergebnis prognostiziert.

Auf der **Gesamtmarktebene** betrachtet führt die segmentspezifische Festlegung optimaler Strategien der Marken zu einer signifikanten Erhöhung des marktweiten CE aller Marken im Vergleich zum Status quo. Durch die Segmentbearbeitung realisieren die Marken ein CE von 1.281,9 Mio. €, während durch die gesamtmarktspezifischen Strategien ein CE von 1.190,5 Mio. € prognostiziert wird (vgl. Tabelle 41). Jedoch wird zur Erzielung des höheren CE auch ein höheres Investitionsvolumen der Marken notwendig. Im Gegensatz zur Gesamtmarktbearbeitung mit einem Volumen von insgesamt 65,0 Mio. € investieren die Marken im Rahmen ihrer optimalen Segmentbearbeitung mit 142,5 Mio. € mehr als doppelt so viel. Insgesamt wird jedoch durch die Segmentbearbeitung eine größere investitionsbereinigte CE-Steigerung von 30,0 % gegenüber der Gesamtmarktbearbeitung realisiert. Dies sind 1,5 Prozentpunkte oder 13,9 Mio. € mehr als im Fall der Gesamtmarktbearbeitung.

	CE Status quo
Premiummarke	294,9
Preisorientierte Nischenm.	88,9
Exklusive Nischenmarke 1	168,9
Exklusive Nischenmarke 2	149,0
No-Frills-Marke	88,9
sonstige Marken	85,6
Gesamt	876,2

Hypothese bestätigt
Hypothese abgelehnt

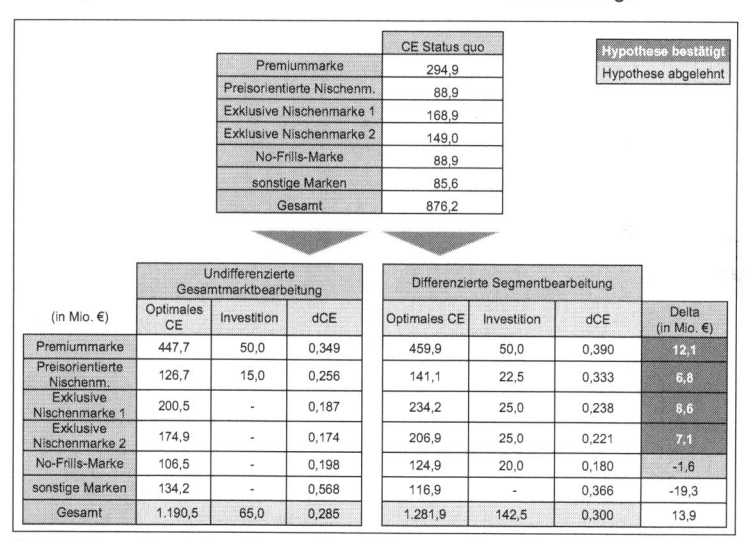

(in Mio. €)	Undifferenzierte Gesamtmarktbearbeitung			Differenzierte Segmentbearbeitung			Delta (in Mio. €)
	Optimales CE	Investition	dCE	Optimales CE	Investition	dCE	
Premiummarke	447,7	50,0	0,349	459,9	50,0	0,390	12,1
Preisorientierte Nischenm.	126,7	15,0	0,256	141,1	22,5	0,333	6,8
Exklusive Nischenmarke 1	200,5	-	0,187	234,2	25,0	0,238	6,6
Exklusive Nischenmarke 2	174,9	-	0,174	206,9	25,0	0,221	7,1
No-Frills-Marke	106,5	-	0,198	124,9	20,0	0,180	-1,6
sonstige Marken	134,2	-	0,568	116,9	-	0,366	-19,3
Gesamt	1.190,5	65,0	0,285	1.281,9	142,5	0,300	13,9

Tabelle 41: Ergebnisse Segmentbearbeitung vs. Gesamtmarktbearbeitung
Quelle: Eigene Darstellung

Die **Premiummarke** realisiert durch den segmentspezifischen Wettbewerb ein im Vergleich zum Gesamtmarktmodus 12,1 Mio. € höheres Marken-CE. Dabei werden in beiden Wettbewerbsmodi jeweils 50 Mio. € in Qualitätserhöhungen investiert. In der

Segmentbearbeitung adressieren die beiden Qualitätserhöhungen von 25 Mio. € die beiden qualitätsorientierten Nachfragersegmente. In den anderen beiden Nachfragersegmenten mit einer niedrigen Qualitätssensitivität der Nachfrager wird hingegen auf eine Investition verzichtet. Im Fall einer segmentspezifischen Marktbearbeitung wird für die Premiummarke ein übergreifender Marktanteil von 31,6 % am Ende des Planungshorizonts prognostiziert, der unter dem Marktanteil einer optimalen Gesamtmarktbearbeitung von 35,0 % liegt.[824] Insgesamt scheint das höhere Marken-CE im Fall einer Segmentbearbeitung v. a. durch Kosteneinsparungen in den qualitätsinsensitiven Nachfragersegmenten zustande zu kommen. Die Kosteneinsparungen ergeben sich dabei durch die niedrigeren variablen Stückkosten für diese Nachfragersegmente aufgrund einer gleichbleibenden Qualität. Zusätzlich wirkt sich eine durchschnittlich höhere Kaufhäufigkeit der Nachfrager aufgrund einer durchschnittlich geringeren Markenqualität positiv auf das Marken-CE aus.

Die beiden **exklusiven Nischenmarken** realisieren ebenfalls wie die Premiummarke ein höheres Marken-CE bei einer segmentspezifischen Marktbearbeitung. Während die beiden Marken im Fall der Gesamtmarktbearbeitung von einer Qualitätsänderung absehen, investieren sie im Rahmen der Segmentbearbeitung jeweils 25 Mio. € in eine Qualitätserhöhung für das Segment der hochinvolvierten Nachfrager (vgl. Kapitel 6.5.2). Ingesamt realisieren die exklusiven Nischenmarken gegenüber dem Status quo eine investitionsbereinigte CE-Steigerung von 23,8 % (Marke 1) bzw. 22,1 % (Marke 2), die über der Steigerung im Rahmen einer Gesamtmarktbearbeitung von 18,7 % bzw. 17,4 % liegt. Im Gegensatz zur Premiummarke weisen beide im Fall der Segmentbearbeitung einen deutlich höheren übergreifenden Marktanteil von 18,2 % (gegenüber 15,5 %) für Marke 1 und 14,8 % (gegenüber 12,0 %) für Marke 2 auf.[825] Somit kann das höhere prognostizierte Marken-CE dieser beiden qualitätsorientierten Nischenmarken v. a. durch eine bessere Anpassung an die Nachfragerbedürfnisse im Segment der hochinvolvierten Nachfrager erklärt werden.

Die **preisorientierte Nischenmarke** erzielt ebenfalls bei einem segmentspezifischen Wettbewerb ein höheres Marken-CE als bei einer Gesamtmarktbearbeitung. Das höhere Marken-CE geht dabei für die preisorientierte Nischenmarke auch mit einer Er-

---

[824] Vgl. Tabelle 62 in Anhang H.
[825] Vgl. Tabelle 62 in Anhang H.

höhung der Investitionen einher. Neben einer Investition von 7,5 Mio. € für eine Qualitätssenkung im Segment der nichtinvolvierten Nachfrager investiert die Nischenmarke auch 15,0 Mio. € in eine Qualitätserhöhung für das Segment der hochinvolvierten Nachfrager. Insgesamt ergibt sich eine investitionsbereinigte CE-Steigerung von 33,3 % gegenüber dem Status quo, die über der Steigerung im Fall der Gesamtmarktbearbeitung von 25,6 % liegt. Durch die optimale segmentspezifische Form der Marktbearbeitung erzielt die preisorientierte Nischenmarke dabei einen höheren übergreifenden Marktanteil von 10,9 % gegenüber 7,5 % bei einer Gesamtmarktbearbeitung.[826] Somit kann eine im Vergleich zur Gesamtmarktbearbeitung deutlich bessere Adressierung der Kundenbedürfnisse in den einzelnen Segmenten als Hauptgrund für das höhere Marken-CE bei einer segmentspezifischen Marktbearbeitung festgestellt werden. Insbesondere die Qualitätserhöhung im hochinvolvierten Nachfragersegment und die Passivstrategie im preisbewussten Segment erzielen dabei einen höheren Marktanteil als die allgemeingültige Senkung der Qualität im Fall der Gesamtmarktbearbeitung.

Die **No-Frills-Marke** verbucht ein um 18,4 Mio. € höheres Marken-CE im Fall einer segmentspezifischen Marktbearbeitung. Jedoch sind für die Realisierung Investitionen von 20 Mio. € notwendig, so dass insgesamt ein schlechteres Ergebnis im Vergleich zur Gesamtmarktbearbeitung prognostiziert wird. In der segmentspezifischen Wettbewerbsbetrachtung kann die No-Frills-Marke lediglich eine investitionsbereinigte CE-Steigerung von 18,0 % erzielen, während im Fall einer Gesamtmarktbetrachtung eine Steigerung von 19,8 % möglich ist. Dabei werden in beiden Wettbewerbsmodi vergleichbare übergreifende Marktanteile von 10,5 % (Gesamtmarktbearbeitung) bzw. 10,8 % (Segmentbearbeitung) für die Marke beobachtet.[827] Somit kann die No-Frills-Marke keine signifikante Steigerung des Marktanteils durch die segmentspezifische Anpassung des Marktangebots an die Nachfragerbedürfnisse vorweisen. Darüber hinaus ergibt sich aufgrund der Qualitätserhöhung im größten Segment der hochinvolvierten Nachfrager keine signifikante Reduktion der variablen Kosten gegenüber der Gesamtmarktalternative.[828]

---

[826] Vgl. Tabelle 62 in Anhang H.
[827] Vgl. Tabelle 62 in Anhang H.
[828] Die Qualitätssenkung der No-Frills-Marke adressiert hingegen das kleinere Segment der nichtinvolvierten Nachfrager.

Die **sonstigen Marken** können als klare Verlierer einer segmentspezifischen Wettbewerbsbetrachtung identifiziert werden. Gegenüber der Gesamtmarktbetrachtung, in der eine signifikante CE-Steigerung der sonstigen Marken von 56,8 % erzielt wurde, weisen die sonstigen Marken im Fall einer Segmentbearbeitung eine Steigerung von 36,6 % auf. Dies ist auf einen signifikanten Marktanteilsverlust von 5,7 Prozentpunkten auf 13,8 % gegenüber der Gesamtmarktbearbeitung zurückzuführen.[829] Durch den intensiven Wettbewerb und die daraus resultierenden Konfliktstrategien der entscheidungsrelevanten Marken im Segment der hochinvolvierten Nachfrager (vgl. Kapitel 6.5.2) verlieren die sonstigen Marken in signifikantem Umfang Marktanteile. Insgesamt gesehen wird somit gegenüber dem kooperativ geprägten Wettbewerbsumfeld im Fall der Gesamtmarktbearbeitung der Abwanderungseffekt zu den sonstigen Marken abgeschwächt.

6.7 Vorteilhaftigkeit einer Wettbewerbsantizipation

Einen zentralen Aspekt für die Notwendigkeit der Berücksichtigung des Wettbewerbs stellt die Gefahr von **Fehlentscheidungen** im Fall einer **Ignorierung möglicher Wettbewerbsreaktionen** bei der Festlegung optimaler Strategien dar. Deshalb werden in der vorliegenden Untersuchung die Ergebnisse einer wettbewerbsantizipierenden Marke mit den optimalen Strategien einer wettbewerbsignorierenden Marke verglichen (vgl. Kapitel 5.3.4). Ziel ist die Analyse der **Vorteilhaftigkeit einer Wettbewerbsantizipation** der führenden Marke aufgrund der Vermeidung möglicher Fehlentscheidungen.[830]

In Tabelle 42 sind die optimalen wettbewerbsantizipierenden und -ignorierenden Strategien der führenden Premiummarke dargestellt. Dabei ist ersichtlich, dass sowohl bei einer Gesamtmarktbearbeitung als auch bei einer segmentspezifischen Analyse eine fehlende Wettbewerbsantizipation der Marke zu **Fehlentscheidungen** führt. Im Fall der Gesamtmarktbearbeitung beträgt der Schaden der Fehlentscheidung bzw. der Wert einer Wettbewerbsantizipation, gemessen am optimalen Marken-CE, 27,3 Mio. € oder 9,3 % des CE im Status quo. Bei einer segmentspezifischen Betrachtung ergibt sich ein höherer Wert von 44,8 Mio. € oder 15,2 % des Marken-

---

[829] Vgl. Tabelle 62 in Anhang H.

[830] Die führende Marke legt im hybriden CE-Wettbewerbsmodell als erste Marke ihre optimale Marktbearbeitungsstrategie fest. Somit ist für sie die Analyse möglicher Fehlentscheidungen aufgrund einer fehlenden Wettbewerbsantizipation besonders relevant.

CE im Status quo. Somit kann die **Untersuchungshypothese** der Vorteilhaftigkeit einer Wettbewerbsantizipation (H_{10}) für beide Wettbewerbsmodi bestätigt werden.

6.7.1 Undifferenzierte Gesamtmarktbearbeitung

Die führende Premiummarke legt als optimale Strategie der Gesamtmarktbearbeitung im Fall eines **konstanten Wettbewerbsumfelds** ohne Berücksichtigung von Wettbewerbsreaktionen eine Preiserhöhung fest. Im Rahmen dieser Trading-up-Strategie wird jedoch, anders als im Fall eines Wettbewerbsumfelds, auf eine zusätzliche Qualitätserhöhung verzichtet. Durch die Preiserhöhung ergibt sich für die Premiummarke ein signifikanter Profitabilitätseffekt, der den negativen Marktanteilseffekt mehr als neutralisiert. Der prognostizierte Marktanteil sinkt gegenüber dem Status quo um 6,9 Prozentpunkte auf insgesamt 23,0 %.[831] Durch die 20-prozentige Preiserhöhung scheint die Premiummarke unter der Annahme eines konstanten Wettbewerbsumfelds eine prognostizierte Steigerung des Marken-CE um 19,4 % zu realisieren.

			Gesamtmarkt-bearbeitung	Segmentbearbeitung				
				Qualitäts-bewusst	Hochinvolviert	Preisbewusst	Nicht-involviert	
Wettbewerbs-antizipierende Strategie		dCE bei optimaler Strategie	34,9 %	38,6 %	33,4 %	23,8 %		
	Optimale Strategie	Preis	Erhöhung	Erhöhung	Erhöhung	Erhöhung	keine Fehlent-scheidung: Trading-up-Strategie (Preis)	
		Qualität	Erhöhung	Erhöhung	Erhöhung	keine Änderung		
		Norm-strategie	Trading-up-Strategie (Preis und Qualität)	Trading-up-Strategie (Preis und Qualität)	Trading-up-Strategie (Preis und Qualität)	Trading-up-Strategie (Preis)		
Wettbewerbs-ignorierende Strategie		dCE bei optimaler Strategie	25,6 %	28,1 %	1,0 %	10,2 %		
	Art der Fehlent-scheidung	Preis	Erhöhung	Erhöhung	keine Änderung	keine Änderung		
		Qualität	keine Änderung	keine Änderung	Erhöhung	keine Änderung		
		Norm-strategie	Trading-up-Strategie (Preis)	Trading-up-Strategie (Preis)	Verbesserung Preis-Leistung	Passivstrategie		
Wert einer Wettbewerbsantizipation (in Mio. €)			27,3	10,4	32,0	2,5	-	Σ: 44,8

Tabelle 42: **Wettbewerbsantizipierende und -ignorierende Strategien der führenden Marke**
Quelle: **Eigene Darstellung**

---

[831] Vgl. Tabelle 63 in Anhang I.

Jedoch wird sich diese CE-Steigerung in der Modellrealität nicht einstellen, weil die Wettbewerbermarken der Premiummarke ihrerseits optimal auf deren Strategie reagieren werden. Im Gegensatz zu einem konstanten Wettbewerbsumfeld antworten die Wettbewerbermarken ihrerseits mit Preiserhöhungen sowie im Fall der preisorientierten Nischenmarke zusätzlich mit einer Qualitätssenkung (vgl. Kapitel 6.4.2). Somit bewirkt die gewählte Preiserhöhung der Premiummarke aufgrund des stark kooperativen Charakters der **Wettbewerbsreaktionen** auf der Gesamtmarktebene einen abgeschwächten Marktanteilsverlust auf 25,2 %. Daher ergibt sich für die Premiummarke gegenüber einem konstanten Wettbewerbsumfeld eine höhere CE-Steigerung von 25,6 %. Jedoch liegt diese deutlich unter der optimalen Preis- und Qualitätserhöhung im Rahmen einer Trading-up-Strategie, die für die Premiummarke eine investitionsbereinigte Steigerung von 34,9 % erzielt (vgl. Kapitel 6.4.1). Deshalb führt die fehlende Wettbewerbsantizipation der Premiummarke zu einer **Fehlentscheidung**, bei der sich ein um 27,3 Mio. € schlechteres Ergebnis für die Premiummarke ergibt.

6.7.2 Differenzierte Segmentbearbeitung

Insgesamt können in drei der vier Nachfragersegmente im Fall einer segmentspezifischen Marktbearbeitung Fehlentscheidungen der Premiummarke aufgrund einer fehlenden Wettbewerbsantizipation beobachtet werden. Lediglich im Segment der nichtinvolvierten Nachfrager sind die optimalen Strategien der Premiummarke mit bzw. ohne Berücksichtigung eines Wettbewerbsumfelds identisch.

6.7.2.1 Segment der qualitätsbewussten Nachfrager

Unter Berücksichtigung eines **konstanten Wettbewerbsumfelds** wählt die Premiummarke als optimale Segmentstrategie eine Preiserhöhung. Ähnlich wie im Fall der Gesamtmarktbearbeitung wird jedoch auf eine zusätzliche Qualitätserhöhung verzichtet. Durch die Preisorientierung im Rahmen einer Trading-up-Strategie ergibt sich für die Premiummarke ein Rückgang des Segmentanteils von 6,0 Prozentpunkten auf insgesamt 32,0 %.[832] Dem steht jedoch ein signifikanter Profitabilitätseffekt gegenüber, so dass insgesamt eine CE-Steigerung von 28,7 % in einem konstanten Wettbewerbsumfeld prognostiziert wird.

---

[832] Vgl. Tabelle 64 in Anhang I.

Bei einer **Berücksichtigung von Wettbewerbsreaktionen** führt diese Strategie jedoch zu einer **Fehlentscheidung** und zu einem niedrigeren Marken-CE. Bei der Wahl einer Preiserhöhung der Premiummarke reagieren die beiden preisorientierten Marken ihrerseits mit Preiserhöhungen. Die beiden exklusiven Nischenmarken wählen jedoch zusätzlich zur Preiserhöhung auch eine Qualitätserhöhung als optimale Segmentbearbeitung. Insgesamt gesehen ergibt sich für die Premiummarke ein reduzierter Segmentanteil von 32,4 %. Jedoch kann durch die Preiserhöhung nach wie vor eine CE-Steigerung von 28,1 % realisiert werden. Diese liegt jedoch deutlich unter der optimalen investitionsbereinigten CE-Steigerung von 38,6 % bei der Wahl einer Preis- und Qualitätserhöhung.[833]

6.7.2.2 Segment der hochinvolvierten Nachfrager

Im Segment der besonders preis- und qualitätsorientierten Nachfrager entscheidet sich die Premiummarke unter der Annahme eines **konstanten Wettbewerbsumfelds** für eine Verbesserung des Preis-Leistungs-Verhältnisses. Durch die Qualitätserhöhung bei konstantem Preis wird gegenüber den inaktiven Wettbewerbern eine signifikante Segmentanteilssteigerung realisiert, ohne jedoch zu starke Profitabilitätseinbußen, wie bspw. bei einer Preisreduktion, zu riskieren. Gegenüber dem Status quo erzielt die Premiummarke dabei einen Segmentanteilsgewinn von 8,9 Prozentpunkten auf insgesamt 35,9 %.[834] Dadurch ergibt sich eine investitionsbereinigte CE-Steigerung von 9,6 %.

Unter Berücksichtigung der optimalen **Preis- und Qualitätserhöhungen der Wettbewerbermarken** ergibt sich jedoch für die Premiummarke ein anderes Ergebnis. Der Segmentanteilsgewinn ist durch die Trading-up-Strategien der Wettbewerbermarken leicht abgeschwächt, so dass für die Premiummarke nun ein Anteil von 34,9 % am Ende des Planungshorizonts prognostiziert wird. Insgesamt sinkt die investitionsbereinigte CE-Steigerung auf 1,0 % gegenüber dem Status quo. Dies liegt jedoch deutlich unter dem CE-Zugewinn von 33,4 % bei einer Preis- und Qualitätserhöhung (vgl. Kapitel 6.5.2). Insgesamt wird durch die Fehlentscheidung der Premiummarke ein um 32,0 Mio. € schlechteres Ergebnis für dieses Segment realisiert.

---

[833] Bei der Wahl einer Preis- und Qualitätserhöhung der Premiummarke reagieren die Wettbewerbermarken allesamt mit Preiserhöhungen (vgl. Kapitel 6.5.1).
[834] Vgl. Tabelle 65 in Anhang I.

Für das Segment der hochinvolvierten Nachfrager kann dadurch zumindest in einem konstanten Wettbewerbsumfeld die **Untersuchungshypothese** H_6 der Vorteilhaftigkeit einer Verbesserung des Preis-Leistungs-Verhältnisses bestätigt werden. Jedoch führt sie, wie gerade dargelegt, zu einem suboptimalen Marken-CE für die Premiummarke.

6.7.2.3 Segment der preisbewussten Nachfrager

Im Segment der preisbewussten Nachfrager entscheidet sich die Premiummarke bei der Annahme eines **konstanten Wettbewerbsumfelds** für eine Passivstrategie. Damit ergibt sich gegenüber dem Status quo keine Änderung des Segmentanteils und des Marken-CE.[835] Alle weiteren Strategiealternativen führen somit gegenüber dem Status quo für die Premiummarke zu einer Senkung des Marken-CE. Dies liegt daran, dass Preiserhöhungen zu einem zu starken Marktanteilsverlust führen, während Qualitätserhöhungen aufgrund der relativ gesehen niedrigen Qualitätssensitivität in diesem Segment nicht stark genug durch die Nachfrager honoriert werden.

Die Passivstrategie der Premiummarke führt jedoch unter Berücksichtigung der **optimalen Wettbewerbsreaktionen** zu einem suboptimalen Marken-CE in diesem Segment. Auf der einen Seite erhöht sich der Segmentanteil der Premiummarke aufgrund der Preiserhöhungen der beiden exklusiven Nischenmarken und der No-Frills-Marke um 2,3 Prozentpunkte auf 19,1 %. Dagegen wird auf einen signifikanten Profitabilitätseffekt durch eine Preiserhöhung verzichtet.[836] Somit steigt das Segment-CE der Premiummarke um 10,2 %, liegt jedoch unter der optimalen Steigerung von 23,8 % einer Preiserhöhung. Daraus ergibt sich durch die **Fehlentscheidung** ein um 2,5 Mio. € schlechteres Ergebnis für die Premiummarke. Dies entspricht 13,6 % des Marken-CE im Status quo.

---

[835] Durch die Wahl einer Passivstrategie der Premiummarke ergeben sich keine Änderungen des Marken-CE aller Marken gegenüber dem Status quo. Die Marken-CE für das Segment der preisbewussten Nachfrager sind in Tabelle 61 in Anhang G dargestellt.

[836] Jedoch ergibt sich eine stärkere Senkung der variablen Kosten aufgrund eines größeren Erfahrungskurveneffekts.

6.7.2.4 Segment der nichtinvolvierten Nachfrager

Im Segment der qualitäts- und preisinsensitiven Nachfrager ergibt sich im Gegensatz zu den anderen drei Segmenten **keine Fehlentscheidung** durch die Ignorierung optimaler Wettbewerbsreaktionen. In beiden Wettbewerbsmodi entscheidet sich die Premiummarke für eine Preiserhöhung. Unter der Annahme eines konstanten Wettbewerbsumfelds ergibt sich für die Premiummarke bei der Wahl einer Preiserhöhung ein Marktanteilsverlust von 4,8 Prozentpunkten auf insgesamt 26,2 %.[837] Demgegenüber steht jedoch ein starker Profitabilitätszuwachs durch die Preiserhöhung, so dass sich für die Marke eine prognostizierte CE-Steigerung von 30,7 % ergibt. Dieser CE-Effekt erhöht sich unter Berücksichtigung eines Wettbewerbsumfelds durch die kooperativen Strategien der Wettbewerbermarken sogar noch auf 48,3 % (vgl. Kapitel 6.5.4).

6.8 Vorteilhaftigkeit des Marktführers

Die Ausführungen in diesem Kapitel beschreiben die Ergebnisse des hybriden CE-Wettbewerbsmodells unter Anwendung des **alternativen Entscheidungsszenarios** gemäß Tabelle 33 in Kapitel 6.3. Die beiden Szenarien sind so festgelegt, dass die Premiummarke und die preisorientierte Nischenmarke jeweils als führende und als folgende Marke im sequenziellen Entscheidungsablauf ihre optimale Marktbearbeitungsstrategie bestimmen. Im Basisszenario (vgl. Kapitel 6.4 bis 6.7) legt die führende Premiummarke als erster Anbieter eine optimale Marktbearbeitungsstrategie zu Beginn des Planungszeitraums fest, während die preisorientierte Nischenmarke sich erst zu Beginn des dritten Quartals als vierte und damit vorletzte Marke für eine optimale Reaktion entscheidet. Die in diesem Kapitel vorgestellten Ergebnisse unterstellen hingegen eine führende preisorientierte Nischenmarke, die als erstes eine optimale Strategie bestimmt. Die Premiummarke reagiert dagegen als letzte Marke zu Beginn des vierten Quartals des Planungszeitraums (vgl. Tabelle 33).

Durch eine vergleichende Analyse der ermittelten teilspielperfekten Nash-Gleichgewichte in beiden Szenarien lässt sich ein **first-mover-advantage** für diese beiden Marken untersuchen. Er misst die Vorteilhaftigkeit einer aktiven Marktbearbeitungsstrategie als führende Marke gegenüber einer eher reaktiven Strategie als

---

[837] Vgl. Tabelle 66 in Anhang I.

Wettbewerbsfolger. Dieser Vorteil ist nicht mit einer Pionier- bzw. Folgerstrategie zu verwechseln, die den Fall des Markteintritts einer neuen Marke betreffen.[838] Der in der vorliegenden Untersuchung adressierte first-mover-advantage geht von einem etablierten Wettbewerbsumfeld bereits im Markt befindlicher Wettbewerber aus.[839]

Als teilspielperfektes Nash-Gleichgewicht ergeben sich als **optimales Wettbewerbsverhalten** aller entscheidungsrelevanten Marken im alternativen Entscheidungsszenario die identischen optimalen Marktbearbeitungsstrategien auf der **Gesamtmarktebene** wie in Kapitel 6.4.[840] Die preisorientierte Nischenmarke wählt dabei auch als zuerst entscheidende Marke eine Senkung des Preis-Leistungs-Verhältnisses als optimale Form der Marktbearbeitung. Die Premiummarke wählt ebenfalls wie im Basisszenario als Marktfolger eine Trading-up-Strategie in Form einer Preis- und Qualitätserhöhung. Die weiteren Marken wählen analog eine Preiserhöhung im Rahmen einer Trading-up-Strategie.

Im Fall einer **segmentspezifischen Marktbearbeitung** werden ebenfalls **identische Gleichgewichtslösungen** wie im Basisszenario (vgl. Kapitel 6.5) beobachtet. Im Segment der qualitätsbewussten Nachfrager entscheidet sich die preisorientierte Nischenmarke für eine Preiserhöhung, während die Premiummarke als Marktfolger nach wie vor eine Preis- und Qualitätserhöhung im Rahmen einer Trading-up-Strategie wählt. Im hochinvolvierten Nachfragersegment wählen sowohl die preisorientierte Nischenmarke als auch die Premiummarke eine Preis- und Qualitätserhöhung. Gegenüber den preisbewussten Nachfragern wählt die preisorientierte Nischenmarke als erste Marke ebenfalls eine Passivstrategie, während sich die Premiummarke als letzte Marke für eine Preiserhöhung entscheidet. Im Segment der nichtinvolvierten Nachfrager ergibt sich für die preisorientierte Nischenmarke auch als führende Marke eine Senkung des Preis-Leistungs-Verhältnisses als optimale Form der Segmentbearbeitung, während die Premiummarke eine Trading-up-Strategie in Form einer Preiserhöhung wählt.

---

[838] Für Untersuchungen des Pionier-Vorteils vgl. FERSHTMAN et al. (1990); PARRY und BASS (1990), S. 187 ff.; GOLDER und TELLIS (1993), S. 158 ff.; BOHLMANN et al. (2002), S. 1175 ff.; BOULDING und CHRISTEN (2003), S. 371 ff.
[839] Vgl. Kapitel 3.3.
[840] Vgl. Tabelle 34.

Aufgrund des **identischen Wettbewerbsverhaltens** in beiden Entscheidungsszenarien ergibt sich für die jeweils führende Marke **kein strategischer first-mover-advantage** im hybriden CE-Wettbewerbsmodell. Langfristig werden aufgrund der identischen optimalen Marktbearbeitungsstrategien gleiche Marktanteile für alle Marken in beiden Entscheidungsszenarien beobachtet.[841]

Insgesamt kann hinsichtlich einer Variabilität der unterstellten sequenziellen Entscheidungsabfolge eine **hohe Robustheit der ermittelten teilspielperfekten Nash-Gleichgewichte** festgestellt werden. Sowohl im Fall einer undifferenzierten Gesamtmarktbearbeitung als auch einer segmentspezifischen Marktbearbeitung werden identische optimale Strategien der entscheidungsrelevanten Marken beobachtet. Insbesondere scheint die Markentypologie der führenden Marke keinen starken Einfluss auf das optimale Wettbewerbsverhalten der Marken im hybriden CE-Wettbewerbsmodell zu haben. Sowohl bei einer Premiummarke mit einem deutlichen Leistungsvorteil und einem hohen Marktanteil als auch im Fall einer preisorientierten Nischenmarke mit kleinem Marktanteil als führende Marke ergeben sich identische optimale Strategien aller konkurrierenden Marken.[842]

6.9 Untersuchung der optimalen Strategien in Sensitivitätsanalysen

Die in diesem Subkapitel durchgeführten **Sensitivitätsanalysen** adressieren kritische Modellparameter des CLV-Konstrukts im hybriden CE-Wettbewerbsmodell. Dabei wird untersucht, inwiefern Abweichungen dieser Modellannahmen Änderungen der ermittelten Gleichgewichtslösung zur Folge haben.[843] Tabelle 43 gibt einen Überblick über die im Folgenden vorgestellten Sensitivitätsanalysen. Besonderes Augenmerk wird dabei auf die modellierte **Wirkungsweise der Marktbearbeitungsstrategien** gelegt.[844] Neben einer Variation der Höhe der Preisänderungen werden

---

[841] Die unterschiedlichen Marktanteilsverläufe in den ersten vier Quartalen aufgrund des sequenziellen Entscheidungsablaufs müssen dabei zusätzlich berücksichtigt werden. Sie spielen jedoch hinsichtlich des ermittelten Marken-CE eine weitgehend vernachlässigbare Rolle.

[842] Darüber hinaus werden auch im alternativen Entscheidungsszenario die Untersuchungshypothesen der Vorteilhaftigkeit einer Segmentbearbeitung (H_9) sowie einer Wettbewerbsantizipation (H_{10}) bestätigt.

[843] Die Sensitivitätsanalysen gehen dabei vom Basisszenario des sequenziellen Entscheidungsablaufs wie in den Kapiteln 6.4 bis 6.7 aus.

[844] Außerdem wurden folgende Modellparameter des CLV-Konstrukts in Sensitivitätsanalysen untersucht: Planungshorizont (60 Quartale +/-5 %), Erfahrungskurveneffekt (20 % +/-5 Prozentpunkte), Kaufhäufigkeit der Nachfrager (+/-5 %), Kapitalkosten (+/-2,5 Prozentpunkte), Kostenanteil der Lebenszykluskosten an den gesamten variablen Stückkosten (10 % +/-5 Prozentpunkte), Herstel-

auch unterschiedliche Kosteneffekte aufgrund einer Qualitätsänderung untersucht. Darüber hinaus wird der Einfluss unterschiedlicher Investitionsszenarien auf das ermittelte teilspielperfekte Nash-Gleichgewicht aller Marken analysiert. Zusätzlich stehen unterschiedliche Skalierungsfaktoren für die Bestimmung der qualitätsorientierten Nettonutzenänderungen der Nachfrager (vgl. Kapitel 5.5.6.3) im Fokus der Betrachtung.

Wirkungsweise der Marktbearbeitungsstrategien		Basisszenario	Sensitivitätsanalysen
	Preis	+/-20 %	+/-10 %
Produktdeckungsbeitrag	Lebenszykluskosten	+/-5 %	+/-2,5 %
	Marketingfremde variable Stückkosten		
	Investitionen (Gesamtmarkt[1])	Hohe Qualität: 25/50 Mio. € Mittlere Qualität: 20/40 Mio. € Niedrige Qualität: 15/30 Mio. €	Investitionsvolumina +20 % Investitionsvolumina -20 %
	Qualitätsorientierter Nettonutzeneffekt (Skalierungsfaktor)	2,0	1,5

1. Investitionen auf der Segmentebene stellen jeweils 50 % der gesamtmarktspezifischen Investitionsvolumina dar.

Tabelle 43: Sensitivitätsanalysen des hybriden CE-Wettbewerbsmodells
Quelle: Eigene Darstellung

Bei den Sensitivitätsanalysen handelt es sich um **Ceteris-Paribus-Analysen**, in denen der Zusammenhang zwischen der abhängigen Variablen (optimale Marktbearbeitungsstrategien des teilspielperfekten Nash-Gleichgewichts) und der Variation einer unabhängigen Modellvariablen bei Konstanz aller anderen Größen untersucht wird.

---

lerpreise (+/-5 %), variable Stückkosten (+/-5 %). Aus Platzgründen werden diese Ergebnisse nicht im Detail vorgestellt. Die durchgeführten Sensitivitätsanalysen bestätigen jedoch die ermittelten Gleichgewichtslösungen und Untersuchungshypothesen der Kapitel 6.4 bis 6.7.

6.9.1 Sensitivitätsanalyse hinsichtlich Preisänderungen

Die im hybriden CE-Wettbewerbsmodell unterstellte Preisänderung von +/-20 % stellt eine signifikante Preisentscheidung gegenüber dem Status quo dar. Aus diesem Grund wird im Folgenden ein **abgeschwächter Preiseffekt** von +/-10 % untersucht (vgl. Tabelle 43). Die Halbierung der unterstellten Preisänderung der Marken ruft jedoch aufgrund der verwendeten Preis-Nutzen-Relation (vgl. Kapitel 5.5.6.3) auch nur einen halb so großen Nettonutzeneffekt der Nachfrager hervor.[845]

Im Entscheidungsmodus der **undifferenzierten Gesamtmarktbearbeitung** ergeben sich auch in diesem Preisszenario identische optimale Strategien aller Marken wie im Basisszenario (vgl. Tabelle 34 in Kapitel 6.4.1). Trotz eines abgeschwächten Preiseffekts entscheiden sich alle entscheidungsrelevanten Marken für eine Preiserhöhung. Die Premiummarke wählt darüber hinaus im Rahmen einer Trading-up-Strategie eine Qualitätserhöhung, während die preisorientierte Nischenmarke sich für eine Senkung des Preis-Leistungs-Verhältnisses entscheidet. Aufgrund der unterstellten reduzierten Preiserhöhung von 10 % ergeben sich für die Marken niedrigere CE-Steigerungen gegenüber dem Status quo.[846]

Unter Berücksichtigung einer **differenzierten Segmentbearbeitung** ergibt sich im **Segment der qualitätsbewussten Nachfrager** ebenfalls keine Änderung der optimalen Strategien der Marken gegenüber dem Basisszenario (vgl. Tabelle 37). Somit wählt neben einer Preiserhöhung nur die Premiummarke zusätzlich eine Qualitätserhöhung.

Ein ähnliches Bild ergibt sich im **Segment der nichtinvolvierten Nachfrager**. Die Absenkung der unterstellten Preisänderungen hat keine Auswirkung auf die optimalen Segmentstrategien der Marken im Basisszenario (vgl. Tabelle 40).

Demgegenüber ergibt sich durch die Änderung der Preisänderungen auf +/-10 % ein neues teilspielperfektes Nash-Gleichgewicht im Segment der **hochinvolvierten Nachfrager**. Die Marken entscheiden sich auf der einen Seite nach wie vor für eine

---

[845] Für die Premiummarke bedeutet dies, dass eine 10-prozentige Preiserhöhung (Preissenkung) einen durchschnittlichen Nettonutzeneffekt von +0,5695 (-0,5695) Skalenpunkten der Nutzendimension „niedriges Preislevel" bewirkt. Für die Nutzendimension „niedrige Komplexität" wird ein ähnlicher Effekt beobachtet.
[846] Vgl. Tabelle 67 in Anhang J.

Preiserhöhung als optimale Form der Segmentbearbeitung. Jedoch führt der abgeschwächte Profitabilitätseffekt der 10-prozentigen Preiserhöhung auf der anderen Seite dazu, dass nur noch die Premiummarke als größte Marke im Segment sich für eine zusätzliche Qualitätserhöhung entscheidet. Somit scheint sich die Investition in eine Qualitätserhöhung für die weiteren kleineren Marken in diesem Segment nicht zu lohnen.[847] Durch die Preis- und Qualitätserhöhung erzielt die Premiummarke eine investitionsbereinigte CE-Steigerung von 16,2 % gegenüber dem Status quo, die deutlich unter der CE-Steigerung im Basisszenario von 33,4 % liegt (vgl. Tabelle 38).

Im **Segment der preisbewussten Nachfrager** resultiert die Absenkung der unterstellten Preiseffekte ebenfalls in einer leichten Veränderung des optimalen Wettbewerbsverhaltens. Neben der preisorientierten Nischenmarke entscheidet sich auch die Premiummarke für eine Passivstrategie als optimale Form der Segmentbearbeitung.[848] Somit scheint nun auch für die Premiummarke der prognostizierte positive Marktanteilseffekt einer Passivstrategie größer zu sein als der Profitabilitätseffekt einer Preiserhöhung. Durch die Wahl der Passivstrategie kann für die Premiummarke ein Segmentanteilszuwachs von 4,8 Prozentpunkten auf insgesamt 21,7 % beobachtet werden. Durch die Marktanteilssteigerung und den damit verbundenen verstärkten Erfahrungskurveneffekt ergibt sich eine CE-Steigerung von 18,7 % gegenüber dem Status quo.

Insgesamt können trotz der leicht veränderten optimalen Segmentstrategien im hochinvolvierten und preisbewussten Nachfragersegment identische Ergebnisse der **Untersuchungshypothesen** H_1 bis H_8 wie im Basisszenario beobachtet werden. Außerdem wird die Vorteilhaftigkeit einer segmentspezifischen Marktbearbeitung (H_9) und einer Wettbewerbsantizipation (H_{10}) auch für das untersuchte Preisszenario bestätigt.

6.9.2 Sensitivitätsanalyse hinsichtlich Kostenänderungen

Neben der im Basisszenario unterstellten Änderung der variablen Stückkosten von 5 % gegenüber dem Status quo bei einer Qualitätsänderung wird in diesem Subkapitel ein **reduzierter Kosteneffekt** von +/-2,5 % untersucht. Ähnlich wie im Fall der

---

[847] Vgl. Tabelle 68 in Anhang J.
[848] Vgl. Tabelle 69 in Anhang J.

Preisszenarien (vgl. Kapitel 6.9.1) ergibt sich auch hier auf Seiten der Nachfrager ein halbierter Nettonutzeneffekt der qualitätsorientierten Nutzendimensionen aufgrund der zurückgesetzten Stückkostenveränderung.[849] Die Investitionsvolumina bleiben jedoch gegenüber dem Basisszenario konstant.

Auf der **Gesamtmarktebene** kann durch die Reduktion des Kosteneffekts einer Qualitätsänderung keine Veränderung des optimalen Wettbewerbsverhaltens der entscheidungsrelevanten Marken beobachtet werden. Alle Marken wählen als optimale Form der Marktbearbeitung eine Preiserhöhung, die Premiummarke zusätzlich die Investition in eine Qualitätserhöhung. Die preisorientierte Nischenmarke entscheidet sich nach wie vor für eine zusätzliche Qualitätssenkung.[850] Insgesamt unterscheiden sich die investitionsbereinigten CE-Änderungen dieser beiden Marken kaum gegenüber dem Basisszenario. Die Premiummarke realisiert im reduzierten Kostenszenario eine optimale CE-Steigerung von 33,4 % gegenüber 34,9 % im Basisszenario (vgl. Tabelle 34). Ähnlich hierzu kann für die preisorientierte Nischenmarke im Kostenszenario eine CE-Steigerung von 24,1 % gegenüber 25,6 % beobachtet werden. Insgesamt scheinen in diesem Szenario bei einer Qualitätserhöhung (-senkung) der abgeschwächte Marktanteilszugewinn (-verlust) und die schwächere Kostenerhöhung (-senkung) einander weitgehend zu neutralisieren, so dass im Endeffekt ein nahezu unverändertes Marken-CE im Vergleich zum Basisszenario beobachtet werden kann.

Auf der **Segmentebene** wird ähnlich zum Gesamtmarkt in allen vier Nachfragersegmenten ein unverändertes optimales Wettbewerbsverhalten aller Marken beobachtet. Somit scheint sich eine Änderung der Kosteneffekte von Qualitätsänderungen nicht auf die optimalen Segmentstrategien der Marken auszuwirken.

Die Ergebnisse des Kostenszenarios decken sich somit bzgl. der **Untersuchungshypothesen** H_1 bis H_8 mit denen des Basisszenarios. Darüber hinaus wird auch in dieser Szenarioanalyse die Vorteilhaftigkeit einer segmentspezifischen Marktbearbeitung (H_9) und einer Wettbewerbsantizipation (H_{10}) bestätigt.

---

[849] Dabei geht auch dieses Kostenszenario von einem Skalierungsfaktor von 2,0 für den Nettonutzeneffekt aus. Für die Premiummarke bedeutet dies, dass eine 2,5-prozentige Kostenerhöhung (Kostensenkung) einen durchschnittlichen Nettonutzeneffekt von +0,5 (-0,5) Skalenpunkten der Nutzendimension „hohe Qualität" bewirkt. Für die weiteren betroffenen Nutzendimensionen ergeben sich vergleichbare Werte.

[850] Vgl. Tabelle 70 in Anhang J.

6.9.3 Sensitivitätsanalyse hinsichtlich Investitionen

Die durchgeführten Sensitivitätsanalysen untersuchen den Einfluss variierender qualitätsabhängiger Investitionsvolumina auf das optimale Wettbewerbsverhalten der Marken im Marktgleichgewicht. Dabei werden gegenüber dem Basisszenario zwei **Investitionsszenarien** untersucht, die eine positive bzw. negative Abweichung der verwendeten Investitionsvolumina adressieren (vgl. Tabelle 43). Aufgrund der Erfassung der Investitionsvolumina in Experteninterviews ohne eine detaillierte Investitionsrechnung und die damit verbundene Unsicherheit dieser Werte werden daher in den Sensitivitätsanalysen große Abweichungen unterstellt. Die für eine Qualitätsänderung notwendigen Investitionen variieren dabei um jeweils +/-20 % gegenüber dem Basisszenario (vgl. Kapitel 5.5.6.2).

Im Fall der **Gesamtmarktbearbeitung** ergibt sich in beiden Investitionsszenarien keine Änderung des optimalen Wettbewerbsverhaltens aller Marken. Das in Tabelle 34 in Kapitel 6.4.1 beobachtete Wettbewerbsverhalten der einzelnen Marken wird somit bestätigt. Für die Premiummarke wird die im Rahmen einer Trading-up-Strategie durchgeführte Preis- und Qualitätserhöhung auch durch die Veränderung der verwendeten Investitionsvolumina als optimale Form der Gesamtmarktbearbeitung gewählt. Ebenso verhält es sich mit den optimalen Strategien der weiteren entscheidungsrelevanten Marken im betrachteten Modell. Aufgrund der veränderten Investitionsvolumina ergibt sich jedoch bei der Wahl einer Qualitätsänderung eine veränderte investitionsbereinigte CE-Erhöhung der Marke.[851]

Im **Segment der qualitätsbewussten Nachfrager** wirkt sich eine Erhöhung bzw. Senkung der Investitionsvolumina um 20 % ebenfalls nicht auf das optimale Wettbewerbsverhalten der Marken aus. Somit scheint auch eine signifikante Verringerung der notwendigen Investitionen nicht zu einer optimalen Qualitätserhöhung für die beiden qualitätsorientierten Nischenmarken zu führen. Dies kann u. a. damit begründet werden, dass die um 20 % gesenkten Investitionen für eine Qualitätserhöhung von 20 Mio. € immer noch eine signifikante Größe im Vergleich zum Marken-CE dieser beiden Marken von 47,8 und 45,3 Mio. € im Status quo darstellen. Trotz einer relativ

---

[851] Vgl. Tabelle 71 (20-prozentige Investitionserhöhung) und Tabelle 72 (20-prozentige Senkung) in Anhang J.

gesehen hohen Qualitätselastizität der Nachfrager in diesem Segment scheint sich diese nach wie vor große Investition für die beiden Nischenmarken nicht zu lohnen.

Das gleiche Phänomen kann für das **Segment der preisbewussten Nachfrager** beobachtet werden. Auch hier führt eine Variation der Investitionsvolumina nicht zu einer Änderung der optimalen Strategien der Marken. Alle Marken wählen als optimale Form der Segmentbearbeitung nach wie vor eine unveränderte Qualität gegenüber dem Status quo.

Im **Segment der nichtinvolvierten Nachfrager** wird ebenfalls ein unverändertes Wettbewerbsverhalten der Marken in den verschiedenen Investitionsszenarien im Vergleich zum Basisszenario festgestellt. Trotz veränderter Investitionsvolumina entscheidet sich lediglich die preisorientierte Nischenmarke für eine Qualitätsänderung gegenüber dem Status quo. Alle weiteren entscheidungsrelevanten Marken legen als optimale Form der Segmentbearbeitung eine Preiserhöhung fest.

Eine Senkung der notwendigen Investitionsvolumina wirkt sich auch im Segment der **hochinvolvierten Nachfrager** nicht auf die optimalen Wettbewerbsstrategien der Marken aus. Jedoch hat die 20-prozentige Erhöhung der Investitionen zumindest auf das Verhalten der No-Frills-Marke einen Effekt. Im Fall der erhöhten Investition von 24 Mio. € verzichtet diese Marke auf eine Qualitätserhöhung und entscheidet sich lediglich für eine Preiserhöhung.[852] Aufgrund der konstant gebliebenen Qualität ergibt sich für die No-Frills-Marke ein Segmentanteilsverlust von 4,6 Prozentpunkten auf insgesamt 7,2 %. Jedoch kann aufgrund der eingesparten Investitionen immer noch ein leichter Anstieg des Marken-CE von 4,8 % beobachtet werden. Dieser liegt jedoch unter der optimalen CE-Erhöhung von 6,0 % im Basisszenario (vgl. Tabelle 38). Aufgrund des Marktanteilsverlusts der No-Frills-Marke verzeichnen die weiteren Marken eine verbesserte investitionsbereinigte CE-Steigerung gegenüber dem Basisszenario.

Mit Ausnahme der No-Frills-Marke im Segment der hochinvolvierten Nachfrager kann ein weitgehend unverändertes optimales Wettbewerbsverhalten der Marken bei einer Variation der Investitionsvolumina identifiziert werden. Dabei werden die Ergebnisse des Basisszenarios bzgl. der **Untersuchungshypothesen** H_1 bis H_8 bestätigt. Dar-

---

[852] Vgl. Tabelle 73 in Anhang J.

über hinaus erweist sich auch eine Segmentbearbeitung (H_9) und Wettbewerbsantizipation (H_{10}) in beiden Investitionsszenarien als vorteilhaft. Dabei ist erwähnenswert, dass sich auch bei einer 20-prozentigen Erhöhung der notwendigen Investitionen nach wie vor eine segmentspezifische Marktbearbeitung für die gleichen Marken wie im Basisszenario lohnt.[853]

6.9.4 Sensitivitätsanalyse hinsichtlich Nettonutzeneffekten

Die Reagibilität der Nachfrager auf Qualitäts- und Preisentscheidungen der Marken wird im hybriden CE-Wettbewerbsmodell durch den **Nettonutzeneffekt**, d. h. die Änderung der Nutzenassoziationen der Nachfrager, bestimmt. Dieser Effekt ergibt sich in dieser Untersuchung aus einer Querschnittsanalyse aller Marken. Bei der Modellierung der Preisnettonutzeneffekte wird ein linearer Zusammenhang zwischen Preisänderung und Änderung der preisorientierten Nettonutzeneffekte unterstellt, für den qualitätsorientierten Effekt wird ein konkaver Zusammenhang zwischen Kosten- und Nettonutzenänderung angenommen (vgl. Kapitel 5.5.6.3). Dieser Verlauf ergibt sich durch eine priorisierte Änderung besonders qualitätssensitiver Produktattribute bei einer Qualitätsänderung einer Marke. Im Basisszenario wurde dafür ein **Skalierungsfaktor** verwendet, der gegenüber einem linearen Zusammenhang eine überproportionale Nettonutzenveränderung durch Erhöhung oder Reduzierung der variablen Stückkosten ermöglicht. Die hier durchgeführte Sensitivitätsanalyse untersucht für diesen Faktor einen Wert von 1,5 gegenüber 2,0 im Basisszenario. Durch diese Anpassung wird ein schwächerer Nettonutzeneffekt auf Seiten der Nachfrager durch Qualitätsänderungen vorausgesetzt. Somit ergeben sich für Qualitätserhöhungen geringere Markt- und Segmentanteilszugewinne, während Qualitätssenkungen geringere Anteilsverluste nach sich ziehen.

Im untersuchten Nettonutzenszenario ergibt sich auf der **Gesamtmarktebene** keine Veränderung des optimalen Wettbewerbsverhaltens aller Marken gegenüber dem Basisszenario.[854] Alle entscheidungsrelevanten Marken legen als optimale Form der Marktbearbeitung eine Preiserhöhung fest. Trotz eines abgeschwächten Nettonutzeneffekts entscheidet sich die Premiummarke nach wie vor für eine zusätzliche

---

[853] Vgl. Tabelle 74 in Anhang J.
[854] Vgl. Tabelle 75 in Anhang J.

Qualitätserhöhung.[855] Jedoch liegt die optimale investitionsbereinigte CE-Steigerung von 23,6 % der Premiummarke unterhalb des Basisszenarios. Die preisorientierte Nischenmarke wählt neben einer Preiserhöhung eine Qualitätssenkung.[856] Aufgrund des abgeschwächten Marktanteilsverlusts ergibt sich eine höhere investitionsbereinigte CE-Steigerung von 38,9 % im Vergleich zum Basisszenario.

Im Fall einer **segmentspezifischen Marktbearbeitung** werden sowohl im preis- und qualitätsbewussten Nachfragersegment als auch im Segment der nichtinvolvierten Nachfrager identische Wettbewerbsstrategien aller Marken beobachtet. Demgegenüber ergibt sich durch den veränderten qualitätsorientierten Nettonutzeneffekt im Segment der hochinvolvierten Nachfrager eine Veränderung des optimalen Wettbewerbsverhaltens. Die No-Frills-Marke entscheidet sich bei einem abgeschwächten Nettonutzeneffekt lediglich für eine Preiserhöhung, während von einer zusätzlichen Qualitätserhöhung abgesehen wird.[857] Durch die Preiserhöhung ergibt sich ein Segmentanteilsverlust von 3,6 Prozentpunkten auf 8,2 %. Jedoch überwiegt dabei der Profitabilitätseffekt durch die Preissteigerung, so dass insgesamt eine CE-Steigerung von 18,6 % gegenüber dem Status quo realisiert werden kann.

Im Rahmen der Szenarioanalyse veränderter Nettonutzeneffekte werden identische Ergebnisse der **Untersuchungshypothesen** H_1 bis H_8 wie im Basisszenario beobachtet. Zudem kann die Vorteilhaftigkeit einer segmentspezifischen Marktbearbeitung (H_9) und einer Wettbewerbsantizipation (H_{10}) für das untersuchte Nettonutzenszenario bestätigt werden.

6.10 Zusammenfassung der Untersuchungsergebnisse

Für das in dieser Arbeit verwendete **Nettonutzenmodell** kann im Rahmen der Untersuchung eine hohe **empirische Validität** durch den Vergleich mit dem tatsächlich beobachteten Kaufverhalten der Nachfrager nachgewiesen werden. Die Nachfrager assoziieren in der empirischen Untersuchung mit ihrer jeweils gekauften Marke einen signifikant höheren geschätzten Nettonutzen als mit Marken der zweiten und dritten

---

[855] Gegenüber dem Status quo von 29,8 % wächst der Marktanteil der Premiummarke bei dieser Strategie lediglich auf 32,4 %.
[856] Gegenüber dem Status quo von 11,0 % sinkt der Marktanteil der preisorientierten Nischenmarke bei dieser Strategie auf 8,4 %.
[857] Vgl. Tabelle 76 in Anhang J.

Wahl ihres Evoked Sets. Signifikante Erklärungsgrößen für die Nettonutzenunterschiede stellen die nichtmonetären Wechselkosten der Nachfrager, aber auch die Nettonutzenfaktoren „hohe Qualität" und „niedriger Preis" dar. Somit können für die jeweils gekaufte Marke signifikante nichtmonetäre Wechselkosten sowie signifikant höhere preis- und qualitätsorientierte Teilnettonutzenwerte aus der Sicht der Nachfrager festgestellt werden. Im Gegensatz dazu werden bzgl. des Nettonutzenfaktors „Individualität/Fits my needs" keine signifikant unterschiedlichen Teilnettonutzenwerte zwischen gekauften und nichtgekauften Marken beobachtet. Aufgrund der hohen Konsistenz zwischen geschätztem Nettonutzen und beobachteter Kaufpräferenz der Nachfrager erscheint daher die Beschreibung des Kaufverhaltens der Nachfrager auf der Basis ihres Nettonutzens in einem multinomialen Logitmodell sinnvoll.

Zudem wird im Rahmen der empirischen Analyse ein **positiver Einfluss** einer **Verkaufsberatung am Point of Sale** auf die geschätzte Nettonutzendifferenz zwischen gekauften und nichtgekauften Marken identifiziert. Somit kann für die Nachfrager, die eine Verkaufsberatung in Anspruch genommen haben, eine signifikant höhere Konsistenz zwischen geschätztem Nettonutzen und beobachteter Kaufpräferenz beobachtet werden.[858] Für das Nachfragerverhalten infolge einer Verkaufsberatung kann ein ausgeprägteres Bewusstsein des Kaufverhaltens entlang des Nettonutzens festgestellt werden.[859] Im Gegensatz hierzu scheint sich jedoch eine Markenempfehlung am Point of Sale nicht signifikant auf die Nettonutzendifferenzen der Nachfrager auszuwirken.

Das **CLV einer Nachfragerbeziehung** lässt sich im hybriden CE-Wettbewerbsmodell zum einen auf der individuellen Nachfragerebene und zum anderen aggregiert als durchschnittlicher CLV auf der Segment- und Gesamtmarktebene quantifizieren. Im Rahmen der Untersuchungsergebnisse werden die nachfragerspezifischen individuellen CLV am Beispiel der Premiummarke vorgestellt. Dabei werden CLV aller Nachfrager einer Marke – aktuelle und potenzielle Kunden – berücksichtigt. Somit kann aus der Markenperspektive ein hohes Maß an Steuerungspotenzial für das ermittelte CLV-Konstrukt identifiziert werden.

---

[858] Jedoch kann dieses Ergebnis nicht bei den einzelnen Nettonutzenfaktoren der Nachfrager beobachtet werden.
[859] Dabei muss jedoch die umfragebedingte zeitliche Verzögerung zwischen Kaufentscheidung und Nettonutzenerfassung berücksichtigt werden.

Darüber hinaus wurden die konzeptionell hergeleiteten **Untersuchungshypothesen** in der empirischen Anwendung überprüft und ihre Robustheit in Sensitivitätsanalysen bewertet. Tabelle 44 gibt einen Überblick über die Ergebnisse der Hypothesenprüfung. Für die beiden **qualitätsorientierten Markentypologien** kann dabei für eine optimale Form der Gesamtmarktbearbeitung eine **Trading-up-Strategie** (Hypothesen H_1 und H_2) bestätigt werden. Während sich die beiden qualitätsorientierten Nischenmarken im Rahmen ihrer Trading-up-Strategie lediglich für eine Preiserhöhung entscheiden, wählt die Premiummarke mit einem hohen Marktanteil zusätzlich eine Qualitätserhöhung als optimale Marktbearbeitungsstrategie.

Dagegen kann eine **Trading-down-Strategie** (H_3 und H_4) für beide **preisorientierten Markentypologien** als optimale Form der Marktbearbeitung nicht bestätigt werden. Das Wettbewerbsverhalten ist im Produktmarkt für schnurlose Festnetztelefone als typisches Anbieteroligopol vielmehr durch implizite Preisabsprachen geprägt.[860] Dieses Wettbewerbsphänomen kann dadurch begründet werden, dass Anbieter in einem Oligopol davor zurückschrecken, ihre Preise zu senken, weil sie dadurch Preissenkungen des Wettbewerbs und damit einen Preiskrieg befürchten. Wenn zukünftige Gewinne eine ausreichend wichtige Rolle spielen, werden somit alle Anbieter des Oligopols nicht von ihrer informalen Kooperation abrücken und ihre Preise konstant lassen bzw. erhöhen.

Die Untersuchungshypothesen bzgl. einer **optimalen Segmentbearbeitung** werden für die beiden **nichtpreisorientierten Nachfragersegmente** bestätigt. Im Segment der qualitätsbewussten Nachfrager erweist sich eine Trading-up-Strategie (H_5) für alle entscheidungsrelevanten Marken im Modell als optimale Form der Segmentbearbeitung. Darüber hinaus kann im Segment der nichtinvolvierten Nachfrager wie vermutet eine Senkung des Preis-Leistungsverhältnisses (H_7) als optimale Segmentstrategie der preisorientierten Nischenmarke nachgewiesen werden.

---

[860] Vgl. Kapitel 3.3.2.4.

	Untersuchungshypothesen		Ergebnis in Sensitivitätsanalysen bestätigt?
H_1	Für eine Premiummarke erweist sich die Wahl einer Trading-up-Strategie auf der Gesamtmarktebene als optimale Strategieoption.	✓	Ja
H_2	Für eine exklusive Nischenmarke erweist sich die Wahl einer Trading-up-Strategie auf der Gesamtmarktebene als optimale Strategieoption.	✓	Ja
H_3	Für eine No-Frills-Marke erweist sich die Wahl einer Trading-down-Strategie auf der Gesamtmarktebene als optimale Strategieoption.	✗	Ja
H_4	Für eine preisorientierte Nischenmarke erweist sich die Wahl einer Trading-down-Strategie auf der Gesamtmarktebene als optimale Strategieoption.	✗	Ja
H_5	Eine Trading-up-Strategie erweist sich im Segment der qualitätsbewussten Nachfrager als CE-optimale Strategieoption.	✓	Ja
H_6	Eine Verbesserung des Preis-Leistungs-Verhältnisses erweist sich im hochinvolvierten Segment als CE-optimale Strategieoption.	(✓)	Ja
H_7	Eine Senkung des Preis-Leistungs-Verhältnisses erweist sich im nichtinvolvierten Segment als CE-optimale Strategieoption.	✓	Ja
H_8	Eine Trading-down-Strategie erweist sich im preisbewussten Segment als CE-optimale Strategieoption.	✗	Ja
H_9	Eine segmentspezifische Marktbearbeitung führt zu einer höheren relativen investitionsbereinigten CE-Änderung als eine undifferenzierte Gesamtmarktstrategie.	✓	Ja
H_{10}	Eine Marke, die bei ihrer Festlegung optimaler Strategien von einem unveränderlichen Wettbewerbsumfeld ausgeht, realisiert eine niedrigere relative investitionsbereinigte CE-Änderung als eine Marke, die den Effekt von Wettbewerbsreaktionen antizipiert.	✓	Ja

✓ Hypothese bestätigt   (✓) Hypothese in einem konstanten Wettbewerbsumfeld bestätigt   ✗ Hypothese nicht bestätigt

Tabelle 44: Ergebnisse der Hypothesenprüfung
Quelle: Eigene Darstellung

Dagegen können die Untersuchungshypothesen für die beiden **preisorientierten Nachfragersegmente** in einem Wettbewerbumfeld nicht bestätigt werden. Die Optimalität einer Verbesserung des Preis-Leistungs-Verhältnisses für das hochinvolvierte Nachfragersegment (H_6) wird jedoch unter Annahme eines konstanten Wettbewerbsumfelds aus der Sicht der Premiummarke bestätigt.[861] Aufgrund des eher kooperativen Charakters des Wettbewerbsverhaltens wird außerdem eine Trading-down-Strategie für das preisbewusste Nachfragersegment (H_8) als optimale Segmentstrategie nicht bestätigt.

Die Untersuchungshypothese der **Vorteilhaftigkeit einer segmentspezifischen Marktbearbeitung** (H_9) wird in dieser Untersuchung mit Ausnahme der No-Frills-Marke für alle weiteren entscheidungsrelevanten Marken bestätigt. Durch eine Segmentbearbeitung lässt sich somit für diese Marken eine stärkere CE-Erhöhung unter Berücksichtigung von Investitionen realisieren als im Fall einer undifferenzierten Gesamtmarktbearbeitung.

Außerdem wird die Hypothese der **Vorteilhaftigkeit einer Wettbewerbsantizipation** am Beispiel der Premiummarke (H_{10}) sowohl auf der Gesamtmarktebene als auch für drei der insgesamt vier Nachfragersegmente bestätigt. Mit Ausnahme des Segments der nichtinvolvierten Nachfrager ergeben sich für die Premiummarke durch eine Ignorierung des Wettbewerbsumfelds **Fehlentscheidungen**, die zu suboptimalen CE-Ergebnissen führen. Durch die Antizipation möglicher Wettbewerbsreaktionen bei der Festlegung optimaler Strategien ist es für die Premiummarke daher möglich, einen signifikant höheren CE-Effekt zu realisieren.

Die Modellergebnisse für beide untersuchten Entscheidungsszenarien ergeben ein identisches Wettbewerbsverhalten aller entscheidungsrelevanten Marken. Daher kann für die jeweils führende Marke **kein strategischer first-mover-advantage** im hybriden CE-Wettbewerbsmodell festgestellt werden. Für alle Marken werden langfristig aufgrund der identischen optimalen Marktbearbeitungsstrategien gleiche Marktanteile in beiden Entscheidungsszenarien beobachtet.

---

[861] Jedoch wird im Verlauf dieser Untersuchung gezeigt, dass die Segmentbearbeitung unter Berücksichtigung eines Wettbewerbsumfelds zu einem suboptimalen CE für die Premiummarke führt.

Zur **Prüfung der Robustheit** der Ergebnisse der Untersuchungshypothesen wurden Szenarioanalysen besonders kritischer Modellparameter durchgeführt. Die Hypothesen werden dabei in allen Szenarioanalysen bestätigt (vgl. Tabelle 44). Zudem ergeben sich für eine undifferenzierte Gesamtmarktbearbeitung in allen Szenarien identische teilspielperfekte Nash-Gleichgewichtslösungen. Im Fall einer Segmentbearbeitung sind dagegen für vereinzelte Marken geringe Abweichungen der optimalen Segmentstrategien festzustellen. Insgesamt kann jedoch für die Untersuchungsergebnisse ein hohes Maß an Robustheit bzgl. kritischer Modellannahmen festgehalten werden.

7 Schlussbetrachtung und Ausblick

Der in dieser Arbeit entwickelte CE-Ansatz stellt ein **integriertes Managementkonzept** für eine erfolgreiche Unternehmensführung in einem dynamischen Marktumfeld dar. Dabei werden unterschiedliche Perspektiven einer Unternehmensstrategie in einem entscheidungsorientierten Modellkonzept vereinigt. Erstens orientieren sich aufgrund einer **Kundenperspektive** Marktbearbeitungsstrategien im Modell direkt am wahrgenommenen Nettonutzen der Nachfrager. Auf der Basis dieser Nutzenwahrnehmungen ergeben sich die relativen Wettbewerbspositionierungen der Marken im Gesamtmarkt. Zweitens werden durch die **Wertorientierung** dieses Ansatzes Strategiealternativen aus der Sicht der Unternehmensführung direkt auf der Basis ihrer finanziellen Wirkungen beurteilt. Die ökonomischen Effekte einer Strategie werden im Rahmen einer investitionstheoretischen Betrachtung ermittelt. Drittens antizipieren die Marken im Sinn einer **Wettbewerbsperspektive** bei der Festlegung optimaler Marktbearbeitungsstrategien bereits bestmögliche Wettbewerbsreaktionen der Konkurrenten. Aufgrund der zusätzlichen Betrachtung eines dynamischen Wettbewerbsumfelds nähert sich das entwickelte CE-Wettbewerbsmodell weiter einer unternehmerischen Marktrealität an, die in vielen Fällen durch einen intensiven Wettbewerb geprägt ist.[862] Gerade die Wettbewerbsmodellierung anhand spieltheoretischer Lösungskonzepte stellt eine Erweiterung bestehender CE-Modelle dar.

7.1 Kritische Würdigung der Untersuchungsergebnisse

Für die vorliegende Arbeit wurden drei **Forschungsziele** identifiziert. Erstens stand die Entwicklung eines erweiterten CE-Wettbewerbsmodells im Vordergrund, das neben einer kunden- und wertorientierten Sichtweise auch die Wettbewerbsperspektive integriert. Zweitens wurden Untersuchungshypothesen konzeptionell hergeleitet und in einer empirischen Modellanwendung überprüft. Drittens war es Ziel, Handlungsempfehlungen für die moderne Unternehmensführung sowie Implikationen für die weitere Forschung abzuleiten.

Aufgrund der hohen Relevanz hybrider CE-Modelle in der CE-Forschung baut das in dieser Arbeit entwickelte **hybride CE-Wettbewerbsmodell** auf diesem Ansatz auf.

---

[862] In diesem Zusammenhang muss jedoch auf die kritischen Modellannahmen hingewiesen werden, die einer Marktrealität entgegenwirken, vgl. Kapitel 7.3.

Hybride CE-Modelle zeichnen sich insbesondere durch die Nutzung ökonomischer und verhaltensorientierter Inputfaktoren bei der Bestimmung des CLV einer Nachfragerbeziehung aus. Das entwickelte Modell vereinigt dabei die Stärken der beiden aktuellen hybriden CE-Modelle von RUST et al. (2004b) und HUNDACKER (2005) und kann somit als Synthese dieser Ansätze verstanden werden. Darüber hinaus erlaubt das Modell, entsprechend der Forderung von KUMAR und GEORGE (2007), eine nachfragerindividuelle sowie eine aggregierte Schätzung eines durchschnittlichen CLV auf der Segment- und Marktebene.[863] Aufgrund dieser differenzierten Bestimmung des CLV kann das Steuerungspotenzial des entwickelten CE-Modells auf weitere typische Anwendungsgebiete des CEM ausgebaut werden. Die aggregierte Schätzung eines durchschnittlichen CLV zielt v. a. auf die Schätzung von Marktreaktionen aufgrund gewählter Markt- bzw. Segmentbearbeitungsstrategien ab. Dagegen eignen sich die individuell ermittelten CLV einzelner Nachfragerbeziehungen besonders für die Steuerung kundenspezifischer Strategien („One-to-One-Marketing"[864]), Kundenselektionsstrategien[865] oder für die Planung optimaler Akquisitionsstrategien profitabler Neukunden. Darüber hinaus zeichnet sich das in dieser Arbeit entwickelte Modell als Always-a-share-Ansatz aus, bei dem sowohl aktuelle als auch potenzielle Kunden einen Wert aus der Sicht einer Marke darstellen. Der ermittelte individuelle CLV potenzieller Kunden kann dabei als Abschätzung eines maximal zur Verfügung stehenden kundenspezifischen Budgets für Akquisitionsmaßnahmen wie bspw. Direct-Mailing-Aktionen verwendet werden.[866]

Das in dieser Arbeit entwickelte Wettbewerbsmodell stellt eine **Schnittstelle** zwischen der volkswirtschaftlichen Wettbewerbsforschung und dem Beziehungsmarketing dar. Die **wettbewerbstheoretische Grundlage** des Modells bilden die strukturellen Wettbewerbsmodelle der Neuen Industrieökonomik. Neben der Beschreibung von Marktnachfrage und -angebot werden Annahmen bzgl. der Wettbewerbsinteraktionen zwischen den Unternehmen getroffen. Dabei handelt es sich um ein entscheidungsorientiertes, wettbewerbsbezogenes Optimierungsmodell.[867] Als

---

[863] Vgl. KUMAR und GEORGE (2007), S. 161.
[864] Vgl. SHAFFER und ZHANG (2002), S. 1143 ff. Für kundenspezifische Angebote vgl. SIMONSON (2005), S. 32 ff.
[865] Vgl. VENKATESAN und KUMAR (2004), S. 118 f.
[866] Vgl. VILLANUEVA et al. (2008), S. 48.
[867] Eine Übersicht relevanter wettbewerbsbezogener Optimierungsmodelle liefert Kapitel 3.3.

Modellergebnis werden unter Anwendung spieltheoretischer Lösungskonzepte optimale Marktbearbeitungsstrategien in einem Wettbewerbsumfeld empirisch ermittelt. Bei der empirischen Anwendung wird ein Marktgleichgewicht optimaler Wettbewerbsstrategien in Form eines teilspielperfekten Nash-Gleichgewichts geschätzt.[868] Für die Bestimmung optimaler Strategien wird die Rückwärtsinduktion der dynamischen Optimierung aus der Operations-Research-Forschung verwendet. Das entwickelte hybride CE-Wettbewerbsmodell erfüllt die wichtigsten Funktionen eines sog. „Competitor Intelligence System" nach PORTER (1998a).[869] Darüber hinaus werden alle relevanten Funktionen herkömmlicher CE-Modelle abgedeckt.[870]

Unter Berücksichtigung der formal-analytischen Abbildung des hybriden CE-Wettbewerbsmodells werden geeignete **Untersuchungshypothesen** zum optimalen Wettbewerbsverhalten von Unternehmen entwickelt. Auf der Basis der Ergebnisse der Untersuchungshypothesen werden **Handlungsempfehlungen** für das CEM abgeleitet. Die Marktbearbeitungsstrategien umfassen in dieser Untersuchung Entscheidungen zum Preis- und Qualitätsniveau einer Marke. Anhand verschiedener Preis-Qualitäts-Entscheidungskombinationen werden unterschiedliche Normstrategien aus der Sicht einer Marke hergeleitet. Außerdem werden unterschiedliche Markentypologien entlang ihres Wettbewerbsvorteils (Qualität vs. Preis) und ihrer Größe (Marktanteil) differenziert betrachtet. Die Untersuchungshypothesen unterscheiden erstens optimale Marktbearbeitungsstrategien für alle Markentypologien und unterstellen Points-of-Difference-Positionierungen als optimale Form der Marktbearbeitung. Das hybride CE-Wettbewerbsmodell zeichnet sich darüber hinaus durch eine differenzierte Marktbetrachtung unterschiedlicher qualitäts- und preissensitiver Nachfragersegmente aus. Auf der Basis nutzenorientierter Überlegungen werden zweitens unterschiedliche Reagibilitäten der Nachfrager hinsichtlich Preis- und Qualitätsänderungen vermutet und für jedes Nachfragersegment eine Normstrategie als optimale Form der Segmentbearbeitung als Hypothese konzeptionell hergeleitet. Drittens wird in einer weiteren Hypothese die ökonomische Vorteilhaftigkeit einer segmentspezifischen Marktbearbeitung gegenüber einer undifferenzierten Gesamtmarktbearbeitung

---

[868] Genauer gesagt wird ein Gleichgewicht dominanter Strategien für alle Teilspiele als Verfeinerung eines teilspielperfekten Nash-Gleichgewichts ermittelt.

[869] Vgl. PORTER (1998a), S. 71 ff.

[870] Die Ergebnisse herkömmlicher CE-Modelle stellen sich dabei als Spezialfall des Wettbewerbsmodells unter Annahme eines konstanten Wettbewerbsumfelds dar.

unterstellt. Viertens wird die Vorteilhaftigkeit einer Wettbewerbsantizipation bei der Festlegung optimaler Marktbearbeitungsstrategien als Hypothese analysiert. Dafür wird die finanzielle Wirksamkeit der optimalen Strategie einer antizipierenden Marke mit der einer wettbewerbsignorierenden Marke verglichen.

In der **empirischen Untersuchung** im deutschen Produktmarkt für schnurlose Festnetztelefone im B2C-Bereich können die Untersuchungshypothesen im Wesentlichen bestätigt werden.[871] In Sensitivitätsanalysen erweisen sie sich zudem als robust. Lediglich Untersuchungshypothesen, die eine Preissenkung als optimale Strategie unterstellen, werden in der empirischen Analyse nicht bestätigt. Dies kann jedoch durch die Rahmenbedingungen des untersuchten Markts weitgehend erklärt werden. Das optimale Wettbewerbsverhalten in diesem oligopolistisch geprägten Markt mit einer hohen Marktsättigung ist durch Strategien gekennzeichnet, bei denen Preissenkungen für keine der entscheidungsrelevanten Marken als optimale Form der Marktbearbeitung erscheinen. Zudem werden die Vorteilhaftigkeit einer segmentspezifischen Marktbearbeitung und die Vorteilhaftigkeit einer Wettbewerbsantizipation empirisch bestätigt.

Außerdem kann auf der Basis einer vergleichenden Analyse zwischen geschätztem Nettonutzen und beobachteter Kaufpräferenz der Nachfrager eine hohe Konsistenz festgestellt werden. Die Nachfrager verbinden mit ihrer Kaufentscheidung einen signifikant höheren Nettonutzen als mit Marken der zweiten und dritten Wahl ihres Evoked Sets. Zusammenfassend kann eine **hohe Modellvalidität der nutzenfundierten Beschreibung des Nachfragerverhaltens** auf der Basis des verwendeten multinomialen Logitmodells identifiziert werden.[872] Darüber hinaus kann ein positiver Einfluss einer Verkaufsberatung am Point of Sale auf die Konsistenz zwischen Nettonutzen und Kaufpräferenz der Nachfrager statistisch nachgewiesen werden. Nachfrager, die eine Verkaufsberatung in Anspruch genommen haben, weisen somit eine signifikant größere Nettonutzendifferenz zwischen gekaufter und nichtgekaufter Marke auf als Nachfrager ohne Beratung.

---

[871] Die daraus abgeleiteten Handlungsempfehlungen werden in Kapitel 7.2 vorgestellt.

[872] Validität beschreibt in diesem Zusammenhang als klassisches Gütekriterium einer Untersuchung, ob auch ein beabsichtigter Sachverhalt (hier: Nettonutzen als Grundlage des Kaufverhaltens) erfasst wurde. Dabei wird als Gütemaßstab der Vergleich mit einem Außenkriterium (hier: der beobachteten Kaufpräferenz) verwendet. In der empirischen Forschung wird dies als „concurrent validity" bezeichnet, vgl. MAYRING (2002), S. 141.

Der Produktmarkt für schnurlose Festnetztelefone stellt als empirischer Untersuchungsgegenstand einen **Ausbau des empirischen Anwendungsgebiets hybrider CE-Modelle** in der CE-Forschung dar. Bisherige empirische Untersuchungen in der CE-Forschung fokussieren weitgehend auf Dienstleistungen. Dies kann v. a. durch die hohe Verfügbarkeit von Kundeninformationen in diesen Märkten erklärt werden. Die vorliegende Untersuchung repräsentiert somit eine wesentliche Erweiterung bisheriger empirischer CE-Untersuchungen auf **langlebige Gebrauchsgüter**.

Die Operationalisierung des hybriden CE-Wettbewerbsmodells sowie die Konzeption der Untersuchungshypothesen sprechen für eine insgesamt **hohe Generalisierbarkeit** der empirischen Ergebnisse. Preis- und Qualitätsentscheidungen als Marktbearbeitungsstrategien stellen etablierte Elemente des Marketing-Mix dar und spielen in nahezu allen Märkten eine wichtige Rolle. Für die identifizierten Nutzendimensionen der Nachfrager kann ebenfalls eine im Wesentlichen repräsentative Struktur beobachtet werden, die mit Einschränkungen in weiteren Märkten Gültigkeit besitzt. Insgesamt lässt sich für den Produktmarkt für schnurlose Festnetztelefone in Deutschland eine vierdimensionale Nettonutzenstruktur festhalten. Neben den nichtmonetären Wechselkosten kann der Markennutzen als Basis des Markenimages der Nachfrager in drei Komponenten unterteilt werden.[873] Der ökonomische Nutzen umfasst dabei neben dem Preisniveau der Marke auch funktional-utilitaristische Nutzenaspekte. Die qualitätsorientierte Dimension weist dagegen eine typische komplexe Nutzenstruktur, bestehend aus mehreren Nutzenelementen, auf.[874] Außerdem umfasst der Nettonutzenfaktor „Individualität/Fits my needs" v. a. symbolische Nutzenelemente, die dem Bedürfnis der Nachfrager nach sozialem Kontakt und Selbstverwirklichung entsprechen.[875] Die Untersuchungshypothesen in der vorliegenden Arbeit sind per se unabhängig vom betrachteten Markt. Sie folgen nutzenorientierten Überlegungen der unterschiedlichen Reagibilitäten der Nachfrager in den Segmenten und unterstellen eine Wettbewerbsdifferenzierung als optimale Form der Marktbearbeitungsstrategie. Daher lassen sie sich prinzipiell auf vergleichbare Untersuchungen in weiteren Märkten, wie bspw. Dienstleistungsmärkten, anwenden.

---

[873] Aus Gründen der Geheimhaltung werden Details der einzelnen Nutzenfaktoren nicht veröffentlicht.
[874] Vgl. KOTLER und BLIEMEL (2001), S. 398 ff.; TELLIS und JOHNSON (2007), S. 758 ff.
[875] Vgl. BURMANN und STOLLE (2007), S. 75 ff.

Der deutsche Produktmarkt für schnurlose Festnetztelefone zeichnet sich auch aus der **Wettbewerbsperspektive** durch eine hohe Relevanz für die vorliegende Untersuchung aus. Durch ein ausgeprägtes Anbieteroligopol können in einem Wettbewerbsmodell mit einer geringen Anzahl von Marken große Teile des Gesamtmarkts abgedeckt werden, ohne eine hohe Anzahl von Modellparametern schätzen zu müssen. Außerdem befindet sich der Markt aktuell in einer ausgesprochenen Sättigungsphase, die durch einen starken Verdrängungswettbewerb charakterisiert ist. Die damit verbundene hohe Reaktionselastizität der Wettbewerber stellt eine geeignete Grundlage für eine spieltheoretische Modellierung des Wettbewerbsverhaltens dar, das in dieser Arbeit durch einen sequenziell reaktiven Entscheidungsmodus charakterisiert ist. Als **weitere mögliche Anwendungsgebiete des hybriden CE-Wettbewerbsmodells** bieten sich zahlreiche Märkte an, die ebenfalls durch eine anbieteroligopolistische Marktstruktur und eine hohe Sättigungsrate gekennzeichnet sind. In diesem Zusammenhang sind insbesondere folgende Märkte in Deutschland zu nennen: Mobilfunkmarkt, Energieversorgungsmarkt (insbesondere Gas), Finanzdienstleistungen (Versicherungen, Privat- und Firmenkundengeschäft der Banken), Linienflugverkehr, Autovermietung sowie die Automobilherstellung als weiterer Produktmarkt.

Die vorliegende Arbeit repräsentiert, entsprechend des aktuellen Kenntnisstands, das erste Wettbewerbsmodell, in dem CE als die zu maximierende wert- und kundenorientierte Zielgröße einer Marke abgebildet wird. Für die bisher **fehlende Betrachtung des CE in der Wettbewerbsforschung** lassen sich zwei wesentliche Gründe identifizieren. Zum einen handelt es sich um ein klassisches **Schnittstellenthema**, das Aspekte der volkswirtschaftlich geprägten Wettbewerbsforschung mit Konzepten des betriebswirtschaftlich orientierten Beziehungsmarketings verbindet. Bisherige Wettbewerbsmodelle für das Marketing fokussieren, wie in dieser Arbeit beschrieben, auf herkömmliche ökonomische Profitabilitäts- und Gewinnkennzahlen als Steuerungsgrößen einer Unternehmung.[876] Diese Modelle adressieren jedoch nicht explizit die Problematik der optimalen Steuerung des CE als wesentlichen Bestandteil immaterieller Vermögensgegenstände einer Unternehmung im Sinn des Beziehungsmarketings. Darüber hinaus werden Kundenbeziehungen nicht als Investitionsobjekte

---

[876] Kapitel 3.3 der vorliegenden Untersuchung liefert einen umfassenden Überblick relevanter Wettbewerbsmodelle für das Marketing. Einen weiteren Überblick geben MOORTHY (1993) sowie PFÄHLER und WIESE (2006).

verstanden, deren CLV durch Marktbearbeitungsstrategien in einem dynamischen Wettbewerbsumfeld maximiert werden soll. Zum anderen können die **hohen Modellanforderungen** einer CE-basierten Wettbewerbsuntersuchung als weiterer Grund für das bisherige Fehlen CE-orientierter Wettbewerbsmodelle identifiziert werden. Insbesondere ist der hohe Datenbedarf einer empirischen Anwendung des Modells, bestehend aus nachfragerindividuellen Kauf- und Nutzungsdaten sowie Nutzenassoziationen bzgl. der Marken im Evoked Set, aber auch anbieterspezifische Preis- und Kostenstrukturen zu nennen. Darüber hinaus stellen die Modellierung des nachfragerindividuellen Kaufverhaltens als diskreter Markov-Prozess sowie die Bestimmung eines teilspielperfekten Nash-Gleichgewichts als optimale Lösung eines Spielbaums weitere Herausforderungen für die empirische Schätzung des Wettbewerbsmodells dar.

Die vorliegende Untersuchung repräsentiert einen ersten Schritt zur Analyse wettbewerbsorientierter CE-Modelle. Auf der Basis dieser Erkenntnisse werden am Lehrstuhl für innovatives Markenmanagement der Universität Bremen **weitere empirische Untersuchungen** im Produktmarkt für schnurlose Festnetztelefone im B2C-Bereich durchgeführt. Der Fokus dieser Untersuchungen besteht in der Ausweitung der Analyse auf weitere Ländermärkte, in der Detaillierung der nachfragerseitigen Qualitätswahrnehmung auf Produktattributebene, in der Analyse der Bedeutung technologischer Innovationen auf das zukünftige Kaufverhalten sowie in der Vertiefung des Verständnisses des Kundenverhaltens durch experimentelle Untersuchungen einer nachgestellten Point-of-Sale-Situation.

7.2 Implikationen für das Customer-Equity-Management in der Praxis

7.2.1 Handlungsempfehlungen für die moderne Markenführung

Die im Folgenden vorgestellten Handlungsempfehlungen leiten sich aus den Ergebnissen der empirischen Untersuchung ab.[877] Aufgrund des hohen Maßes an Generalisierbarkeit der Ergebnisse (vgl. Kapitel 7.1) liefern die praxisrelevanten Implikationen auch interessante Ansatzpunkte für weitere vergleichbare Märkte.

---

[877] Die Untersuchungsergebnisse sind in Kapitel 6.10 zusammengefasst.

Preissenkungen stellen für keine Marke eine CE-optimale Strategieoption in einem dynamischen Wettbewerbsumfeld dar.

Die optimalen Wettbewerbsstrategien der Marken im untersuchten Markt schnurloser Festnetztelefone in Deutschland sind durch Preiserhöhungen aller entscheidungsrelevanten Marken gekennzeichnet. Dieses Wettbewerbsphänomen, auch als **implizite Preisabsprachen** bekannt, ist typisch für eine anbieteroligopolistische Marktstruktur etablierter Wettbewerber, in denen sich die konkurrierenden Marken durch kooperativ geprägte Strategien besser stellen als durch eine aggressiv geprägte Form der Marktbearbeitung.[878] Aufgrund der **Gefahr eines Preiskriegs** scheinen die im Markt befindlichen Marken vor einer Preissenkung zurückzuschrecken.[879] Selbst für das preissensitive Nachfragersegment sowie bei einer Abschwächung der Preissenkung auf 10 % gegenüber dem heutigen Preis führen Preissenkungen zu einem suboptimalen CE aller Marken.

Dieses Ergebnis untermauert die Bedeutung der Betrachtung von Wettbewerbsreaktionen bei der Festlegung optimaler Strategien. HUNDACKER (2005) identifiziert in seiner empirischen Untersuchung das preisorientierte No-Frills-Konzept als optimale Form der Marktbearbeitung. Dabei werden jedoch Preisreaktionen der Wettbewerber ausgeschlossen, so dass diese Empfehlung in einem dynamischen Wettbewerbsumfeld u. U. zu einer suboptimalen Entscheidung führen kann. Auch wenn die Erkenntnis der Gefahr eines Preiskriegs für etablierte Wettbewerber ein realitätsnahes Entscheidungsproblem darstellt, muss jedoch in der vorliegenden Untersuchung kritisch angemerkt werden, dass der **Markteintritt neuer, aggressiver Wettbewerber** über den Planungszeitraum hinweg ausgeschlossen wird. Zahlreiche Untersuchungen in der Wettbewerbsforschung haben bereits den wettbewerbsintensivierenden Einfluss des Markteintritts eines neuen Wettbewerbers empirisch nachgewiesen.[880]

Durch eine Wettbewerbsdifferenzierung auf der Gesamtmarktebene erzielt eine Premiummarke mit dem Ausbau der Qualitätsführerschaft ein optimales CE.

---

[878] Vgl. LAMBIN et al. (2007). Aufgrund einer fehlenden vertraglichen Vereinbarung der Wettbewerber wird in diesem Zusammenhang auch nicht von einer kartellähnlichen expliziten Preisabsprache gesprochen, vgl. MOORTHY (1993), S. 157.
[879] Für eine aktuelle Veröffentlichung zum Thema Preiskrieg vgl. VAN HEERDE et al. (2008).
[880] Vgl. stellvertretend GRUCA et al. (2001).

Der eher kooperative Charakter des Preiswettbewerbs wird im Fall des Qualitätswettbewerbs nicht im gleichen Maß beobachtet.[881] Die **marktbeherrschende Premiummarke** realisiert durch eine Preis- und Qualitätserhöhung im Rahmen einer Trading-up-Normstrategie eine optimale investitionsbereinigte Steigerung des Marken-CE um 34,9 % gegenüber dem Status quo. Durch eine verstärkte Wettbewerbsdifferenzierung und den **Ausbau der Qualitätsführerschaft** ist es dem Marktführer möglich, gegenüber dem Status quo zusätzliche Marktanteile zu gewinnen. Den Erhöhungen der variablen Kosten aufgrund der Qualitätssteigerung steht nun ein verstärkter Erfahrungskurveneffekt infolge des erhöhten Marktanteils gegenüber. Aufgrund dieser Points-of-Difference-Positionierung ist die Premiummarke imstande, ihren aktuellen **USP einer überlegenen Qualität** weiterzuentwickeln.[882] Gegenüber dem Nachfrager wird eine Präferenzstrategie verfolgt, bei der durch die Qualitätserhöhung ein hoher Nettonutzeneffekt generiert wird, der die gleichzeitige Preiserhöhung rechtfertigt.[883]

Durch eine Wettbewerbsdifferenzierung auf der Gesamtmarktebene erzielt eine preisorientierte Nischenmarke mit dem Ausbau der Kostenführerschaft ein optimales CE.

Im Gegensatz zur Premiummarke wählt die preisorientierte Nischenmarke eine Senkung der Qualität als optimale Marktbearbeitungsstrategie. Bei einem erhöhten Preis stellt diese Strategie eine deutliche Senkung des Preis-Leistungs-Verhältnisses dar. Auch wenn diese Form der optimalen Marktbearbeitung auf den ersten Blick überrascht, kann dahinter ein strategisches Kalkül identifiziert werden. Durch die Senkung des Preis-Leistungs-Verhältnisses realisiert die Nischenmarke eine signifikante Steigerung des Produktdeckungsbeitrags aufgrund sinkender variabler Stückkosten bei zugleich steigenden Preisen. Diese Profitabilitätssteigerung überkompensiert dabei den Effekt des Marktanteilsverlusts. Kostenseitig kann die Nischenmarke ihre Wettbewerbsdifferenzierung weiter ausbauen, während preisseitig der ursprüngliche Preisvorteil gegenüber den Wettbewerbermarken aufrechterhalten werden kann. Durch die Senkung des Preis-Leistungs-Verhältnisses kann für diese Marke eine

---

[881] NEVO (2001) beobachtet eine ähnlich unterschiedliche Wettbewerbsintensität zwischen Preis- und Qualitätswettbewerb.
[882] Für einen Ausbau der Qualitätsführerschaft durch Spezialisierung vgl. KALRA und LI (2008).
[883] Die qualitätsorientierten exklusiven Nischenmarken entscheiden sich im hybriden CE-Wettbewerbsmodell hingegen für eine konstante Qualität.

Fokussierung auf besonders preis- und qualitätsinsensitive Nachfragergruppen im Gesamtmarkt festgestellt werden.[884] Insgesamt realisiert die preisorientierte Nischenmarke mit dieser Marktbearbeitungsstrategie eine optimale investitionsbereinigte CE-Steigerung von 25,6 % gegenüber dem Status quo.

Eine Trading-up-Strategie erweist sich für alle Marken als CE-optimale Strategieoption für das Segment der qualitätsbewussten Nachfrager.

Im Segment der qualitätssensitiven, aber preisinsensitiven Nachfrager erweist sich die **Trading-up-Strategie** für **alle entscheidungsrelevanten Marken** im Wettbewerbsmodell wie angenommen als optimale Form der Segmentbearbeitung. Alle Marken wählen dabei eine Preiserhöhung, während die marktbeherrschende Premiummarke sich zusätzlich für eine Qualitätserhöhung entscheidet. Aufgrund der relativ gesehen niedrigen Preissensitivität der Nachfrager liegt der negative Nettonutzeneffekt der Preiserhöhung deutlich unter dem Profitabilitätseffekt der Preiserhöhung. Trotz einer hohen Qualitätsorientierung scheint sich jedoch die Investition in eine Qualitätserhöhung nur für die mit einem großen Marktanteil ausgestattete Premiummarke zu lohnen.[885]

Eine Senkung des Preis-Leistungs-Verhältnisses erweist sich für die preisorientierte Nischenmarke im nichtinvolvierten Nachfragersegment als CE-optimale Strategieoption.

Im Segment der qualitäts- und preisinsensitiven Nachfrager ergibt sich für die **preisorientierte Nischenmarke** die vorhergesagte **Senkung des Preis-Leistungs-Verhältnisses** als optimale Segmentstrategie. Ähnlich wie auf der Gesamtmarktebene erzielt die Marke einen signifikanten Profitabilitätseffekt, der nicht durch einen übermäßig starken Segmentanteilsverlust der Nachfrager aufgrund einer niedrigen Preis- und Qualitätssensitivität im Segment bestraft wird. Gerade dieser Segmentanteilsverlust scheint jedoch für die weiteren betrachteten Marken ein größeres Bedrohungspotenzial darzustellen, weil sie alle eine konstante Qualität in diesem Segment wählen. Für die preisorientierte Nischenmarke scheint die Senkung der – ohnehin

---

[884] Die preisorientierte No-Frills-Marke entscheidet sich hingegen für eine konstante Qualität.
[885] Aufgrund des eher kooperativen Charakters des Preiswettbewerbs im betrachteten Oligopolmarkt werden die auf der Basis des Nettonutzens der Nachfrager hergeleiteten Untersuchungshypothesen für die beiden preissensitiven Nachfragersegmente nicht bestätigt.

schon niedrigen – Qualität nicht zu einem übermäßig starken Segmentanteilsverlust zu führen.

Eine segmentspezifische Marktbearbeitung führt für die Premiummarke und die Nischenmarken zu einer höheren relativen investitionsbereinigten CE-Änderung als eine undifferenzierte Gesamtmarktstrategie.

Vier der insgesamt fünf entscheidungsrelevanten Marken realisieren im Wettbewerbsmodell eine im Vergleich zu einer undifferenzierten Marktbearbeitungsstrategie bessere optimale CE-Steigerung im Fall einer differenzierten Segmentbearbeitung. Als Hauptgründe für die Vorteilhaftigkeit einer segmentspezifischen Marktbearbeitung lassen sich zwei Effekte identifizieren. Zum einen realisiert die Premiummarke durch eine **selektivere Qualitätserhöhung** für besonders qualitätssensitive Nachfragergruppen niedrigere durchschnittliche variable Stückkosten als im Fall der undifferenzierten Qualitätserhöhung auf der Gesamtmarktebene. Dieser Kosteneffekt übersteigt dabei den leichten Marktanteilsverlust gegenüber der Gesamtmarktbearbeitung, so dass sich insgesamt ein höheres optimales investitionsbereinigtes CE ergibt. Zum anderen realisieren die beiden exklusiven Nischenmarken sowie die preisorientierte Nischenmarke durch eine **bessere Anpassung an die segmentspezifischen Nachfragerbedürfnisse** einen höheren Marktanteil im Vergleich zur undifferenzierten Gesamtmarktbearbeitung. In diesem Zusammenhang ist insbesondere die Qualitätserhöhung dieser Marken im hochinvolvierten Nachfragersegment zu nennen. Die Erhöhung der durchschnittlichen variablen Kosten wird dabei durch die starke Marktanteilserhöhung mehr als neutralisiert, so dass sich insgesamt ein höheres optimales investitionsbereinigtes CE für diese Marken ergibt. Lediglich die No-Frills-Marke realisiert trotz höherer getätigter Investitionen keine signifikante Marktanteilserhöhung, so dass für diese Marke eine undifferenzierte Gesamtmarktbearbeitung vorteilhaft erscheint.

Einen wichtigen Aspekt im Fall einer differenzierten Segmentbearbeitung stellen die häufig damit verbundenen **Komplexitätskosten** dar.[886] In dieser Arbeit wird dieser Effekt durch überproportional hohe Investitionen im Fall einer segmentspezifischen Marktbearbeitung berücksichtigt. Selbst bei einer Erhöhung der Investitionsvolumina

---

[886] Vgl. MEFFERT et al. (2008), S. 294.

im Rahmen von Sensitivitätsanalysen erweisen sich jedoch die o. g. Ergebnisse als nach wie vor robust.

Eine wettbewerbsantizipierende Marke erzielt einen höheren relativen investitionsbereinigten CE-Effekt als eine wettbewerbsignorierende Marke, die bei der Festlegung ihrer optimalen Strategie von einem unveränderlichen Wettbewerbsumfeld ausgeht.

In dieser Untersuchung wird am Beispiel der marktbeherrschenden Premiummarke gezeigt, welchen ökonomischen Vorteil die **Antizipation von Wettbewerbsreaktionen** für die Marke bietet. Der finanzielle Vorteil ergibt sich aufgrund von **Fehlentscheidungen** im Fall einer Ignorierung des Wettbewerbsumfelds. Diese Fehlentscheidungen bewirken dabei ein im Vergleich zur optimalen antizipierenden Strategie niedrigeres CE der Marke. Für die Premiummarke ergibt sich im Fall der Gesamtmarktbearbeitung ein finanzieller Vorteil einer Wettbewerbsantizipation von 27,3 Mio. € oder 9,3 % des CE im Status quo. Bei der ohnehin vorteilhafteren segmentspezifischen Marktbearbeitung erhöht sich der Effekt auf 44,8 Mio. € oder 15,2 % des CE. Dieses Ergebnis ist für diese Arbeit wichtig, da es die **Bedeutung einer Wettbewerbsbetrachtung** direkt in ökonomische Werte aus der Sicht einer Marke übersetzt. Die Analyse des Wettbewerbs führt nicht nur zu einem tieferen Verständnis des dynamischen Marktumfelds, sondern impliziert auch einen finanziellen Mehrwert für eine Marke.

Durch eine gezielte Verkaufsberatung am Point of Sale können Marken den Nettonutzen der Nachfrager als Grundlage ihres Kaufverhaltens positiv beeinflussen.

Auf der Basis der vergleichenden Analyse zwischen geschätztem Nettonutzen und beobachteter Kaufpräferenz kann eine signifikant größere Nettonutzendifferenz zwischen gekaufter und nichtgekaufter Marke im Evoked Set der Nachfrager infolge einer Verkaufsberatung am Point of Sale beobachtet werden. Dieses Ergebnis zeigt, dass der wahrgenommene Nettonutzen der Nachfrager als Grundlage ihres Kaufverhaltens in einer Verkaufsberatung der Anbieter positiv beeinflusst werden kann. Durch eine gezielte Bewerbung besonders nutzenkritischer Produktattribute, wie bspw. Bedienungsfreundlichkeit oder Haptik, lässt sich eine Verbesserung der Nutzenwahrnehmung der Nachfrager erreichen. Aufgrund der empirisch nachgewiesenen **hohen Konsistenz zwischen Nettonutzen und beobachteter Kaufpräferenz** kann dadurch eine höhere Kaufwahrscheinlichkeit der Nachfrager für die betrachtete Marke erzielt werden. Aus Anbietersicht empfehlen sich für eine **gezielte Verkaufsberatung** bspw. Schulungsmaßnahmen des Verkaufspersonals. Zudem lassen sich Implikationen für eine geeignete Produktpräsentation am Point of Sale als Form einer verbrauchergerichteten Verkaufsförderung ableiten.[887] Interessanterweise lässt sich der o. g. Nettonutzeneffekt nicht bei Nachfragern beobachten, die eine Markenempfehlung vom Verkaufspersonal bekommen hatten. Dieser Sachverhalt kann evtl. durch ein Gefühl der Bevormundung bzw. der Manipulation auf Seiten der Nachfrager bei einer Markenempfehlung erklärt werden.

Potenzielle Kunden stellen einen signifikanten Anteil des CE einer Marke dar und sollten daher in die Planung von Marktbearbeitungsstrategien miteinbezogen werden.

Das hybride CE-Wettbewerbsmodell ermöglicht eine nachfragerindividuelle Schätzung des CLV. Aufgrund des Always-a-share-Charakters lassen sich CLV-Werte aktueller und potenzieller Kunden berechnen. In dieser Untersuchung kann am Beispiel der Premiummarke gezeigt werden, dass sich 40 % des gesamten CE der Marke durch potenzielle Nachfrager ergeben. Lediglich 60 % werden durch aktuelle Käufer der Marke erwirtschaftet. Bei der Festlegung bspw. eines Marketingbudgets sollte daher immer eine **Balance zwischen Kundenbindungs- und -akquisitionsmaßnahmen** gewahrt werden. Neben notwendigen Kundenbindungsinstrumenten, bspw. in Form ausgedehnter Garantie- oder Serviceleistungen,[888] spielen gezielte Akquisitionsinstrumente, bspw. in Form von Direct-Mailing-Aktionen,[889] ebenfalls eine wichtige Rolle bei einer möglichst optimalen Marktbearbeitung für eine Marke.

---

[887] Zum Management der Verkaufsförderung vgl. KOTLER und BLIEMEL (2001), S. 985 ff., sowie MEFFERT et al. (2008), S. 675 ff.
[888] Vgl. IYENGAR et al. (2007), S. 529 ff. Hinsichtlich der Qualität von Serviceleistungen vgl. außerdem MEFFERT und BRUHN (2001); ZEITHAML und PARASURAMAN (2004); BELL et al. (2005); BOLTON et al. (2008).
[889] Vgl. VILLANUEVA et al. (2008), S. 48.

7.2.2 Implementierungsgesichtspunkte

Die in der vorliegenden Untersuchung hergeleiteten Handlungsempfehlungen für eine erfolgreiche Markenführung müssen jedoch auch im Licht der Unternehmenspraxis kritisch betrachtet werden. Insbesondere die **Implementierungsgesichtspunkte** des integrierten Unternehmens- oder Markenführungskonzepts sowie die Planung und Durchführung der entwickelten optimalen Marktbearbeitungsstrategien stellen große Herausforderungen für das Management dar.

In einer Veröffentlichung von BELL et al. (2002a) beschreiben die Autoren die Herausforderungen und Hindernisse, die sich bei der Implementierung eines CE-basierten Unternehmensführungskonzepts ergeben. Neben dem Datenbedarf werden insbesondere konzeptionelle Herausforderungen, wie bspw. die Prognose zukünftigen Kundenverhaltens, aber auch organisatorische Aufgaben, wie bspw. die Identifikation qualifizierter Mitarbeiter, identifiziert.[890] Die Implementierung eines CE-basierten Wettbewerbskonzepts für die Markenführung erhöht dabei die gerade beschriebene Implementierungskomplexität um eine weitere Dimension. Neben der – ohnehin aufwendigen – Erfassung von Nachfragerdaten müssen nun auch relevante Wettbewerberinformationen zu Marktanteilen, Preis- und Kostenstruktur sowie Stärken und Schwächen für den **Aufbau eines Competitor Intelligence System** ermittelt werden.[891] Jedoch stellt die einmalige Informationserfassung nur den Anfang eines kontinuierlichen Prozesses dar. Aufgrund der häufig beobachteten Markt- und Wettbewerbsdynamik in zahlreichen Märkten muss eine **kontinuierliche Kunden- und Wettbewerbsanalyse als Management-Prozess** fest verankert werden.

Dieser Management-Prozess bedingt jedoch den Aufbau von Mitarbeiterkapazitäten und der Definition klarer Verantwortlichkeiten und Berichtswege. Im Rahmen des **Aufbaus eines „Business Intelligence Centers"** muss dabei das **anspruchsvolle Anforderungsprofil** an die Mitarbeiter berücksichtigt werden. Neben einem tiefen Marktverständnis müssen geeignete Kandidaten aufgrund des hohen Analyseaufwands und des Umgangs mit zahlreichen und unterschiedlichen Informationsquellen das „analytische Rüstzeug" beherrschen. Zudem haben die Strategieempfehlungen des Business Intelligence Centers weitreichende Folgen für die Unternehmensstrate-

---

[890] Vgl. BELL et al. (2002a), S. 80 ff.
[891] Vgl. PORTER (1998a), S. 71 ff.

gie und tangieren nahezu alle Managementbereiche einer Unternehmung. Aufgrund der Tragweite der strategischen Empfehlungen müssen daher möglichst **direkte Berichtswege an das Top-Management** gewährleistet werden. Darüber hinaus müssen **klare Verantwortlichkeiten und Zuständigkeiten** für die Planung, Durchführung und die nachgelagerte Kontrolle der Strategien festgelegt werden.

Bei der **unternehmensinternen Durchsetzung** der empfohlenen optimalen Strategie muss sich das neu gegründete Business Intelligence Center dem klassischen Ziel- und Interessenkonflikt des Marketings im Umgang mit anderen Unternehmensbereichen stellen.[892] Kundenorientierte Entwicklungsempfehlungen verdrängen häufig eigene Vorschläge des **F&E-Bereichs**, die jedoch „am Kunden vorbei" geplant wurden. Insbesondere bei Qualitätserhöhungen kommt das Know-how des Business Intelligence Centers bzgl. des Nachfrager- und Wettbewerbsverhaltens zum Tragen, wenn besonders relevante Produktattribute in der Qualitätswahrnehmung der Nachfrager als mögliche Quellen einer Wettbewerbsdifferenzierung identifiziert werden sollen. Gegenüber dem **Vertriebsbereich** erweisen sich insbesondere Forderungen nach einer Durchsetzung von Preiserhöhungen i. d. R. als äußerst schwierig, auch wenn sie durch Qualitätserhöhungen begründet werden können. Gegenüber ihren Kunden, dem Einzelhandel, haben die Vertriebsmitarbeiter gerade in Märkten mit einer hohen Marktreife Schwierigkeiten, die Qualitätserhöhung als eine echte Innovation jenseits eines normalen technischen Fortschritts glaubhaft zu vermitteln. Dabei kommt erschwerend hinzu, dass es sich im Fall des untersuchten Markts um ein Low-Involvement-Produkt handelt. Die Konsumenten verwenden aufgrund des niedrigen Grades der Aktivierung und Aufmerksamkeit wenige Zeit und Energie für den Kaufentscheidungsprozess, so dass Qualitätserhöhungen u. U. nicht ausreichend Berücksichtigung finden. Aus diesem Grund eignen sich Qualitätserhöhungen in manchen Fällen lediglich für eine Aufrechterhaltung des aktuellen Preisniveaus – nicht jedoch für eine Preiserhöhung.

Gerade an diesem Punkt knüpft die Problematik einer **unternehmensexternen Durchsetzung** der ermittelten Marktbearbeitungsstrategien an. Um mögliche Steuerungsinstrumente für den Vertrieb, wie bspw. Incentivierungsmaßnahmen, zu entwickeln, muss zunächst die **Beziehung zwischen Hersteller und Einzelhandel im**

---

[892] Eine Übersicht möglicher Konfliktursachen und Lösungsvorschläge liefern MEFFERT et al. (2008), S. 736 ff.

Distributionskanal näher beleuchtet werden. Der vertikale Preiswettbewerb zwischen den Herstellern und dem Einzelhandel ist Gegenstand zahlreicher empirischer Wettbewerbsuntersuchungen im Marketing.[893] Neben dem klassischen Konflikt zwischen Hersteller- und Handelsmarken[894] ist für die vorliegende Untersuchung v. a. der grundlegende **Interessenkonflikt** zwischen Hersteller und Einzelhandel von Bedeutung. Während der Einzelhandel eine optimale Preisstrategie für ein gesamtes Sortiment im Blickfeld hat („category pricing"), adressiert die in dieser Untersuchung ermittelte Preisstrategie nur die jeweils betrachtete Marke des Herstellers.[895] Auf der Basis einer Mischkalkulation versucht der Einzelhandel, durch das Angebot einzelner Artikel unter Einstandspreis („loss leader") einen Anlockeffekt auf die Nachfrager zu erzielen.[896] Dieses Wettbewerbsphänomen wurde bereits empirisch untersucht und als hauptsächlicher Grund für zu niedrige Preise im Einzelhandel identifiziert, wobei „zu niedrig" in diesem Zusammenhang von einem herkömmlichen Nash-Wettbewerbsverhalten als Basisfall ausgeht.[897] Das kurzfristige Ziel des Handels ist die Kaufstimulation weiterer Artikel des Sortiments und langfristig der Aufbau eines einkaufsstättentreuen Verhaltens der Kunden. In diesem Zusammenhang sind auch Preispromotions als wichtige Maßnahme für eine temporäre Verkaufsförderung im Einzelhandel zu nennen.[898]

Die für diese Untersuchung relevante Durchsetzung markenspezifischer Marktbearbeitungsstrategien und insbesondere von **Preiserhöhungen** setzt genau an diesem Interessenkonflikt zwischen Hersteller und Einzelhandel an. Letzten Endes muss der Hersteller den Einzelhandel überzeugen, dass die Preiserhöhung der Marke sich aufgrund des starken Nettonutzeneffekts der gleichzeitigen Qualitätserhöhung nicht negativ auf das Kaufverhalten der Kunden und insbesondere nicht auf ihre grundlegende Einkaufsstättenwahl auswirkt. Dies kann durch eine **geeignete Präsen-**

---

[893] Für Wettbewerbsmodelle zur Betrachtung des Preiswettbewerbs in Distributionskanälen vgl. MCGUIRE und STAELIN (1983), BESANKO et al. (1998), PUTSIS und DHAR (1998), SUDHIR (2001b), CHINTAGUNTA (2002), BESANKO et al. (2003), AILAWADI et al. (2005) sowie VILLAS-BOAS und ZHAO (2005).
[894] Vgl. PUTSIS und DHAR (1998).
[895] Vgl. VILLAS-BOAS und ZHAO (2005), S. 83.
[896] Vgl. DILLER (2000), S. 466.
[897] Vgl. VILLAS-BOAS und ZHAO (2005), S. 84. Weitere relevante Wettbewerbsmodelle stellen die Arbeiten von HESS und GERSTNER (1987) sowie LAL und MATUTES (1994) dar.
[898] Einen Überblick relevanter Wettbewerbsmodelle liefern Kapitel 3.3.2.3 sowie die Arbeit von MOORTHY (1993), S. 151 ff.

tation neuer **Produktfeatures** des qualitativ verbesserten schnurlosen Festnetztelefons am Point of Sale erreicht werden. Darüber hinaus können von Seiten der Hersteller umfangreiche **Schulungsmaßnahmen des Verkaufspersonals des Einzelhandels** angeboten werden, die v. a. auf die Betonung nutzenkritischer Produktattribute in der Qualitätswahrnehmung der Kunden abzielen.[899] Vor dem Hintergrund des Low-Involvement-Charakters des untersuchten Produktmarkts lassen sich durch diese Maßnahmen Ansatzpunkte für eine positive Beeinflussung des Kaufverhaltens der Nachfrager am Point of Sale finden.

Für die Durchsetzung optimaler Preis- und Qualitätsstrategien müssen darüber hinaus geeignete **Arbeitsziele für die Vertriebsorganisation** identifiziert werden. In diesem Zusammenhang ist zum einen eine passende Incentivierung des Vertriebspersonals auf der Basis von Profitabilitätskennzahlen – nicht jedoch mengenspezifischen Zielgrößen – unabdingbar. Zum anderen sollte sich der Vertrieb als Bindeglied zum Kunden vermehrt einem sog. „commitment selling" zuwenden.[900] Bei dieser Art des Selbstverständnisses des Vertriebs steht nicht nur der Verkauf eines Produkts im Vordergrund, sondern der schrittweise Aufbau einer starken Lieferanten-Kunden-Beziehung. Der Vertrieb verfolgt dabei das grundlegende Ziel, mit dem Einzelhandel eine **fest verbundene „Gewinnpartnerschaft"** aufzubauen, die das Wohlergehen bzw. die Profitabilität der gesamten Wertschöpfungskette im Blick hat. Letztendlich profitiert auch der Einzelhandel bei einer prozentualen Handelsmarge deutlich mehr vom Verkauf eines qualitativ hochwertigen und hochpreisigen Produkts als vom Verkauf eines preisgünstigen Artikels.

7.3 Implikationen für die weitere Forschung

Das hybride CE-Wettbewerbsmodell stellt einen ersten Schritt in Richtung einer CE-basierten Wettbewerbsforschung dar. Auf der Basis kritischer Modellprämissen und Operationalisierungen bestimmter Modellparameter lässt sich ein zukünftiger Forschungsbedarf ableiten. Die Implikationen für die weitere Forschung orientieren sich am strukturellen Aufbau des hybriden CE-Wettbewerbsmodells. Dabei werden mögliche weitere Forschungsrichtungen entlang kritischer Modellaspekte der Marktnachfrage, des Marktangebots und der spieltheoretischen Annahmen zur Wettbe-

---

[899] Vgl. hierzu auch die Handlungsempfehlungen in Kapitel 7.2.1.
[900] Vgl. KOTLER und BLIEMEL (2001), S. 1017.

werbsinteraktion vorgestellt. Die Themen umfassen sowohl methodische als auch grundlegende konzeptionelle Fragestellungen für die weitere Forschung.

7.3.1 Marktnachfrage

7.3.1.1 Nettonutzenmodell

Das Nettonutzenmodell im hybriden CE-Wettbewerbsmodell basiert auf einem linear-additiven kompensatorischen Teilnutzenwertmodell, das u. a. unterstellt, dass die definierten Nutzendimensionen voneinander unabhängig sind. Somit lassen sich keine Interaktionen zwischen zwei oder mehreren Nutzendimensionen abbilden. Außerdem wird eine gegenseitige Substituierbarkeit der Nutzendimensionen vorausgesetzt, die u. U. in der Realität nicht beobachtet werden kann. Eine mögliche **Weiterentwicklung des Nettonutzenmodells** stellt die Verwendung allgemeinerer kompensatorischer Verknüpfungsmodelle, wie bspw. eine polynomiale Verknüpfung, dar.[901] Diese Verfahren sind in der Lage, Interaktionseffekte zwischen Nutzendimensionen abzubilden. Die Substituierbarkeit der Nutzendimensionen lässt sich durch die Verwendung nichtkompensatorischer Verknüpfungsmodelle, wie bspw. konjunktive, disjunktive, oder lexikographische Verfahren, vermeiden.[902]

Die durchschnittlichen Änderungen der **Nutzenassoziationen der Nachfrager** aufgrund von Marktbearbeitungsstrategien werden in der vorliegenden Untersuchung modellendogen durch eine Querschnittsanalyse über alle Marken hinweg auf der Basis der Stichprobenergebnisse bestimmt. Wettbewerbsmodelle im Marketing, die ebenfalls auf einem multinomialen Logitmodell beruhen, ermitteln die Nettonutzenänderungen jedoch auf der Basis von Längsschnittuntersuchungen.[903] Diese Form der Modellierung weist den Vorteil auf, dass sich markenspezifische Marktanteilsveränderungen direkt in Zeitreihenanalysen durch geeignete Maximum-Likelihood-Schätzverfahren auf der Basis beobachtbarer Marketing-Mix-Entscheidungen der Marken ermitteln lassen.

---

[901] Vgl. GUTSCHE (1995), S. 87 f.
[902] Einen Überblick liefern LILIEN et al. (1992), S. 93 f.
[903] Vgl. bspw. DRAGANSKA und JAIN (2005b), S. 9 f.

7.3.1.2 Nachfragerverhalten

Die **Kaufhäufigkeit der Nachfrager** stellt im hybriden CE-Wettbewerbsmodell einen exogenen Modellparameter dar, der im Rahmen der Experteninterviews erfasst wird. Die Kaufhäufigkeit erweist sich im Fall langlebiger Gebrauchsgüter als ein komplexes Konstrukt, das sowohl von produktspezifischen Faktoren, wie bspw. der technischen Lebensdauer, als auch von marktspezifischen Einflussgrößen, wie bspw. dem Marktreifegrad oder aktuellen Preisstrategien der Anbieter, abhängt. VENKATESAN und KUMAR (2004) modellieren in ihrem Black-Box-CE-Modell die Kaufhäufigkeit als multidimensionales Konstrukt, das von den Wechselkosten, dem Involvement und dem historischen Kaufverhalten der Nachfrager abhängt. Für den Kaufzyklus als reziprokem Wert der Kaufhäufigkeit wird dabei eine Gamma-Verteilung vorausgesetzt, die Modellparameter werden mittels Maximum-Likelihood-Verfahren geschätzt.[904] Eine solche modellendogene Schätzung der Kaufhäufigkeit in einem CE-Wettbewerbsmodell würde zu einer weiteren Vertiefung des Verständnisses des Nachfragerverhaltens beitragen.

Die **Prognose zukünftiger Markenwahlwahrscheinlichkeiten** erfolgt in dieser Untersuchung auf der Basis eines diskreten Markov-Prozesses. Genauer gesagt handelt es sich dabei um einen Markov-Prozess erster Ordnung, da die Wahrscheinlichkeit für den nächsten Modellzustand (die nächste Markenwahl) nur vom aktuellen Zustand (der aktuellen Markenwahl) abhängt.[905] In der vorliegenden Untersuchung hat sich diese Annahme aufgrund des Low-Involvement-Charakters des betrachteten Produktmarkts als realistische Prämisse erwiesen. Eine mögliche Verallgemeinerung dieser Annahme bieten jedoch Markov-Prozesse höherer Ordnung, bei denen die nächste Markenwahl eines Nachfragers von einer weiter zurückliegenden Kaufhistorie abhängt.[906] Eine andere Möglichkeit bieten sog. Semi-Markov-Prozesse, deren Zeitabstände zwischen Zustandsänderungen durch einen weiteren stochastischen Prozess beschrieben werden.[907] In diesem Fall lassen sich neben den Markenwahlwahrscheinlichkeiten auch die Kaufzyklen der Nachfrager simultan in einem

---

[904] Vgl. VENKATESAN und KUMAR (2004), S. 112 f.
[905] Vgl. DOMSCHKE und DREXL (2005), S. 158.
[906] Vgl. TIJMS (2003), S. 187 ff.
[907] Vgl. TIJMS (2003), S. 279 ff.

Modell bestimmen. Jedoch muss in diesem Zusammenhang auf die signifikante Erhöhung der Anzahl zu schätzender Modellparameter hingewiesen werden.

7.3.1.3 Empirische Erhebungstechniken

Die Ergebnisse der Nachfragerbefragung in der vorliegenden Untersuchung haben zwei Problematiken aufgezeigt. Zum einen bewegen sich die mittleren Bedeutungsgewichte der erfassten Nutzenmerkmale innerhalb enger Bandbreiten. Das mit der niedrigsten Bedeutung betrachtete Merkmal „soziales Engagement" weist mit einem mittleren Wert von 2,8 einen immer noch fast durchschnittlichen Wert auf der Skala von 1 bis 5 auf, während der wichtigste Faktor „Qualität" mit 4,4 nur 1,6 Punkte darüber liegt. Zum anderen fällt die lediglich leicht überdurchschnittliche Bedeutung des Merkmals „niedriges Preislevel" mit einem Wert von 3,8 auf.

Auch wenn der Vergleich zwischen geschätztem Nettonutzen und beobachteter Kaufpräferenz der Nachfrager eine hohe Validität des verwendeten Nettonutzenmodells identifiziert, sollte dennoch an dieser Stelle auf eine mögliche **methodische Verbesserung der Nutzenerfassung** für zukünftige empirische Untersuchungen hingewiesen werden. Die Erfassung der Nutzenmerkmale erfolgt in der vorliegenden Untersuchung anhand der kompositionellen Self-Explicated-Methode auf der Basis standardisierter telefonischer Befragungen. Diese Erhebungsmethodik erfreut sich in der Marketingwissenschaft aufgrund ihrer geringen Komplexität und der Möglichkeit der Analyse vieler Nutzenmerkmale großer Beliebtheit.[908] Für eine Verbesserung der Ergebnisse könnte die Self-Explicated-Methode bspw. auch in Nachfragerbefragungen direkt am Point of Sale nach dem Kauf angewendet werden. Die ermittelten Nutzenassoziationen der Nachfrager würden aufgrund der zeitlichen Nähe der Kaufentscheidung eine höhere Validität aufweisen als im Fall telefonischer Befragungen.

Im Gegensatz zur Self-Explicated-Methode setzen sich vermehrt **dekompositionelle conjoint-analytische Verfahren** durch, die auf der Basis empirisch erhobener Gesamtnutzenurteile die relativen Teilnutzenwerte einzelner Produkteigenschaften ermitteln. In diesem Zusammenhang kommt besonders die sog. wahlbasierte (choice-

---

[908] Die beiden hybriden CE-Modelle von RUST et al. (2004b) und HUNDACKER (2005) wenden ebenfalls dieses Verfahren an.

based) Conjoint-Analyse einer realen Markenwahlsituation am Point of Sale am nächsten.[909] Aufgrund einer nicht erforderlichen direkten Abfrage von Nutzenassoziationen einzelner Nutzendimensionen ist eine höhere externe Validität der Untersuchungsergebnisse möglich.

Selbstverständlich lassen sich die dekompositionellen Verfahren auch zur empirischen **Messung der Zahlungsbereitschaft** nutzen.[910] Für die realitätsnahe Messung bieten sich zudem Auktionen an, bei denen den Probanden verschiedene Kaufangebote offeriert werden.[911] In diesem Zusammenhang scheint sich v. a. die sog. Vickrey-Auktion als Verfahren zu eignen, bei der die Probanden einen Anreiz haben, ihre Zahlungsbereitschaft zu offenbaren. Nach der Abgabe verdeckter Gebote bekommt der Proband mit dem höchsten Gebot den Zuschlag, wobei sein Kaufpreis dem zweithöchsten Gebot entspricht.[912] Darüber hinaus bietet sich für eine realistische Erfassung der Zahlungsbereitschaft die Nutzung realer Kaufdaten von Panels an.[913]

7.3.1.4 Marktsegmentierung

Das Ziel der Marktsegmentierung in der vorliegenden Untersuchung besteht in der Herstellung einer möglichst **unterschiedlichen Reagibilität der Nachfrager hinsichtlich Preis- und Qualitätsänderungen** der Marken. Daher hat sich eine Segmentierung entlang der extrahierten preis- und qualitätsorientierten Nutzenfaktoren als praktikabelste Lösung erwiesen. Jedoch werden die beiden weiteren Nutzenfaktoren „Globalität und Innovativität" sowie „Individualität/Fits my needs" nicht für eine Marktsegmentierung verwendet. Aufgrund des damit einhergehenden Informationsverlusts unterscheiden sich die ermittelten Segmentlösungen bzgl. dieser beiden Faktoren nicht im größtmöglichen Maß. Jedoch werden diese Nutzenfaktoren nicht gezielt durch Marktbearbeitungsstrategien der Marken angesprochen, so dass die fehlende unterschiedliche Reagibilität nicht ins Gewicht fällt. Jedoch stellt die ge-

---

[909] Vgl. STEINER und BAUMGARTNER (2004), S. 613 ff.
[910] Vgl. SATTLER und NITSCHKE (2003), S. 365.
[911] Vgl. SKIERA und REVENSTORFF (1999), S. 224 ff.
[912] Vgl. SATTLER und NITSCHKE (2003), S. 366.
[913] Vgl. JAIN et al. (1994), S. 317 ff.

samthafte Nutzung aller Nutzeninformation für die Marktsegmentierung eine interessante Weiterentwicklung des hybriden CE-Wettbewerbsmodells dar.[914]

Als geeignetes Clusterverfahren zur Bestimmung der Segmentlösungen wird in dieser Arbeit die **Clusterzentrenanalyse** identifiziert. Die ermittelte Lösung zeichnet sich v. a. durch eine ausgewogene Clustergröße aus. Dieser Sachverhalt erweist sich bei der anschließenden markenspezifischen multinomialen logistischen Regression für jeden Cluster als notwendige Voraussetzung, um eine ausreichend hohe Stichprobenanzahl für die Schätzung der Modellparameter sicherzustellen. Diese sequenzielle Schätzung von Segmentlösungen und Teilnutzenwerten ähnelt dabei einer traditionellen Vorgehensweise. Neuere Verfahren zeichnen sich dagegen durch eine simultane Bildung der Segmente und der Schätzung von Teilnettonutzenwerten aus.[915] Diese Verfahren haben den Vorteil, dass insbesondere einstellungsorientierte Nutzeninformationen der Nachfrager für die Bestimmung der Segmentlösungen verwendet werden und mögliche Abhängigkeitsstrukturen dabei berücksichtigt werden können. Dadurch ergibt sich i. d. R. eine höhere Prognosegüte der ermittelten Segmentlösung. In diesem Zusammenhang sind insbesondere die Latent-Class- und Finite-Mixture-Modelle zu nennen.[916]

7.3.2 Marktangebot

7.3.2.1 Marktbearbeitungsstrategien

Die Marktbearbeitungsstrategien im hybriden CE-Wettbewerbsmodell entlang von Preis- und Qualitätsentscheidungen stellen Normstrategien dar, deren Systematik bereits in der Wettbewerbsforschung vielfach diskutiert wurde.[917] Jedoch muss in diesem Zusammenhang auf die **Risiken einer Orientierung an Normstrategien** hingewiesen werden.[918] Ihre unreflektierte Anwendung wirkt meist der gewünschten Wettbewerbsdifferenzierung entgegen, weil die damit verbundene Imitation eines bereits bestehenden Konzepts die notwendige Innovationsfähigkeit einer Unternehmung weitgehend verhindert. Die Arbeiten der Boston Consulting Group verbinden

---

[914] Dieser Aspekt wird bei der Diskussion der Marktbearbeitungsstrategien wieder aufgenommen (vgl. Kapitel 7.3.2.1).
[915] Vgl. STEINER und BAUMGARTNER (2004), S. 617.
[916] Einen aktuellen Überblick liefert DEYLE (2007), S. 89 ff.
[917] Vgl. bspw. PORTER (1998a), S. 34 ff.
[918] Vgl. MEFFERT et al. (2008), S. 281 f.

daher den Begriff einer erfolgreichen Wettbewerbsstrategie häufig mit dem „Brechen von Kompromissen" und der „Änderung der Spielregeln".[919] Die Realisierung von Wettbewerbsvorteilen ist daher sehr nahe mit dem „Prinzip der Überraschung" und der „Suche nach dem Neuen" verbunden.[920] Aktuelle Strategieveröffentlichungen der Boston Consulting Group fokussieren auf die Konstruktion von Heuristiken, die eine bewusste Abkehr geläufiger Normstrategien fördern sollen. Dabei stehen insbesondere die Konzeption neuer Strategieräume („strategic spaces"),[921] das Verständnis der „Unternehmensperipherie"[922] und die Entwicklung neuartiger „strategy stretching"-Konzepte[923] zur Ableitung erfolgreicher Wettbewerbsstrategien im Mittelpunkt. Diese Arbeiten bieten interessante Weiterentwicklungsmöglichkeiten des in dieser Untersuchung verwendeten Strategiebegriffs, um in einem dynamischen Wettbewerbsumfeld völlig neuartige Wege zur Erfüllung von Nachfragerwünschen zu erschließen.

Aufgrund der gewählten Marktbearbeitungsstrategien besitzt das hybride CE-Wettbewerbsmodell in zweierlei Hinsicht den Charakter eines **Partialmodells.** Zum einen werden durch die Strategien lediglich der preis- und qualitätsorientierte Nutzenfaktor und damit nur Teile des gesamten Nettonutzens der Nachfrager adressiert. Der in dieser Untersuchung ebenfalls identifizierte Nutzenfaktor „Individualität/Fits my needs" bleibt davon unberührt und wird nicht gezielt durch die Marken beeinflusst. Im Zuge einer vermehrt beobachtbaren Homogenisierung des Marktangebots besitzt dieser Nutzenaspekt jedoch für Marken großes Potenzial für eine stärker ausgeprägte Wettbewerbsdifferenzierung.[924] Zum anderen decken die Strategien nur einen Teil des gesamten Potenzials aller Elemente des Marketing-Mix ab. Die Beeinflussung der Nachfrager durch geeignete Distributions- und Kommunikationsstrategien bildet ein interessantes Betätigungsfeld für die weitere CE-basierte Wettbewerbsforschung.

Die **Qualitätsentscheidungen der Marken** im hybriden CE-Wettbewerbsmodell implizieren eine 5-prozentige Änderung der variablen Stückkosten. Jedoch werden die Qualitätsänderungen nicht auf der Basis bestimmter Produktattribute schnurloser Festnetztelefone konkretisiert und kostenmäßig detailliert. Die Kostenänderung stellt

---

[919] Vgl. VON OETINGER (2000b), S. 70 ff.
[920] Vgl. VON OETINGER (2000b), S. 68 f., sowie VON OETINGER (2000c), S. 19.
[921] Vgl. VON GHYCZY (2006).
[922] Vgl. DEIMLER und KACHANER (2008).
[923] Vgl. VON OETINGER (2007).
[924] Vgl. KROEBER-RIEL und WEINBERG (2003), S. 128 f.

daher eine exogene Modellannahme dar. Um jedoch eine konkretere Handlungsempfehlung für Marken im untersuchten Markt sicherzustellen, ist ein tieferes Verständnis der Qualitätswahrnehmung der Nachfrager und die direkte Hinterlegung qualitätskritischer Produktattribute als Basis für Qualitätsänderungen der Marken notwendig.

Die **Preisentscheidungen der Marken** gehen ebenfalls von einer exogen festgelegten 20-prozentigen Preiserhöhung bzw. -senkung der Marken aus. Die Höhe der festgelegten Preisänderung erschließt sich dabei auf der Basis von Marktbeobachtungen gängiger Preisstrategien der Marken in der Vergangenheit. An dieser Stelle bieten sich jedoch direkte Messungen von Preiswürdigkeitsurteilen für die Festlegung von Preisspielräumen an.[925]

Für die zeitliche Realisierung der Preis- und Qualitätsentscheidungen wird eine **sofortige Wirksamkeit der Strategien** unterstellt. Während diese Annahme für Preisentscheidungen als realistisch eingestuft werden kann, muss bei der Realisierung von Qualitätsänderungen auf den u. U. beträchtlichen zeitlichen Aufwand für F&E-Aktivitäten hingewiesen werden. In diesem Zusammenhang stellt die zusätzliche Betrachtung von Verzögerungseffekten bei der Realisierung von Qualitätsänderungen eine mögliche Erweiterung des Wettbewerbsmodells dar. Zudem wird auf Seiten der Nachfrager eine sofortige Nutzenverarbeitung der Preis- und Qualitätsänderungen vorausgesetzt. Die Berücksichtigung von Lerneffekten aufgrund von Erfahrungen der Nachfrager mit einem Produkt würde das Verständnis des Kaufverhaltens im hybriden CE-Wettbewerbsmodell weiter vertiefen.[926]

7.3.2.2 Anbieterstruktur

Die Marktanbieter verfügen im hybriden CE-Wettbewerbsmodell über jeweils eine Marke. In der Realität besteht das Angebot von Unternehmen meist jedoch aus mehreren unterschiedlichen Marken, um den stark heterogenen Bedürfnissen der Konsumenten gerecht zu werden.[927] In diesem Zusammenhang gewinnen sog. **Mehr-**

---

[925] Eine Übersicht relevanter Methoden zur Messung von Preiswürdigkeitsurteilen liefert DILLER (2000), S. 154 ff.
[926] Für die Modellierung von Lern- bzw. Erfahrungseffekten von Nachfragern vgl. BOLTON et al. (2000); LEWIS (2005); VILLAS-BOAS (2006); IYENGAR et al. (2007).
[927] Vgl. bspw. JOHNSON und MYATT (2003).

markenstrategien zunehmend an Bedeutung.[928] Die einzelnen Marken können dabei als Teil der übergreifenden Mehrmarkenstrategie einer Unternehmung Wettbewerbsvorteile durch Produktdifferenzierung oder Ansprache unterschiedlicher Kundensegmente realisieren.[929] Empirische Untersuchungen haben zudem einen intensiven Wettbewerb zwischen Marken innerhalb eines Unternehmens beobachtet,[930] so dass eine zusätzliche Betrachtung dieses Aspekts eine sinnvolle Ergänzung des hybriden CE-Wettbewerbsmodells darstellt.

Die **Deckungsbeiträge der Marktanbieter** basieren im hybriden CE-Wettbewerbsmodell auf den Ergebnissen der durchgeführten Experteninterviews. An dieser Stelle ist eine detaillierte Kostenanalyse der einzelnen Anbieter für weiterführende empirische Arbeiten zu bevorzugen. Darüber hinaus werden die Anbieterkostenstrukturen anhand einer einstufigen Deckungsbeitragsrechnung ermittelt. Als mögliche Erweiterung lassen sich im Rahmen einer mehrstufigen Deckungsbeitragsrechnung neben den variablen Kosten sukzessive einzelne Fixkostenschichten von den Erlösen einzelner Produkte subtrahieren.[931] Die zusätzliche Betrachtung bereits getätigter Fixkosten würde das Verständnis des Entscheidungsproblems der Unternehmensführung im hybriden CE-Wettbewerbsmodell weiter vertiefen.

7.3.2.3 Marktstruktur

Die Marktstruktur im hybriden CE-Wettbewerbsmodell betrachtet den Wettbewerb zwischen Marken in einem Anbieteroligopol. Jedoch wird der **Handel als strategischer Mittler** zwischen den Herstellern und den Nachfragern nicht berücksichtigt. Die zusätzliche Betrachtung des Handels ermöglicht neben dem horizontalen Wettbewerb zwischen den Herstellern die Analyse eines vertikalen Preiswettbewerbs zwischen Hersteller und Handel im Distributionskanal.[932] Darüber hinaus kann der

---

[928] Unter einer Mehrmarkenstrategie wird die parallele Führung mehrerer selbständiger Marken, die auf denselben Produktbereich ausgerichtet sind, verstanden, vgl. MEFFERT und PERREY (2005). Zur Bedeutung der Mehrmarkenstrategie, vgl. bspw. AAKER (2004), S. 1 ff.
[929] Vgl. PORTER (1998a).
[930] Vgl. LEEFLANG und WITTINK (2001), S. 132.
[931] Vgl. HUNGENBERG und WULF (2006), S. 387 f.
[932] Für aktuelle Wettbewerbsmodelle vgl. VILLAS-BOAS und ZHAO (2005) sowie INGENE und PARRY (2007). Einen Überblick liefern INGENE und PARRY (2004).

Wettbewerb zwischen handelseigenen Marken und Herstellermarken beleuchtet werden.[933]

Das Marktumfeld ist im betrachteten Modell durch den Wettbewerb bereits im Markt befindlicher Marken gekennzeichnet. Der **Markteintritt eines neuen Wettbewerbers** wird hingegen ausgeschlossen. In zahlreichen empirischen Untersuchungen von Wettbewerbsmodellen konnte bereits der wettbewerbsintensivierende Einfluss eines – evtl. drohenden – Markteintritts in Form sinkender Preise („entry deterring prices"[934]) gezeigt werden.[935] Aufgrund der beobachteten Preiserhöhungen aller entscheidungsrelevanten Marken im betrachteten Anbieteroligopol würde die Betrachtung eines Markteintritts zusätzliche Erkenntnisse über das optimale Wettbewerbsverhalten der Marken in einem CE-Wettbewerbsmodell liefern.

7.3.3 Spieltheoretische Modellverfahren

7.3.3.1 Marktgleichgewicht

Das in der vorliegenden Untersuchung empirisch ermittelte[936] teilspielperfekte Nash-Gleichgewicht zur Beschreibung des optimalen Wettbewerbsverhaltens stellt ein **Gleichgewicht in reinen Strategien** dar.[937] Dies schließt jedoch nicht aus, dass auch ein empirisches Gleichgewicht in gemischten Strategien als Wahrscheinlichkeitsverteilung über der Menge der reinen Strategien existiert.[938] Diese zusätzliche Betrachtung würde im hybriden CE-Wettbewerbsmodell die Möglichkeit eröffnen, dass Marken nur mit einer bestimmten Wahrscheinlichkeit bspw. eine Preiserhöhung wählen. Dies würde das eher deterministische Wettbewerbsverhalten der Marken im Modell durch eine mit Unsicherheit behaftete Entscheidungssituation der Marken ablösen.

Die optimalen Wettbewerbsstrategien im Wettbewerbsmodell gründen sich auf der Annahme eines **Nash-Verhaltens aller Marken**. Jedoch wird die externe Validität

---

[933] Vgl. PUTSIS und DHAR (1998).
[934] Vgl. PORTER (1998a), S. 14.
[935] Vgl. bspw. GRUCA et al. (2001). Für Verteidigungsstrategien gegen neue Wettbewerber vgl. KUESTER et al. (2001).
[936] Im hybriden CE-Wettbewerbsmodell ist aufgrund der hohen Modellkomplexität keine analytisch geschlossene Bestimmung eines Marktgleichgewichts möglich.
[937] Genauer gesagt handelt es sich um ein Gleichgewicht dominanter Strategien für alle Teilspiele.
[938] Vgl. BERNINGHAUS et al. (2005), S. 29.

des Nash-Verhaltens im betrachteten Markt nicht untersucht. Die in Kapitel 3 beschriebenen verhaltensanalytischen Modelle auf der Basis der NEIO bieten die Möglichkeit, unterschiedliche Formen des Wettbewerbsverhaltens zu untersuchen.[939] Dabei kann insbesondere ein stärker kooperatives bzw. ein stärker nichtkooperatives Verhalten als das unterstellte Nash-Verhalten empirisch nachgewiesen werden.[940]

7.3.3.2 Informationslage der Spieler

Für die Bestimmung des Marktgleichgewichts werden im hybriden CE-Wettbewerbsmodell hohe Anforderungen an die **Informationslage der Wettbewerber** vorausgesetzt.[941] Einerseits besitzen die Marken **vollkommene Information** und haben daher genaue Kenntnis über die Vergangenheit des Spiels und wissen, welche Entscheidungsalternativen ihnen zur Verfügung stehen. Im Fall unvollkommener Information – bspw. bei simultanen Entscheidungsabläufen – fehlt den Wettbewerbern ein Teil dieser Informationen. KREPS und WILSON (1982) beschreiben als weitere Verfeinerung eines Nash-Gleichgewichts ein sog. sequenzielles Gleichgewicht, das auf Vorstellungen der Spieler und dem Prinzip der sog. sequenziellen Rationalität beruht.[942] Falls ein Spieler nicht die Entscheidung seines Wettbewerbers kennt, muss er eine Vorstellung über die Wahrscheinlichkeitsverteilung des Verhaltens seiner Wettbewerber entwickeln.[943]

Andererseits verfügen die Wettbewerber im hybriden CE-Wettbewerbsmodell über **vollständige Information** und kennen somit die Spielregeln des Wettbewerbs, bestehend aus der Anzahl der Wettbewerbermarken im Markt, den verfügbaren Strategieoptionen jeder Marke sowie den Auszahlungsfunktionen jeder Option und dem Ablauf der Wettbewerbsentscheidungen. Spiele mit unvollständiger Information, auch Bayesianische Spiele genannt, entkräften diese Annahme und bieten die Möglichkeit einer Bestimmung optimaler Strategien, selbst wenn einige Marken bspw. die Aus-

---

[939] Einen Überblick liefern Kadiyali et al. (2001).
[940] Für die Analyse des Wettbewerbsverhaltens in einem NEIO-Modell stehen zwei Optionen, der Menü-Ansatz (vgl. bspw. ROY et al. (1994)) sowie der Conjectural-Variation-Ansatz (vgl. bspw. VILCASSIM et al. (1999)), zur Verfügung.
[941] Vgl. BAJARI et al. (2004).
[942] Vgl. HOLLER und ILLING (2006), S. 113 ff.
[943] Eine noch stärkere Verfeinerung des Nash-Gleichgewichts stellt das sog. Trembling-Hand-Gleichgewicht von SELTEN (1975) dar. Dieses Lösungskonzept verlangt von den einzelnen gleichgewichtigen Strategien, dass diese auch dann optimal bleiben, wenn es eine geringe Wahrscheinlichkeit dafür gibt, dass die Gegenspieler von den gleichgewichtigen Strategien abweichen.

zahlungsfunktionen ihrer Wettbewerber nicht kennen.[944] Über die sog. Harsanyi-Transformation lassen sich Spiele mit unvollständiger Information in Spiele mit unvollkommener Information umwandeln und die optimale Lösung in einem sog. perfekten Bayesianischen Gleichgewicht[945] ermitteln. Dieses spieltheoretische Konzept ist in der Lage, im hybriden CE-Wettbewerbsmodell Asymmetrien in der Informationsverfügbarkeit zwischen den Wettbewerbern abzubilden.

Die Modellierung des hybriden CE-Wettbewerbsmodells mit unvollkommener oder unvollständiger Information stellt ein wichtiges Thema für die weitere CE-basierte Wettbewerbsforschung dar. Dadurch lässt sich der Einfluss einer **Lockerung der Informationslage** der konkurrierenden Marken auf das optimale Wettbewerbsverhalten untersuchen. Dabei ist die Aufrechterhaltung der in dieser Arbeit beobachteten impliziten Preisabsprache der Wettbewerber auch bei unvollkommener oder unvollständiger Information von besonderem Interesse.

---

[944] Einen Überblick liefern FUDENBERG und TIROLE (1991), Kapitel 6, S. 209 ff.
[945] Vgl. bspw. GIBBONS (1992), S. 177 ff.

Anhang A: Fragebogen der Primärmarktstudie

Frage 1:
Haben Sie eines der folgenden Geräte in den letzten 12 Monaten seit Dezember 2005 für Ihren privaten Haushalt gekauft?
- ❏ Mobilfunkgerät (Handy)
- ❏ Schnurloses Festnetztelefongerät
- ❏ Herkömmliches Festnetztelefongerät
- ❏ PDA/Smartphone
- ❏ Keines der o. g. Geräte

(Filter: Die folgenden Fragen beantworten nur die Probanden, die „Schnurloses Festnetztelefongerät" angegeben haben.)

Frage 2:
Waren Sie in den Kaufentscheidungsprozess für das schnurlose Festnetztelefongerät involviert?
- ❏ ja
- ❏ nein

(Filter: Die folgenden Fragen beantworten nur Entscheidungsträger.)

Frage 3:
Wie alt sind Sie?
_____ Jahre

(Filter: Die folgenden Fragen beantworten nur Probanden zwischen 20 und 65 Jahren.)

Frage 4:
Die folgenden Aussagen beziehen sich auf Ihr Nutzungsverhalten des schnurlosen Festnetztelefongeräts bzw. adressieren den Stellenwert, den das Telefonieren für Sie besitzt.
Bitte geben Sie dazu auf einer Skala von 1 bis 4 an, wie sehr diese Aussagen für Sie persönlich zutreffen. 1 = trifft überhaupt nicht zu; 4 = trifft vollständig zu.

	Trifft überhaupt nicht zu	Trifft eher nicht zu	Trifft eher zu	Trifft vollständig zu
	1	2	3	4
„Telefonieren ist für mich ein Vergnügen. Ich führe ausgedehnte Telefongespräche mit anderen."	❏	❏	❏	❏
„Ich telefoniere intensiv mit Freunden oder der Familie, um meine Beziehungen zu stärken."	❏	❏	❏	❏
„Ich benutze ungern das Telefon. Ich versuche, die Telefongespräche so kurz wie möglich zu halten."	❏	❏	❏	❏
„Ich bin kein Telefon-Mensch. Ich empfinde Telefongespräche als Ärgernis."	❏	❏	❏	❏

Frage 5:
Welche der folgenden Anbietermarken schnurloser Festnetztelefongeräte kennen Sie? (mehrere Antworten möglich)

Frage 6:
Haben Sie vor bzw. bei Ihrem Kauf eines schnurlosen Festnetztelefons eine Verkaufsberatung am Point of Sale in Anspruch genommen?
☐ ja
☐ nein
☐ weiß nicht/keine Aussage

Frage 7:
Wenn ja, hat man Ihnen eine bestimmte Marke eines schnurlosen Festnetztelefongeräts empfohlen?
☐ ja
☐ nein
☐ weiß nicht/keine Aussage

Frage 8:
Wenn ja, welche Marke bzw. welche Marken hat Ihnen das Verkaufspersonal empfohlen? (mehrere Antworten möglich)

Frage 9:
Welche Marke eines schnurlosen Festnetztelefongeräts haben Sie in den letzten 12 Monaten gekauft? Falls Sie mehrere Geräte gekauft haben, nennen Sie bitte die Marke der letzten Kaufentscheidung.
Welche Marke war bei Ihrer letzten Kaufentscheidung die zweite Wahl?
Welche Marke war bei Ihrer letzten Kaufentscheidung die dritte Wahl?

Frage 10:
Die folgenden Aussagen beziehen sich auf die gekaufte Marke Ihres schnurlosen Festnetztelefongeräts.
Bitte geben Sie dazu auf einer Skala von 1 bis 5 an, wie sehr diese Aussagen aus Ihrer Sicht für die Marke zutreffen. 1 = trifft überhaupt nicht zu; 5 = trifft vollständig zu.

	Trifft überhaupt nicht zu	Trifft wenig zu	Trifft teilweise zu	Trifft überwiegend zu	Trifft vollständig zu
	1	2	3	4	5
„Die Marke ist sympathisch."	☐	☐	☐	☐	☐
„Ich werde die Marke wieder kaufen."	☐	☐	☐	☐	☐
„Ich werde die Marke weiterempfehlen."	☐	☐	☐	☐	☐

Anhang A: Fragebogen der Primärmarktstudie

Frage 11:
Die folgenden Aussagen beziehen sich auf Nutzenmerkmale eines schnurlosen Festnetztelefongeräts.
Bitte geben Sie dazu auf einer Skala von 1 bis 5 an, welche Bedeutung Sie jedem Nutzenmerkmal beim Kauf eines schnurlosen Festnetztelefons beimessen. 1 = überhaupt nicht wichtig; 5 = sehr wichtig.

Funktionale Nutzenmerkmale	1	2	3	4	5	Symbolische Nutzenmerkmale	1	2	3	4	5
Reputation der Marke	☐	☐	☐	☐	☐	Die Marke passt zu meinem Lebensstil.	☐	☐	☐	☐	☐
Hohe Qualität des Markenprodukts	☐	☐	☐	☐	☐	Die Marke passt zu meinem Kommunikationsverhalten.	☐	☐	☐	☐	☐
Attraktives Design des Markenprodukts	☐	☐	☐	☐	☐	Die Marke macht mir Spaß.	☐	☐	☐	☐	☐
Innovativität des Markenprodukts	☐	☐	☐	☐	☐	Die Marke unterstützt mich im Alltag und verbessert meine Lebensqualität zu Hause.	☐	☐	☐	☐	☐
Guter Kundenservice	☐	☐	☐	☐	☐	Die Marke gibt mir zu Hause die Freiheit und Flexibilität, alles zu tun.	☐	☐	☐	☐	☐
Bedienungsfreundlichkeit des Markenprodukts	☐	☐	☐	☐	☐	Die Marke hilft mir, immer in Kontakt mit Familie und Freunden zu sein.	☐	☐	☐	☐	☐
Niedrige Komplexität des Markenprodukts	☐	☐	☐	☐	☐	Die Marke zeigt ein soziales Engagement.	☐	☐	☐	☐	☐
Haptik des Markenprodukts	☐	☐	☐	☐	☐	Die Marke ist immer erreichbar.	☐	☐	☐	☐	☐
Niedriges Preislevel	☐	☐	☐	☐	☐	Die Marke ist multikulturell und global.	☐	☐	☐	☐	☐

Frage 12:
Die folgenden Aussagen beziehen sich auf Nutzenmerkmale bzgl. der Marken, die Sie bei Ihrer letzten Kaufentscheidung eines schnurlosen Festnetztelefongeräts als erste, zweite bzw. dritte Wahl betrachtet haben.
Bitte geben Sie dazu auf einer Skala von 1 bis 5 an, wie sehr diese Aussagen aus Ihrer Sicht für die jeweilige Marke zutreffen. 1 = trifft überhaupt nicht zu; 5 = trifft vollständig zu.

1 = Trifft überhaupt nicht zu ↔ 5 = trifft vollständig zu	1. Wahl (gekaufte Marke)					2. Wahl					3. Wahl				
Funktionale Nutzenmerkmale	1	2	3	4	5	1	2	3	4	5	1	2	3	4	5
Reputation der Marke	☐	☐	☐	☐	☐	☐	☐	☐	☐	☐	☐	☐	☐	☐	☐
Hohe Qualität des Markenprodukts	☐	☐	☐	☐	☐	☐	☐	☐	☐	☐	☐	☐	☐	☐	☐
Attraktives Design des Markenprodukts	☐	☐	☐	☐	☐	☐	☐	☐	☐	☐	☐	☐	☐	☐	☐
Innovativität des Markenprodukts	☐	☐	☐	☐	☐	☐	☐	☐	☐	☐	☐	☐	☐	☐	☐
Guter Kundenservice	☐	☐	☐	☐	☐	☐	☐	☐	☐	☐	☐	☐	☐	☐	☐
Bedienungsfreundlichkeit des Markenprodukts	☐	☐	☐	☐	☐	☐	☐	☐	☐	☐	☐	☐	☐	☐	☐
Niedrige Komplexität des Markenprodukts	☐	☐	☐	☐	☐	☐	☐	☐	☐	☐	☐	☐	☐	☐	☐
Haptik des Markenprodukts	☐	☐	☐	☐	☐	☐	☐	☐	☐	☐	☐	☐	☐	☐	☐
Niedriges Preislevel	☐	☐	☐	☐	☐	☐	☐	☐	☐	☐	☐	☐	☐	☐	☐
Symbolische Nutzenmerkmale	1	2	3	4	5	1	2	3	4	5	1	2	3	4	5
Die Marke passt zu meinem Lebensstil.	☐	☐	☐	☐	☐	☐	☐	☐	☐	☐	☐	☐	☐	☐	☐
Die Marke passt zu meinem Kommunikationsverhalten.	☐	☐	☐	☐	☐	☐	☐	☐	☐	☐	☐	☐	☐	☐	☐
Die Marke macht mir Spaß.	☐	☐	☐	☐	☐	☐	☐	☐	☐	☐	☐	☐	☐	☐	☐
Die Marke unterstützt mich im Alltag und verbessert meine Lebensqualität zu Hause.	☐	☐	☐	☐	☐	☐	☐	☐	☐	☐	☐	☐	☐	☐	☐
Die Marke gibt mir zu Hause die Freiheit und Flexibilität, alles zu tun.	☐	☐	☐	☐	☐	☐	☐	☐	☐	☐	☐	☐	☐	☐	☐
Die Marke hilft mir, immer in Kontakt mit Familie und Freunden zu sein.	☐	☐	☐	☐	☐	☐	☐	☐	☐	☐	☐	☐	☐	☐	☐
Die Marke zeigt ein soziales Engagement.	☐	☐	☐	☐	☐	☐	☐	☐	☐	☐	☐	☐	☐	☐	☐
Die Marke ist immer erreichbar.	☐	☐	☐	☐	☐	☐	☐	☐	☐	☐	☐	☐	☐	☐	☐
Die Marke ist multikulturell und global.	☐	☐	☐	☐	☐	☐	☐	☐	☐	☐	☐	☐	☐	☐	☐

Zum Ende des Fragebogens möchten wir Ihnen einige Fragen zu statistischen Zwecken stellen.

Frage 13:
Bitte geben Sie Ihr Geschlecht an.
❑ Männlich
❑ Weiblich

Frage 14:
Bitte geben Sie Ihren Familienstand an.
❑ Alleinstehend
❑ Verheiratet
❑ Geschieden
❑ Verwitwet
❑ In Partnerschaft lebend, aber nicht verheiratet

Frage 15:
Bitte geben Sie Ihren Beruf an.
❑ Arbeiter
❑ Angestellter
❑ Selbständig
❑ Hausfrau, -mann
❑ Beamter
❑ Schüler, Student, Praktikant, Auszubildender, Wehr- bzw. Zivildienstleistender
❑ Rentner, Pensionär
❑ Zzt. arbeitsuchend
❑ Sonstiges

Frage 16:
Wie hoch ist Ihr monatliches Haushaltsnettoeinkommen?
❑ unter 500 €
❑ 500 bis 999 €
❑ 1.000 bis 1.499 €
❑ 1.500 bis 1.999 €
❑ 2.000 bis 2.499 €
❑ 2.500 bis 2.999 €
❑ 3.000 bis 3.499 €
❑ 3.500 bis 3.999 €
❑ mehr als 4.000 €
❑ k. A.

Vielen Dank, dass Sie sich die Zeit genommen haben, unsere Fragen zu beantworten.

Anhang B: Fragebogen der Experteninterviews

Fokus der Befragung

1. Anbieterkostenstruktur und Deckungsbeitrag

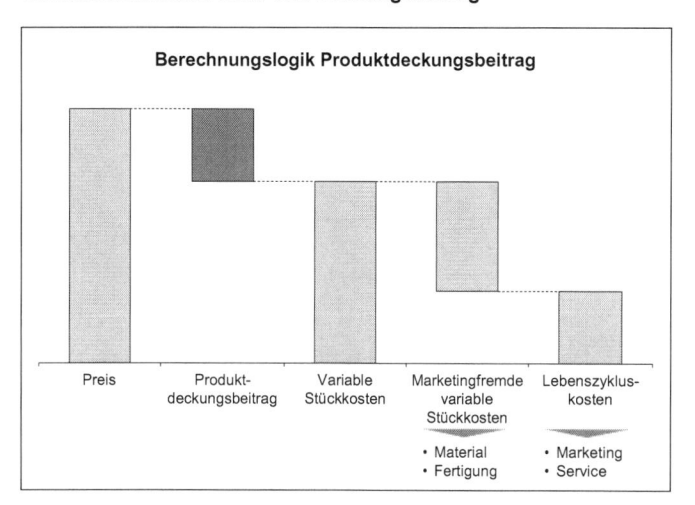

Berechnungslogik Produktdeckungsbeitrag

Preis — Produktdeckungsbeitrag — Variable Stückkosten — Marketingfremde variable Stückkosten — Lebenszykluskosten

- Material
- Fertigung

- Marketing
- Service

2. Typische Investitionsvolumina für Qualitätserhöhungen und -senkungen

Der Investitionsbedarf bei Änderung der Produktqualität fokussiert sich im Modell v. a. auf F&E-Aufwendungen sowie Aufwendungen in der Fertigung aufgrund veränderter Fertigungsverfahren.

Die Änderung der Produktqualität fokussiert sich dabei auf Qualitätsattribute, wie bspw. Display, Tastenfeld (Keypad), Material (Handset und Basisstation), Sprachqualität etc.

Die Qualitätsänderung für einen Marktanbieter umfasst dabei die Änderung der Produktqualität des gesamten Sortiments (und nicht nur die Änderung eines Produkts).

3. Kaufhäufigkeit der Nachfrager

Ziel ist die Schätzung der Kaufhäufigkeit der Nachfrager. Dies hängt dabei von diversen Einflussgrößen, wie bspw. der technischen Lebensdauer, ab.

Außerdem soll die Änderung der Kaufhäufigkeit durch die Änderung der Produktqualität geschätzt werden.

Ihre Antworten werden vertraulich behandelt und nur anonym veröffentlicht.

1. Anbieterkostenstruktur und Deckungsbeitrag

Frage 1:
Welche marktüblichen Produktdeckungsbeiträge gemäß o. g. Berechnungslogik werden zzt. im Markt für schnurlose Festnetztelefone für Privatkunden (B2C) in Deutschland Ihrer Meinung nach realisiert?

Frage 2:
Wie ordnen Sie die einzelnen untersuchten Anbieter im Verhältnis zum marktüblichen Produktdeckungsbeitrag ein?

	Produktdeckungsbeitrag der einzelnen Anbieter vs. Marktdurchschnitt				
	Deutlich besser	Besser	Ungefähr gleich	Schlechter	Deutlich schlechter
Premiummarke	☐ ca. ___% besser	☐ ca. ___% besser	☐	☐ ca. ___% schlechter	☐ ca. ___% schlechter
Preisorientierte Nischenmarke	☐ ca. ___% besser	☐ ca. ___% besser	☐	☐ ca. ___% schlechter	☐ ca. ___% schlechter
Exklusive Nischenmarke 1	☐ ca. ___% besser	☐ ca. ___% besser	☐	☐ ca. ___% schlechter	☐ ca. ___% schlechter
Exklusive Nischenmarke 2	☐ ca. ___% besser	☐ ca. ___% besser	☐	☐ ca. ___% schlechter	☐ ca. ___% schlechter
No-Frills-Marke	☐ ca. ___% besser	☐ ca. ___% besser	☐	☐ ca. ___% schlechter	☐ ca. ___% schlechter

Frage 3a:
Welchen Anteil machen üblicherweise die marketingrelevanten Lebenszykluskosten (Service, Garantie) an den gesamten variablen Stückkosten aus?

Frage 3b:
Welche korrespondierenden Kostenanteile sind Ihnen aus vergleichbaren Produktmärkten bekannt?

Frage 4a:
Die Kernaussage des Erfahrungskurvenkonzepts besagt: „Mit jeder Verdoppelung der kumulierten Produktionsmenge entsteht ein Kostensenkungspotenzial von 20 bis 30 % für die auf die Wertschöpfung bezogenen realen Stückkosten eines Produktes."
Welches Kostensenkungspotenzial sehen Sie im Markt für schnurlose Festnetztelefone für Privatkunden in Deutschland?

Frage 4b:
Welche korrespondierenden Kostensenkungspotenziale sind Ihnen aus vergleichbaren Produktmärkten bekannt?

2. Typische Investitionsvolumina für Qualitätserhöhungen und -senkungen

Frage 5a:
Welchen marktüblichen Investitionsbedarf sehen Sie Ihrer Meinung nach für eine Verbesserung der Produktqualität eines schnurlosen Festnetztelefons?

Aktuelle Qualitätsklasse	Marken in dieser Klasse	Investitionsvolumen bei Verbesserung der Produktqualität (in Mio. €)
Hohe Qualität	• Premiummarke • Exklusive Nischenmarke 1 • Exklusive Nischenmarke 2	
Mittlere Qualität	• No-Frills-Marke • sonstige Marken	
Niedrige Qualität	• Preisorientierte Nischenmarke	

Frage 5b:
Welche korrespondierenden Investitionsvolumina sind Ihnen aus vergleichbaren Produktmärkten bekannt?

Frage 6a:
Welchen marktüblichen Investitionsbedarf sehen Sie Ihrer Meinung nach für eine Verringerung der Produktqualität eines schnurlosen Festnetztelefons?

Aktuelle Qualitätsklasse	Marken in dieser Klasse	Investitionsvolumen bei Verringerung der Produktqualität (in Mio. €)
Hohe Qualität	• Premiummarke • Exklusive Nischenmarke 1 • Exklusive Nischenmarke 2	
Mittlere Qualität	• No-Frills-Marke • sonstige Marken	
Niedrige Qualität	• Preisorientierte Nischenmarke	

Frage 6b:
Welche korrespondierenden Investitionsvolumina sind Ihnen aus vergleichbaren Produktmärkten bekannt?

3. Kaufhäufigkeit der Nachfrager

Frage 7a:
Welche Einflussgrößen bestimmen die Kaufhäufigkeit der Nachfrager im Produktmarkt für schnurlose Festnetztelefongeräte im Privatkundengeschäft?

Frage 7b:
Welche Rolle spielt dabei Ihrer Meinung nach die technische Lebensdauer?

Frage 8:
Welche typische Lebensdauer haben Ihrer Meinung nach schnurlose Festnetztelefone in Deutschland?

Aktuelle Qualitätsklasse	Marken in dieser Klasse	Typische Lebensdauer eines schnurlosen Festnetztelefons (in Jahren)
Hohe Qualität	• Premiummarke • Exklusive Nischenmarke 1 • Exklusive Nischenmarke 2	
Mittlere Qualität	• No-Frills-Marke • sonstige Marken	
Niedrige Qualität	• Preisorientierte Nischenmarke	

Anhang B: Fragebogen der Experteninterviews

Frage 9:
Wie wirkt sich Ihrer Meinung nach eine Erhöhung (Verringerung) der Produktqualität auf die Lebensdauer eines schnurlosen Festnetztelefons in Deutschland aus?

Aktuelle Qualitätsklasse	Marken in dieser Klasse	Änderung der Lebensdauer (in Jahren) eines schnurlosen Festnetztelefons bei ...	
		Erhöhung der Produktqualität	Verringerung der Produktqualität
Hohe Qualität	• Premiummarke • Exklusive Nischenmarke 1 • Exklusive Nischenmarke 2		
Mittlere Qualität	• No-Frills-Marke • sonstige Marken		
Niedrige Qualität	• Preisorientierte Nischenmarke		

Frage 10:
Basierend auf den identifizierten Einflussgrößen (vgl. Frage 7a) und der Bedeutung der technischen Lebensdauer für die Kaufhäufigkeit (vgl. Frage 7b), wie schätzen Sie die Kaufzyklen der Nachfrager bzgl. der Qualitätsklassen ein?

Aktuelle Qualitätsklasse	Marken in dieser Klasse	Geschätzte Kaufzyklen (in Jahren)	
Hohe Qualität	• Premiummarke • Exklusive Nischenmarke 1 • Exklusive Nischenmarke 2	Qualitätssenkung	
		Konstante Qualität	
		Qualitätserhöhung	
Mittlere Qualität	• No-Frills-Marke	Qualitätssenkung	
		Konstante Qualität	
		Qualitätserhöhung	
Niedrige Qualität	• Preisorientierte Nischenmarke	Qualitätssenkung	
		Konstante Qualität	
		Qualitätserhöhung	

Vielen Dank, dass Sie sich die Zeit genommen haben, unsere Fragen zu beantworten.

Anhang C: Segmentierung der Marktnachfrage

Total Variance Explained

Component	Initial Eigenvalues			Extraction Sums of Squared Loadings			Rotation Sums of Squared Loadings		
	Total	% of Variance	Cumulative %	Total	% of Variance	Cumulative %	Total	% of Variance	Cumulative %
1	6,584	36,577	36,577	6,584	36,577	36,577	3,506	19,476	19,476
2	1,503	8,352	44,929	1,503	8,352	44,929	2,864	15,909	35,385
3	1,209	6,717	51,647	1,209	6,717	51,647	2,827	15,705	51,090
4	1,120	6,224	57,871	1,120	6,224	57,871	1,221	6,781	57,871
5	,921	5,118	62,989						
6	,804	4,468	67,457						
7	,609	3,382	70,839						
8	,589	3,271	74,110						
9	,570	3,164	77,275						
10	,560	3,113	80,388						
11	,514	2,856	83,244						
12	,480	2,669	85,913						
13	,474	2,636	88,549						
14	,459	2,552	91,100						
15	,429	2,381	93,482						
16	,414	2,301	95,783						
17	,382	2,123	97,900						
18	,377	2,094	100,000						

Extraction Method: Principal Component Analysis.

Tabelle 45: Varianzerklärung Faktorenanalyse – Bedeutungsgewichte Nutzenmerkmale
Quelle: Eigene Darstellung

Initial Cluster Centers

	Cluster			
	1	2	3	4
Hohe Qualität	-2,15757	,16507	2,98756	-5,54545
Niedriger Preis	-2,41911	2,95256	-1,59115	,79102

Iteration History[a]

	Change in Cluster Centers			
Iteration	1	2	3	4
1	2,142	2,136	2,259	2,221
2	,083	,076	,107	,796
3	,033	,065	,075	,321
4	,052	,052	,045	,203
5	,063	,045	,025	,096
6	,059	,031	,019	,044
7	,077	,028	,032	,119
8	,038	,017	,027	,033
9	,028	,010	,024	,021
10	,017	,008	,015	,016

a. Iterations stopped because the maximum number of iterations was performed. Iterations failed to converge. The maximum absolute coordinate change for any center is ,017. The current iteration is 10. The minimum distance between initial centers is 4,667.

Final Cluster Centers

	Cluster			
	1	2	3	4
Hohe Qualität	-,56130	,42128	,78058	-1,87748
Niedriger Preis	-,48023	,85406	-,94503	,27615

Number of Cases in each Cluster

Cluster	1	317
	2	473
	3	307
	4	139
Valid		1236
Missing		0

Tabelle 46: Details Segmentlösung Clusterzentrenanalyse
Quelle: Eigene Darstellung

Anhang C: Segmentierung der Marktnachfrage

Tests of Equality of Group Means

	Wilks' Lambda	F	df1	df2	Sig.
Hohe Qualität	,303	944,839	3	1232	,000
Niedriger Preis	,431	542,491	3	1232	,000

Eigenvalues

Function	Eigenvalue	% of Variance	Cumulative %	Canonical Correlation
1	2,400[a]	65,3	65,3	,840
2	1,274[a]	34,7	100,0	,749

a. First 2 canonical discriminant functions were used in the analysis.

Standardized Canonical Discriminant Function Coefficients

	Function 1	Function 2
Hohe Qualität	,984	,204
Niedriger Preis	-,298	,959

Wilks' Lambda

Test of Function(s)	Wilks' Lambda	Chi-square	df	Sig.
1 through 2	,129	2519,974	6	,000
2	,440	1012,358	2	,000

Classification Results

		Segment	Predicted Group Membership[a]				Total
			1	2	3	4	
Original	Count	1	309	5	0	3	317
		2	9	449	13	2	473
		3	2	3	302	0	307
		4	4	0	0	135	139
	%	1	97,5	1,6	,0	,9	100,0
		2	1,9	94,9	2,7	,4	100,0
		3	,7	1,0	98,4	,0	100,0
		4	2,9	,0	,0	97,1	100,0

a. 96.7 % of original grouped cases correctly classified.

Tabelle 47: Ergebnisse Diskriminanzanalyse
Quelle: Eigene Darstellung

Anhang D: Nettonutzen- und Präferenzmessung

Funktionale Nutzenmerkmale	1 = trifft überhaupt nicht zu ↔ 5 = trifft vollständig zu					Symbolische Nutzenmerkmale	1 = trifft überhaupt nicht zu ↔ 5 = trifft vollständig zu				
	1	2	3	4	5		1	2	3	4	5
Reputation der Marke	❑	❑	❑	❑	❑	Die Marke passt zu meinem Lebensstil.	❑	❑	❑	❑	❑
Hohe Qualität des Markenprodukts	❑	❑	❑	❑	❑						
Attraktives Design des Markenprodukts	❑	❑	❑	❑	❑	Die Marke passt zu meinem Kommunikationsverhalten.	❑	❑	❑	❑	❑
Innovativität des Markenprodukts	❑	❑	❑	❑	❑	Die Marke macht mir Spaß.	❑	❑	❑	❑	❑
Guter Kundenservice	❑	❑	❑	❑	❑						
Bedienungsfreundlichkeit des Markenprodukts	❑	❑	❑	❑	❑	Die Marke unterstützt mich im Alltag und verbessert meine Lebensqualität zu Hause.	❑	❑	❑	❑	❑
Niedrige Komplexität des Markenprodukts	❑	❑	❑	❑	❑	Die Marke gibt mir zu Hause die Freiheit und Flexibilität, alles zu tun.	❑	❑	❑	❑	❑
Haptik des Markenprodukts	❑	❑	❑	❑	❑	Die Marke hilft mir, immer in Kontakt mit Familie und Freunden zu sein.	❑	❑	❑	❑	❑
Niedriges Preislevel	❑	❑	❑	❑	❑						
	1 = trifft überhaupt nicht zu ↔ 5 = trifft vollständig zu					Die Marke zeigt ein soziales Engagement.	❑	❑	❑	❑	❑
Nichtmonetäre Wechselkosten	1	2	3	4	5	Die Marke ist immer erreichbar.	❑	❑	❑	❑	❑
Sympathie der Marke	❑	❑	❑	❑	❑						
Wiederkaufabsicht	❑	❑	❑	❑	❑	Die Marke ist multikulturell und global.	❑	❑	❑	❑	❑
Empfehlungsbereitschaft	❑	❑	❑	❑	❑						

Tabelle 48: Erfasste Komponenten des Nettonutzenmodells
Quelle: Eigene Darstellung

Total Variance Explained

Component	Initial Eigenvalues			Extraction Sums of Squared Loadings			Rotation Sums of Squared Loadings		
	Total	% of Variance	Cumulative %	Total	% of Variance	Cumulative %	Total	% of Variance	Cumulative %
1	9,051	43,102	43,102	9,051	43,102	43,102	4,758	22,656	22,656
2	2,801	13,340	56,442	2,801	13,340	56,442	4,731	22,530	45,186
3	1,173	5,584	62,026	1,173	5,584	62,026	3,056	14,552	59,739
4	1,030	4,905	66,931	1,030	4,905	66,931	1,510	7,193	66,931
5	,767	3,655	70,586						
6	,667	3,177	73,764						
7	,631	3,005	76,769						
8	,537	2,555	79,324						
9	,481	2,289	81,613						
10	,464	2,207	83,820						
11	,446	2,125	85,945						
12	,414	1,972	87,918						
13	,383	1,826	89,744						
14	,377	1,795	91,539						
15	,365	1,736	93,275						
16	,345	1,645	94,919						
17	,344	1,640	96,559						
18	,334	1,592	98,150						
19	,311	1,479	99,629						
20	,052	,247	99,876						
21	,026	,124	100,000						

Extraction Method: Principal Component Analysis.

Tabelle 49: Varianzerklärung Faktorenanalyse – Nettonutzenmodell
Quelle: Eigene Darstellung

Anhang D: Nettonutzen- und Präferenzmessung

```
Iteration 0:   log likelihood = -765,08129
Iteration 1:   log likelihood = -252,2637
Iteration 2:   log likelihood = -235,93478
Iteration 3:   log likelihood = -230,03032
Iteration 4:   log likelihood = -229,73174
Iteration 5:   log likelihood = -229,72723
Iteration 6:   log likelihood = -229,72722

Multinomial regression              Number of obs    =        427
                                    LR chi2(20)      =    1070,71
                                    Prob > chi2      =     0,0000
                                    Log likelihood   = -229,72722
                                    Pseudo R2        =     0,6997

-----------------------------------------------------------------------------
Nächster Kauf |    Coef.   Std. Err.      z    P>|z|     [95% Conf. Interval]
--------------+--------------------------------------------------------------
Marke A
   Fits needs |  ,7904857   ,2268816    3,48   0,000    ,345806   1,235165
     Qualität |  ,6953292   ,2435822    2,85   0,004   ,2179169   1,172741
     Wechselk.| 2,312965    ,2403896    9,62   0,000   1,84181    2,78412
        Preis |  ,3697979   ,2479584    1,49   0,136  -,1161916   ,8557873
--------------+--------------------------------------------------------------
Marke D
   Fits needs | -,1222241   ,7147436   -0,17   0,864  -1,523096   1,278648
     Qualität |  ,3903616   ,6532541    0,60   0,550  -,8899928   1,670716
     Wechselk.|-2,621555   1,1492      -2,28   0,023  -4,873945   -,3691649
        Preis |  ,2785469   ,8060856    0,35   0,730  -1,301352   1,858446
--------------+--------------------------------------------------------------
Marke C
   Fits needs | -,1672661   ,3045628   -0,55   0,583   -,7641982   ,4296659
     Qualität | -,0630268   ,3128396   -0,20   0,840   -,6761812   ,5501276
     Wechselk.| -,169498    ,3511211   -0,48   0,629   -,8576826   ,5186866
        Preis |  ,4448228   ,3467499    1,28   0,200   -,2347945   1,12444
--------------+--------------------------------------------------------------
Marke E
   Fits needs | -,2647742   ,304931    -0,87   0,385   -,862428    ,3328795
     Qualität | -,3738412   ,2957917   -1,26   0,206   -,9535824   ,2058999
     Wechselk.| -,6474154   ,4076887   -1,59   0,112  -1,446471    ,1516937
        Preis | -,1202863   ,3412319   -0,35   0,724   -,7890887   ,548516
--------------+--------------------------------------------------------------
Marke B
   Fits needs | -,0554023   ,2865266   -0,19   0,847   -,6169841   ,5061796
     Qualität | -,2636015   ,2851533   -0,92   0,355   -,8224917   ,2952888
     Wechselk.| -,2509232   ,3547274   -0,71   0,479   -,9461762   ,4443298
        Preis | -,1239325   ,3220564   -0,38   0,700   -,7551514   ,5072865
-----------------------------------------------------------------------------
("sonstige Marken" is the comparison group)
```

Tabelle 50: Multinomiales Logitmodell – letzte Kaufentscheidung Marke A
Quelle: Eigene Darstellung

```
Iteration 0:   log likelihood = -360,14365
Iteration 1:   log likelihood = -150,51657
Iteration 2:   log likelihood = -143,16876
Iteration 3:   log likelihood = -139,02337
Iteration 4:   log likelihood = -138,74981
Iteration 5:   log likelihood = -138,74608
Iteration 6:   log likelihood = -138,74608

Multinomial regression              Number of obs    =        201
                                    LR chi2(20)      =     442,80
                                    Prob > chi2      =     0,0000
                                    Log likelihood   = -138,74608
                                    Pseudo R2        =     0,6147

-----------------------------------------------------------------------------
Nächster Kauf |    Coef.   Std. Err.      z    P>|z|     [95% Conf. Interval]
--------------+--------------------------------------------------------------
Marke A
   Fits needs | -,0970969   ,323294    -0,30   0,764  -1,7307414   ,5365476
     Qualität | -,6597203   ,2816111   -2,34   0,019  -1,211668   -,1077727
     Wechselk.| -,0948337   ,4247101   -0,22   0,823   -,7375828   ,9272502
        Preis | -,2074205   ,3470714   -0,60   0,550   -,887668    ,472827
--------------+--------------------------------------------------------------
Marke D
   Fits needs |  ,1388622   ,7370440    0,19   0,851  -1,305719   1,583443
     Qualität |  ,991026    ,8148589    1,22   0,224   -,606068   2,58812
     Wechselk.|-1,880548   1,022042    -1,84   0,066  -3,883713   1,226171
        Preis | -,5025608   ,7902977   -0,64   0,525  -2,051516   1,046394
--------------+--------------------------------------------------------------
Marke C
   Fits needs | -,4829065   ,3958158   -1,22   0,222  -1,258691   ,2928783
     Qualität |  ,1135473   ,3749769    0,30   0,762   -,621394   ,8484886
     Wechselk.| -,2212782   ,4864845   -0,45   0,649  -1,17477    ,7322139
        Preis | -,2186277   ,4263609   -0,51   0,608  -1,05428    ,6170244
--------------+--------------------------------------------------------------
Marke E
   Fits needs | -,6728086   ,5148319   -1,31   0,191  -1,681861   ,3362434
     Qualität |  ,7948615   ,5687685    1,40   0,162   -,3199044  1,909627
     Wechselk.| -,9830677   ,6931861   -1,42   0,156  -2,341688   ,3755521
        Preis |  ,2506362   ,544264     0,46   0,645   -,8161015  1,317374
--------------+--------------------------------------------------------------
Marke B
   Fits needs |  ,3374658   ,296748     1,14   0,255   -,2441495   ,9190812
     Qualität |  ,4980779   ,2771207    1,80   0,072   -,0450687  1,041224
     Wechselk.| 2,21815    ,3257221    6,81   0,000   1,579747   2,856554
        Preis | -,0877448   ,3179757   -0,28   0,783   -,7109657   ,5354762
-----------------------------------------------------------------------------
("sonstige Marken" is the comparison group)
```

Tabelle 51: Multinomiales Logitmodell – letzte Kaufentscheidung Marke B
Quelle: Eigene Darstellung

```
Iteration 0:   log likelihood = -207,8441
Iteration 1:   log likelihood = -60,161522
....
Iteration 21:  log likelihood = -47,667056
Iteration 22:  log likelihood = -47,667056
Iteration 23:  log likelihood = -47,667056

Multinomial regression          Number of obs   =        116
                                LR chi2(20)     =     320,35
                                Prob > chi2     =     0,0000
                                Log likelihood  =  -47,667056
                                Pseudo R2       =     0,7707

Nächster Kauf |    Coef.     Std. Err.      z     P>|z|    [95% Conf. Interval]
--------------+------------------------------------------------------------------
Marke A
  Fits needs  |  45,40255   1682,966     0,03    0,978   -3253,151    3343,956
  Qualität    |  22,38818   3154,478     0,01    0,994   -6160,275    6205,052
  Wechselk.   | 168,7861    3,194134    52,84    0,000     162,5257    175,0465
  Preis       |  12,73535   1874,107     0,01    0,995   -3660,446    3685,917
--------------+------------------------------------------------------------------
Marke D
  Fits needs  |  49,51234   1682,97      0,03    0,977   -3249,048    3348,073
  Qualität    |  24,96118   3154,478     0,01    0,994   -6157,703    6207,625
  Wechselk.   | 165,1508
  Preis       |  12,20636   1874,107     0,01    0,995   -3660,975    3685,388
--------------+------------------------------------------------------------------
Marke C
  Fits needs  |  46,41921   1682,966     0,03    0,978   -3252,134    3344,973
  Qualität    |  24,64694   3154,478     0,01    0,994   -6158,017    6207,31
  Wechselk.   | 170,8381    3,163736    54,00    0,000     164,6373    177,0389
  Preis       |  12,69164   1874,107     0,01    0,995   -3660,49     3685,873
--------------+------------------------------------------------------------------
Marke E
  Fits needs  |  45,55675   1682,967     0,03    0,978   -3252,997    3344,11
  Qualität    |  23,94153   3154,478     0,01    0,994   -6158,722    6206,605
  Wechselk.   | 168,6959    3,192001    52,85    0,000     162,4396    174,9521
  Preis       |  12,67369   1874,107     0,01    0,995   -3660,508    3685,855
--------------+------------------------------------------------------------------
Marke B
  Fits needs  |  44,71803   1682,967     0,03    0,979   -3253,836    3343,272
  Qualität    |  23,30214   3154,478     0,01    0,994   -6159,362    6205,966
  Wechselk.   | 165,9561    3,885846    42,71    0,000     158,34     173,5722
  Preis       |  12,47542   1874,107     0,01    0,995   -3660,706    3685,657
--------------------------------------------------------------------------------
("sonstige Marken" is the comparison group)
```

Tabelle 52: Multinomiales Logitmodell – letzte Kaufentscheidung Marke C
Quelle: Eigene Darstellung

```
Iteration 0:   log likelihood = -146,92428
Iteration 1:   log likelihood = -61,733136
Iteration 2:   log likelihood = -59,195282
Iteration 3:   log likelihood = -52,414249
Iteration 4:   log likelihood = -51,007658
Iteration 5:   log likelihood = -50,785457
Iteration 6:   log likelihood = -50,764348
Iteration 7:   log likelihood = -50,763898
Iteration 8:   log likelihood = -50,763898

Multinomial regression          Number of obs   =         82
                                LR chi2(20)     =     192,32
                                Prob > chi2     =     0,0000
                                Log likelihood  =  -50,763898
                                Pseudo R2       =     0,6545

Nächster Kauf |    Coef.     Std. Err.      z     P>|z|    [95% Conf. Interval]
--------------+------------------------------------------------------------------
Marke A
  Fits needs  | -1,951559    ,9224372   -2,12    0,034   -3,759503   -,1436155
  Qualität    |  3,479944   3,493808    1,00    0,319   -3,368297   10,32718
  Wechselk.   |  7,127549   5,842543    1,22    0,222   -4,323626   18,57872
  Preis       |  5,22016    3,645807    1,43    0,152   -1,92549    12,36581
--------------+------------------------------------------------------------------
Marke D
  Fits needs  | -,2458586    ,9226015   -0,27    0,790   -2,054124    1,562407
  Qualität    |  6,394581   3,603859    1,77    0,076   -,6688527   13,45801
  Wechselk.   | 10,62668    5,926194    1,79    0,073   -,9884446   22,24181
  Preis       |  5,24909    3,669861    1,43    0,153   -1,943705   12,44189
--------------+------------------------------------------------------------------
Marke C
  Fits needs  | -,7693651    ,9447422   -0,81    0,415   -2,621026    1,082296
  Qualität    |  7,336025   3,598451    1,48    0,138   -1,716809   12,38886
  Wechselk.   |  8,170156   5,930689    1,38    0,168   -3,453781   19,79409
  Preis       |  5,733057   3,68915     1,55    0,120   -1,497544   12,96366
--------------+------------------------------------------------------------------
Marke E
  Fits needs  | -1,543964   1,133442   -1,36    0,173   -3,76547     ,6775422
  Qualität    |  5,554618   3,830689    1,45    0,147   -1,953395   13,06263
  Wechselk.   |  4,009096   6,257795    0,64    0,522   -8,255957   16,27415
  Preis       |  6,899435   3,8095      1,81    0,070   -,5670485   14,36592
--------------+------------------------------------------------------------------
Marke B
  Fits needs  | -,3870964   1,118582   -0,35    0,729   -2,579476    1,805284
  Qualität    |  6,94549    3,73236     1,86    0,063   -,3698013   14,26078
  Wechselk.   |  8,198539   5,967867    1,37    0,170   -3,498266   19,89534
  Preis       |  4,373225   3,801772    1,15    0,250   -3,076944   11,8234
--------------------------------------------------------------------------------
("sonstige Marken" is the comparison group)
```

Tabelle 53: Multinomiales Logitmodell – letzte Kaufentscheidung Marke D
Quelle: Eigene Darstellung

Anhang D: Nettonutzen- und Präferenzmessung

```
Iteration 0:    log likelihood = -130,79844
Iteration 1:    log likelihood = -52,492973
...
Iteration 39:   log likelihood = -32,03348
Iteration 40:   log likelihood = -32,03348
Iteration 41:   log likelihood = -32,03348

Multinomial regression              Number of obs   =        73
                                    LR chi2(20)     =    197,53
                                    Prob > chi2     =    0,0000
                                    Log likelihood  = -32,03348
                                    Pseudo R2       =    0,7551

------------------------------------------------------------------------------
Nächster Kauf |    Coef.    Std. Err.     z    P>|z|   [95% Conf. Interval]
--------------+---------------------------------------------------------------
Marke A
   Fits needs |  66,49048   8689,541    0,01   0,994  -16964,7    17097,68
   Qualität   |   8,237023  3385,569    0,00   0,998   -6627,357   6643,831
   Wechselk.  | 226,6898
   Preis      |  55,12847  10476,61    0,01   0,996  -20478,65   20588,91
--------------+---------------------------------------------------------------
Marke D
   Fits needs | -11,88067   2,70e+08   -0,00   1,000   -5,30e+08   5,30e+08
   Qualität   |  12,83825   2,82e+08    0,00   1,000   -5,53e+08   5,53e+08
   Wechselk.  |  39,13405
   Preis      |  80,32636   2,05e+08    0,00   1,000   -4,01e+08   4,01e+08
--------------+---------------------------------------------------------------
Marke C
   Fits needs |  65,60527   8689,541    0,01   0,994  -16965,58   17096,79
   Qualität   |   8,925481  3385,569    0,00   0,998   -6626,669   6644,52
   Wechselk.  | 226,2586    ,676005   334,70   0,000    224,9336   227,5835
   Preis      |  53,87126  10476,61    0,01   0,996  -20479,91   20587,65
--------------+---------------------------------------------------------------
Marke E
   Fits needs |  67,03981   8689,541    0,01   0,994  -16964,15   17098,23
   Qualität   |   8,859472  3385,569    0,00   0,998   -6626,735   6644,454
   Wechselk.  | 228,4631    ,3988018  572,87   0,000    227,6815   229,2447
   Preis      |  54,28011  10476,61    0,01   0,996  -20479,5    20588,06
--------------+---------------------------------------------------------------
Marke B
   Fits needs |  30,08085  11783,23    0,00   0,998  -23064,62   23124,78
   Qualität   |  -,8298768  1897,255  -0,00   1,000   -3719,381   3717,721
   Wechselk.  | 153,0882   16701,27    0,01   0,993  -32580,81   32886,99
   Preis      |  45,8856   13018,44    0,00   0,997  -25469,78   25561,56
------------------------------------------------------------------------------
("sonstige Marken" is the comparison group)
```

Tabelle 54: Multinomiales Logitmodell – letzte Kaufentscheidung Marke E
Quelle: Eigene Darstellung

```
Iteration 0:    log likelihood = -426,43875
Iteration 1:    log likelihood = -196,98001
Iteration 2:    log likelihood = -192,55002
Iteration 3:    log likelihood = -181,28967
Iteration 4:    log likelihood = -180,06702
Iteration 5:    log likelihood = -180,02894
Iteration 6:    log likelihood = -180,02889

Multinomial regression              Number of obs   =        238
                                    LR chi2(20)     =     492,82
                                    Prob > chi2     =     0,0000
                                    Log likelihood  = -180,02889
                                    Pseudo R2       =     0,5778

------------------------------------------------------------------------------
Nächster Kauf |    Coef.    Std. Err.     z    P>|z|   [95% Conf. Interval]
--------------+---------------------------------------------------------------
Marke A
   Fits needs |  -,5908594   ,2046555   -2,89   0,004   -,9919767   -,189742
   Qualität   | -1,014487   ,2078571   -4,88   0,000  -1,421879   -,6070945
   Wechselk.  | -1,688305   ,2255541   -7,49   0,000  -2,130382  -1,246227
   Preis      |  -,2242695   ,245651   -0,91   0,361   -,7057366   ,2571976
--------------+---------------------------------------------------------------
Marke D
   Fits needs | -1,07634    ,400932    -2,68   0,007  -1,862152   -,2905275
   Qualität   |  -,8954122  ,3420611   -2,62   0,009  -1,56584   -,2249846
   Wechselk.  | -3,949451   ,7890592   -5,01   0,000  -5,495979  -2,402924
   Preis      | -1,125041   ,5083213   -2,21   0,027  -2,121332  -,1287492
--------------+---------------------------------------------------------------
Marke C
   Fits needs |  -,8050808  ,2745811   -2,93   0,003  -1,34325    -,2669118
   Qualität   | -1,020227   ,2540112   -4,02   0,000  -1,518079   -,5223737
   Wechselk.  | -2,463923   ,3579846   -6,88   0,000  -3,16556    -1,762286
   Preis      |  -,9666189  ,3445661   -2,81   0,005  -1,641956   -,2912817
--------------+---------------------------------------------------------------
Marke E
   Fits needs | -1,18894    ,3440078   -3,46   0,001  -1,863183   -,5146974
   Qualität   |  -,9810396  ,2956647   -3,32   0,001  -1,560532   -,4015475
   Wechselk.  | -3,564146   ,6299346   -5,66   0,000  -4,798795  -2,329496
   Preis      |  -,8901543  ,4323994   -2,06   0,040  -1,737642   -,042667
--------------+---------------------------------------------------------------
Marke B
   Fits needs |  -,7849711  ,3139533   -2,50   0,012  -1,400308   -,1696339
   Qualität   |  -,5300468  ,3119668   -1,70   0,089  -1,14149    ,0813968
   Wechselk.  | -2,522988   ,3966086   -6,36   0,000  -3,300327   -1,74565
   Preis      |  -,3269267  ,3912411   -0,84   0,403  -1,093745   ,4398916
------------------------------------------------------------------------------
("sonstige Marken" is the comparison group)
```

Tabelle 55: Multinomiales Logitmodell – letzte Kaufentscheidung sonstige Marken
Quelle: Eigene Darstellung

Anhang E: Markentypologien

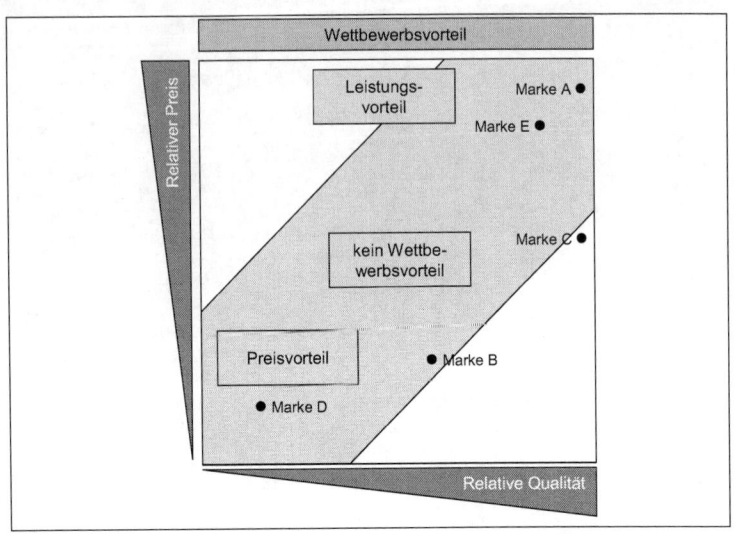

Abbildung 40: Analyse des Wettbewerbsvorteils der verwendeten Anbietermarken – reale Preise
Quelle: Eigene Darstellung

Anhang F: Konsistenzprüfung Nettonutzen vs. Kaufpräferenz

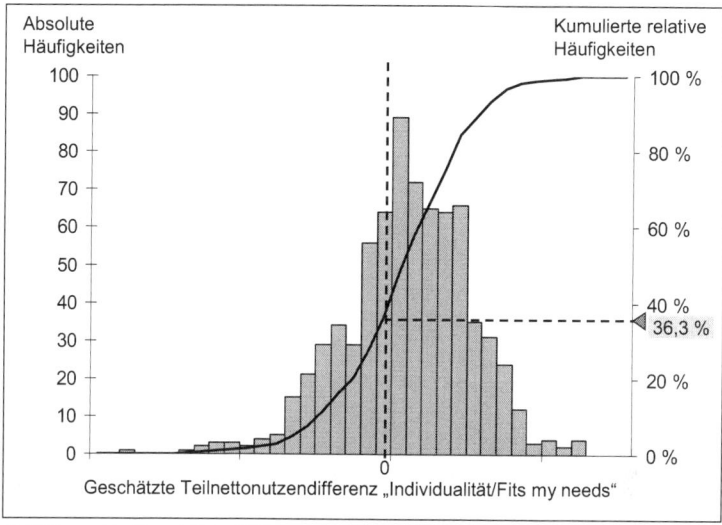

Abbildung 41: Geschätzte Differenz der Teilnettonutzenwerte Faktor „Individualität/ Fits my needs"
Quelle: Eigene Darstellung

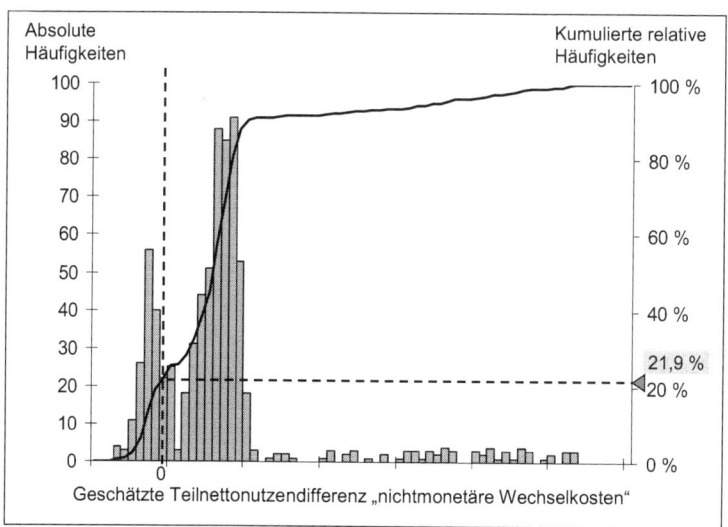

Abbildung 42: Geschätzte Differenz der Teilnettonutzenwerte Faktor „nichtmonetäre Wechselkosten"
Quelle: Eigene Darstellung

	Nullhypothese: Normalverteilung				
	Nettonutzen	Individualität/ Fits my needs	Hohe Qualität	Nichtmonetäre Wechselkosten	Niedriger Preis
Kolmogorov-Smirnov					
D	0,247	0,041	0,275	0,286	0,369
p-Wert	0,000	0,158	0,000	0,000	0,000
Anderson-Darling					
A²	62,890	1,653	104,743	68,363	161,971
p-Wert	0,000	0,001	0,000	0,000	0,000
Shapiro-Wilk					
W	0,679	0,989	0,548	0,704	0,409
p-Wert	0,000	0,000	0,000	0,000	0,000

Tabelle 56: Ergebnisse Normalverteilungstests
Quelle: Eigene Darstellung

	Nullhypothese: (Teil-)Nettonutzendifferenz zwischen gekaufter und nichtgekaufter Marke ist gleich null				
	Nettonutzen	Individualität/ Fits my needs	Hohe Qualität	Nichtmonetäre Wechselkosten	Niedriger Preis
Mittelwert	3,850	0,015	0,232	3,177	0,426
Median	3,09	0,037	0,589	2,763	0,378
t-Test[1]	< 0,0001	0,614	**0,034**	< 0,0001	< 0,0001
Binomial-Test[1]	< 0,0001	0,147	< 0,0001	< 0,0001	< 0,0001

1. p-Werte dargestellt
Bemerkung: Testergebnisse mit Signifikanzniveau < 5 % fett gekennzeichnet

Tabelle 57: Ergebnisse Signifikanztests für eine Stichprobe
Quelle: Eigene Darstellung

Anhang F: Konsistenzprüfung Nettonutzen vs. Kaufpräferenz 377

	Nullhypothese: (Teil-)Nettonutzendifferenzen der beiden Subpopulationen sind identisch				
	Nettonutzen	Individualität/ Fits my needs	Hohe Qualität	Nichtmonetäre Wechselkosten	Niedriger Preis
Beratung am PoS					
Ja (Mittelwert)	3,878	0,046	0,381	3,206	0,245
Nein (Mittelwert)	3,858	-0,004	0,139	3,176	0,547
t-Test	0,964[1]	0,423[1]	0,283[1]	0,938[1]	0,108[1]
Markenempfehlung am PoS					
Ja (Mittelwert)	4,093	0,056	0,425	3,362	0,250
Nein (Mittelwert)	3,703	0,067	0,323	3,051	0,262
t-Test[3]	0,562[2]	0,915[1]	0,774[1]	0,577[2]	0,964[2]
Beratung am PoS					
Ja (Median)	3,337	0,099	0,610	2,872	0,186
Nein (Median)	2,702	0,000	0,576	2,589	0,200
Kruskal-Wallis-T.[3]	**0,017**	0,261	0,613	0,107	0,459
Cuzick-Test[3]	**0,020**	0,260	0,610	0,110	0,460
Markenempfehlung am PoS					
Ja (Median)	3,506	0,085	0,608	2,966	0,213
Nein (Median)	2,984	0,142	0,596	2,796	0,144
Kruskal-Wallis-T.[3]	0,189	0,859	0,673	0,191	0,064
Cuzick-Test[3]	0,190	0,860	0,670	0,190	0,060

1. Identische Varianzen in den Subpopulationen angenommen 2. Unterschiedliche Varianzen angenommen
3. p-Werte dargestellt
Bemerkung: Testergebnisse mit Signifikanzniveau < 5 % fett gekennzeichnet

Tabelle 58: Ergebnisse Signifikanztests für zwei unabhängige Stichproben
Quelle: Eigene Darstellung

Anhang G: Status quo – keine Wettbewerbsentscheidungen

CLV je Nachfrager (in €)

Ø 12,87 €   Ø 8,00 €   Ø 9,48 €   Ø 11,20 €   Ø 12,55 €

Aktuelle Kunden von: Preisor. Nischenmarke | Exklusive Nischenmarke 1 | Exklusive Nischenmarke 2 | No-Frills-Marke | sonstige Marken

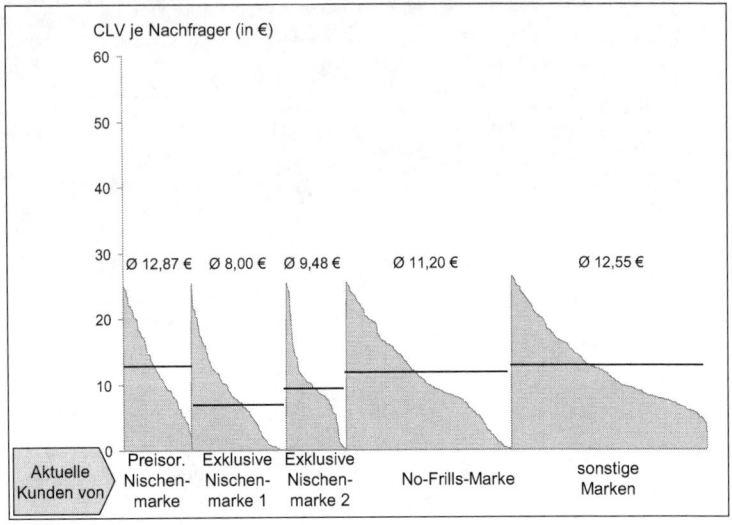

Abbildung 43: Individuelle CLV aller potenziellen Nachfrager aus der Sicht der Premiummarke
Quelle: Eigene Darstellung

Qualitätsbewusst

	Premiummarke	Preis. Nischenm.	Exkl. N. 1	Exkl. N. 2	No-Frills-Marke	sonstige Marken
Premiummarke	0,5634	0,0000	0,1111	0,1172	0,1616	0,0468
Preis. Nischenm.	0,5220	0,2580	0,0000	0,0000	0,2200	0,0000
Exkl. Nischenm. 1	0,3221	0,0855	0,5724	0,0000	0,0200	0,0000
Exkl. Nischenm. 2	0,1743	0,0075	0,1031	0,6761	0,0000	0,0390
No-Frills-Marke	0,2758	0,0000	0,1335	0,1566	0,3297	0,1045
sonstige Marken	0,2390	0,0363	0,0773	0,0906	0,1151	0,4416

Hochinvolviert

	Premiummarke	Preis. Nischenm.	Exkl. N. 1	Exkl. N. 2	No-Frills-Marke	sonstige Marken
Premiummarke	0,5145	0,1328	0,0761	0,0543	0,1210	0,1013
Preis. Nischenm.	0,1713	0,3790	0,1378	0,1039	0,0985	0,1094
Exkl. Nischenm. 1	0,1797	0,1350	0,5256	0,1097	0,0300	0,0200
Exkl. Nischenm. 2	0,2082	0,0300	0,1866	0,5253	0,0300	0,0200
No-Frills-Marke	0,2010	0,1086	0,0951	0,0939	0,3862	0,1151
sonstige Marken	0,1770	0,0300	0,1495	0,1244	0,1778	0,3413

Nichtinvolviert

	Premiummarke	Preis. Nischenm.	Exkl. N. 1	Exkl. N. 2	No-Frills-Marke	sonstige Marken
Premiummarke	0,5454	0,0204	0,0984	0,0635	0,1652	0,1070
Preis. Nischenm.	0,1579	0,5769	0,2432	0,0000	0,0200	0,0000
Exkl. Nischenm. 1	0,1198	0,0840	0,5104	0,1388	0,0696	0,0774
Exkl. Nischenm. 2	0,2960	0,0000	0,1846	0,4994	0,0200	0,0000
No-Frills-Marke	0,2464	0,0301	0,0649	0,1050	0,4342	0,1194
sonstige Marken	0,2194	0,1405	0,1328	0,1377	0,1597	0,2099

Preisbewusst

	Premiummarke	Preis. Nischenm.	Exkl. N. 1	Exkl. N. 2	No-Frills-Marke	sonstige Marken
Premiummarke	0,2706	0,1500	0,0000	0,1543	0,0967	0,3284
Preis. Nischenm.	0,1456	0,5293	0,0000	0,0000	0,0000	0,3251
Exkl. Nischenm. 1	0,2077	0,0920	0,5085	0,0000	0,1038	0,0880
Exkl. Nischenm. 2	0,0000	0,1100	0,1129	0,5643	0,0929	0,1200
No-Frills-Marke	0,2407	0,1800	0,1033	0,0000	0,4167	0,0593
sonstige Marken	0,1126	0,0900	0,1648	0,0000	0,1392	0,4934

Tabelle 59: Segmentspezifische Markenwechselmatrizen – Status quo
Quelle: Eigene Darstellung

Anhang G: Status quo – keine Wettbewerbsentscheidungen

Segmentanteile	Qualitätsbewusst		Hochinvolviert		Preisbewusst		Nichtinvolviert	
	Beginn[1]	Ende[2]	Beginn[1]	Ende[2]	Beginn[1]	Ende[2]	Beginn[1]	Ende[2]
Premiummarke	0,452	0,380	0,334	0,270	0,190	0,168	0,424	0,310
Preisorientierte Nischenmarke	0,020	0,018	0,094	0,140	0,151	0,205	0,068	0,110
Exklusive Nischenmarke 1	0,106	0,208	0,100	0,210	0,111	0,124	0,084	0,180
Exklusive Nischenmarke 2	0,076	0,178	0,050	0,156	0,071	0,084	0,065	0,160
No-Frills-Marke	0,195	0,120	0,188	0,118	0,143	0,128	0,172	0,151
sonstige Marken	0,152	0,096	0,234	0,106	0,333	0,291	0,188	0,089

1. zu Beginn des Planungszeitraums (am jeweiligen Quartalsanfang)
2. am Ende des Planungszeitraums (am jeweiligen Quartalsende)

Tabelle 60: Segmentanteile der Marken – Status quo
Quelle: Eigene Darstellung

	Qualitätsbewusst		Hochinvolviert		Preisbewusst		Nichtinvolviert	
	CE (in Mio. €)	SSCE (in %)	CE (in Mio. €)	SSCE (in %)	CE (in Mio. €)	SSCE (in %)	CE (in Mio. €)	SSCE (in %)
Premiummarke	99,0	42,5	98,7	30,0	18,1	21,0	79,9	34,5
Preisorientierte Nischenmarke	3,4	1,4	42,7	13,0	14,5	16,8	29,4	12,7
Exklusive Nischenmarke 1	47,8	20,5	69,6	21,1	11,8	13,6	40,1	17,3
Exklusive Nischenmarke 2	45,3	19,5	56,9	17,3	7,9	9,1	39,1	16,9
No-Frills-Marke	20,2	8,7	31,8	9,7	9,1	10,5	27,8	12,0
sonstige Marken	17,3	7,4	29,6	9,0	24,9	28,8	15,5	6,7
Gesamt	233,0		329,4		86,2		231,8	

Tabelle 61: CE der Marken in den Segmenten – Status quo
Quelle: Eigene Darstellung

Anhang H: Vorteilhaftigkeit einer segmentspezifischen Marktbearbeitung

Marktanteile	Gesamtmarkt-bearbeitung	Segmentbearbeitung				
		Gesamt	Qualitäts-bewusst	Hoch-involviert	Preisbewusst	Nicht-involviert
Premiummarke	0,350	0,316	0,450	0,305	0,120	0,280
Preisorientierte Nischenmarke	0,075	0,109	0,015	0,136	0,280	0,089
Exklusive Nischenmarke 1	0,155	0,182	0,169	0,229	0,088	0,164
Exklusive Nischenmarke 2	0,120	0,148	0,149	0,172	0,057	0,149
No-Frills-Marke	0,105	0,108	0,085	0,116	0,087	0,129
sonstige Marken	0,195	0,138	0,132	0,042	0,368	0,188

Tabelle 62: Markt- und Segmentanteile bei optimaler Strategie der Marken
Quelle: Eigene Darstellung

Anhang I: Vorteilhaftigkeit einer Wettbewerbsantizipation

	CE Status quo	Marktanteil Status quo	Entscheidung (konstantes Wettbewerbsumfeld)					
			Preis	Qualität	Marktanteil	CE	Investition	dCE
Premiummarke	294,9	0,298	Erhöhung	keine Änderung	0,230	352,2	-	19,4 %
Preisorientierte Nischenmarke	88,9	0,110	keine Änderung	keine Änderung	0,117	93,3	-	4,9 %
Exklusive Nischenmarke 1	168,9	0,190	keine Änderung	keine Änderung	0,209	183,0	-	8,3 %
Exklusive Nischenmarke 2	149,0	0,152	keine Änderung	keine Änderung	0,175	169,3	-	13,7 %
No-Frills-Marke	88,9	0,133	keine Änderung	keine Änderung	0,148	96,8	-	8,9 %
sonstige Marken	85,6	0,117	keine Änderung	keine Änderung	0,122	88,5	-	3,4 %
Gesamt	876,2					983,1		12,2 %

Tabelle 63: Optimale Strategie der führenden Marke ohne Wettbewerbsreaktionen – Gesamtmarkt
Quelle: Eigene Darstellung

	CE Status quo	Marktanteil Status quo	Entscheidung (konstantes Wettbewerbsumfeld)					
			Preis	Qualität	Marktanteil	CE	Investition	dCE
Premiummarke	99,0	0,380	Erhöhung	keine Änderung	0,320	127,4	-	28,7 %
Preisorientierte Nischenmarke	3,4	0,018	keine Änderung	keine Änderung	0,020	3,6	-	8,2 %
Exklusive Nischenmarke 1	47,8	0,208	keine Änderung	keine Änderung	0,228	51,5	-	7,7 %
Exklusive Nischenmarke 2	45,3	0,178	keine Änderung	keine Änderung	0,195	49,4	-	9,0 %
No-Frills-Marke	20,2	0,120	keine Änderung	keine Änderung	0,132	21,6	-	6,7 %
sonstige Marken	17,3	0,096	keine Änderung	keine Änderung	0,105	19,7	-	14,4 %
Gesamt	233,0					273,3		17,3 %

Tabelle 64: Optimale Strategie der führenden Marke ohne Wettbewerbsreaktionen – Segment der qualitätsbewussten Nachfrager
Quelle: Eigene Darstellung

			Entscheidung (konstantes Wettbewerbsumfeld)					
	CE Status quo	Marktanteil Status quo	Preis	Qualität	Marktanteil	CE	Investition	dCE
Premiummarke	98,7	0,270	keine Änderung	Erhöhung	0,359	133,3	25	9,6 %
Preisorientierte Nischenmarke	42,7	0,140	keine Änderung	keine Änderung	0,123	37,4	-	-12,4 %
Exklusive Nischenmarke 1	69,6	0,210	keine Änderung	keine Änderung	0,184	60,7	-	-12,7 %
Exklusive Nischenmarke 2	56,9	0,156	keine Änderung	keine Änderung	0,137	49,4	-	-13,1 %
No-Frills-Marke	31,8	0,118	keine Änderung	keine Änderung	0,104	27,6	-	-13,2 %
sonstige Marken	29,6	0,106	keine Änderung	keine Änderung	0,093	27,9	-	-5,7 %
Gesamt	329,4					336,4		2,1 %

Tabelle 65: **Optimale Strategie der führenden Marke ohne Wettbewerbsreaktionen – Segment der hochinvolvierten Nachfrager**
Quelle: Eigene Darstellung

			Entscheidung (konstantes Wettbewerbsumfeld)					
	CE Status quo	Marktanteil Status quo	Preis	Qualität	Marktanteil	CE	Investition	dCE
Premiummarke	79,9	0,310	Erhöhung	keine Änderung	0,262	104,4	-	30,7 %
Preisorientierte Nischenmarke	29,4	0,110	keine Änderung	keine Änderung	0,118	28,7	-	-2,4 %
Exklusive Nischenmarke 1	40,1	0,180	keine Änderung	keine Änderung	0,193	42,6	-	6,1 %
Exklusive Nischenmarke 2	39,1	0,160	keine Änderung	keine Änderung	0,171	41,1	-	5,0 %
No-Frills-Marke	27,8	0,151	keine Änderung	keine Änderung	0,161	28,5	-	2,7 %
sonstige Marken	15,5	0,089	keine Änderung	keine Änderung	0,095	17,0	-	9,6 %
Gesamt	231,8					262,3		13,1 %

Tabelle 66: **Optimale Strategie der führenden Marke ohne Wettbewerbsreaktionen – Segment der nichtinvolvierten Nachfrager**
Quelle: Eigene Darstellung

Anhang J: Ergebnisse Sensitivitätsanalysen

	CE Status quo	CE bei optimaler Strategie	Investition bei optimaler Strategie	dCE	Marktbearbeitungsstrategie			Normstrategie
					Preis	Qualität		
Premiummarke	294,9	365,8	50,0	7,1 %	Erhöhung	Erhöhung		Trading-up-Strategie (Preis und Qualität)
Preisorientierte Nischenmarke	88,9	107,8	15,0	4,4 %	Erhöhung	Senkung		Senkung Preis-Leistung
Exklusive Nischenmarke 1	168,9	176,7	-	4,6 %	Erhöhung	keine Änderung		Trading-up-Strategie (Preis)
Exklusive Nischenmarke 2	149,0	152,9	-	2,7 %	Erhöhung	keine Änderung		Trading-up-Strategie (Preis)
No-Frills-Marke	88,9	90,9	-	2,3 %	Erhöhung	keine Änderung		Trading-up-Strategie (Preis)
sonstige Marken	85,6	134,2	-	56,8 %	keine Entscheidung	keine Entscheidung		keine Entscheidung
Gesamt	876,2	1.028,4	65,0	10,0 %				Hypothese bestätigt / Hypothese abgelehnt

Tabelle 67: Optimale Strategien der Marken – Gesamtmarkt (Preisänderung +/-10 %)
Quelle: Eigene Darstellung

	CE Status quo	CE bei optimaler Strategie	Investition bei optimaler Strategie	dCE	Marktbearbeitungsstrategie			Normstrategie
					Preis	Qualität		
Premiummarke	98,7	139,8	25,0	16,2 %	Erhöhung	Erhöhung		Trading-up-Strategie (Preis und Qualität)
Preisorientierte Nischenmarke	42,7	47,2	-	10,4 %	Erhöhung	keine Änderung		Trading-up-Strategie (Preis)
Exklusive Nischenmarke 1	69,6	73,3	-	5,4 %	Erhöhung	keine Änderung		Trading-up-Strategie (Preis)
Exklusive Nischenmarke 2	56,9	59,8	-	5,1 %	Erhöhung	keine Änderung		Trading-up-Strategie (Preis)
No-Frills-Marke	31,8	33,7	-	6,0 %	Erhöhung	keine Änderung		Trading-up-Strategie (Preis)
sonstige Marken	29,6	41,0	-	38,5 %	keine Entscheidung	keine Entscheidung		keine Entscheidung
Gesamt	329,4	394,8	25,0	12,3 %				Hypothese bestätigt / Hypothese abgelehnt

Tabelle 68: Optimale Strategien der Marken – hochinvolviertes Segment (Preisänderung +/-10 %)
Quelle: Eigene Darstellung

						Marktbearbeitungsstrategie		
	CE Status quo	CE bei optimaler Strategie	Investition bei optimaler Strategie	dCE	Preis	Qualität	Normstrategie
Premiummarke	18,1	21,5	-	18,7 %	keine Änderung	keine Änderung	Passivstrategie
Preisorientierte Nischenmarke	14,5	16,4	-	12,9 %	keine Änderung	keine Änderung	Passivstrategie
Exklusive Nischenmarke 1	11,8	12,5	-	6,5 %	Erhöhung	keine Änderung	Trading-up-Strategie (Preis)
Exklusive Nischenmarke 2	7,9	8,5	-	8,1 %	Erhöhung	keine Änderung	Trading-up-Strategie (Preis)
No-Frills-Marke	9,1	9,7	-	6,7 %	Erhöhung	keine Änderung	Trading-up-Strategie (Preis)
sonstige Marken	24,9	30,3	-	21,8 %	keine Entscheidung	keine Entscheidung	keine Entscheidung
Gesamt	86,2	98,9	-	14,7 %			Hypothese bestätigt / Hypothese abgelehnt

Tabelle 69: Optimale Strategien der Marken – preisbewusstes Segment (Preisänderung +/-10 %)
Quelle: Eigene Darstellung

						Marktbearbeitungsstrategie		
	CE Status quo	CE bei optimaler Strategie	Investition bei optimaler Strategie	dCE	Preis	Qualität	Normstrategie
Premiummarke	294,9	443,2	50,0	33,4 %	Erhöhung	Erhöhung	Trading-up-Strategie (Preis und Qualität)
Preisorientierte Nischenmarke	88,9	125,3	15,0	24,1 %	Erhöhung	Senkung	Senkung Preis-Leistung
Exklusive Nischenmarke 1	168,9	200,5	-	18,7 %	Erhöhung	keine Änderung	Trading-up-Strategie (Preis)
Exklusive Nischenmarke 2	149,0	174,9	-	17,4 %	Erhöhung	keine Änderung	Trading-up-Strategie (Preis)
No-Frills-Marke	88,9	106,5	-	19,8 %	Erhöhung	keine Änderung	Trading-up-Strategie (Preis)
sonstige Marken	85,6	143,1	-	67,3 %	keine Entscheidung	keine Entscheidung	keine Entscheidung
Gesamt	876,2	1.193,6	65,0	28,8 %			Hypothese bestätigt / Hypothese abgelehnt

Tabelle 70: Optimale Strategien der Marken – Gesamtmarkt (Kostenänderung +/-2,5 %)
Quelle: Eigene Darstellung

Anhang J: Ergebnisse Sensitivitätsanalysen

	CE Status quo	CE bei optimaler Strategie	Investition bei optimaler Strategie	dCE	Marktbearbeitungsstrategie		
					Preis	Qualität	Normstrategie
Premiummarke	294,9	447,7	60,0	31,5 %	Erhöhung	Erhöhung	Trading-up-Strategie (Preis und Qualität)
Preisorientierte Nischenmarke	88,9	126,7	18,0	22,2 %	Erhöhung	Senkung	Senkung Preis-Leistung
Exklusive Nischenmarke 1	168,9	200,5	-	18,7 %	Erhöhung	keine Änderung	Trading-up-Strategie (Preis)
Exklusive Nischenmarke 2	149,0	174,9	-	17,4 %	Erhöhung	keine Änderung	Trading-up-Strategie (Preis)
No-Frills-Marke	88,9	106,5	-	19,8 %	Erhöhung	keine Änderung	Trading-up-Strategie (Preis)
sonstige Marken	85,6	134,2	-	56,8 %	keine Entscheidung	keine Entscheidung	keine Entscheidung
Gesamt	876,2	1.190,5	78,0	27,0 %	Hypothese bestätigt / Hypothese abgelehnt		

Tabelle 71: Optimale Strategien der Marken – Gesamtmarkt (20-prozentige Investitionserhöhung)
Quelle: Eigene Darstellung

	CE Status quo	CE bei optimaler Strategie	Investition bei optimaler Strategie	dCE	Marktbearbeitungsstrategie		
					Preis	Qualität	Normstrategie
Premiummarke	294,9	447,7	40,0	38,3 %	Erhöhung	Erhöhung	Trading-up-Strategie (Preis und Qualität)
Preisorientierte Nischenmarke	88,9	126,7	10,0	31,2 %	Erhöhung	Senkung	Senkung Preis-Leistung
Exklusive Nischenmarke 1	168,9	200,5	-	18,7 %	Erhöhung	keine Änderung	Trading-up-Strategie (Preis)
Exklusive Nischenmarke 2	149,0	174,9	-	17,4 %	Erhöhung	keine Änderung	Trading-up-Strategie (Preis)
No-Frills-Marke	88,9	106,5	-	19,8 %	Erhöhung	keine Änderung	Trading-up-Strategie (Preis)
sonstige Marken	85,6	134,2	-	56,8 %	keine Entscheidung	keine Entscheidung	keine Entscheidung
Gesamt	876,2	1.190,5	50,0	30,2 %	Hypothese bestätigt / Hypothese abgelehnt		

Tabelle 72: Optimale Strategien der Marken – Gesamtmarkt (20-prozentige Investitionssenkung)
Quelle: Eigene Darstellung

	CE Status quo	CE bei optimaler Strategie	Investition bei optimaler Strategie	dCE	Marktbearbeitungsstrategie		
					Preis	Qualität	Normstrategie
Premiummarke	98,7	164,5	30,0	36,2 %	Erhöhung	Erhöhung	Trading-up-Strategie (Preis und Qualität)
Preisorientierte Nischenmarke	42,7	69,4	18,0	20,4 %	Erhöhung	Erhöhung	Trading-up-Strategie (Preis und Qualität)
Exklusive Nischenmarke 1	69,6	115,4	30,0	22,7 %	Erhöhung	Erhöhung	Trading-up-Strategie (Preis und Qualität)
Exklusive Nischenmarke 2	56,9	97,2	30,0	18,3 %	Erhöhung	Erhöhung	Trading-up-Strategie (Preis und Qualität)
No-Frills-Marke	31,8	33,4	-	4,8 %	Erhöhung	keine Änderung	Trading-up-Strategie (Preis)
sonstige Marken	29,6	13,9	-	-53,0 %	keine Entscheidung	keine Entscheidung	keine Entscheidung
Gesamt	329,4	493,9	108,0	17,2 %	Hypothese bestätigt		
					Hypothese abgelehnt		

Tabelle 73: Optimale Strategien der Marken – hochinvolviertes Segment (20-prozentige Investitionserhöhung)
Quelle: Eigene Darstellung

	CE Status quo			Hypothese bestätigt			
	Premiummarke		294,9	Hypothese abgelehnt			
	Preisorientierte Nischenm.		88,9				
	Exklusive Nischenmarke 1		168,9				
	Exklusive Nischenmarke 2		149,0				
	No-Frills-Marke		88,9				
	sonstige Marken		85,6				
	Gesamt		876,2				

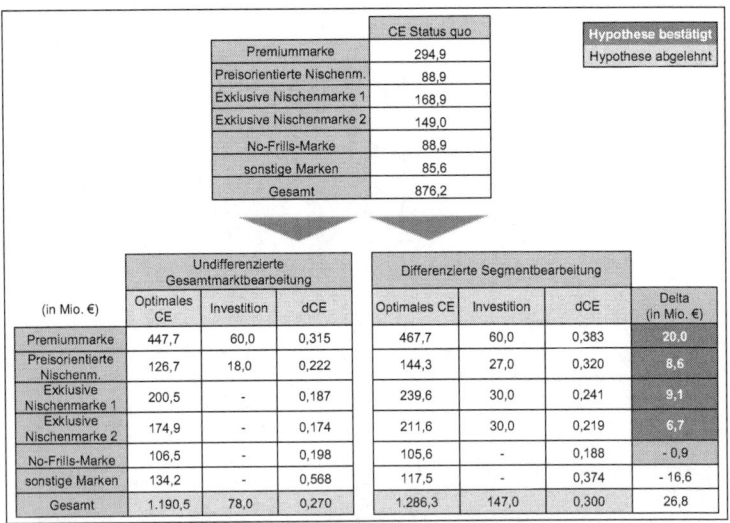

(in Mio. €)	Undifferenzierte Gesamtmarktbearbeitung			Differenzierte Segmentbearbeitung			Delta (in Mio. €)
	Optimales CE	Investition	dCE	Optimales CE	Investition	dCE	
Premiummarke	447,7	60,0	0,315	467,7	60,0	0,383	20,0
Preisorientierte Nischenm.	126,7	18,0	0,222	144,3	27,0	0,320	8,6
Exklusive Nischenmarke 1	200,5	-	0,187	239,6	30,0	0,241	9,1
Exklusive Nischenmarke 2	174,9	-	0,174	211,6	30,0	0,219	6,7
No-Frills-Marke	106,5	-	0,198	105,6	-	0,188	- 0,9
sonstige Marken	134,2	-	0,568	117,5	-	0,374	- 16,6
Gesamt	1.190,5	78,0	0,270	1.286,3	147,0	0,300	26,8

Tabelle 74: Ergebnisse Segmentbearbeitung vs. Gesamtmarktbearbeitung (20-prozentige Investitionserhöhung)
Quelle: Eigene Darstellung

Anhang J: Ergebnisse Sensitivitätsanalysen

	CE Status quo	CE bei optimaler Strategie	Investition bei optimaler Strategie	dCE	Marktbearbeitungsstrategie		
					Preis	Qualität	Normstrategie
Premiummarke	294,9	414,4	50,0	23,6 %	Erhöhung	Erhöhung	Trading-up-Strategie (Preis und Qualität)
Preisorientierte Nischenmarke	88,9	138,5	15,0	38,9 %	Erhöhung	Senkung	Senkung Preis-Leistung
Exklusive Nischenmarke 1	168,9	203,1	-	20,2 %	Erhöhung	keine Änderung	Trading-up-Strategie (Preis)
Exklusive Nischenmarke 2	149,0	177,8	-	19,4 %	Erhöhung	keine Änderung	Trading-up-Strategie (Preis)
No-Frills-Marke	88,9	107,5	-	20,9 %	Erhöhung	keine Änderung	Trading-up-Strategie (Preis)
sonstige Marken	85,6	143,8	-	68,1 %	keine Entscheidung	keine Entscheidung	keine Entscheidung
Gesamt	876,2	1.185,2	65,0	27,9 %	Hypothese bestätigt		
					Hypothese abgelehnt		

Tabelle 75: Optimale Strategien der Marken – Gesamtmarkt (reduzierter qualitätsorientierter Nettonutzeneffekt)
Quelle: Eigene Darstellung

	CE Status quo	CE bei optimaler Strategie	Investition bei optimaler Strategie	dCE	Marktbearbeitungsstrategie		
					Preis	Qualität	Normstrategie
Premiummarke	98,7	153,1	25,0	29,8 %	Erhöhung	Erhöhung	Trading-up-Strategie (Preis und Qualität)
Preisor. Nischenmarke	42,7	65,1	15,0	17,4 %	Erhöhung	Erhöhung	Trading-up-Strategie (Preis und Qualität)
Exklusive Nischenmarke 1	69,6	107,5	25,0	18,6 %	Erhöhung	Erhöhung	Trading-up-Strategie (Preis und Qualität)
Exklusive Nischenmarke 2	56,9	91,0	25,0	16,1 %	Erhöhung	Erhöhung	Trading-up-Strategie (Preis und Qualität)
No-Frills-Marke	31,8	37,8	-	18,6 %	Erhöhung	keine Änderung	Trading-up-Strategie (Preis)
sonstige Marken	29,6	29,5	-	-0,4 %	keine Entscheidung	keine Entscheidung	keine Entscheidung
Gesamt	329,4	484,1	90,0	19,7 %	Hypothese bestätigt		
					Hypothese abgelehnt		

Tabelle 76: Optimale Strategien der Marken – hochinvolviertes Segment (reduzierter qualitätsorientierter Nettonutzeneffekt)
Quelle: Eigene Darstellung

Literaturverzeichnis

AAKER, D. A. (1996), Building Strong Brands, Free Press, New York.

AAKER, D. A. (2004), Brand Portfolio Strategy: Creating Relevance, Differentiation, Energy, Leverage and Clarity, B&T, New York.

ADAMS, W. (1986), Public Policy in a Free Enterprise Economy, in: ADAMS, W. (Hrsg.), The Structure of American Industry, 7. Aufl., Pearson, New York, S. 395-427.

AGARWAL, M. K. und GREEN, P. E. (1991), Adaptive Conjoint Analysis versus Self Explicated Models: Some empirical results, in: International Journal of Research in Marketing, 8, S. 141-146.

AILAWADI, K. L., KOPALLE, P. K. und NESLIN, S. A. (2005), Predicting Competitive Response to a Major Policy Change: Combining Game-Theoretic and Empirical Analysis, in: Marketing Science, 24 (1), S. 12-24.

AKAAH, I. P. (1991), Predictive Performance of Self-Explicated, Traditional Conjoint, and Hybrid Conjoint Models under Alternative Data Collection Modes, in: Journal of the Academy of Marketing Science, 19 (4), S. 309-314.

ALT, R., PUSCHMANN, T. und ÖSTERLE, H. (2005), Erfolgsfaktoren im Customer Relationship Management, in: Zeitschrift für Betriebswirtschaft, 75 (2), S. 185-208.

AMA (2008), Dictionary of Marketing Terms, Abruf: 18.04.2008, http://www.marketingpower.com/mg-dictionary.php.

AMBLER, T., BHATTACHARYA, C. B., EDELL, J., KELLER, K. L., LEMON, K. N. und MITTAL, V. (2002), Relating Brand and Customer Perspectives on Marketing Management, in: Journal of Service Research, 5 (1), S. 13-25.

ANDERSON, E. W., FORNELL, C. und MAZVANCHERYL, S. K. (2004), Customer Satisfaction and Shareholder Value, in: Journal of Marketing, 68 (October), S. 172-185.

ANDERSON, S. P. und DEPALMA, A. (1988), Spatial Price Discrimination with Heterogeneous Products, in: Review of Economic Studies, 55, S. 573-592.

ARNDT, J. (1981), The political economy of marketing systems: reviving the institutional approach, in: Journal of Macromarketing, 1, S. 36-46.

ASENDORPF, J. und BANSE, R. (2000), Psychologie in der Beziehung, Hans Huber, Bern u. a.

BACKHAUS, K., BÜSCHKEN, J. und VOETH, M. (2003), Internationales Marketing, 5. Aufl., Schäffer-Poeschel, Stuttgart.

BACKHAUS, K., ERICHSON, B., PLINKE, W. und WEIBER, R. (2006), Multivariate Analysemethoden. Eine anwendungsorientierte Einführung, 11. Aufl., Springer, Berlin u. a.

BACKHAUS, K. und VOETH, M. (2007), Industriegütermarketing, 8. Aufl., Vahlen, München.

BAIN, J. S. (1951), Relation of profit rate to concentration: American manufacturing, 1936-1940, in: Quarterly Journal of Economics, 65, S. 293-324.

BAJARI, P., HONG, H. und RYAN, S. (2004), Identification and Estimation of Discrete Games of Complete Information, Working Paper 0301, NBER.

BALTAS, G. und DOYLE, P. (2001), Random utility models in marketing: A survey, in: Journal of Business Research, 51, S. 115-125.

BASS, F. M. (1969), A New Product Growth For Model Consumer Durables, in: Management Science, 15 (5), S. 215-227.

BASS, F. M. (1980), The Relationship between Diffusion Rates, Experience Curves, and Demand Elasticities for Consumer Durable Technological Innovations, in: Journal of Business, 53 (Part 2), S. S51-S67.

BASS, F. M., KRISHNAMOORTHY, A., PRASAD, A. und SETHI, S. P. (2005), Generic and Brand Advertising Strategies in a Dynamic Duopoly, in: Marketing Science, 24 (4), S. 556-568.

BASUROY, S. und NGUYEN, D. (1998), Multinomial logit market share models: Equilibrium characteristics and strategic implications, in: Management Science, 44 (10), S. 1396-1408.

BAUER, H. H. (1988), Marktstagnation als Herausforderung für das Marketing, in: Schmalenbachs Zeitschrift für betriebswirtschaftliche Forschung, 58 (10), S. 1052-1071.

BAUMOL, W. J., PANZAR, J. C. und WILLIG, R. D. (1982), Contestable Markets and the Theory of Industry Structure, Harcourt College Pub, New York.

BAYÓN, T. (1997), Neuere Mikroökonomie und Marketing: eine wissenschaftstheoretisch geleitete Analyse, Neue betriebswirtschaftliche Forschung, Bd. 218, Gabler, Wiesbaden.

BAYÓN, T., GUTSCHE, J. und BAUER, H. (2002), Customer Equity Marketing: Touching the Intangible, in: European Management Journal, 20 (3), S. 213-222.

BAYUS, B. (1992), The Dynamic Pricing of Next Generation Consumer Durables, in: Marketing Science, 11 (3), S. 251-265.

BBDO-CONSULTING (2004a), Customer Equity Excellence Band 1 – Industrielogik der Segmentierung, Abruf: 01.07.2006, http://www.bbdo-consulting.de/de/home/bbdo_germany/bbdo_consulting/publikationen/customer_equity_excellence.download.Par.0002.Link1Download.File1Title.pdf.

BBDO-CONSULTING (2004b), Customer Equity Excellence Band 2 – Operationalisierung des Kundenwerts, Abruf: 01.07.2006, http://www.bbdo-consulting.de/de/home/bbdo_germany/bbdo_consulting/publikationen/customer_equity_excellence.download.Par.0001.Link1Download.File1Title.pdf.

BBDO-Consulting (2006), Customer Equity Excellence Band 3 – Kundenwertmanagementstrategien, Abruf: 01.07.2006, http://www.bbdo-consulting.de/ de/home/bbdo_germany/bbdo_consulting/publikationen/customer_equity_ excellence.download.Par.0003.Link1Download.File1Title.pdf.

Becker, J. (2006), Marketing-Konzeption, 8. Aufl., Vahlen, München.

Beggs, A. und Klemperer, P. (1992), Multi-period competition with switching costs, in: Econometrica, 60 (3), S. 651-666.

Bell, D. R., Deighton, J., Reinartz, W. J., Rust, R. T. und Swartz, G. (2002a), Seven Barriers to Customer Equity Management, in: Journal of Service Research, 5 (1), S. 77-85.

Bell, D. R., Iyer, G. und Padmanabhan, V. (2002b), Price Competition Under Stockpiling and Flexible Consumption, in: Journal of Marketing Research, 39 (August), S. 292-303.

Bell, S. J., Auh, S. und Smalley, K. (2005), Customer Relationship Dynamics: Service Quality and Customer Loyalty in the Context of Varying Levels of Customer Expertise and Switching Costs, in: Journal of the Academy of Marketing Science, 33 (2), S. 169-183.

Bellman, R. (1957), Dynamic programming, Princeton University Press, Princeton, NJ.

Berger, P. D. und Bechwati, N. N. (2001), The allocation of promotion budget to maximize customer equity, in: Omega – The International Journal of Management Science, 29, S. 49-61.

Berger, P. D., Bolton, R. N., Bowman, D., Briggs, E., Kumar, V., Parasuraman, A. und Terry, C. (2002), Marketing Actions and the Value of Customer Assets – A Framework for Customer Asset Management, in: Journal of Service Research, 5 (1), S. 39-54.

Berger, P. D., Eechambadi, N., George, M., Lehmann, D. R., Rizley, R. und Venkatesan, R. (2006), From Customer Lifetime Value to Shareholder Value – Theory, Empirical Evidence, and Issues for Future Research, in: Journal of Service Research, 9 (2), S. 156-167.

Berger, P. D. und Nasr, N. I. (1998), Customer Lifetime Value: Marketing Models and Applications, in: Journal of Interactive Marketing, 12 (1), S. 17-30.

Berndt, R. (2005), Marketingstrategie und Marketingpolitik, 4. Aufl., Springer, Berlin u. a.

Berninghaus, S. K., Ehrhart, K.-M. und Güth, W. (2005), Strategische Spiele. Eine Einführung in die Spieltheorie, 2. Aufl., Springer, Berlin u. a.

Berry, S. T. (1994), Estimating discrete-choice models of product differentiation, in: RAND Journal of Economics, 25 (2), S. 242-262.

BERRY, S. T., LEVINSOHN, J. und PAKES, A. (1995), Automobile prices in market equilibrium, in: Econometrica, 63 (4), S. 841-890.

BESANKO, D., DUBÉ, J.-P. und GUPTA, S. (2003), Competitive Price Discrimination Strategies in a Vertical Channel Using Aggregate Retail Data, in: Management Science, 49 (9), S. 1121-1138.

BESANKO, D., GUPTA, S. und JAIN, D. C. (1998), Logit Demand Estimation Under Competitive Pricing Behavior: An Equilibrium Approach, in: Management Science, 44 (11), S. 1533-1547.

BESANKO, D., PERRY, M. K. und SPADY, R. H. (1990), The Logit Model of Monopolistic Competition: Brand Diversity, in: Journal of Industrial Economics, 38 (4), S. 397-415.

BITTLINGMAYER, G. (1987), Die wettbewerbspolitischen Vorstellungen der Chicago School, in: Wirtschaft und Wettbewerb, 37, S. 709-718.

BLACKBURN, J. D. (1991), Time-Based Competition: The Next Battleground in American Manufacturing, Irwin, Homewood, IL.

BLATTBERG, R. C. und DEIGHTON, J. (1996), Manage Marketing by the Customer Equity Test, in: Harvard Business Review, 74 (July-August), S. 136-144.

BLATTBERG, R. C., GETZ, G. und THOMAS, J. S. (2001), Customer equity: building and managing relationships as valuable assets, Harvard Business School, Boston, MA.

BÖBEL, I. (1984), Wettbewerb und Industriestruktur. Industrial Organisation – Forschung im Überblick, Springer, Berlin u. a.

BOHLING, T., BOWMAN, D., LAVALLE, S., MITTAL, V., NARAYANDAS, D., RAMANI, G. und VARADARAJAN, R. (2006), CRM Implementation. Effectiveness Issues and Insights, in: Journal of Service Research, 9 (2), S. 184-194.

BOHLMANN, J. D., GOLDER, P. N. und MITRA, D. (2002), Deconstructing the Pioneer's Advantage: Examining Vintage Effects and Consumer Valuations of Quality and Variety, in: Management Science, 48 (9), S. 1175-1195.

BOLTON, R. N. (1998), A Dynamic Model of the Duration of the Customer's Relationship with a Continuous Service Provider: The Role of Satisfaction, in: Marketing Science, 17 (1), S. 45-65.

BOLTON, R. N. und DREW, J. H. (1991), A Multistage Model of Customers' Assessments of Service Quality and Value, in: The Journal of Consumer Research, 17 (4), S. 375-384.

BOLTON, R. N., KANNAN, P. K. und BRAMLETT, M. D. (2000), Implications of Loyalty Program Membership and Service Experiences for Customer Retention and Value, in: Journal of the Academy of Marketing Science, 28 (1), S. 95-108.

BOLTON, R. N., LEMON, K. und VERHOEF, P. C. (2008), Expanding Business-to-Business Customer Relationships: Modeling the Customer's Upgrade Decision, in: Journal of Marketing, 72 (1), S. 46-64.

BOLTON, R. N. und LEMON, K. N. (1999), A Dynamic Model of Customers' Usage of Services: Usage as an Antecedent and Consequence of Satisfaction, in: Journal of Marketing Research, 36 (May), S. 171-186.

BOLTON, R. N., LEMON, K. N. und VERHOEF, P. C. (2004), The Theoretical Underpinnings of Customer Asset Management: A Framework and Propositions for Future Research, in: Journal of the Academy of Marketing Science, 32 (3), S. 271-292.

BORCHERT, M. und GROSSEKETTLER, H. (1985), Preis- und Wettbewerbstheorie, Kohlhammer, Stuttgart.

BORDEN, N. H. (1964), The concept of marketing-mix, in: Journal of Advertising Research, 4 (2), S. 2-7.

BORK, R. H. (1978), The Antitrust Paradox: A Policy at War with Itself, Free Press, New York.

BÖRSIG, C. und COENENBERG, A. G. (2003), Bewertung von Unternehmen. Strategie – Markt – Risiko, Schäffer-Poeschel, Stuttgart.

BORTZ, J. und DÖRING, N. (2006), Forschungsmethoden und Evaluation für Human- und Sozialwissenschaftler, 4. Aufl., Springer, Heidelberg.

BOULDING, W. und CHRISTEN, M. (2003), Sustainable Pioneering Advantage? Profit Implications of Market Entry Order, in: Marketing Science, 22 (3), S. 371-392.

BOWMAN, D. und NARAYANDAS, D. (2001), Managing Customer-Initiated Contacts with Manufacturers: The Impact on Share of Category Requirements and Word-of-Mouth Behavior, in: Journal of Marketing Research, 38 (August), S. 281-297.

BOWMAN, D. und NARAYANDAS, D. (2004), Linking Customer Management Effort to Customer Profitability in Business Markets, in: Journal of Marketing Research, 41, S. 433-447.

BRANDER, J. A. und ZHANG, A. (1990), Market conduct in the airline industry: An empirical investigation, in: RAND Journal of Economics, 21 (Winter), S. 567-583.

BRESNAHAN, T. F. (1981), Departures from Marginal Cost Pricing in the American Automobile Industry, in: Journal of Econometrics, 17, S. 201-227.

BRESNAHAN, T. F. (1987), Competition and collusion in the American automobile oligopoly: The 1955 price war, in: Journal of Industrial Economics, 35 (June), S. 457-482.

BRESNAHAN, T. F. und REISS, P. C. (1990), Entry in monopoly markets, in: Review of Economic Studies, 57 (4), S. 531-553.

BRESNAHAN, T. F. und REISS, P. C. (1991), Empirical models of discrete games, in: Journal of Econometrics, 48 (1-2), S. 57-81.

BRUHN, M. (2002), Controlling von Kundenbeziehungen, in: BÖHLER, H. (Hrsg.), Marketing-Management und Unternehmensführung - Festschrift für Professor Dr. Richard Köhler zum 65. Geburtstag, Stuttgart, S. 185-208.

BRUHN, M. und EICHEN, F. (2007), Marken-Konsumenten-Beziehungen: Bestandsaufnahme, kritische Würdigung und Forschungsfragen aus Sicht des Relationship Marketing, in: FLORACK, A., SCARABIS, M. und PRIMOSCH, E. (Hrsg.), Psychologie der Markenführung, Vahlen, München, S. 221-256.

BRUHN, M. und GEORGI, D. (1998), Wirtschaftlichkeit des Kundenbindungsmanagements, in: BRUHN, M. und HOMBURG, C. (Hrsg.), Handbuch Kundenbindungsmanagement: Grundlagen – Konzepte – Erfahrungen, Gabler, Wiesbaden, S. 411-440.

BRUHN, M., GEORGI, D., TREYER, M. und LEUMANN, S. (2000), Wertorientiertes Relationship Marketing: Vom Kundenwert zum Customer Lifetime Value, in: Die Unternehmung, 54 (3), S. 167-187.

BURMANN, C. (1991), Konsumentenzufriedenheit als Determinante der Marken- und Händlerloyalität, in: Marketing Zeitschrift für Forschung und Praxis, 13 (4), S. 249-258.

BURMANN, C. (2003), „Customer Equity" als Steuerungsgröße für die Unternehmensführung, in: Zeitschrift für Betriebswirtschaft, 73 (2), S. 113-138.

BURMANN, C. (2005), Interne und externe Kommunikation in Ad-hoc-Krisen, in: BURMANN, C., FREILING, J. und HÜLSMANN, M. (Hrsg.), Management von Ad-hoc-Krisen: Grundlagen, Strategien, Erfolgsfaktoren, Gabler, Wiesbaden.

BURMANN, C., BLINDA, L. und NITSCHKE, A. (2003), Konzeptionelle Grundlagen des identitätsbasierten Markenmanagements, LiM-Arbeitspapier Nr. 1, Lehrstuhl für innovatives Markenmanagement, Universität Bremen.

BURMANN, C. und FEDDERSEN, C. (2007), Identitätsbasierte Markenführung in der Lebensmittelindustrie: Der Fall FRoSTA, LiT Verlag, Münster u. a.

BURMANN, C. und HUNDACKER, S. (2003), Customer Equity Management – Modellkonzeption zur wertorientierten Gestaltung des Beziehungsmarketings, LiM-Arbeitspapier Nr. 3, Lehrstuhl für innovatives Markenmanagement, Universität Bremen.

BURMANN, C. und JOST-BENZ, M. (2005), Brand Equity Management vs. Customer Equity Management? Zur Integration zweier Managementkonzepte, LiM-Arbeitspapier Nr. 19, Lehrstuhl für innovatives Markenmanagement, Universität Bremen.

BURMANN, C. und MALONEY, P. (2006), Absatzmittlergerichtetes Markenmanagement, LiT-Verlag, Münster u. a.

BURMANN, C. und MEFFERT, H. (2005a), Theoretisches Grundkonzept der identitätsorientierten Markenführung, in: MEFFERT, H., BURMANN, C. und KOERS, M. (Hrsg.), Markenmanagement. Identitätsorientierte Markenführung und praktische Umsetzung; mit Best Practice-Fallstudien, 2. Aufl., Gabler, Wiesbaden, S. 37-72.

BURMANN, C. und MEFFERT, H. (2005b), Managementkonzept der identitätsorientierten Markenführung, in: MEFFERT, H., BURMANN, C. und KOERS, M. (Hrsg.), Markenmanagement. Identitätsorientierte Markenführung und praktische Umsetzung, 2. Aufl., Wiesbaden, S. 73-114.

BURMANN, C., MEFFERT, H. und FEDDERSEN, C. (2007), Identitätsbasierte Markenführung, in: FLORACK, A., SCARABIS, M. und PRIMOSCH, E. (Hrsg.), Psychologie der Markenführung, Vahlen, München, S. 3–30.

BURMANN, C., MEFFERT, H. und KOERS, M. (2005), Stellenwert und Gegenstand des Markenmanagements, in: MEFFERT, H., BURMANN, C. und KOERS, M. (Hrsg.), Markenmanagement – Identitätsorientierte Markenführung und praktische Umsetzung, 2. Aufl., Gabler, Wiesbaden, S. 3-17.

BURMANN, C. und STOLLE, W. (2007), Markenimage. Konzeptualisierung eines komplexen mehrdimensionalen Konstrukts, LiM-Arbeitspapier Nr. 28, Lehrstuhl für innovatives Markenmanagement, Universität Bremen.

BURNHAM, T. A., FREIS, J. K. und MAHAJAN, V. (2003), Consumer Switching Costs: A Typology, Antecedents, and Consequences, in: Journal of the Academy of Marketing Science, 31 (2), S. 109-126.

CABRAL, L. (1995), Conjectural variations as a reduced form, in: Economics Letters, 49, S. 397-402.

CABRAL, L. M. B. (2000), Introduction to industrial organization, MIT Press, Cambridge, MA.

CALCIU, M., AYACHE, A., FRANDON, M. und SALERNO, F. (2006), A stochastic framework for Customer Equity and Lifetime Value calculations with applications to customer retention models and some extensions, 35th Emac conference „Sustainable Marketing Leadership", Athens.

CAMPBELL, D. und FREI, F. (2004), The Persistence of Customer Profitability: Empirical Evidence and Implications From a Financial Services Firm, in: Journal of Service Research, 7 (2), S. 107-123.

CARPENTER, G. S. (1989), Perceptual position and competitive brand strategy in a two-dimensional, two-brand market, in: Management Science, 35 (9), S. 1029-1044.

CARPENTER, G. S., COOPER, L. G., HANSSENS, D. M. und MIDGLEY, D. F. (1988), Modeling Asymmetric Competition, in: Marketing Science, 7 (4), S. 393-412.

CARPENTER, G. S. und LEHMANN, D. R. (1985), A Model of Marketing Mix, Brand Switching, and Competition, in: Journal of Marketing Research, 22 (August), S. 318-329.

CARPENTER, G. S. und NAKAMOTO, K. (1990), Competitive strategies for late entry into a market with a dominant brand, in: Management Science, 36 (10), S. 1268-1278.

CARROLL, J. D. und GREEN, P. E. (1995), Psychometric Methods in Marketing Research: Part I, Conjoint Analysis, in: Journal of Marketing Research, 32 (4), S. 385-391.

CARROLL, J. D. und GREEN, P. E. (1997), Psychometric Methods in Marketing Research: Part II, Multidimensional Scaling, in: Journal of Marketing Research, 34 (2), S. 193-204.

CHINTAGUNTA, P. K. (1993), Investigating the Sensitivity of Equilibrium Profits to Advertising Dynamics and Competitive Effects, in: Management Science, 39 (9), S. 1146-1162.

CHINTAGUNTA, P. K. (2002), Investigating Category Pricing Behavior at a Retail Chain, in: Journal of Marketing Research, 39 (2), S. 141-154.

CHINTAGUNTA, P. K. und JAIN, D. C. (1995), Empirical Analysis of a Dynamic Duopoly Model of Competition, in: Journal of Economics & Management Strategy, 4 (1), S. 109-131.

CHINTAGUNTA, P. K. und RAO, V. R. (1996), Pricing Strategies in a Dynamic Duopoly: A Differential Game Model, in: Management Science, 42 (11), S. 1501-1515.

CHINTAGUNTA, P. K. und VILCASSIM, N. J. (1992), An Empirical Investigation of Advertising Strategies in a Dynamic Duopoly, in: Management Science, 38 (9), S. 1230-1244.

CHMIELEWICZ, K. (1994), Forschungskonzeptionen der Wirtschaftswissenschaft, 3. Aufl., Poeschel, Stuttgart.

CHOI, S. C., DESARBO, W. S. und HARKER, P. T. (1990), Product positioning under price competition, in: Management Science, 36 (2), S. 175-199.

CINLAR, E. (1975), Introduction to Stochastic Processes, Prentice Hall, Englewood Cliffs, NJ.

CLARK, J. M. (1940), Toward a Concept of Workable Competition, in: American Economic Review, 30 (2), S. 241-256.

CLARK, J. M. (1980), Competition as a dynamic process, Nachdruck 1961, Greenwood Publishing Group, Westport.

CLARKE, D. G. (1973), Sales-Advertising Cross Elasticities and Advertising Competition, in: Journal of Marketing Research, 10 (August), S. 250-261.

COASE, R. H. (1937), The Nature of the Firm, in: Economica, 4 (16), S. 386-405.

COENENBERG, A. G. und SALFELD, R. (2003), Wertorientierte Unternehmensführung. Vom Strategieentwurf zur Implementierung, Schäffer-Poeschel, Stuttgart.

COPELAND, T., KOLLER, T. und MURRIN, J. (1998), Unternehmenswert. Methoden und Strategien für eine wertorientierte Unternehmensführung, Campus, Frankfurt u. a.

CORNELSEN, J. (2000), Kundenwertanalysen im Beziehungsmarketing – Theoretische Grundlegung und Ergebnisse einer empirischen Studie im Automobilbereich, in: DILLER, H. (Hrsg.), Schriften zum innovativen Marketing, Bd. 3, Die Deutsche Bibliothek, Nürnberg.

CORTS, K. S. (1999), Conduct parameters and the measurement of market power, in: Journal of Econometrics, 88 (2), S. 227-250.

CUZICK, J. A. (1985), Wilcoxon-Type Test for Trend, in: Statistics in Medicine, 4, S. 87-89.

D'AGOSTINO, R. B. und STEPHENS, M. A. (1986), Goodness-of-fit techniques, Marcel Dekker, New York.

DASGUPTA, P. und MASKIN, E. (1986), The Existence of Equilibrium in Discontinuous Economic Games, 1: Theory, in: Review of Economic Studies, 53, S. 1-26.

DE FRAJA, G. (1996), Product line competition in vertically differentiated markets, in: International Journal of Industrial Organization, 14 (3), S. 389-414.

DE PALMA, A., GINSBURGH, Y., PAPAGEORGIOU, Y. und THISSE, J.-F. (1985), The Principle of Minimum Differentiation Holds under Sufficient Heterogeneity, in: Econometrica, 53 (4), S. 767-782.

DEAL, K. R. (1979), Optimizing Advertising Expenditures in a Dynamic Duopoly, in: Operations Research, 27 (4), S. 682-692.

DEBRUYNE, M. und REIBSTEIN, D. J. (2005), Competitor See, Competitor Do: Incumbent Entry in New Market Niches, in: Marketing Science, 24 (1), S. 55-66.

DEIMLER, M. und KACHANER, N. (2008), Does Your Strategy Need Stretching?, in: BCG Perspectives, Nr. 439.

DENECKERE, R., KOVENOCK, D. und LEE, R. (1992), A model of price leadership based on consumer loyalty, in: Journal of Industrial Economics, 40 (June), S. 147-155.

DESARBO, W. S., JEDIDI, K. und SINHA, I. (2001), Customer value analysis in a heterogeneous market, in: Strategic Management Journal, 22 (9), S. 845-857.

DEYLE, H.-G. (2007), Der Einsatz moderner Segmentierungsverfahren zur Unterstützung einer differenzierten Kundenbindungspolitik. Konzeptionelle und methodische Aspekte einer Kundenbindungssegmentierung, in: DILLER, H. (Hrsg.), Schriften zum Innovativen Marketing, GIM, Nürnberg.

DILLER, H. (1995), Beziehungs-Marketing, in: Wirtschaftswissenschaftliches Studium, 24 (9), S. 442-447.

DILLER, H. (2000), Preispolitik, 3. Aufl., Kohlhammer, Stuttgart u. a.

DILLER, H. (2001), Beziehungsmarketing, in: DILLER, H. (Hrsg.), Vahlens Großes Marketinglexikon, 2. Aufl., Vahlen, München, S. 163-171.

DOCKNER, E. (1992), A dynamic theory of conjectural variations, in: The Journal of Industrial Economics, 40 (4), S. 377-395.

DOCKNER, E. und JORGENSEN, S. (1988), Optimal pricing strategies for new products in dynamic oligopolies, in: Marketing Science, 7 (Fall), S. 315-334.

DOCKNER, E. J. und JORGENSEN, S. (1988), Optimal Advertising Policies for Diffusion Models of New Product Innovation in Monopolistic Situations, in: Management Science, 34 (1), S. 119-130.

DOLAN, R. J. und JEULAND, A. P. (1981), Experience Curves and Dynamic Demand Models: Implications for Optimal Pricing Strategies, in: Journal of Marketing, 45 (Winter), S. 52-62.

DOMSCHKE, W. und DREXL, A. (2005), Einführung in Operations Research, 6. Aufl., Springer, Berlin u. a.

DORASZELSKI, U. und DRAGANSKA, M. (2006), Market Segmentation Strategies of Multiproduct Firms, in: Journal of Industrial Economics, 54 (1), S. 125-149.

DOYLE, P. (2000), Value-Based Marketing, in: Journal of Strategic Marketing, 8 (4), S. 299-311.

DRAGANSKA, M. und JAIN, D. C. (2005a), Consumer Preferences and Product-Line Pricing Strategies: An Empirical Analysis, in: Marketing Science, 25 (2), S. 164-174.

DRAGANSKA, M. und JAIN, D. C. (2005b), Product-Line Length as a Competitive Tool, in: Journal of Economics & Management Strategy, 14 (1), S. 1-28.

DUBÉ, J.-P., CHINTAGUNTA, P. K., PETRIN, A., BRONNENBERG, B. J., GOETTLER, R., SEETHARAMAN, P. B., SUDHIR, K., THOMADSEN, R. und YING, Z. (2002), Structural Applications of the Discrete Choice Model, in: Marketing Letters, 13 (3), S. 207-220.

DUBÉ, J.-P. und MANCHANDA, P. (2005), Differences in Dynamic Brand Competition Across Markets: An Empirical Analysis, in: Marketing Science, 24 (1), S. 81-95.

DUBÉ, J.-P., SUDHIR, K., CHING, A., CRAWFORD, G. S., DRAGANSKA, M., FOX, J. T., HARTMANN, W., HITSCH, G. J., VIARD, V. B., VILLAS-BOAS, J. M. und VILCASSIM, N. J. (2005), Recent Advances in Structural Econometric Modeling: Dynamics, Product Positioning and Entry, in: Marketing Letters, 16 (3-4), S. 209-224.

DWYER, F. R. (1997), Customer Lifetime Valuation to Support Marketing Decision Making, in: Journal of Direct Marketing, 11 (4), S. 6-13.

ECKSTEIN, P. P. (2006), Angewandte Statistik mit SPSS: Praktische Einführung für Wirtschaftswissenschaftler, 5. Aufl., Gabler, Wiesbaden.

ELIASHBERG, J. und CHATTERJEE, R. (1985), Analytical Models of Competition with Implications for Marketing: Issues, Findings, and Outlook, in: Journal of Marketing Research, 22 (August), S. 237-261.

ELIASHBERG, J. und JEULAND, A. P. (1986), The Impact of Competitive Entry in a Developing Market Upon Dynamic Pricing Strategies, in: Marketing Science, 5 (1), S. 20-36.

ERICKSON, G. M. (1985), A Model of Advertising Competition, in: Journal of Marketing Research, 22 (August), S. 297-304.

ERICKSON, G. M. (1990), Assessing Market Response: A Review of Empirical Research, in: DAY, G., WEITZ, B. und WENSLEY, R. (Hrsg.), The Interface of Marketing and Strategy, JAI Press, Greenwich, CT, S. 453.

ERICKSON, G. M. (1992), Empirical Analysis of Closed-Loop Duopoly Advertising Strategies, in: Management Science, 38 (12), S. 1732-1749.

ERICKSON, G. M. (1995), Advertising Strategies in a Dynamic Oligopoly, in: Journal of Marketing Research, 32 (2), S. 233-237.

ESCH, F.-R. (2007), Strategie und Technik der Markenführung, 4. Aufl., Vahlen, München.

ESCH, F.-R., LANGNER, T., SCHMITT, B. und GEUS, P. (2006), Are brands forever? How brand knowledge and relationships affect current and future purchases, in: Journal of Product & Brand Management, 15 (2), S. 98-105.

ESPINOSA, M. P. und MARIEL, P. (2001), A model of optimal advertising expenditures in a dynamic duopoly, in: Atlantic Economic Journal, 29 (2), S. 135-161.

FADER, P. S. und HARDIE, B. G. S. (2005), A Simple Probability Model for Projecting Customer Retention, Working Paper.

FADER, P. S., HARDIE, B. G. S. und LEE, K. L. (2005), RFM and CLV: Using Iso-Value Curves for Customer Base Analysis, in: Journal of Marketing Research, 42, S. 415-430.

FARQUAR, P. H. (1989), Managing Brand Equity, in: Marketing Research, 1 (3), S. 24-33.

FARRELL, J. und KLEMPERER, P. (2006), Coordination and Lock-In: Competition with Switching Costs and Network Effects, Economics Papers 2006-W07, Nuffield College, University of Oxford.

FÄSSLER, E. (1989), Gesellschaftsorientiertes Marketing – Marktorientierte Unternehmungspolitik im Wandel, Haupt, Bern u. a.

FEENSTRA, R. und LEVINSOHN, J. (1995), Estimating Markups and Market Conduct with Multidimensional Product Attributes, in: Review of Economic Studies, 62 (1), S. 19-52.

FEICHTINGER, G., LUHMER, A. und SORGER, G. (1988), Optimal Price and Advertising Policy for a Convenience Goods Retailer, in: Marketing Science, 7 (2), S. 187-201.

FERSHTMAN, C. (1984), Goodwill and Market Shares in Oligopoly, in: Economica, 51, S. 271-282.

FERSHTMAN, C. und PAKES, A. (2000), A Dynamic Oligopoly with Collusion and Price Wars, in: RAND Journal of Economics, 31 (2), S. 207-236.

FERSHTMAN, D., MAHAJAN, V. und MULLER, E. (1990), Marketing share pioneering advantage: A theoretical approach, in: Management Science, 36 (August), S. 900-918.

FOURNIER, S. M. (1994), A consumer-brand relationship framework for strategic brand management.

FREILING, J. (2001), Resource-based View und ökonomische Theorie, Gabler, Wiesbaden.

FREILING, J. (2006), Kundenwert aus ressourcentheoretischer Sicht, in: HELM, S. und GÜNTER, B. (Hrsg.), Kundenwert. Grundlagen – Innovative Konzepte – Praktische Umsetzungen, 3. Aufl., Gabler, Wiesbaden, S. 83-102.

FRETER, H. (2001), Marktsegmentierungsmerkmale, in: DILLER, H. (Hrsg.), Vahlens Großes Marketinglexikon, 2. Aufl., Vahlen, München, S. 1074-1076.

FREUNDT, T. (2006), Emotionalisierung von Marken – Inter-industrieller Vergleich der Relevanz emotionaler Markenimages für das Konsumentenverhalten, in: BURMANN, C. und KIRCHGEORG, M. (Hrsg.), Innovatives Markenmanagement, Gabler, Wiesbaden.

FRIEDMAN, J. W. (1971), A noncooperative equilibrium for supergames, in: Review of Economic Studies, 38, S. 1-12.

FRIEDMAN, J. W. (1983), Advertising and Oligopolistic Equilibrium, in: Bell Journal of Economics, 14 (Fall), S. 464-473.

FRUCHTER, G. E. (1999), Oligopoly advertising strategies with market expansion, in: Optimal Control Applications and Methods, 20 (4), S. 199-211.

FRUCHTER, G. E. und KALISH, S. (1997), Closed-loop advertising strategies in a duopoly, in: Management Science, 43 (1), S. 54-63.

FRUCHTER, G. E. und ZHANG, Z. J. (2004), Dynamic Targeted Promotions – A Customer Retention and Acquisition Perspective, in: Journal of Service Research, 7 (1), S. 3-19.

FUDENBERG, D. und TIROLE, J. (1991), Game theory, MIT Press, Cambridge, MA.

GASMI, F., LAFFONT, J. J. und VUONG, Q. (1992), Econometric Analysis of Collusive Behavior in a Soft-Drink Market, in: Journal of Economics & Management Strategy, 1 (2), S. 277-311.

GELBRICH, K. (2001), Kundenwert: Wertorientierte Akquisition von Kunden im Automobilmarkt, 1. Aufl., Cuvillier, Göttingen.

GENESIS-ONLINE (2007a), Konjunkturerhebung in bestimmten Dienstleistungsbereichen, Statistisches Bundesamt, Wiesbaden.

GENESIS-ONLINE (2007b), Indizes des Umsatzes im Verarbeitenden Gewerbe, Statistisches Bundesamt, Wiesbaden.

GENESIS-ONLINE (2007c), Monatserhebung im Kfz- und Einzelhandel, Statistisches Bundesamt, Wiesbaden.

GENESOVE, D. und MULLIN, W. P. (1998), Testing static oligopoly models: Conduct and cost in the sugar industry, 1890-1914, in: RAND Journal of Economics, 29 (2), S. 355-377.

GIBBONS, R. (1992), A primer in game theory, Ashford Colour Press Ltd., Gosport.

GIERING, A. (2000), Der Zusammenhang zwischen Kundenzufriedenheit und Kundenloyalität: Eine Untersuchung moderierender Effekte, Gabler, Wiesbaden.

GOLDBERG, P. K. (1995), Product Differentiation and Oligopoly in International Markets: The Case of the U.S. Automobile Industry, in: Econometrica, 63 (4), S. 891-951.

GOLDER, P. N. und TELLIS, G. (1993), Pioneer advantage: Marketing logic or marketing legend?, in: Journal of Marketing Research, 30 (May), S. 158-170.

GREEN, P. E. und KRIEGER, A. M. (1991), Modeling Competitive Pricing and Market Share: Anatomy of a Decision Support System, in: European Journal of Operations Research, 60 (1), S. 31-44.

GREEN, P. E., KRIEGER, A. M. und AGARWAL, M. K. (1991), Adaptive Conjoint Analysis: Some Caveats and Suggestions, in: Journal of Marketing Research, 28 (2), S. 215-222.

GREEN, P. E., KRIEGER, A. M. und AGARWAL, M. K. (1993), A cross validation test of four models for quantifying multiattribute preferences, in: Marketing Letters, 4 (4), S. 369-380.

GRUCA, T. S., KUMAR, K. R. und SUDHARSHAN, D. (1992), An equilibrium analysis of defensive response to entry using a coupled response function model, in: Marketing Science, 11 (4), S. 348-358.

GRUCA, T. S. und REGO, L. L. (2005), Customer Satisfaction, Cash Flow, and Shareholder Value, in: Journal of Marketing, 69 (July), S. 115-130.

GRUCA, T. S., SUDHARSHAN, D. und KUMAR, K. R. (2001), Marketing mix response to entry in segmented markets, in: International Journal of Research in Marketing, 18, S. 53-66.

GUADAGNI, P. M. und LITTLE, J. D. C. (1983), A Logit Model of Brand Choice Calibrated on Scanner Data, in: Marketing Science, 2 (3), S. 203-238.

GUPTA, S., HANSSENS, D. M., HARDIE, B., KAHN, W., KUMAR, V., LIN, N., RAVISHANKER, N. und SRIRAM, S. (2006), Modeling Customer Lifetime Value, in: Journal of Service Research, 9 (2), S. 139-155.

GUPTA, S., LEHMANN, D. R. und STUART, J. A. (2004), Valuing Customers, in: Journal of Marketing Research, 41, S. 7-18.

GUPTA, S. und ZEITHAML, V. A. (2006), Customer Metrics and Their Impact on Financial Performance, in: Marketing Science, 25 (6), S. 718-739.

GUSTAFSSON, A., JOHNSON, M. D. und ROOS, I. (2005), The Effects of Customer Satisfaction, Relationship Commitment Dimensions, and Triggers on Customer Retention, in: Journal of Marketing, 69 (October), S. 210-218.

GUTMAN, J. (1981), A Means-End Model for Facilitating Analyses of Product Markets Based on Consumer Judgement, in: Advances in Consumer Research, 7, S. 116-121.

GUTSCHE, J. (1995), Produktpräferenzanalyse – Ein modelltheoretisches und methodisches Konzept zur Marktsimulation mittels Präferenzerfassungsmodellen, in: DICHTL, E., BÖCKER, F., DILLER, H., BAUER, H. H. und MÜLLER, S. (Hrsg.), Schriften zum Marketing, Bd. 40, Duncker & Humblot, Berlin.

HAAS, A. (2003), Discounting als strategische Konzeption, in: DILLER, H. und HERRMANN, A. (Hrsg.), Handbuch Preispolitik. Strategien – Planung – Organisation – Umsetzung, Gabler, Wiesbaden, S. 213-237.

HAMEL, G. und PRAHALAD, C. K. (1995), Wettlauf um die Zukunft, Ueberreuter, Wien.

HARDIE, B. G. und FADER, P. S. (2006), Customer Base Valuation in a Contractual Setting: The Perils of Ignoring Heterogeneity, 35th Emac conference „Sustainable Marketing Leadership", Athens.

HARSANYI, J. C. (1967), Games with Incomplete Information Played by Bayesian Players, in: Management Science, 14, S. 159-182, 320-334, 486-502.

HARTUNG, J., ELPELT, B. und KLÖSENER, K.-H. (2005), Statistik. Lehr- und Handbuch der angewandten Statistik., 14. Aufl., Oldenbourg, München.

HAUSER, J. R. (1988), Competitive Price and Positioning Strategies, in: Marketing Science, 7 (1), S. 76-91.

HAUSER, J. R. und RAO, V. R. (2004), Conjoint Analysis, Related Modeling, and Applications, in: WIND, J. und GREEN, P. E. (Hrsg.), Advances in Market Research and Modeling: Progress and Prospects, Kluwer Academic Publishers, Boston, MA, S. 141-168.

HAUSER, J. R. und SHUGAN, S. M. (1983), Defensive Marketing Strategies, in: Marketing Science, 2 (4), S. 319-360.

HEIL, O. P. und HELSEN, K. (2001), Toward an understanding of price wars: Their nature and how they erupt, in: International Journal of Research in Marketing, 18, S. 83-98.

HEIL, O. P. und MONTGOMERY, D. B. (2001), Introduction to the Special Issue on Competition and Marketing, in: International Journal of Research in Marketing, 18, S. 1-3.

HELM, S. und GÜNTER, B. (2006), Kundenwert. Grundlagen – Innovative Konzepte – Praktische Umsetzungen, 3. Aufl., Gabler, Wiesbaden.

HENDERSON, B. D. (1972), Debt, Safety and Growth, in: BCG Perspectives, Nr. 112.

HENNIG-THURAU, T., GWINNER, K. P. und GREMLER, D. D. (2002), Understanding Relationship Marketing Outcomes. An Integration of Relational Benefits and Relationship Quality, in: Journal of Service Research, 4 (3), S. 230-247.

HENSEL-BÖRNER, S. und SATTLER, H. (2001), Ein empirischer Validitätsvergleich zwischen den Customized Computerized Conjoint Analysis (CCC), der Adaptive Conjoint Analysis (ACA) und Self-Explicated-Verfahren, Universität Jena.

HERRMANN, A., HUBER, F. und BRAUNSTEIN, C. (2005), Gestaltung der Markenpersönlichkeit mittels der Means End-Theorie, in: ESCH, F.-R. (Hrsg.), Moderne Markenführung. Grundlagen. Innovative Ansätze. Praktische Umsetzungen, Gabler, Wiesbaden.

HESS, J. und GERSTNER, E. (1987), Loss leader pricing and rain check policy, in: Marketing Science, 6 (4), S. 358-374.

HO, T.-H., PARK, Y.-H. und ZHOU, Y.-P. (2006), Incorporating Satisfaction into Customer Value Analysis: Optimal Investment in Lifetime Value, in: Marketing Science, 25 (3), S. 260-277.

HOEKSTRA, J. C. und HUIZINGH, E. K. R. E. (1999), The Lifetime Value Concept in Customer-Based Marketing, in: Journal of Market Focused Management, 3, S. 257-274.

HOFMEYR, J. und RICE, B. (1995), Integrating the Psychological Conversion Model with Database Information to Measure and Manage Customer Equity, in: Journal of Database Marketing, 3 (1), S. 39-50.

HOFMEYR, J. und RICE, B. (2000), Commitment-Led Marketing: The Key to Brand Profits is in the Customer's Mind, Wiley, Chichester.

HOGAN, J. E., LEHMANN, D. R., MERINO, M., SRIVASTAVA, R. K., THOMAS, J. S. und VERHOEF, P. C. (2002b), Linking Customer Assets to Financial Performance, in: Journal of Service Research, 5 (1), S. 26-38.

HOGAN, J. E., LEMON, K. N. und RUST, R. T. (2002a), Customer Equity Management. Charting New Directions for the Future of Marketing, in: Journal of Service Research, 5 (1), S. 4-12.

HOLLER, M. J. und ILLING, G. (2006), Einführung in die Spieltheorie, 6. Aufl., Springer, Berlin u. a.

HOMBURG, C. und BRUHN, M. (1998), Kundenbindungsmanagement – Eine Einführung in die theoretischen und praktischen Problemstellungen, in: BRUHN, M. und HOMBURG, C. (Hrsg.), Handbuch Kundenbindungsmanagement: Grundlagen – Konzepte – Erfahrungen, Gabler, Wiesbaden, S. 3-35.

HOMBURG, C., KOSCHATE, N. und HOYER, W. D. (2005), Do Satisfied Customers Really Pay More? A Study of the Relationship Between Customer Satisfaction and Willingness to Pay, in: Journal of Marketing, 69 (April), S. 84-96.

HORSKY, D. (1977), An Empirical Analysis of the Optimal Advertising Policy, in: Management Science, 23 (10), S. 1037-1049.

HORSKY, D. und MATE, K. (1988), Dynamic Advertising Strategies of Competing Durable Good Producers, in: Marketing Science, 7 (4), S. 356-367.

HORSKY, D. und NELSON, P. (1992), New Brand Positioning and Pricing in an Oligopolistic Market, in: Marketing Science, 11 (2), S. 133-153.

HOTELLING, H. (1929), Stability in Competition, in: The Economic Journal, 39 (153), S. 41-57.

HUBER, F. (1999), Spieltheorie und Marketing, Gabler, Wiesbaden.

HUNDACKER, S. (2005), Customer Equity Management bei kontinuierlichen Dienstleistungen – Konzeption, Modell und Anwendung im Mobilfunk, in: BURMANN, C. (Hrsg.), Innovatives Markenmanagement, 1. Aufl., Gabler, Wiesbaden.

HUNGENBERG, H. und WULF, T. (2006), Grundlagen der Unternehmensführung, 2. Aufl., Springer, Berlin u. a.

INGENE, C. A. und PARRY, M. E. (2004), Mathematical Models of Distribution Channels, Kluwer Academic Publishers, Dordrecht.

INGENE, C. A. und PARRY, M. E. (2007), Bilateral monopoly, identical distributors, and game-theoretic analyses of distribution channels, in: Journal of the Academy of Marketing Science, 35 (4), S. 586-602.

IWATA, G. (1974), Measurement of Conjectural Variations in Oligopoly, in: Econometrica, 42 (5), S. 947-966.

IYENGAR, R., ANSARI, A. und GUPTA, S. (2007), A Model of Consumer Learning for Service Quality and Usage, in: Journal of Marketing Research, 44 (4), S. 529-544.

JAIN, D. und SINGH, S. S. (2002), Customer Lifetime Value Research in Marketing: A Review and Future Directions, in: Journal of Interactive Marketing, 16 (2), S. 34-46.

JAIN, D. C., VILCASSIM, N. J. und CHINTAGUNTA, P. K. (1994), A Random Coefficients Logit Brand-Choice Model Applied to Panel Data, in: Journal of Business and Economic Statistics, 12 (3), S. 317-327.

JANSSEN, J. und LAATZ, W. (2005), Statistische Datenanalyse mit SPSS für Windows, 5. Aufl., Springer, Berlin u. a.

JING, B. (2006), On the Profitability of Firms in a Differentiated Industry, in: Marketing Science, 25 (3), S. 248-259.

JOHNSON, E., CAMERER, C., SEN, S. und RYMON, T. (2002), Detecting Failures of Backward Induction: Monitoring Information Search in Sequential Bargaining, in: Journal of Economic Theory, 104 (1), S. 16-47.

JOHNSON, J. P. und MYATT, D. P. (2003), Multiproduct Quality Competition: Fighting Brands and Product Line Pruning, in: American Economic Review, 93 (3), S. 748-774.

JOHNSON, M. D. und SELNES, F. (2004), Customer Portfolio Management: Toward a Dynamic Theory of Exchange Relationships, in: Journal of Marketing, 68, S. 1-17.

JORGENSEN, S. (1982), A Survey of Differential Games in Advertising, in: Journal of Economic Dynamics and Control, 4, S. 341-364.

JOST-BENZ, M. (2008), Identitätsbasierte Markenbewertung, im Druck, Gabler, Wiesbaden.

JUDD, K. (1985), Credible spatial preemption, in: RAND Journal of Economics, 16, S. 153-166.

KAAS, K. P. und BUSCH, A. (1996), Inspektions-, Erfahrungs- und Vertrauenseigenschaften von Produkten. Theoretische Konzeption und empirische Validierung, in: Marketing Zeitschrift für Forschung und Praxis, 18 (4), S. 243-252.

KADE, G. (1962), Die Grundannahmen der Preistheorie: Eine Kritik an den Ausgangssätzen der mikroökonomischen Modellbildung, Vahlen, Berlin u. a.

KADIYALI, V. (1996), Entry, its deterrence, and its accommodation: a study of the U.S. photographic film industry, in: RAND Journal of Economics, 27 (3), S. 452-478.

KADIYALI, V., SUDHIR, K. und RAO, V. R. (2001), Structural analysis of competitive behavior: New Empirical Industrial Organization methods in marketing, in: International Journal of Research in Marketing, 18 (1-2), S. 161-186.

KADIYALI, V., VILCASSIM, N. J. und CHINTAGUNTA, P. K. (1999), Product line extensions and competitive market interactions: An empirical analysis, in: Journal of Econometrics, 89 (1-2), S. 339-363.

KAGERMANN, H. (2003), Unternehmensbewertung und Strategie, in: BÖRSIG, C. und COENENBERG, A. G. (Hrsg.), Bewertung von Unternehmen. Strategie – Markt – Risiko, Schäffer-Poeschel, Stuttgart, S. 13-24.

KALISH, S. (1985), New Product Adoption Model with Price, Advertising and Uncertainty, in: Management Science, 31 (12), S. 1569-1585.

KALRA, A. und LI, S. (2008), Signaling Quality Through Specialization, in: Marketing Science, 27 (2), S. 168-184.

KAMAKURA, W., MELA, C. F., ANSARI, A., BODAPATI, A., FADER, P., IYENGAR, R., NAIK, P., NESLIN, S. A., SUN, B., VERHOEF, P. C., WEDEL, M. und WILCOX, R. (2005), Choice Models and Customer Relationship Management, in: Marketing Letters, 16 (3-4), S. 279-291.

KAMENZ, U. (2001), Marktforschung. Einführung mit Fallbeispielen, Aufgaben und Lösungen, 2. Aufl., Schäffer-Poeschel, Stuttgart.

KAMIEN, M. I. und SCHWARTZ, N. L. (1981), Dynamic Optimization. The Calculus of Variations and Optimal Control in Economics and Management, in: WILKINSON, M. (Hrsg.), Dynamic Economics: Theory and Applications, Bd. 4, North Holland, New York.

KANTZENBACH, E. (1967), Die Funktionsfähigkeit des Wettbewerbs, 2. Aufl., Vandenhoeck & Ruprecht, Göttingen.

KANTZENBACH, E. und KALLFASS, H. H. (1981), Das Konzept des funktionsfähigen Wettbewerbs – workable competition, in: COX, H., JENS, U. und MARKERT, K. (Hrsg.), Handbuch des Wettbewerbs, Vahlen, München, S. 103-127.

KAUFER, E. (1980), Industrieökonomik. Eine Einführung in die Wettbewerbstheorie, Vahlen, München.

KELLER, K. L. (1993), Conceptualizing, Measuring, and Managing Customer-Based Brand Equity, in: Journal of Marketing, 57 (1), S. 1-22.

KELLER, K. L. (2003), Strategic brand management: building, measuring and managing brand equity, 2. Aufl., Prentice Hall, Upper Saddle River, NJ.

KENNEDY, K. N., GOOLSBY, J. R. und ARNOULD, E. J. (2003), Implementing a Customer Orientation: Extension of Theory and Application, in: Journal of Marketing, 67, S. 67-81.

KILIAN, K. (2007), Multisensuales Markendesign als Basis ganzheitlicher Markenkommunikation, in: FLORACK, A., SCARABIS, M. und PRIMOSCH, E. (Hrsg.), Psychologie der Markenführung, Vahlen, München, S. 323–356.

KIMBALL, G. E. (1957), Some Industrial Applications of Military Operations Research Methods, in: Operations Research, 5 (2), S. 201-204.

KLAPPER, D. (2003), Analysen zum Wettbewerbsverhalten auf Konsumgütermärkten mit dem Ansatz der New Empirical Industrial Organization-Forschung, in: Zeitschrift für Betriebswirtschaft, 73 (5), S. 521-545.

KLEMPERER, P. (1987), Markets with consumer switching costs, in: Quarterly Journal of Economics, 102 (2), S. 375-394.

KNIGHT, F. H. (1921), Risk, Uncertainty, and Profit, Hart, Schaffner & Marx, Houghton Mifflin Company, Boston, MA.

KOCH, J. (2004), Marktforschung. Begriffe und Methoden, 4. Aufl., Oldenbourg, München u. a.

KOTLER, P. und BLIEMEL, F. (2001), Marketing-Management. Analyse, Planung und Verwirklichung, 10. Aufl., Schäffer-Poeschel, Stuttgart.

KOTLER, P., KELLER, K. L. und BLIEMEL, F. (2007), Marketing-Management. Strategien für wertschaffendes Handeln, 12. Aufl., Pearson, München u. a.

KRAFFT, M. (2007), Kundenbindung und Kundenwert, 2. Aufl., Physica, Heidelberg.

KRAFFT, M. und ALBERS, S. (2000), Ansätze zur Segmentierung von Kunden – wie geeignet sind herkömmliche Konzepte?, in: Zeitschrift für betriebswirtschaftliche Forschung, 52, S. 515-536.

KREPS, D. M. (1991), Game Theory and Economic Modelling, Clarendon Press, Oxford.

KREPS, D. M. und WILSON, R. (1982), Sequential Equilibrium, in: Econometrica, 50 (4), S. 863-894.

KRESSMANN, F., HERRMANN, A., HUBER, F. und MAGIN, S. (2003), Dimensionen der Markeneinstellung und ihre Wirkung auf die Kaufabsicht, in: Die Betriebswirtschaft, 63 (4), S. 401-418.

KROEBER-RIEL, W. und WEINBERG, P. (2003), Konsumentenverhalten, 8. Aufl., Vahlen, München.

KROMREY, H. (2006), Methoden empirischer Sozialforschung, 11. Aufl., Lucius & Lucius, Stuttgart.

KRÜSSELBERG, H.-G. (1983), Paradigmawechsel in der Wettbewerbstheorie?, in: ENKE, H., KÖHLER, W. und SCHULZ, W. (Hrsg.), Struktur und Dynamik der Wirtschaft. Beiträge zum 60. Geburtstag von Karl Brandt, Freiburg im Breisgau.

KUBICEK, H. (1977), Heuristische Bezugsrahmen und heuristisch angelegte Forschungsdesigns als Elemente einer Konstruktionsstrategie empirischer Forschung, in: KÖHLER, R. (Hrsg.), Empirische und handlungstheoretische Forschungskonzeptionen in der Betriebswirtschaftslehre, C. E. Poeschel, Stuttgart, S. 3-37.

KUESTER, S., HOMBURG, C., ROBERTSON, R. S. und SCHÄFER, H. (2001), Verteidigungsstrategien gegen neue Wettbewerber, in: Zeitschrift für Betriebswirtschaft, 71 (10), S. 1191-1215.

KULLMANN, M. (2006), Strategisches Mehrmarkencontrolling – Ein Beitrag zur integrierten und dynamischen Koordination von Markenportfolios, Gabler, Wiesbaden.

KUMAR, K. R. und SUDHARSHAN, D. (1988), Defensive marketing strategies: An equilibrium analysis based on decoupled response function models, in: Management Science, 34 (7), S. 805-815.

KUMAR, V. und GEORGE, M. (2007), Measuring and maximizing customer equity: a critical analysis, in: Journal of the Academy of Marketing Science, 35 (2), S. 157-171.

KUMAR, V., LEMON, K. N. und PARASURAMAN, A. (2006), Managing Customers for Value, in: Journal of Service Research, 9 (2), S. 87-94.

KUMAR, V., RAMANI, G. und BOHLING, T. (2004), Customer Lifetime Value Approaches and Best Practice Applications, in: Journal of Interactive Marketing, 18 (3), S. 60-72.

LAL, R. (1990), Price promotions: Limiting competitive encroachment, in: Marketing Science, 9 (3), S. 247-262.

LAL, R. und MATUTES, C. (1994), Retail Pricing and Advertising Strategies, in: Journal of Business, 67 (3), S. 345-370.

LAM, S. Y., SHANKAR, V., ERRAMILLI, M. K. und MURTHY, B. (2004), Customer Value, Satisfaction, Loyalty, and Switching Costs: An Illustration From a Business-to-Business Service Context, in: Journal of the Academy of Marketing Science, 32 (3), S. 293-311.

LAMBIN, J.-J., CHUMPITAZ, R. und SCHUILING, I. (2007), Market driven Management. Strategic and Operational Marketing, 2. Aufl., Palgrave Macmillan, Hampshire.

LAMBIN, J.-J., NAERT, P. A. und BULTEZ, A. (1975), Optimal Marketing Behavior in Oligopoly, in: European Economic Review, 6, S. 105-128.

LANE, W. J. (1980), Product differentiation in a market with endogenous entry, in: Bell Journal of Economics, 11 (Spring), S. 237-260.

LANGNER, T. und ESCH, F.-R. (2006), Markenästhetik: Management eines geheimen Verführers, in: Absatzwirtschaft, Sonderheft Marken, 48, S. 18-25.

LEEFLANG, P. S. H. und WITTINK, D. R. (2001), Explaining competitive reaction effects, in: International Journal of Research in Marketing, 18, S. 119-137.

LEMON, K., WHITE, T. B. und WINER, R. S. (2002), Dynamic Customer Relationship Management: Incorporating Future Considerations into the Service Retention Decision, in: Journal of Marketing, 66, S. 1-14.

LEONE, R. P., RAO, V. R., KELLER, K. L., LUO, A. M., MCALISTER, L. und SRIVASTAVA, R. K. (2006), Linking Brand Equity to Customer Equity, in: Journal of Service Research, 9 (2), S. 125-138.

LEWIS, M. (2004), The Influence of Loyalty Programs and Short-Term Promotions on Customer Retention, in: Journal of Marketing Research, 41, S. 281-292.

LEWIS, M. (2005), Incorporating Strategic Consumer Behavior into Customer Valuation, in: Journal of Marketing, 69 (October), S. 230-238.

LILIEN, G. L., KOTLER, P. und MOORTHY, K. S. (1992), Marketing models, Prentice Hall, Upper Saddle River, NJ.

LITTLE, J. D. C. (1979), Aggregate Advertising Models: The State of the Art, in: Operations Research, 37 (July-August), S. 629-667.

LORBEER, A. (2003), Vertrauensbildung in Kundenbeziehungen: Ansatzpunkte zum Kundenbindungsmanagement, Gabler, Wiesbaden.

LOUVIERE, J. J. (1991), Experimental choice analysis: Introduction and overview, in: Journal of Business Research, 23 (4), S. 291-297.

MAIER, G. und WEISS, P. (1990), Modelle diskreter Entscheidungen. Theorie und Anwendung in den Sozial- und Wirtschaftswissenschaften, Springer, Wien u. a.

MALTHOUSE, E. C. und BLATTBERG, R. C. (2005), Can We Predict Customer Lifetime Value?, in: Journal of Interactive Marketing, 19 (1), S. 2-16.

MANEZ, J. A. und WATERSON, M. (2001), Multiproduct Firms and Product Differentiation: a Survey, The Warwick Economics Research Paper Series (TWERPS), no. 594, University of Warwick, Department of Economics, S. 56.

MANTZAVINOS, C. (1994), Wettbewerbstheorie – Eine kritische Auseinandersetzung, Volkswirtschaftliche Schriften, Heft 434, Duncker & Humblot, Berlin.

MASLOW, A. H. (1970), Motivation and Personality, 2. Aufl., Harper & Row, New York.

MASON, E. S. (1939), Price and Production Policies of large-scale Enterprise, in: American Economic Review, 29 (1), S. 61-74.

MAYRING, P. (2002), Einführung in die qualitative Sozialforschung. Eine Anleitung zu qualitativem Denken, 5. Aufl., Beltz, Weinheim u. a.

MCFADDEN, D. (1986), The Choice Theory Approach to Market Research, in: Marketing Science, 5 (4), S. 275-297.

MCGUIRE, T. W. und STAELIN, R. (1983), An Industry Equilibrium Analysis of Downstream Vertical Integration, in: Marketing Science, 2 (2), S. 161-191.

MEFFERT, H. (1992), Marketingforschung und Käuferverhalten, 2. Aufl., Gabler, Wiesbaden.

MEFFERT, H. (2000), Marketing. Grundlagen marktorientierter Unternehmensführung. Konzepte – Instrumente – Praxisbeispiele, 9. Aufl., Gabler, Wiesbaden.

MEFFERT, H. und BRUHN, M. (2001), Handbuch Dienstleistungsmanagement, 2. Aufl., Gabler, Wiesbaden.

MEFFERT, H. und BURMANN, C. (1996), Identitätsorientierte Markenführung – Grundlagen für das Management von Markenportfolios, Arbeitspapier Nr. 100, Wissenschaftliche Gesellschaft für Marketing und Unternehmensführung e. V., Universität Münster.

MEFFERT, H., BURMANN, C. und KIRCHGEORG, M. (2008), Marketing. Grundlagen marktorientierter Unternehmensführung. Konzepte – Instrumente – Praxisbeispiele, 10. Aufl., Gabler, Wiesbaden.

MEFFERT, H. und HEINEMANN, G. (1990), Operationalisierung des Imagetransfers. Begrenzung des Transferrisikos durch Ähnlichkeitsmessung, in: Marketing Zeitschrift für Forschung und Praxis, 12 (1), S. 5-10.

MEFFERT, H. und PERREY, J. (2005), Mehrmarkenstrategien – identitätsorientierte Führung von Markenportfolios, in: BURMANN, C., MEFFERT, H. und KOERS, M. (Hrsg.), Markenmanagement. Identitätsorientierte Markenführung und praktische Umsetzung. Mit Best-Practice-Fallstudien, 2. Aufl., Gabler, Wiesbaden, S. 213-245.

MESAK, H. I. und CLARK, J. W. (1998), Monopolist optimum pricing and advertising policies for diffusion models of new product innovations, in: Optimal Control Applications and Methods, 19 (2), S. 111-136.

MEYER-WAARDEN, L. und BENAVENT, C. (2006), The Impact of Loyalty Programs on Repeat Purchase Behaviour, in: Journal of Marketing Management, 22 (1), S. 61-88.

MONTGOMERY, D. B., MOORE, M. C. und URBANY, J. E. (2005), Reasoning about competitive reactions: Evidence from executives, in: Marketing Science, 24 (1), S. 138-149.

MOORTHY, K. S. (1985a), Using Game Theory to Model Competition, in: Journal of Marketing Research, 22 (August), S. 283-296.

MOORTHY, K. S. (1985b), Cournot Competition in a Differentiated Oligopoly, in: Journal of Economic Theory, 36 (June), S. 86-109.

MOORTHY, K. S. (1988), Product and Price Competition in a Duopoly, in: Marketing Science, 7 (2), S. 141-168.

MOORTHY, K. S. (1993), Competitive Marketing Strategies: Game-Theoretic Models, in: ELIASHBERG, J. und LILIEN, G. L. (Hrsg.), Marketing, Elsevier, Amsterdam, S. 143-190.

MSI (2006), Marketing Science Institute: Research Priorities 2006-2008, Abruf: 01.07.2006, http://www.msi.org/msi/pdf/MSI_RP06-08.pdf.

MULHERN, F. J. (1999), Customer Profitability Analysis: Measurement, Concentration, and Research Direction, in: Journal of Interactive Marketing, 13 (1), S. 25-40.

MYERSON, R. B. (1991), Game theory: analysis of conflict, Harvard University Press, Cambridge, MA.

NARASIMHAN, C. (1988), Competitive Promotional Strategies, in: Journal of Business, 61 (4), S. 427-449.

NARAYANDAS, D. und RANGAN, V. K. (2004), Building and Sustaining Buyer-Seller Relationships in Mature Industrial Markets, in: Journal of Marketing, 68, S. 63-77.

NASH, J. (1951), Non-Cooperative Games, in: The Annals of Mathematics, 54 (2), S. 286-295.

NASH, J. F. (1950), Equilibrium Points in n-Person Games, in: Proceedings of the National Academy of Sciences of the United States of America, 36 (1), S. 48-49.

NERLOVE, M. und ARROW, K. (1962), Optimal advertising under dynamic conditions, in: Economica, 22, S. 129-142.

NEUMANN, C. W. (1982), Historische Entwicklung und heutiger Stand der Wettbewerbstheorie, Königstein/Taunus.

NEVO, A. (1998), Identification of the oligopoly solution concept in a differentiated-products industry, in: Economics Letters, 59 (3), S. 391-395.

NEVO, A. (2001), Measuring market power in the ready-to-eat cereal industry, in: Econometrica, 69 (2), S. 307-342.

NIRAJ, R., GUPTA, M. und CHAKRAVARTHI, N. (2001), Customer Profitability in a Supply Chain, in: Journal of Marketing, 65, S. 1-16.

NITSCHKE, A. (2006), Event-Marken-Fit und Kommunikationswirkung, in: BURMANN, C. und KIRCHGEORG, M. (Hrsg.), Innovatives Markenmanagement, Gabler, Wiesbaden.

NORMAN, G. (1983), Spatial pricing with differentiated products, in: Quarterly Journal of Economics, 98 (2), S. 291-310.

NORTH, D. C. (1990), Institutions, Institutional Change and Economic Performance, Cambridge University Press, Cambridge.

o. V. (2005a), Bis 2025 mehr Privathaushalte trotz Bevölkerungsrückgang. Pressemitteilung Nr. 402 vom 05.10.2007, Statistisches Bundesamt.

o. V. (2005b), Die Mobilfunkfans profitieren vom Preiskampf der Anbieter, in: Handelsblatt vom 23.09.2005, Nr. 185, S. 23.

o. V. (2006a), Mobil gewinnt, in: Frankfurter Allgemeine Zeitung vom 16.05.2006, Nr. 113, S. B1.

o. V. (2006b), Homezone, in: Süddeutsche Zeitung vom 31.08.2006, S. 24.

o. V. (2006c), Telekom bringt erstes Festnetz-Handy, in: Handelsblatt vom 03.08.2006, Nr. 48, S. 15.

o. V. (2007a), Deutsche Telekom ändert die Strategie, in: Frankfurter Allgemeine Zeitung vom 02.03.2007, Nr. 52, S. 13.

o. V. (2007b), Das Abenteuer Voice over IP, in: Frankfurter Allgemeine Zeitung vom 19.06.2007, Nr. 139, S. T2.

o. V. (2007c), EU will Telekom-Netze entbündeln, in: Handelsblatt vom 13.11.2007, Nr. 219, S. 6.

o. V. (2007d), Anschlussgeräte für die Internettelefonie, in: Financial Times Deutschland vom 05.11.2007, S. SA2.

OBERENDER, P. (1994), Industrieökonomie, in: Wirtschaftswissenschaftliches Studium, 23, S. 65-74.

OBERENDER, P. und VÄTH, A. (1989), Von der Industrieökonomie zur Marktökonomie, in: OBERENDER, P. (Hrsg.), Marktökonomie. Marktstruktur und Wettbewerb in ausgewählten Branchen der Bundesrepublik, Vahlen, München, S. 1-27.

OHLSEN, G. (1985), Marketing-Strategien in stagnierenden Märkten. Eine empirische Untersuchung des Verhaltens von Unternehmen im deutschen Markt für elektrische Haushaltsgroßgeräte, in: MEFFERT, H. und WAGNER, H. (Hrsg.), Schriften der wissenschaftlichen Gesellschaft für Unternehmensführung e. V., Bd. 3, Münster.

OTT, A. E. (1983), Bemerkungen zur Definition des Wettbewerbs, in: ENKE, H., KÖHLER, W. und SCHULZ, W. (Hrsg.), Struktur und Dynamik der Wirtschaft. Beiträge zum 60. Geburtstag von Karl Brandt, Freiburg im Breisgau.

OTT, A. E. und WINKEL, H. (1985), Geschichte der theoretischen Volkswirtschaftslehre, Vandenhoeck & Ruprecht, Göttingen.

PARKER, P. M. und RÖLLER, L.-H. (1997), Collusive Conduct in Duopolies: Multimarket Contact and Cross-Ownership in the Mobile Telephone Industry, in: RAND Journal of Economics, 28 (2), S. 304-322.

PARRY, M. E. und BASS, F. M. (1990), When to lead or follow? It depends, in: Marketing Letters, 1 (3), S. 187-198.

PERLOFF, J. M. und SALOP, S. C. (1985), Equilibrium with Product Differentiation, in: Review of Economic Studies, 52, S. 107-120.

PETER, S. I. (2001), Kundenbindung als Marketingziel, 2. Aufl., Gabler, Wiesbaden.

PFÄHLER, W. und WIESE, H. (1998), Unternehmensstrategien im Wettbewerb: eine spieltheoretische Analyse, 1. Aufl., Springer, Berlin u. a.

PFÄHLER, W. und WIESE, H. (2006), Unternehmensstrategien im Wettbewerb: eine spieltheoretische Analyse, 2. Aufl., Springer, Berlin u. a.

PFEIFER, P. E. und BANG, H. (2005), Non-Parametric Estimation of Mean Customer Lifetime Value, in: Journal of Interactive Marketing, 19 (4), S. 48-66.

PFEIFER, P. E. und CARRAWAY, R. L. (2000), Modeling Customer Relationships as Markov Chains, in: Journal of Interactive Marketing, 14 (2), S. 43-55.

PFEIFER, P. E. und FARRIS, P. W. (2004), The Elasticity of Customer Value to Retention: The Duration of a Customer Relationship, in: Journal of Interactive Marketing, 18 (2), S. 20-31.

PIGA, C. A. (1998), A Dynamic Model of Advertising and Product Differentiation, in: Review of Industrial Organization, 13 (5), S. 509-522.

PLINKE, W. (1989), Die Geschäftsbeziehung als Investition, in: SPECHT, G. und ENGELHARDT, W. H. (Hrsg.), Marketing-Schnittstellen, 1. Aufl., Vahlen, Stuttgart, S. 305-326.

POECHE, J. (1970), Workable Competition als wettbewerbspolitisches Leitbild, in: POECHE, J. (Hrsg.), Das Konzept der „Workable Competition" in der angelsächsischen Literatur, Heymann, Köln, S. 9-32.

POPPER, K. R. (1974), Replies to my critics, in: SCHLIPP, P. A. (Hrsg.), The Philosophy of Karl Popper, Bd. 2, The Open Court Publishing Co., La Salle, IL.

PORTER, M. E. (1979), How competitive forces shape strategy, in: Harvard Business Review, 57, S. 137-145.

PORTER, M. E. (1998a), Competitive strategy. Techniques for analyzing industries and competitors, Free Press, New York.

PORTER, M. E. (1998b), Competitive advantage. Creating and sustaining superior performance, Free Press, New York.

PORTER, M. E. (2000), Wettbewerbsvorteile, Spitzenleistungen erreichen und behaupten, 6. Aufl., Campus, Frankfurt u. a.

PORTER, M. E. (2002), Wettbewerbsstrategie. Methoden zur Analyse von Branchen und Konkurrenten, Campus, Frankfurt u. a.

POSNER, R. A. (1979), The Chicago School of Antitrust Analysis, in: University of Pennsylvania Law Review, 127, S. 925-948.

PRAHALAD, C. K. und HAMEL, G. (1990), The Core Competence of the Corporation, in: Harvard Business Review, S. 79-91.

PRESCOTT, E. C. und VISSCHER, M. (1977), Sequential location among firms with foresight, in: Bell Journal of Economics, 8, S. 378-393.

PULLMAN, M. E., DODSON, K. J. und MOORE, W. J. (1999), A comparison of conjoint methods when there are many attributes, in: Marketing Letters, 10, S. 1-14.

PUTERMAN, M. L. (2005), Markov Decision Processes. Discrete Stochastic Dynamic Programming, Wiley Series in Probability and Statistics, 2. Aufl., Wiley, New York.

PUTSIS, W. P. und DHAR, R. (1998), The Many Faces of Competition, in: Marketing Letters, 9 (3), S. 269-284.

RAFFÉE, H. (1995), Grundprobleme der Betriebswirtschaftslehre, 9. unveränderter Nachdruck der 1. Aufl., Vandenhoeck & Ruprecht, Göttingen.

RAJU, J. S., SRINIVASAN, V. und LAL, R. (1990), The Effects of Brand Loyalty on Competitive Price Promotional Strategies, in: Management Science, 36 (3), S. 276-304.

RAMASWAMY, V., GATIGNON, H. und REIBSTEIN, D. J. (1994), Competitive Marketing Behavior In Industrial Markets, in: Journal of Marketing, 58 (April), S. 45-55.

RAO, A. G. und SHAKUN, M. F. (1972), A Quasi-Game Theory Approach to Pricing, in: Management Science, 18 (5), S. 110-123.

RAO, R. C. (1991), Pricing and promotions in asymmetric duopolies, in: Marketing Science, 10 (Spring), S. 131-144.

RAO, R. C., ARJUNJI, R. V. und MURTHI, B. P. S. (1995), Game Theory and Empirical Generalizations Concerning Competitive Promotions, in: Marketing Science, 14 (3), S. G89-G100.

RAO, R. C. und BASS, F. M. (1985), Competition, Strategy, and Price Dynamics: A Theoretical and Empirical Investigation, in: Journal of Marketing Research, 22 (August), S. 283-296.

RAO, R. K. S. und BHARADWAJ, N. (2008), Marketing Initiatives, Expected Cash Flows, and Shareholders' Wealth, in: Journal of Marketing, 72 (1), S. 16-26.

RAPPAPORT, A. (1999), Shareholder Value, 2. Aufl., Schäffer-Poeschel, Stuttgart.

RASMUSSEN, E. (2001), Games and Information: An Introduction to Game Theory, 3. Aufl., Blackwell Publishing, Oxford.

REIBSTEIN, D. J. und WITTINK, D. R. (2005), Competitive Responsiveness, in: Marketing Science, 24 (1), S. 8-11.

REICHHELD, F. F. und SASSER, W. E. (1990), Zero Defections: Quality Comes to Services, in: Harvard Business Review, S. 105-111.

REINARTZ, W., KRAFFT, M. und HOYER, W. D. (2004), The Customer Relationship Management Process: Its Measurement and Impact on Performance, in: Journal of Marketing Research, 41, S. 293-305.

REINARTZ, W., THOMAS, J. S. und KUMAR, V. (2005), Balancing Acquisition and Retention Resources to Maximize Customer Profitability, in: Journal of Marketing, 69 (January), S. 63-79.

REINARTZ, W. J. und KUMAR, V. (2000), On the Profitability of Long-Life Customers in a Noncontractual Setting: An Empirical Investigation and Implications for Marketing, in: Journal of Marketing, 64 (October), S. 17-35.

REINARTZ, W. J. und KUMAR, V. (2002), The Mismanagement of Customer Loyalty, in: Harvard Business Review, S. 86-94.

REINARTZ, W. J. und KUMAR, V. (2003), The Impact of Customer Relationship Characteristics on Profitable Lifetime Duration, in: Journal of Marketing, 67 (January), S. 77-99.

REINECKE, S. (2004), Marketing Performance Management: Empirisches Fundament und Konzeption für ein integriertes Marketingkennzahlensystem, Gabler, Wiesbaden.

REINHART, G. und ZÄH, M. (2006), Produktionsmanagement: Herausforderung Variantenmanagement, Bd. 82, Herbert Utz, München.

RIES, A. und TROUT, J. (2001), Positioning: The Battle for Your Mind, 20th Anniversary Edition, McGraw-Hill, New York.

RINDFLEISCH, A., MALTER, A. J., GANESAN, S. und MOORMAN, C. (2008), Cross Sectional Versus Longitudinal Survey Research: Concepts, Findings, and Research, in: Journal of Marketing Research, forthcoming.

ROBERTS, J. H. und LILIEN, G. L. (1993), Explanatory and predictive models of consumer behavior, in: ELIASHBERG, J. und LILIEN, G. L. (Hrsg.), Handbooks in Operations Research and Management Science, Elsevier, Amsterdam, S. 27-82.

ROBERTS, M. J. und SAMUELSON, L. (1988), An empirical analysis of dynamic, nonprice competition in an oligopolistic industry, in: RAND Journal of Economics, 19 (2), S. 200-220.

ROBINSON, B. und LAKHANI, C. (1975), Dynamic Price Models for New Product Planning, in: Management Science, 10 (June), S. 1113-1122.

ROBINSON, W. T. (1988), Marketing Mix Reactions to Entry, in: Marketing Science, 7 (4), S. 368-392.

ROSE, J., BOCK, W., DIGRANDE, S., DURANTON, S. und FIELD, D. (2007), Convergence 2.0. Will You Thrive, Survive, or Fade Away?, in: BCG Focus.

ROSEN, S. (1974), Hedonic Prices and Implicit Markets: Product Differentiation in Pure Competition, in: Journal of Political Economy, 82 (1), S. 34-55.

ROTEMBERG, J. J. und SALONER, G. (1986), A supergame-theoretic model of price wars during booms., in: American Economic Review, 76 (3), S. 390-407.

ROY, A., HANSSENS, D. M. und RAJU, J. S. (1994), Competitive Pricing by a Price Leader, in: Management Science, 40 (7), S. 809-823.

RUDNICK, B. (2003), Deutscher Gasmarkt im Brennpunkt der Liberalisierung, in: Börsen-Zeitung vom 06.05.2003, S. 5.

RUST, R. T., AMBLER, T., CARPENTER, G. S., KUMAR, V. und SRIVASTAVA, R. K. (2004a), Measuring Marketing Productivity: Current Knowledge and Future Directions, in: Journal of Marketing, 68 (October), S. 76-89.

Rust, R. T., Lemon, K. N. und Zeithaml, V. A. (2001), Driving Customer Equity: Linking Customer Lifetime Value to Strategic Marketing Decisions, Working Paper 01-108, Marketing Science Institute.

Rust, R. T., Lemon, K. N. und Zeithaml, V. A. (2004b), Return on Marketing: Using Customer Equity to Focus Marketing Strategy, in: Journal of Marketing, 68 (January), S. 109-127.

Rust, R. T. und Zahorik, A. J. (1993), Customer Satisfaction, Customer Retention, and Market Share, in: Journal of Retailing, 69 (2), S. 193-215.

Ryals, L. (2005), Making Customer Relationship Management Work: The Measurement and Profitable Management of Customer Relationships, in: Journal of Marketing, 69, S. 252-261.

Sattler, H. und Nitschke, T. (2003), Ein empirischer Vergleich von Instrumenten zur Erhebung von Zahlungsbereitschaften, in: Zeitschrift für betriebswirtschaftliche Forschung, 55, S. 364-381.

Schanz, G. (1975), Einführung in die Methodologie der Betriebswirtschaftslehre, Kiepenheuer & Witsch, Köln.

Scherer, F. H. (1980), Industrial market structure and performance, Rand McNally College Publishing Co., Chicago, IL.

Scherer, F. M. (1977), The Posnerian Harvest: Separating Wheat from Chaff, in: The Yale Law Journal, 86, S. 974-1002.

Scherer, F. M. (1985), Stand und Perspektiven der Industrieökonomik, in: Bombach, G., Gahlen, B. und Ott, A. E. (Hrsg.), Industrieökonomik: Theorie und Empirie. Schriftenreihe des wirtschaftswissenschaftlichen Seminars Ottobeuren, Tübingen, S. 3-19.

Scherer, F. M. und Ross, D. (1990), Industrial Market Structure and Economic Performance, 3. Aufl., Houghton Mifflin Company, Boston, MA.

Schmalensee, R. (1989), Inter-industry studies of structure and performance, in: Schmalensee, R. und Willig, R. D. (Hrsg.), Handbook of industrial organization, Elsevier, Amsterdam, S. 951-1009.

Schmidt, I. und Rittaler, J. B. (1986), Die Chicago School of Antitrust Analysis, Nomos, Baden-Baden.

Schnell, R., Hill, P. B. und Esser, E. (2005), Methoden der empirischen Sozialforschung, 7. Aufl., Oldenbourg, München u. a.

Schweickart, N. und Töpfer, A. (2006), Wertorientiertes Management: Werterhaltung – Wertsteuerung – Wertsteigerung ganzheitlich gestalten, Springer, Berlin u. a.

Sebastian, K.-H. und Maessen, A. (2003), Optionen im strategischen Preismanagement, in: Diller, H. und Herrmann, A. (Hrsg.), Handbuch Preispolitik. Strategien – Planung – Organisation, Gabler, Wiesbaden, S. 49-68.

SELTEN, R. (1965), Spieltheoretische Behandlung eines Oligopolmodells mit Nachfrageträgheit, in: Zeitschrift für die gesamte Staatswissenschaft, 121, S. 301-324.

SELTEN, R. (1975), A reexamination of the perfectness concept for equilibrium points in extensive games, in: International Journal of Game Theory, 4, S. 25-55.

SHAFFER, G. und ZHANG, Z. J. (2002), Competitive One-to-One Promotions, in: Management Science, 48 (9), S. 1143-1160.

SHAH, D., RUST, R. T., PARASURAMAN, A., STAELIN, R. und DAY, G. S. (2006), The Path to Customer Centricity, in: Journal of Service Research, 9 (2), S. 113-124.

SHAKED, A. und SUTTON, J. (1982), Relaxing Price Competition Through Product Differentiation, in: Review of Economic Studies, 49 (1), S. 3-13.

SHANKAR, V. (1997), Pioneers' Marketing Mix Reactions to Entry in Different Competitive Game Structures: Theoretical Analysis and Empirical Illustration, in: Marketing Science, 16 (3), S. 271-293.

SHEPHERD, W. G. (1972), The Elements of Market Structure, in: Review of Economics and Statistics, 54, S. 25-37.

SHEPHERD, W. G. (1985), The Economics of Industrial Organization, 2. Aufl., Waveland, Englewood Cliffs, NJ.

SHILONY, Y. (1977), Mixed pricing in an oligopoly, in: Journal of Economic Theory, 14 (2), S. 373-388.

SHUGAN, S. M. (2005a), Comments on Competitive Responsiveness, in: Marketing Science, 24 (1), S. 3-7.

SHUGAN, S. M. (2005b), Editorial: Brand Loyalty Programs: Are They Shams?, in: Marketing Science, 24 (2), S. 185-193.

SIEG, G. (2005), Spieltheorie, 2. Aufl., Oldenbourg, München.

SIMON, H. A. (1982), Models of Bounded Rationality, MIT Press, Cambridge, MA.

SIMONSON, I. (2005), Determinants of Customers' Responses to Customized Offers: Conceptual Framework and Research Propositions, in: Journal of Marketing, 69 (January), S. 32-45.

SINHA, I. und DESARBO, W. S. (1998), An Integrated Approach toward the Spatial Modeling of Perceived Customer Value, in: Journal of Marketing Research, 35 (2), S. 236-249.

SKIERA, B. und REVENSTORFF, I. (1999), Auktionen als Instrument zur Erhebung von Zahlungsbereitschaften, in: Zeitschrift für betriebswirtschaftliche Forschung, 51, S. 224-242.

SLADE, M. (1987), Interfirm rivalry in a repeated game: An empirical test of tacit collusion, in: Journal of Industrial Economics, 35, S. 499-516.

SLADE, M. (1989), Price wars in price-setting supergames, in: Economica, 56, S. 295-310.

SLADE, M. (1995), Product rivalry and multiple strategic weapons: An analysis of price and advertising competition, in: Journal of Economics & Management Strategy, 4 (3), S. 445-476.

SORGER, G. (1989), Competitive dynamic advertising: A modification of the Case game, in: Journal of Economic Dynamics and Control, 13, S. 55-80.

SOSNICK, S. H. (1958), A Critique of Concepts of Workable Competition, in: Quarterly Journal of Economics, 72 (3), S. 308-423.

SRINIVASAN, V. und PARK, C. S. (1997), Surprising Robustness of the Self-Explicated Approach to Customer Preference Structure Measurement, in: Journal of Marketing Research, 34 (2), S. 286-291.

SRIVASTAVA, R. K., SHERVANI, T. A. und FAHEY, L. (1999), Marketing, Business Processes, and Shareholder Value: An Organizationally Embedded View of Marketing Activities and the Discipline of Marketing, in: Journal of Marketing, 63, S. 168-179.

STANGO, V. (2002), Pricing with Consumer Switching Costs: Evidence from the Credit Card Market in: Journal of Industrial Economics, 50 (4), S. 475-492.

STEENKAMP, J.-B. E. M., VINCENT, R. N., HANSSENS, D. M. und DEKIMPE, M. G. (2005), Competitive Reactions to Advertising and Promotion Attacks, in: Marketing Science, 24 (1), S. 35-54.

STEINER, W. J. und BAUMGARTNER, B. (2004), Conjoint-Analyse und Marktsegmentierung, in: Zeitschrift für Betriebswirtschaft, 74 (6), S. 611-635.

STELTER, D., FECHTEL, A. und DESAI, P. (2004), Airports – Dawn of a New Era, in: BCG Report.

STIGLER, G. (1964), A theory of oligopoly, in: Journal of Political Economy, 72, S. 44-61.

STIGLER, G. (1968), The Organization of Industry, University Of Chicago Press, Chicago, IL.

SUDHIR, K. (2001a), Competitive Pricing Behavior in the Auto Market: A Structural Analysis, in: Marketing Science, 20 (1), S. 42-60.

SUDHIR, K. (2001b), Structural Analysis of Manufacturer Pricing in the Presence of a Strategic Retailer, in: Marketing Science, 20 (3), S. 244-264.

SUDHIR, K., CHINTAGUNTA, P. K. und KADIYALI, V. (2005), Time-Varying Competition, in: Marketing Science, 24 (1), S. 96-109.

SWEENEY, J. C. und SOUTAR, G. N. (2001), Consumer perceived value: The development of a multiple item scale, in: Journal of Retailing, 77 (2), S. 203-220.

SYAM, N., RUAN, R. und HESS, J. D. (2005), Customized Products: A Competitive Analysis, in: Marketing Science, 24 (4), S. 569-584.

SYAM, N. B. und KUMAR, N. (2006), On Customized Goods, Standard Goods, and Competition, in: Marketing Science, 25 (5), S. 525-537.

TELLIS, G. J. und JOHNSON, J. (2007), The Value of Quality, in: Marketing Science, 26 (6), S. 758-773.

TENG, J. T. und THOMPSON, G. L. (1983), Oligopoly Models for Optimal Advertising when Production Costs Obey a Learning Curve, in: Management Science, 3 (Spring), S. 1087-1101.

THODE, H. C. (2002), Testing for Normality, Marcel Dekker, New York.

THOMAS, J. S. (2001), A Methodology for Linking Customer Acquisition to Customer Retention, in: Journal of Marketing Research, 28 (May), S. 262-268.

THOMAS, J. S., BLATTBERG, R. C. und FOX, E. J. (2004), Recapturing Lost Customers, in: Journal of Marketing Research, 41, S. 31-45.

THOMPSON, G. L. und TENG, J. T. (1984), Optimal Pricing and Advertising Policies for New Product Oligopoly Models, in: Marketing Science, 3 (Spring), S. 148-168.

TIJMS, H. C. (2003), A First Course in Stochastic Models, Wiley, New York.

TIRENNI, G. (2005), Allocation of Marketing Resources to Optimize Customer Equity, Universität St. Gallen.

TIRENNI, G., LABBI, A., BERROSPI, C., ELISSEEFF, A., BHOSE, T., PAURO, K. und PÖYHÖNEN, S. (2007), Customer Equity and Lifetime Management (CELM) Finnair Case Study, in: Marketing Science, 26 (4), S. 553-565.

TOMCZAK, T. (1992), Forschungsmethoden in der Marketingwissenschaft – Ein Plädoyer für den qualitativen Forschungsansatz, in: Marketing Zeitschrift für Forschung und Praxis, 14 (2), S. 77-87.

TROMMSDORFF, V. (2004), Konsumentenverhalten, 6. Aufl., Kohlhammer, Stuttgart.

TURNBULL, P. W., LEEK, S. und YING, G. (2000), Customer confusion: the mobile phone market in: Journal of Marketing Management, 16 (1-3), S. 143-163.

VAN HEERDE, H. J., GIJSBRECHTS, E. und PAUWELS, K. (2008), Winners and Losers in a Major Price War, in: Journal of Marketing Research, forthcoming.

VANDENBOSCH, M. B. und WEINBERG, C. B. (1995), Product and Price Competition in a Two-Dimensional Vertical Differentiation Model, in: Marketing Science, 14 (2), S. 224-249.

VARIAN, H. R. (1980), A model of sales, in: American Economic Review, 70 (4), S. 651-659.

VARIAN, H. R. (1992), Microeconomic Analysis, 3. Aufl., W. W. Norton & Company Inc., New York.

VENKATESAN, R. und KUMAR, V. (2004), A Customer Lifetime Value Framework for Customer Selection and Resource Allocation Strategy, in: Journal of Marketing, 68 (October), S. 108-125.

VENKATESAN, R., KUMAR, V. und BOHLING, T. (2007), Optimal Customer Relationship Management Using Bayesian Decision Theory: An Application for Customer Selection, in: Journal of Marketing Research, 44 (4), S. 579-594.

VERSHOFEN, W. (1959), Die Marktentnahme als Kernstück der Wirtschaftsforschung, Neuausgabe des ersten Bandes des Handbuchs der Verbrauchsforschung, Heymann, Berlin u. a.

VICTOR, B., TARDY, O. und BOWDEN, J. (2006), The Voice Revenue Challenge. A Framework for Success in the Era of VoIP, in: BCG Focus.

VILCASSIM, N. J., KADIYALI, V. und CHINTAGUNTA, P. K. (1999), Investigating Dynamic Multifirm Market Interactions in Price and Advertising, in: Management Science, 45 (4), S. 499-518.

VILLANUEVA, J., YOO, S. und HANSSENS, D. M. (2008), The Impact of Marketing-Induced Versus Word-of-Mouth Customer Acquisition on Customer Equity Growth, in: Journal of Marketing Research, 45 (1), S. 48-59.

VILLAS-BOAS, J. M. (1993), Predicting advertising pulsing policies in an oligopoly: A model and empirical test, in: Marketing Science, 12, S. 88-102.

VILLAS-BOAS, J. M. (1995), Models of Competitive Price Promotions: Some Empirical Evidence from the Coffee and Saltine Crackers Markets, in: Journal of Economics & Management Strategy, 4 (1), S. 85-107.

VILLAS-BOAS, J. M. (1998), Product Line Design for a Distribution Channel, in: Marketing Science, 17 (2), S. 156-169.

VILLAS-BOAS, J. M. (2004), Communication Strategies and Product Line Design, in: Marketing Science, 23 (3), S. 304-316.

VILLAS-BOAS, J. M. (2006), Dynamic Competition with Experience Goods, in: Journal of Economics & Management Strategy, 15 (1), S. 37-66.

VILLAS-BOAS, J. M. und ZHAO, Y. (2005), Retailer, Manufacturers, and Individual Consumers: Modeling the Supply Side in the Ketchup Marketplace, in: Journal of Marketing Research, 42, S. 83-95.

VOGEL, V. (2006), Kundenbindung und Kundenwert, Gabler, Wiesbaden.

VON GHYCZY, T. (2006), Constructing Strategic Spaces, in: BCG Perspectives, Nr. 431.

VON NEUMANN, J. und MORGENSTERN, O. (1944), Theory of Games and Economic Behavior, University Press, Princeton, NJ.

VON OETINGER, B. (2000a), Erfahrung und Fähigkeiten, in: VON OETINGER, B. (Hrsg.), Das Boston Consulting Group Strategie-Buch, 7. Aufl., Econ, München, S. 543-610.

VON OETINGER, B. (2000b), Strategie und Regeneration, in: VON OETINGER, B. (Hrsg.), Das Boston Consulting Group Strategie-Buch, 7. Aufl., Econ, München, S. 65-104.

VON OETINGER, B. (2000c), Das Wesen der Strategie, in: VON OETINGER, B. (Hrsg.), Das Boston Consulting Group Strategie-Buch, 7. Aufl., Econ, München, S. 15-64.

VON OETINGER, B. (2007), Center and Periphery, in: BCG Perspectives, Nr. 436.

VON WANGENHEIM, F. und LENTZ, P. (2005), Customer Portfolio Analysis: Applying Financial Risk and Volatility Measures to Customer Segmentation and Risk-Adjusted Lifetime Value Determination, Universität Dortmund.

WAARTS, E. und WIERENGA, B. (2000), Explaining Competitors' Reactions to New Product Introductions: The Roles of Event Characteristics, Managerial Interpretation, and Competitive Context, in: Marketing Letters, 11 (1), S. 67-79.

WEDEL, M. und KAMAKURA, W. A. (1998), Marketing Segmentation: Conceptual and Methodological Foundations, Kluwer Academic Publishers, Boston, MA.

WEDEL, M. und ZHANG, J. (2004), Analyzing Brand Competition across Subcategories, in: Journal of Marketing Research, 31 (November), S. 448-456.

WENSKE, A. V. (2008), Management und Wirkungen von Marke-Kunden-Beziehungen im Konsumgüterbereich: eine Analyse unter besonderer Berücksichtigung des Beschwerdemanagements und der Markenkommunikation, im Druck, Gabler, Wiesbaden.

WIESE, H. (2002), Entscheidungs- und Spieltheorie, Springer, Berlin u. a.

WIESEL, T., SKIERA, B. und VILLANUEVA, J. (2008), Customer Equity: An Integral Part of Financial Reporting, in: Journal of Marketing, 72 (2), S. 1-14.

WILLIAMSON, O. E. (1975), Markets and hierarchies: Analysis and Antitrust Implications, Free Press, New York.

WILLIAMSON, O. E. (1981), The modern corporation: Origins, evolution, attributes, in: Journal of Economic Literature, 19, S. 1537-1568.

WILLIAMSON, O. E. (1985), The economic institutions of capitalism, Free Press, New York.

WÜNSCHMANN, S. (2007), Beschwerdeverhalten und Kundenwert, Gabler, Wiesbaden.

ZEITHAML, V. A. (1988), Consumer Perceptions of Price, Quality, and Value: A Means-End Model and Synthesis of Evidence, in: Journal of Marketing, 52 (3), S. 2-22.

ZEITHAML, V. A., BOLTON, R. N., DEIGHTON, J., KEININGHAM, T. L., LEMON, K. N. und PETERSEN, J. A. (2006), Forward-Looking Focus. Can Firms Have Adaptive Foresight?, in: Journal of Service Research, 9 (2), S. 168-183.

ZEITHAML, V. A. und PARASURAMAN, A. (2004), Service Quality, MSI Relevant Knowledge Series, Marketing Science Institute, Cambridge, MA.

ZEPLIN, S. (2006), Innengerichtetes identitätsbasiertes Markenmanagement, in: BURMANN, C. (Hrsg.), Innovatives Markenmanagement, Gabler, Wiesbaden.

ZIMMERMANN, W. und STACHE, U. (2001), Operations Research. Quantitative Methoden zur Entscheidungsvorbereitung, 10. Aufl., Oldenbourg, München.

ZWERINA, K. (1997), Discrete Choice Experiments in Marketing: use of priors in efficient choice designs and their application to individual preference measurement, Physica, Heidelberg.